【传世经典 文白对照】

通鉴纪事本末

九

〔宋〕袁枢 撰

杨寄林 主编

中华书局

目录

第九册

卷第三十二

刘展之叛

唐肃宗上元元年冬十一月，御史中丞李铣、宋州刺史刘展皆领淮西节度副使。铣贪暴不法，展刚强自用，故为其上者多恶之；节度使王仲昇先奏铣罪而诛之。时有谣言曰："手执金刀起东方。"仲昇使监军使、内左常侍邢延恩入奏："展倔强不受命，姓名应谣谶，请除之。"延恩因说上曰："展与李铣一体之人，今铣诛，展不自安，苟不去之，恐其为乱。然展方握强兵，宜以计去之。请除展江淮都统，代李峘，俟其释兵赴镇，中道执之，此一夫力耳。"上从之，以展为都统淮南东、江南西、浙西三道节度使，密敕旧都统李峘及淮南东道节度使邓景山图之。

延恩以制书投展，展疑之，曰："展自陈留参军，数年至刺史，可谓暴贵矣。江、淮租赋所出，今之重任，展无勋劳，又非亲贤，一旦恩命宠擢如此，得非有谗人间之乎？"因泣下。延恩惧，曰："公素有才望，主上以江、淮为忧，故不次用公。公反以为疑，何哉？"展曰："事苟不欺，印节可

刘展之叛

　　唐肃宗上元元年(760)冬季十一月，御史中丞李铣、宋州刺史刘展都担任着淮西节度副使的职务。李铣为人贪婪残暴、不守法度，刘展为人倔强固执而自以为是，所以当他们上司的，多数都厌恶他们。节度使王仲昇首先上奏李铣的罪恶而把他杀了。当时有流传的歌谣说："手执金刀起东方。"王仲昇让监军使、内左常侍邢延恩入朝奏请："刘展态度倔强，不听命令，姓名又应着歌谣的预言，请除掉他。"邢延恩于是对唐肃宗说："刘展与李铣是同一类的人，现在李铣被杀，刘展自觉不安，如果不除去他，恐怕他要作乱。不过刘展正掌握着强大的军队，应当用计谋除掉他。请封刘展为江淮都统，代替李峘。等他离开部队去上任时，在中途把他捉住，这是一个人的力量就足够了的。"肃宗同意了，任命李展为都统淮南东、江南西、浙西三道的节度使，密令原都统李峘及淮南东道节度使邓景山设法除掉刘展。

　　邢延恩把皇帝的诏书呈给刘展，刘展起疑，说："我从陈留参军，数年间官职就做到了刺史，可说是骤然显贵。江淮是国家租赋的重要来源区，是当今的重要职守，我刘展既没功劳，又非皇上的亲戚和国家贤能，一下子受到恩宠，得到这样的提拔，莫非有谗佞之人从中挑拨离间？"于是流下泪来。邢延恩害怕起来，说："刘公您历来有才能名望，皇上对江淮不放心，所以破格任用您，您反而以此产生怀疑，干嘛呢？"刘展说："事情如果不假，印信符节可以

先得乎?"延恩曰:"可。"乃驰诣广陵,与峘谋,解峘印节以授展。展得印节,乃上表谢恩,牒追江、淮亲旧,置之心膂,三道官属遣使迎贺,申图籍,相望于道,展悉举宋州兵七千趣广陵。

延恩知展已得其情,还奔广陵,与李峘、邓景山发兵拒之,移檄州县,言展反,展亦移檄言峘反,州县莫知所从。峘引兵渡江,与副使润州刺史韦儇、浙西节度使侯令仪屯京口,邓景山将万人屯徐城。展素有威名,御军严整,江、淮人望风畏之。展倍道先期至,使人问景山曰:"吾奉诏书赴镇,此何兵也?"景山不应。展使人呼于陈前曰:"汝曹皆吾民也,勿干吾旗鼓!"使其将孙待封、张法雷击之,景山众溃,与延恩奔寿州。展引兵入广陵,遣其将屈突孝标将兵三千徇濠、楚,王暅将兵四千略淮西。

李峘辟北固为兵场,插木以塞江口。展军于白沙,设疑兵于瓜州,多张火、鼓,若将趣北固者,如是累日。峘悉锐兵守京口以待之。展乃自上流济,袭下蜀。峘军闻之,自溃,峘奔宣城。

甲午,展陷润州。昇州军士万五千人谋应展,攻金陵城,不克而遁。侯令仪惧,以后事授兵马使姜昌群,弃城走。昌群遣其将宗犀诣展降。丙申,展陷昇州,以宗犀为润州司马、丹阳军使,使昌群领昇州,以从子伯瑛佐之。

先给我吗?"邢延恩说:"可以。"于是快马赶到广陵,与李峘谋划,解除李峘的印信符节,交给刘展。刘展得到印信符节,于是上表章谢恩,并发出公文催集江淮地方的亲信旧友,把他们安置在重要的职位上。三道的下属官员,派出使者前来迎接和祝贺,申报地图文书,一路上往来不绝,刘展把宋州的七千兵马全部带上,直向广陵进发。

邢延恩知道刘展已了解事情的真相,便跑回广陵,与李峘、邓景山发兵拦阻刘展,并向各州县发布檄文,说刘展造反,刘展也向州县发布檄文说李峘造反,州县不知到底听谁的好。李峘带兵渡过长江,与节度副使、润州刺史韦儇、浙西节度使侯令仪驻兵于京口,邓景山率领一万人屯驻在徐城。刘展历来有威名,治军严整,江淮地方的人听到他的名声都害怕他。刘展兼程提早到达广陵,派人问邓景山道:"我奉诏书来赴任,这是谁的兵马?"邓景山不回答。刘展让人在阵地前呼喊:"你们都是我治下的百姓,不要阻挡我的部队前进!"派他的将领孙待封、张法雷进攻邓景山,邓景山的部队溃败,与邢延恩跑向寿州。刘展带兵入广陵,派他的将领屈突孝标率三千人马夺取濠州、楚州,王暅率四千人马进攻淮西。

李峘在北固建立起阵地,打上木桩以堵塞进入长江的水道。刘展驻兵于白沙,在瓜州地方布置疑兵,在多处燃起篝火擂响战鼓,就像要向北固进军似的,一连几天都是这样。李峘把精锐的部队全调去守卫京口以等待对方的进攻。刘展于是从上游渡江,袭击下蜀。李峘的部队知道了,不战自败,李峘逃奔宣城。

甲午(初八),刘展攻陷润州。昇州的军士一万五千人谋划响应刘展,攻打金陵城,攻不下而逃跑了。侯令仪害怕了,把后事交代给兵马使姜昌群,弃城逃跑了。姜昌群派他的将领宗犀到刘展那里请降。丙申(初十),刘展攻陷昇州,任命宗犀为润州司马、丹阳军使,委派姜昌群领昇州,任命自己的侄儿刘伯瑛当他的副手。

　　李峘之去润州也，副使李藏用谓峘曰："处人尊位，食人重禄，临难而逃之，非忠也；以数十州之兵食，三江、五湖之险固，不发一矢而弃之，非勇也。失忠与勇，何以事君？藏用请收馀兵，竭力以拒之。"峘乃悉以后事授藏用。藏用收散卒，得七百人，东至苏州募壮士，得三千人，立栅以拒刘展。展遣其将傅子昂、宗犀攻宣州，宣歙节度使郑炅之弃城走，李峘奔洪州。

　　李藏用与展将张景超、孙待封战于郁墅，兵败，奔杭州。景超遂据苏州，待封进陷湖州。展以其将许峄为润州刺史，李可封为常州刺史，杨持璧苏州刺史，待封领湖州事。景超进逼杭州，藏用使其将温晁屯馀杭。展以李晃为泗州刺史，宗犀为宣州刺史。

　　傅子昂屯南陵，将下江州，徇江西。于是屈突孝标陷濠、楚州，王暅陷舒、和、滁、庐等州，所向无不摧靡，聚兵万人，骑三千，横行江、淮间。寿州刺史崔昭发兵拒之，由是暅不得西，止屯庐州。

　　初，上命平卢都知兵马使田神功将所部精兵三千屯任城。邓景山既败，与邢延恩奏，乞敕神功救淮南，未报。景山遣人趣之，且许以淮南金帛子女为赂，神功及所部皆喜，悉众南下，及彭城，敕神功讨展。展闻之，始有惧色，自广陵将兵八千拒之，选精兵二千渡淮，击神功于都梁山。展败，走至天长，以五百骑据桥拒战，又败，展独与一骑亡渡江。神功入广陵及楚州，大掠，杀商胡以千数，城中地穿掘略遍。

当李峘逃离润州时,副使李藏用曾对李峘说:"身处人家的高级官位,吃着人家的丰厚俸禄,面临危难而逃跑,这是不忠诚;有数十州的兵马粮草,有三江、五湖的险阻,不发一箭而放弃,这是不勇敢。失掉了忠诚和勇敢,用什么来为君主服务呢?我李藏用请求招集剩下的兵马,尽力来抵抗敌人。"李峘于是把后事都托付给李藏用。李藏用招集散兵得七百人,向东到达苏州,招募壮士得到三千人,树立栅栏抵抗刘展。刘展派他的将领傅子昂、宗犀进攻宣州,宣歙节度使郑炅之弃城逃跑,李峘逃奔洪州。

李藏用与刘展的将领张景超、孙待封在郁墅交战,兵败后逃奔杭州。张景超于是占据了苏州,孙待封进军攻陷了湖州。刘展任命他的将领许峄为润州刺史,李可封为常州刺史,杨持璧为苏州刺史,孙待封领湖州事。张景超进军直逼杭州,李藏用派他的将领温晁屯兵馀杭。刘展任命李晃为泗州刺史,宗犀为宣州刺史。

傅子昂屯兵于南陵,打算南下江州,夺取江西。于是屈突孝标攻陷濠、楚二州,王暅攻陷舒、和、滁、庐等州,兵锋所向,无不摧折披靡,集结起士卒万人,骑兵三千,横行于江、淮之间。寿州刺史崔昭发兵抵抗他,王暅因此无法向西前进,部队停驻在庐州。

当初,肃宗命令平卢都知兵马使田神功率领他所掌握的精兵三千驻扎在任城。邓景山兵败后,与邢延恩上奏,请求皇上下令让田神功带兵援救淮南,未有回音。邓景山派人催促田神功,并且许诺以淮南的钱物和女子作为酬谢,田神功及其所部官兵都很高兴,全军南下,到达彭城时,皇帝下达敕令让田神功讨伐刘展。刘展得知这一消息,开始感到害怕了,从广陵带八千兵马去抵抗田神功的部队,挑选精锐士卒两千人渡淮河,在都梁山进击田神功。刘展兵败逃走,到达天长,以五百骑兵据守桥梁进行抵抗,又败,刘展仅与一名骑兵逃过了长江。田神功部进入广陵和楚州,大肆抢掠,杀经商的胡人数以千计,城中的地几乎被挖掘遍了。

　　二年春正月，张景超引兵攻杭州，败李藏用将李彊于石夷门。孙待封自武康南出，将会景超攻杭州，温晁据险击败之。待封脱身奔乌程，李可封以常州降。丁未，田神功使特进杨惠元等将千五百人西击王晤。辛亥夜，神功先遣特进范知新等将四千人自白沙济，西趣下蜀；邓景山等将千人自海陵济，东趣常州；神功与邢延恩将三千人军于瓜州，壬子，济江。展将步骑万馀陈于蒜山；神功以舟载兵趣金山，会大风，五舟飘抵金山下，展屠其二舟，沈其三舟，神功不得渡，还军瓜州。而范知新等兵已至下蜀，展击之，不胜。弟殷劝展引兵逃入海，可延岁月，展曰："若事不济，何用多杀人父子乎？死，早晚等耳！"遂更帅众力战。将军贾隐林射展，中目而仆，遂斩之。刘殷、许峄等皆死。隐林，滑州人也。

　　杨惠元等击破王晤于淮南，晤引兵东走，至常熟乃降。孙待封诣李藏用降。张景超聚兵至七千馀人，闻展死，悉以兵授张法雷，使攻杭州，景超逃入海。法雷至杭州，李藏用击破之，馀党皆平。平卢军大掠十馀日。安、史之乱，乱兵不及江、淮，至是，其民始罹荼毒矣。

二年(761)春季正月,张景超带兵进攻杭州,在石夷门击败李藏用的将领李疆。孙待封从武康向南出击,打算会合张景超进攻杭州,温晃据守险要打败了他。孙待封逃出来跑向乌程,李可封献出常州投降。丁未(二十一日),田神功派特进杨惠元等人率领一千五百人往西进攻王暅。辛亥(二十五日)夜晚,田神功先派特进范知新等率领四千人从白沙渡江,往西直奔下蜀;邓景山等率领一千人从海陵渡江,往东直奔常州;田神功与邢延恩率领三千人驻扎在瓜州,壬子(二十六日)渡江。刘展率步兵、骑兵一万多人列阵于蒜山;田神功用船运载部队向金山进发,遇上大风,五条船漂流到金山下,刘展把其中两船士兵杀掉,把另外三条船沉到江底。田神功无法渡江到金山,只好带兵回驻瓜州。而范知新等人的部队已到达下蜀,刘展进攻他们,不能取胜。刘展的弟弟刘殷劝刘展带兵逃往海上去,还可挨一段时间,刘展说:"如果大事不成,何必让人父子多遭杀戮呢?早死迟死,都是一样的。"于是再次率领部队拼命抵抗。将军贾隐林搭箭射刘展,射中他的眼睛使他扑倒在地,于是斩杀了刘展。刘殷、许峄等人都死了。贾隐林是滑州人。

杨惠元等人的部队在淮南打败了王暅,王暅带兵向东逃去,到常熟才投降。孙待封到李藏用处投降。张景超收集兵马达七千多人,听到刘展的死讯,便把兵马全部交给张法雷,让他进攻杭州,而张景超逃遁入海。张法雷到达杭州,李藏用打败了他,残馀的部众都被扫除了。平卢军大肆抢掠十多天。安史之乱,叛乱的军队没有到达江淮,到这一次,江淮的百姓首次遭受了残害。

李辅国用事 张后 程元振附

唐肃宗至德元载,张良娣性巧慧,能得上意,从上来朔方。时从兵单寡,良娣每寝,常居上前。上曰:"御寇非妇人所能。"良娣曰:"苍猝之际,妾以身当之,殿下可从后逸去。"至灵武,产子,三日起,缝战士衣。上止之,对曰:"此非妾自养之时。"上以是益怜之。

肃宗即位于灵武,遣使召李泌于颍阳,谒见,大喜,时事皆咨之。上以建宁王倓为天下兵马元帅,李泌劝上用广平王俶,倓闻而谢之。事见《安史之乱》。

上皇赐张良娣七宝鞍,李泌言于上曰:"今四海分崩,当以俭约示人,良娣不宜乘此。请撤其珠玉付库吏,以俟有战功者赏之。"良娣自阁中言曰:"邻里之旧,何至如是?"上曰:"先生为社稷计也。"遽命撤之。建宁王倓泣于廊下,声闻于上。上惊,召问之,对曰:"臣比忧祸乱未已,今陛下从谏

李辅国用事 张后　程元振附

　　唐肃宗至德元载(756)，张良娣性情乖巧聪慧，能体察肃宗的心思，为肃宗所喜欢，跟随着他到朔方。当时，随从肃宗的部队兵力少，每当就寝的时候，张良娣就睡在肃宗的前面。肃宗说："抵挡盗寇，这不是妇女能胜任的。"张良娣说："事情起于仓促之间时，我用身体把他们挡住，陛下就可以往后面跑出去。"到达灵武时，张良娣生了孩子，过了三天就起来为士兵补缝衣服。肃宗劝阻她，她回答说："这不是贱妾自我将养的时候。"肃宗因此更加喜欢她。

　　唐肃宗在灵武登基称帝，派遣使者把李泌从颍阳召来，李泌进见时，肃宗大为高兴，时政事务都向他征求意见。肃宗任命建宁王李倓为天下兵马元帅，李泌劝肃宗改用广平王李俶，李倓知道后，对李泌表示感谢。事见《安史之乱》。

　　上皇李隆基赐给张良娣七宝鞍，李泌对肃宗说："现在天下分崩离析，应当向天下人显示节俭，张良娣不应当乘坐这样的马鞍。请皇上让人把鞍上的珠宝拆下来交给国库的官员来保管，等有人立了战功再赏给他。"良娣在小阁内冲着外面说："大家是相邻的乡里，何至于这样呢？"肃宗说："先生是在为国家打算呀！"立即命令把鞍上珠玉拆了下来。建宁王李倓在殿廊下哭泣，声音被皇帝听见了。肃宗吃惊地叫他上来，问他，李倓回答说："我近来在担忧祸乱未能停止，现在陛下能这样从谏

如流，不日当见陛下迎上皇还长安，是以喜极而悲耳。"良娣由是恶泌及倓。上又谓泌曰："良娣祖母，昭成太后之妹也，上皇所念。朕欲使正位中宫以慰上皇心，何如？"对曰："陛下在灵武，以群臣望尺寸之功，故践大位，非私己也。至于家事，宜待上皇之命，不过晚岁月之间耳。"上从之。

时张良娣与李辅国相表里，皆恶泌。建宁王倓谓泌曰："先生举倓于上，得展臣子之效，无以报德，请为先生除害。"泌曰："何也？"倓以良娣为言。泌曰："此非人子所言，愿王姑置之，勿以为先。"倓不从。

二载春正月，上从容谓李泌曰："广平为元帅逾年，今欲命建宁专征，又恐势分。立广平为太子，何如？"对曰："臣固尝言之矣，戎事交切，须即区处，至于家事，当俟上皇。不然，后代何以辨陛下灵武即位之意邪？此必有人欲令臣与广平有隙耳，臣请以语广平，广平亦必未敢当。"泌出，以告广平王俶，俶曰："此先生深知其心，欲曲成其美也。"乃入，固辞，曰："陛下犹未奉晨昏，臣何心敢当储副？愿俟上皇还宫，臣之幸也。"上赏慰之。

李辅国本飞龙小儿，粗闲书计，给事太子宫，上委信之。辅国外恭谨寡言而内狡险，见张良娣有宠，阴附会之，与

如流,不久应当会见到陛下迎接上皇回到长安,因此才喜极而生悲罢了。"良娣因此而恨李泌和李倓。肃宗又对李泌说:"良娣的祖母,是昭成太后的妹妹,是上皇所怀念的人。我想让良娣位居中宫当皇后来慰藉上皇的心情,你认为怎么样?"李泌回答说:"陛下在灵武的时候,是因为臣子们渴望多少能建树些功劳才登上皇位的,并不是为自己的私利来打算。至于陛下家里的事,应该等待上皇的命令,这也不过迟一年半载的时间而已。"肃宗依从了他的话。

当时,张良娣与李辅国里外相应,都恨李泌。建宁王李倓对李泌说:"先生把我推荐给皇上,使我能够效臣子之劳,我没什么来报答您的恩德,请让我为先生除掉祸害。"李泌问:"指的是什么呢?"李倓提起张良娣的事。李泌说:"这不是做儿子所说的话,希望亲王暂把这事放下,不要把它当作首要的事情对待。"李倓不答应。

至德二载(757)春季正月,肃宗随意地跟李泌谈起:"广平王当元帅已超过一年了,现在想命令建宁王专管征战的事,又怕广平王的权势被削弱。立广平王为太子,您认为怎么样?"李泌回答说:"我原就曾经说过:战争的事情至关迫切,必须当时就做出决断处理,至于陛下的家事,那就应当等候上皇的意旨。要不然,后世的人怎么能明白陛下在灵武登皇位的心意呢?这肯定是有人想使我和广平王不了了,我请求让我把这话跟广平王说,广平王也未必敢应承陛下的意旨。"李泌出去把肃宗的意思告诉广平王李俶,李俶说:"这是先生深深了解我的心愿,想委婉地成全我作为臣子的美德啊。"于是入朝坚决推辞,说:"陛下还未能对上皇奉行早晚问安的礼节,臣下哪有心思敢当太子呢?希望等到上皇回到长安的宫中,这是我作为臣子的幸运。"肃宗称赞和安慰了他。

李辅国本来是飞龙厩的厮役,因为粗通文字和计算,在太子宫中服侍,肃宗信任他。李辅国表面看起来恭谨而沉默寡言,但内心却狡诈奸险,见到张良娣受宠幸,便暗中追随她,与她

相表里。建宁王倓数于上前诋讦二人罪恶,二人谮之于上曰:"倓恨不得为元帅,谋害广平王。"上怒,赐倓死。于是广平王俶及李泌皆内惧。俶谋去辅国及良娣,泌曰:"不可,王不见建宁之祸乎?"俶曰:"窃为先生忧之。"泌曰:"泌与主上有约矣。俟平京师,则去还山,庶免于患。"俶曰:"先生去,则俶益危矣。"泌曰:"王但尽人子之孝。良娣妇人,王委曲顺之,亦何能为?"

上尝就泌饮酒,同榻而寝。而李辅国请取契钥付泌,泌请使辅国掌之,上许之。泌曰:"臣今报德足矣,复为闲人,何乐如之!"上曰:"朕与先生累年同忧患,今方相同娱乐,奈何遽欲去乎?"泌曰:"臣有五不可留,愿陛下听臣去,免臣于死。"上曰:"何谓也?"对曰:"臣遇陛下太早,陛下任臣太重,宠臣太深,臣功太高,迹太奇,此其所以不可留也。"上曰:"且眠矣,异日议之。"对曰:"陛下今就臣榻卧,犹不得请,况异日香案之前乎?陛下不听臣去,是杀臣也。"上曰:"不意卿疑朕如此,岂有如朕而办杀卿邪?是直以朕为句践也!"对曰:"陛下不办杀臣,故臣求归;若其既办,臣安敢复言?且杀臣者,非陛下也,乃'五不可'也。陛下向日待臣如此,臣于事犹有不敢言者,况天下既安,臣敢言乎?"

上良久曰:"卿以朕不从卿北伐之谋乎?"对曰:"非也,所不敢言者,乃建宁耳。"上曰:"建宁,朕之爱子,性英果,艰难时有功,朕岂不知之?但因此为小人所教,欲害其兄,

里外相勾结。建宁王李倓屡次在肃宗面前数落他们俩的罪恶，他们俩就向肃宗进谗言说："李倓因不能当元帅而心怀怨恨，谋害广平王。"肃宗发怒，便迫令李倓自杀而死。于是，广平王李俶和李泌都心怀恐惧。李俶计划除掉李辅国和张良娣，李泌说："不行，大王没见到建宁王的灾祸吗？"李俶说："我心底里替先生担心。"李泌说："我跟皇上有约定，等收复京师就离开回衡山去，大抵能免于祸患。"李俶说："先生离开了，那我就更危险了。"李泌说："大王只要尽到做儿子的孝行，张良娣妇道人家，大王尽量顺从她，她又能把你怎么样？"

肃宗曾到李泌住处喝酒，跟他同床睡觉。李辅国请求把宫门的钥匙和出入宫廷的凭证交给李泌，李泌则请求让李辅国来掌握，肃宗答应了。李泌说："现在我报答陛下的恩德已经够了，想去再作个闲人，有什么快乐能比得上呢？"肃宗说："我跟先生多年来同忧患，现在正要跟先生同享乐。为什么突然想离开呢？"李泌说："我有五个不可留下来的原因，希望陛下让我离开，免使我死去。"肃宗问："这话怎么说呢？"李泌回答说："我受陛下知遇太早，陛下对我任用太重，使我受宠太深，我的功劳太高，行迹过于奇特，这就是我之所以不能留下的原因。"肃宗说："还是睡觉吧，以后再说。"李泌说："陛下现在到我的床上睡觉，尚且不答应我的请求，何况以后对着香案上朝的时候呢？陛下不让我离开，这就等于杀我了。"肃宗说："想不到你对我会这么怀疑，哪里有像我这样而会把你治罪杀掉的呢？这简直把我当成勾践了。"李泌说："陛下不治我的罪杀我，所以我才请求回去；如果已经治罪了，我哪能再说这话呢？而且，要杀我的也不会是陛下，而是五个我不能留下的原因。陛下往日对我这样信任，我对事情还有不敢说的，况且天下已经安定，我还敢讲吗？"

肃宗沉默了好久，说："你是因我不听从你北伐的谋略吗？"回答说："不是的。我所不敢讲的，那是指建宁王的事。"肃宗说："建宁王是我所钟爱的儿子，性情英勇果敢，时局艰难的时候他有功劳，我哪会不知道呢？只是因为他被小人唆使，想害他兄长，

图继嗣,朕以社稷大计,不得已而除之,卿不细知其故邪?"
对曰:"若有此心,广平当怨之,广平每与臣言其冤,辄流涕
呜咽。臣今必辞陛下去,始敢言之耳。"上曰:"渠尝夜扣广
平,意欲加害。"对曰:"此皆出谗人之口,岂有建宁之孝友
聪明,肯为此乎?且陛下昔欲用建宁为元帅,臣请用广平。
建宁若有此心,当深憾于臣,而以臣为忠,益相亲善,陛下
以此可察其心矣。"上乃泣下曰:"先生言是也。既往不咎,
朕不欲闻之。"

　　泌曰:"臣所以言之者,非咎既往,乃欲陛下慎将来耳。
昔天后有四子,长曰太子弘,天后方图称制,恶其聪明,鸩
杀之,立次子雍王贤。贤内忧惧,作《黄台瓜辞》,冀以感悟
天后。天后不听,贤卒死于黔中。其辞曰:'种瓜黄台下,
瓜熟子离离。一摘使瓜好,再摘使瓜稀,三摘犹为可,四摘
抱蔓归。'今陛下已一摘矣,慎无再摘。"上愕然曰:"安有是
哉?卿录是辞,朕当书绅。"对曰:"陛下但识之于心,何必
形于外也?"是时广平王有大功,良娣忌之,潜构流言,故泌
言及之。泌复固请归山,上曰:"俟将发此议之。"冬十月,
李泌归衡山。

　　乾元元年春二月癸卯朔,以殿中监李辅国兼太仆卿。
辅国依附张淑妃,判元帅府行军司马,势倾朝野。三月戊
寅,立张淑妃为皇后。
　　张后生兴王侣,才数岁,欲以为嗣。上疑未决,从容谓考
功郎中知制诰李揆曰:"成王长,且有功,朕欲立为太子,卿意

图谋继承皇位,我从国家大计出发,不得已而把他杀掉,你不很清楚其中的原因吗?"李泌回答说:"如果建宁王有这样的打算,广平王应当恨他,但广平王每次跟我谈起建宁王的冤屈,就呜咽流涕。我现在是肯定要向陛下告辞而离开,才敢说这事的。"肃宗说:"他曾经夜里按住广平王,图谋加害。"李泌说:"这都是出于谗佞之人的口,哪有像建宁王那样孝顺友爱而聪明的人,肯干那种事的?况且陛下以前想用建宁王当元帅,我请求任命广平王;如果建宁王有夺太子之位的心思,他应该很恨我,但他却认为我忠心,而跟我更加亲密友好,陛下从这一点,可以了解他的心意了。"肃宗于是流泪说:"先生您讲得对。已经过去的就别追究了,我不想听了。"

李泌说:"我之所以讲这些,不是要追究过去,而是希望陛下将来要慎重。从前,则天皇后有四个儿子,长子是太子李弘,则天皇后当时正要策划称帝,讨厌他的聪明,用毒酒把他杀了,立次子雍王李贤为太子。李贤内心担忧和害怕,作了一首《黄台瓜辞》,想使则天皇后感悟。则天皇后不听,李贤最终死在黔中。那首辞说:'种瓜种在黄台下,瓜儿熟了果繁茂。头次摘瓜使瓜好,二次摘瓜使瓜少,三次摘瓜犹为可,四次摘瓜抱蔓还。'现在陛下已经摘了一次,千万不要再摘了。"肃宗愕然地说:"哪有这事呢?您把这辞抄下来,我要把它写在衣带上。"李泌说:"陛下只要把它记在心里就行了,何必表露在外呢?"当时广平王有大功,张良娣忌恨他,暗中制造谣言,所以李泌提及这事。李泌再次坚决请求回衡山,肃宗说:"等把这事交给臣下议论后再说吧。"冬季十月,李泌回到衡山。

乾元元年(758)春季二月癸卯这天是初一,以殿中监李辅国兼任太仆卿。李辅国依附张淑妃良娣,判元帅府行军司马,权倾朝野。三月戊寅(初六)这天,册立张淑妃为皇后。

张皇后生了兴王李佋,李佋刚刚才几岁,张皇后想以他为皇位继承人。肃宗犹疑未定,就试探着去问考功郎中、知制诰李揆道:"成王是长子,而且立有功劳,我想立他为太子,您觉得

何如?”揆再拜贺曰:“此社稷之福,臣不胜大庆。”上喜,曰:“朕意决矣。”庚寅,立成王俶为皇太子。揆,玄道之玄孙也。

二年春二月壬子,月食,既。先是,百官请加皇后尊号曰辅圣,上以问中书舍人李揆,对曰:“自古皇后无尊号,惟韦后有之,岂足为法?”上惊曰:“庸人几误我。”会月食,事遂寝。后与李辅国相表里,横于禁中,干豫政事,请托无穷,上颇不悦,而无如之何。

太子詹事李辅国,自上在灵武,判元帅行军司马事,侍直帷幄,宣传诏命,四方文奏,宝印符契,晨夕军号,一以委之。及还京师,专掌禁兵,常居内宅,制敕必经辅国押署,然后施行,宰相百司非时奏事,皆因辅国关白、承旨。常于银台门决天下事,事无大小,辅国口为制敕,写付外施行,事毕闻奏。又置察事数十人,潜令于人间听察细事,即行推按,有所追索,诸司无敢拒者。御史台、大理寺重囚,或推断未毕,辅国追诣银台,一时纵之。三司、府、县鞫狱,皆先诣辅国咨禀,轻重随意,称制敕行之,莫敢违者。宦官不敢斥其官,皆谓之“五郎”。李揆,山东甲族,见辅国执子弟礼,谓之“五父”。

怎么样?"李揆拜了两拜表示庆贺说:"这是国家的福分,我禁不住要大为庆幸。"肃宗很高兴,说:"我的主意定了。"庚寅(十九日)这天,册立成王李俶为太子。李揆是李玄道的玄孙。

二年(759)春季二月壬子(十五日),发生了月食,属于全食。在此之前,百官请求给皇后加封尊号,叫辅圣,肃宗拿这个事情去询问中书舍人李揆,李揆回答说:"从古以来,皇后就没有尊号,只有韦后有,这哪足以效法?"肃宗吃惊地说:"庸人几乎误了我。"正好遇到月食,事情也就搁下来了。后来皇后跟李辅国内外勾结,横行于宫廷内,干预国家的政治事务,不断拿私事相托付,通关节,走门路,肃宗非常不高兴,但又不能把她怎么样。

太子詹事李辅国,自从肃宗在灵武时,他就担任判元帅行军司马的职务,在皇帝左右奉侍值班,负责传达皇帝的诏书命令,各地呈上来的奏折、皇帝的玉玺、朝廷各种办事的符节凭证,早晚的军队口令,全都交给他掌握。等回到京师,又让他单独统领宫廷的卫戍部队,所以他长期居住在宫廷里面,皇帝下发的文件一定要经李辅国签字画押后才能施行,宰相和朝廷各部门在规定的时间之外向皇帝报告请示,都要通过李辅国向皇帝禀告,而皇帝的意旨也要由他转达。李辅国经常在银台门处理国家的事情,而事情无论大小,都由李辅国口授皇帝的诏命,写好就发出去实行,事情办完了再报告皇帝。他又设置侦探数十人,暗中命令他们在民间打探细枝末节的小事,打探到后马上进行审讯,他索取的从犯或材料,各部门都没人敢抵制。御史台和大理寺收监的重大案件的罪犯,有的还没审查完,李辅国便催促这些部门把罪犯送到银台门,一下子把他们放掉。御史台、中书、门下这三个部门和府、县审讯罪人都要先到李辅国处禀告并听取意见,定罪轻重都随他的意思,宣称是皇帝的诏令让人执行,没人敢违反。宦官不敢直呼他的官衔,都叫他为"五郎"。李揆出身于山东的世家大族,见到李辅国也以晚辈的身份向他行礼,称他为"五父"。

　　及李岘为相,于上前叩头,论制敕皆应由中书出,具陈辅国专权乱政之状,上感寤,赏其正直。辅国所行事,多所变更,罢其察事。辅国由是让行军司马,请归本官,上不许。夏四月壬寅,制:“比缘军国务殷,或宣口敕处分。诸色取索及杖配囚徒,自今一切并停。如非正宣,并不得行。中外诸务,各归有司。英武军虞候及六军诸使、诸司等,比来或因论竞,悬自追摄,自今一切须经台、府。如所由处断不平,听具状奏闻。诸律令除十恶、杀人、奸、盗、造伪外,馀烦冗一切删除,仍委中书、门下与法官详定闻奏。”辅国由是忌岘。

　　凤翔马坊押官为劫,天兴尉谢夷甫捕杀之。其妻讼冤。李辅国素出飞龙厩,敕监察御史孙蓥鞫之,无冤。又使御史中丞崔伯阳、刑部侍郎李晔、大理卿权献鞫之,与蓥同。妻犹不服,又使侍御史太平毛若虚鞫之,若虚倾巧士,希辅国意,归罪夷甫。伯阳怒,召若虚诘责,欲劾奏之。若虚先自归于上,上匿若虚于帘下。伯阳寻至,言若虚附会中人,鞫狱不直。上怒,叱出之。伯阳贬高要尉,献贬桂阳尉,晔与凤翔尹严向皆贬岭下尉,蓥除名,长流播州。吏部尚书、同平章事李岘奏伯阳等无罪,责之太重,上以为朋党,五月辛巳,贬岘蜀州刺史。右散骑常侍韩择木

到李岘为宰相时，在肃宗面前叩头，谈论诏书应由中书省拟制发出，还把李辅国专权乱政的情状都告诉肃宗，肃宗被感动而醒悟，赞赏李岘正直。李辅国推行的事情大多予以改正，撤销他设置的侦探。李辅国因此提出辞去行军司马的职务，仍只当原来的太子詹事，肃宗不同意。夏季四月壬寅这天，肃宗发布诏令："一段时间以来，因军事和国家的事务繁多，有时靠口头发布诏令来处理问题。各种征调索取及对囚犯施以杖刑流配等，从现在起全部停止。如果不是通过正式途径发布的诏令，全都不许实行。朝廷内外各种政务，分别归各有关部门管理。卫戍部队英武军的虞候及北门六军的各级头领、各个部门，一段时间以来有的因为互相之间对问题有争议而互不相让，自定规矩来追索案犯。从今以后，这一切必须经御史台和京兆府办理，如果因为处理不公平，任随人们通过申诉报告上来。所有法令条文，除有关十恶、杀人、奸污、强盗、冒充伪造罪的以外，其馀繁琐多馀的全部删掉，仍旧委派中书、门下两省跟法律官员仔细制定条文报告上来。"李辅国因此而忌恨李岘。

凤翔府管押马坊的官员行劫，天兴县尉谢夷甫抓住并处死了他，他妻子上诉申冤。李辅国本出身飞龙厩，肃宗命监察御史孙蓥审理这件事，结果确认没有冤情。又让御史中丞崔伯阳、刑部侍郎李晔、大理寺卿权献审理，审理结果与孙蓥的结论一样。管押马坊官员的妻子还是不服，又让侍御史太平人毛若虚来审理，毛若虚是个投机取巧的小人，他迎合李辅国的意旨，认定谢夷甫有罪。崔伯阳恼火起来，叫毛若虚来责问，想上奏弹劾他。毛若虚预先跑到肃宗处认罪，肃宗让他藏在殿中的帘子下。崔伯阳找过来，对肃宗说毛若虚附会内廷宦者，审理案件不公平。肃宗发怒，喝令崔伯阳出去。结果崔伯阳被贬为高要县尉，权献被贬为桂阳尉，李晔与凤翔府尹严向都被贬为岭南以南地方的县尉，孙蓥被除名，永远流放到播州。吏部尚书、同平章事李岘上奏说崔伯阳等人无罪，这样的处罚太重，肃宗认为李岘与这些人结党，五月辛巳（十六日），将李岘贬为蜀州刺史。右散骑常侍韩择木

入对，上谓之曰："李岘欲专权，今贬蜀州，朕自觉用法太宽。"对曰："李岘言直，非专权。陛下宽之，祗益圣德耳。"若虚寻除御史中丞，威振朝廷。

上元元年夏六月甲申，兴王佋薨。佋，张后长子也，幼曰定王侗。张后以故数欲危太子，太子常以恭逊取容。会佋薨，侗尚幼，太子位遂定。

上皇爱兴庆宫，自蜀归，即居之。上时自夹城往起居，上皇亦间至大明宫。左龙武大将军陈玄礼、内侍监高力士久侍卫上皇。上又命玉真公主、如仙媛、内侍王承恩、魏悦及梨园弟子常娱侍左右。上皇多御长庆楼，父老过者往往瞻拜，呼万岁，上皇常于楼下置酒食赐之，又尝召将军郭英乂等上楼赐宴。有剑南奏事官过楼下拜舞，上皇命玉真公主、如仙媛为之作主人。李辅国素微贱，虽暴贵用事，上皇左右皆轻之。辅国意恨，且欲立奇功以固其宠，乃言于上曰："上皇居兴庆宫，日与外人交通，陈玄礼、高力士谋不利于陛下。今六军将士尽灵武勋臣，皆反仄不安，臣晓谕不能解，不敢不以闻。"上泣曰："圣皇慈仁，岂容有此？"对曰："上皇固无此意，其如群小何？陛下为天下主，当为社稷大计，消乱于未萌，岂得徇匹夫之孝？且兴庆宫与闾阎相参，垣墉浅露，非至尊所宜居。大内深严，奉迎居之，与彼何殊？又得杜绝小人荧惑圣听。如此，上皇享万岁之安，陛下

被皇帝召入问话,肃宗说:"李岘想独揽大权,现在把他贬到蜀州,我自己觉得执法还是太宽容了。"韩择木回答说:"李岘讲话直率,他不是独揽大权。陛下宽容他,这只会增加陛下的仁德。"不久,毛若虚被授予御史中丞的职务,威震朝廷。

上元元年(760)夏季六月甲申(二十六日)这天,兴王李佋去世。李佋是张皇后的长子,幼子是定王李侗。张皇后因此屡次想危害太子,太子经常以恭敬逊让的态度求得皇后欢心,到李佋去世,而李侗年纪还小,太子的地位才稳定下来。

上皇李隆基喜欢兴庆宫这地方,从蜀地回京后就居住在那里,肃宗不时从夹城往兴庆宫问候上皇的生活情况,上皇有时也到大明宫去。左龙武大将军陈玄礼、内侍监高力士长期侍卫上皇。肃宗又命令玉真公主、如仙媛、内侍王承恩、魏悦及宫中戏班优伶经常伴上皇娱乐,侍候在他身边。上皇经常登上长庆楼,百姓耆老从那里经过的常常停下来瞻仰下拜,高呼万岁,上皇也常常在长庆楼下摆设酒和食物赐给他们,还曾经召将军郭英乂等上楼赐宴。有剑南道奏事官路过兴庆楼时,在楼下施跪拜礼,上皇命令玉真公主、如仙媛代替自己出面做东招待。李辅国本来出身微贱,虽骤然贵幸掌权,但上皇身边的人都看不起他。李辅国心中怀恨,而且又想立下奇功以巩固皇帝对他的宠信,于是对肃宗说:"上皇住在兴庆宫,每天跟外面的人来往接触,陈玄礼、高力士图谋损害陛下。现在,六军的将士都是陛下在灵武登位时的有功之臣,他们都忐忑不安,不管我跟他们怎么说都不能使他们放心,这事我不敢不告诉陛下。"肃宗流着泪说:"上皇仁慈,哪里会有这样的事?"李辅国说:"上皇即使没有这样的打算,可他身边那群小人呢?陛下为天下之主,应当为国家大事着想,把祸乱消弭于尚未萌发的时候,哪能恪守一般人的孝行呢?况且兴庆宫与街坊巷陌相交错,墙垣低矮,不适合最尊贵的人居住。皇宫中殿宇深严,恭迎上皇居住在这里,跟住在兴庆宫又有什么不同呢?还可以杜绝小人迷惑上皇的视听。像这样,让上皇能享受长久的安乐,而陛下

有三朝之乐，庸何伤乎？"上不听。兴庆宫先有马三百匹，辅国矫敕取之，才留十匹。上皇谓高力士曰："吾儿为辅国所惑，不得终孝矣。"

　　辅国又令六军将士，号哭叩头，请迎上皇居西内，上泣不应。辅国惧。会上不豫，秋七月丁未，辅国矫称上语，迎上皇游西内，至睿武门，辅国将射生五百骑，露刃遮道奏曰："皇帝以兴庆宫湫隘，迎上皇迁居大内。"上皇惊，几坠。高力士曰："李辅国何得无礼！"叱令下马。辅国不得已而下。力士因宣上皇诰曰："诸将士各好在！"将士皆纳刃，再拜，呼万岁。力士又叱辅国与己共执上皇马鞚，侍卫如西内，居甘露殿。辅国帅众而退，所留侍卫兵，才尪老数十人。陈玄礼、高力士及旧宫人皆不得留左右。上皇曰："兴庆宫，吾之王地，吾数以让皇帝，皇帝不受。今日之徙，亦吾志也。"是日，辅国与六军大将素服见上，请罪。上又迫于诸将，乃劳之曰："南宫、西内，亦复何殊？卿等恐小人荧惑，防微杜渐，以安社稷，何所惧也？"刑部尚书颜真卿首帅百寮上表，请问上皇起居，辅国恶之，奏贬蓬州长史。

　　丙辰，高力士流巫州，王承恩流播州、魏悦流溱州，陈玄礼勒致仕，置如仙媛于归州，玉真公主出居玉真观。上更选后宫百馀人，置西内，备洒扫。令万安、咸宜二公主视服膳。四方所献珍异，先荐上皇。然上皇日以不怿，因不茹荤，辟谷，浸以成疾。上初犹往问安，既而上亦

又能得到每天三次向上皇请安的快慰,这有什么损害呢?"肃宗不答应李辅国的要求。兴庆宫原有三百匹马,李辅国诈称皇帝的命令取走了这些马,只留下十匹。上皇对高力士说:"我儿子被李辅国所迷惑,不能终身行孝了。"

李辅国又命令六军将士向皇帝叩头大哭,请求迎接上皇居住在皇城太极宫里,肃宗流泪不出声。李辅国害怕起来。刚好肃宗有病,这年秋天七月丁未(十九日),李辅国假传皇帝的话,迎接上皇到皇城太极宫游览,至皇城睿武门时,李辅国率领射生军五百骑兵,拔刀拦在路上,启奏说:"皇帝认为兴庆宫潮湿低隘,迎接上皇迁居皇城太极宫里。"上皇惊骇,差点跌下马来。高力士喝道:"李辅国怎能如此无礼?"叱令他下马,李辅国不得已而下马。高力士于是宣布上皇的话,说:"各位将士都好好地停留在原地!"官兵们都收刀入鞘,向上皇拜了两拜,呼叫万岁。高力士又喝令李辅国与自己拉着上皇坐骑的络头,拱护着上皇到太极宫,居住在甘露殿。李辅国带部队离开,留下来当侍卫的士兵只有羸弱年迈者数十人。陈玄礼、高力士及上皇以前的宫人都不准留在身边。上皇说:"兴庆宫是我封王时居住的宫殿,我多次要把它让给皇帝,皇帝不接受。今天让我迁出来,这也是我的心愿。"这天,李辅国与六军的大将穿着素服拜见皇帝,向他请罪。肃宗又迫于众位将领的请求,于是安慰他们说:"兴庆宫、太极宫又有什么区别? 你们怕小人迷惑上皇,防微杜渐来确保国家的安定,有什么值得害怕的呢?"刑部尚书颜真卿带头率领百官递上奏表,问候上皇的生活情况,李辅国讨厌他,上奏贬他为蓬州长史。

丙辰(二十八日),高力士被流放巫州,王承恩被流放播州,魏悦被流放溱州,陈玄礼被勒令退休,将如仙媛安置在归州,玉真公主出居玉真观。肃宗另选后宫一百多人安置在太极宫,负责宫殿打扫。命万安公主、咸宜公主照顾上皇生活。各地进贡的珍宝异物,都先进献给上皇。然而上皇一天天不高兴,于是不吃荤腥,不吃粮食,渐渐地生病了。肃宗当初还去问安,后来肃宗也

有疾，但遣人起居。其后上稍悔寤，恶辅国，欲诛之，畏其握兵，竟犹豫不能决。

二年。初，李辅国与张后同谋，迁上皇于西内。是日端午，山人李唐见上，上方抱幼女，谓唐曰："朕念之，卿勿怪也。"对曰："太上皇思见陛下，计亦如陛下之念公主也。"上泫然泣下，然畏张后，尚不敢诣西内。

秋八月癸丑朔，加开府仪同三司李辅国兵部尚书。乙未，辅国赴上，宰相朝臣皆送之，御厨具馔，太常设乐。辅国骄纵日甚，求为宰相，上曰："以卿之功，何官不可为，其如朝望未允何？"辅国乃讽仆射裴冕等使荐己。上密谓萧华曰："辅国求为宰相，若公卿表来，不得不与。"华出，问冕，曰："初无此事，吾臂可断，宰相不可得。"华入言之，上大悦，辅国衔之。

建子月戊戌冬至，己亥，上朝上皇于西内。

宝应元年建辰月，李辅国以求宰相不得怨萧华。庚午，以户部侍郎元载为京兆尹。载诣辅国固辞，辅国识其意，壬寅，以司农卿陶锐为京兆尹。辅国言萧华专权，请罢其相，上不许。辅国固请不已，乃从之，仍引元载代华。戊申，华罢为礼部尚书，以载同平章事，领度支、转运使如故。

建巳月甲寅，上皇崩于神龙殿，年七十八。乙卯，迁坐于太极殿。上以寝疾，发哀于内殿，群臣发哀于太极殿。蕃官

生病了，便只是派人去问安。此后肃宗逐渐后悔而醒悟，厌恶李辅国，想杀他，又害怕他掌握着军队，终于犹豫不敢决定。

二年（761）。当初，李辅国与张皇后合谋将上皇迁居于太极宫。这一天是端午节，隐士李唐拜见肃宗，肃宗正怀抱着小女儿，对李唐说："我疼爱着她，你别见怪。"李唐说："太上皇想见陛下的心情，我想也好像陛下挂念小公主一样。"肃宗泫然泪下，但害怕张皇后，还是不敢到太极宫去。

秋季八月癸丑这天是初一，朝廷给开府仪同三司李辅国加封兵部尚书职。乙未这天，李辅国到兵部上任，宰相和朝中大臣都来送他，由宫廷厨房安排宴席，太常寺安排礼乐。李辅国一天比一天骄横，向皇帝要求让自己担任宰相，肃宗说："以你的功劳，什么官不可以当？只是朝廷上有声望的人未答应，那怎么办？"李辅国于是示意仆射裴冕等人，让他们推荐自己。肃宗秘密对萧华说："李辅国要求当宰相，如果公卿们呈表上来推荐，就不能不给他当了。"萧华出来问裴冕，裴冕说："从来就没宦官当宰相的事，我的手臂可以断，宰相之职他得不到。"萧华入宫告诉肃宗，肃宗大为高兴，李辅国对萧华怀恨在心。

这年岁首十一月戊戌（十七日）这天是冬至，己亥（十八日），肃宗到太极宫朝见上皇。

宝应元年（762）三月，李辅国因要求当宰相不能如愿，怨恨萧华。庚午这天，任命户部侍郎元载为京兆府尹。元载到李辅国处坚决推辞，李辅国知道他的心思，壬寅（二十四日），任命司农卿陶锐为京兆府尹。李辅国说萧华独揽大权，请求罢免他的宰相职务，肃宗不答应。李辅国不断地坚决请求，于是肃宗就答应了他，他还是提出让元载顶替萧华的职务。戊申（三十日），萧华被罢免宰相职，改任礼部尚书，任命元载为同平章事，仍担任原来的度支使、转运使职务。

四月甲寅（初五）这一天，太上皇在神龙殿去世了，享年七十八岁。乙卯（初六），迁棺枢于太极殿。肃宗由于卧病在床，于是便在内殿发丧举哀，群臣在太极殿发丧举哀。蕃人官员

劓面割耳者四百馀人。丙辰,命苗晋卿摄冢宰。上自仲春寝疾,闻上皇登遐,哀慕,疾转剧,乃命太子监国。甲子,制改元,复以建寅为正月,月数皆如其旧,赦天下。

初,张后与李辅国相表里,专权用事,晚年,更有隙。内射生使三原程元振党于辅国。上疾笃,后召太子谓曰:"李辅国久典禁兵,制敕皆从之出,擅逼迁圣皇,其罪甚大,所忌者吾与太子。今主上弥留,辅国阴与程元振谋作乱,不可不诛。"太子泣曰:"陛下疾甚危,二人皆陛下勋旧之臣,一旦不告而诛之,必致震惊,恐不能堪也。"后曰:"然则太子姑归,吾更徐思之。"太子出,后召越王係谓曰:"太子仁弱,不能诛贼臣,汝能之乎?"对曰:"能。"係乃命内谒者监段恒俊选宦官有勇力者二百馀人,授甲于长生殿后。乙丑,后以上命召太子。元振知其谋,密告辅国,伏兵于陵霄门以俟之。

太子至,以难告。太子曰:"必无是事,主上疾呕召我,我岂可畏死而不赴乎?"元振曰:"社稷事大,太子必不可入。"乃以兵送太子于飞龙厩,且以甲兵守之。是夜,辅国、元振勒兵三殿,收捕越王係、段恒俊及知内侍省事朱光辉等百馀人,系之。以太子之命迁后于别殿。时上在长生殿,使者逼后下殿,并左右数十人幽于后宫,宦官宫人皆惊骇逃散。丁卯,上崩,辅国等杀后并係及兖王僴。是日,辅国始引太子素服于九仙门与宰相相见,叙上皇晏驾,拜哭,始行监国之令。戊辰,发大行皇帝丧于两仪殿,

划破脸皮、割掉耳朵的有四百多人。丙辰(初七),任命苗晋卿摄冢宰。肃宗自二月开始卧病不起,听到太上皇去世,心中哀痛思念,病情加剧,于是命令太子监国。甲子(十五日),发布诏书改元,仍旧以建寅月为正月,月份的数目顺序都按以前。大赦天下。

当初,张皇后与李辅国内外勾结,独揽朝政,到了晚年,又跟李辅国不和。内射生使三原人程元振依附李辅国。肃宗病重,张皇后召太子见面,跟他说:"李辅国长期掌管皇宫卫戍部队,皇帝的诏书命令都由他传达,他擅自迫太上皇迁居,罪恶非常大,他所顾忌的只是我和太子你。现在皇上病危,李辅国暗地里与程元振图谋作乱,不能不把他杀掉。"太子流泪说:"陛下的病非常危险,这两人都是陛下有功的旧臣,一旦不报告陛下而把他们杀了,肯定要使陛下震惊,恐怕陛下经受不起。"张皇后说:"既然这样,太子你先回去吧,我另外慢慢考虑一下。"太子离开后,张皇后召见越王李係,对他说:"太子仁慈懦弱,杀不了贼臣,你能做到吗?"越王说:"能够做到。"于是李係命内谒者监段恒俊挑选勇敢有力的宦官两百多人,在长生殿后面分给他们铠甲。乙丑(十六日),皇后用皇帝的命令召太子入宫。程元振知道他们的计划,秘密告诉了李辅国,他们带兵埋伏在陵霄门等着。

太子到了,他们把危险告诉太子。太子说:"肯定没这事。皇上因病情加重召见我,我怎能怕死不去呢?"程元振说:"国事为重,太子一定不能进去。"于是让部队护送太子到宫内养马的飞龙厩,并且派穿着甲胄的士兵守护他。当夜,李辅国、程元振在皇宫中的三殿布置部队,逮捕了越王李係、段恒俊及知内侍省事朱光辉等一百多人,把他们捆了起来。借太子的命令,把皇后迁到别的殿。当时肃宗在长生殿,宫廷卫队的头领迫使皇后走出长生殿,连同她身边的数十人监禁在后宫,宦者和宫女都惊慌失措四处逃跑。丁卯(十八日),肃宗去世,李辅国等人杀了张皇后及李係、兖王李侗。当天,李辅国才带太子穿着素服在九仙门跟宰相见面,讲述太上皇帝去世以来的事,行哭拜礼后才开始发布监国的命令。戊辰(十九日),在两仪殿为去世的肃宗皇帝发丧,

宣遗诏。己巳，代宗即位。高力士遇赦还，至朗州，闻上皇崩，号恸，呕血而卒。

李辅国恃功益横，明谓上曰："大家但居禁中，外事听老奴处分。"上内不能平，以其方握禁兵，外尊礼之。乙亥，号辅国为尚父而不名，事无大小皆咨之，群臣出入皆先诣，辅国亦晏然处之。以内飞龙厩副使程元振为左监门卫将军。知内侍省事朱光辉及内常侍啖庭瑶、山人李唐等二十馀人皆流黔中。

夏五月，以李辅国为司空兼中书令。壬辰，贬礼部尚书萧华为峡州司马，元载希李辅国意以罪诬之也。

飞龙副使程元振谋夺李辅国权，密言于上，请稍加裁制。六月己未，解辅国行军司马及兵部尚书，馀如故，以元振代判元帅行军司马，仍迁辅国出居外第。于是道路相贺。辅国始惧，上表逊位。辛酉，罢辅国兼中书令，进爵博陆王。辅国入谢，愤咽而言曰："老奴事郎君不了，请归地下事先帝！"上犹慰谕而遣之。秋九月乙未，加程元振骠骑大将军兼内侍监。

上在东宫，以李辅国专横，心甚不平，及嗣位，以辅国有杀张后之功，不欲显诛之。冬十月壬戌夜，盗入其第，窃辅国之首及一臂而去。敕有司捕盗，遣中使存问其家，为刻木首葬之，仍赠太傅。

宣读遗诏。己巳(二十日),代宗登位。高力士遇大赦还京,回到朗州,听到太上皇去世的消息,他嚎啕大哭,呕血而死。

李辅国倚仗着有功劳,更加骄横起来,公然对皇帝说道:"大家(李辅国对代宗皇帝的称呼)只消住在宫里,外面朝廷上的事由老奴来处理。"代宗心里恨恨不平,因他正掌握着宫廷卫队,只好表面上尊敬,对他以礼相待。乙亥(二十六日),给李辅国加尊号,称为尚父,而不叫他的名,事情不管大小都向他征求意见,大臣们进出宫中都先去见李辅国,李辅国也心安理得、泰然处之。任命内飞龙厩副使程元振为左监门卫将军。知内侍省事朱光辉及内常侍啖庭瑶、隐士李唐等二十多人皆被流放到黔中。

夏季五月,任命李辅国为司空兼中书令。壬辰(十四日),礼部尚书萧华被贬为峡州司马,这是元载顺从李辅国的意思诬告萧华有罪的结果。

飞龙副使程元振图谋夺李辅国的权,秘密向代宗进言,请求对李辅国逐渐加以制裁。六月己未(十一日),代宗解除李辅国行军司马及兵部尚书的职务,他的其馀职务照旧,以程元振代替李辅国判元帅行军司马,还将李辅国迁出皇宫,让他居住在宫外的府第。于是,路上的行人相互庆贺。李辅国开始害怕,呈上奏章请求让位。辛酉(十三日),罢免李辅国所兼中书令职,给他加封爵位为博陆王。李辅国入宫谢恩,悲愤哽咽地说:"老奴服侍不了郎君,请让我回到地下去服侍先帝吧!"代宗还是好言抚慰,让他回去。秋季九月乙未(十九日),加封程元振为骠骑大将军兼内侍监。

代宗当太子时,见李辅国专横而心中非常不平,等到继承了皇位,又因李辅国有杀张皇后的功劳而不想明正典刑,当众杀他。冬季十月壬戌(十七日)夜里,有盗贼潜入李辅国的府第,偷砍下他的头和一只手臂拿走了。代宗命令有关衙门追捕强盗,派宫中宦官慰问他的家属,让人给他用木头刻一个头装上,安葬了他,还赠封他为太傅。

代宗广德元年,骠骑大将军、判元帅行军司马程元振专权自恣,人畏之甚于李辅国。诸将有大功者,元振皆疾忌欲害之。吐蕃入寇,元振不以时奏,致上狼狈出幸。上发诏征诸道兵,李光弼等皆忌元振居中,莫有至者。中外咸切齿而莫敢发言,太常博士柳伉上疏。语见《吐蕃入寇》。上以元振有保护功,十一月辛丑,削元振官爵,放归田里。

十二月,程元振既得罪,归三原。闻上还宫,衣妇人服,私入长安,复规任用,京兆府擒之以闻。

二年春正月壬寅,敕称:"程元振变服潜行,将图不轨,长流溱州。"上念元振之功,复令于江陵安置。

唐代宗广德元年(763),骠骑大将军、判元帅行军司马程元振专权跋扈,人们害怕他超过害怕李辅国。将领中有大功的,程元振都嫉妒仇视,并想加害。吐蕃入侵,程元振不立即上报代宗,致使代宗狼狈出逃。代宗发布诏书征召各道军队,李光弼等将领都顾忌程元振在朝中掌权,没人响应征召而来。朝野上下都切齿痛恨程元振,但没人敢出声,太常博士柳伉上疏请斩程元振。事见《吐蕃入寇》。代宗因为程元振有保护自己的功劳,十一月辛丑(初二),削夺程元振的官职和爵位,让他回故里。

　　十二月,程元振被处分后,回三原故里。听到代宗回了京城,于是穿着女人服装,潜入长安,企图谋划再度任用,京兆府官员抓住他,上报代宗。

　　二年(764)春季正月壬寅(初四),代宗下令说:"程元振化装潜入京师,想谋图不轨,终身流放到溱州。"代宗念及程元振的功劳,又下令把他安排在江陵看管。

仆固怀恩之叛 周智光附

唐肃宗宝应元年。初,回纥毗伽阙可汗为登里求婚,肃宗以仆固怀恩女妻之,为登里可敦。时征兵回纥以讨史朝义,可汗请与怀恩相见,上令怀恩往见之。怀恩为可汗言唐家恩信不可负,可汗悦,遣使上表,请助国讨朝义。

代宗广德元年。初,仆固怀恩受诏与回纥可汗相见于太原,河东节度使辛云京以可汗乃怀恩婿,恐其合谋袭军府,闭门自守,亦不犒师。及史朝义既平,诏怀恩送可汗出塞,往来过太原,云京亦闭城不与相闻。怀恩怒,具表其状,不报。怀恩将朔方兵数万屯汾州,使其子御史大夫玚将万人屯榆次,裨将李光逸等屯祁县,李怀光等屯晋州,张维岳等屯沁州。怀光,本勃海靺鞨也,姓茹,为朔方将,以功赐姓。中使骆奉仙至太原,云京厚结之,为言怀恩与回纥连谋,反状已露。奉仙还,过怀恩,怀恩与饮于母前,母数让

仆固怀恩之叛 周智光附

唐肃宗宝应元年（762）。当初，回纥毗伽阙可汗为王子登里向唐朝求婚，肃宗把仆固怀恩的女儿嫁给登里，成为登里可敦。当时唐朝向回纥征用兵马讨伐史朝义，回纥可汗请求跟仆固怀恩相见，肃宗命仆固怀恩去见他。仆固怀恩跟可汗讲，唐朝的恩惠和信任不可背负，可汗高兴，派使者呈上表章，请求帮助国家讨伐史朝义。

代宗广德元年（763）。当初，仆固怀恩接受皇帝的诏书命令，在太原跟回纥可汗相见，河东节度使辛云京认为回纥可汗是仆固怀恩的女婿，怕他们合谋袭击自己的军府，于是关门守备，也不犒劳回纥的部队。到史朝义的叛军被平定以后，皇帝下诏让仆固怀恩送可汗出境，往返都经过太原，辛云京仍然关闭城门不跟仆固怀恩接洽相问候。仆固怀恩勃然大怒，上表章反映这些情况，可是朝廷没有回音。仆固怀恩带领朔方兵马数万人驻扎在汾州，让他的儿子御史大夫仆固玚带领一万人驻扎在榆次，他的偏将李光逸等人驻扎在祁县，李怀光等人驻扎在晋州，张维岳等人驻扎在沁州。李怀光本来是渤海的靺鞨族人，姓茹，当上朔方部队的将领后，因有战功被朝廷赐姓李。中使骆奉仙到太原，辛云京用厚礼结纳他，跟他说仆固怀恩与回纥联合策划谋反，迹象已经暴露出来了。骆奉仙还朝，经过仆固怀恩处，仆固怀恩跟他在自己母亲面前饮酒，仆固怀恩的母亲几次责备

奉仙曰："汝与吾儿约为兄弟，今又亲云京，何两面也？"酒
酣，怀恩起舞，奉仙赠以缠头彩。怀恩欲酬之，曰："来日端
午，当更乐饮一日。"奉仙固请行，怀恩匿其马，奉仙谓左右
曰："朝来责我，又匿我马，将杀我也。"夜，逾垣而走。怀
恩惊，遽以其马追还之。八月癸未，奉仙至长安，奏怀恩谋
反。怀恩亦具奏其状，请诛云京、奉仙。上两无所问，优诏
和解之。

　　怀恩自以兵兴以来，所在力战，一门死王事者四十六
人，女嫁绝域，说谕回纥，再收两京，平定河南、北，功无与
比，而为人构陷，愤怨殊深，上书自讼，以为："臣昨奉诏送
可汗归国，倾竭家赀，俾之上道。行至山北，云京、奉仙闭
城不出祗迎，仍令潜行窃盗。回纥怨怒，亟欲纵兵，臣力
为弥缝，方得出塞。云京、奉仙恐臣先有奏论，遂复妄称设
备，与李抱玉共相组织。臣静而思之，其罪有六：昔同罗叛
乱，臣为先帝扫清河曲，一也；臣男玢为同罗所虏，得间亡
归，臣斩之以令众士，二也；臣有二女，远嫁外夷，为国和
亲，荡平寇敌，三也；臣与男玚不顾死亡，为国效命，四也；
河北新附，节度使皆握强兵，臣抚绥以安反侧，五也；臣说
谕回纥，使赴急难，天下既平，送之归国，六也。

骆奉仙说:"你跟我儿子结拜为兄弟,现在又跟辛云京亲近,怎么这样两面讨好呢?"酒正喝得痛快,仆固怀恩起来为骆奉仙跳舞助兴,骆奉仙回赠他缠头彩物。仆固怀恩想答谢他,说:"明天是端午节,应当再痛快地喝一天酒。"骆奉仙坚决请求起行,仆固怀恩把他的马藏起来,骆奉仙对他随行的人说:"早上就责备我,现在又藏起我的马,这是将要杀我了。"夜里跳墙逃跑。仆固怀恩吃惊,立刻追上去把马还给他。八月癸未(十三日),骆奉仙回到长安,上奏仆固怀恩谋反。仆固怀恩也把情况全部报告朝廷,并请求杀辛云京、骆奉仙。代宗对他们双方都不追究,下诏书为双方好言调解。

自战乱发生以来,仆固怀恩所到之处都是拼力作战,全家为国事而死的共有四十六人,女儿嫁给远方的回纥,说服回纥帮助朝廷,再次收复东、西两京,平定黄河南北的叛军,功劳事无人可以比拟,但反而被人诬蔑陷害,因此他非常愤怒,上书皇帝为自己辩解,认为:"臣下我前段时间奉皇帝命令送回纥可汗回国,倾尽家产,让他们起程。行到大山以北之地,辛云京、骆奉仙关闭城门不出来恭迎,还让人暗地里来盗窃队伍中的财物。回纥人愤怒,很想让部队进攻他们,臣下我极力替他们说好话来解释,才使回纥的军队出境离去。辛云京、骆奉仙怕臣下我先上奏折指责他们,于是又乱说要防备我谋反,跟李抱玉联系在一起。臣下我平心静气地考虑,臣下我的罪过有六条:以前同罗人叛乱,臣下我为先帝扫荡平定河曲,这是其一;臣下我的儿子仆固玢为同罗兵所俘虏,得到机会逃跑回来,臣下我杀了他来号令部队,这是其二;臣下我有两个女儿,远嫁给外国,为的是替朝廷跟外国和亲,借兵来扫平敌寇,这是其三;臣下我与儿子仆固玚不顾死亡,为国事拼命,这是其四;河北之地刚归顺朝廷时,那里的节度使都掌握着强大的兵力,臣下我去抚慰安定人心,使他们不致反复,这是其五;臣下我说服回纥,让他们出兵解救国家的危难,天下平定以后,又送他们回国,这是其六。

"臣既负六罪,诚合万诛,惟当吞恨九泉,衔冤千古,复何诉哉?臣受恩至重,夙夜思奉天颜,但以来瑱受诛,朝廷不示其罪,诸道节度,谁不疑惧?近闻诏追数人,尽皆不至,实畏中官谗口,虚受陛下诛夷。岂唯群臣不忠?正为回邪在侧。且臣前后所奏骆奉仙,词情非不撼实,陛下竟无处置,宠任弥深,皆由同类比周,蒙蔽圣听。窃闻四方遣人奏事,陛下皆云与骠骑议之,曾不委宰相可否。或稽留数月不还,远近益加疑阻。如臣朔方将士,功效最高,为先帝中兴主人,乃陛下蒙尘故吏,曾不别加优奖,反信谗嫉之词。子仪先已被猜,臣今又遭诋毁。弓藏鸟尽,信匪虚言。陛下信其矫诬,何殊指鹿为马?傥不纳愚恳,且贵因循,臣实不敢保家,陛下岂能安国?忠言利行,惟陛下图之。臣欲公然入朝,恐将士留沮。今托巡晋、绛,于彼迁延,乞陛下特遣一介至绛州问臣,臣即与之同发。"

九月壬戌,上遣裴遵庆诣怀恩谕旨,且察其去就。怀恩见遵庆,抱其足号泣诉冤。遵庆为言圣恩优厚,讽令入朝,怀恩许诺。副将范志诚以为不可,曰:"公信其甘言,入则为来瑱,不复还矣!"明日,怀恩见遵庆,以惧死为辞,请令一子入朝。志诚又以为不可,遵庆乃还。御史大夫王翊使回纥还,怀恩先与可汗往来,恐翊泄其事,遂留之。

"臣仆我既然身负六罪,确实应该被处死一万次,臣下我也只应当吞怨恨于九泉,衔冤屈于千古,还诉说什么呢? 臣下我受陛下的恩典极重,日夜希望能供奉于陛下的身边,只是因为来瑱的被杀,朝廷不公布他的罪状,各道节度使哪个不心怀疑惧? 近日听说诏书催促的几个人全都不按命令到京,确实是害怕内廷宦官的谗言相害,枉被陛下诛杀。这哪里只是群臣不忠心? 正是因为奸邪之徒在陛下身边。而臣下我前后所上奏章反映骆奉仙的事,其情况无不据实而言,陛下始终不做处理,反而对他更加宠任,都是因为他的同伙互相关照包庇,蒙蔽了陛下圣明的视听。我听说各地派人上京奏事,陛下都说与骠骑大将军程元振商议了再说,从来不让宰相参决可否。另外,各地使者迁延数月不能回还,使远近各地更加增添了疑心和阻力。比如,我的朔方将士,功绩最高,是先帝中兴国家的主要力量,也是陛下蒙难时的老部下,竟不另外加以特别奖赏,反而听信嫉妒谗毁的话。郭子仪先已被猜忌了,现在,我又遭到诋毁。飞鸟尽、良弓藏,这话确实不假。陛下听信他们矫饰诬陷之言,这跟指鹿为马有什么区别? 倘陛下不接受我这愚直的诚恳,还是崇尚旧日作风,臣下我确实不敢保存自己一家,而陛下又能安稳治国吗? 忠直之言利于行,只求陛下考虑考虑。臣下我想公开入朝,恐怕将士们要阻止我。现在臣下我借口巡视晋、绛二州,逗留在那里,乞求陛下特派一位使者到绛州过问我的情况,臣下我立即同他一起动身入朝。"

九月壬戌(二十二日),代宗派裴遵庆到仆固怀恩处说明皇帝的意旨,并了解他的动向。仆固怀恩见到裴遵庆,抱着他的脚放声大哭,申诉冤屈。裴遵庆告诉他皇帝对他恩典优厚,劝他入朝,仆固怀恩答应了。仆固怀恩的副将范志诚认为不能入朝,说:"您听信他的甜言蜜语,一入朝就成了来瑱,再也回不来了!"第二天,仆固怀恩会见裴遵庆,托词怕死,请让一个儿子入朝。范志诚又认为不行,裴遵庆于是回朝。御史大夫王翊出使回纥回来,仆固怀恩以前跟回纥可汗相来往,怕王翊泄露他们之间的事情,于是把王翊强留下来。

二年春正月丙午,遣检校刑部尚书颜真卿宣慰朔方行营。上之在陕也,真卿请奉诏召仆固怀恩,上不许。至是,上命真卿说谕怀恩入朝,对曰:"陛下在陕,臣往,以忠义责之,使之赴难,彼犹有可来之理。今陛下还宫,彼进不成勤王,退不能释众,召之,庸肯至乎? 且言怀恩反者,独辛云京、骆奉仙、李抱玉、鱼朝恩四人耳,自外群臣皆言其枉。陛下不若以郭子仪代怀恩,可不战而服也。"时汾州别驾李抱真,抱玉之从父弟也,知怀恩有异志,脱身归京师。上方以怀恩为忧,召见抱真问计,对曰:"此不足忧也。朔方将士思郭子仪,如子弟之思父兄,怀恩欺其众,云郭子仪已为鱼朝恩所杀,众信之,故为其用耳。陛下诚以子仪领朔方,彼皆不召而来耳。"上然之。

仆固怀恩既不为朝廷所用,遂与河东都将李竭诚潜谋取太原。辛云京觉之,杀竭诚,乘城设备。怀恩使其子玚将兵攻之,云京出与战,玚大败而还,遂引兵围榆次。上谓郭子仪曰:"怀恩父子负朕实深。闻朔方将士思公如枯旱之望雨,公为朕镇抚河东,汾上之师必不为变。"戊午,以子仪为关内、河东副元帅、河中节度等使。怀恩将士闻之,皆曰:"吾辈从怀恩为不义,何面目见汾阳王?"

丁卯,以郭子仪为朔方节度大使。二月,子仪至河中。

仆固玚围榆次,旬馀不拔,遣使急发祁县兵,李光逸尽与之。

二年(764)春季正月丙午(初八),代宗派检校刑部尚书颜真卿去慰问朔方行营。代宗还在陕州的时候,颜真卿请求让他带着诏书去召仆固怀恩入朝,代宗不允许。到这时,代宗命颜真卿去劝说仆固怀恩入朝,颜真卿说:"陛下在陕州时,我到他那里,用忠义责成他,让他解救国家的危难,他还有可以来的道理。现在陛下已经回宫,进一步吧,他不是解救皇上的危难,退一步吧,他不能放弃自己的部队,召他怎么肯来呢?况且,说仆固怀恩反叛的,只是辛云京、骆奉仙、李抱玉、鱼朝恩四人而已,此外群臣都说他是冤枉的。陛下不如以郭子仪顶替仆固怀恩的职务,用不着打仗就可使那里的军队服从朝廷了。"当时的汾州别驾李抱真是李抱玉的堂弟,他知道仆固怀恩有反叛的意图,脱身逃回京师。代宗正因仆固怀恩的事而担忧,召见李抱真询问对策,李抱真说:"这事用不着担心。朔方将士怀念郭子仪就好像子弟怀念父兄,仆固怀恩欺骗他的部下,说郭子仪已被鱼朝恩杀死,他部下相信他,所以才被他利用罢了。陛下如果能用郭子仪统率朔方的部队,他们都会不用召唤而归顺了。"代宗认为他说的有理。

仆固怀恩已不接受朝廷的命令,于是跟河东都将李竭诚暗中策划攻取太原。辛云京发觉了他们的图谋,杀掉李竭诚,到城上安排防御。仆固怀恩让他的儿子仆固玚带兵进攻,辛云京出城迎战,仆固玚大败而还,于是带兵包围榆次。代宗对郭子仪说:"仆固怀恩父子实在太辜负我对他们的恩典了。听说朔方地区的将士怀念您就好像大旱之时盼望下雨,您替我镇守抚慰河东地区,汾阳一带的军队一定不会叛变。"戊午(二十日),任命郭子仪为关内、河东地区的副元帅和河中等地节度使。仆固怀恩的部下听到这消息,都说:"我们追随仆固怀恩干出不义之事,有什么面目见汾阳王?"

丁卯(二十九日),任命郭子仪为朔方节度大使。二月,郭子仪到达河中。

仆固玚包围榆次这个地方,十几天都还攻不下来,于是便派遣使者紧急征调祁县的部队,李光逸把军队全交给了他。

士卒未食,行不能前,十将白玉、焦晖以鸣镝射其后者,军士曰:"将军何乃射人?"玉曰:"今从人反,终不免死。死一也,射之何伤?"至榆次,玚责其迟,胡人曰:"我乘马,乃汉卒不行耳。"玚捶汉卒,卒皆怨怒,曰:"节度使党胡人。"其夕,焦晖、白玉帅众攻玚,杀之。仆固怀恩闻之,入告其母。母曰:"吾语汝勿反,国家待汝不薄,今众心既变,祸必及我,将如之何?"怀恩不对,再拜而出。母提刀逐之曰:"吾为国家杀此贼,取其心以谢三军!"怀恩疾走,得免,遂与麾下三百渡河北走。

时朔方将浑释之守灵州,怀恩檄至,云全军归镇。释之曰:"不然,此必众溃矣。"将拒之,其甥张韶曰:"彼或翻然改图,以众归镇,何可不纳也?"释之疑未决。怀恩行速,先候者而至,释之不得已纳之。张韶以其谋告怀恩,怀恩以韶为间,杀释之而收其军,使韶主之,既而曰:"释之,舅也,彼尚负之,安有忠于我哉?"他日,以事杖之,折其胫,置于弥峨城而死。

都虞候张维岳在沁州,闻怀恩去,乘传至汾州,抚定其众,杀焦晖、白玉而窃其功,以告郭子仪。子仪使牙官卢谅至汾州,维岳赂谅,使实其言。子仪奏维岳杀玚,传首诣阙。群臣入贺,上惨然不悦,曰:"朕信不及人,致勋臣颠越,深用为愧,又何贺焉?"命辇怀恩母至长安,给待优厚,

士兵还没吃饭就要赶路,走起来很慢,十将白玉、焦晖用响箭射那些落在后面的士兵,军队的小队长说:"将军为什么射人呢?"白玉说:"现在追随人家造反,最终免不了一死。反正是一死,用箭射他们又有什么关系呢?"抵达榆次,仆固场责备他们迟到,胡人说:"我们骑马,只是汉人士兵走得慢而已。"仆固场鞭打汉人士兵,士兵们怨恨愤怒,说:"节度使跟胡人一个鼻孔出气。"当天晚上,焦晖、白玉率领部队进攻仆固场,杀死了他。仆固怀恩听到消息,进房告诉了他母亲。他母亲说:"我跟你说不要反叛,国家待你不薄,现在军心已经变了,祸害一定会连累我,现在该怎么办?"仆固怀恩不回答,拜了两下就退出去。他母亲拿着刀追他,说:"我为国家杀死这个贼子,取他的心肝向三军将士谢罪!"仆固怀恩跑得快没被砍中,于是带领部下三百人渡过黄河向北走。

当时,朔方的将领浑释之驻守在灵州,仆固怀恩的檄文传到那里,说全军返回军镇。浑释之说:"不对,这肯定是军队造反溃败下来。"他准备拒不接纳仆固怀恩,他的外甥张韶说:"仆固怀恩或许幡然改变主意不肯造反,率全军返回军镇,怎么能不接纳呢?"浑释之犹疑未定。仆固怀恩行动迅速,赶在侦察部队之前抵达灵州,浑释之不得已只好迎接他入城。张韶把浑释之的打算告诉仆固怀恩,仆固怀恩用张韶为内应,杀死浑释之,收编了他的部队,让张韶来带领,不久,他说:"浑释之是张韶的舅父,张韶尚且出卖他,这人哪会忠于我呢?"一天,仆固怀恩找个事由作借口,对他用杖刑,把他的小腿打断,张韶被弃置在弥峨城而死去。

都虞候张维岳在沁州,听说仆固怀恩逃走,乘坐驿车赶到汾州,安抚军心,杀死焦晖、白玉而窃取他们杀死仆固场的功劳,上报郭子仪。郭子仪让牙官卢谅到汾州,张维岳贿赂卢谅,让他证实自己的话。郭子仪向朝廷报告张维岳杀了仆固场,并把他的首级送到京师。群臣入朝祝贺,代宗凄然不高兴,说:"我的诚意不能让人接受,致使功臣失足堕落,因此十分惭愧,又有什么可贺的呢?"命令用车载仆固怀恩母亲到长安,招待和供应很优厚,

月餘，以壽終，以禮葬之，功臣皆感歎。

戊寅，郭子儀如汾州，懷恩之眾數萬悉歸之，咸鼓舞涕泣，喜其來而悲其晚也。子儀知盧諒之詐，杖殺之。上以李抱真言有驗，遷殿中少監。

夏六月，僕固懷恩至靈武，收合散亡，其眾復振，上厚撫其家。癸未，下詔，稱其："勳勞著于帝室，及于天下。疑隙之端，起自群小，察其深衷，本無他志，君臣之義，情實如初。但以河北既平，朔方已有所屬，宜解河北副元帥、朔方節度等使，其太保兼中書令、大寧郡王如故。但當詣闕，更勿有疑。"懷恩竟不從。

秋八月，郭子儀自河中入朝，會涇原奏僕固懷恩引回紇、吐蕃十萬眾將入寇，京師震駭，詔子儀帥諸將出鎮奉天。上召問方略，對曰："懷恩無能為也。"上曰："何故？"對曰："懷恩勇而少恩，士心不附。所以能入寇者，因思歸之士耳。懷恩本臣偏裨，其麾下皆臣部曲，必不忍以鋒刃相向，以此知其無能為也。"辛巳，子儀發，赴奉天。

九月辛亥，以郭子儀充北道邠寧、涇原、河西以來通和吐蕃使。僕固懷恩前軍至宜祿，郭子儀使右兵馬使李國臣將兵為郭晞後繼。邠寧節度使白孝德敗吐蕃于宜祿。冬十月，懷恩引回紇、吐蕃至邠州，白孝德、郭晞閉城拒守。

一个多月后，仆固怀恩的母亲以天年老死，朝廷按礼仪埋葬了她，功臣们都感动叹息。

戊寅（初十），郭子仪到汾州，仆固怀恩的部队数万人全都归附他，大家兴奋激动得涕泪交流，为他的到来而高兴，又为他来得晚而伤心。郭子仪知道了卢谅讲假话，处以杖刑把他打死。代宗因为李抱真的话被证实了，提升他为殿中少监。

夏季六月，仆固怀恩到达灵武，收容逃兵散卒，他的军队再次变得强大起来，代宗优厚地抚恤他的家属。癸未（十七日），发下诏书，称他："功劳记载在皇室的功劳簿上，传播于天下。猜疑误会的缘由，起于一些小人的挑拨，体察他内心深处，本来并无反叛之意，君臣之间的情义，其实还像以前一样。只是因为黄河以北战乱已经平定，朔方已另外派人统辖，应当解除他河北副元帅、朔方节度使等职，他的太保兼中书令职务和大宁郡王爵位仍旧。只是应当入朝，别再怀猜疑。"仆固怀恩最终还是不能接受。

秋季八月，郭子仪自河中回朝，路上正好遇到泾原的官员上奏，说仆固怀恩带领回纥、吐蕃军十万人准备入侵，京师震动惊骇，代宗下诏命令郭子仪率众将领出京到奉天镇守。代宗召见郭子仪询问他的作战计划，郭子仪回答说："仆固怀恩不会有什么作为的。"代宗问："什么原因呢？"回答说："仆固怀恩勇猛，但对部下缺少关心，将士的心不向着他。他之所以能够带兵入侵，只是利用了将士们想回故乡的心情而已。仆固怀恩本来是臣下我的部将，他的部属也是我的部属，肯定不忍心对我拔刀相向，因此知道他不会有所作为的。"辛巳（十六日），郭子仪出发前往奉天。

九月辛亥（十七日），代宗任命郭子仪充当北道邠宁、泾原、河西沿路一带与吐蕃交通和解的特使。仆固怀恩的先头部队抵达宜禄，郭子仪派右兵马使李国臣带兵充当郭晞的后续部队。邠宁节度使白孝德在宜禄打败吐蕃军队。冬季十月，仆固怀恩带领回纥、吐蕃的兵马到达邠州，白孝德、郭晞紧闭城门坚守抵抗。

　　仆固怀恩与回纥、吐蕃进逼奉天,京师戒严。诸将请战,郭子仪不许,曰:"虏深入吾地,利于速战。吾坚壁以待之,彼以吾为怯,必不戒,乃可破也。若遽战而不利,则众心离矣。敢言战者斩!"辛未夜,子仪出陈于乾陵之南。壬申未明,虏众大至。虏始以子仪为无备,欲袭之,忽见大军,惊愕,遂不战而退。子仪使裨将李怀光等将五千骑追虏,至麻亭而还。虏至邠州,丁丑,攻之,不克。乙酉,虏涉泾而遁。

　　怀恩之南寇也,河西节度使杨志烈发卒五千,谓监军柏文达曰:"河西锐卒,尽于此矣,君将之以攻灵武,则怀恩有返顾之虑,此亦救京师之一奇也!"文达遂将众击摧砂堡、灵武县,皆下之,进攻灵州。怀恩闻之,自永寿遽归,使蕃、浑二千骑夜袭文达,大破之,士卒死者殆半。文达将馀众归凉州,哭而入。志烈迎之曰:"此行有安京室之功,卒死何伤?"士卒怨其言。未几,吐蕃围凉州,士卒不为用,志烈奔甘州,为沙陁所杀,凉州遂陷。

　　永泰元年春三月庚戌,吐蕃遣使请和,诏元载、杜鸿渐与盟于兴唐寺。上问郭子仪:"吐蕃请盟,何如?"对曰:"吐蕃利我不虞,若不虞而来,国不可守矣。"乃相继遣河中兵戍奉天,又遣兵巡泾原以觇之。

　　仆固怀恩诱回纥、吐蕃、吐谷浑、党项、奴剌数十万众俱入寇,令吐蕃大将尚结悉赞磨、马重英等自北道趣奉天,党项帅

仆固怀恩与回纥、吐蕃的军队进逼奉天,京师戒严。众将领请求出战,郭子仪不答应,说:"虏寇深入我们内地,速战有利于他们。我们坚守阵地等待他们,他们会以为我们胆怯,肯定不加戒备,那才能把他们打败。如果立即迎战而失利,就会使军心动摇离散。胆敢说要出战的,斩首!"辛未(初七)这天夜里,郭子仪出城在乾陵之南布阵。壬申(初八)天还未亮的时候,虏寇的军队汹涌而来。他们最初以为郭子仪没有准备,想袭击他的军队,忽然间见到大部队,大为惊愕,于是不战而退兵。郭子仪派偏将李怀光等率五千骑兵追击,追至麻亭而还。虏寇到邠州,丁丑(十三日)发动进攻,攻不下,乙酉(二十一日)便渡过泾水逃跑。

当仆固怀恩南侵的时候,河西节度使杨志烈调发了五千士卒,对监军柏文达说:"河西精锐部队全都在此了,您率领他们去攻灵武,那样,仆固怀恩就有后顾之忧,这也是援救京师的一个奇策。"于是柏文达带领这支部队进攻摧砂堡、灵武县,都攻下了,又进攻灵州。仆固怀恩听到消息,立即从永寿回师,派吐蕃、吐谷浑两千骑兵夜袭柏文达,大败河西军,河西士卒死者大半。柏文达带领剩下的人马回到凉州,哭着入城。杨志烈迎接他说:"这次行动有解救京师皇室的功劳,士兵们死了又有什么关系呢?"士兵们都怨恨他说出这样的话。不久,吐蕃兵包围凉州,士兵们不听指挥,杨志烈逃奔甘州,被沙陀兵所杀,凉州于是失陷。

永泰元年(765)春季三月庚戌(十九日),吐蕃派使者来请和,代宗下诏派元载、杜鸿渐与吐蕃使者盟誓于兴唐寺。代宗问郭子仪:"吐蕃请求盟誓和解,此事怎么样?"郭子仪回答说:"吐蕃想趁我们不备而取利,如果他们乘我们不备而进攻,国家就守不住了。"于是相继调河中的部队驻守奉天,又调兵在泾原巡逻以观察对方的动静。

仆固怀恩已利诱使回纥、吐蕃、吐谷浑、党项、奴剌等部族数十万人的军队一起前来进犯,他命令吐蕃大将尚结悉赞磨、马重英等人领军马由北道向奉天进发,党项将帅

任敷、郑庭、郝德等自东道趣同州,吐谷浑、奴剌之众自西道趣盩厔,回纥继吐蕃之后,怀恩又以朔方兵继之。

郭子仪使行军司马赵復入奏曰:"虏皆骑兵,其来如飞,不可易也。请使诸道节度使凤翔李抱玉、滑濮李光庭、邠宁白孝德、镇西马璘、河南郝庭玉、淮西李忠臣各出兵以扼其冲要。"上从之。诸道多不时出兵。李忠臣方与诸将击毬,得诏,亟命治行。诸将及监军皆曰:"师行必择日。"忠臣怒曰:"父母有急,岂可择日而后救邪?"即日勒兵就道。

怀恩中涂遇暴疾而归,丁酉,死于鸣沙。大将张韶代领其众,别将徐璜玉杀之,范志诚又杀璜玉而领其众。怀恩拒命三年,再引胡寇,为国大患,上犹为之隐,前后制敕未尝言其反。及闻其死,悯然曰:"怀恩不反,为左右所误耳!"

吐蕃至邠州,白孝德婴城自守。甲辰,吐蕃十万众至奉天,京城震恐。朔方兵马使浑瑊、讨击使白元光先戍奉天,虏始列营,瑊帅骁骑二百直冲之,身先士卒,虏众披靡。瑊挟虏将一人跃马而还,从骑无中锋镝者。城上士卒望之,勇气始振。乙巳,吐蕃进攻之,虏死伤甚众,数日,敛众还营。瑊夜引兵袭之,杀千馀人。前后与虏战二百馀合,斩首五千级。丙午,召郭子仪于河中,使屯泾阳。己酉,命李忠臣屯东渭桥,李光进屯云阳,马璘、郝庭玉屯便桥,李抱玉屯凤翔,内侍骆奉仙、将军李日越屯盩厔,同华节度使周智光屯同州,鄜坊节度使杜冕屯坊州,上自将六军屯苑中。

任敷、郑庭、郝德等由东道进军同州，吐谷浑、奴剌的军队自西道进军蓝屋，回纥兵跟在吐蕃兵之后，而仆固怀恩又以朔方的部队在回纥兵后面跟进。

郭子仪派行军司马赵復向朝廷报告："虏寇都是骑兵，他们行动像飞一样快，不可轻视。请督促各道节度使如凤翔李抱玉、滑濮李光庭、邠宁白孝德、镇西马璘、河南郝庭玉、淮西李忠臣分头出兵扼守险要之地。"代宗同意。但各道多数不按时出兵。李忠臣正跟将领们击毬，接到诏令，马上下令整装出发。将领们及监军都说："军队出发要挑个吉利的日子。"李忠臣发怒，说："父母有了危急之事，哪能挑好了日子后才去解救呢？"当天就带兵上路。

仆固怀恩半路上得了急病而回军，丁酉（初八），死在鸣沙。他手下的大将张韶代替他统率部队，别将徐璜玉杀掉张韶，范志诚又杀掉徐璜玉而统领全军。仆固怀恩抗拒朝廷命令的三年之间，两次带胡寇入侵，成为国家大患，代宗还替他掩饰，前后发出的诏书、命令未曾提到他是反叛。到听说他死了，还怜惜地说："仆固怀恩并不是造反，只是受惑于身边的人而已！"

吐蕃军队抵达邠州，白孝德据城固守。甲辰（十五日），吐蕃十万大军进抵奉天，京城为之震动恐慌。朔方兵马使浑瑊、讨击使白元光预先已在奉天驻守，虏寇刚扎营，浑瑊率领骁勇骑兵两百名直冲敌营，身先士卒，敌军大败。浑瑊擒获敌将一人跃马而还，跟随的骑兵没一人受伤。城上的士卒望见，勇气才振奋起来。乙巳（十六日），吐蕃发动进攻，死伤惨重，几天后，收兵回营。浑瑊夜里带兵袭击敌人，杀敌一千多人。前后跟敌人作战两百多次，斩敌首级五千。丙午（十七日），代宗命留在河中的郭子仪驻守泾阳。己酉（二十日），命李忠臣驻守东渭桥，李光进驻守云阳，马璘、郝庭玉驻守便桥，李抱玉驻守凤翔，内侍骆奉仙、将军李日越驻守蓝屋，同华节度使周智光驻守同州，鄜坊节度使杜冕驻守坊州，代宗皇帝自己统领六军驻守在皇城园林中。

庚戌，下制亲征。辛亥，鱼朝恩请索城中，括士民私马，令城中男子皆衣皂，团结为兵，城门皆塞二开一。士民大骇，逾垣凿窦而逃者甚众，吏不能禁。朝恩欲奉上幸河中以避吐蕃，恐群臣议论不一。一旦，百官入朝，立班久之，阁门不开，朝恩忽从禁军十馀人操白刃而出，宣言："吐蕃数犯郊畿，车驾欲幸河中，何如？"公卿皆错愕不知所对。有刘给事者，独出班抗声曰："敕使反邪？今屯军如云，不戮力扞寇，而遽欲胁天子弃宗庙社稷而去，非反而何？"朝恩惊沮而退，事遂寝。

自丙午至甲寅，大雨不止，故虏不能进。吐蕃移兵攻醴泉，党项西掠白水，东侵蒲津。丁巳，吐蕃大掠男女数万而去，所过焚庐舍，蹂禾稼殆尽。周智光引兵邀击，破之于澄城，因逐北至鄜州。智光素与杜冕不协，遂杀鄜州刺史张麟，坑冕家属八十一人，焚坊州庐舍三千馀家。

冬十月，吐蕃退至邠州，遇回纥，复相与入寇，辛酉，至奉天。癸亥，党项焚同州官廨、民居而去。

丙寅，回纥、吐蕃合兵围泾阳，子仪命诸将严设守备而不战。及暮，二虏退屯北原，丁卯，复至城下。是时，回纥与吐蕃闻仆固怀恩死，已争长，不相睦，分营而居，子仪知之。回纥在城西，子仪使牙将李光瓒等往说之，欲与之共击吐蕃。回纥不信，曰："郭公固在此乎？汝绐我耳。若果

庚戌（二十一日），代宗发布命令，要御驾亲征。辛亥（二十二日），鱼朝恩请求搜索全城，收缴民间马匹，让城中男人全穿黑衣，组编为军队，所有城门，每三个就堵死两个，只开一个。全城官民大为惊骇，翻越城墙或在城墙上凿洞逃跑的人很多，官吏们无法制止。鱼朝恩想护送代宗到河中躲避吐蕃的军队，但又怕大臣们议论不一致。一天早上，群臣上朝，列队站了很久，阊门紧闭不开。忽然，鱼朝恩带领禁军十多人，拿着耀眼的利刀走出来，向大臣们宣布：“吐蕃屡次进犯京师近郊，皇上想到河中去，大家认为怎样？”公卿百官都面面相觑，惊愕不已，不知如何回答。有一位姓刘的给事，独自走出队列，大声地说：“敕使你要造反吗？现在京城周围驻军密布，不努力抵抗房寇，而突然间想胁迫天子抛弃宗庙、社稷而逃，不是造反是什么？”鱼朝恩吃惊，垂头丧气地退下，此事才算了结。

从丙午（十七日）到甲寅（二十五日），大雨下个不停，所以敌人无法进攻。吐蕃军队转向进攻醴泉，党项兵向西去攻掠白水，向东去进犯蒲津。丁巳（二十八日），吐蕃军队大肆劫掠百姓男男女女数万口而退兵，他们所经过的，房屋几乎全烧毁，庄稼几乎全踏平。周智光带兵拦击，在澄城把他们打败，于是一直追击至鄜州。周智光历来与杜冕不和，于是杀了鄜州刺史张麟，活埋了杜冕的家属八十一人，焚烧坊州房屋三千多家。

冬季十月，吐蕃退兵至邠州，遇到回纥的部队，跟他们联合起来再次入侵，辛酉（初三），敌军进抵奉天。癸亥（初五），党项军队烧毁了同州官府衙门和百姓的房屋后撤兵。

丙寅（初八），回纥、吐蕃的军队联合包围了泾阳，郭子仪命众将领严加守备而不与敌人作战。当天傍晚，回纥、吐蕃两军后撤至北原，丁卯（初九）再进逼泾阳城下。这时，回纥和吐蕃都知道仆固怀恩已经死了，开始争当联军首领，互相不和，军营分开驻扎，郭子仪知道了此事。回纥军在城西，郭子仪派牙将李光瓒等前往劝说回纥人，想与他们联合进攻吐蕃。回纥人不相信李光瓒，说：“郭公难道真的在这里吗？你骗我们而已。如果

在此，可得见乎？"光瓒还报，子仪曰："今众寡不敌，难以力胜。昔与回纥契约甚厚，不若挺身往说之，可不战而下也。"诸将请选铁骑五百为卫从，子仪曰："此适足为害也。"郭晞扣马谏曰："彼，虎狼也；大人，国之元帅，奈何以身为虏饵？"子仪曰："今战，则父子俱死而国家危。往以至诚与之言，或幸而见从，则四海之福也！不然，则身没而家全。"以鞭击其手曰："去！"遂与数骑开门而出，使人传呼曰："令公来！"

回纥大惊。其大帅合胡禄都督药葛罗，可汗之弟也，执弓注矢立于陈前。子仪免胄释甲投枪而进，回纥诸酋长相顾曰："是也！"皆下马罗拜。子仪亦下马，前执药葛罗手，让之曰："汝回纥有大功于唐，唐之报汝亦不薄，奈何负约，深入吾地，侵逼畿县，弃前功，结怨仇，背恩德而助叛臣？何其愚也！且怀恩叛君弃母，于汝国何有？今吾挺身而来，听汝执我杀之，我之将士必致死与汝战矣。"药葛罗曰："怀恩欺我，言天可汗已晏驾，令公亦捐馆，中国无主，我是以敢与之来。今知天可汗在上都，令公复总兵于此，怀恩又为天所杀，我曹岂肯与令公战乎？"

子仪因说之曰："吐蕃无道，乘我国有乱，不顾舅甥之亲，吞噬我边鄙，焚荡我畿甸，其所掠之财不可胜载，马牛杂畜，长数百里，弥漫在野，此天以赐汝也。全师而继好，破敌以取富，为汝计，孰便于此？不可失也！"

郭公真的在这里,我们能见到吗?"李光瓒回来报告郭子仪,郭子仪说:"现在敌众我寡,难以靠兵力打败敌人。以前跟回纥人订过感情非常深厚的盟约,不如由我挺身前去说服他们,这样,可以不作战就制服敌人。"众将领提出选派五百铁甲骑兵作随从卫兵,郭子仪说:"这恰恰会害我。"郭晞拉着马笼头劝阻说:"回纥那些人都是虎狼,父亲大人是国家的元帅,怎么能以自己的性命作为敌人的饵食呢?"郭子仪说:"今天如果打起来,父子都要丧命,而国家也会有危险。前去用至诚的态度跟他们说说,或者幸而使他们同意,那就是天下的福佑了。要不然,也只是我死而家庭得以保全。"郭子仪用马鞭打郭晞的手说:"走开!"于是与几个骑兵打开城门出去,使人传话过去说:"郭令公来了!"

回纥人大吃一惊。回纥军队的首领合胡禄都督药葛罗,是回纥可汗的弟弟,他执弓搭箭站在阵地前边。郭子仪摘下头盔,脱下铠甲,把枪丢在地上,向前走去,回纥的众位头领互相看着说:"是他。"都下马围着郭子仪下拜。郭子仪也下马,向前拉着药葛罗的手,责备他:"你们回纥对我们大唐有大功,大唐对你们的报答也不菲薄,为什么要违反盟约,深入我们的国土,进犯京郊县城,把以前的功劳都抛弃而结下仇恨,背负我朝廷对你们的恩德而帮助叛乱的臣子?这多蠢啊!况且,仆固怀恩叛变君主、抛弃母亲,对你们国家有什么好处?现在,我挺身前来,任随你抓我、杀我,我的部下肯定会拼命跟你作战的。"药葛罗说:"仆固怀恩欺骗我,说唐朝天子已经驾崩,令公您也去世了,中国没有做主的人,所以我才敢跟他来。现在知道大唐天子还在京都,令公您又统领军队在这里,仆固怀恩又被老天爷所杀死,我们哪肯跟令公您交战呢?"

郭子仪于是对他说:"吐蕃不讲道义,趁我国有乱,不顾两国间舅甥的亲情,侵占我国边地,焚毁扫荡我们京城近郊,他们抢掠的财物用车装不下,马牛等牲畜的队伍长达数百里,弥漫在田野,这是老天爷拿来赐给你的。保全军队而继承友好关系,打败敌人以夺取他们的财富,替你打算,哪有比这更好的?机不可失啊!"

药葛罗曰:"吾为怀恩所误,负公诚深。今请为公尽力,击吐蕃以谢过。然怀恩之子,可敦兄弟也,愿舍之勿杀。"子仪许之。回纥观者左右为两翼,稍前,子仪麾下亦进,子仪挥手却之,因取酒与其酋长共饮。药葛罗使子仪先执酒为誓,子仪酹地曰:"大唐天子万岁! 回纥可汗亦万岁! 两国将相亦万岁! 有负约者,身陨陈前,家族灭绝!"杯至药葛罗,亦酹地曰:"如令公誓!"于是诸酋长皆大喜曰:"向以二巫师从军,巫言此行甚安隐,不与唐战,见一大人而还,今果然矣。"子仪遗之彩三千匹,酋长分以赏巫。子仪竟与定约而还。吐蕃闻之,夜,引兵遁去。回纥遣其酋长石野那等六人入见天子。

药葛罗帅众追吐蕃,子仪使白元光帅精骑与之俱。癸酉,战于灵台西原,大破之,杀吐蕃万计,得所掠士女四千人。丙子,又破之于泾州东。丁丑,仆固怀恩将张休藏等降。辛巳,诏罢亲征,京城解严。

初,肃宗以陕西节度使郭英乂领神策军,使内侍鱼朝恩监其军,英乂入为仆射,朝恩专将之。及上幸陕,朝恩举在陕兵与神策军迎扈,悉号神策军,天子幸其营。及京师平,朝恩遂以军归禁中,自将之,然尚未得与北军齿。至是,朝恩以神策军从上屯苑中,其势浸盛,分为左、右厢,居北军之右矣。

药葛罗说:"我被仆固怀恩所欺骗,确实太对不起令公您了。现在请让我替您尽力,进攻吐蕃来向您谢罪。不过,仆固怀恩的儿子,是我们可敦(皇后)的兄弟,希望你们免他的罪别杀他。"郭子仪答应了。回纥观看的人分左右两边站着,渐渐的靠向前来,郭子仪的亲兵亦向前靠近,郭子仪挥手让自己的人退后,于是拿酒来跟他们的头领一起喝。药葛罗让郭子仪先端起酒杯发誓,郭子仪把酒洒在地上说:"大唐天子万岁! 回纥可汗也万岁! 两国的将相也万岁! 有违反两国盟约的,身死于阵地前,家族死绝!"酒杯传到药葛罗手中,他也把酒洒在地上,说:"就如令公的誓言一样!"于是回纥的各位头领非常高兴地说:"先前让两位巫师随军,他们说这次出兵非常安全稳妥,不会跟唐人作战,见到一位大人而回军,现在果然如此。"郭子仪送三千匹布料给回纥,他们的头领拿出一些赏给巫师。郭子仪最终跟回纥订立盟约而回。吐蕃听到消息,连夜带兵逃跑。回纥派他们的头领石野那等六人入朝拜见唐皇帝。

药葛罗统率部队追击吐蕃兵,郭子仪让白元光率领精锐骑兵与回纥的部队一起追击。癸酉(十五日),跟吐蕃战于灵台西部原野上,大败吐蕃军队,杀吐蕃人数以万计,夺得被他们抢掠的男女四千人。丙子(十八日),又在泾州东边打败吐蕃军。丁丑,(二十九日),仆固怀恩的将领张休藏等投降。辛巳(二十三日),代宗下诏停止亲征,京师解除戒严。

当初,肃宗皇帝任命陕西节度使郭英乂统领神策军,让内侍鱼朝恩担任神策军监军,后来郭英乂入朝当了仆射,鱼朝恩便单独统领神策军。到代宗跑到陕州,鱼朝恩囊括在陕州的部队与神策军迎接代宗的车驾,把这些部队全都称为神策军,代宗也居留在这支部队的军营里。等到京师平定,鱼朝恩于是带这支部队进入皇宫,自己统领,但还不能跟原来的皇宫卫戍部队北军的地位相比。直到这次,鱼朝恩带神策军跟随代宗驻扎在皇宫园林,这支部队的势力就逐渐强盛起来,分为左右两厢,位居北军之上了。

郭子仪以仆固名臣、李建忠等皆怀恩骁将，恐逃入外夷，请招之。名臣，怀恩之侄也，时在回纥营。上敕并旧将有功者皆赦其罪，令回纥送之。壬午，名臣以千馀骑来降。子仪使开府仪同三司慕容休贞以书谕党项帅郑庭、郝德等，皆诣凤翔降。

甲申，周智光诣阙献捷，再宿归镇。智光负专杀之罪未治，上既遣而悔之。

乙酉，回纥胡禄都督等二百馀人入见，前后赠赍缯帛十万匹，府藏空竭，税百官俸以给之。

大历元年春正月，周智光至华州，益骄横，召之，不至，上命杜冕从张献诚于山南以避之。智光遣兵于商山邀之，不获。智光自知罪重，乃聚亡命、无赖子弟，众至数万，纵其剽掠，以悦其心，擅留关中所漕米二万斛。藩镇贡献，往往杀其使者而夺之。

冬十二月癸卯，周智光杀陕州监军张志斌。智光素与陕州刺史皇甫温不协，志斌入奏事，智光馆之，志斌责其部下不肃，智光怒曰："仆固怀恩不反，正由汝辈激之。我亦不反，今日为汝反矣！"叱下斩之，脔食其肉。朝士举选人，畏智光之暴，多自同州窃过，智光遣将将兵邀之于路，死者甚众。戊申，诏加智光检校左仆射，遣中使余元仙持告身授之。智光慢骂曰："智光有大功于天下国家，不与平章事而与仆射！且同、华地狭，不足展才，若益以陕、虢、商、鄜、坊五州，庶犹可耳。"因历数大臣过失，且曰："此去

郭子仪因为仆固名臣、李建忠等都是仆固怀恩手下的猛将，怕他们逃亡外国，请求招他们回来。仆固名臣是仆固怀恩的侄子，当时在回纥的军营里。代宗下令，连同以前有功的将领都赦罪，命令回纥把他们送回来。壬午（二十四日），仆固名臣带一千多骑兵来投降。郭子仪使开府仪同三司慕容休贞去信劝说党项军队的首领郑庭、郝德等，后来他们都到凤翔府投降。

　　甲申（二十六日），周智光到京师呈献战利品报捷，住了两晚，重回驻防地。周智光负有擅自杀人的罪过未受处理，代宗让他走了以后又后悔起来。

　　乙酉（二十七日），回纥胡禄都督等两百多人入朝拜见唐皇帝，代宗先后赏赐缯帛十万匹给他们，政府的积蓄为之一空，于是对百官俸禄抽税来供给对回纥的赏赐。

　　大历元年（766）春季正月，周智光到了华州，更加骄横跋扈，朝廷召他，他却不来。代宗命令杜冕跟张献诚到山南道躲避他。周智光派兵在商山拦截他们，结果没抓到。周智光自知罪恶深重，于是纠集亡命、无赖之徒，部众达数万人，放纵他们抢掠，以讨他们欢心，擅自扣留到关中转运的漕米两万斛。藩镇向中央贡献财物，往往使者被杀而财物被抢夺。

　　冬季十二月癸卯（二十二日），周智光杀陕州监军张志斌。周智光历来与陕州刺史皇甫温不和，张志斌入京师报告政务，周智光招待他住进宫府客舍。张志斌指责他军纪败坏，周智光暴怒说：“仆固怀恩不想造反，正是被你们这些人逼反的。我本来也不造反，今日因为你而反了！”喝令把张志斌推下去斩首，并把他剁成肉酱来吃。官员们推荐上京考试的各地读书人，害怕周智光的凶残，经同州要偷偷路过，周智光派将领带兵在路上拦击，杀死了他们中的许多人。戊申（二十七日），代宗下诏加授周智光检校左仆射职，派中使余元仙送委任状给他。周智光轻蔑地骂道：“周智光对国家有大功，不封平章事而给个仆射！而且同、华二州地方狭小，不足以施展才能，如果再给我加上陕、虢、商、郾、坊五州，那还差不多。”于是一一数落大臣们的过失，并且说：“从这里到

长安百八十里,智光夜眠不敢舒足,恐踏破长安城。至于挟天子令诸侯,惟周智光能之。"元仙股栗。郭子仪屡请讨智光,上不许。

二年春正月丁巳,密诏郭子仪讨周智光,子仪命大将浑瑊、李怀光军于渭上。智光麾下闻之,皆有离心。己未,智光大将李汉惠自同州帅所部降于子仪。壬戌,贬智光澧州刺史。甲子,华州牙将姚怀、李延俊杀智光,以其首来献。

长安才一百八十里,我周智光夜里睡觉不敢伸直腿,担心会踏破长安城。至于挟持天子而号令诸侯,只有我周智光才能做到。"余元仙吓得双腿直抖。郭子仪几次请求讨伐周智光,代宗不答应。

二年(767)年春季正月丁巳(初六),代宗秘密下诏让郭子仪讨伐周智光。郭子仪命大将浑瑊、李怀光驻兵于渭水。周智光的部下听到消息,军心涣散。己未(初八),周智光的大将李汉惠带领他所统率的部队自同州来投降郭子仪。壬戌(十一日)朝廷贬周智光为澧州刺史。甲子(十三日),华州牙将姚怀、李延俊杀死周智光,把他的首级献上京师。

元载专权

唐肃宗上元二年建子月戊子，御史中丞元载为户部侍郎，充勾当度支、铸钱、盐铁兼江淮转运等使。载初为度支郎中，敏悟善奏对，上爱其才，委以江淮漕运，数月，遂代刘晏，专掌财利。

代宗广德元年冬十月壬辰，诏以元载判元帅行军司马。冬十二月乙未，以苗晋卿为太保，裴遵庆为太子少傅，并罢政事，以宗正卿李岘为黄门侍郎、同平章事。遵庆既去，元载权益盛，以货结内侍董秀，使主书卓英倩潜与往来，上意所属，载必先知之。承意探微，言无不合，上以是愈爱之。英倩，金州人也。

永泰元年，华原令顾繇上言："元载子伯和等招权受赂。"十二月戊戌，繇坐流锦州。

大历元年，元载专权，恐奏事者攻讦其私，乃请："百官凡论事，皆先白长官，长官白宰相，然后奏闻。"仍以上旨谕百官曰：

元载专权

唐肃宗上元二年（761）岁首十一月戊子（初七）这天，御史中丞元载被任命为户部侍郎，充任度支、铸钱、盐铁兼江淮转运等使。元载开始时当度支郎中，聪敏颖悟，善于向皇帝提出建议和回答问题，肃宗欣赏他的才能，委任他负责江淮漕运，几个月以后，他就代替了刘晏，专管国家的财政收入。

唐代宗广德元年（763）冬季十月壬辰（二十三日），代宗下诏委任元载为行军司马。冬季十二月乙未（二十七日），代宗任命苗晋卿为太保，裴遵庆为太子少傅，并罢免他们所担任的实职，任命宗正卿李岘为黄门侍郎、同平章事。裴遵庆等被免去实职后，元载的权势更大了，他用财物结纳内侍董秀，使负责文书的卓英倩偷偷跟董秀通消息，于是代宗关注的问题，元载肯定预先知道，于他就能顺着皇帝的意旨，对问题深入分析，说出的话无不符合皇帝的心绪，代宗于是更加喜欢他。卓英倩是金州人。

永泰元年（765），华原县令顾繇上疏说："元载的儿子元伯和倚仗权势收受贿赂。"十二月戊戌（初十），顾繇被治罪流放到锦州。

大历元年（766），元载独揽大权，恐怕上疏奏事的人揭露他的奸私，于是就向代宗建议："所有官员凡上书议论政事的，都要先报告他们所在部门的长官，再由各部门长官报告宰相，然后才能上奏给皇上。"还借着皇帝的意旨向百官解释说：

“比日诸司奏事烦多,所言多谗毁,故委长官、宰相先定其可否。”

刑部尚书颜真卿上疏,以为:“郎官、御史,陛下之耳目。今使论事者先白宰相,是自掩其耳目也。陛下患群臣之为谗,何不察其言之虚实? 若所言果虚宜诛之,果实宜赏之。不务为此,而使天下谓陛下厌听览之烦,托此为辞,以塞谏争之路,臣窃为陛下惜之。太宗著《司门式》云:‘其无门籍人,有急奏者,皆令门司与仗家引奏,无得关碍。’所以防壅蔽也。天宝以后,李林甫为相,深疾言者,道路以目。上意不下逮,下情不上达,蒙蔽暗鸣,卒成幸蜀之祸。陵夷至于今日,其所从来者渐矣。夫人主大开不讳之路,群臣犹莫敢尽言,况令宰相大臣裁而抑之,则陛下所闻见者不过三数人耳。天下之士从此钳口结舌,陛下见无复言者,以为天下无事可论,是林甫复起于今日也! 昔林甫虽擅权,群臣有不谘宰相辄奏事者,则托以他事阴中伤之,犹不敢明令百司奏事皆先白宰相也。陛下傥不早寤,渐成孤立,后虽悔之,亦无及矣!”载闻而恨之,奏真卿诽谤。二月乙未,贬峡州别驾。

五年,观军容宣慰处置使、左监门卫大将军兼神策军使、内侍监鱼朝恩,专典禁兵,宠任无比。上常与议军国事,势倾朝野。朝恩好于广坐恣谈时政,陵侮宰相,元载虽

"连日来,各部门上奏的事情烦多,所讲的多是互相攻击的话,所以由各部门长官、宰相先决定事情是否可以上报。"

刑部尚书颜真卿上疏,认为:"郎官、御史,这些人都是陛下的耳目,现在要上书议论政事的人先报告宰相,这是使陛下自掩耳目。陛下如果怕大臣们互相讲坏话,干嘛不考察他们所讲的话是真是假呢? 如果说的话确是假的,那就应该杀头;如果是真的,就应该奖励。不致力于这样做,而让天下的人说陛下讨厌视听政事的麻烦,只是拿这个作借口,来堵塞大臣们直言规劝的途径,我私下里替陛下感到痛惜。太宗皇帝订下《司门式》说:'那些没登记在册可进入皇宫的人,如有急事要报告的,他们都可由守门人和负责警卫的官员带上来报告,不得拦阻。'这都是为了防止言路被阻、皇帝受蒙蔽。天宝以后,李林甫当宰相,痛恨议论朝政的人,使人们在路上碰见都不敢交谈,而只能用眼睛相互示意。皇帝的意旨不能下传,下面的情况不能反映给皇帝,皇帝受蒙蔽而无人敢开口说真话,终致造成避难蜀中的祸患。国运衰颓到今天这种地步,这是由来有渐的。君主就是大开毫无顾忌的言路,臣下们尚且不敢把要说的话都说出来,何况让宰相和长官去裁断和压制人们发言,那陛下所能听到的也只是三几个人的话而已。从此,天下士人的口就被封了起来,不敢说话,陛下见不再有人出来讲话,以为天下再也没什么事可以议论的了,这就是李林甫重现于今日了。以前,李林甫虽然大权独揽,但对那些不经与宰相商量就上奏的群臣,也只能以其他的事情为借口暗中打击,还不敢公然命令百官上奏都要先报告宰相。陛下如不早点省悟,渐渐造成被孤立的局面,以后虽然痛悔也来不及了!"元载听说此事后对颜真卿怀恨在心,向代宗上奏,说颜真卿诽谤皇帝。二月乙未(初九),把颜真卿贬为峡州别驾。

五年(770),观军容宣慰处置使、左监门卫大将军兼神策军使、内侍监鱼朝恩独掌禁军,受皇帝的宠任无人可以与他相比。代宗常跟他谈论军事和国事,他的权势超过全国的人。鱼朝恩喜欢在大庭广众之下大肆议论朝政,陵辱宰相,元载虽然

强辩,亦拱默不敢应。

神策都虞候刘希暹、都知兵马使王驾鹤皆有宠于朝恩。希暹说朝恩于北军置狱,使坊市恶少年罗告富室,诬以罪恶,捕系地牢,讯掠取服,籍没其家赀入军,并分赏告捕者。地在禁密,人莫敢言。朝恩每奏事,以必允为期。朝廷政事有不豫者,辄怒曰:"天下事有不由我者邪?"上闻之,由是不怿。

朝恩养子令徽尚幼,为内给使,衣绿,与同列忿争,归告朝恩。朝恩明日见上曰:"臣子官卑,为侪辈所陵,乞赐之紫衣。"上未应,有司已执紫衣在前,令徽服之,拜谢。上强笑曰:"儿服紫,大宜称心。"愈不平。

元载测知上指,乘间奏朝恩专恣不轨,请除之。上亦知天下共怨怒,遂令载为方略。朝恩每入殿,常使射生将周皓将百人自卫,又使其党陕州节度使皇甫温握兵于外以为援。载皆以重赂结之,故朝恩阴谋密语,上一一闻之,而朝恩不之觉也。

春正月辛卯,载为上谋,徙李抱玉为山南西道节度使,以温为凤翔节度使,外重其权,实内温以自助也。载又请割郿、虢、宝鸡、鄠、盩厔隶抱玉,兴平、武功、天兴、扶风隶神策军。朝恩喜于得地,殊不以载为虞,骄横如故。

刘希暹颇觉上意异,以告鱼朝恩,朝恩始疑惧。然上每见之,恩礼益隆,朝恩亦以此自安。皇甫温至京师,

有敏捷的口才,也只能沉默不敢还嘴。

神策军的都虞候刘希暹、都知兵马使王驾鹤都受鱼朝恩的宠信。刘希暹劝鱼朝恩在北军中设置监狱,让街坊中的流氓恶少罗织罪状诬告有钱人家犯罪,把这些人收捕监禁在地牢里,严刑拷打逼他们承认有罪,然后没收他们的家产充军,并分一些钱来赏给诬告和参与捉人者。监狱设置在宫廷中,人们都不敢指责。鱼朝恩每次向皇帝奏事,都以一定要批准为目的。朝廷的政事有他没参与的,他就发怒说:"天下的事情有不经过我的吗?"代宗听到这话,因此而不高兴。

鱼朝恩的养子鱼令徽年纪还小,担任内给使,穿绿色衣服,有次跟同事吵架,回去告诉鱼朝恩。鱼朝恩第二天就去见代宗说:"为臣我的儿子官职低微,被他的同事欺侮,请求陛下赐他紫色衣服。"代宗还没答应,有关部门的人已捧着紫色衣服站在面前,鱼令徽把它穿上,向代宗下拜谢恩。代宗勉强笑着说:"儿子穿上紫色衣服,你做父亲的该满意了吧。"而心里更加忿忿不平。

元载揣测到代宗的心理,乘机上奏鱼朝恩专横放肆不守法度,请求除去他。代宗也知道天下人都心怀愤怒痛恨他,于是命令元载去想办法。鱼朝恩每次上殿,经常让射生将周皓带一百人给自己当警卫,又派他的党羽陕州节度使皇甫温领兵在外作为外援。元载对这些人都用重金来结交,所以鱼朝恩暗中的打算和秘密的讲话代宗全都知道,而鱼朝恩却没有觉察。

春季正月辛卯(二十七日),元载为代宗策划,调任李抱玉为山西南道节度使,任命皇甫温为凤翔节度使,表面上是加强皇甫温的权力,实际上是把他拉来做助手。元载又请求把鄜、虢、宝鸡、鄠、盩厔五县划归李抱玉管辖,而兴平、武功、天兴、扶风等县由神策军统管。鱼朝恩为扩大了地盘而高兴,一点也不戒备元载,仍旧骄横跋扈。

刘希暹觉察到代宗的心思很不对劲,把自己的看法告诉鱼朝恩,鱼朝恩才开始疑虑害怕起来。但代宗每次接见他,对他的恩典和礼节更加隆重,鱼朝恩也拿这来自我安慰。皇甫温入京,

元载留之未遣,因与温及周皓密谋诛朝恩。既定计,载白上。上曰:"善图之,勿反受祸!"三月癸酉,寒食,上置酒宴贵近于禁中,载守中书省。宴罢,朝恩将还营,上留之议事,因责其异图,朝恩自辨,语颇悖慢,皓与左右擒而缢杀之,外无知者。上下诏,罢朝恩观军容等使,内侍监如故,诈云"朝恩受诏乃自缢",以尸还其家,赐钱六百万以葬。

丁丑,加刘希暹、王驾鹤御史中丞,以慰安北军之心。丙戌,赦京城系囚,命尽释朝恩党与,且曰:"北军将士,皆朕爪牙,并宜仍旧。朕今亲御禁旅,勿有忧惧。"

元载既诛鱼朝恩,上宠任益厚,载遂志气骄溢。每众中大言,自谓有文武才略,古今莫及。弄权舞智,政以贿成,僭侈无度。吏部侍郎杨绾,典选平允,性介直,不附载。岭南节度使徐浩,贪而佞,倾南方珍货以赂载。辛卯,载以绾为国子祭酒,引浩代之。浩,越州人也。载有丈人自宣州来,从载求官,载度其人不足任事,但赠河北一书而遣之。丈人不悦,行至幽州,私发书视之,书无一言,惟署名而已。丈人大怒,不得已试谒院僚,判官闻有载书,大惊,立白节度使,遣大校以箱受书,馆之上舍,留宴数日,辞去,赠绢千匹。其威权动人如此。

刘希暹内常自疑,有不逊语,王驾鹤以闻。九月辛未,赐希暹死。

元载留下他没让他回去，于是跟他和周皓密谋杀鱼朝恩。定下计策以后，元载向代宗报告，代宗说："谨慎行事，不要反而取祸！"三月癸酉（初十）这天是寒食节，代宗在宫内设宴招待尊贵和亲近的官员，元载坐镇在中书省。酒宴结束，鱼朝恩将回营，代宗留他下来商量事情，于是责备他心怀异志，鱼朝恩为自己辩护，言语非常悖逆傲慢，周皓带领左右的人把他抓起来勒死了，外面没人知道。代宗下诏罢免鱼朝恩观军容等使的职务，仍保留他内侍监的职务，又诈称鱼朝恩是接到诏书后才上吊自杀的，把他的尸体送回他家，还赐六百万钱安葬他。

丁丑（十四日），提升刘希暹、王驾鹤为御史中丞，以此抚慰北军将士的心。丙戌（二十三日），下诏书赦免京城中拘禁的囚犯，命令对鱼朝恩的党羽不加追究，并且说："北军将士都是我的亲信，全都应该像以前一样对待。现在由我亲自统领禁卫军，大家不要担心害怕。"

元载设计杀了鱼朝恩以后，代宗对他更加信任，他于是也志得意满。经常在大庭广众中吹牛，自称有文才武略，古今没人能比。玩弄权势，施展才智，贿赂公行，政治腐败；过分奢侈挥霍无度。吏部侍郎杨绾负责选拔官员公平实在，他性格耿直，不依附元载。岭南节度使徐浩贪婪而奸诈，拿尽南方的珍宝财物来贿赂元载。辛卯（二十八日），元载任命杨绾为国子监祭酒，荐举徐浩代替杨绾。徐浩是越州人。元载的一位长辈从宣州来，向元载求取官职，元载考虑他不足以担任政事，只送他一封给河北地方长官的信，让他回去。那位长辈不高兴，走到幽州，偷偷拆信来看，信中没写一句话，只有元载的署名。那位长辈大怒，不得已，试着去谒见节度使衙门的官员，判官听说他有元载的信，大吃一惊，立即报告节度使，派一位中级军官用匣子装好元载的信，招待那位长辈住上等的馆舍，留他宴饮数天，等他辞行时，又赠送给他一千匹绢。元载的权势就这样使人震惊。

刘希暹经常心怀疑惧，出言不逊，王驾鹤把这些事报告给代宗。九月辛未（十二日），代宗下诏让刘希暹自杀。

上悉知元载所为,以其任政日久,欲全始终,因独见,深戒之。载犹不悛,上由是稍恶之。

载以李泌有宠于上,忌之,言:"泌常与亲故宴于北军,与鱼朝恩亲善,宜知其谋。"上曰:"北军,泌之故吏也,故朕使之就见亲故。朝恩之诛,泌亦豫谋,卿勿以为疑。"载与其党攻之不已,会江西观察使魏少游求参佐,上谓泌曰:"元载不容卿,朕今匿卿于魏少游所,俟朕决意除载,当有信报卿,可束装来。"乃以泌为江西判官,且属少游使善待之。

六年夏四月,成都司录李少良上书言元载奸赃阴事,上置少良于客省。少良以上语告友人韦颂,殿中侍御史陆珽以告载,载奏之。上怒,下少良、颂、珽御史台狱。御史奏少良、颂、珽凶险比周,离间君臣,五月戊申,敕付京兆,皆杖死。

上益厌元载所为,思得士大夫之不阿附者为腹心,渐收载权。秋八月丙子,内出制书,以浙西观察使李栖筠为御史大夫,宰相不知,载由是稍绌。

八年春三月,吏部侍郎徐浩、薛邕,皆元载、王缙之党,浩妾弟侯莫陈怘为美原尉,浩属京兆尹杜济虚以知驿奏优,又属邕拟长安尉。怘参台,御史大夫李栖筠劾奏其状,敕礼部侍郎万年于邵等按之。邵奏邕罪在赦前,应原除。上怒,夏五月乙酉,贬浩明州别驾,邕歙州刺史;

代宗全都了解元载的所做所为,念及他担任政事时间长,想保全他使他善始善终,于是单独接见他,严肃地告诫他。元载还是不改,代宗因此而逐渐厌恶他。

　　元载因李泌受代宗的宠信,顾忌他,对代宗说:"李泌经常与亲友故旧在北军宴饮,与鱼朝恩关系友好亲密,他应该是知道鱼朝恩的阴谋的。"代宗说:"北军的将领是李泌的旧部,所以我让他去见见老部下旧朋友。杀鱼朝恩,李泌也参预谋划,你别拿这个来怀疑他。"元载与他的同党还是不停地攻击李泌,刚好江西观察使魏少游请朝廷给他委派一名参佐,代宗对李泌说:"元载不会放过你,现在我让你到魏少游处躲避,等我下决心除掉了他,就会写信告诉你,你再整理行装回来。"于是委任李泌为江西判官,并且嘱咐魏少游,让他好好对待李泌。

　　六年(771)夏季四月,成都司录李少良上书代宗,揭发元载贪赃枉法、见不得人的事情,代宗把李少良安顿在客省中。李少良把代宗对他说的话告诉朋友韦颂,殿中侍御史陆珽知道了,把事情告诉元载,元载上奏代宗。代宗大为震怒,下令把李少良、韦颂、陆珽关进御史台的监狱里。御史上奏说李少良、韦颂、陆珽凶恶奸险互相勾结,离间君臣之间的关系,五月戊申(二十三日),代宗下令把他们交给京兆府处理,三人都被用棍棒打死。

　　代宗更加厌恶元载的所作所为,想物色士大夫中不阿谀附会元载的人做心腹,逐渐收回元载的权力。秋季八月丙子(二十三日),代宗直接从内廷发出诏书,任命浙西道观察使李栖筠为御史大夫,宰相不知道此事,元载的权势从此逐渐被削弱。

　　八年(773)春季三月,吏部侍郎徐浩、薛邕都是元载、王缙的党羽,徐浩小老婆的弟弟侯莫陈怘是美原县尉,徐浩托京兆尹杜济虚报他管理驿站工作,成绩优异,又托薛邕拟调侯莫陈怘为长安县尉。侯莫陈怘到御史台参见长官,御史大夫李栖筠上奏皇帝弹劾他们舞弊,代宗命礼部侍郎万年人于邵等人审理此事。于邵报告说薛邕犯的罪过在大赦以前,应宽赦免予处罚。代宗怒,夏季五月乙酉(十一日),贬徐浩为明州别驾,贬薛邕为歙州刺史;

丙戌,贬济杭州刺史,邵桂州长史,朝廷稍肃。

十二年,中书侍郎、同平章事元载专横,黄门侍郎、同平章事王缙附之,二人俱贪。载妻王氏及子伯和、仲武,缙弟、妹及尼出入者,争纳贿赂。又以政事委群吏,士之求进者,不结其子弟及主书卓英倩等,无由自达。上含容累年,载、缙不悛。

上欲诛之,恐左右漏泄,无可与言者,独与左金吾大将军吴凑谋之。凑,上之舅也。会有告载、缙夜醮图为不轨者,三月庚辰,上御延英殿,命凑收载、缙于政事堂,又收仲武及卓英倩等系狱。命吏部尚书刘晏与御史大夫李涵等同鞫之,问端皆出禁中,仍遣中使诘以阴事,载、缙皆伏罪。是日,先杖杀左卫将军、知内省事董秀于禁中,乃赐载自尽于万年县。载请主者:"愿得快死。"主者曰:"相公须受少污辱,勿怪!"乃脱秽袜塞其口而杀之。王缙初亦赐自尽,刘晏谓李涵等曰:"故事,重刑覆奏,况大臣乎?且法有首从,宜更取进止。"涵等从之。上乃贬缙括州刺史。载妻王氏,忠嗣之女也,及子伯和、仲武、季能皆伏诛。有司籍载家财,胡椒至八百石,他物称是。

夏四月癸未,贬吏部侍郎杨炎、谏议大夫韩洄、包佶、起居舍人韩会等十馀人,皆载党也。炎,凤翔人。载常引有文学才望者一人亲厚之,异日欲以代己,故炎及于贬。洄,

丙戌（十二日），贬杜济为杭州刺史、于邵为桂州长史，朝廷的风纪才逐渐严正起来。

十二年（777），中书侍郎、同平章事元载专权横暴，黄门侍郎、同平章事王缙追随他，两人都是贪官。元载的妻子王氏及儿子元伯和、元仲武，王缙的弟弟、妹妹及跟他们来往的尼姑，争相收受贿赂。元载他们又把政务交给手下一班官吏处理，士人有求一官半职的，不追随他们的子弟及主管文书的卓英倩等人，就无法出头。代宗忍耐宽容他们多年了，元载、王缙还是不悔改。

代宗想杀他们，又怕身边的人把消息泄漏出去，没人可以商量，只能跟左金吾大将军吴凑谋划。吴凑是代宗的舅舅。正好有人告发元载、王缙夜里设斋醮图谋不轨，三月庚辰（二十八日），代宗亲临延英殿，命吴凑在政事堂逮捕元载、王缙，又把元仲武和卓英倩等人逮捕下狱。命令吏部尚书刘晏与御史大夫李涵等人会同审讯他们，所问的问题都由皇帝提出来，还派中使审问涉及宫廷内的秘密事情，元载、王缙都承认罪状。当天，先在宫内把左卫将军、知内侍省事董秀打死，接着又下令让元载在万年县自尽。元载求监督行刑的人说：“我想死得快点。”执行死刑的人说：“相公还得受点污辱，别见怪。”于是脱下臭袜子塞住他的口把他杀死。王缙开始时也被赐以自尽，刘晏对李涵说：“按历来的做法，判重刑的案件要核准以后上报皇帝，况且是国家的重臣呢？而且，按照法律，罪犯有主犯、从犯之分，应该再次请示皇上才做决定。”李涵等同意。于是代宗贬王缙为括州刺史。元载妻王氏是王忠嗣的女儿，她跟儿子元伯和、元仲武、元季能都被处死。有关部门清点元载的家产，仅胡椒就有八百石，其他财物数量之多，跟这一样。

夏季四月癸未（初二），吏部侍郎杨炎、谏议大夫韩洄、包佶、起居舍人韩会等十多人被贬官，他们都是元载的党羽。杨炎是凤翔人。元载经常选拔一位有文学才能和声望的人，对他表示亲近和信任，想以后由他来代替自己，所以杨炎被牵连贬官。韩洄

混之弟。会,南阳人也。上初欲尽诛炎等,吴凑谏救百端,始贬官。

五月庚午,上遣中使发元载祖父墓,斫棺弃尸,毁其家庙,焚其木主。戊寅,卓英倩等皆杖死。英倩之用事也,弟英璘横于乡里。及英倩下狱,英璘遂据险作乱。上发禁兵讨之,乙巳,金州刺史孙道平击擒之。

是韩滉的弟弟。韩会是南阳人。代宗开始想把杨炎等人全部杀掉,吴凑百般劝阻援救,对他们的处罚才改成贬职。

五月庚午(二十日),代宗派中使掘开元载祖父的坟墓,破开棺材把尸体弃置在野地里,毁了他的家庙,烧掉家庙中的神主牌。戊寅(二十八日),卓英倩等人都被用棍棒打死。卓英倩当官弄权的时候,他弟弟卓英璘在乡里横行霸道。到卓英倩被捕下狱后,卓英璘就占据险要之地造反。代宗派禁军讨伐他。乙巳(六月二十五日),金州刺史孙道平攻击卓英璘,擒获了他。

吐蕃入寇 代宗幸陕

　　唐玄宗开元二十五年春二月己亥，河西节度使崔希逸袭吐蕃，破之于青海西。初，希逸遣使谓吐蕃边将乞力徐曰："两国通好，今为一家，何必更置兵守捉，妨人耕牧？请皆罢之。"乞力徐曰："常侍忠厚，言必不欺。然朝廷未必专以边事相委，万一有奸人交斗其间，掩吾不备，悔之何及！"希逸固请，乃刑白狗为盟，各去守备，于是吐蕃畜牧被野。时吐蕃西击勃律，勃律来告急，上命吐蕃罢兵，吐蕃不奉诏，遂破勃律；上甚怒。会希逸傔人孙诲入奏事，自欲求功，奏称吐蕃无备，请掩击，必大获。上命内给事赵惠琮与诲偕往，审察事宜。惠琮等至，则矫诏令希逸袭之。希逸不得已，发兵自凉州南入吐蕃境二千馀里，至青海西，与吐蕃战，大破之，斩首二千馀级，乞力徐脱身走。惠琮、诲皆受厚赏，自是吐蕃复绝朝贡。

吐蕃入寇 代宗幸陕

　　唐玄宗开元二十五年(737)春季二月己亥这天,河西节度使崔希逸袭击吐蕃,在青海西部把他们打败。当初,崔希逸派使者对吐蕃守卫边境的将领乞力徐说:"两国友好往来,现在是一家人了,何必还要派兵守卫,妨碍百姓们种地和放牧呢?让我们双方把守卫边境的部队撤掉吧。"乞力徐说:"常侍您为人忠厚,讲的话肯定是出自真心的。但是你们朝廷未必会把边境的事情全部交您来处理,万一有坏人在您和朝廷之间播弄是非,趁我们不防备而出兵进攻我们,后悔就来不及了!"崔希逸坚决请求,于是双方杀白狗举行盟誓,才各自把守卫边境的部队撤下来,于是吐蕃人放心地漫山遍野放牧。当时,吐蕃正向西进攻勃律,勃律向唐朝告急,唐玄宗命吐蕃撤兵,吐蕃不接受命令,最终把勃律打败,玄宗大怒。正好崔希逸的侍从孙诲入朝报告事务,自己想建立功名,于是向玄宗报告,说吐蕃在边境上没有戒备,请求突然袭击吐蕃,一定能大有俘获。玄宗命内给事赵惠琮与孙诲一起回去,细心察看情况。赵惠琮等人到了边境,却假传皇帝的命令让崔希逸袭击吐蕃。崔希逸不得已,出兵从凉州向南侵入吐蕃境内两千多里,至青海西部,与吐蕃交战,大败吐蕃,斩首级两千多颗,乞力徐逃跑了。赵惠琮、孙诲都受到重奖,从此,吐蕃再一次断绝朝拜唐朝皇帝和向朝廷进贡。

二十六年春三月,吐蕃寇河西,节度使崔希逸击破之。鄯州都督知陇右留后杜希望攻吐蕃新城,拔之,以其地为威戎军,置兵一千戍之。

夏五月乙酉,李林甫兼河西节度使。丙申,以崔希逸为河南尹。希逸自念失信于吐蕃,内怀愧恨,未几而卒。

六月辛丑,以岐州刺史萧炅为河西节度使、总留后事,鄯州都督杜希望为陇右节度使,太仆卿王昱为剑南节度使,分道经略吐蕃,仍毁所立赤岭碑。立碑事见《吐蕃请和》。

秋七月,杜希望将鄯州之众夺吐蕃河桥,筑盐泉城于河左。吐蕃发兵三万逆战,希望众少不敌,将卒皆惧。左威卫郎将王忠嗣帅所部先犯其陈,所向辟易,杀数百人。虏陈乱,希望纵兵乘之,虏遂大败。置镇西军于盐泉,忠嗣以功迁左金吾将军。

初,仪凤中,吐蕃陷安戎城而据之,其地险要,唐屡攻之不克。剑南节度使王昱筑两城于其侧,顿军蒲婆岭下,运资粮以逼之。吐蕃大发兵救安戎城,昱众大败,死者数千人,昱脱身走,粮仗、军资皆弃之。贬昱括州刺史,再贬高要尉而死。

二十七年秋八月壬午,吐蕃寇白草、安人等军,陇右节度使萧炅击破之。

二十八年春三月,章仇兼琼潜与安戎城中吐蕃翟都局及维州别驾董承晏结谋,使局开门引内唐兵,尽杀吐蕃将卒,使监察御史许远将兵守之。远,敬宗之曾孙也。夏六月,

二十六年(738)春季三月,吐蕃进犯河西,节度使崔希逸打败了他们。鄯州都督、知陇右留后杜希望进攻吐蕃新城,攻下来后,把那一地区建为威戎军,派一千士兵驻守。

夏季五月乙酉(十八日),李林甫兼任河西节度使。丙申(三十日),任命崔希逸为河南府尹。崔希逸想到自己失信于吐蕃,心中愧憾,不久就死了。

六月辛丑(初四),唐朝任命岐州刺史萧炅为河西节度使、总留后事,任命鄯州都督杜希望为陇右节度使,太仆卿王昱为剑南节度使,分几路来对付吐蕃,还砸烂以前所立的赤岭碑。立碑的事见《吐蕃请和》。

秋季七月,杜希望统率鄯州的部队夺取了吐蕃境内的黄河桥梁,在黄河东岸筑盐泉城。吐蕃出动三万人马来迎战,杜希望兵力少,没有吐蕃兵多,官兵们都害怕起来。左威卫郎将王忠嗣率领自己的部下首先冲击吐蕃的阵地,所到之处,敌人纷纷闪避,杀敌数百人。敌人的阵脚混乱了,杜希望下令部队发起全线进攻,敌人于是大败。在盐泉城设置镇西军,王忠嗣因战功被提拔为左金吾将军。

当初,唐高宗仪凤年间,吐蕃攻下安戎城并盘踞在城里,那城地势险要,唐朝的军队屡次进攻都攻不下。剑南节度使王昱在安戎城两侧各筑城一座,部队就停驻在蒲婆岭下,运粮食军需以围困安戎城中的吐蕃军队。吐蕃大举出兵援救安戎城,王昱的部队被打得大败,死亡数千人,王昱逃跑出来,粮草、兵器、军需物资全抛弃了。唐朝贬王昱为括州刺史,接着又贬他为高要县尉,他就死在那里。

二十七年(739)秋季八月壬午(二十二日),吐蕃进犯白草、安人等军,陇右节度使萧炅打败他们。

二十八年(740)春季三月,章仇兼琼偷偷地与安戎城中的吐蕃人翟都局及维州别驾董承晏联络策划,让翟都局打开安戎城门引唐朝的军队入城,把吐蕃守城的官兵全都杀死了,让监察御史许远带兵守城。许远是许敬宗的曾孙。夏季六月,

吐蕃围安戎城。冬十月,吐蕃寇安戎城及维州,发关中弪骑救之,吐蕃引去。更命安戎城曰平戎。十二月,金城公主薨,吐蕃告丧,且请和,上不许。公主嫁吐蕃事,见《吐蕃请和》。

二十九年夏六月,吐蕃四十万众入寇,至安仁军,浑崖峰骑将臧希液帅众五千击破之。冬十二月乙巳,吐蕃屠达化县,陷石堡城,盖嘉运不能御。

天宝二年夏四月丁亥,皇甫惟明引军出西平,击吐蕃,行千馀里,攻洪济城,破之。

四载秋九月,陇右节度使皇甫惟明与吐蕃战于石堡城,为虏所败,副将褚诩战死。

六载冬十月,河西、陇右节度使王忠嗣以部将哥舒翰为大斗军副使,李光弼为河西兵马使、充赤水军使。翰父祖本突骑施别部酋长,光弼,契丹王楷洛之子也,皆以勇略为忠嗣所重。忠嗣使翰击吐蕃,有同列为之副,倨慢不为用,翰挺杀之,军中股栗,累功至陇右节度副使。每岁积石军麦熟,吐蕃辄来获之,无能御者,边人谓之"吐蕃麦庄"。翰先伏兵于其侧,虏至,断其后,夹击之,无一人得返者,自是不敢复来。

上欲使王忠嗣攻吐蕃石堡城,忠嗣上言:"石堡险固,吐蕃举国守之,今顿兵其下,非杀数万人不能克。臣恐所得不如所亡,不如且厉兵秣马,俟其有衅,然后取之。"上意不快。将军董延光自请将兵取石堡城,上命忠嗣分兵助之。忠嗣不得已奉诏,而不尽副延光所欲,延光怨之。李光弼言于忠嗣曰:"大夫以爱士卒之故,不欲

吐蕃包围了安戎城。冬季十月,吐蕃军队攻打安戎城和维州,朝廷出动关中的骑骑去援救,吐蕃撤兵。改安戎城名叫平戎。十二月,金城公主去世,吐蕃派人来报丧并且请和,玄宗不答应。公主嫁给吐蕃的事见《吐蕃请和》。

二十九年(741)夏季六月,吐蕃四十万人的军队来进犯,抵达安仁军,浑崖峰骑将臧希液率领五千人的军队打败他们。冬季十二月乙巳(二十八日),吐蕃兵大肆屠杀达化县的百姓,并攻陷石堡城,盖嘉运抵挡不住。

天宝二年(743)夏季四月丁亥(十八日),皇甫惟明率军由西平出击吐蕃,前进一千多里,进攻洪济城,并把它攻克了。

四载(745)秋季九月,陇右节度使皇甫惟明在石堡城与吐蕃军队交战,被敌人打败,副将褚诩战死。

六载(747)冬季十月,河西、陇右节度使王忠嗣任命部将哥舒翰为大斗军副使,任命李光弼为河西兵马使并充任赤水军使。哥舒翰的祖父本来是突骑施旁支部族的酋长,李光弼是契丹王楷洛的儿子,都因为勇猛有谋略为王忠嗣所重用。王忠嗣派哥舒翰进攻吐蕃,有一位同级的官员被任命为他的副手,态度倨傲不听指挥,哥舒翰用棍把他打死,整个部队的官兵都怕得双腿发抖,他累立军功当上了陇右节度使。每年,当积石军麦熟时节,吐蕃军队就来抢割,没人能抵挡,边境上的人叫这地方为"吐蕃麦庄"。哥舒翰先把部队埋伏在这地方的两侧,敌人来了,就派兵截断他们的退路,然后两翼夹击,吐蕃军没一人能逃回去,从此不敢再来。

玄宗想要王忠嗣进攻吐蕃石堡城,王忠嗣上书说:"石堡城地势险要牢固,吐蕃倾尽全国之力来防守它,现在驻兵城下,不死数万人不能攻下此城。我怕得不偿失,不如暂且厉兵秣马,等他们内部出了问题,然后再攻占它。"玄宗心里不高兴。将军董延光请求自己带兵攻取石堡城,玄宗命令王忠嗣分拨兵马帮助董延光。王忠嗣不得已执行命令,但不能全部满足董延光的要求,董延光怨恨他。李光弼对王忠嗣说:"大夫因为爱恤士卒,不想

成延光之功,虽迫于制书,实夺其谋也。何以知之?今以数万众授之而不立重赏,士卒安肯为之尽力乎?然此天子意也,彼无功,必归罪于大夫。大夫军府充牣,何爱数万段帛不以杜其谗口乎?"忠嗣曰:"今以数万之众争一城,得之未足以制敌,不得亦无害于国,故忠嗣不欲为之。忠嗣今受责天子,不过以金吾、羽林一将军归宿卫,其次不过黔中上佐;忠嗣岂以数万人之命易一官乎?李将军,子诚爱我矣,然吾志决矣,子勿复言。"光弼曰:"向者恐为大夫之累,故不敢不言。今大夫能行古人之事,非光弼所及也。"遂趋出。延光过期不克,言忠嗣沮挠军计,上怒。李林甫因使济阳别驾魏林告忠嗣尝自言"我幼养宫中,与忠王相爱狎",欲拥兵以尊奉太子。敕征忠嗣入朝,委三司鞫之。

上闻哥舒翰名,召见华清宫,与语,悦之。十一月辛卯,以翰判西平太守,充陇右节度使;以朔方节度使安思顺判武威郡事,充河西节度使。

初,将军高仙芝,本高丽人,从军安西。仙芝骁勇,善骑射,节度使夫蒙灵詧屡荐至安西副都护、都知兵马使,充四镇节度副使。

吐蕃以女妻小勃律王,及其旁二十馀国,皆附吐蕃,贡献不入,前后节度使讨之,皆不能克。制以仙芝为行营节度使,将万骑讨之。自安西行百馀日,乃至特勒满川,分军为三道,期以七月十三日会吐蕃连云堡下。有兵近万人,不意唐兵

让董延光成功,虽迫于皇帝的命令,其实是阻止他的计划实现。何以见得呢?现在把数万大军交给他而不订立重赏的条例,士兵哪肯替他卖力气呢?但这是天子的意图,他如果不能攻下石堡城,肯定要把罪过推给大夫。大夫军库里物资充裕,何必爱惜几万缎帛不用来奖给立功的将士,以堵住他向皇上讲坏话的口呢?"王忠嗣说:"现在以数万人的军队去争夺一座城池,攻下它不足以扼制敌军,攻不下也对国家无害处,所以我不想鼓动士兵们拼命。我现在受朝廷的指责,皇帝大不了让我当金吾或羽林禁军的一位将领,叫我回去警卫皇城,再次也不过是贬我为黔中的上佐,我怎能以数万人的性命去换一个官职呢?李将军,您确实是出于对我的爱护,但我已下定决心,您不用再说了。"李光弼说:"刚才我是怕大夫受连累,所以不得不说。现在,大夫能像古代贤能那样处事,这不是我赶得上的。"于是疾步离开。董延光过了约定的日期而攻不下石堡城,对皇帝说是由于王忠嗣阻挠军事部署。玄宗发怒,李林甫乘机指使济阳别驾魏林告发王忠嗣曾亲口说过"我自幼在宫中生活,跟忠王很要好",想拥兵立太子登皇位,玄宗下令征召王忠嗣回朝,委任三司会同审讯他。

玄宗听到哥舒翰的名声,便在华清宫召见他,跟他谈话之后,很喜欢他。十一月辛卯(十九日),任命哥舒翰判西平太守,充任陇右节度使;委任朔方节度使安思顺判武威郡事,充任河西节度使。

当初,将军高仙芝本来是高丽人,在安西参军。高仙芝作战勇猛,擅长骑马射箭,节度使夫蒙灵詧历次举荐他,让他当上安西副都护、都知兵马使,充任四镇节度副使。

吐蕃国王把女儿嫁给了小勃律王,小勃律王跟他周围二十几个小国一起都依附吐蕃,不向唐朝进贡,前后几任节度使讨伐他们,都不能够取胜。玄宗任命高仙芝担任行营节度使,统率一万骑兵去讨伐他们。高仙芝率领队伍从安西出发走了一百多天,才到达特勒满川,分兵为三路,约定七月十三日到吐蕃境内的连云堡去会合。连云堡有吐蕃兵近万人,没料到唐军

猝至,大惊,依山拒战,炮檑如雨。仙芝以郎将高陵李嗣业为陌刀将,令之曰:"不及日中,决须破虏。"嗣业执一旗,引陌刀缘险先登力战,自辰至巳,大破之,斩首五千级,捕虏千馀人,馀皆逃溃。

中使边令诚以入虏境已深,惧不敢进。仙芝乃使令诚以羸弱三千守其城,复进。三日,至坦驹岭,下峻坂四十馀里,前有阿弩越城。仙芝恐士卒惮险,不肯下,先令人胡服诈为阿弩越守者迎降,云:"阿弩越赤心归唐,娑夷水藤桥已斫断矣。"娑夷,即弱水也,其水不能胜草芥。藤桥者,通吐蕃之路也。仙芝阳喜,士卒乃下。又三日,阿弩越城迎者果至。明日,仙芝入阿弩越城,遣将军席元庆将千骑前行,谓曰:"小勃律闻大军至,其君臣百姓必走山谷,第呼出,取缯帛称敕赐之,大臣至,尽缚之以待我。"元庆如其言,悉缚诸大臣。王及吐蕃公主逃入石窟,取不可得。仙芝至,斩其附吐蕃者大臣数人。藤桥去城犹六十里,仙芝急遣元庆往斫之,甫毕,吐蕃兵大至,已无及矣。藤桥阔尽一矢,力修之,期年乃成。

八月,仙芝虏小勃律王及吐蕃公主而还。九月,至连云堡,与边令诚俱。月末,至播密川,遣使奏状。至河西,夫蒙灵詧怒仙芝不先言己而遽发奏,一不迎劳,骂仙芝曰:"啖狗粪高丽奴!汝官皆因谁得,而不待我处分,擅奏捷书!高丽奴!汝罪当斩,但以汝新有功不忍耳!"仙芝但谢罪。

会突然到来,大吃一惊,恃着山势抵抗,滚下的炮石擂木像下雨一样密。高仙芝以郎将高陵人李嗣业为长刀队的将领,命令他说:"中午以前,一定要攻下连云堡。"李嗣业拿着一面旗,带领长刀队攀缘险峻的山崖,自己率先冲上敌阵,率领队伍拼力跟守敌从辰时战到巳时,把敌人打得大败,斩敌首级五千,俘敌一千多人,其馀的守敌都逃散了。

中使边令诚认为进入敌境太深,感到害怕不敢前进。高仙芝于是让他带三千羸弱的士兵守连云堡,自己率队继续前进。三天后抵达坦驹岭,走下四十多里陡峻的山坡,前面就是阿弩越城了。高仙芝怕士兵们畏惧险峻不肯下坡,先让人穿着胡服,伪称阿弩越城的守兵来投降,说:"阿弩越城的人诚心归顺唐朝,娑夷水的藤桥已砍断。"娑夷即弱水,这河水连草芥都浮不起来。藤桥是通向吐蕃的通道。高仙芝假装高兴,于是士兵们走下山坡。又前进了三天,阿弩越城果然派人来投降并迎部队入城。第二天,高仙芝率部进入阿弩越城,派将军席元庆带一千骑兵为前队,对他说:"小勃律王听到我们的大军到来,他们君臣百姓肯定逃入山谷中,你只管喊他们出来,拿出缯帛说是皇帝命令赐给他们的,等他们大臣出来时,把他们全都捆起来等我处理。"席元庆按他的话行事,把小勃律国的大臣全都捆起来。小勃律国国王和嫁给国王的吐蕃公主逃进石窟里,抓不到。高仙芝到来,把依附吐蕃的几位大臣斩首。藤桥离城还有六十里,高仙芝赶紧派席元庆前去把它砍断,桥刚被砍断,吐蕃军队汹涌而至,但已赶不及过桥了。藤桥跨河长足有一箭之遥,吐蕃军队全力抢修,一年后才修好。

八月,高仙芝俘获小勃律国王及王后吐蕃公主还军。九月,回至连云堡,跟边令诚一起回师。九月末到达播密川,派使者回京师报告情况。到河西,夫蒙灵詧恨高仙芝不先对自己说而立即自行向朝廷报告,竟然不派人迎接和慰劳,还痛骂高仙芝说:"吃狗屎的高丽奴,你的官都是靠谁得来的,这样的事不等我处理,你竟擅自向朝廷报捷! 高丽奴,你的罪应当斩首,只因你才立了功,不忍杀你而已!"高仙芝只是一味赔罪。

七载冬十二月,哥舒翰筑神威军于青海上,吐蕃至,翰击破之。又筑城于青海中龙驹岛,谓之应龙城,吐蕃屏迹不敢近青海。

八载夏六月,上命陇右节度使哥舒翰帅陇右、河西及突厥阿布思兵,益以朔方、河东兵,凡六万三千,攻吐蕃石堡城。其城三面险绝,惟一径可上,吐蕃但以数百人守之,多贮粮食,积櫑木及石,唐兵前后屡攻之,不能克。翰进攻数日不拔,召裨将高秀岩、张守瑜,欲斩之,二人请三日期可克。如期拔之,获吐蕃铁刃悉诺罗等四百人,唐士卒死者数万,果如王忠嗣之言。顷之,翰又遣兵于赤岭西开屯田,以谪卒二千戍龙驹岛。冬冰合,吐蕃大集,戍者尽没。闰月乙丑,以石堡城为神武军。

九载冬十二月,关西游弈使王难得击吐蕃,克五桥,拔树敦城。以难得为白水军使。

十四载春正月,苏毗王子悉诺逻去吐蕃来降。夏四月癸巳,以苏毗王子悉诺逻为怀义王,赐姓名李忠信。是岁,吐蕃赞普乞梨苏笼猎赞卒,子娑悉笼猎赞立。

肃宗至德元载,吐蕃陷威戎、神威、定戎、宣威、制胜、金天、天成等军石堡城、百谷城、雕窠城。

二载冬十月,吐蕃陷西平。

乾元元年,吐蕃陷河源军。

上元元年,吐蕃陷廓州。

宝应元年建寅月甲辰,吐蕃遣使请和。

代宗广德元年夏四月,郭子仪数上言:"吐蕃、党项不可忽,宜早为之备。"辛丑,遣兼御史大夫李之芳等使于吐蕃,为虏所留,二年乃得归。

七载(748)冬季十二月,哥舒翰在青海边修筑了神威军,吐蕃的军队到来,哥舒翰打败了他们。又在青海中的龙驹岛筑城,称为应龙城,吐蕃军队躲得远远的不敢走近青海。

八载(749)夏季六月,玄宗命陇右节度使哥舒翰统领陇右、河西及突厥的阿布思的军队,再加上朔方、河东的军队,共六万三千人,进攻吐蕃的石堡城。石堡城三面非常险峻,只有一条路可以上去,吐蕃仅以数百人守在那里,积蓄了很多粮食及檑木滚石,唐军前后屡次进攻都攻不下。哥舒翰进攻了几天,攻不下,把偏将高秀岩、张守瑜叫来想将他们斩首,两人请求再宽限他们,三天就可攻下了。到期,果然攻下了石堡城,俘获吐蕃的守将铁刃悉诺罗等四百人,唐军的士兵死了数万人,果然如王忠嗣所说的一样。不久,哥舒翰又派兵在赤岭西部开垦土地屯田。用犯罪的士兵两千人驻守在龙驹岛上。冬天,冰封了青海湖,吐蕃兵涌至,驻守的士兵全被杀死。闰八月乙丑(初三),把石堡城建为神武军。

九载(750)冬季十二月,关西游弈使王难得进攻吐蕃,攻克了五桥这地方,占领了树敦城。朝廷任命王难得为白水军使。

十四载(755)春季正月,苏毗国王子悉诺逻脱离吐蕃来投降。夏季四月癸巳(初四),任命苏毗王子悉诺逻为怀义王,赐给他汉人的姓名叫李忠信。这一年,吐蕃的赞普乞梨苏笼猎赞去世,儿子娑悉笼猎赞当了吐蕃国王。

唐肃宗至德元载(756),吐蕃攻陷了威戎、神威、定戎、宣威、制胜、金天、天成等军和石堡城、百谷城、雕窠城。

二载(757)冬季十月,吐蕃攻陷西平。

乾元元年(758),吐蕃攻陷河源军。

上元元年(760),吐蕃攻陷廓州。

宝应元年(762)岁首正月甲辰(二十四日),吐蕃派使者来求和。

唐代宗广德元年(763)夏季四月,郭子仪多次向朝廷上奏说:"对吐蕃、党项不可忽视,应该及早加以防备。"辛丑(二十五日),派兼御史大夫李之芳等人出使吐蕃,被吐蕃扣留,两年之后才得以回来。

　　秋七月，吐蕃入大震关，陷兰、廓、河、鄯、洮、岷、秦、成、渭等州，尽取河西、陇右之地。唐自武德以来，开拓边境，地连西域，皆置都督、府、州、县。开元中，置朔方、陇右、河西、安西、北庭诸节度使以统之，岁发山东丁壮为戍卒，缯帛为军资，开屯田，供糗粮，设监牧，畜马牛，军城戍逻，万里相望。及安禄山反，边兵精锐者皆征发入援，谓之行营，所留兵单弱，胡虏稍蚕食之。数年间，西北数十州相继沦没，自凤翔以西、邠州以北，皆为左衽矣。

　　吐蕃之初入寇也，边将告急，程元振皆不以闻。冬十月，吐蕃寇泾州，刺史高晖以城降之，遂为之乡导，引吐蕃深入。过邠州，上始闻之。辛未，寇奉天、武功，京师震骇。诏以雍王适为关内元帅，郭子仪为副元帅，出镇咸阳以御之。

　　子仪闲废日久，部曲离散，至是召募，得二十骑而行。至咸阳，吐蕃帅吐谷浑、党项、氐、羌二十馀万众，弥漫数十里，已自司竹园渡渭，循山而东。子仪使判官中书舍人王延昌入奏，请益兵，程元振遏之，竟不召见。癸酉，渭北行营兵马使吕月将将精卒二千破吐蕃于盩厔之西。乙亥，吐蕃寇盩厔，月将复与力战，兵尽，为虏所擒。

　　上方治兵，而吐蕃已渡便桥，仓猝不知所为。丙子，出幸陕州，官吏藏窜，六军逃散。郭子仪闻之，遽自咸阳归长安，比至，车驾已去。上才出苑门，渡浐水，射生将王献忠拥四百骑叛还长安，胁丰王珙等十王西迎吐蕃。

秋季七月,吐蕃军队侵入大震关,攻陷兰、廓、河、鄯、洮、岷、秦、成、渭等州,把河西、陇右的地方全攻占了。唐朝自武德年间以来,开拓边境,国土一直连接至西域,都设置起都督、府、州、县的建制。开元年间,设置朔方、陇右、河西、安西、北庭几个节度使来统辖这些地方,每年都征调太行山以东的丁壮作守兵,调拨缯帛作军费,开屯田来供应军粮,设立管理畜牧的机构来放养马牛,军事城堡的守备部队和巡逻部队,万里相连结。到安禄山造反,边境上的精锐部队都被征调回援内地,称为行营,留下守边的部队人少而且羸弱,胡虏于是逐渐蚕食边地。数年之间,西北数十州相继沦陷,自凤翔以西、邠州以北,都被衣襟左掩的异族占有了。

吐蕃开始入侵的时候,守边的将领向朝廷告急,程元振把告急的文书扣压起来,不让代宗知道。冬季十月,吐蕃进犯泾州,泾州刺史高晖献城投降吐蕃,于是充当敌军的向导,引吐蕃军队深入内地。当吐蕃军队经过邠州时,代宗才知道吐蕃入侵。辛未(初二),吐蕃进犯奉天、武功,京师为之震惊。代宗下诏任命雍王李适为关内元帅,郭子仪为副元帅,带兵镇守咸阳以抵挡敌人。

郭子仪长时间被免职不起用,亲随部队都离散了,这时才招募人马,只得到二十人骑马跟随他上路。到达咸阳,吐蕃统领着吐谷浑、党项、氐、羌等族二十多万人的军队,漫山遍野绵延数十里,已从司竹园渡过渭河,沿山岭向东推进。郭子仪派判官、中书舍人王延昌入朝报告,请增派人马,被程元振阻止,最终未能被代宗召见。癸酉(初四),渭北行营兵马使吕月将率领两千精兵在盩厔西部打败吐蕃。乙亥(初六),吐蕃进攻盩厔,吕月将再次与敌人力战,结果全军覆没,他也被敌人俘虏。

代宗正布置兵力,而吐蕃军队已渡过便桥,仓促间,代宗不知所措。丙子(初七),代宗逃到陕州,官吏们躲的躲逃的逃,六军也逃散了。郭子仪听信,立即从咸阳返回长安,等赶到长安城,代宗已经离开。代宗才走出苑门,渡过浐水,射生将王献忠便带四百骑兵叛变返回长安,胁持丰王李珙等十位亲王向西迎降吐蕃。

遇子仪于开远门内，子仪叱之，献忠下马，谓子仪曰："今主上东迁，社稷无主，令公身为元帅，废立在一言耳。"子仪未应，珙越次言曰："公何不言？"子仪责让之，以兵援送行在。丁丑，车驾至华州，官吏奔散，无复供拟，扈从将士不免冻馁。会观军容使鱼朝恩将神策军自陕来迎，上乃幸朝恩营。丰王珙见上于潼关，上不之责，退至幕中，有不逊语，群臣奏请诛之，乃赐死。

戊寅，吐蕃入长安，高晖与吐蕃大将马重英等立故邠王守礼之孙广武王承宏为帝，改元，置百官，以前翰林学士于可封等为相。吐蕃剽掠府库市里，焚闾舍，长安中萧然一空。苗晋卿病卧家，遣人舆入，迫胁之，晋卿闭口不言，虏不敢杀。于是六军散者所在剽掠，士民避乱，皆入山谷。

辛巳，上至陕，百官稍有至者。郭子仪引三十骑自御宿川循山而东，谓王延昌曰："六军将士逃溃者多在商州，今速往收之，并发武关防兵，数日间，北出蓝田以向长安，吐蕃必遁。"过蓝田，遇元帅都虞候臧希让、凤翔节度使高昇，得兵近千人。子仪与延昌谋曰："溃兵至商州，官吏必逃匿而人乱。"使延昌自直径入商州抚谕之。诸将方纵兵暴掠，闻子仪至，皆大喜听命。

子仪恐吐蕃逼乘舆，留军七盘，三日乃行。比至商州，行收兵，并武关防兵合四千人，军势稍振。子仪乃泣

在开远门内，他们遇上郭子仪，郭子仪叱责他们，王献忠下马对郭子仪说："现在皇帝东迁，国家无主，令公身为元帅，废立君主就在您一句话了。"郭子仪未吭声，李琬越过前边的人上来说："您怎么不说话呢？"郭子仪责备他，派兵护送他们跟上代宗的队伍。丁丑（初八），代宗到达华州，州城里的官吏都逃跑了，再也没人供应衣食住行，跟随警卫的将士免不了受冻挨饿。正好观军容使鱼朝恩带领神策军自陕州来迎驾，于是代宗便住在鱼朝恩的军营里。丰王李珙在潼关见到代宗，代宗不责备他，他退回自己的帐篷里，说些不恭敬皇帝的话，群臣上奏请求处死他，于是代宗下令让他自杀。

戊寅（初九），吐蕃军队进入长安城，高晖与吐蕃的大将马重英等人拥立已故邠王李守礼的孙子广武王李承宏为皇帝，改年号，置百官，用前翰林学士于可封等人为宰相。吐蕃的军队对官府仓库和民居店铺大肆抢掠，焚毁房屋，长安城被抢劫一空，零落萧条。苗晋卿卧病在家，吐蕃派人用车把他拉来，胁逼他出来当官，苗晋卿闭口不出声，虏寇也不敢杀他。这时，六军的散兵四处劫掠，官民们躲避战乱都逃入山谷中。

辛巳（十二日），代宗到达陕州，百官们陆续来到这里。郭子仪带领三十名骑兵由御宿川沿山岭向东前进，他对王延昌说："六军将士逃散的大多在商州，现在要赶快去那里收容他们，同时征调武关的守备部队，数天之内，向北经蓝田向长安进发，吐蕃一定会逃跑。"郭子仪经过蓝田时，遇到元帅都虞候臧希让、凤翔节度使高昇，得到士兵近千人。郭子仪与王延昌商量说："溃兵到了商州，官吏肯定会逃跑而地方上也会混乱。"于是派王延昌抄近路进入商州去安抚溃兵。那些溃兵的将领正放手任他们的部下在横行抢掠，听说郭子仪到了，他们都非常高兴，愿意听从指挥。

郭子仪怕吐蕃的军队进逼皇帝，于是将军队停驻在七盘，三天以后才出发。等到了商州地界时，沿途收集人马，连武关驻守的部队一共有四千人，军队的声势逐渐壮大。于是郭子仪流着泪

谕将士以共雪国耻,取长安,皆感激受约束。子仪请太子宾客第五琦为粮料使,给军食。上赐子仪诏,恐吐蕃东出潼关,征子仪诣行在。子仪表称:"臣不收京城无以见陛下。若出兵蓝田,虏必不敢东向。"上许之。鄜延节度判官段秀实说节度使白孝德引兵赴难,孝德即日大举,南趣京畿,与蒲、陕、商、华合势进击。

吐蕃既立广武王承宏,欲掠城中士、女、百工,整众归国。子仪使左羽林大将军长孙全绪将二百骑出蓝田观虏势,令第五琦摄京兆尹,与之偕行,又令宝应军使张知节将兵继之。全绪至韩公堆,昼则击鼓张旗帜,夜则多然火,以疑吐蕃。前光禄卿殷仲卿聚众近千人,保蓝田,与全绪相表里,帅二百馀骑直渡浐水。吐蕃惧,百姓又绐之曰:"郭令公自商州将大军不知其数至矣!"虏以为然,稍稍引军去。全绪又使射生将王甫入城阴结少年数百,夜击鼓大呼于朱雀街,吐蕃惶骇,庚寅,悉众遁去。高晖闻之,帅麾下三百馀骑东走,至潼关,守将李日越擒而杀之。

壬辰,诏以元载判元帅行军司马,以第五琦为京兆尹。癸巳,以郭子仪为西京留守。甲午,子仪发商州。

己亥,以鱼朝恩部将皇甫温为陕州刺史,周智光为华州刺史。

吐蕃入寇,骠骑大将军、判元帅行军司马程元振不以时奏,致上狼狈出幸。上发诏征诸道兵,李光弼等皆忌元振居中,莫有至者,中外咸切齿而莫敢发言。太常博士柳伉上疏,

告谕将士们一起去洗雪国家所蒙受的耻辱,夺取长安,将士们都非常感动振奋,愿意听从指挥。郭子仪请太子宾客第五琦当粮料使,供应军粮。代宗下诏书给郭子仪,担心吐蕃由潼关向东进犯,要征调郭子仪到自己身边。郭子仪上表说:"我不收复京城就没脸见陛下。如果我从蓝田出兵,敌人肯定不敢向东进犯。"代宗同意他的意见。鄜坊节度判官段秀实劝说节度使白孝德带兵去解救朝廷的危难,白孝德当天就大举出兵,向南直奔京师近郊,跟蒲、陕、商、华等州互联声势,进攻吐蕃军队。

吐蕃立广武王李承宏为皇帝后,想掠夺城中的男男女女和各种工匠,整理部队回国。郭子仪派左羽林大将军长孙全绪带两百骑兵由蓝田前往观察敌人的情况,任命第五琦代理京兆府尹,跟他一起上路,又令宝应军使张知节带兵跟随在后。长孙全绪到达韩公堆,白天则击鼓摇旗,夜里则到处点起火堆,用这来迷惑吐蕃的军队。前任光禄卿殷仲卿聚集起近千人的队伍来保卫蓝田,与长孙全绪内外呼应,带领两百多骑兵直渡铲水。吐蕃兵害怕,老百姓又骗他们说:"郭令公从商州带领大军来了,人马不计其数!"敌人以为是真的,于是陆续退兵。长孙全绪又派射生将王甫潜入城中,偷偷集结了数百名青年,半夜里在朱雀街擂鼓大叫,吐蕃军队胆战心惊,庚寅(二十一日),全部人马都逃跑了。高晖知道了,率亲随三百多人马向东逃跑,到了潼关,被守关将领李日越捉住杀死了。

壬辰(二十三日),代宗下诏任命元载判元帅行军司马,任命第五琦为京兆府尹。癸巳(二十四日),任命郭子仪为西京留守。甲午(二十五日),郭子仪从商州出发回长安。

己亥(三十日),任命鱼朝恩的部将皇甫温为陕州刺史,周智光为华州刺史。

吐蕃入侵时,骠骑大将军、判元帅行军司马程元振不立即上报,致使代宗狼狈出逃。代宗发布诏书征召各道兵马,李光弼等将领都怨恨程元振在朝廷主事,没人应诏入卫长安,朝野上下都切齿痛恨程元振,但又都不敢出声说什么。太常博士柳伉上疏,

以为：“犬戎犯关度陇，不血刃而入京师，劫宫闱，焚陵寝，武士无一人力战者，此将帅叛陛下也。陛下疏元功，委近习，日引月长，以成大祸。群臣在廷，无一人犯颜回虑者，此公卿叛陛下也。陛下始出都，百姓填然，夺府库，相杀戮，此三辅叛陛下也。自十月朔召诸道兵，尽四十日，无只轮入关，此四方叛陛下也。内外离叛，陛下以今日之势为安邪危邪？若以为危，岂得高枕，不为天下讨罪人乎？臣闻良医疗疾，当病饮药，药不当病，犹无益也。陛下视今日之病，何繇至此乎？必欲存宗庙社稷，独斩元振首，驰告天下，悉出内使隶诸州，持神策兵付大臣，然后削尊号，下诏引咎，曰：‘天下其许朕自新改过，宜即募士西赴朝廷；若以朕恶未悛，则帝王大器，敢妨圣贤，其听天下所往。’如此，而兵不至，人不感，天下不服，臣请阖门寸斩以谢陛下。”上以元振尝有保护功，十一月辛丑，削元振官爵，放归田里。

吐蕃还至凤翔，节度使孙志直闭城拒守，吐蕃围之数日。镇西节度使马璘闻车驾幸陕，将精骑千馀自河西入赴难。转斗至凤翔，值吐蕃围城，璘帅众持满外向，突入城中，不解甲，背城出战，单骑先士卒奋击，俘斩千计而归。明日，虏复逼城请战，璘开悬门以待之。虏引退，曰：“此将军不惜死，宜避之。”遂去，居于原、会、成、渭之地。

认为："西北异族盗寇进犯大震关长驱入陇西，兵不血刃而进入京师，抢掠皇宫，焚毁皇室陵寝，武士没一个人出力死战的，这是将帅背叛陛下了。陛下疏远有大功的人，把权力交给近臣，一天天助长他们的威势，以致造成大祸。臣子们在朝廷上没一人敢冒犯陛下使您改变主意，这是公卿们背叛陛下了。陛下刚离开京城，百姓们便一哄而起，抢夺官仓的东西，互相杀戮，这是三辅背叛陛下了。从十月初一就征召各路兵马，整整四十天，连只车轮也没进关，这是天下四方背叛陛下了。里里外外离心背叛，陛下认为今日的情势是安全呢，还是危险呢？如果认为是危险，又哪能高枕无忧，不为天下人惩治罪人呢？我听说良医治病，是根据病情让人吃药，如果让人吃的药不对病情，那就还是无益的。陛下看国家今日的病症，是怎么造成的呢？如果陛下一定要保全宗庙社稷，只能是斩了程元振的头，派出快马信使去昭告天下，把内廷使者都放到各州去管理，将神策军交给大臣来统领，然后削去尊号，下诏书引咎自责，说：'天下人如果容许我改过自新，那就应该招募兵马向西奔赴朝廷以解救危难；如果认为我的罪过未改，那么帝王的宝座，我也不敢占据以妨碍天下的圣贤，就任随天下拥戴他们所景仰的人吧！'如果这样做了而救兵不来，人们不被感动，天下不归服，臣下我就请把我全家碎尸万段，向陛下谢罪。"代宗因程元振曾有保护自己的功劳，十一月辛丑（初二），削去元振的官职和爵位，让他回故乡。

　　吐蕃撤军到了凤翔，节度使孙志直紧闭城门抵抗，吐蕃围攻了几天。镇西节度使马璘得知皇帝已经到了陕州，带领一千多精锐骑兵从河西进入陕州解救皇帝的危难。辗转战斗抵达凤翔，正遇上吐蕃围城，马璘带领部队张弓搭箭向外，冲入城中，衣甲不卸，又出城进攻敌人，他单人独马跑在士卒的前面向敌奋勇冲击，俘虏和杀死敌人数以千计后回城。第二天，敌人又进逼城下求战，马璘拉起悬门等着敌军。敌人引兵退回去，说："这位将军不怕死，要避开他。"于是带兵离去，停驻在原、会、成、渭等州一带。

十二月丁亥，车驾发陕州。左丞颜真卿请上先谒陵庙，然后还宫，元载不从，真卿怒曰："朝廷岂堪相公再坏邪？"载由是衔之。甲午，上至长安，郭子仪帅城中百官及诸军迎于浐水东，伏地待罪，上劳之曰："用卿不早，故及于此。"

以鱼朝恩为天下观军容宣慰处置使，总禁兵，权宠无比，筑城于鄠县及中渭桥，屯兵以备吐蕃。以骆奉仙为鄠县筑城使，遂将其兵。

吐蕃陷松、维、保三州及云山新筑二城，西川节度使高适不能救，于是剑南、西山诸州亦入于吐蕃矣。

二年，仆固怀恩反。秋八月，泾原奏怀恩引回纥、吐蕃十万众将入寇，京师震骇。诏郭子仪帅诸将出镇奉天。辛巳，子仪发赴奉天。九月辛亥，以郭子仪充北道邠宁、泾原、河西以来通和吐蕃使，以陈郑、泽潞节度使李抱玉充南道通和吐蕃使。子仪闻吐蕃逼邠州，甲寅，遣其子朔方兵马使晞将兵万人救之。己未，剑南节度使严武破吐蕃七万众，拔当狗城。

邠宁节度使白孝德败吐蕃于宜禄。冬十月，仆固怀恩引回纥、吐蕃至邠州。庚午，严武拔吐蕃盐川城。仆固怀恩与回纥、吐蕃逼奉天，京师戒严。

永泰元年春三月庚戌，吐蕃遣使请和，诏元载、杜鸿渐与盟于兴唐寺。秋九月，仆固怀恩诱回纥、吐蕃数十馀万众俱入寇。事见《仆固怀恩之叛》。

闰十月，剑南节度使严武以将军崔旰为汉州刺史，使将兵击吐蕃于西山，连拔其数城，攘地数百里。

十二月丁亥（十九日），代宗从陕州动身回京师。左丞颜真卿请代宗先去拜谒陵庙，然后才回宫，元载不答应，颜真卿发怒说："朝廷哪里经得起相公再败坏呢？"元载因此对他怀恨在心。甲午（二十六日），代宗回到长安，郭子仪带领城中百官和各路军队在浐水东边迎接他，跪在地上请罪，代宗慰劳他说："不早点起用您，才落到这个地步。"

代宗任命鱼朝恩为天下观军容宣慰处置使，统领禁军，他所受皇帝的宠任和掌握的权力无人能比。唐军在鄠县和中渭桥筑城，驻扎军队以防备吐蕃。任命骆奉仙为鄠县筑城使，他于是统领该地的军队。

吐蕃攻陷了松、维、保三州及云山新筑的两座城，西川节度使高适解救不了，于是剑南、西山等州也落入吐蕃手中了。

二年（764），仆固怀恩反叛。秋季八月，泾原县上报仆固怀恩带着回纥、吐蕃十万人的军队将要入侵，京师为之震惊。代宗下诏让郭子仪统率众将领出京镇守奉天。辛巳（十六日），郭子仪出发奔赴奉天。九月辛亥（十七日），任命郭子仪充当北道邠宁、泾原、河西以来通和吐蕃使，以陈郑、泽潞节度使李抱玉充当南道通和吐蕃使。郭子仪听说吐蕃进逼邠州，于甲寅（二十日）派他儿子朔方兵马使郭晞带一万人的军队前去救援。己未（二十五日），剑南节度使严武打败吐蕃七万人的军队，攻占当狗城。

邠宁节度使白孝德在宜禄打败吐蕃军队。冬季十月，仆固怀恩引导回纥、吐蕃军队抵达邠州。庚午（初六），严武攻克吐蕃盐川城。仆固怀恩与回纥、吐蕃进逼奉天，京师戒严。

永泰元年（765）春季三月庚戌（十九日），吐蕃派遣使者求和，代宗下诏派元载、杜鸿渐在兴唐寺与吐蕃使者订立盟约。秋季九月，仆固怀恩引诱回纥、吐蕃数十万人的军队一起入侵。此事见《仆固怀恩之叛》。

闰十月，剑南节度使严武任命将军崔旰为汉州刺史，派他带兵在西山攻击吐蕃，一连攻克吐蕃占领的几座城池，夺回土地数百里。

大历元年春二月己亥，命大理少卿杨济修好于吐蕃。

二年夏四月庚子，命宰相鱼朝恩与吐蕃盟于兴唐寺。

九月，吐蕃众数万围灵州，游骑至潘原、宜禄。诏郭子仪自河中帅甲士三万镇泾阳，京师戒严。甲子，子仪移镇奉天。冬十月戊寅，朔方节度使路嗣恭破吐蕃于灵州城下，斩首二千馀级，吐蕃引去。

三年八月壬戌，吐蕃十万众寇灵武。丁卯，吐蕃尚赞摩二万众寇邠州，京师戒严。邠宁节度使马璘击破之。九月壬申，命郭子仪将兵五万屯奉天以备吐蕃。壬午，朔方骑将白元光击吐蕃，破之。壬辰，元光又破吐蕃二万众于灵武。凤翔节度使李抱玉使右军都将临洮李晟将兵五千击吐蕃，晟曰："以力则五千不足用，以谋则太多。"乃将千人兼行，出大震关，至临洮，屠吐蕃定秦堡，焚其积聚，虏堡帅慕容谷种而还。吐蕃闻之，释灵州之围而去。戊戌，京师解严。

冬十一月，郭子仪还河中。元载以吐蕃连岁入寇，马璘以四镇兵屯邠宁，力不能拒，而郭子仪以朔方重兵镇河中，深居腹中无事之地，乃与子仪及诸将议，徙璘镇泾州，而使子仪以朔方兵镇邠州，曰："若以边土荒残，军费不给，则以内地租税及运金帛以助之。"诸将皆以为然。十二月己酉，徙马璘为泾原节度使，以邠、宁、庆三州隶朔方。璘先往城泾州，以都虞候段秀实知邠州留后。

大历元年(766)春季二月己亥(十三日),代宗命令大理寺少卿杨济跟吐蕃和谈。

二年(767)夏季四月庚子(二十一日),代宗命令宰相鱼朝恩与吐蕃使者在兴唐寺订立盟约。

九月,吐蕃军数万人包围灵州,前卫流动骑兵到达潘原、宜禄。代宗下诏郭子仪从河中率领甲兵三万人镇守泾阳,京城戒严。甲子(十七日),郭子仪移兵镇守奉天。冬季十月戊寅(初一),朔方节度使路嗣恭在灵州城下打败吐蕃军队,斩敌首级两千多,吐蕃军队退走。

三年(768)八月壬戌(二十一日),吐蕃军十万人进犯灵武。丁卯(二十六日),吐蕃尚赞摩率两万人的军队进犯邠州,京城戒严。邠宁节度使马璘把进犯的吐蕃军队打败。九月壬申(初一),代宗命郭子仪统率五万人的军队驻守奉天以防备吐蕃。壬午(十一日),朔方骑将白元光进攻吐蕃军队,并打败了他们。壬辰(二十一日),白元光又在灵武打败吐蕃两万人的军队。凤翔节度使李抱玉派右军都将临洮人李晟带兵五千进击吐蕃军队,李晟说:"如果是与敌人较力,那么五千人的军队就不够用,如果是运用计谋,那五千人的军队又太多了。"于是带一千人的军队兼程进发,出大震关,抵达临洮,血洗吐蕃的定秦堡,焚烧了敌人屯积在那里的军需品,俘获敌人守卫定秦堡的将领慕容谷种回来。吐蕃军队知道这一消息后,解除了对灵州的包围,撤退走了。戊戌(二十七日),京师解除戒严。

冬季十一月,郭子仪回到河中。元载因为吐蕃连年入侵,马璘仅以四镇的军队驻守在邠宁,兵力不足以抵挡敌军,而郭子仪以朔方的重兵镇守在河中,深居在并无战事的腹地,于是跟郭子仪及众将领商议,迁马璘带兵镇守泾州,而让郭子仪率朔方军队镇守邠州,说:"如果因为边地荒芜萧条,军费无法供给,那就用内地的租税和运金钱绢帛来补助。"众将领皆认为好。十二月己酉(初九),调任马璘为泾原节度使,以邠、宁、庆三州隶属于朔方。马璘先到泾州营建城池,让都虞候段秀实知邠州留守。

初,四镇、北庭兵远赴中原之难,久羁旅,数迁徙,四镇历汴、虢、凤翔,北庭历怀、绛、鄜然后至邠,颇积劳弊,及徙泾州,众皆怨诽。刀斧兵马使王童之谋作乱,期以辛酉旦警严而发。前夕,有告之者,秀实阳召掌漏者,怒之,以其失节,令每更来白,辄延之数刻,遂四更而曙,童之不果发,秀实欲讨之而乱迹未露,恐军中疑其冤。告者又云:"今夕欲焚马坊草,因救火谋作乱。"中夕,火果发,秀实命军中行者皆止,坐者勿起,各整部伍,严守要害。童之白请救火,不许。及旦,捕童之及其党八人,皆斩之。下令曰:"后徙者族,流言者刑!"遂徙于泾。

癸亥,西川破吐蕃万馀众。

四年秋九月,吐蕃寇灵州,丁丑,朔方留后常谦光击破之。冬十月,常谦光奏:"吐蕃寇鸣沙,首尾四十里。"郭子仪遣兵马使浑瑊将锐兵五千救灵州,子仪自将进至庆州,闻吐蕃退,乃还。

五年秋九月,吐蕃寇永寿。

六年夏四月,吐蕃请和。庚辰,遣兼御史大夫吴损使于吐蕃。秋九月,吐蕃下青石岭,军于那城,郭子仪使人谕之,明日引退。

七年夏四月,吐蕃五千骑至灵州,寻退。

八年冬十月,灵州破吐蕃万馀众。吐蕃众十万寇泾、邠,郭子仪遣朔方兵马使浑瑊将步骑五千拒之。庚申,战于宜禄。瑊登黄苬原望虏,命据险布拒马以备其驰突。

当初，四镇、北庭军队远道来解救中原的危难，长期在征途上奔波，多次迁移，四镇的军队历经汧、虢、凤翔，北庭历经怀、绛、鄜州然后到达邠州，十分劳累疲惫，到现在又要迁往泾州，全军上下怨声载道。刀斧兵马使王童之密谋作乱，约定在辛酉（二十一日）清晨例行鸣鼓警醒部队时举事。约定举事前一天的晚上，有人告发了，段秀实假装生负责计漏定时辰的人的气，把他叫来怒骂一顿，说他报时不准，令他每个更次都来报告，使每个更次都延迟了数刻时间，于是到四更时分天就亮了，王童之举事不成。段秀实想把他抓起来，但作乱的迹象还未暴露，怕军中的士兵怀疑冤枉了他。告发的人又报告说："今天晚上他们想烧马棚的草堆，趁救火时作乱。"夜半，果然起火。段秀实下令军营中正行走着的人原地立定，坐着的人别站起来，各部整顿队伍，对要害地方严加守备。王童之请示救火，段秀实不允许。到天亮时，逮捕王童之及其同党八人，都处死。段秀实下令说："拖延移防者全族抄斩，制造流言者处予刑罚！"于是部队移防到了泾州。

　　癸亥（二十三日），西川军队打败吐蕃一万多人。

　　四年（769）秋季九月，吐蕃进犯灵州，丁丑（十二日），朔方留守常谦光挫败了敌人的进攻。冬季十月，常谦光上奏说："吐蕃进犯鸣沙，队伍首尾长达四十里。"郭子仪派兵马使浑瑊率精兵五千援救灵州，他自己带兵进抵庆州，听到吐蕃退兵的消息便率军撤回。

　　五年（770）秋季九月，吐蕃进犯永寿。

　　六年（771）夏季四月，吐蕃求和。庚辰（二十四日），朝廷派兼御史大夫吴损出使吐蕃。秋季九月，吐蕃军队从青石岭下山，驻军于那城，郭子仪派人去劝告，第二天吐蕃的军队撤离了。

　　七年（772）夏季四月，吐蕃五千骑兵进抵灵州，不久又退走。

　　八年（773）冬季十月，灵州唐军打败吐蕃军一万多人。吐蕃十万人的军队进犯泾、邠州，郭子仪派朔方兵马使浑瑊带领步兵、骑兵五千前去抵抗。庚申（十八日），与敌人作战于宜禄。浑瑊登黄莴原高地观察敌势，命令部下布置拒马以防备敌骑兵的冲击。

宿将史抗、温儒雅等意轻珹,不用其命。珹召使击虏,则已醉矣。见拒马,曰:"野战,乌用此为?"命撤之,叱骑兵冲虏陈,不能入而返。虏蹑而乘之,官军大败,士卒死者什七八,居民为吐蕃所掠千馀人。

甲子,马璘与吐蕃战于盐仓,又败。璘为虏所隔,逮暮未还,泾原兵马使焦令谌等与败卒争门而入。或劝行军司马段秀实乘城拒守,秀实曰:"大帅未知所在,当前击虏,岂得苟自全乎?"召令谌等让之曰:"军法,失大将,麾下皆死。诸君忘其死邪?"令谌等惶恐拜请命。秀实乃发城中兵未战者悉出,陈于东原,且收散兵,为将力战状。吐蕃畏之,稍却。既夜,璘乃得还。

郭子仪召诸将谋曰:"败军之罪在我,不在诸将。然朔方兵精闻天下,今为虏败,何策可以雪耻?"莫对。浑珹曰:"败军之将,不当复预议,然愿一言今日之事,惟理珹罪,不则再见任。"子仪赦其罪,使将兵趣朝那。虏既破官军,欲掠汧、陇。盐州刺史李国臣曰:"虏乘胜必犯郊畿,我掎其后,虏必返顾。"乃引兵趣秦原,鸣鼓而西。虏闻之,至百城,返。浑珹邀之于隘,尽复得其所掠;马璘亦出精兵袭虏辎重于潘原,杀数千人,虏遂遁去。

初,元载尝为西州刺史,知河西、陇右山川形势。是时,吐蕃数为寇,载言于上曰:"四镇、北庭既治泾州,无险要可守。陇山高峻,南连秦岭,北抵大河。今国家西境尽潘原,

老将史抗、温儒雅等看不起浑瑊,不听从他的命令。浑瑊让他们出击敌人,他们已经喝醉了。见到自己阵地前的拒马,他们说:"野战哪用得着这个?"命手下把拒马全搬走,喝令骑兵冲击敌军阵地,冲不进去而撤回来。敌人跟踪掩击,官军大败,士卒死亡十分之七八,当地居民被吐蕃抓走了一千多人。

甲子(二十三日),马璘在盐仓与吐蕃军队交战,又失败了。马璘遭到吐蕃军队的拦截,到傍晚时分还没有回大营,泾原兵马使焦令谌等将领与败逃回来的士兵争相夺门回城。有人劝行军司马段秀实登城抵抗,段秀实说:"主帅还不知在哪里,我们应当向前去进攻敌人,哪能苟且保全自己呢?"于是召焦令谌等前来责备他们说:"按照军法,丢失了主将的部下要全被处死。诸位忘记死罪了吗?"焦令谌等惶恐不安,拜求段秀实,要求出战。段秀实于是调城中未经出战的士兵全部出城,在东原列成阵势,并且收容散兵,做出将要拼力死战的样子。吐蕃的军队害怕了,陆续后退,入夜以后,马璘才回到城中。

郭子仪召集所有将领商议说:"军队失败的罪责在我,不在诸位将领身上。但是朔方部队之精锐名闻天下,现在被敌人打败,有什么办法可以洗雪耻辱呢?"大家都不出声。浑瑊说:"打了败仗的将军,本不应再次参预商议,但我还是想说说目前的事,要不请治我浑瑊的罪,要不就再让我带兵作战。"郭子仪赦了他的罪,让他率部队奔赴朝那。吐蕃军队大败官军后,想掳掠汧、陇地区。盐州刺史李国臣说:"敌寇乘着胜利一定会进犯京师近郊,我牵制他们的后部,敌人一定要回头。"于是带部队奔向秦原,大张旗鼓向西前进。吐蕃军队知道了,走到百城就回军。浑瑊在险隘的地方拦击敌人,把敌人掠走的东西全夺回来;马璘也派出精锐部队在潘原袭击敌人的辎重部队,杀敌数千,吐蕃于是逃回去了。

当初,元载曾经担任过西州刺史,了解河西、陇右的山川形势。这时候吐蕃屡次前来进犯,元载对代宗说道:"四镇、北庭移驻泾州以后,没有险要之地可以据守。陇山高大而险峻,南连着秦岭,北直抵黄河。现在国家西部边境直到潘原,

而吐蕃戍摧沙堡,原州居其中间,当陇山之口,其西皆监牧故地,草肥水美;平凉在其东,独耕一县,可给军食,故垒尚存,吐蕃弃而不居。每岁盛夏,吐蕃畜牧青海,去塞甚远,若乘间筑之,二旬可毕。移京西军戍原州,移郭子仪军戍泾州,为之根本,分兵守石门、木峡,渐开陇右,进达安西,据吐蕃腹心,则朝廷可高枕矣。"并图地形献之,密遣人出陇山商度功用。会汴宋节度使田神功入朝,上问之,对曰:"行军料敌,宿将所难,陛下奈何用一书生语,欲举国从之乎?"载寻得罪,事遂寝。

　　九年春二月,谏议大夫吴损使吐蕃,留之累年,竟病死虏中。

而吐蕃驻军于摧沙堡,原州在他们控制范围的中间,正对着陇山口,它西面都是以前放牧的原野,草肥水美;平凉在它东面,只要一个县从事耕种,就可供给军粮,以前的城堡还在,吐蕃放弃而不占据。每年盛夏时节,吐蕃都到青海去放牧,离边塞很远,如果我们趁这个时机去修筑旧城堡,二十天就可以修好。移京师西边的部队驻守原州,调郭子仪的军队驻守泾州,作为基地,分出兵力驻守石门、木峡,逐渐打开陇右,继而推进到安西,占据吐蕃心腹之地,那么朝廷就可高枕无忧了。"并画出地图呈献给代宗,又秘密派人出陇山规划工程。正好汴宋节度使田神功入朝,代宗拿这事问他,他回答说:"行军打仗,判断敌情,老将都会感到困难,陛下为什么要因为一个书生的话,而动用全国的力量去听从他调遣呢?"不久,因为元载被治罪,事情也就被放下来了。

九年(774)春季二月,谏议大夫吴损出使吐蕃,被扣留多年,最后病死在那里。

两税之弊

唐高祖武德七年,初定均田租、庸、调法。丁、中之民,给田一顷,笃疾减什之六,寡妻妾减七;皆以什之二为世业,八为口分。每丁岁入租,粟二石。调随土地所宜,绫、绢、绝、布。岁役二旬;不役则收其佣,日三尺;有事而加役者,旬有五日,免其调;三旬,租、调俱免。水、旱、虫、霜为灾,什损四以上免租,损六已上免调,损七已上课、役俱免。凡民赀业分九等。百户为里,五里为乡,四家为邻,四邻为保。在城邑者为坊,田野者为村。食禄之家,无得与民争利。工商杂类,无预士伍。男女始生为黄,四岁为小,十六为中,二十为丁,六十为老。岁造计帐,三年造户籍。玄宗开元九年,诏括天下逃移户口,议定赋役。事见《奸臣聚敛》。

肃宗宝应元年,租庸使元载以江、淮虽经兵荒,其民比诸道犹有赀产,乃按籍举八年租、调之违负及通逃者,计其大数

两税之弊

唐高祖武德七年(624),首次制定均田和征收租、庸、调的法令。按均田法,成丁和中丁由政府授田一顷,有严重疾病的减授十分之六,守寡的妻妾减授十分之七;所有授给百姓的土地,以十分之二作为他们可以传世的产业,十分之八作为按丁口分配的土地。每年每丁交租,是二石粟。户调则根据当地的出产,可交绫、绢、絁、布。每年每丁服役二十日;不服役则按每日三尺布征收佣钱;官府有特殊事情要加役的,每加役十五天,被加役者可免掉他的户调;每加役三十天,租税和户调全都免掉。遇到水、旱、虫、霜灾害,收成损失四成以上的免租,损失六成以上的免调,损失七成以上的所有赋税徭役全免。百姓的财产按多少分为九等。民众百户编为一里,五里编为一乡,四家编为一邻,四邻编为一保。编户组织在城内的称为坊,在乡野的称为村。领取国家俸禄的人,不得与平民争夺利益。从事工商等杂业的人家,不得当官。男女刚生下来时称为黄,四岁时称为小,十六岁称为中,二十岁称为丁,六十岁称为老。政府每年编造计帐,三年编造一次户籍。唐玄宗开元九年,下诏清查天下逃亡和迁移的户口,讨论制定赋役制度。此事见《奸臣聚敛》。

唐肃宗宝应元年(762),租庸使元载认为江、淮之地虽然经历过战乱,但该地百姓的财产比其他各地来说仍然是富裕的,于是根据户籍清查八年来所欠交和逃交租、调的人,按其大数

而征之。择豪吏为县令而督之，不问负之有无，赀之高下，察民有粟、帛者发徒围之，籍其所有而中分之，甚者什取八九，谓之白著。有不服者，严刑以威之。民有蓄谷十斛者，则重足以待命，或相聚山泽为群盗，州县不能制。

代宗大历十四年，旧制，天下金帛皆贮于左藏，太府四时上其数，比部覆其出入。及第五琦为度支、盐铁使，时京师多豪将，求取无节，琦不能制，乃奏尽贮于大盈内库，使宦官掌之，天子亦以取给为便，故久不出。由是以天下公赋为人君私藏，有司不复得窥其多少，校其嬴缩，殆二十年。宦官领其事者三百馀员，皆蚕食其中，蟠结根据，牢不可动。杨炎顿首于上前曰："财赋者，国之大本，生民之命，重轻安危，靡不由之，是以前世皆使重臣掌其事，犹或耗乱不集。今独使中人出入盈虚，大臣皆不得知，政之蠹敝，莫甚于此。请出之以归有司，度宫中岁用几何，量数奉入，不敢有乏。如此，然后可以为政。"上即日下诏："凡财赋皆归左藏，一用旧式，岁于数中择精好者三、五千匹，进入大盈。"炎以片言移人主意，议者称之。

德宗建中元年春正月，始用杨炎议，命黜陟使与观察使、刺史约百姓丁产，定等级，作两税法。比来新旧征科色目，一切罢之；二税外辄率一钱者，以枉法论。

来征收。选择在地方上有势力的乡吏担任县令而督促征收，不问百姓是否欠租、调，也不管民户财产的等级高低，见到百姓家有粮食、布帛的，就派兵包围，按其全部财产对半分，甚至强取其中十分之八九，这种掠夺行径被世人叫白著。有反抗的就用严刑拷打来威吓他。老百姓有积蓄了十斛谷物的，都惶恐不安，听天由命，有的则啸聚山野为强盗，州县地方官控制不了局面。

　　唐代宗大历十四年(779)，按以前的规定，全国赋税收入的金钱和绢帛都存在左藏即中央政府的仓库，由太府寺一年四季上报数量，由比部来审计收支账目。到第五琦担任度支、盐铁使时，京师有很多权势显赫的武将，他们索求供应，毫无节制，第五琦无法制止，于是上奏代宗把全国财政收入的财物全存在宫中大盈库中，交内廷宦官管理，皇帝也因为取用起来方便，所以长期不再移交出来。此后，国家的收入就变成了君主私人的财产了，有关部门再也不能知道全国财政收入有多少，再也不能复核它的增减，这种情况延续近二十年。管理大盈内库的宦官有三百多人，都利用职权侵吞财产，互相勾结，他们地位十分稳固，不可动摇。杨炎给代宗磕头，说："财赋收入，是国家的根本，老百姓的命脉，国家的根本是否稳固、是否安全，都依赖它，所以以前都委派重要的大臣来主持其事，即使这样，有时还会出现损耗和混乱、财政无法掌握的现象。现在由内廷宦官单独掌握它的收支、增减，朝廷大臣们都不得而知，政事败坏没有比这更严重的了。请把中央的财政收入移交出来给政府的有关部门管理，估算出宫中每年用度，按数送入宫中，不敢使宫中的经费短缺。这样，才能治理国家。"代宗当天就发出诏书："所有财税收入都由左藏收管，完全按以前的制度办，每年在收入的财物中挑精致的绢帛三五千匹交给大盈库。"杨炎用几句话便改变了君主的主意，评论的人都称赞他。

　　唐德宗建中元年(780)春季正月，开始按杨炎的建议，命令黜陟使与观察使、刺史去估算百姓的丁口财产，划定每户的等级，制定两税法。近年来新旧征收的各种赋税项目，全部取消。在两税之外擅自多征收一个铜钱的，也要以枉法论处。

　　唐初，赋敛之法曰租、庸、调，有田则有租，有身则有庸，有户则有调。玄宗之末，版籍浸坏，多非其实。及至德兵起，所在赋敛，迫趣取办，无复常准。赋敛之司增数而莫相统摄，各随意征科，自立色目，新故相仍，不知纪极。民富者丁多，率为官、为僧以免课役，而贫者丁多，无所伏匿，故上户优而下户劳。吏因缘蚕食，民旬输月送，不胜困弊，率皆逃徙为浮户，其土著百无四五。至是，炎建议作两税法：先计州县每岁所应费用及上供之数而赋于人，量出以制入。户无主、客，以见居为簿；人无丁、中，以贫富为差。为行商者，在所州县税三十之一，使与居者均，无侥利。居人之税，秋、夏两征之。其租、庸、调、杂徭悉省，皆总统于度支。上用其言，因赦令行之。

　　贞元三年，时关东防秋兵大集，国用不充。李泌奏："自变两税法以来，藩镇、州、县多违法聚敛。继以朱泚之乱，争权率、征罚以为军资，点募自防。泚既平，自惧违法，匿不敢言。请遣使以诏旨赦其罪，但令革正，自非于法应留使、留州之外，悉输京师。其官典逋负，可征者征之，难征者释之，以示宽大；敢有隐没者，重设告赏之科而罪之。"

唐朝初年,赋税的种类有租、庸、调,凡有田地就得交租,成丁都得负担庸,对每一民户都征调。唐玄宗末年,户籍制度逐渐被破坏,户籍不再反映户口的真实情况。到至德年间发生战乱,随时随地征收赋税,追逼勒索,不再按原来的规定征收。负责征收赋税的政府机关大为增加而又互不统属,各自随意征敛,自立名目,新旧税目混在一起,名目多得不知道有多少。富有的民户丁多,但大多或是当官,或是当和尚,免除了力役,而贫穷人家丁多,没法隐瞒,所以上等户赋役轻而下等户赋役重。官吏也趁机侵吞蚕食,老百姓不停地给官府交税服役,无法承担这种重负,于是大都逃跑或迁徙变成不入户籍的浮户,而当地有户籍的土著人家只有百分之四五。到这时,杨炎建议实行两税法:先计算州县每年经费开支和上交中央政府财税的数目,然后按这个数目对当地百姓征收赋役,根据支出来确定征入。人户没有主、客户的区别,根据现在的居住地编入户籍;人不分中丁、成丁,根据贫富来划分赋税承担的差别。当贩运商的,就在他们落脚的州县按他们的收入征收三十分之一赋税,使他们跟定居的人一样负担赋税,不能侥幸偷漏税。定居人户的赋税,分秋、夏两次征收。他们以前所负担的租、庸、调和杂役全部取消,赋税征收全由度支来统管。德宗接受了杨炎的建议,借宣布大赦之机,而颁布了实行两税法的命令。

　　贞元三年(787),当时函谷关以东秋季防敌寇进犯的大军已完成大规模集结,但国库无钱以充军费。李泌上奏说:"自从改行两税法以来,藩镇的州、县大都违法搜括民财。接着因朱泚作乱,各地争相擅自立项征税和罚课作为军费,挑选和招募兵员用以防卫。朱泚被平定以后,地方官员因为违法而害怕,隐瞒不报。请陛下派使者以诏书下达圣旨赦免他们的罪过,只命令他们改正,凡不是法定由节度使和州地方留用的其他收入,全要上缴中央。各地官员负责追收逃税欠税的,对能追收回来的则追收,难以追收的就免除掉,以示宽大。各地胆敢有隐瞒侵吞政府财税收入的,就再次设立告发的奖赏条例,查出违法者处以重罚。"

上喜曰："卿策甚长,然立法太宽,恐所得无几。"对曰："兹事臣固熟思之,宽则获多而速,急则获少而迟。盖以宽则人喜于免罪而乐输,急则竞为蔽匿,非推鞫不能得其实,财不足济今日之急而皆入于奸吏矣。"上曰："善!"以度支员外郎元友直为河南、江淮南句勘两税钱帛使。

四年春正月庚戌朔,赦天下。诏两税等第,自今三年一定。二月,元友直运淮南钱帛二十万至长安,李泌悉输之大盈库。然上犹数有宣索,仍敕诸道勿令宰相知。泌闻之,惘怅而不敢言。

> 臣光曰:王者以天下为家,天下之财皆其有也。阜天下之财以养天下之民,己必豫焉;或乃更为私藏,此匹夫之鄙志也。古人有言曰:"贫不学俭。"夫多财者,奢欲之所自来也。李泌欲弭德宗之欲而丰其私财,财丰则欲滋矣。财不称欲,能无求乎?是犹启其门而禁其出也!虽德宗之多僻,亦泌所以相之者非其道故也。

秋九月,元友直句检诸道税外物,悉输户部,遂为定制,岁于税外输百馀万缗、斛,民不堪命。诸道多自诉于上,上意寤,诏:"今年已入在官者输京师,未入者悉以与民;明年以后,悉免之。"于是东南之民复安其业。

九年春正月癸卯,初税茶。凡州、县产茶及茶山外要路,

德宗高兴地说:"您的计划很好,但立法太过宽大,恐怕收获无几。"李泌说:"这事为臣我已详细考虑过了,立法宽大一点所获就会多而且迅速;立法严,所获就少而且慢。这是因为立法宽大,人们为能免罪而高兴,所以乐于上缴给中央;立法严峻,人们就争着隐瞒蒙骗中央,不逮捕审问就不能了解真实情况,财税收入不足以补救今日的危急,反而全都被奸吏吞没了。"德宗说:"好!"于是任命度支员外郎元友直为河南、江淮南道句勘两税钱帛使。

四年(788)春季正月庚戌这天是初一,大赦天下。德宗下诏规定两税的等级从当天起,每三年划定一次。二月,元友直运送淮南的钱帛二十万到长安,李泌把这些钱帛全送入大盈库。但德宗还是多次向各地索取钱帛,还命令对这事各道不得让宰相知道。李泌知道了,心中惆怅而不敢开口。

　　北宋史臣司马光评论说:"帝王是以天下为家的,天下的财产都为他所有。增加天下的财富来赡养天下的百姓,自己一定也很富裕;而把天下的财富变成自己的私藏,这是匹夫的卑微志趣。古代的人有这样的说法:'贫穷的人不用学习节俭。'财富多了,奢侈欲望自然就会产生。李泌想止住德宗的欲望而使他的私产增加,财产增加而欲望也就滋长了。财产赶不上欲望,能不想法索求么?这就好像是打开大门而又禁止他出门一样。虽说德宗的行为大都邪僻,但这也是李泌作为宰相不循道义造成的。

秋季九月,元友直索取和清点各道收取上来的两税之外的财物,全部输送给户部,于是这就成了国家的既定制度。每年都要在两税之外再收取一百多万缗钱、一百多万斛粮,老百姓完全无法承受。各道多次直接向德宗诉苦,德宗终于醒悟,于是下诏,说:"今年已收取在官府的,输送上京师,未收上来的全交给百姓;明年以后,全免了。"于是,东南的百姓又安心生产了。

九年(793)春季正月癸卯(二十四日),首次征收茶税。具体规定为:凡产茶的州县及茶山之外商客往来的交通要道,

皆估其直,什税一,从盐铁使张滂之请也。滂奏:"去岁水灾减税,用度不足,请税茶以足之。自明年以往,税茶之钱,令所在别贮,俟有水旱,以代民田税。"自是岁收茶税钱四十万缗,未尝以救水旱也。

十年夏五月,陆贽又奏请均节财赋,凡六条:其一,论两税之弊。其略曰:"旧制赋役之法,曰租、调、庸。丁男一人受田百亩,岁输粟二石,谓之租。每户各随土宜出绢若绫若绝共二丈,绵三两,不蚕之土输布二丈五尺,麻三斤,谓之调。每丁岁役,则收其庸,日准绢三尺,谓之庸。天下为家,法制均一,虽欲转徙,莫容其奸,故人无摇心而事有定制。及羯胡乱华,兆庶云扰,版图堕于避地,赋法坏于奉军。建中之初,再造百度,执事者知弊之宜革而所作兼失其原,知简之可从而所操不得其要。凡欲拯其弊,须穷致弊之由。时弊则但理其时,法弊则全革其法。所为必当,其悔乃亡。兵兴以来,供亿无度,此乃时弊,非法弊也。而遽更租、调、庸法,分遣使者,搜摘郡邑,校验簿书,每州取大历中一年科率最多者以为两税定额。

"夫财之所生,必因人力,故先王之制赋入,必以丁夫为本。不以务穑增其税,不以辍稼减其租,则播种多;不以殖产厚其征,不以流寓免其调,则地著固;不以饬励重其役,

都估算其收入收取十分之一税金，这是听取盐铁使张滂的建议而实行的。张滂奏请："去年因为水灾而减免税收，致使国家财用不足，请对茶叶的产销进行收税来加以补充。从明年以后，来自茶叶的税钱，令各地另行积蓄，到有水旱灾害时，用来代替百姓的田租。"从此每年收取茶税四十万缗，但从未用于补偿水旱灾害的损失。

十年（794）夏季五月，陆贽又上奏请求均平调节财赋，他奏章的内容一共有六条：第一，论两税法的弊害。其内容大略是："以前的赋役制度，分为租、庸、调。男丁每人授田一百亩，每年上交粟二石，叫租。每户根据当地的出产，或者上交绢，或者上交绫、絁，一共是二丈，交绵三两，不养蚕的地方就上交布二丈五尺，麻三斤，叫调。每丁每年根据需服役的天数收取佣金，按每天交绢三尺折算，叫庸。天下为一家，法律制度在哪里都是一样的，虽然有人想迁移，但也无法逃避国家的赋税，所以人们没有不安分的心而天下的事情也都有一定的规制。到北方的胡虏扰乱中华后，老百姓像流云一样扰攘不定，国家户籍因百姓四处逃难而被破坏，赋税制度因供应军队而被败坏。建中初年，政府千方百计来恢复被破坏的制度，执掌政事的人知道弊病应当革除但改革中却未抓住根本，知道立法简要人们容易依从但举措又不得要领。凡希望挽救弊病的，必须根究造成弊病的原因，如果是目前的弊病，那就治理目前；如果是法制的弊病，那就对法制加以改革。这样做就肯定合适，不会后悔。发生战乱以来，供给没有限量，这是目前的弊病，不是法制的弊病。但朝廷却匆匆改变租、庸、调法，分头派出使者，搜刮郡县，核查当地的籍账文书，每州都把大历年间课税最多的一年的数额作为两税的定额。

"财富的生产一定要靠人力，所以先王制定赋税的收入，必须以丁夫作为根本。不会因为辛勤耕耘而对他增加租税，也不会因为停止耕种而减免他的租税，这样种植的土地就会多；不会因为增加了财产而对他加重征收，不会因为迁徙不定而免他的户调，这样人们就会安土定居；不会因为勤快而对他加重力役，

不以寠怠蠲其庸,则功力勤。如是,故人安其居,尽其力矣。两税之立,惟以资产为宗,不以丁身为本;曾不寤资产之中,有藏于襟怀囊箧,物虽贵而人莫能窥;其积于场圃囷仓,直虽轻而众以为富。流通蕃息之货,数虽寡而计日收赢;有庐舍器用之资,价虽高而终岁无利。如此之比,其流实繁,一概计估算缗,宜其失平长伪。由是务轻资而乐转徙者,恒脱于徭税。敦本业而树居产者,每困于征求。此乃诱之为奸,驱之避役,力用不得不弛,赋入不得不阙。复以创制之首,不务齐平,供应有烦简之殊,牧守有能否之异,所在徭赋,轻重相悬,所遣使臣,意见各异,计奏一定,有加无除。又大历中供军、进奉之类,既收入两税,今于两税之外,复又并存。望稍行均减,以救凋残。”

其二,请两税以布帛为额,不计钱数。其略曰:“凡国之赋税,必量人之力,任土之宜。赋所入者唯布、麻、缯、纩与百谷而已。先王惧物之贵贱失平,而人之交易难准,又定泉布之法以节轻重之宜,敛散弛张,必由于是。盖御财之大柄,为国之利权,守之在官,不以任下。然则谷帛者,人之所为也;钱货者,官之所为也。是以国朝著令,租出谷,庸出绢,调出缯、纩、布,曷常有禁人铸钱而以钱为赋者也?今之两税,独异旧章,但估资产为差,便以钱谷定税,临时

不会因为懒惰而免他的身庸,这样人们服役就会勤快。像这样,人们才会安居尽力。两税法的制定,只以资产为根据,不以人丁为根本;竟没想到资产中有的可藏在衣服、袋子和箱篮里,那些东西虽然贵重而人们却看不见;那堆积院场、园圃和仓囷里的物资,价值虽贱而人们却认为是富有。在市场上买卖增值的货物,数量虽少,但每天都能获得赢利;房屋用具这类东西,价值虽高但终年都不会生利。像这样一一核算,种类就实在繁多了,而一律地估算来计征租赋,当然就失去公平而助长奸伪了。于是人们就会致力于经商而乐于到处迁徙,长期免于徭役赋税。努力农耕而建置房产的人,就常常被追索赋税。这是诱导百姓成为奸伪,赶他们去躲避徭役,而服役的人手不能不流散,赋税的收入不能不匮乏。再加上制定制度当初,不力求平均,各地向中央提供赋役时有繁简的区别,地方官员有能干与否的差异,各地的徭役赋税,轻重悬殊,中央派出去的使臣,意见不一。税收数量一经确定,数量都是有增加而无免除。另外,大历年间供应军需和进贡给皇上的征收项目,当时已归并到两税中,而今却又在两税之外,与两税并存。希望陛下合理减免赋税,以解救社会的凋敝。"

第二,请求核定两税的数量以布帛为依据,而不以钱为依据。其内容大略是:"大凡国家的赋、税,一定要根据人们的能力,根据土地的出产。赋税征收的只有布、麻、缯、纩及粮食而已。前代王者怕货物的贵贱不一,而人们之间的交换难以公平,又制定了货币制度,用来调节货物的贵贱,货物的集中和流通都由货币的调节来实现。控制财物这样重大的职能,是国家的利益和权威所在,这种职能必须由政府掌握,不能交给政府所统治的人。这就是说,粮食布帛是由百姓所生产的,钱币是由政府所制造的。所以我们大唐王朝制定法令,租交纳谷,庸交纳绢,调交织缯、纩、布,何曾去禁人铸钱,而规定用钱来缴纳赋税的呢?现在的两税法,偏偏跟原来的典章不同,只估算资产的多少,分为等级,便以钱、谷的多少来确定征收额,临时

折征杂物,每岁色目颇殊,唯计求得之利宜,靡论供办之难易。所征非所业,所业非所征,遂或增价以买其所无,减价以卖其所有,一增一减,耗损已多。望勘会诸州初纳两税年绢布,定估比类当今时价,加贱减贵,酌取其中,总计合税之钱,折为布帛之数。"又曰:"夫地力之生物有大限。取之有度,用之有节,则常足;取之无度,用之无节,则常不足。生物之丰败由天,用物之多少由人。是以圣王立程,量入为出,虽遇灾难,下无困穷。理化既衰,则乃反是,量出为入,不恤所无。桀用天下而不足,汤用七十里而有馀,是乃用之盈虚在节与不节耳。"

其三,论长吏以增户、加税、辟田为课绩。其略曰:"长人者罕能推忠恕易地之情,体至公徇国之意。迭行小惠,竞诱奸氓,以倾夺邻境为智能,以招萃逋逃为理化。舍彼适此者既为新收而有复,倏往忽来者又以复业而见优。唯怀土安居,首末不迁者,则使之日重,敛之日加。是令地著之人恒代惰游赋役,则何异驱之转徙,教之浇讹?此由牧宰不克弘通,各私所部之过也。"又曰:"立法齐人,久

通过折算来征收杂物，每年的征收项目又颇为不同，只考虑怎样才能利于把赋税收缴上来，而不管缴纳赋税的难易。对百姓所征收的财物，并不是他们所出产的东西；而百姓所出产的东西，又不是政府规定要征收的财物，这样老百姓就要出高价去购买他们所没有的东西，降价把自己所生产的东西卖掉，这样一提价一减价之间，百姓的损失就大了。希望能审核议定各州开始缴纳两税那年的绢、布数量，各按同类物品来估算核定它们相当于现在什么价格，价格低了的就提高，价格高了的就降低，酌量求取平均价格，然后按这个价格来总计应该征收的税金，再把这一税金数折算成应征收的布帛数。"又说："地力所能出产的物资有很大的限度。对物资的求取有限度，使用有节制，那就会长期够用；对它们的求取无限度，使用无节制，那就会经常匮乏。物资生产的多少取决于天时，物资使用的多少取决于人们。所以圣明的君主定出限量，根据收入来决定支出，虽然遇到灾祸，老百姓也不至于困难到走投无路。治理教化之政衰败以后，就跟这样的做法相反，而根据支出来确定收入，不体恤百姓没东西可交税。夏桀王拥有天下而财物不够，商汤王以七十里之地而财物有余，这就是财物的使用够不够，在于使用时是否有节制啊！"

　　第三，论以增加户口、增加税收、开拓田地作为考评地方长官政绩的依据。大略内容是："管理百姓的人很少有设身处地以忠诚宽容的态度来对待别人，从而体现大公无私一心为国的想法的。他们多是不断施以小恩小惠，争相引诱招徕奸猾之民，把夺取邻境的土地看作是聪明能干，把招集流亡看作是治理德化。离开那边来到这边的人，既然作为这边的新收人户，因此可以免除赋税；忽来忽去的人又因要恢复家业而受到优惠。只有怀恋故土而安居、始终不迁移的人，所受的役使一天比一天重，负担的租税一天比一天多。这就是让定居的人永远替懒惰游荡的人负担赋税。这无疑是驱赶定居的也辗转迁徙，教他们去学浇漓诡诈。这是由于地方长官不能顾全大局，各为自己所管理的地方打算所造成的过错。"又说："制定法律来治理百姓，时间长了

无不弊,理之者若不知维御损益之宜,则巧伪萌生,恒因沮劝而滋矣。请申命有司,详定考绩。若当管之内,人益阜殷,所定税额有馀,任其据户口均减,以减数多少为考课等差。其当管税物通比,每户十分减三者为上课,减二者次焉,减一者又次焉。如或人多流亡,加税见户,比校殿罚法亦如之。"

其四,论税限迫促。其略曰:"建官立国,所以养人也;赋人取财,所以资国也。明君不厚其所资而害其所养,故必先人事而借其暇力,先家给而敛其馀财。"又曰:"蚕事方兴,已输缣税;农功未艾,遽敛谷租。上司之绳责既严,下吏之威暴愈促。有者急卖而耗其半直,无者求假而费其倍酬。望更详定征税期限。"

其五,请以税茶钱置义仓以备水旱。其略曰:"古称九年、六年之蓄者,率土臣庶通为之计耳,固非独丰公庾,不及编氓也。近者有司奏请税茶,岁约得五十万贯。元敕令贮户部,用救百姓凶饥,今以蓄粮,适副前旨。"

其六,论兼并之家,私敛重于公税。其略曰:"今京畿之内,每田一亩,官税五升,而私家收租殆有亩至一石者,是二十倍于官税也。降及中等,租犹半之。夫土地王者之所有,

没有不产生弊病的,治理百姓的如果不懂得根据实际来掌握法律,根据需要对法律条文进行增减修改,那么,狡猾诈伪就会出现,这都是因为教化得不到施行而产生的现象。请对有关部门下达命令,仔细制定考核政绩的条文。如果在他管理范围内,人户增加了,征收的税额有富馀,那么,就允许他根据当地户口数平均削减每户的赋税,以每户削减数量的多少作为政绩考核的等级。按其应征收的税物总额总计,能达到每户削减原定额十分之三的为上等政绩,削减十分之二的为其次,削减十分之一的又在其次。如果人户多数流亡,而把赋税罪加到现存人户头上的,也按以上的计算办法来排定他的倒数名次和决定处罚。"

第四,论税收限期紧迫。内容大略是:"设置职官,建立国家,是为了让人们生存;对百姓收取赋税财物,是为了供给国家。圣明的君主不会过度索取百姓对国家的这种供给而损害百姓,所以一定是把百姓为养家活口的劳作放在首位而只役取他们在这种劳作完成以后的馀力,先让百姓能家给人足而只对他们多馀的财产征收赋税。"又说:"养蚕的刚开始,便已缴纳缣税了;农作还未收成,便急着征敛谷租了。上级官员的要求严厉了,下级官吏的威暴自然就会更厉害。家里有点财产的就赶紧出卖换成交税的物品,结果要损失价值的一半;家里没有财产的就向人借贷而多付出成倍的利息。希望能再仔细考虑征税的期限。"

第五,请用征收茶税的钱建立义仓,用以防备水、旱灾害。大致内容是:"古时候所说的九年、六年的积蓄,这是从天下的臣民总体来考虑的,完全不是只考虑国家仓库的充盈而不顾百姓。近来有关官员上奏请求征收茶税,每年大约能收税金五十万贯。原来陛下命令把这笔钱存在户部,用以解救百姓遇到天灾时的饥荒,现在用这笔钱买粮食储存起来,正符合陛下原先的意图。"

第六,论兼并土地的豪强地主,所收的私租比公家的田税要重。内容大略是:"现在京城郊区里,每亩田政府收税五升,而私人收田租,每亩甚至有达到一石的,这是政府税收的二十倍。往下即使是中等的私租,仍要五斗。土地是君主所有的,

耕稼农夫之所为,而兼并之徒,居然受利。"又曰:"望凡所占田,约所条限,裁减租价,务利贫人。法贵必行,慎在深刻,裕其制以便俗,严其令以惩违。微损有馀,稍优不足。损不失富,优可赈穷。此乃古者安富恤穷之善经,不可舍也。"

耕种土地的是农夫,而得到利益的竟然是兼并土地的豪强地主。"又说:"希望对所有的占田定出规矩,削减出租的价钱,务必做到有利于贫民。法律贵在一定要执行,要慎重对待的是不要过于苛刻,制度宽松就能方便民间,法令严厉是为了惩戒违法者。对有馀者略微损减,对不足者稍为优待。损减,不致使有馀者失去富有;优待,可以救济贫穷。这是古代使富有者安定、使贫穷者得到抚恤的良法,不可放弃。"

裴延龄奸蠹

唐德宗贞元八年秋七月甲寅朔，户部尚书判度支班宏
薨。陆贽请以前湖南观察使李巽权判度支，上许之。既而
复欲用司农少卿裴延龄，贽上言，以为：“今之度支，准平万
货，刻急则生患，宽假则容奸。延龄诞妄小人，用之交骇物
听。尸禄之责，固宜及于微臣；知人之明，亦恐伤于圣鉴。”
上不从。己未，以延龄判度支事。

九年秋七月癸卯，户部侍郎裴延龄奏：“自判度支以
来，检责诸州欠负钱八百馀万缗，收诸州抽贯钱三百万缗，
呈样物三十馀万缗，请别置欠、负、耗、剩季库以掌之，染练
物别置月库以掌之。”诏从之。欠负皆贫人无可偿，徒存其
数者，抽贯钱给用旋尽，呈样、染练皆左藏正物。延龄徙置
别库，虚张名数以惑上。上信之，以为能富国而宠之，于实
无所增也，虚费吏人簿书而已。

裴延龄奸蠹

　　唐德宗贞元八年(792)秋季七月甲寅是初一,这天户部尚书判度支使班宏去世。陆贽建议任命前任湖南观察使李巽代理判度支使,德宗准许了。后来,德宗又想用司农少卿裴延龄任此职,陆贽对德宗说:"现在的度支,负责平衡天下钱物的收支,严刻吝啬就会产生祸患,宽纵无拘则会容留奸邪。裴延龄是邪妄小人,任用他,会使天下人都感到惊骇。白拿俸禄的责任,固然应落到为臣我的头上;但按知人之明的原则来衡量,那也恐怕会有损陛下的圣明。"德宗不听从这意见。己未(初六),任命裴延龄判度支事。

　　九年(793)秋季七月癸卯(初七),户部侍郎裴延龄上奏说道:"我自从判度支以来,检核出各州欠缴纳税金八百多万缗之多,收缴各州抽贯钱三百万缗,进呈样品价值三十多万缗,请另行设置欠、负、耗、剩的季库来进行收藏,另设月库收藏染练原料。"德宗颁下诏书同意此说。所谓欠负,其实都是贫民无法交纳的,只是空记下一笔数目,抽贯钱很快就用完了,进呈样品、染练原料都是左藏库原有的正项收入。裴延龄只不过是设置了另外的仓库,虚设名目、虚夸数量来迷惑皇上。德宗听信了他,以为他能够使国家富有因而宠爱信任他,其实国库的财物并没有什么增加,白白耗费了一班主管其事的官吏和籍账文书而已。

京城西污湿地生芦苇数亩,延龄奏称长安、咸阳有陂泽数百顷,可牧厩马。上使有司阅视,无之,亦不罪也。

左补阙权德舆上奏,以为:"延龄取常赋支用未尽者充羡馀以为己功。县官先所市物,再给其直,用充别贮。边军自今春以来并不支粮。陛下必以延龄孤贞独立,时人丑正流言,何不遣信臣覆视,究其本末,明行赏罚?今群情众口喧于朝市,岂京城士庶皆为朋党邪?陛下亦宜稍回圣虑而察之。"上不从。

十年秋九月,裴延龄奏称官吏太多,自今缺员请且勿补,收其俸以实府库。上欲修神龙寺,须五十尺松,不可得,延龄曰:"臣近见同州一谷,木数千株,皆可八十尺。"上曰:"开元、天宝间求美材于近畿犹不可得,今安得有之?"对曰:"天生珍材,固待圣君乃出,开元、天宝,何从得之?"延龄奏:"左藏库司多有失落,近因检阅使置簿书,乃于粪土之中得银十三万两,其匹段杂货百万有馀。此皆已弃之物,即是羡馀,悉应移入杂库以供别敕支用。"太府少卿韦少华不伏,抗表称:"此皆每月申奏见在之物,请加推验。"执政请令三司详覆,上不许,亦不罪少华。

延龄每奏对,恣为诡谲,皆众所不敢言亦未尝闻者,延龄处之不疑。上亦颇知其诞妄,但以其好诋毁人,冀闻外事,故亲厚之。群臣畏延龄有宠,莫敢言,惟盐铁转运

京城西边有一块污秽的湿地,长有几亩地的芦苇,裴延龄上奏说,长安、咸阳有陂泽地数百顷,可用来放牧皇宫中的马匹。德宗派有关部门的人去察看,并没有,德宗也不治他的罪。

　　左补阙权德舆上奏,认为:"裴延龄拿正常收入而未用完的赋税来充当羡馀,而把这作为自己的功绩。官府事先购买的财物,他再给钱买下,另外贮蓄起来。守边的部队自今年春天以来就没有支取过粮食了。陛下认定裴延龄是孤守忠贞、不肯苟合流俗,而世人都憎恶正直、制造流言,为什么不派亲信大臣去核查而根究事情的来龙去脉,公开实行赏罚呢? 现在大家对他一致指责,意见纷纷,溢于朝野,难道京城的士人和百姓都结成了朋党吗? 陛下也应当稍稍改变一下自己的看法而考察他了。"德宗不听从权德舆的意见。

　　十年(794)秋季九月,裴延龄上奏说官吏太多,从今以后缺额的官员请暂且不要补足,把缺额的俸禄收回来充实国家的府库。德宗想修理神龙寺,需要五十尺长的松木,找不到,裴延龄说:"我近来见到同州的山谷有树木数千棵,都约有八十尺高。"德宗说:"开元、天宝年间在京城近郊寻找好木材,都还得不到,现在哪能有呢?"裴延龄说:"天生的珍贵木材,本来就是要等待圣明君主出现后才出现的,开元、天宝时哪能得到?"裴延龄上奏:"左藏库的管理多有失误遗漏,近来因清查账目,让主管官员设置账簿,于是从粪土中找到银十三万两,左藏库成匹成段的布帛和杂货,清查出的数目有百万有馀。这都是已经遗弃了的东西,就是羡馀了,应全部移放入杂库,用来供应陛下,另外行文支取使用。"太府少卿韦少华不服,上表反驳他说:"这都是每月申报的账目上现存的财物,请求派人查账盘点。"执政大臣请求德宗下令由三司派人详细复核,德宗不许,也不治韦少华的罪。

　　裴延龄每次上奏答问,肆意施展奸诈,都是大家所不敢说未曾听过的话,而他却安然处之。德宗深知他荒诞虚妄,只因他喜欢诋毁别人,想通过他了解外面的事情,所以亲近优容他。大臣们知道裴延龄受皇帝的宠信,害怕他,不敢出声,只有盐铁转运

使张滂、京兆尹李充、司农卿李铦以职事相关,时证其妄,而陆贽独以身当之,日陈其不可用。

冬十一月壬申,贽上书极陈延龄奸诈,数其罪恶,其略曰:"延龄以聚敛为长策,以诡妄为嘉谋,以掊克敛怨为匪躬,以靖谮服谗为尽节,总典籍之所恶以为智术,冒圣哲之所戒以为行能,可谓尧代之共工、鲁邦之少卯也。迹其奸蠹,日长月滋,阴秘者固未尽彰,败露者犹难悉数。"又曰:"陛下若意其负谤,则诚宜亟为辨明。陛下若知其无良,又安可曲加容掩?"又曰:"陛下姑欲保持,曾无诘问,延龄谓能蔽惑,不复惧思。移东就西,便为课绩;取此适彼,遂号羡馀。愚弄朝廷,有同儿戏。"又曰:"矫诡之态,诬罔之辞,遇事辄行,应口便发,靡日不有,靡时不为,又难以备陈也。"又曰:"昔赵高指鹿为马,臣谓鹿之与马,物类犹同,岂若延龄掩有为无,指无为有?"又曰:"延龄凶妄,流布寰区,上自公卿近臣,下逮舆台贱品,喧喧谈议,亿万为徒,能以上言,其人有几? 臣以卑鄙,任当台衡,情激于衷,虽欲罢而不能默也!"书奏,上不悦,待延龄益厚。

十二月,中书侍郎、同平章事陆贽以上知待之厚,事有不可,常力争之。所亲或规其太锐,贽曰:"吾上不负天子,下不负所学,他无所恤。"裴延龄日短贽于上。赵憬之入相也,

使张滂、京兆尹李充、司农卿李铦由于自身担任的职务和所管的事情跟裴延龄有关，所以不时指证他的虚妄，而陆贽则单独一人来对付他，每天都说他不可任用。

冬季十一月壬申（初三），陆贽上书德宗极力陈述裴延龄的奸诈，指责他的罪恶，其内容大意说："裴延龄把聚敛手段当作长策，把诡诈虚妄当作良谋，把因聚敛而招致怨望当作舍身尽忠，把讲别人坏话向皇上进谗言当作守节，汇总典籍所憎恶的东西当作才智，冒犯圣哲的告诫当作能干，可称得上是尧时的共工、鲁国的少正卯。察看他的奸诈行为，每天每月都在不停地滋长，暗地里的固然未完全暴露出来，而已经败露出来的仍难全部数清。"又说："陛下如果认为他受到诽谤，那就确实应竭力为他辩白。陛下如果知道他心怀不轨，又怎能对他曲加容忍和掩饰呢？"又说："陛下想姑息保全他，从未对他进行责问，裴延龄自以为能蒙蔽迷惑陛下，不再心存畏惧，把东边的移到西边，便成了征税的成绩；拿这里的放到那里，就说是美馀。愚弄朝廷，跟儿戏一样。"又说："矫饰诡诈的情态，诬妄虚罔的言辞，一遇到事情就表现出来，一开口就流露出来，没有哪天不存在，没有哪刻不在干，这些又难以一一陈述了。"又说："以前，赵高指着鹿说是马，为臣我说鹿跟马还是同类的东西，哪里比得上裴延龄？把存在的东西遮盖起来说是没有，指着虚空说是有。"又说："裴延龄的凶险虚妄流传全国，上自公卿和陛下的近臣，下至舆台这样低贱的仆役，议论纷纷，亿万人众，能把这些告诉陛下的有几个人呢？为臣我以卑微不足道之身，担任国家的执政之职，心情激动，虽想不管也不能不开口啊！"表章呈奏给德宗，德宗不高兴，对待裴延龄更加优容。

十二月，中书侍郎、同平章事陆贽因为德宗对自己的知遇和看重，但凡发现事情有不对的，常常竭力争辩。有些与他亲近的人规劝他说话不要太过尖锐，他却说："我上对得起天子，下不辜负平生所学，其他就不再考虑什么了。"裴延龄每天都在德宗面前讲陆贽的坏话。赵憬能当上宰相，

贽实引之,既而有憾于贽,密以贽所讥弹延龄事告延龄,故延龄益得以为计,上由是信延龄而不直贽。贽与慊约至上前极论延龄奸邪,上怒形于色,慊默而无言。壬戌,贽罢为太子宾客。

十一年春二月,陆贽既罢相,裴延龄因谮京兆尹李充、卫尉卿张滂、前司农卿李铦党于贽。会旱,延龄奏言:"贽等失势怨望,言于众曰:'天下旱,百姓且流亡,度支多欠诸军刍粮,军中人马无所食,其事奈何?'以动摇众心,其意非止欲中伤臣而已。"后数日,上猎苑中,适有神策军士诉云:"度支不给马刍。"上意延龄言为信,遽还宫。夏四月壬戌,贬贽为忠州别驾,充为涪州长史,滂为汀州长史,铦为邵州长史。初,阳城自处士征为谏议大夫,拜官不辞。未至京师,人皆想望风采,曰:"城必谏诤,死职下。"及至,诸谏官纷纷言事细碎,天子益厌苦之。而城方与二弟及客日夜痛饮,人莫能窥其际,皆以为虚得名耳。前进士河南韩愈作《争臣论》以讥之,城亦不以屑意。有欲造城而问者,城揣知其意,辄强与酒。客或时先醉仆席上,城或时先醉卧客怀中,不能听客语。

及陆贽等坐贬,上怒未解,中外惴恐,以为罪且不测,无敢救者。城闻而起曰:"不可令天子信用奸臣,杀无罪人。"即帅拾遗王仲舒、归登、右补阙熊执易、崔邠等守延英门,上疏论延龄奸佞,贽等无罪。上大怒,欲加城等罪。太子为之营救,上意乃解,令宰相谕遣之。于是金吾将军

是出于陆贽的引荐，后来跟陆贽不和，便偷偷把陆贽讥讽弹劾裴延龄的事告诉裴延龄，所以裴延龄更加可以有针对性地对付陆贽了，德宗因此信任裴延龄而认为陆贽不对。陆贽与赵憬相约在德宗面前痛陈裴延龄的奸邪，德宗怒形于色，赵憬默不作声。壬戌（二十三日），陆贽被免去中书侍郎、同平章事的职务，降为太子宾客。

十一年（795）春季二月，陆贽被罢免宰相职务以后，裴延龄乘机向德宗进谗言，说京兆尹李充、卫尉卿张滂、原司农卿李铦依附陆贽为朋党。遇上当时天旱，裴延龄上奏说："陆贽等人失去权势以后心怀怨望，对众人说：'天下旱，百姓将要流散逃亡，度支拖欠了各路军队的粮草，军队里人马都没吃的了，这事怎么办？'以此来动摇人心，他们的意思不止要中伤我一人。"此后数天，德宗在阜城园林中打猎，恰好有神策军的军士对德宗诉说："度支不拨给喂马的草。"德宗心想裴延龄的话是真的，于是立即回宫。夏季四月壬戌（二十五日），德宗把陆贽贬为忠州别驾，李充贬为涪州长史，张滂贬为汀州长史，李铦贬为邵州长史。当初，阳城由隐士被征为谏议大夫，接受官职时没有推。未到京师时，人们都想看看他的风采，说："阳城必定会拼命劝谏，以身殉职的。"他到京师以后，各位谏官纷纷说些鸡毛蒜皮的小事，天子更加讨厌劝谏。而阳城正在同两个弟弟和客人日夜痛饮，人们不了解他的立场，都以为他是空有虚名。以前的进士河南人韩愈作《争臣论》来讥刺他，他也不以为意。有拜访他的人想开口问他，他猜到人家的意思就强劝人家喝酒，有时是客人先醉倒在酒席上，有时是阳城先醉倒在客人的怀中，不能听客人说话。

到陆贽等人被贬，德宗怒气未消，朝廷内外惴惴不安，以为陆贽等将会被处极刑，没人敢援救。阳城知道了，挺身而出说："不能让天子信任奸臣，杀没罪的人。"即带领拾遗王仲舒、归登，右补阙熊执易、崔邠等人守候在延英门，上疏论裴延龄奸恶邪佞、陆贽等无罪。德宗大怒，想给阳城等人加罪名来处罚。太子出面营救，德宗怒气才消，命宰相劝阳城等人回去。当时，金吾将军

张万福闻谏官伏阁谏,趋往至延英门,大言贺曰:"朝廷有直臣,天下必太平矣!"遂遍拜城与仲舒等,已而连呼:"太平万岁!太平万岁!"万福,武人,年八十馀,自此名重天下。登,崇敬之子也。时朝夕相延龄,阳城曰:"脱以延龄为相,城当取白麻坏之,恸哭于庭。"有李繁者,泌之子也,城尽疏延龄过恶,欲密论之,以繁故人子,使之缮写,繁径以告延龄。延龄先诣上,一一自解。疏入,上以为妄,不之省。

　　十二年春三月,以户部侍郎裴延龄为户部尚书,使职如故。秋九月丙午,户部尚书、判度支裴延龄卒,中外相贺,上独悼惜之。

张万福听说谏官伏在宫阁前上疏劝谏,便快步走到延英门,高声祝贺说:"朝廷有正直的臣子,天下一定能太平了!"于是向阳城与王仲舒等人一一下拜,然后连声高呼:"太平万岁! 太平万岁!"张万福是一介武夫,年纪八十多岁,从此名重天下。归登是归崇敬的儿子。当时,裴延龄很快就要当宰相了。阳城说:"倘若以裴延龄为宰相,我就把宣布任命时出示的白麻纸撕烂,在朝廷上痛哭。"有个叫李繁的是李泌的儿子,阳城要上疏全面揭发裴延龄的罪过,想秘密地弹劾他,因李繁是故人的儿子,所以让他抄写,李繁直接把疏文的内容告诉了裴延龄。裴延龄先到德宗跟前,一一为自己辩解。阳城的奏章呈上来,德宗认为他说的不是事实,不理睬他。

十二年(796)春季三月,任命户部侍郎裴延龄为户部尚书,他所担任的使职依然如旧。秋季九月丙午(十八日),户部尚书、判度支裴延龄死去,朝廷上下互相祝贺,只有德宗哀悼他,惋惜他的死去。

吐蕃叛盟

唐代宗大历十四年秋八月，代宗之世，吐蕃数遣使求和，而寇盗不息。代宗悉留其使者，前后八辈，有至老死不得归者。俘获其人，皆配江、岭。上欲以德怀之，乙巳，以随州司马韦伦为太常少卿，使于吐蕃，悉集其俘五百人，各赐袭衣而遣之。

德宗建中元年，吐蕃始闻韦伦归其俘，不之信。及俘入境，各还部落，称："新天子出宫人，放禽兽，英威圣德，洽于中国。"吐蕃大悦，除道迎伦。赞普即发使随伦入贡，且致赂赠。夏四月癸卯，至京师，上礼接之。既而蜀将上言："吐蕃豺狼，所获俘不可归。"上曰："戎狄犯塞则击之，服则归之。击以示威，归以示信。威信不立，何以怀远？"悉命归之。

五月戊辰，以韦伦为太常卿。乙酉，复遣伦使吐蕃。伦请上自为载书，与吐蕃盟。杨炎以为非敌，请与郭子仪辈

吐蕃叛盟

　　唐代宗大历十四年(779)秋季八月,代宗在位期间,吐蕃多次派使者来求和,但仍不停地侵犯唐境。代宗把吐蕃的使者全都扣留下来,前后共有八批,有的直到老死都回不去。吐蕃被俘虏的人都被发配到长江、岭南一带。代宗想用恩德来感化吐蕃,乙巳(初八),以随州司马韦伦为太常少卿,出使吐蕃,把吐蕃在中国的五百名俘虏全部集中起来,各赐给他们一套衣服,把他们遣返回国。

　　德宗建中元年(780),吐蕃开始听说韦伦要归还他们的战俘,不相信。到俘虏入吐蕃境,回到各自部落,称说:"新天子遣散宫女出宫,把皇家园林豢养的禽兽放走,英武和圣德,遍及中国。"吐蕃人非常高兴,便修整道路迎接韦伦一行。吐蕃国王乘便派使者跟韦伦入朝进贡,并送上为代宗皇帝办丧事的礼物。夏季四月癸卯(初九),到达京师,德宗以礼接待他们。不久,蜀地将领向德宗上奏说:"吐蕃就像豺狼一样,他们的俘虏不能放回去。"德宗说:"戎狄进犯边关时就要打击他们,他们归顺时,就要把俘虏放回去。打击,用来显示威力;放他们的俘虏回去,用以显示信义。不树立威信,怎能感化远方的人呢?"于是命令把俘虏全放回去了。

　　五月戊辰(初五),任命韦伦为太常卿。乙酉(二十二日),再次派韦伦出使吐蕃。韦伦请求德宗亲自写盟书跟吐蕃订立盟约,杨炎认为这样做与身份不相称,请求让自己同郭子仪等人

为载书以闻,令上画可而已,从之。吐蕃见韦伦再至,益喜。十二月辛卯朔,伦还,吐蕃遣其相论钦明思等入贡。

二年春三月,遣殿中少监崔汉衡使于吐蕃。冬十二月,崔汉衡至吐蕃,赞普以敕书称贡献及赐,全以臣礼见处,又云州之西,当以贺兰山为境,邀汉衡更请之。丁未,汉衡遣判官与吐蕃使者入奏。上为之改敕书、境土,皆如其请。

三年夏四月庚申,吐蕃归向所俘掠兵民八百人。秋九月癸卯,殿中少监崔汉衡自吐蕃归,赞普遣其臣区颊赞随汉衡入见。冬十月,遣都官员外郎樊泽使于吐蕃,告以结盟之期。

四年春正月丁亥,陇右节度使张镒与吐蕃尚结赞盟于清水。二月戊申朔,命鸿胪卿崔汉衡送区颊赞还吐蕃。

夏四月,上命宰相、尚书与吐蕃区颊赞盟于丰邑里,区颊赞以清水之盟,疆埸未定,不果盟。己未,命崔汉衡入吐蕃,决于赞普。六月庚午,答蕃判官、监察御史于顿与吐蕃使者论剌没藏至自青海,言疆埸已定,请遣区颊赞归国。

秋七月甲申,以礼部尚书李揆为入蕃会盟使。壬辰,诏诸将相与区颊赞盟于城西。李揆有才望,卢杞恶之,故使之入吐蕃。揆言于上曰:"臣不惮远行,恐死于道路,不能达诏命。"上为之恻然,谓杞曰:"揆无乃太老?"对曰:"使远夷,非谙练朝廷故事者不可。且揆行,

一道写好盟书呈送德宗，由德宗批上"可以"就行了。德宗听从了他的建议。吐蕃见韦伦再次到来，更加高兴。十二月辛卯是初一，这天韦伦出使回来，吐蕃派宰相论钦明思等人入朝进贡。

二年(781)春季三月，派殿中少监崔汉衡出使吐蕃。冬季十二月，崔汉衡到达吐蕃。吐蕃国王认为德宗的诏书中使用的"贡献"和"赐"这两个词，完全用对待臣下的礼仪来措辞，又认为灵州西部应当以贺兰山为边界，于是求崔汉衡再向德宗提出修改诏书和边界的请求。丁未(二十三日)，崔汉衡派判官与吐蕃的使者回朝上奏。德宗因此全按吐蕃国王的要求修改了诏书的用语和边界的划定。

建中三年(782)夏季四月庚申(初八)，吐蕃把以前俘虏的唐朝的士兵和抢走的百姓八百人放回来。秋季九月癸卯(二十三日)，殿中少监崔汉衡从吐蕃回到了长安，吐蕃国王派他的臣下区颊赞跟随崔汉衡入朝拜见德宗。冬季十月，派都官员外郎樊泽出使吐蕃，告诉他们订立盟约的日期。

四年(783)春季正月丁亥(初十)，陇右节度使张镒与吐蕃的尚结赞在清水订立盟约。二月戊申是初一，这天德宗命令鸿胪卿崔汉衡送区颊赞回国。

夏季四月，德宗命宰相、尚书与吐蕃的区颊赞在丰邑里订盟，区颊赞以两国在清水订立盟约时，疆界尚未确定为理由，结果不肯订盟。己未(十三日)，命崔汉衡入吐蕃，听凭吐蕃赞普决定此事。六月庚午(二十五日)，答蕃判官、监察御史于頔与吐蕃使者论刺没藏从青海回到京师，说两国的疆界已经划定，请打发区颊赞回国。

秋季七月甲申(初九)，任命礼部尚书李揆为入蕃会盟使。壬辰(十七日)，下诏让文武官员与区颊赞在京城西订盟。李揆有才能名望，卢杞嫉恨他，所以派他出使吐蕃。李揆对德宗说："我不害怕远行，就怕死在半路上，不能转达陛下的诏令。"德宗因此感到伤心，对卢杞说："李揆是不是太老了？"卢杞说："出使边远异族，非得要很熟悉朝廷向来处理事情的做法的人不可。而且，李揆能出使，

则自今年少于撰者,不敢辞远使矣。"

兴元元年春正月,吐蕃尚结赞请出兵助唐收京城。庚子,遣秘书监崔汉衡使吐蕃,发其兵。夏四月,吐蕃遣其将论莽罗依将兵二万,从曹子达击破韩旻于武亭川。五月,吐蕃既破韩旻,大掠而去。上甚忧之,以问陆贽。贽具言吐蕃形势事。两事并见《藩镇连兵》。

初,上发吐蕃以讨朱泚,许成功以伊西、北庭之地与之。及泚诛,吐蕃来求地,上欲召两镇节度使郭昕、李元忠还朝,以其地与之。李泌曰:"安西、北庭,人性骁悍,控制西域五十七国及十姓突厥,又分吐蕃之势,使不得并兵东侵,奈何拱手与之?且两镇之人,势孤地远,尽忠竭力,为国家固守近二十年,诚可哀怜。一旦弃之以与戎狄,彼其心必深怨中国,他日从吐蕃入寇,如报私仇矣。况日者吐蕃观望不进,阴持两端,大掠武功,受赂而去,何功之有?"众议亦以为然,上遂不与。

贞元二年秋八月丙戌,吐蕃尚结赞大举寇泾、陇、邠、宁,掠人畜,芟禾稼,西鄙骚然,州县各城守。诏浑瑊将万人,骆元光将八千人,屯咸阳以备之。

吐蕃游骑及好畤。九月乙巳,京城戒严。复遣左金吾将军张献甫屯咸阳。民间传言上复欲出幸以避吐蕃,齐映见上言曰:"外间皆言陛下已理装,具粮粮,人情恟惧。夫大福不再,陛下奈何不与臣等熟计之?"因伏地流涕,上亦为之动容。

那以后年纪比他轻的人，就不敢推辞远道出使的事务了。"

兴元元年（784）春季正月，吐蕃的尚结赞请求出兵帮助唐朝收复京师。庚子（二十八日），派秘书监崔汉衡出使吐蕃，请他们发兵。夏季四月，吐蕃派将领论莽罗依带兵两万跟随曹子达在武亭川打败韩旻的部队。五月，吐蕃的军队打击韩旻以后，大肆掳掠而去。德宗为此十分担忧，询问陆贽。陆贽对他一一陈说吐蕃的情形。两事并见《藩镇连兵》。

当初，德宗征调吐蕃的军队来讨伐朱泚，向他们许诺，成功以后把伊西、北庭的地方给他们。到朱泚被杀后，吐蕃来要地，德宗想召这两镇的节度使郭昕、李元忠回朝，而把两镇的土地割让给吐蕃。李泌说："安西、北庭两地的人，性情骁勇强悍，这两地控制着西域五十七国及十姓突厥，又能分散吐蕃的势力，使他们不能合兵向东进犯，为什么要把它们拱手送给吐蕃呢？况且两镇的居民，势力孤单，地处边远，尽忠竭力为国家固守边境近二十年，他们确实值得怜惜。一旦把他们抛弃给异族，他们心中一定会深深怨恨中国，往后他们跟着吐蕃人入侵时，就好像报私仇一样了。况且前段时间，借调来吐蕃的军队徘徊观望而不奋勇向前，私下里首鼠两端，对武功大肆掳掠，接受了礼物才肯离开，哪里有什么功劳？"众人的意见也认为李泌说得对，于是德宗没有把这两地划给吐蕃。

贞元二年（786）秋季八月丙戌（三十日），吐蕃尚结赞带兵大举进犯泾、陇、邠、宁等州，抢掠人口牲畜，毁坏庄稼，西部边境动荡不安，州县各自倚城守备。德宗下诏让浑瑊率领一万人，骆元光率领八千人，驻扎在咸阳以防备敌人。

吐蕃前卫的流动骑兵到达好畤。九月乙巳（十九日），京城戒严。朝廷再派左金吾将军张献甫驻守咸阳。民间流传说，皇上又要出逃以躲避吐蕃军队，齐映拜见德宗说："外面都传说陛下已准备好行装和粮秣，民情扰攘恐惧。帝王的福分不可能获得两次，陛下为什么不与我们详细地考虑一下呢？"于是伏在地上痛哭流涕，德宗也因此而感动。

李晟遣其将王佖将骁勇三千伏于沴城,戒之曰:"虏过城下,勿击其首。首虽败,彼全军而至,汝弗能当也。不若俟前军已过,见五方旗,虎豹衣,乃其中军也,出其不意击之,必大捷。"佖用其言,尚结赞败走。军士不识尚结赞,仅而获免。

尚结赞谓其徒曰:"唐之良将,李晟、马燧、浑瑊而已,以计去之。"入凤翔境内,无所俘掠,以兵二万直抵城下,曰:"李令公召我来,何不出犒我?"经宿,乃引退。

冬十月癸亥,李晟遣蕃落使野诗良辅与王佖将步骑五千袭吐蕃摧沙堡。壬申,遇吐蕃众二万,与战,破之,乘胜逐北,至堡下,攻拔之,斩其将扈屈律悉蒙,焚其蓄积而还。尚结赞引兵自宁、庆北去,癸酉,军于合水之北;邠宁节度使韩游瓌遣其将史履程夜袭其营,杀数百人。吐蕃追之,游瓌陈于平川,潜使人鼓于西山;虏惊,弃所掠而去。

十一月辛丑,吐蕃寇盐州,谓刺史杜彦光曰:"我欲得城,听尔率人去。"彦光悉众奔鄜州,吐蕃入据之。十二月,吐蕃又寇夏州,亦令刺史拓跋乾晖帅众去,遂据其城。又寇银州,州素无城,吏民皆溃,吐蕃亦弃之。又陷麟州。

韩游瓌奏请发兵攻盐州,吐蕃救之,则使河东袭其背。丙寅,诏骆元光及陈许兵马使韩全义将步骑万二千人会邠宁军,趣盐州,又命马燧以河东军击吐蕃。燧至

李晟派他的部将王佖率领三千骁勇士兵埋伏在汧城,告诚他说:"敌人经过城下时,不要攻击它的先头部队。因为先头部队虽然被打败,等它全部人马到来时,你就抵挡不住了。不如等它的先头部队过后,见到队伍中的五方旗和穿着虎豹皮衣的士兵,那才是敌人的中军,出其不意地攻击它,一定能大胜。"王佖按李晟说的去做,结果尚结赞被打败而逃走了。王佖的士兵不认识尚结赞,所以他才能逃脱。

尚结赞对他的部下说:"唐朝的良将只有李晟、马燧、浑瑊而已,要用计谋把他们除掉。"他带领部队进入凤翔境内,什么都不抢,而带两万士兵径直抵达凤翔城下,说:"是李令公叫我来的,为什么不出来犒劳我的部队?"经过一夜才带兵离开。

冬季十月癸亥(初七),李晟派蕃落使野诗良辅与王佖率步兵、骑兵五千袭击吐蕃的摧沙堡。壬申(十六日),在路上与吐蕃两万人的军队相遇,交战,把吐蕃军队打败,乘胜追击直到摧沙堡下,并攻取了摧沙堡,斩了守将扈屈律悉蒙,把堡中的积蓄烧毁后还军。尚结赞带着部队从宁、庆两州往北退去,癸酉(十七日),驻扎在合水北面。邠宁节度使韩游瓌派将领史履程夜袭吐蕃的军营,杀死吐蕃军数百人。吐蕃的军队追击夜袭的唐军,韩游瓌在平川上排开阵势,偷偷派人到西山擂响战鼓,敌人吃惊,丢掉抢掠的东西而撤退。

十一月辛丑(十五日),吐蕃进犯盐州,对盐州刺史杜彦光说:"我只想占据城池,允许你带人离开。"杜彦光带他的部队逃往鄜州,吐蕃占据了盐州城。十二月,吐蕃又进犯夏州,也命令夏州刺史托跋乾晖带领部队离开,于是又占据了夏州城。吐蕃又进犯银州,该州历来没有城墙,官民都四处逃散,吐蕃军队也舍弃这个地方。又攻陷鄜州。

韩游瓌上奏请求出兵进攻盐州的吐蕃军,如果吐蕃派兵援救,就让河东部队袭击敌后。丙寅(十一日),下诏书命令骆元光及陈、许州兵马使韩全义带步兵、骑兵一万二千人与邠、宁州的部队会合,向盐州进发,又命马燧用河东部队进攻吐蕃。马燧率军到达

石州,河曲六胡州皆降,迁于云朔之间。

工部侍郎张彧,李晟之婿也。晟在凤翔,以女嫁幕客崔枢,礼重枢过于彧,彧怒,遂附于张延赏。给事中郑云逵尝为晟行军司马,失晟意,亦附延赏。上亦忌晟功名。会吐蕃有离间之言,延赏等腾谤于朝,无所不至。晟闻之,昼夜泣,目为之肿。悉遣子弟诣长安,表请削发为僧,上慰谕,不许。辛未,入朝,见上,自陈足疾,恳辞方镇,上不许。韩滉素与晟善,上命滉与刘玄佐谕旨于晟,使与延赏释怨。晟奉诏,滉等引延赏诣晟第谢,结为兄弟,因宴饮尽欢;又宴于滉、玄佐之第,亦如之。滉因使晟表荐延赏为相。

三年春正月壬寅,以左仆射张延赏同平章事。李晟为其子请婚于延赏,延赏不许。晟谓人曰:“武夫性快,释怨于杯酒间,则不复贮胸中矣。非如文士难犯,外虽和解,内蓄憾如故,吾得无惧哉!”

二月壬戌,以检校左庶子崔瀚充入吐蕃使。三月丁酉,以左庶子李铦充入吐蕃使。

初,吐蕃尚结赞得盐、夏州,各留千馀人戍之,退屯鸣沙。自冬入春,羊马多死,粮运不继,又闻李晟克摧沙,马燧、浑瑊等各举兵临之,大惧,屡遣使求和,上未之许。乃遣使卑辞厚礼求和于马燧,且请修清水之盟而归侵地,使者相继于路。

石州，河曲地区六个为胡人占据的州都投降唐军，于是把归降的敌人迁徙到云州、朔州之间。

工部侍郎张彧是李晟的女婿。李晟在凤翔，把女儿嫁给自己的幕僚崔枢，他对崔枢的礼遇超过张彧，张彧因此发怒，于是依附张延赏。给事中郑云逵曾任李晟的行军司马，不为李晟所喜欢，也依附张延赏。德宗也顾忌李晟的功名。正好吐蕃散播离间李晟的话，张延赏等人就在朝廷上大肆诽谤李晟，谣言无处不到。李晟听到了，昼夜哭泣，眼睛都哭肿了。他把子侄都打发回长安，呈上表章请求削发为僧，德宗安慰他，不答应他的请求。辛未（十六日），李晟回京师拜见德宗，向他陈说自己腿有病，恳求辞去地方镇守的职务，德宗不答应。韩滉历来与李晟友好，德宗命韩滉与刘玄佐向李晟解释自己的旨意，让他跟张延赏捐弃前嫌。李晟接受德宗的意旨，韩滉等人带张延赏到李晟的府第去道歉，两人结拜为兄弟，于是设宴席尽情欢饮。后来又在韩滉和刘玄佐的府第中设宴欢饮，也像在李晟家的情况那样。韩滉乘机让李晟上表推荐张延赏为宰相。

三年（787）春季正月壬寅（十七日），以左仆射张延赏为同平章事。李晟为他的儿子向张延赏求婚，张延赏谢绝了。李晟说："武夫性情爽直，宴饮间消除了怨恨就不再把旧事放在心上了。不像文人那样得罪不起，表面上虽然和解了，心里还是像以前那样记恨，我难道能不害怕吗？"

二月壬戌（初七），任命检校左庶子崔澣充当出使吐蕃的使者。三月丁酉（十三日），任命左庶子李铦充当出使吐蕃的使者。

当初，吐蕃的尚结赞占据了盐州、夏州，每州各留一千多士兵驻守，而他自己则带兵退守鸣沙。自去年冬天到今年春天，吐蕃的羊马等牲畜死了很多，粮食供给跟不上了，又听说李晟攻占了摧沙堡，马燧、浑瑊等将各自带兵前来，大为害怕，因此屡次派遣使者入朝求和，德宗没有答应。吐蕃于是派使者带着厚礼向马燧低声下气地求和，并且请求遵守在清水所订的盟约，把侵占的土地归还唐国，使者往来于路上，一批接着一批。

燧信其言,留屯石州,不复济河,为之请于朝。李晟曰:"戎狄无信,不如击之。"韩游瑰曰:"吐蕃弱则求盟,强则入寇,今深入塞内而求盟,此必诈也!"韩滉曰:"今两河无虞,若城原、鄜、洮、渭四州,使李晟、刘玄佐之徒将十万众戍之,河、湟二十馀州可复也。其资粮之费,臣请主办。"上由是不听燧计,趣使进兵。燧请与吐蕃使论颊热俱入朝论之,会滉薨,燧、延赏皆与晟有隙,欲反其谋,争言和亲便。上亦恨回纥,欲与吐蕃和,共击之,得二人言,正会己意,计遂定。

延赏数言晟不宜久典兵,请以郑云逵代之。上曰:"当令自择代者。"乃谓晟曰:"朕以百姓之故,与吐蕃和亲决矣。大臣既与吐蕃有怨,不可复之凤翔,宜留朝廷,朝夕辅朕。自择一人可代凤翔者。"晟荐都虞候邢君牙。君牙,乐寿人也。丙午,以君牙为凤翔尹兼团练使。丁未,加晟太尉、中书令,勋、封如故,馀悉罢之。

晟在凤翔,尝谓僚佐曰:"魏徵好直谏,余窃慕之。"行军司马李叔度曰:"此乃儒者所为,非勋德所宜。"晟敛容曰:"司马失言,晟任兼将相,知朝廷得失不言,何以为臣?"叔度惭而退。及在朝廷,上有所顾问,极言无隐。性沈密,未尝泄于人。

辛亥,马燧入朝。燧既来,诸军皆闭壁不战,尚结赞遽自鸣沙引归。其众乏马,多徒行者。

马燧听信了他们的话,于是让部队停止前进,驻守在石州,不再渡黄河,并替吐蕃向朝廷提出求和请求。李晟说:"戎狄之人不讲信用,不如进攻他们。"韩游瓌说:"吐蕃势力弱时就请求结盟,势力强时就入侵,现在深入边关内地请求结盟,肯定有诈。"韩滉说:"现在两河地域已不用担心,如果把原、鄯、洮、渭四州城墙筑起来,派李晟、刘玄佐等率十万部队驻守那里,黄河、湟水流域的二十多州也可收复了。这些部队的军需和粮食,请由我来主办。"德宗因此不听从马燧的计策,催促他进军。马燧请求与吐蕃使者论颊热一起入朝来反映意见,正好韩滉去世,马燧、张延赏都跟李晟有矛盾,想推翻他的建议,都反对他的看法而说与吐蕃和亲对国家有利。德宗也痛恨回纥,想与吐蕃和好,一起攻打回纥,听了马燧、张延赏二人的话,正合自己的心意,于是主意就定下来了。

张延赏多次说李晟不适宜长久掌握部队,向德宗请求用郑云逵代替他。德宗说:"应该让李晟自己选择接任的人。"于是对李晟说:"我为老百姓着想,决定与吐蕃和好了。您既与吐蕃结了仇,不可再回到凤翔主持军事,应该留在朝廷上,朝朝夕夕来辅佐我。你自己选择一个能代替你的人。"李晟推荐了都虞候邢君牙。邢君牙是乐寿人。丙午(二十二日),朝廷任命邢君牙为凤翔府尹兼团练使。丁未(二十三日),加封李晟为太尉、中书令,勋官和封爵仍旧,其余的职务则全撤销。

李晟在凤翔时曾对他左右的官佐说:"魏徵喜欢直谏,我心中仰慕他。"行军司马李叔度说:"这是儒者的行为,不是有功勋德望的人所应效法的。"李晟态度严肃地说:"司马这话说得不对。我身兼将相之职,知道朝廷的政事有不对而不出声,怎么当臣子呢?"李叔度惭愧地退下来。李晟到朝廷后,凡德宗有事向他咨询,他全把自己的意见讲出来而毫无保留。他性情沉稳缜密,跟皇帝讲的话从不向别人透露。

辛亥(二十七日),马燧回到京师。他走了以后,手下的部队都紧闭城门不出战,尚结赞立即从鸣沙撤军。他的部队缺乏马匹,很多人是徒步行走的。

崔澣见尚结赞，责以负约，尚结赞曰："吐蕃破朱泚，未获赏，是以来，而诸州各城守，无由自达。盐、夏守者以城授我而遁，非我取之也。今明公来，欲践修旧好，固吐蕃之愿也。今吐蕃将相以下来者二十一人，浑侍中尝与之共事，知其忠信。灵州节度使杜希全、泾原节度使李观皆信厚闻于异域，请使之主盟。"

夏四月丙寅，澣至长安。辛未，以澣为鸿胪卿，复使入吐蕃语尚结赞曰："希全守灵，不可出境，李观已改官，今遣浑瑊盟于清水。"且令先归盐、夏二州。五月甲申，浑瑊自咸阳入朝，以为清水会盟使。戊子，以兵部尚书崔汉衡为副使，司封员外郎郑叔矩为判官，特进宋奉朝为都监。己丑，瑊将二万馀人赴盟所。

乙巳，尚结赞遣其属论泣赞来言："清水非吉地，请盟于原州之土梨树。既盟而归盐、夏二州。"上皆许之。神策将马有麟奏："土梨树多阻险，恐吐蕃设伏兵，不如平凉川坦夷。"时论泣赞已还，丁未，遣使追告之。

初，韩滉荐刘玄佐可使将兵复河、湟。上以问玄佐，玄佐亦赞成之。滉薨，玄佐奏言："吐蕃方强，未可与争。"上遣中使劳问玄佐，玄佐卧而受命。张延赏知玄佐不可用，奏以河、湟事委李抱真，抱真亦固辞。皆由延赏罢李晟兵柄，故武臣皆愤怒解体，不肯为用故也。

崔澣见到尚结赞，责备他违反盟约，尚结赞说："我们吐蕃的军队打败了朱泚，得不到奖赏，所以才来的，而我们来时，各州都闭城拒守，使我们的意图无法转达。盐、夏两州的守城者把城池交给我们而逃走了，城不是我们攻取的。现在明公您来了，要履行和维护以前两国的友好关系，这本来就是我们吐蕃的愿望。现在我们吐蕃的将、相等官员来这里的有二十一人，你们浑瑊侍中曾经跟他们共过事，知道他忠诚而讲信用。灵州节度使杜希全、泾原节度使李观也都忠厚讲信誉而闻名于异域，请让他们来主持盟誓。"

夏季四月丙寅（十二日），崔澣回到长安。辛未（十七日），任命崔澣为鸿胪卿，再次派他到吐蕃告诉尚结赞说："杜希全守卫灵州，不能离开，李观已改任其他职务，现在派浑瑊跟你们在清水订盟。"并且让他们先归还盐、夏二州。五月甲申（初一），浑瑊从咸阳回朝，朝廷任命他为清水会盟使。戊子（初五），任命兵部尚书崔汉衡为会盟的副使，司封员外郎郑叔矩为判官，特进宋奉朝为都监。己丑（初六），浑瑊带领两万多人前往会盟地。

乙巳（二十二日），尚结赞派他的部属论泣赞前来告知："清水不是吉祥的地方，请求在原州的土梨树订盟。订立盟约以后再归还盐、夏二州。"德宗答应了吐蕃的全部请求。神策军将领马有麟上奏说："土梨树那地方险要的去处多，恐怕吐蕃要在那里埋伏兵马，不如平凉川平坦安全。"当时论泣赞已回去了，丁未（二十四日），唐朝派遣使者赶去把这个意见告诉他。

当初，韩滉推荐刘玄佐，认为可以让他带兵去收复黄河、湟水流域的失地。德宗拿这事询问刘玄佐，刘玄佐也同意。韩滉死了以后，刘玄佐上奏说："吐蕃的势力正强盛，不能跟他们作战。"德宗派中使慰问刘玄佐，刘玄佐躺在床上接受命令。张延赏知道刘玄佐不会为自己效力，向德宗建议把收复河、湟失地的事交给李抱真，李抱真也坚决地推辞。这都是因为张延赏罢了李晟的军事职务，所以武将都愤怒而离心，不肯为朝廷卖力的缘故。

浑瑊之发长安也，李晟深戒之以盟所为备不可不严。张延赏言于上曰："晟不欲盟好之成，故戒瑊以严备。我有疑彼之形，则彼亦疑我矣，盟何由成？"上乃召瑊，切戒以推诚待虏，勿自为猜贰以阻虏情。

瑊奏吐蕃决以闰五月辛未盟。延赏集百官，以瑊表称诏示之曰："李太尉谓吐蕃和好必不成，此浑侍中表也，盟日定矣。"晟闻之，泣谓所亲曰："吾生长西陲，备谙虏情，所以论奏，但耻朝廷为犬戎所侮耳！"

上始命骆元光屯潘原，韩游瓌屯洛口，以为瑊援。元光谓瑊曰："潘原距盟所且七十里，公有急，元光何从知之？请与公俱。"瑊以诏指固止之。元光不从，与瑊连营相次，距盟所三十馀里。元光壕栅深固，瑊壕栅皆可逾也。元光伏兵于营西，韩游瓌亦遣五百骑伏于其侧，曰："若有变，则汝曹西趣柏泉以分其势。"

尚结赞与瑊约，各以甲士三千人列于坛之东西，常服者四百人从至坛下。辛未，将盟，尚结赞又请各遣游骑数十更相觇索，瑊皆许之。吐蕃伏精骑数万于坛西，游骑贯穿唐军，出入无禁。唐骑入虏军，悉为所擒，瑊等皆不知。入幕，易礼服。虏伐鼓三声，大噪而至，杀宋奉朝等于幕中。瑊自幕后出，偶得他马乘之，伏鬣入其衔，驰十馀里，

渾瑊从长安出发时，李晟郑重地告诫他，认为会盟地点的警戒不可不严。张延赏对德宗说："李晟不希望结盟成功，所以告诫渾瑊要严加戒备。我方有猜疑对方的表现，那么对方也会猜疑我们了，盟约怎能成功呢？"德宗于是召见渾瑊，郑重地叮嘱他对吐蕃要以诚相待，不要自生猜疑而阻碍了吐蕃想和解的心愿。

渾瑊呈表上奏，吐蕃决定在闰五月辛未（十九日）订立盟约，张延赏召集百官，宣称皇上指示拿渾瑊的奏表给大家看，说："李晟太尉说跟吐蕃肯定不能和好，这是渾瑊侍中的奏表，约盟的日期已定下来了。"李晟听说了，流着泪对亲近的人说："我生长在西部边境地区，深深了解敌人的情况，之所以上奏议论，全是为朝廷被犬戎异族侮辱而感到羞耻！"

德宗开始命令骆元光驻军于潘原，韩游瑰驻军于洛口，以作为渾瑊的援军。骆元光对渾瑊说："潘原距离会盟地点将近七十里，您那里出现紧急情况，我怎么能知道呢？请让我跟您一起前去吧。"渾瑊依据德宗诏令的意旨，坚决不同意骆元光的请求。骆元光不听从渾瑊的阻止，紧接着渾瑊所率部队的军营驻扎部队，距离会盟地点三十多里。骆元光的军营堑濠深，栅栏牢固，渾瑊的军营堑濠和栅栏都跳得过去。骆元光把部队埋伏在军营的西边，韩游瑰也派五百骑兵埋伏在他的部队旁边，说："如果情况有变化，那你们就往西直奔柏泉，以分散敌人的兵力。"

尚结赞跟渾瑊约定，各自用穿铠甲的士兵三千人排列在盟坛的东西两边，穿平常服装的四百人跟随到坛下边。辛未（十九日），盟誓将开始时，尚结赞又提出双方各派流动骑兵数十人互相观察对方队伍的情况，渾瑊全都应许了。吐蕃在盟坛的西边埋伏了数万精锐的骑兵，它的流动骑兵从唐军队伍中穿过，进出都不受阻。而唐军派出的骑兵进入吐蕃的队伍中，全被捉住，渾瑊等人一点都不知道。进入帐篷换穿礼服的时候，吐蕃军队擂响三声战鼓，大喊着冲了过来，在帐篷中杀死了宋奉朝等人。渾瑊从帐篷后面出来，偶然得到别人的马骑上，全身匍匐在马背上，紧紧抓住马鬃，想把马衔勒进马口里，跑了十多里，

衔方及马口,故矢过其背而不伤。唐将卒皆东走,虏纵兵追击,或杀或擒之,死者数百人,擒者千馀人,崔汉衡为虏骑所擒。浑瑊至其营,则将卒皆遁去,营空矣。骆元光发伏成陈以待之,虏追骑愕眙。瑊入元光营,追骑顾见邠宁军西驰,乃还。元光以辎重资瑊,与瑊收散卒,勒兵整陈而还。

是日,上视朝,谓诸相曰:“今日和戎息兵,社稷之福!”马燧曰:“然。”柳浑曰:“戎狄,豺狼也,非盟誓可结。今日之事,臣窃忧之!”李晟曰:“诚如浑言。”上变色曰:“柳浑书生,不知边计,大臣亦为此言邪?”皆伏地顿首谢,因罢朝。是夕,韩游瓌表言:“虏劫盟者,兵临近镇。”上大惊,街递其表以示浑。明旦,谓浑曰:“卿书生,乃能料敌如此其审邪!”上欲出幸以避吐蕃,大臣谏而止。

李晟大安园多竹,复有为飞语者,云:“晟伏兵大安亭,谋因仓猝为变。”晟遂伐其竹。

癸酉,上遣中使王子恒赍诏遗尚结赞,至吐蕃境,不纳而还。浑瑊留屯奉天。

甲戌,尚结赞至故原州,引见崔汉衡等曰:“吾饰金械,欲械瑊以献赞普。今失瑊,虚致公辈。”又谓马燧之侄弇曰:“胡以马为命,吾在河曲,春草未生,马不能举足。当是时,侍中渡河掩之,吾全军覆没矣!所以求和,蒙侍中力,今全军得归,奈何拘其子孙?”命弇与宦官

马衔才勒进马口，所以射来的箭都从他的背上飞过而未射中他。唐军将士都往东走，敌人发兵追击，唐军有的被杀，有的被捉，死亡的有数百人，被捉的有千馀人，崔汉衡被敌人的骑兵捉住。浑瑊回到自己的军营，而将士们都已逃跑，军营已经空了。骆元光命令埋伏的人马列成阵势等待着，敌人追击的骑兵惊愕地看着，不敢前进。浑瑊跑进骆元光的军营，敌人追击的骑兵回头望见邠宁部队向西奔过去，于是回军。骆元光用辎重来资助浑瑊，与他一起收集逃散的士卒，召集部队排好阵势而回。

这天，德宗上朝听政，对各位宰相说："今天与敌和解而平息战事，这是社稷的福气。"马燧说："是的。"柳浑说："戎狄之人是豺狼，不是盟誓可以约束的。今天的事情，我正暗中担心着呢！"李晟说："确实像柳浑所说的那样。"德宗沉下脸说："柳浑是一介书生，不懂边境上的事，你作为国家的重臣也说这样的话吗？"柳浑和李晟都伏在地上叩头谢罪，于是罢朝。这天傍晚，韩游瓖上表称："敌人劫掠会盟的部队到达了邻近的边镇。"德宗大为吃惊，派街使把表章交给柳浑看。第二天清早，德宗对柳浑说："您是书生，但对敌情竟能估计得这么准确！"德宗想离京出逃以躲避吐蕃，经大臣们劝说后，他便打消了这个念头。

李晟府中大安园有很多竹，又有人放出流言，说："李晟在大安亭中埋伏了士兵，准备趁京城中慌乱时造反。"于是李晟便把园中的竹子砍掉了。

癸酉（二十一日），德宗派中使王子恒送诏书给尚结赞，到达吐蕃边境，吐蕃不接受，王子恒只好回来。浑瑊留守奉天。

甲戌（二十二日），尚结赞到达旧日的原州，把崔汉衡等带出相见说："我装饰好了金枷锁，想锁住浑瑊献给赞普。现在捉不到浑瑊，白白抓住了你们这些人。"又对马燧的侄子马弇说："我们胡人把马看作性命，我在河曲地区时，春天的草未长出来，马饿得都抬不起腿。那时，马侍中如果渡黄河来进攻，我就全军覆没了！我们因此而求和，好在得到马侍中的帮助，现在我们得以全军而回，为什么要扣留他的子孙呢？"命令把马弇与宦官

俱文珍、浑瑊将马宁俱归。分囚崔汉衡等于河、廓、鄯州。上闻尚结赞之言，由是恶马燧。六月丙戌，以马燧为司徒兼侍中，罢其副元帅、节度使。

初，吐蕃尚结赞恶李晟、马燧、浑瑊，曰："去三人，则唐可图也。"于是离间李晟，因马燧以求和，欲执浑瑊以卖燧，使并获罪，因纵兵直犯长安，会失浑瑊而止。张延赏惭惧，谢病不视事。

吐蕃之戍盐、夏者，馈运不继，人多病疫思归，尚结赞遣三千骑逆之，悉焚其庐舍，毁其城，驱其民而去。灵盐节度使杜希全遣兵分守之。

壬寅，李泌与李晟、马燧、柳浑俱入见，泌谓上曰："李晟、马燧有大功于国，闻有谗之者，虽陛下必不听，然臣今日对二人言之，欲其不自疑耳。陛下万一害之，则宿卫之士，方镇之臣，无不愤惋而反仄，恐中外之变不日复生也！今晟、燧富贵已足，苟陛下坦然待之，使其自保无虞，国家有事则出从征伐，无事则入奉朝请，何乐如之？故臣愿陛下勿以二臣功大而忌之，二臣勿以位高而自疑，则天下永无事矣。"

上曰："朕始闻卿言，耸然不知所谓。及听卿剖析，乃知社稷之至计也！朕谨当书绅，二大臣亦当共保之。"晟、燧皆起，泣谢。时关东防秋兵大集，国用不充。上问李泌以复府兵之策。对曰："今岁征关东卒戍京西者十七万人，

俱文珍、浑瑊的部将马宁全放回去，而把崔汉衡等人分别囚禁在河、廓、鄯三州。德宗听到尚结赞所说的话，因此而讨厌马燧。六月丙戌（初五），任命马燧为司徒兼侍中，撤销了他副元帅、节度使的职务。

当初，吐蕃的尚结赞厌恶李晟、马燧、浑瑊，说："除去这三个人，唐朝的天下就可谋取了。"于是离间李晟，通过马燧来求和，想抓住浑瑊来害马燧，使他一并被处罪，乘机纵兵一直进犯长安，由于未捉到浑瑊而作罢。张延赏惭愧而害怕，推说有病而不参与政事。

吐蕃驻守盐、夏两州的人马，因粮草运输供应跟不上，士兵多数生病而想回家，尚结赞派三千骑兵去迎接他们，把城里的房屋全烧掉，把城墙拆毁，驱赶着两州的百姓而离去。灵、盐州节度使杜希全派兵分别守卫这两州。

壬寅（二十一日），李泌与李晟、马燧、柳浑一起入宫谒见德宗，李泌对德宗说："李晟、马燧对国家有大功，听说有人诽谤他们，虽然陛下肯定不会听信谗言，但我今天要当着两人的面来说这事，是希望他们不要怀有疑惧之心。陛下万一要加害他们，那朝中值宿警卫的人、地方上镇守的臣子，没有不愤慨惋惜而心怀不安的了，如果这样，恐怕京城和地方上的变乱不久又要出现了。现在，李晟、马燧已够富贵的了，倘若陛下能对他们坦诚相待，使他们自身得以保全而无忧虑，国家有事就出去打仗，没事就入朝向陛下请安，什么快乐能比得上这个呢？所以我希望陛下不要因为他们两人功劳大而猜忌他们，他俩也不要因为地位高而心存疑惧，这样，天下就永远没事了。"

德宗说："我开始听到您的话，吃了一惊而不知您指的是什么事，到听了您的分析，才知这是为了社稷最好的打算。我当郑重地把这事写在衣带上，两位大臣也应安下心来。"李晟、马燧都起身流着泪谢恩。当时函谷关以东防备敌人秋季进攻的部队已大规模集中，国家的用度不足。德宗向李泌询问恢复府兵的计策。李泌说："今年征调关东士卒守卫京师西部的有十七万人，

计岁食粟二百四万斛。今粟斗直钱百五十,为钱三百六万缗。国家比遭饥乱,经费不充,就使有钱,亦无粟可籴,未暇议复府兵也。"上曰:"然将奈何? 亟减戍卒归之,何如?"对曰:"陛下诚能用臣之言,可以不减戍卒,不扰百姓,粮食皆足,粟麦日贱,府兵亦成。"上曰:"果能如是,何为不用?"对曰:"此须急为之,过旬日则不及矣。今吐蕃久居原、兰之间,以牛运粮,粮尽,牛无所用。请发左藏恶缯染为彩缬,因党项以市之,每头不过二三匹,计十八万匹,可致六万馀头。又命诸冶铸农器,籴麦种,分赐缘边军镇,募戍卒,耕荒田而种之,约明年麦熟倍偿其种,其馀据时价五分增一,官为籴之,来春种禾亦如之。关中土沃而久荒,所收必厚。戍卒获利,耕者浸多。边地居人至少军士月食官粮,粟麦无所售,其价必贱,名为增价,实比今岁所减多矣。"上曰:"善。"即命行之。

泌又言:"边地官多阙,请募人入粟以补之,可足今岁之粮。"上亦从之,因问曰:"卿言府兵亦集,如何?"对曰:"戍卒因屯田致富,则安于其土,不复思归。旧制,戍卒三年而代,及其将满,下令有愿留者,即以所开田为永业。家人愿来者,本贯给长牒续食而遣之。据应募之数,移报本道,虽河朔诸帅得免更代之烦,亦喜闻矣。不过数番,

估计一年吃粮食两百零四万斛。现在每斗粮食值一百五十钱，一共要钱三百零六万缗。国家连续遭受饥荒战乱，经费不足，即使有钱，也没粮食可买，没工夫谈论恢复府兵的事了。"德宗说："但这怎么办呢？立即裁减驻守的部队让他们回去，怎么样？"李泌说："陛下如果能按我的话做，可以不裁减驻守的士兵，不骚扰百姓，粮食也能足够，粟麦的价钱会一天比一天便宜，府兵也能操办起来。"德宗说："果真能这样，为什么不听信您的话呢？"李泌说："这事必须赶紧操办，过了十天就来不及了。现在吐蕃长期盘踞在原州、兰州之间，用牛来运输粮食，粮食运完了，牛就没什么用了。请把左藏库里劣质的缯拿来染成彩缬，通过党项的人来换取吐蕃的牛，每头牛不过花费缯两三匹，打算用十八万匹缯就可换到六万多头牛。另外，命令各冶场铸造农具，命令官府买麦种，分送给沿边的军镇，招募驻守边境的士兵，让他们耕种抛荒的土地，跟他们约定到明年麦子收获时按两倍的数量偿还麦种，其馀的则按时价提高五分之一的价格由政府收购，来年春天种禾也这样做。关中土地肥沃而长期抛荒，收成一定很好。戍边的士兵得到好处，耕种的人就会逐渐增多。边境地区居住的人很少，官兵们按月吃政府配给粮食，他们自己收获的粮食就卖不出去，价格一定会下降。政府名义上是提价收购，实际上比今年的粮食价格要便宜得多。"德宗说："好!"立即命令实行。

李泌又说："边境地方官员大多缺员，请招募百姓交粟买官来补充，这样今年的粮食就足够了。"德宗也听从了。他接着问："您说府兵也可以建立起来，怎么建立呢？"李泌回答说："守边的士兵因屯田而致富，就会安心留在那里不再想回内地。按以前的制度，守边士兵三年一轮换，等差不多到期的时候，下令有愿意留下来的，就把他所耕种的田作为他们的永业田。家属愿意来的，由当地政府开具证明，沿途政府供给他们路途上的口粮，送他们前去。把根据这样应募而来的人数，转报给他们原来所在的道，抵消该道应招募兵员的定额，就是河朔地区的各位将帅，能免掉士兵轮换的麻烦，他们知道了也会高兴的。只不过几次轮班，

则戍卒皆土著,乃悉以府兵之法理之,是变关中之疲弊为富强也。"上喜曰:"如此,天下无复事矣。"泌曰:"未也。臣能不用中国之兵使吐蕃自困。"上曰:"计将安出?"对曰:"臣未敢言之,俟麦禾有效,然后可议也。"上固问,不对。泌意欲结回纥、大食、云南与共图吐蕃,令吐蕃所备者多。知上素恨回纥,恐闻之不悦,并屯田之议不行,故不肯言。既而戍卒应募,愿耕屯田者什五六。

左仆射、同平章事张延赏薨。

秋八月,吐蕃尚结赞遣五骑送崔汉衡归,且上表求和。至潘原,李观语之以"有诏不纳吐蕃使者",受其表而却其人。

戊申,吐蕃帅羌、浑之众寇陇州,连营数十里,京城震恐。九月丁卯,遣神策将石季章戍武功,决胜军使唐良臣戍百里城。丁巳,吐蕃大掠汧阳、吴山、华亭,老弱者杀之,或断手凿目,弃之而去。驱丁壮万馀口悉送安化峡西,将分隶羌、浑,乃告之曰:"听尔东向哭辞乡国!"众大哭,赴崖谷死伤者千馀人。未几,吐蕃之众复至,围陇州,刺史韩清沔与神策副将苏太平夜出兵击却之。

吐蕃寇华亭及连云堡,皆陷之。甲戌,吐蕃驱二城之民数千人及邠、泾人畜万计而去,置之弹筝峡西。泾州恃连云为斥候,连云既陷,西门不开,门外皆为虏境,樵采路绝。每收获,必陈兵以扞之,多失时,得空穗而已。由是泾州常苦乏食。

驻边的士兵就都成了边境当地的人了，于是全按府兵制的办法管理他们，这样就把关中的疲敝状况改变成富强了。"德宗高兴地说："这样，天下就不会再出乱子了。"李泌说："还不行。我能不使用中国的士兵而让吐蕃自己受困。"德宗问："计划是怎样的？"李泌回答说："我现在不好说，等麦、禾有收获了，然后才能谈这事。"德宗一定要问个究竟，李泌就是不说。李泌的意思是想联合回纥、大食、云南等政权一起对付吐蕃，使吐蕃要多方面加以防备。但他知道德宗历来恨回纥，恐怕听了这个计策会不高兴，连屯田的计划也不实行了，所以不肯讲。此后，守边的士兵响应招募愿意耕种屯田的有十分之五六。

左仆射、同平章事张延赏去世。

秋季八月，吐蕃尚结赞派五名骑兵把崔汉衡送回来，并且呈上表章求和。到潘原，李观跟他们对话，说"皇上有指示，不接纳吐蕃的使者"，接受了他们的表章而拒绝他们的使者入境。

戊申（二十八日），吐蕃率羌、浑部族的军队入侵陇州，军营绵延数十里，京师震惊。九月丁卯（十七日）派神策军将领石季章驻守武功，决胜军使唐良臣驻守百里城。丁巳这天，吐蕃大肆劫掠汧阳、吴山、华亭等地，杀死老弱的人，或者砍掉他们的手臂，挖掉他们的眼睛后弃之而去。吐蕃把一万多口壮丁驱赶到安化峡以西的地区，准备把这些人分给羌、浑部族，于是对他们说："让你们向东方哭着辞别故乡。"这些人痛哭失声，跳崖而死伤的有一千多人。不久，吐蕃军队再次来到，围困陇州。刺史韩清沔与神策军副将苏太平夜里出兵袭击，把他们打退。

吐蕃进犯华亭和连云堡，两地都失陷了。甲戌（二十四日），吐蕃驱赶这两城的数千名百姓和邠、泾二州数以万计的人口、牲畜而去，把他们安置在弹筝峡以西的地区。泾州依靠连云堡为前哨来观察敌情，连云堡失陷后，泾州城西门紧闭，门外都成了敌人的地盘，打柴的道路断绝了。每次收庄稼都要派兵护卫，多次耽误了收获时节，只收得空穗而已，因此泾州经常为没粮食所困扰。

冬十月甲申,吐蕃寇丰义城,前锋至大回原,邠宁节度使韩游瓌击却之。乙酉,复寇长武城,又城故原州而屯之。

吐蕃以苦寒不入寇,而粮运不继。十一月,诏浑瑊归河中,李元谅归华州,刘昌分其众五千归汴州,自馀防秋兵退屯凤翔、京兆诸县以就食。

四年春二月,刘昌复筑连云堡。夏五月,吐蕃三万馀骑寇泾、邠、宁、庆、鄜等州。先是,吐蕃常以秋冬入寇,及春多病疫而退。至是得唐人,质其妻子,遣其将将之,盛夏入寇。诸州皆城守,无敢与战者,吐蕃俘掠人畜万计而去。

秋九月庚申,吐蕃尚悉董星寇宁州,张献甫击却之,吐蕃转掠鄜、坊而去。

冬十月,吐蕃发兵十万寇西川,分兵四万攻两林、骠旁,三万攻东蛮,七千寇清溪关,五千寇铜山。韦皋遣黎州刺史韦晋等与东蛮连兵御之,破吐蕃于清溪关外。

十一月,吐蕃耻前日之败,复以众二万寇清溪关,一万攻东蛮。韦皋命韦晋镇要冲城,督诸军以御之。巂州经略使刘朝彩等出关连战,自乙卯至癸亥,大破之。

五年冬十月,韦皋遣其将王有道将兵与东蛮、两林蛮及吐蕃青海、腊城二节度战于巂州台登谷,大破之,斩首二千级,投崖及溺死者不可胜数,杀其大兵马使乞藏遮遮。乞藏遮遮,虏之骁将也,既死,皋所攻城栅无不下,数年尽复巂州之境。

七年秋八月,吐蕃攻灵州,为回鹘所败,夜遁。九月,回鹘遣使来献俘。冬十二月甲午,又遣使献所获吐蕃酋长尚结心。

冬季十月甲申（初四），吐蕃进犯丰义城，先头部队抵达大回原，邠宁节度使韩游瓌打退了他们。乙酉（初五），吐蕃再次进犯长武城，又在原州筑城而驻军。

吐蕃因天气寒冷而停止了入侵，而唐军的粮食运输供应不上。十一月，下诏让浑瑊回河中，李元谅回华州，刘昌分兵五千回汴州，其馀的防秋兵退回凤翔、京兆各县驻守并在当地解决军粮。

四年（788）春季二月，刘昌再筑连云堡。夏季五月，吐蕃三万多骑兵进犯泾、邠、宁、庆、鄜等州。以前，吐蕃常常在秋、冬季节来入侵，到春季，因士兵多数生病而退兵。到这时，因俘掠唐人，把他们的妻子儿女作为人质，派吐蕃的将领统率他们，炎夏季节也来入侵了。各州都倚城守备，没有敢出战的，吐蕃俘掠数以万计的人口、牲畜而去。

秋季九月庚申（十一日），吐蕃的尚悉董星进犯宁州，张献甫打败了他，吐蕃军转去劫掠鄜、坊二州。

冬季十月，吐蕃出动十万人的军队进犯西川，分派四万兵进攻两林、骠旁，三万兵进攻东蛮，七千兵进犯清溪关，五千兵进犯铜山。韦皋派黎州刺史韦晋与东蛮的部队联合抵抗敌人，在清溪关外打败吐蕃军队。

十一月，吐蕃认为前些时候的失败丢了脸，又用两万兵力进犯清溪关，一万人马进攻东蛮。韦皋命韦晋镇守要冲城，指挥各路人马抵抗敌人。嶲州经略使刘朝彩连续率部出关作战，从乙卯（十一日）到癸亥（十九日），把吐蕃军打得大败。

五年（789）冬季十月，韦皋派部将王有道带兵与东蛮、两林蛮联合，跟吐蕃的青海、腊城二节度在嶲州台登谷交战，大败吐蕃军，斩首两千，吐蕃军投崖和被淹死的不可胜数，杀死吐蕃的大兵马使乞藏遮遮。乞藏遮遮是吐蕃的猛将，他死了以后，韦皋所进攻的城堡栅寨无一不被攻下，数年之间全部收复了嶲州的失地。

七年（791）秋季八月，吐蕃攻打灵州，被回鹘人所打败，连夜逃跑了。九月，回鹘派使者来进献吐蕃的俘虏。冬季十二月甲午（初八），又派使者进献俘获的吐蕃酋长尚结心。

八年夏四月壬子,吐蕃寇灵州,陷水口支渠,败营田。诏河东、振武救之,遣神策六军二千戍定远、怀远城,吐蕃乃退。六月,吐蕃千馀骑寇泾州,掠田军千馀人而去。秋八月,韦皋攻吐蕃维州,获其大将论赞热。

九年。初,盐州既陷,塞外无复保障,吐蕃常阻绝灵武,侵扰鄜、坊。春二月辛酉,诏发兵三万五千人城盐州,又诏泾原、山南、剑南各发兵深入吐蕃以分其势。城之二旬而毕,命盐州节度使杜彦光戍之,朔方都虞候杨朝晟戍木波堡。由是灵武、银、夏、河西获安。

夏五月,陆贽上奏论备边六失,以为:“措置乖方,课责亏度,财匮于兵众,力分于将多,怨生于不均,机失于遥制。关东戍卒,不习土风,身苦边荒,心畏戎虏。国家资奉若骄子,姑息如情人。屈指计归,张颐待哺;或利王师之败,乘扰攘而东溃;或拔弃城镇,摇远近之心。岂惟无益,实亦有损。复有犯刑谪徙者,既是无良之类,且加怀土之情,思乱幸灾,又甚戍卒。可谓措置乖方矣。自顷权移于下,柄失于朝,将之号令既鲜克行之于军,国之典常又不能施之于将,务相遵养,苟度岁时。欲赏一有功,翻虑无功者反仄;欲罚一有罪,复虑同恶者忧虞。罪以隐忍而不彰,功以嫌疑而不赏,姑息之道,乃至于斯。故使忘身效节者获诮于等夷,率众先登者取怨于士卒,债军蠹国者不怀于

八年(792)夏季四月壬子(二十八日),吐蕃进犯灵州,攻陷水口支渠,破坏驻军的屯田。德宗下诏令河东、振武两地出兵援救,派神策六军两千士兵驻守定远、怀远城,吐蕃才退兵。六月,吐蕃一千多骑兵进犯泾州,劫掠屯田士兵一千多人而去。秋季八月,韦皋进攻吐蕃盘踞的维州,俘获吐蕃的大将论赞烈。

九年(793)。当初,盐州失陷以后,关塞之外不再有屏障保护,吐蕃常常截断往灵武的通道,入侵骚扰鄜州、坊州。春季二月辛酉(十二日),德宗下诏征调三万五千名士兵筑盐州城,又命令泾原、山南、剑南各地派兵深入吐蕃境内以分散敌人的兵势。二十天把盐州城筑好了,命盐州节度使杜彦光驻守在盐州城,朔方都虞候杨朝晟驻守木波堡。从此,灵武、银州、夏州、河西得以安稳。

夏季五月,陆贽上奏,论边境守备的六条过失,认为:“军队管理不当,奖罚的执行没有法度,财力因兵多而匮乏,兵力因将多而分散,怨望因不公平而产生,战机因远处指挥而丧失。关东的守边士卒,水土不服,不习惯当地风土,身处荒凉的边境而感到辛苦,心里惧怕异族敌人。国家出财物供应他们像对骄子,对他们姑息容忍就像对待帮忙的人。他们每天都在屈指计算归期,张口等着吃饭;有的希望官军失败,乘乱而往东溃逃;有的放弃抵抗,离城镇而逃,动摇远近部队的军心。这岂止无益,其实还有害。又有犯法而被罚为流放的,原本就是不良之徒,再加上怀恋故土的心情,胡思乱想,幸灾乐祸,他们为害比守边的士卒更甚。这可以说是军队管理不当。自近年来权力下移,朝廷也失去了行使权威的能力,将领的号令很少能在军队中执行,国家的法度又不能在将领中实施,一味的互相容忍维持,苟且过日。想奖励有功的人,又顾虑无功者心中不快;想惩罚有罪的人,又担心一起犯罪的人心中不安。罪恶由于隐瞒容忍而不被公开挞伐,功劳因为受怀疑而得不到奖赏,姑息养奸的做法,竟达到这种地步。于是使得忘我而保持气节的人受同事们讥笑,身先士卒冲锋陷阵的被士兵们怨恨,使军队失败有损国家的人不感到

愧畏,缓救失期者自以为智能。此义士所以痛心,勇夫所以解体。可谓课责亏度矣。虏每入寇,将帅递相推倚,无敢谁何,虚张贼势上闻,则曰兵少不敌。朝廷莫之省察,唯务征发益师,无裨备御之功,重增供亿之弊。闾井日耗,征求日繁,以编户倾家破产之资,兼有司榷盐税酒之利,总其所入,半以事边。可谓财匮于兵众矣。吐蕃举国胜兵之徒,才当中国十数大郡而已,动则中国惧其众而不敢抗,静则中国惮其强而不敢侵,厥理何哉?良以中国之节制多门,蕃丑之统帅专一故也。夫统帅专一,则人心不分,号令不贰,进退可齐,疾徐如意,机会靡忒,气势自壮。斯乃以少为众,以弱为强者也。

"开元、天宝之间,控御西北两蕃,唯朔方、河西、陇右三节度。中兴以来,未遑外讨,抗两蕃者亦朔方、泾原、陇右、河东四节度而已。自顷分朔方之地,建牙拥节者凡三使焉,其馀镇军,数且四十,皆承特诏委寄,各降中贵监临,人得抗衡,莫相禀属。每俟边书告急,方令计会用兵,既无军法下临,唯以客礼相待。夫兵,以气势为用者也;气聚则盛,散则消;势合则威,析则弱。今之边备,势弱气消,可谓力分于将多矣。理戎之要,在于练核优劣之科以为衣食等级之制,使能者企及,否者息心,虽有薄厚之殊而无

惭愧和畏惧，对友军不紧急援救、在军事行动中不按时出兵的，自以为聪明能干。这就是忠义之士痛心、勇敢的人离心的原因。这可以说是奖罚的执行没有法度了。敌人每次入侵，将帅们互相推诿，没人敢挺身而出，夸大敌情。向上报告就说兵力少，不能抵挡，朝廷不了解情况，只一味去征调军队增加兵力，仍对防御于事无补，只又加重了军队供应的不足。民间百姓逐日在减少，征收索取逐日在增加，以编户之民倾家荡产交纳上来的财物，再加上有关部门从专营盐酒中获得的税利，把这些收入加起来，有一半要花费在边境上。这可以说是财力因兵多而匮乏了。吐蕃全国可以当兵的人数，才相应于中国十几个大郡的兵力而已，他们一出动就使中国的人害怕他们兵多而不敢抵抗，他们不出动，就使中国的人害怕他们强悍而不敢进攻他们，其中道理何在呢？完全是因为中国的部队统制众多，而吐蕃军队统帅专一的原因。统帅专于一人，则部队人心统一，号令统一，进退能够一致，快慢能按意想的那样，战机不会错过，气势自然壮大，这就是以少为多、以弱为强了。

"开元、天宝之间，防御和控制西北吐蕃和突厥的只有朔方、河西、陇右三个节度使的部队。中兴以来，未有馀力对外征讨，抵抗这两个蕃邦的也只有朔方、泾原、陇右、河东四节度使的部队而已。自近年把朔方之地分割建置以来，建立官署，持有符节的主管官员就有三个，其馀各镇的军事首领将近四十，都有皇上的特别指示和委任，又各派有内廷宦官作为监军使者，人人都有资格分庭抗礼，互相没有统属关系。一到有边境的告急文书，朝廷才命令他们想法联合用兵，既不能依军法按上下级来实行指挥，就只好以平等的友军的礼节来对待。军队是靠气势来维持和运用的，气凝聚则旺盛；分散则消失；势集合则威风，分开则衰弱。现在的边境守备部队，势衰弱而气消散，这可以说是兵力由于将领众多而分散了。治军的要领，在于制订确定和核准优劣的条文，作为衣食等物质享受待遇的等级制度，使有才能的人去争取，而能力低下的人服气，虽然等级待遇有优厚菲薄的区别，但不会

触望之衅。今穷边之地，长镇之兵，皆百战伤夷之馀，终年勤苦之剧，然衣粮所给，唯止当身，例为妻子所分，常有冻馁之色。而关东戍卒，怯于应敌，懈于服劳，衣粮所颁，厚逾数等。又有素非禁旅，本是边军，将校诡为媚词，因请遥隶神策，不离旧所，唯改虚名，其于廪赐之饶，遂有三倍之益。

"夫事业未异而给养有殊，苟未忘怀，孰能无愠？可谓怨生于不均矣。凡欲选任将帅，必先考察行能，可者遣之，不可者退之，疑者不使，使者不疑，故将在军，君命有所不受。自顷边军去就，裁断多出宸衷，选置戎臣，先求易制，多其部以分其力，轻其任以弱其心，遂令爽于军情亦听命，乖于事宜亦听命。戎虏驰突，迅如风飙，驲书上闻，旬月方报。守土者以兵寡不敢抗敌，分镇者以无诏不肯出师，贼既纵掠退归，此乃陈功告捷。其败丧则减百而为一，其掳获则张百而成千。将帅既幸于总制在朝，不忧罪累，陛下又以为大权由己，不究事情，可谓机失于遥制矣。臣愚请宜罢诸道将士防秋之制，令本道但供衣粮，募戍卒愿留及蕃、汉子弟以给之。又多开屯田，官为收籴，寇至则人自为战，时至则家自力农，与夫倏来忽往者，岂可同等而论哉？又宜择文武能臣为陇右、朔方、河东三元帅，分统

由于抱怨而造成事端。现在，在最边远的地方，长期服役的镇兵，都是经过多次战争死伤之后剩下来的，而他们终年勤苦，任务繁重，但衣食的供给，仅只限于他们本人，而他们的定量供应却又照例得分出来养活妻子儿女，因此常常露出受冻挨饿的神色。而关东的守边士卒，打仗时害怕，服役时偷懒，衣食供应的优厚，超过长期驻守士卒几等。又有原来并非禁卫军，而本来就是守边的部队，其将领狡黠地用讨好的话请求让自己的部队遥为神策军的隶属，不离开原来的驻地，只改一个虚名，他们粮食军需供给的丰厚，就有长期驻边的部队三倍之多。

"从事的工作没有区别而给养却不同，如果待遇低的部队对此耿耿于怀，能不怨恨吗？这就是怨望因不公平而产生了。凡要挑选委任将帅，必须首先考察他的品行和才能，胜任的就委派，不胜任的就把他退回去，对有疑问的人不使用，对使用的人不疑心，所以将领在军队中，君主的命令有的也可以不接受。近年以来，驻边部队的去留，决定多出自陛下，选派武将，首先考虑的是容易对他进行控制，对他所统率的部队多划分出些部属而分散他的兵力，减轻他的职权使他意气不能振作，这样就使他们即使贻误军情也要听从命令，违背事理也要听从命令。敌人奔驰冲突，迅猛好像狂风，用驿车把报告送上朝廷，十天、一月才有回音。守卫边境的因兵少不敢抵抗敌人，各地镇守的又因没有皇上的诏令而不肯出兵，敌寇大肆掳掠而退兵以后，这才向上报功报捷。对兵败损失就把一百缩小为一，对俘获就把一百夸张为一千。做将帅的为控制大权在中央同时他们不用担心受惩罚而庆幸，而陛下又以为大权出于自己，不再追究事实真相，这可说是战机因远处指挥而丧失了。我愚昧地建议，应当废除各道将士每到秋季就大规模集中以防敌人进攻的制度，让各道只供应衣食军需给经招募愿留下来守边的士卒和蕃、汉子弟。另外多开垦屯田，由政府收购收获的粮食，敌人来了则人自为战，时令到了，则家自耕种，与那样忽来忽去的军队，岂能同样看待呢？又应选择能干的文武大臣来担任陇右、朔方、河东三地元帅，分别统率

缘边诸节度使，有非要者，随所便近而并之。然后减奸滥虚浮之费以丰财，定衣粮等级之制以和众，弘委任之道以宣其用，悬赏罚之典以考其成。如是，则戎狄威怀，疆埸宁谧矣！"上虽不能尽从，心甚重之。

　　韦皋遣大将董勔等将兵出西山，破吐蕃之众，拔堡栅五十馀。

　　十年，韦皋奏破吐蕃于峨和城。

　　十一年冬十月，南诏攻吐蕃昆明城，取之，又虏施、顺二蛮王。

　　十三年春正月壬寅，吐蕃遣使请和亲，上以吐蕃数负约，不许。

　　上以方渠、合道、木波皆吐蕃要路，欲城之，使问邠宁节度使杨朝晟："须几何兵？"对曰："邠宁兵足以城之，不烦他道。"上复使问之曰："向城盐州，用兵七万，仅能集事。今三城尤逼虏境，兵当倍之，事更相反，何也？"对曰："城盐州之众，虏皆知之。今发本镇兵，不旬日至塞下，出其不意而城之，虏谓吾众亦不减七万，其众未集，不敢轻来犯我。不过三旬，吾城已毕，留兵戍之，虏虽至，无能为也。城旁草尽，不能久留。虏退则运刍粮以实之，此万全之策也。若大集诸道兵，逾月始至，虏亦集众而来，与我争战，胜负未可知，何暇筑城哉？"上从之。二月，朝晟分军为三，各筑一城。军吏曰："方渠无井，不可屯军。"判官孟子周曰：

沿边各节度使。有些不是特别重要的地方,也根据近便而归并给他们管辖。然后削减那些假立名目随便开支、虚报浮夸的费用来充实国家的财政,制订出衣食等级待遇的制度来凝聚部队,加深对任职官员的信任而发挥他们的作用,公布赏罚的规章来检验他们的政绩。如果能这样,那么戎狄异族也会被我们的国威所慑服,边境就会宁静了。"德宗不能全认可他的意见,但心里是非常重视的。

韦皋派大将董勔等率兵从西山出击,打败吐蕃的军队,攻取城堡栅寨五十多座。

十年(794),韦皋上奏在峨和城打败吐蕃。

十一年(795)冬季十月,南诏国攻取了吐蕃占据的昆明城,还俘虏了施、顺两位蛮王。

十三年(797)春季正月壬寅(十五日),吐蕃派使者来请求讲和,德宗因吐蕃多次违背盟约而不答应。

德宗因为方渠、合道、木波都是吐蕃出没的交通要道,想要在那里筑城,便派使者去问邠宁节度使杨朝晟:"需要多少兵力?"杨朝晟说:"就邠宁地方的兵力就足够筑城之用了,不需烦劳其他道的兵力。"德宗再派人问他:"以前筑盐州城,用兵七万,才能完成。现在这三城地方离敌人更近,兵应加倍,使用兵力的情况却相反,为什么呢?"杨朝晟说:"筑盐州城征调部队的情况,敌人全都知道。现在征调本镇的士卒,不过十天就到达边塞,出敌不意而筑城,敌人以为我的部队也不少于七万,他们的军队未集中,不敢轻易来进犯我们。不超过三十天,我们的城已筑成,留下部队来驻守,敌人虽然来到也没办法了。城旁边的草全没了,敌人不能久留。等敌人退走以后,我们再运粮草来充实城内,这是万全之策。如果大规模征集各道的军队,要超过一个月才能到达筑城地,而敌人也会跟着集合部队而来,跟我们争战,胜负的情况还不可知,哪有时间筑城呢?"德宗听从了他的意见。二月,杨朝晟把部队分为三部分,各筑一城。军中一头目说:"方渠没有井,不能驻扎部队。"判官孟子周说:

"方渠承平之时，居人成市，无井何以聚人乎？"命浚甃井，果得甘泉。三月，三城成。夏四月庚申，杨朝晟军还至马岭，吐蕃始出兵追之，相拒数日而去。朝晟遂城马岭而还，开地三百里，皆如其素。

吐蕃赞普乞立赞卒，子足之煎立。

六月，韦皋奏嶲州刺史曹高仕破吐蕃于台登城下。

十四年冬十月，夏州节度使韩全义奏破吐蕃于盐州西北。

十五年夏四月，南诏异牟寻遣使与韦皋约共击吐蕃，皋以兵粮未集，请俟他年。冬十二月，吐蕃众五万分击南诏及嶲州，异牟寻与韦皋各发兵御之，吐蕃无功而还。

十六年夏五月，灵州破吐蕃于乌兰桥。吐蕃数为韦皋所败。是岁，其曩贡、腊城等九节度婴、笼官马定德帅其部落来降。定德有智略，吐蕃诸将行兵皆禀其谋策，常乘驿计事，至是以兵数不利，恐获罪，遂来奔。

十七年秋七月戊寅，吐蕃寇盐州。己丑，吐蕃陷麟州，杀刺史郭锋，夷其城郭，掠居人及党项部落而去。锋，曜之子也。

僧延素为虏所得，虏将有徐舍人者，谓延素曰："我，英公之五代孙也。武后时吾高祖建义不成，子孙流播异域，虽代居禄位典兵，然思本之心不忘，顾宗族大，无由自拔耳。今听汝归。"遂纵之。

上遣使敕韦皋出兵深入吐蕃以分其势，纾北边患。皋遣将将兵二万分出九道攻吐蕃维、保、松州及栖鸡、老翁城。

九月，韦皋奏大破吐蕃于雅州。

"和平时期，方渠居民相聚成为集市，没有井怎么会有人来聚居呢？"命令淘挖枯井，果然挖得甘泉。三月，三座城都筑好了。夏季四月庚申（初五），杨朝晟率军回到马岭，吐蕃才出兵来追击，两军对峙数日，敌人撤退。于是杨朝晟在马岭筑城而还军，开拓疆土三百里，都恢复了原有的面貌。

吐蕃国王乞立赞死了，他儿子足之煎继立。

六月，韦皋上奏巂州刺史曹高仕在台登城下打败吐蕃的军队。

十四年（798）冬季十月，夏州节度使韩全义上奏在盐州西北打败吐蕃军队。

十五年（799）夏季四月，南诏国异牟寻派使者与韦皋相约联合进攻吐蕃，韦皋因兵马粮草未集中，请等以后。冬季十二月，吐蕃五万人的军队分别进攻南诏和巂州，异牟寻与韦皋各自出兵抵抗，吐蕃军队一无所得而撤走。

十六年（800）夏季五月，灵州的部队在乌兰桥打败吐蕃。吐蕃屡次被韦皋打败。这年，吐蕃襄贡、腊城等九节度婴、笼官马定德率领他们的部落来投降。马定德有智谋才略，吐蕃各位将领用兵都向他询问计策，常骑着驿马往来处理军情，到这时因为出兵几次失败，恐怕被治罪，于是来投降。

十七年（801）秋季七月戊寅（十八日），吐蕃进犯盐州。己丑（二十九日），吐蕃攻陷麟州，杀死州刺史郭锋，平毁城郭、劫掠居民和党项部落而去。郭锋是郭曜的儿子。

僧人延素被敌人所俘虏，敌人将领中有位叫徐舍人的，对延素说："我是英公的第五代孙。武后时，我的高祖起事反武后不成功，子孙流落散布在异域，虽然每代都食异国俸禄和带兵，但怀念故国之心一直存在，因顾虑宗族庞大，不能再脱身了。现在我放你回去。"于是把延素放走。

德宗派使者传令让韦皋出兵深入吐蕃境内牵制吐蕃的兵力，缓解北部边境受吐蕃进犯的压力。韦皋派将领带兵两万分九路进攻吐蕃占据的维、保、松州及栖鸡、老翁城。

九月，韦皋上奏在雅州大败吐蕃。

韦皋屡破吐蕃,转战千里,凡拔城七,军镇五,焚堡百五十,斩首万馀级,捕虏六千,降户三千。遂围维州及昆明城。冬十月庚子,加皋检校司徒兼中书令,赐爵南康王。南诏王异牟寻虏获尤多,上遣中使慰抚之。

十八年春正月,吐蕃遣其大相兼东鄙五道节度使论莽热将兵十万解维州之围,西川兵据险设伏以待之。吐蕃至,出千人挑战,虏悉众追之,伏发,虏众大败,擒论莽热,士卒死者太半。维州、昆明竟不下,引兵还。乙亥,皋遣使献论莽热,上赦之。

十九年夏四月,泾原节度使刘昌奏请徙原州治平凉,从之。乙亥,吐蕃遣其臣论颊热入贡。六月壬辰,遣右龙武大将军薛伾使于吐蕃。

二十年,吐蕃赞普死,其弟嗣立。

宪宗元和三年春正月,临泾镇将郝玼以临泾地险要,水草美,吐蕃将入寇,必屯其地,言于泾原节度使段祐,奏而城之,自是泾原获安。冬十二月庚戌,置行原州于临泾,以镇将郝玼为刺史。

四年。初,平凉之盟,副元帅判官路泌、会盟判官郑叔矩皆没于吐蕃。其后吐蕃请和,泌子随三诣阙,号泣上表,乞从其请。德宗以吐蕃多诈,不许。至是,吐蕃复请和,随又五上表,诣执政泣请,裴垍、李藩亦言于上,请许其和。上从之。五月,命祠部郎中徐復使吐蕃。

秋九月丙辰,振武奏吐蕃五万馀骑至拂梯泉。辛未,丰州奏吐蕃万骑至大石谷,掠回鹘入贡还国者。

韦皋多次打败吐蕃军,辗转战斗千里,共攻占城池七座,军镇五处,焚毁堡寨一百五十座,斩敌首级一万多,俘敌六千,降敌三千户。于是包围维州及昆明城。冬季十月庚子日(十一日),朝廷加封韦皋为检校司徒兼中书令,赐爵南康王。南诏王异牟寻俘获敌人更多,德宗派内廷宦官慰劳他。

十八年(802)春季正月,吐蕃派大相兼东部边境五道节度使论莽热带十万人的军队解救被包围的维州,西川的部队依据险阻设下埋伏来等待敌人。吐蕃军队到来时,西川兵派一千人向他们挑战,敌人倾全部人马去追击挑战的西川兵,这时西川的伏兵出击,吐蕃军大败,论莽热被擒,吐蕃士卒死亡大半。但维州、昆明城最终还是没攻下,韦皋回师。乙亥(十八日),韦皋派使者向朝廷献俘虏论莽热,德宗赦免了他。

十九年(803),夏季四月,泾原节度使刘昌上奏请求把原州的治所迁到平凉,德宗批准了。乙亥(初七),吐蕃派大臣论颊热入朝进贡。六月壬辰(十三日),朝廷派右龙武大将军薛伾出使吐蕃。

二十年(804),吐蕃国王死,他的弟弟继位。

宪宗元和三年(808)春季正月,临泾镇守将领郝玭认为临泾地方险要,水草肥美,吐蕃将来进犯,肯定在此驻军,他把这个看法告诉泾原节度使段祐,段祐于是上奏朝廷,在临泾筑城,从此以后泾原获得安宁。冬季十二月庚戌(初三),在临泾设置行原州,以镇守将领郝玭为刺史。

四年(809)。当初,在平凉与吐蕃会盟时,副元帅判官路泌、会盟判官郑叔矩都死于吐蕃。此后,吐蕃求和,路泌的儿子路随三次到皇城门前放声大哭,并呈上表章请求准许吐蕃求和。德宗因吐蕃多变诈,不答应。到现在,吐蕃又一次求和,路随第五次呈上表章,向宰相哭求,裴垍、李藩也向宪宗提出请求准许吐蕃求和。宪宗答应了。五月,命祠部郎中徐復出使吐蕃。

秋季九月丙辰(十三日),振武上奏吐蕃五万多骑兵抵达拂梯泉。辛未(二十八日),丰州上奏吐蕃一万骑兵到达大石谷,劫掠回鹘入朝进贡后回国的人。

　　五年夏五月庚申，吐蕃遣其臣论思邪热入见，且归路泌、郑叔矩之枢。

　　七年，吐蕃寇泾州，及西门之外，驱掠人畜而去，上患之。李绛上言：“京西、京北皆有神策镇兵，始置之欲以备御吐蕃，使与节度使掎角相应也。今则鲜衣美食，坐耗县官，每有寇至，节度使邀与俱进，则云申取中尉处分。比其得报，虏去远矣。纵有果锐之将，闻命奔赴，节度使无刑戮以制之，相视如平交，左、右、前、却，莫肯用命，何所益乎？请据所在之地士马及衣粮、器械皆割隶当道节度使，使号令齐壹，如臂之使指，则军威大振，虏不敢入寇矣。”上曰：“朕不知旧事如此，当亟行之。”既而神策军骄恣日久，不乐隶节度使，竟为宦者所沮而止。

　　八年。初，吐蕃欲作乌兰桥，先贮材于河侧，朔方常潜遣人投之于河，终不能成。虏知朔方、灵盐节度使王佖贪，先厚赂之，然后并力成桥，仍筑月城守之。自是朔方御寇不暇。

　　十年冬十一月己丑，吐蕃款陇州塞，请互市，许之。

　　十一年春二月，西川奏吐蕃赞普卒，新赞普可黎可足立。

　　十三年冬十一月辛巳朔，盐州奏吐蕃寇河曲、夏州。灵武奏破吐蕃长乐州，克其外城。甲午，盐州奏吐蕃引去。

五年(810)夏季五月庚申(二十一日),吐蕃派大臣论思邪热入朝拜唐皇,并且送还路泌、郑叔矩的灵柩。

七年(812),吐蕃前来进犯泾州,到达泾州城西门外,劫掠人口牲畜而去,宪宗为此感到担忧。李绛上奏说道:"京师西、北都有神策军士兵镇守,当初设置守军是想用来防备抵御吐蕃,让他们跟各节度使所率部队为犄角之势互相响应的。现在,这些镇守的神策军士兵却穿好的吃好的,白白耗费了国家的财物,一有敌人到来,节度使邀他们一起出兵,他们就说,要申报上去听取中尉的处理。等他们得到回复以后,敌人已远去了。即使有果敢勇猛的将领,听到命令奔赴前线,节度使没有对他们进行处罚的权力来节制他们,彼此间相互好像是平级的官员,部队的左、右、进、退,不肯听从指挥,这有什么好处呢?请按神策军所在地方,把他们的兵马、衣食、器械分别划归各道节度使管辖,使号令统一,好像手臂运用手指一样,那么军威就会大为振作,敌人就不敢进犯了。"宪宗说:"我不知道以前的事是这样的,此事应赶快实行。"后来,因为神策军长期骄纵惯了,不喜欢受节度使的管辖,李绛的提议最终为宦官所阻止而不能实行。

八年(813)。当初,吐蕃想筑乌兰桥,事先在河边储备材料,朔方守军常偷偷派人把那些材料抛进河里,桥始终筑不起来。吐蕃知道朔方、灵盐节度使王佖贪婪,于是先拿厚礼贿赂他,然后尽力把桥筑起,还筑了月城来守护桥梁。从此朔方便要不断地抵御吐蕃的进犯了。

十年(815)冬季十一月己丑(二十二日),吐蕃到陇州叩关相见,请求互通市易,允许了他们的请求。

十一年(816)春季二月,西川上奏吐蕃国王死,新国王可黎可足继立。

十三年(818)冬季十一月辛巳是初一,这天盐州上奏吐蕃进犯河曲、夏州。灵武上奏在吐蕃占据的长乐州打败敌人,攻占其外城。甲午(十四日),盐州上奏吐蕃军队撤走。

十四年春正月,吐蕃遣使者论短立藏等来修好,未返,入寇河曲。上曰:"其国失信,其使何罪?"庚寅,遣归国。秋八月癸酉,吐蕃寇庆州,营于方渠。

是岁,吐蕃节度论三摩等将十五万众围盐州,党项亦发兵助之。刺史李文悦竭力拒守,凡二十七日,吐蕃不能克。灵武牙将史奉敬言于朔方节度使杜叔良,请兵三千,赍三十日粮,深入吐蕃,以解盐州之围。叔良以二千五百人与之。奉敬行,旬馀,无声问,朔方人以为俱没矣。无何,奉敬自他道出吐蕃背,吐蕃大惊,溃去。奉敬奋击,大破,不可胜计。奉敬与凤翔将野诗良辅、泾原将郝玼皆以勇著名于边,吐蕃惮之。

十五年春二月,吐蕃寇灵武。三月,吐蕃寇盐州。

冬十月,党项引吐蕃寇泾州,连营五十里。癸未,泾州奏吐蕃进营距州三十里,告急求救。以右军中尉梁守谦为左、右神策、京西、北行营都监,将兵四千人,并发八镇全军救之,赐将士装钱二万缗。以郯王府长史郐同为太府少卿兼御史中丞,充答吐蕃请和好使。

初,秘书少监田洎入吐蕃为吊祭使,吐蕃请与唐盟于长武城下,洎恐吐蕃留之不得还,唯阿而已。既而吐蕃为党项所引入寇,因以为辞,曰:"田洎许我将兵赴盟。"于是贬洎郴州司户。

渭州刺史郝玼数出兵袭吐蕃营,所杀甚众。李光颜发邠宁兵救泾州。邠宁兵以神策受赏厚,皆愠曰:"人给五十缗而不识战斗者,彼何人邪?常额衣资不得而前冒白刃者,

十四年(819)春季正月,吐蕃派使者论短立藏等请求建立友好关系,使者还未回去,吐蕃军队就进犯河曲。宪宗说:"他们国家失信,他们的使者有什么罪?"庚寅(十一日),让吐蕃使者回国。秋季八月癸酉(二十七日),吐蕃进犯庆州,在方渠建立营地。

这年,吐蕃节度使论三摩等人率十五万人的军队包围盐州,党项人也出兵帮助吐蕃。刺史李文悦竭力抵抗坚守城池,一共二十七天,吐蕃攻城不下。灵武部队的中下级军官史奉敬向朔方节度使杜叔良提出请求,让他率三千士兵,带三十天的口粮,深入吐蕃境内,来化解盐州之围。杜叔良给他两千五百人。史奉敬带兵出发之后十多天没消息,朔方的人以为他们都死了。不久,史奉敬从另一条道路出现在吐蕃军队的背后,吐蕃大惊,溃败而走。史奉敬率军奋勇进击,大败吐蕃军队,杀伤俘获敌人数也数不清。史奉敬与凤翔部队的将领野诗良辅、泾原将领郝玭都以勇猛闻名于边塞,吐蕃人害怕他们。

十五年(820)春季二月,吐蕃进犯灵武。三月,进犯盐州。

冬季十月,党项人引导吐蕃进犯泾州,军营连绵五十里。癸未(十四日),泾州上奏吐蕃进军,营盘扎在距城三十里的地方,泾州向朝廷告急求救。朝廷以右军中尉梁守谦为左、右神策军、京西、北行营都监,率领四千士兵,并征调八镇的全部人马前去援救泾州。朝廷赐援军将士装备钱两万缗。以郯王府的长史邵同为太府少卿兼御史中丞,充当回报吐蕃求和修好的使者。

当初,秘书少监田洎到吐蕃担任吊祭使,吐蕃请求跟唐帝国在长武城下会盟,田洎恐惧吐蕃扣留他不让他回国,对吐蕃的请求只好唯唯诺诺,顺意应承。后来吐蕃被党项人引导入侵,于是以这为借口,说:"田洎答应的,让我们带兵来会盟。"于是朝廷把田洎贬为郴州司户。

渭州刺史郝玭多次出兵袭击吐蕃军,杀死敌人甚多。李光颜征调邠宁部队去援救泾州。邠宁部队的士兵因神策军受到的赏赐优厚,都愠怒地说:"每人赐给五十缗钱而不会作战的,那是什么人?按定额配给的衣食都得不到而要冒着刀刃向前冲锋的,

此何人邪?"汹汹不可止。光颜亲为开陈大义以谕之,言与涕俱,然后军士感悦而行。将至泾州,吐蕃惧而退。丙戌,罢神策行营。

西川奏吐蕃寇雅州。辛卯,盐州奏吐蕃营于乌、白池。寻亦皆退。十二月己巳朔,盐州奏吐蕃千馀人围乌、白池。庚辰,西川奏南诏二万人入界,请讨吐蕃。

穆宗长庆元年夏六月辛未,吐蕃寇青塞堡,盐州刺史李文悦击却之。

秋九月,吐蕃遣其礼部尚书论讷罗来求盟。庚戌,以大理卿刘元鼎为吐蕃会盟使。冬十月癸酉,命宰相及大臣凡十七人与吐蕃论讷罗盟于城西。遣刘元鼎与讷罗入吐蕃,亦与其宰相以下盟。

灵武节度使李进诚奏败吐蕃三千骑于大石山下。

二年夏六月,吐蕃寇灵武。壬午吐蕃寇盐州。八月,刘元鼎还。

文宗太和五年秋九月,吐蕃维州副使悉怛谋请降,尽帅其众奔成都,李德裕遣行维州刺史虞藏俭将兵入据其城。庚申,具奏其状,且言:"欲遣生羌三千,烧十三桥,捣西戎腹心,可洗久耻,是韦皋没身恨不能致者也!"事下尚书省,集百官议,皆请如德裕策。牛僧孺曰:"吐蕃之境,四面各万里,失一维州,未能损其势。比来修好,约罢戍兵。中国御戎,守信为上。彼若来责曰:'何事失信?'养马蔚茹川,上平凉阪,万骑缀回中,怒气直辞,不三日至咸阳桥。此时西南数千里外,得百维州何所用之? 徒弃诚信,

这又是什么人？"群情汹汹，不能制止。李光颜亲自向他们陈说大义，劝解他们，一边讲一边流涕，然后士兵们受到感动而乐意出发。将要抵达泾州，吐蕃军队害怕而退兵。丙戌日，撤销神策军行营。

西川上奏吐蕃进犯雅州。辛卯（二十三日），盐州上奏吐蕃军队在乌池、白池两地扎营。不久吐蕃军队都退走了。十二月己巳是初一，这天盐州上奏吐蕃一千多人包围乌池、白池两地。庚辰（十二日），西川上奏南诏有两万人入境请求征伐吐蕃。

穆宗长庆元年（821）夏季六月辛未（初六），吐蕃进犯青塞堡，盐州刺史李文悦打退了敌人。

秋季九月，吐蕃派礼部尚书论讷罗来请求订盟。庚戌日，以大理寺卿刘元鼎为吐蕃会盟使。冬季十月癸酉（初十），命宰相及大臣共十七人与吐蕃的论讷罗会盟于京城西郊。派刘元鼎陪论讷罗回国，也跟他们宰相以下的官员订立盟约。

灵武节度使李进诚上奏在大石山下打败吐蕃三千骑兵。

二年（822）夏季六月，吐蕃进犯灵武。壬午（二十三日），吐蕃进犯盐州。八月，刘元鼎回国。

文宗太和五年（831）秋季九月，吐蕃的维州副使悉怛谋求降，把他的部队全部带来投奔成都，李德裕派行维州刺史虞藏俭带兵入维州城据守。庚申（二十五日），李德裕把情况一一向朝廷报告，并且说："想派遣生羌部落三千人，烧十三桥，直捣西戎腹心之地，可以洗雪长久以来的耻辱，这是韦皋至死都怀恨不能实现的。"事情交给尚书省召集百官来商议，众位官员都请求按李德裕的计策实行。牛僧孺说："吐蕃的国土，四面各有万里远，失去一个维州，不足以削弱他的势力。近年来跟他们建立友好关系，相约撤走边境上的守军。中国对戎狄的抵御，首要是遵守信义。对方如果来责备，说：'为什么失信？'于是饮马于蔚茹川，登上平凉阪，出动一万骑兵，首尾相连直抵回中，怒气冲冲而理直气壮，不用三天就可抵达咸阳桥。这时，西南数千里外得到一百个维州又有什么用呢？那徒然是捐弃了忠诚信义，

有害无利。此匹夫所不为，况天子乎？"上以为然，诏德裕以其城归吐蕃，执悉怛谋及所与偕来者悉归之。吐蕃尽诛之于境上，极其惨酷。德裕由是怨僧孺益深。

武宗会昌三年，李德裕追论维州悉怛谋事云："维州据高山绝顶，三面临江，在戎虏平川之冲，是汉地入兵之路。初，河、陇尽没，唯此独存。吐蕃潜以妇人嫁此州门者，二十年后，两男长成，窃开垒门，引兵夜入，遂为所陷，号曰无忧城。从此得并力于西边，更无虞于南路。凭陵近甸，盰食累朝。贞元中，韦皋欲经略河、湟，须此城为始，万旅尽锐，急攻数年，虽擒论莽热而还，城坚卒不可克。臣初到西蜀，外扬国威，中缉边备。其维州熟臣信令，空壁来归。臣始受其降，南蛮震慑，山西八国，皆愿内属。其吐蕃合水、栖鸡等城，既失险厄，自须抽归，可减八处镇兵，坐收千馀里旧地。且维州未降前一年，吐蕃犹围鲁州，岂顾盟约？臣受降之初，指天为誓，面许奏闻，各加酬赏。当时不与臣者，望风疾臣，诏臣执送悉怛谋等令彼自戮，臣宁忍以三百馀人命弃信偷安？累表陈论，乞垂矜舍，答诏严切，竟令执还。体备三木，舆于竹畚，及将就路，冤叫呜呜，将吏对臣，无不陨涕。其部送者更为蕃帅讥诮，云既已降彼，何须送来？

有害无利。这是匹夫都不干的事,何况天子呢?"文宗认为说得对,下诏让李德裕把维州城归还给吐蕃,把悉怛谋和跟他一起来降的官兵全部押解回吐蕃。吐蕃把这些人全部杀死在边境上,情状非常惨烈。李德裕因此更加怀恨牛僧儒。

武宗会昌三年(843),李德裕追论维州悉怛谋的事情,说:"维州坐落在高山绝顶处,三面临江,是戎虏平川之地的要冲,也是出兵进入汉人境地的要道。当初,河、陇之地全部沦陷,只有此地独得保全。吐蕃偷偷把女人嫁给维州守城门的人,二十年之后,这人的两个男孩长大成人,偷偷打开垒门,半夜引吐蕃军队入城,维州于是沦陷,吐蕃称为无忧城。从此吐蕃得以全力在西边用兵,再也不用担心南路的威胁。他们侵扰直达京郊之外,致使累朝人主忧心于边事。贞元年间,韦皋想恢复河、湟流域,而必须从攻占此城着手,众多精锐部队,猛烈进攻数年,虽然俘获了论莽热而还军,但此城坚固终于不能攻下。我初到西蜀任职时,向外张扬国威,对内整理边防。维州守敌很了解我的信用和号令,带全部人马来归降。我当初接受他们投降时,南蛮之人震惊慑服,山西八国都愿内附我大唐帝国。吐蕃合水、栖鸡等城,失去险要之地后,自己就必须抽调部队回去,这样我们边境上就可减少八处镇守的士兵,不用出兵就可收复一千多里的旧地。况且,维州未归降前一年,吐蕃还在围攻鲁州,他们哪里会顾及盟约?我开始受降时,指天发誓,当面许诺把他们的情况上报给天子,对他们每人都给以奖赏。当时跟我意见不合的人,只要听到我的声音就要指责我的,结果有诏书要我把悉怛谋等人押送回去让吐蕃的人自己去杀死他们,我怎能忍心以三百多人的性命抛弃信用而苟且偷安呢?于是累次上表陈述道理,乞求对他们施以怜惜而赦免他们,回复的诏书严加责备,最终还是要我把他们押送回去。这些人身上都钉了枷锁,用竹舁抬着,到将要上路时,他们呜呜地喊冤,将吏们当着我的面,没有不涕泪交流的。那些负责押送的人更是受尽了吐蕃统帅的讥笑,说:既已接受了他们的投降,何必要送回去呢?

复以此降人戮于汉境之上，恣行残忍，用固携离。至乃掷其婴孩，承以枪槊。绝忠款之路，快凶虐之情，从古已来，未有此事。虽时更一纪，而运属千年。乞追奖忠魂，各加褒赠。"诏赠悉怛谋右卫将军。

臣光曰：论者多疑维州之取舍，不能决牛、李之是非。臣以为昔荀吴围鼓，鼓人或请以城叛，吴弗许，曰："或以吾城叛，吾所甚恶也。人以城来，吾独何好焉！ 吾不可以欲城而迩奸。"使鼓人杀叛者而缮守备。是时唐新与吐蕃修好而纳其维州，以利言之，则维州小而信大；以害言之，则维州缓而关中急。然则为唐计者，宜何先乎？ 悉怛谋在唐则为向化，在吐蕃不免为叛臣，其受诛也又何矜焉？ 且德裕所言者利也，僧孺所言者义也，匹夫徇利而忘义犹耻之，况天子乎？ 譬如邻人有牛，逸而入于家，或劝其兄归之，或劝其弟攘之。劝归者曰："攘之不义也，且致讼。"劝攘者曰："彼尝攘吾羊矣，何义之拘？ 牛大畜也，鬻之可以富家。"以是观之，牛、李之是非，端有见矣。

又把这些投降者杀死在我们的边境上，放肆地用残忍的手段来慑服他们内部想反对他们的人。甚至把婴儿抛起来，用枪矛去接。断绝忠心投诚者的路，取悦凶残暴虐者的心，自古以来，未曾像这样。虽时间已过了十二年，而这样的运数却是千年一遇的。乞求追奖他们的忠魂，一一加以褒扬赠予。"武宗下诏赠悉怛谋右卫将军称号。

　　北宋史臣司马光评论说：议论的人多对维州的取舍有疑议，对牛、李之间的是非无法判定。我以为，从前荀吴包围了鼓城，城里有人向荀吴请求献城叛降，荀吴不答应，说："如果有人拿我的城去叛变，这是我所非常厌恶的。别人以城来献给我，我哪会喜欢呢？我不能因为想得到城池而亲近奸人。"让鼓人把叛变者杀死而加固守备。当时，唐朝刚与吐蕃建立友好关系而又接纳人家的维州，从利害大小来说，则维州的利微小而信义的利巨大；从害的方面来说，则维州的害迟缓而关中的害紧急。那么，为唐朝考虑，应把哪个放在首位呢？悉怛谋对唐来说则是向往教化，对吐蕃来说就不免成为叛变之臣，他的被杀，又有什么值得怜悯呢？况且李德裕所说的是利，牛僧儒所说的是义，匹夫逐利而忘义都要感到羞耻，何况天子呢？譬如某户邻居有一头牛，逃出来跑进他家，有的人劝这户人家的哥哥把牛送回去，有人劝其弟弟把牛窃取下来。劝还牛的说："夺人家的牛是不义的，而且还会招致官司。"劝夺牛的说："他们曾窃取我的羊，他们哪管义了？牛是大牲畜，卖了可以使家里富有。"从这来看，牛、李之间的是非，头绪就可以清楚了。

卷第三十三

藩镇连兵 泾原之变 李怀光之叛附

唐肃宗乾元元年冬十二月，平卢节度使王玄志薨，上遣中使往抚慰将士，且就察军中所欲立者，授以旌节。高丽人李怀玉为裨将，杀玄志之子，推侯希逸为平卢军使。希逸之母，怀玉姑也，故怀玉立之。朝廷因以希逸为节度副使。节度使由军士废立自此始。

臣光曰：夫民生有欲，无主则乱。是故圣人制礼以治之。自天子、诸侯至于卿、大夫、士、庶人，尊卑有分，大小有伦，若纲条之相维，臂指之相使，是以民服事其上，而下无觊觎。其在《周易》"上天、下泽，履"，象曰："君子以辨上下，定民志。"此之谓也。凡人君所以能有其臣民者，以八柄存乎己也。苟或舍之，则彼此之势均，何以使其下哉？

肃宗遭唐中衰，幸而复国，是宜正上下之礼以纲纪四方；而偷取一时之安，不思永久之患。彼命将帅，

藩镇连兵 <small>泾原之变　李怀光之叛附</small>

唐肃宗乾元元年(758)冬季十二月,平卢节度使王玄志去世,肃宗李亨派宦官前去安抚慰问那里的将领和士兵们,并且察看军队中想拥立的人是谁,以便授给旌节,加以任命。高丽人李怀玉是副将,杀死王玄志的儿子,推立侯希逸当平卢军使。侯希逸的母亲是李怀玉的姑姑,所以李怀玉要拥立他。朝廷于是就任命侯希逸为节度副使。唐朝节度使由军士废立的现象就从这里开始。

北宋史臣司马光评论说:人天生是有欲望的,没有君主驾驭他们,他们就会作乱。所以圣人制定出礼制来治理他们。从天子、诸侯到卿、大夫、士、庶人,使他们尊卑有区分,大小有次序,这如同渔网的纲目有条不紊,像手臂和手指之间互相作用一样。所以人民要服从上级,为上级服务,居在下位的人就没有非分的想法了。在《周易》里有"天尊在上,湖泽在下,是为履卦"的讲法,象辞说:"君子用来分辨上尊下卑,使民心安定。"讲的就是这种情况吧。总之君王能够控制他的臣民,靠的是自己手中握着八种权柄。假若舍弃这些权柄,那么君上和臣下之间势力就均等了,那凭什么统治臣下呢?

肃宗遭遇唐朝中期衰落,幸而得以恢复国家,这就应该用礼制来端正上下级关系,使四方受纲常法纪约束。却苟且求取短时间的安定,没有想到会成为长久的祸患。任命将帅,

统藩维，国之大事也，乃委一介之使，徇行伍之情，无问贤不肖，惟其所欲与者则授之。自是之后，积习为常，君臣循守，以为得策，谓之姑息。乃至偏裨士卒，杀逐主帅，亦不治其罪，因以其位任授之。然则爵禄废置，杀生予夺，皆不出于上而出于下，乱之生也，庸有极乎？

且夫有国家者，赏善而诛恶，故为善者劝，为恶者惩。彼为人下而杀逐其上，恶孰大焉！乃使之拥旄秉钺，师长一方，是赏之也。赏以劝恶，恶其何所不至乎？《书》云："远乃猷。"《诗》云："猷之未远，是用大谏。"孔子曰："人无远虑，必有近忧。"为天下之政而专事姑息，其忧患可胜校乎？由是为下者常眄眄焉伺其上，苟得间则攻而族之；为上者常惴惴焉畏其下，苟得间则掩而屠之。争务先发以逞其志，非有相保养为俱利久存之计也。如是而求天下之安，其可得乎？迹其厉阶，肇于此矣。

盖古者治军必本于礼，故晋文公城濮之战，见其师少长有礼，知其可用。今唐治军而不顾礼，使士卒得以陵偏裨，偏裨得以陵将帅，则将帅之陵天子，自然之势也。由是祸乱继起，兵革不息，民坠涂炭，无所控诉，凡二百馀年，然后大宋受命。太祖始制军法，

统治藩镇,是关系国家安危的大事,他竟然委派一个小小使者,顺从军队的请求,不问继位者是否贤能,只因为此人是他们想要拥戴的人,就授权给他了。从此之后,由军人废立节度使的事不断发生而且成为常事,朝廷上君臣们却循守着成例,认为这样做是好策略,这就是姑息政策。甚至副将士兵杀死或驱逐主帅,朝廷也不治他们的罪,还把主帅的职位顺势授任给他们。这样就使得官员的升职增禄、贬爵停薪及裁判生死的大权,都不由皇上裁断而由下面藩镇的军人所决定,那么天下的祸乱,哪里会有终止呢?

君主治理国家,奖赏善举而惩罚恶行,所以对做善事的人要鼓励,对做坏事的人要惩罚。那些是下级的人竟然杀死、驱逐上级,哪一件罪行比这更大呢!却让他们拥有权力,当上一个地方的最高长官,这是奖励他们了。用奖励来鼓励干坏事,作恶岂不是要到处泛滥了吗?《尚书》说:"谋划事情要考虑长远。"《诗经》说:"谋略无远见,所以我极力来规劝。"孔子说:"一个人没有长远的考虑,一定会有眼前的忧患。"处理天下的政事而专做姑息的事,那么忧患怎么可能消除呢? 因此在下位的人常常斜着眼窥伺着上级,假如有机会可乘就攻杀族灭上级;居上位的人也常常提心吊胆地害怕他的下级,如果有机可乘就倾轧屠杀他们。大家都争先发难来满足自己的意图,没有利于双方的长久之计。像这样而想天下安宁,哪里可以实现呢? 考察唐代后期藩镇割据的原因,就是开始于任命侯希逸为平卢节度使这件事。

古代治理军队的根本是要合乎礼法,所以春秋时期晋文公在城濮之战中,看到自己的军队中少长有礼,就知道这样的军队可以作战。现在唐朝治军不顾礼法,使得士兵可以欺侮副将,副将可以侵犯将帅,那么将帅欺侮天子,就成为自然的发展趋势了。因此祸乱就不断产生,战争不得停止,人民陷入极端困苦的境地,没有地方去控诉,前后共二百多年,后来大宋才接受天命统一天下。宋太祖开始制定军法,

使以阶级相承,小有违犯,咸伏斧质。是以上下有叙,令行禁止,四征不庭,无思不服,宇内乂安,兆民允殖,以迄于今,皆由治军以礼故也。岂非诒谋之远哉?

宝应元年冬十一月,史朝义之败于卫州也,邺郡节度使薛嵩以相、卫、洺、邢四州降于陈郑、泽潞节度使李抱玉,恒阳节度使张忠志以恒、赵、深、定、易五州降于河东节度使辛云京。丁酉,以张忠志为成德军节度使,统恒、赵、深、定、易五州,赐姓李,名宝臣。初,宝臣裨将王武俊说宝臣来降,及复为节度使,擢武俊为先锋兵马使。武俊,本契丹也,初名没诺干。

代宗广德元年春正月,史朝义往幽州发兵,其将田承嗣留守莫州,以城来降。朝义范阳节度使李怀仙亦请降。事见《安史之乱》。

闰月癸亥,以史朝义降将薛嵩为相、卫、邢、洺、贝、磁六州节度使,田承嗣为魏、博、德、沧、瀛五州都防御使,李怀仙仍故地为幽州、卢龙节度使。时河北诸州皆已降,嵩等迎仆固怀恩,拜于马首,乞行间自效。怀恩亦恐贼平宠衰,故奏留嵩等及李宝臣分帅河北,自为党援。朝廷亦厌苦兵革,苟冀无事,因而授之。

初,长安人梁崇义以羽林射生从来瑱镇襄阳,累迁右兵马使。崇义有勇力,能卷铁舒钩,沈毅寡言,得众心。瑱之入朝也,命诸将分戍诸州,瑱死,戍者皆奔归襄阳。行军司马庞充将兵二千赴河南,至汝州,闻瑱死,引兵还袭

使上下级关系像阶梯一样一级级地互相承接,稍有违犯礼制的人,都会招来杀身之祸。因此上下级关系井然有序,有令得以推行,有禁得以制止,向四方征伐不来朝的割据势力,没有不心服的,天下安定,兆民得以安居乐业,一直到现在,这都是由于用礼法治军所形成的。这难道不是见识深远的谋略吗?

宝应元年(762)冬季十一月,当史朝义在卫州被打败时,邺郡节度使薛嵩献相、卫、洺、邢四个州向陈郑、泽潞节度使李抱玉投降,恒阳节度使张忠志献恒、赵、深、定、易五个州向河东节度使辛云京投降。丁酉(二十二日)这天,朝廷任命张忠志为成德军节度使,由他统领恒、赵、深、定、易五个州,赐他姓李,名为宝臣。起初,李宝臣的副将王武俊曾劝说宝臣向朝廷投降,等到宝臣恢复节度使的职位,就提拔王武俊为先锋兵马使。王武俊本来是契丹人,原来的名字叫没诺干。

唐代宗广德元年(763)春季正月,史朝义前往幽州发兵,他的部将田承嗣留下来守卫莫州,于是献莫州城来向朝廷投降。史朝义部下范阳节度使李怀仙也请求投降。事见《安史之乱》。

闰月癸亥(十九日)这天,朝廷任命史朝义的降将薛嵩为相、卫、邢、洺、贝、磁六州节度使,田承嗣为魏、博、德、沧、瀛五州都防御使,李怀仙仍然在原来所据的地方任幽州、卢龙节度使。当时河北诸州都已经投降,薛嵩等人迎接仆固怀恩,拜倒在他的马前,乞求跟随在军中效力。仆固怀恩也害怕平定叛军之后自己会失宠,所以奏请朝廷将薛嵩等人及李宝臣分别安置在河北统领军队,成为他的党羽外援。朝廷也厌恶战争,姑且希望天下无事而已,因此授予他们官职。

起初,长安人梁崇义率领羽林射生跟从来瑱去镇守襄阳,多次升迁成为右兵马使。梁崇义有勇有力,能够将铁条卷曲,将铁钩掰直,性格刚毅,沉默寡言,很得人心。来瑱入朝时,命令各将领分别戍守各州,来瑱死后,戍守的人都跑回襄阳。行军司马庞充率领二千士兵奔赴河南,到了汝州,听到来瑱已死,就退兵回袭

襄州。左兵马使李昭拒之,充奔房州。崇义自邓州引戍兵归,与昭及副使薛南阳相让为长,久之不决。众皆曰:"兵非梁卿主之不可。"遂推崇义为帅。崇义寻杀昭及南阳,以其状闻,上不能讨。三月甲辰,以崇义为襄州刺史、山南东道节度留后。

夏五月丁卯,制分河北诸州:以幽、莫、妫、檀、平、蓟为幽州管;恒、定、赵、深、易为成德军管;相、贝、邢、洺为相州管;魏、博、德为魏州管;沧、棣、冀、瀛为青淄管;怀、卫、河阳为泽潞管。六月庚寅,以魏博都防御使田承嗣为节度使。承嗣举管内户口,壮者皆籍为兵,惟使老弱耕稼,数年间有众十万。又选其骁健者万人自卫,谓之牙兵。

二年春正月,魏博节度使田承嗣奏名所管曰天雄军,从之。

永泰元年夏五月,平卢节度使侯希逸镇淄青,好游畋,营塔寺,军州苦之。兵马使李怀玉得众心,希逸忌之,因事解其军职。希逸与巫宿于城外,军士闭门不纳,奉怀玉为帅。希逸奔滑州,上表待罪,诏赦之,召还京师。秋七月壬辰,以郑王邈为平卢、淄青节度大使,以怀玉知留后,赐名正己。时成德节度使李宝臣,魏博节度使田承嗣,相卫节度使薛嵩,卢龙节度使李怀仙,收安、史馀党,各拥劲卒数万,治兵完城,自署文武将吏,不供贡赋,与山南东道节度使梁崇义及正己皆结为婚姻,互相表里。朝廷专事姑息,不能复制,虽名藩臣,羁縻而已。

襄州。左兵马使李昭抵御他，庞充逃往房州。梁崇义从邓州带领戍兵回来，与李昭及副使薛南阳互相推让主帅的职位，很长时间都决定不下来。众人都说："军队非要梁崇义当主帅不可。"于是就推举梁崇义当统帅。梁崇义很快就杀死了李昭和薛南阳，然后把情况报告给朝廷，代宗李豫不能够讨伐他。三月甲辰（初一）这天，朝廷任命梁崇义为襄州刺史、山南东道节度留后。

　　夏季五月丁卯（二十五日），制定划分河北诸州的统辖范围：把幽、莫、妫、檀、平、蓟六个州划归幽州管辖；恒、定、赵、深、易五个州划归成德军管辖；相、贝、邢、洺四个州划归相州管辖；魏、博、德三个州划归魏州管辖；沧、棣、冀、瀛四个州划归青淄管辖；怀、卫二州及河阳划归泽潞管辖。六月庚寅（十八日），任命魏博都防御使田承嗣为节度使。田承嗣将管辖地内户口中年轻力壮的人全部登记为士兵，只让年老体弱的人从事农活，几年之间拥有士兵十万人。又挑选其中勇猛矫健的一万人作为自卫军，称为牙兵。

　　二年（764）春季正月，魏博节度使田承嗣奏请朝廷，要将所管辖的地方定名为天雄军，朝廷依从他的要求。

　　永泰元年（765）夏季五月，平卢节度使侯希逸镇守淄青，爱游玩打猎，又营建塔和寺庙，军士百姓因此困苦不堪。兵马使李怀玉很得人心，侯希逸妒忌他，找借口解除了他的军职。侯希逸跟巫人住在城外，军士们就关闭城门不让他进入，而拥戴李怀玉为统帅。侯希逸只得逃往滑州，上表请求治罪，皇帝下诏赦免他，召他回京城。秋季七月壬辰（初二）这天，朝廷任命郑王李邈为平卢、淄青节度大使，任命李怀玉为知留后，赐他名叫正己。当时成德节度使李宝臣、魏博节度使田承嗣、相卫节度使薛嵩及卢龙节度使李怀仙都收编安、史的馀党，每个人拥有几万名强劲的士卒，并且训练兵士修缮城池，自己委任文官武将，不向朝廷进贡缴赋，与山南东道节度使梁崇义及李正己都有婚姻关系，互相照应。朝廷对他们的放肆行为一味持姑息态度，不能够再控制，虽然在名义上称他们为藩臣，只是为了笼络控制他们罢了。

大历三年夏六月壬辰,幽州兵马使朱希彩、经略副使昌平朱泚、泚弟滔共杀节度使李怀仙,希彩自称留后。闰月,成德节度使李宝臣遣将将兵讨希彩,为希彩所败,朝廷不得已宥之。庚申,以王缙领卢龙节度使;丁卯,以希彩知幽州留后。冬十一月丁亥,以幽州留后朱希彩为节度使。

七年。卢龙节度使朱希彩既得位,悖慢朝廷,残虐将卒。孔目官李怀瑗因众怒,伺间杀之。众未知所从,经略副使朱泚营于城北,其弟滔将牙内兵,潜使百馀人于众中大言曰:"节度使非朱副使不可。"众皆从之。泚遂权知留后,遣使言状。冬十月辛未,以泚为检校左常侍、幽州卢龙节度使。

八年春正月,昭义节度使、相州刺史薛嵩薨。子平,年十二,将士胁以为帅,平伪许之。既而让其叔父崿,夜奉父丧,逃归乡里。壬午,制以崿知留后。

秋八月辛未,幽州节度使朱泚遣弟滔将五千精骑诣泾州防秋。自安禄山反,幽州兵未尝为用,滔至,上大喜,劳赐甚厚。

九月,魏博节度使田承嗣为安、史父子立祠堂,谓之四圣,且求为相。上令内侍孙知古因奉使讽令毁之。冬十月甲辰,加承嗣同平章事以褒之。

九年春三月戊申,以皇女永乐公主许妻魏博节度使田承嗣之子华。上意欲固结其心,而承嗣益骄慢。

大历三年(768)夏季六月壬辰(二十日),幽州兵马使朱希彩、经略副使昌平人朱泚以及朱泚的弟弟朱滔一同杀死节度使李怀仙,朱希彩自称为留后。闰月,成德节度使李宝臣派遣将领率兵讨伐朱希彩,却被朱希彩打败,朝廷没办法只得饶恕朱希彩。庚申(十八日),朝廷任命王缙领卢龙节度使职务。丁卯(二十五日),任命朱希彩知幽州留后。冬季十一月丁亥(十七日),提升幽州留后朱希彩为节度使。

七年(772)。卢龙节度使朱希彩得到权位后,就态度傲慢,违背朝廷命令,又残忍地虐待将士。孔目官李怀瑗利用众怒,等待机会杀了朱希彩。忙乱之间众人不知道听从谁指挥,经略副使朱泚驻军扎营在城北,他的弟弟朱滔统领牙内兵,暗中指使一百多人在众人之间大声说:"节度使一定要由朱副使当。"众人都跟着这么说。朱泚于是就暂且掌理留后的职务,派遣使者向朝廷反映情况。冬季十月辛未(二十四日),朝廷任命朱泚为检校左常侍、幽州卢龙节度使。

八年(773)春季正月,昭义节度使、相州刺史薛嵩去世。薛嵩的儿子薛平才十二岁,将士们胁持他当主帅,薛平假装同意。然后让位给他的叔父薛崿,以为父亲办丧事的名义,趁夜逃回乡下老家去。壬午(初六)这天,命薛崿为知留后。

秋季八月辛未(二十八日),幽州节度使朱泚派遣弟弟朱滔率领五千精锐骑兵到泾州去防范边寇在秋天侵劫。自从安禄山造反以来,幽州的士兵未曾被动用,朱滔一到,代宗非常欢喜,慰劳赏赐很优厚。

九月,魏博节度使田承嗣为安禄山和史思明父子四人建立祠堂,称他们为"四圣",还要求当宰相。代宗命令内侍孙知古带着使命去传谕拆毁祠堂。冬季十月甲辰(初二),加封田承嗣为同平章事,用以褒奖他。

九年(774)春季三月戊甲(初九)这天,把皇帝女儿永乐公主许配给魏博节度使田承嗣的儿子田华为妻,代宗的用意是想借此来牢固笼络田承嗣的心,可是田承嗣却更加骄横傲慢。

夏六月，卢龙节度使朱泚遣弟滔奉表请入朝，且请自将步骑五千防秋。上许之，仍为之先筑大第于京师以待之。朱泚入朝，九月庚子，至京师。

冬十月，魏博节度使田承嗣诱昭义将吏使作乱。

十年春正月丁酉，昭义兵马使裴志清逐留后薛崿，帅其众归承嗣。承嗣声言救援，引兵袭相州，取之。崿奔洺州，上表请入朝，许之。

乙巳，朱泚表请留阙下，以弟滔知幽州、卢龙留后，许之。

昭义裨将薛择为相州刺史，薛雄为卫州刺史，薛坚为洺州刺史，皆薛嵩之族也。戊申，上命内侍孙知古如魏州谕田承嗣，使各守封疆。承嗣不奉诏，癸丑，遣大将卢子期取洺州，杨光朝攻卫州。二月乙丑，田承嗣诱卫州刺史薛雄，雄不从，使盗杀之，屠其家，尽据相、卫四州之地，自置长吏，掠其精兵良马，悉归魏州。逼孙知古与共巡磁、相二州，使其将士割耳劓面，请承嗣为帅。丙子，以华州刺史李承昭知昭义留后。三月乙巳，薛崿诣阙请罪，上释不问。

初，成德节度使李宝臣、淄青节度使李正己，皆为田承嗣所轻。宝臣弟宝正娶承嗣女，在魏州，与承嗣子维击球，马惊，误触维死。承嗣怒，囚宝正，以告宝臣。宝臣谢教敕不谨，封杖授承嗣，使挞之。承嗣遂杖杀宝正，由是两镇交恶。及承嗣拒命，宝臣、正己皆上表请讨之，上亦欲因其隙

夏季六月，卢龙节度使朱泚派遣弟弟朱滔奉上表章请求入朝，并且请求亲自率领五千骑兵去防秋。代宗准许，依旧例先为他在京城建筑大型住宅来接待他。朱泚入朝，九月庚子（初四）这天，到达京城。

冬季十月，魏博节度使田承嗣引诱昭义的将士官吏，指使他们作乱。

十年（775）春季正月丁酉（初三），昭义兵马使裴志清驱逐留后薛崿，带领着薛崿的部下们归附田承嗣。田承嗣扬言去救援，带兵袭击相州，攻取相州。薛崿奔往洺州，奏上表章请求入朝，朝廷准许他的要求。

乙巳（十一日），朱泚上表奏请留在京城，让弟弟朱滔知幽州、卢龙留后，朝廷批准。

昭义副将薛择为相州刺史，薛雄为卫州刺史，薛坚为洺州刺史，他们都是薛嵩的族人。戊申（十四日）这天，代宗命令内侍孙知古到魏州告谕田承嗣，让他们各自守卫所属的管辖区。田承嗣不听从诏命，癸丑（十九日），派遣大将卢子期攻取洺州，派杨光朝攻打卫州。二月乙丑（初一），田承嗣引诱卫州刺史薛雄，薛雄不听从，田承嗣就指使盗贼杀死薛雄及其家人，全部占据了相、卫四个州的地方，自行设置官吏，将抢掠得来的精兵良马全部归属魏州。逼迫孙知古跟他一起巡视磁、相二州，指使他的将士用割耳朵划脸等动作，请求田承嗣当主帅。丙子（十二日），朝廷任命华州刺史李承昭知昭义留后。三月乙巳（十二日），薛崿到朝廷请罪，代宗从宽处置不追究他。

当初，成德节度使李宝臣、淄青节度使李正己都被田承嗣轻视。李宝臣的弟弟李宝正娶田承嗣的女儿为妻，在魏州，李宝正与田承嗣的儿子田维打马球，马受惊，误将田维撞死。田承嗣大怒，囚禁李宝正，告知李宝臣。李宝臣谢罪说自己管教不严，将棍棒交给田承嗣，让他杖责李宝正。田承嗣于是用棍棒打死李宝正，因此两镇的关系恶化。等到田承嗣抗拒朝廷命令时，李宝正、李正己都上表请求讨伐田承嗣。代宗也想借他们之间的矛盾来

讨承嗣。夏四月乙未,敕贬承嗣为永州刺史,仍命河东、成德、幽州、淄青、淮西、永平、汴宋、河阳、泽潞诸道发兵前临魏博,若承嗣尚或稽违,即令进讨。罪止承嗣及其侄悦,自馀将士弟侄苟能自拔,一切不问。

时朱滔方恭顺,与宝臣及河东节度使薛兼训攻其北,正己与淮西节度使李忠臣等攻其南。五月乙未,承嗣将霍荣国以磁州降。丁未,李正己攻德州,拔之。李忠臣统永平、河阳、怀、泽步骑四万进攻卫州。六月辛未,田承嗣遣其将裴志清等攻冀州,志清以其众降李宝臣。甲戌,承嗣自将围冀州,宝臣使高阳军使张孝忠将精骑四千御之,宝臣大军继至,承嗣烧辎重而遁。孝忠,本奚也。

田承嗣以诸道兵四合,部将多叛而惧,秋八月,遣使奉表,请束身归朝。己丑,田承嗣遣其将卢子期寇磁州。

九月,李宝臣、李正己会于枣强,进围贝州,田承嗣出兵救之。两军各飨士卒,成德赏厚,平卢赏薄。既罢,平卢士卒有怨言,正己恐其为变,引兵退,宝臣亦退。李忠臣闻之,释卫州,南渡河,屯阳武。宝臣与朱滔攻沧州,承嗣从父弟庭玠守之,宝臣不能克。

冬十月,卢子期攻磁州,城几陷。李宝臣与昭义留后李承昭共救之,大破子期于清水,擒子期送京师,斩之。河南诸将又大破田悦于陈留,田承嗣惧。

初,李正己遣使至魏州,承嗣囚之,至是,礼而遣之,遣使尽籍境内户口、甲兵、谷帛之数以与之,曰:"承嗣今年八十有六,溘死无日,诸子不肖,悦亦孱弱,凡今日所有,为公

讨伐田承嗣，夏四月乙未这天，下令贬田承嗣为永州刺史，还命令河东、成德、幽州、淄青、淮西、永平、汴宋、河阳、泽潞各道发兵进逼魏博镇，如果田承嗣还在拖延违抗命令，马上下令进攻。只惩治田承嗣及他的侄子田悦，其馀的将士及各弟弟侄子们只要能够与田承嗣划清界限的，一概不追究。

当时朱滔很恭顺，就与李宝臣及河东节度使薛兼训进攻田承嗣的北面，李正己与淮西节度使李忠臣等进攻田承嗣的南面。五月乙未（初三）那天，田承嗣的部将霍荣国献磁州投降。丁未（十五日），李正己攻克德州。李忠臣统领永平、河阳、怀、泽四个地方的步兵骑兵四万人进攻卫州。六月辛未（初九），田承嗣派遣他的将领裴志清等攻打冀州，裴志清带着他的部众向李宝臣投降。甲戌（十二日），田承嗣亲自率军包围冀州，李宝臣派高阳军使张孝忠率领四千精锐骑兵抵御他，李宝臣的大军相继来到，田承嗣放火焚烧辎重逃跑。张孝忠本来是奚族人。

田承嗣考虑到各道兵四面合拢过来，而他自己的部下很多都叛变，心中恐惧。秋季八月，派遣使者献上表章，请求归顺朝廷。己丑（二十八日），田承嗣派遣他的将领卢子期进犯磁州。

九月，李宝臣、李正己在枣强会合，进军包围贝州，田承嗣出兵援救贝州。双方都用酒食招待士兵，成德镇这边赏赐丰厚，平卢镇这边赏赐微薄。结束后，平卢的士兵们很有怨言，李正己害怕士兵会叛变，引兵撤退，李宝臣也退兵。李忠臣得知李宝臣退兵，就放下卫州，南渡黄河，屯驻在阳武。李宝臣与朱滔攻打沧州，田承嗣的堂弟田庭玠守卫沧州，李宝臣不能攻克。

冬季十月，卢子期攻打磁州，城池几乎沦陷。李宝臣与昭义留后李承昭一齐去援救，在清水大败卢子期，将卢子期擒住送到京城并杀了他。河南各将领又在陈留大败田悦，田承嗣恐惧起来。

当初，李正己派遣使者到魏州，田承嗣把他囚禁起来，到这时才待之以礼，遣送他回去，遣使登记辖区内全部户口、军械兵员及粮布数字并献给他，说："承嗣我今年已经八十六岁了，离死不远，儿子们又不肖，田悦也柔弱无能，总之今日所有东西，替你

守耳，岂足以辱公之师旅乎？"立使者于庭，南向，拜而授书，又图正己之像，焚香事之。正己悦，遂按兵不进。于是河南诸道兵皆不敢进。承嗣既无南顾之虞，得专意北方。

上喜李宝臣之功，遣中使马承倩赍诏劳之，将还，宝臣诣其馆，遗之百缣，承倩诟詈，掷出道中，宝臣惭其左右。兵马使王武俊说宝臣曰："今公在军中新立功，竖子尚尔，况寇平之后，以一幅诏书召归阙下，一匹夫耳，不如释承嗣以为己资。"宝臣遂有玩寇之志。

承嗣知范阳宝臣乡里，心常欲之，因刻石作谶云："二帝同功势万全，将田为侣入幽燕。"密令瘗宝臣境内，使望气者言彼有王气，宝臣掘而得之。又令客说之曰："公与朱滔共取沧州，得之，则地归国，非公所有。公能舍承嗣之罪，请以沧州归公，仍愿从公取范阳以自效。公以精骑前驱，承嗣以步卒继之，蔑不克矣。"宝臣喜，谓事合符谶，遂与承嗣通谋，密图范阳。承嗣亦陈兵境上。

宝臣谓滔使者曰："闻朱公仪貌如神，愿得画像观之。"滔与之。宝臣置于射堂，与诸将共观之，曰："真神人也！"滔军于瓦桥，宝臣选精骑二千，通夜驰三百里袭之，戒曰："取貌如射堂者。"时两军方睦，滔不虞有变，狼狈出战而

看守罢了，难道还值得李公兴师动众吗!"田承嗣让使者站在庭中，面向南，行拜之后授予他文书。又画了李正己的画像，对他烧香敬拜。李正己十分高兴，就按兵不动。于是河南各镇军队都不敢前进。田承嗣既然没有来自南面的忧虑，那便可以专心致意于北方了。

代宗嘉奖李宝臣的功劳，派宫廷使者马承倩带着诏书去慰劳他。马承倩将要回京时，李宝臣到他的馆舍去，赠给他一百匹丝织品，马承倩破口怒骂，将东西扔到路上，李宝臣在左右随从面前十分羞惭。兵马使王武俊对李宝臣说:"现在主公在军队中新立了功，这小子尚且这样不尊敬你，何况将来你平定了寇敌之后，用一幅诏书就可召你回到朝廷去，你就成为一个无权无势的普通人了。不如停止攻击田承嗣，将其作为自己能借助的力量。"李宝臣于是就产生了利用寇敌来达到自己目的的意图。

田承嗣知道范阳是李宝臣的家乡，心里常常想要攻取它，于是刻石写上谶语说:"两个皇帝同时有功，运势好齐全，联络田氏做侣伴一齐入幽燕。"派人秘密地把石头埋在李宝臣的辖境内，又指使看风水的人说那个地方有王气出现，李宝臣掘地得到石头。再令说客去对李宝臣说:"您与朱滔共同攻取沧州，得到了沧州，可是该地却归于国有，而不属于您所有。您若能不追究田承嗣的罪过，请他把沧州让给您，他仍然愿意跟从您攻取范阳以表示效忠。您率领精锐骑兵在前面开路，田承嗣带着步兵在后方接继，没有不能攻破的。"李宝臣很高兴，认为事情符合谶语的说法，就跟田承嗣串通，秘密谋取范阳。田承嗣也在边境上陈列军队。

李宝臣对朱滔的使者说:"听说朱公的仪表容貌如同神人一样，我很想得到他的画像看看。"朱滔给了他。李宝臣将画像放在习射的堂上，与诸将领一齐观赏，说:"真是神人啊!"朱滔驻军在瓦桥，李宝臣挑选二千精锐骑兵，连夜跑三百里去袭击朱滔，并告诫士兵说:"抓到那个相貌与射堂上画像一样的人。"当时两方军队刚刚和睦，朱滔没想到情况有变，结果狼狈迎战，被打得

败,会衣他服得免。宝臣欲乘胜取范阳,滔使雄武军使昌平刘怦守留府。宝臣知有备,不敢进。

承嗣闻幽、恒兵交,即引军南还,使谓宝臣曰:"河内有警,不暇从公,石上谶文,吾戏为之耳!"宝臣惭怒而退。宝臣既与朱滔有隙,以张孝忠为易州刺史,使将精骑七千以备之。

十一月丁酉,田承嗣将吴希光以瀛州降。十二月,田承嗣请入朝,李正己屡为之上表,乞许其自新。

十一年春二月庚辰,田承嗣复遣使上表,请入朝。上乃下诏,赦承嗣罪,复其官爵,听与家属入朝,其所部拒朝命者,一切不问。

夏五月,汴宋留后田神玉卒。都虞候李灵曜杀兵马使、濮州刺史孟鉴,北结田承嗣为援。癸巳,以永平节度使李勉兼汴宋等八州留后。乙未,以灵曜为濮州刺史,灵曜不受诏。六月戊午,以灵曜为汴宋留后,遣使宣慰。 秋七月,田承嗣遣兵寇滑州,败李勉。

李灵曜既为留后,益骄慢,悉以其党为管内八州刺史、县令,欲效河北诸镇。八月甲申,诏淮西节度使李忠臣、永平节度使李勉、河阳三城使马燧讨之。淮南节度使陈少游、淄青节度使李正己皆进兵击灵曜。

汴宋兵马使、摄节度副使李僧惠,灵曜之谋主也。宋州牙门将刘昌遣僧神表潜说僧惠,僧惠召问计,昌为之泣陈逆顺。僧惠乃与汴宋牙将高凭、石隐金遣神表奉表诣京

大败,刚好这时他穿的衣服与画像上不同,才得以幸免。李宝臣打算乘胜进取范阳,朱滔令雄武军使昌平人刘怦守住留府范阳。李宝臣知道对方有防备,才不敢进军。

田承嗣得知幽州、恒州交战,就立即撤军返回南边,派人告诉李宝臣说:"河内有紧急情况,无暇跟从您了,石头上的谶文,是我跟您开的玩笑罢了。"李宝臣又羞惭又愤怒,只好退兵。李宝臣与朱滔有了嫌隙以后,就任命张孝忠为易州刺史,命他统率七千精锐骑兵防备朱滔。

十一月丁酉(初七)这天,田承嗣的部将吴希光献瀛州投降。十二月,田承嗣请求入朝,李正己多次为他上表,请求允许让田承嗣悔过自新。

十一年(776)春季二月庚辰(二十二日),田承嗣又派遣使者上表给朝廷,请求入朝。代宗就下诏赦免了田承嗣的罪,恢复他的官爵,准许他与家属入朝,他的那些曾经抗拒过朝廷命令的部下,也都全部不追究。

夏季五月,汴宋的留后田神玉去世。都虞候李灵曜杀死兵马使、濮州刺史孟鉴,交结北边的田承嗣作为助援力量。癸巳(初七)这天,朝廷任命永平节度使李勉兼任汴、宋等八个州的留后。乙未(初九),任命李灵曜为濮州刺史,灵曜不接受诏命。六月戊午(初二),任命李灵曜为汴宋留后,派遣使者去宣抚慰问。秋季七月,田承嗣派兵进犯滑州,打败李勉。

李灵曜当了留后之后,就更加骄横傲慢起来,他把管辖区内八个州的刺史、县令等重要官职全部交给他的党羽充任,想效仿河北各镇的做法。八月甲申(二十九日),朝廷下诏命令淮西节度使李忠臣,永平节度使李勉、河阳三城使马燧等前去讨伐李灵曜。淮南节度使陈少游、淄青节度使李正己都进军攻击李灵曜。

汴宋兵马使、摄节度副使李僧惠是李灵曜的主要谋划者。宋州牙门将刘昌派僧人神表暗地里劝说李僧惠,李僧惠召见刘昌向他询问计策,刘昌哭着对他讲了反叛或归顺朝廷的利害关系。李僧惠于是就跟汴宋牙将高凭、石隐金派遣神表带上表章到京

师,请讨灵曜。九月壬戌,以僧惠为宋州刺史,凭为曹州刺史,隐金为郓州刺史。

乙丑,李忠臣、马燧军于郑州,灵曜引兵逆战,两军不意其至,退军荥泽,淮西军士溃去者什五六。郑州士民皆惊,走入东都。忠臣将归淮西,燧固执不可,曰:"以顺讨逆,何忧不克,奈何自弃功名?"坚壁不动。忠臣闻之,稍收散卒,数日皆集,军势复振。

戊辰,李正己奏克郓、濮二州。壬申,李僧惠败灵曜兵于雍丘。冬十月,李忠臣、马燧进击灵曜,忠臣行汴南,燧行汴北,屡破灵曜兵。壬寅,与陈少游前军合,与灵曜大战于汴州城西,灵曜败,入城固守。癸卯,忠臣等围之。

田承嗣遣田悦将兵救灵曜,败永平、淄青兵于匡城,乘胜进军汴州,乙巳,营于城北数里。丙午,忠臣遣裨将李重倩将轻骑数百夜入其营,纵横贯穿,斩数十人而还,营中大骇。忠臣、燧因以大军乘之,鼓噪而入,悦众不战而溃。悦脱身北走,将士死者相枕藉,不可胜数。灵曜闻之,开门夜遁,汴州平。重倩,本奚也。丁未,灵曜至韦城,永平将杜如江擒之。

燧知忠臣暴戾,以己功让之,不入汴城,引军西屯板桥。忠臣入城,果专其功。宋州刺史李僧惠与之争功,忠臣因会击杀之,又欲杀刘昌,昌遁逃得免。

甲寅,李勉械送李灵曜至京师,斩之。

城,请求讨伐李灵曜。九月壬戌(初八)这天,朝廷任命李僧惠为宋州刺史,高凭为曹州刺史,石隐金为郓州刺史。

乙丑(十一日)这天,李忠臣、马燧的军队驻扎在郑州,李灵曜带兵前来迎战,两路军都没有料到李灵曜会来,只得退军到荥泽,淮西的士兵有十之五六都溃逃了。郑州的军民都大为惊恐,逃入东都。李忠臣打算撤回淮西,马燧坚决不同意,说:“我们是用正义去讨伐逆贼,不必担忧不能取胜,为什么要自己放弃功名呢?”于是坚守壁垒,不与敌军交战。李忠臣听了他这话,就收集逃散的士兵,几天之后士兵们都逐渐齐集,军势又振作了起来。

戊辰(十四日)这天,李正己奏报攻克郓、濮二州。壬申(十八日),李僧惠在雍丘打败李灵曜。冬季十月,李忠臣、马燧进攻李灵曜,李忠臣从汴南进军,马燧从汴北进军,多次攻破李灵曜的军队。壬寅(十八日)这天,他们与陈少游的先头部队会合后,与李灵曜在汴州城西大战了一场,李灵曜失败,进入城内固守。癸卯(十九日),李忠臣等人包围汴州城。

田承嗣派田悦率兵去援救李灵曜,在匡城打败了永平、淄青的军队,乘胜向汴州进军,乙巳(二十一日),在城北几里处扎营。丙午(二十二日),李忠臣派副将李重倩率领几百名轻装骑兵,乘着黑夜闯入田悦的营地,纵横冲荡,斩杀了几十人后返回,田悦营地中的士兵大为惊恐。李忠臣、马燧趁势率领大部队进攻,敲鼓大呼而入,田悦的兵众不战而溃散。田悦本人脱身向北逃跑,战死的将士相互枕藉,数都数不清。李灵曜得知田悦兵败,连夜打开城门逃命,汴州得到平定。李重倩本来是奚族人。丁未(二十三日)这天,李灵曜逃到韦城,被永平的将领杜如江抓获。

马燧知道李忠臣是个残暴的人,就把自己的功劳让给了他,不进入汴州城,带领部队去西边的板桥驻扎。李忠臣入城之后,果然将功劳据为己有。宋州刺史李僧惠跟他争功,被他利用会面的机会杀死,又打算杀刘昌,刘昌逃跑才得以幸免。

甲寅这天,李勉押送李灵曜到京城,朝廷处斩了他。

十二月丁亥，李正己、李宝臣并加同平章事。戊戌，昭义节度使李承昭表称疾笃，以泽潞行军司马李抱真兼知磁、邢两州留后。庚戌，加淮西节度使李忠臣同平章事，仍领汴州刺史，徙治汴州。

十二年春三月乙卯，兵部尚书、同平章事、凤翔怀泽潞秦陇节度使李抱玉薨，弟抱真仍领怀泽潞留后。

田承嗣竟不入朝，又助李灵曜，上复命讨之。承嗣乃复上表谢罪。上亦无如之何，庚午，悉复承嗣官爵，仍令不必入朝。

冬十二月丙戌，朱泚自泾州还京师。庚子，以朱泚兼陇右节度使，知河西、泽潞行营。

平卢节度使李正己先有淄、青、齐、海、登、莱、沂、密、德、棣十州之地，及李灵曜之乱，诸道合兵攻之，所得之地，各为己有，正己又得曹、濮、徐、兖、郓五州，因自青州徙治郓州，使其子前淄州刺史纳守青州。癸卯，以纳为青州刺史。正己用刑严峻，所在不敢偶语；然法令齐一，赋均而轻，拥兵十万，雄据东方，邻藩皆畏之。是时田承嗣据魏、博、相、卫、洺、贝、澶七州，李宝臣据恒、易、赵、定、深、冀、沧七州，各拥众五万；梁崇义据襄、邓、均、房、复、郢六州，有众二万。相与根据蟠结，虽奉事朝廷而不用其法令，官爵、甲兵、租赋、刑杀皆自专之。上宽仁，一听其所为。朝廷或完一城，增一兵，辄有怨言，以为猜贰，常为之罢役；而自于境内筑垒、缮兵无虚日。以是虽在中国名藩臣，而实如蛮貊异域焉。

十三年秋八月乙亥，成德节度使李宝臣请复姓张，许之。

十二月丁亥（初四），李正己、李宝臣同被加封同平章事。戊戌（十五日），昭义节度使李承昭上表说自己病重，推荐泽潞行军司马李抱真兼任磁、邢两州留后。庚戌（二十七日），加封淮西节度使李忠臣为同平章事，继续兼任汴州刺史，迁往汴州治事。

十二年（777）春季三月乙卯（初三）这天，兵部尚书、同平章事、凤翔怀泽潞秦陇节度使李抱玉去世，弟弟李抱真继续兼任怀泽潞留后。

田承嗣始终没有入朝，又帮助李灵曜，代宗再次下令讨伐他。田承嗣就又上表谢罪，代宗也不知道如何是好，庚午（十八日）这天，恢复田承嗣的全部官职爵位，仍然命他不必入朝。

冬季十二月丙戌（初八），朱泚从泾州回京城。庚子（二十二日），授命朱泚兼任陇右节度使，知河西、泽潞行营。

平卢节度使李正己原先已据有淄、青、齐、海、登、莱、沂、密、德、棣十个州的地方，等到李灵曜之乱发生时，各道合兵进攻李灵曜，所得的土地，各人都占为己有，李正己又得到曹、濮、徐、兖、郓五个州，于是从青州迁到郓州治事，让他的儿子前淄州刺史李纳守卫青州。癸卯（二十五日）这天，任命李纳为青州刺史。李正己用刑严厉峻刻，他在场时人们都不敢相对私语；但是他施行法令能够统一，赋税平均而且不繁重，拥有十万兵员，雄踞在东方，邻近的藩镇都害怕他。这时，田承嗣据有魏、博、相、卫、洺、贝、澶七个州，李宝臣据有恒、易、赵、定、深、冀、沧七个州，各自都拥有兵员五万；梁崇义据有襄、邓、均、房、复、郢六个州，拥有两万兵员。他们互相依靠，勾结在一起，虽然表面上向朝廷称臣，但实际上不遵守朝廷的法令，官爵、甲兵、租赋、刑杀等都是自己专擅执掌。代宗心地宽厚仁爱，听任他们为所欲为。朝廷有时修缮一座城或增加一员兵，他们总是有怨言，认为朝廷在猜疑他们有二心，常常为这个原因而罢役，自己却天天在境内修筑壁垒，整治军队。因此他们在名义上是中国的藩臣，而实际上就如同境外蛮夷一样不受中国管辖。

十三年（778）秋季八月乙亥（初二）这天，成德节度使李宝臣请求恢复姓张，朝廷准许。

十四年春二月癸未，魏博节度使田承嗣薨。有子十一人，以其侄中军兵马使悦为才，使知军事，而诸子佐之。甲申，以悦为魏博留后。

淮西节度使李忠臣，贪残好色，将吏妻女美者，多逼淫之。悉以军政委妹婿节度副使张惠光，惠光挟势暴横，军州苦之。忠臣复以惠光子为牙将，暴横甚其父。左厢都虞候李希烈，忠臣之族子也，为众所服。希烈因众心怨怒，三月丁未，与大将丁暠等杀惠光父子而逐忠臣。忠臣单骑奔京师，上以其有功，使以检校司空、同平章事留京师，以希烈为蔡州刺史、淮西留后。以永平节度使李勉兼汴州刺史，增领汴、颍二州，徙镇汴州。

成德节度使张宝臣既请复姓，又不自安，更请赐姓，夏四月癸未，复赐姓李。

五月戊子，以淮西留后李希烈为节度使。辛卯，以河阳镇遏使马燧为河东节度使。六月庚戌，以朱泚为凤翔尹。秋九月甲戌，改淮西为淮宁。

德宗建中元年。初，左仆射刘晏为吏部尚书，杨炎为侍郎，不相悦。元载之死，晏有力焉。及上即位，晏久典利权，众颇疾之，多上言转运使可罢。炎乃建言："尚书省，国政之本，比置诸使，分夺其权，今宜复旧。"上从之。正月甲子，诏天下钱谷皆归金、仓部，罢晏转运、租庸、青苗、盐铁等使。

十四年(779)春季二月癸未(十二日)这天,魏博节度使田承嗣去世。他有十一个儿子,因为侄子中军兵马使田悦很有才干,就让田悦知掌军事,而各个儿子辅佐他。甲申(十三日),任命田悦为魏博留后。

淮西节度使李忠臣是个贪婪残暴好色的人,他见将士官吏们的妻子女儿中有漂亮的,常常强迫淫污她们。将全部军政事务交给妹夫节度副使张惠光去处理,张惠光仗着有权势,到处横行霸道,军州颇受其苦。李忠臣又任用张惠光的儿子为牙将,此人的凶暴横行胜过他父亲。左厢都虞候李希烈是李忠臣的族子,因人品好而受到众人拥戴。李希烈凭借众人心中的怨恨愤怒情绪,在三月丁未(初六)这天,与大将丁暠等人合力杀死了张惠光父子并驱逐了李忠臣。李忠臣单人匹马地逃奔京城,代宗认为李忠臣有功劳,让他担任检校司空、同平章事,留在京城,任命李希烈为蔡州刺史、淮西留后。任命永平节度使李勉兼汴州刺史,增领汴、颍二州,迁到汴州去镇守。

成德节度使张宝臣请求恢复了张姓之后,内心又不自安,再次请求皇上赐姓,夏四月癸未(十三日),代宗又赐他姓李。

五月戊子(十九日)这天,任命淮西留后李希烈为节度使。辛卯(二十二日)那天,任命河阳镇遏使马燧为河东节度使。六月庚戌(十二日),任命朱泚为凤翔尹。秋季九月甲戌(初七),将淮西改为淮宁。

唐德宗建中元年(780)。起初,左仆射刘晏为吏部尚书,杨炎是侍郎,两人关系不和睦。元载获罪被杀死,刘晏是出了力的。到了德宗李适即位时,刘晏掌管经济大权已经很久,大家都很憎恶他,多次上奏说要罢免转运使。杨炎于是建议说:“尚书省是国家政权的根本,近来设置诸使,分夺了它的权力,现在应该恢复旧时的制度了。”德宗听从他的建议。正月甲子(二十八日),下诏规定国家的钱谷归金部、仓部掌管,将刘晏兼任的转运、租庸、青苗、盐铁等使的职权全部免除。

　　二月丙申朔,命黜陟使十一人分巡天下。先是,魏博节度使田悦事朝廷犹恭顺,河北黜陟使洪经纶,不晓时务,闻悦军十万人,符下,罢其四万,令还农。悦阳顺命,如符罢之。既而集应罢者,激怒之曰:"汝曹久在军中,有父母妻子,今一旦为黜陟使所罢,将何资以自衣食乎?"众大哭。悦乃出家财以赐之,使各还部伍。于是军士皆德悦而怨朝廷。

　　杨炎奏用元载遗策城原州,上遣中使诣泾原节度使段秀实,访以利害,秀实以为:"今边备尚虚,未宜兴事以召寇。"炎怒,以为沮己,征秀实为司农卿。丁未,邠宁节度使李怀光兼四镇、北庭行营、泾原节度使,移军原州,以四镇、北庭留后刘文喜为别驾。元载遗策语在《吐蕃入寇》。上用杨炎之言,托以奏事不实,己酉,贬刘晏为忠州刺史。

　　癸丑,以泽潞留后李抱真为节度使。
　　杨炎欲城原州以复秦、原,命李怀光居前督作,朱泚、崔宁各将万人翼其后。诏下泾州为城具,泾之将士怒曰:"吾属为国家西门之屏,十馀年矣。始居邠州,甫营耕桑,有地著之安。徙屯泾州,披荆榛,立军府,坐席未暖,又投之塞外。吾属何罪而至此乎?"李怀光始为邠宁帅,即诛温儒雅等,军令严峻。及兼泾原,诸将皆惧,曰:"彼五将何罪而为戮?今又来此,吾属能无忧乎?"刘文喜因众心不安,据泾州,不受诏,上疏复求段秀实为帅,不则朱泚。癸亥,

二月丙申这天是初一，命令黜陟使十一人分别到全国各地巡视。在这以前，魏博节度使田悦对朝廷还比较恭顺，河北黜陟使洪经纶不懂时务，听说田悦有十万军队，持着兵符，下令罢去他四万兵，命令他们回家务农。田悦表面上顺从命令，按规定执行。之后就聚集应罢免军职的人，激怒他们说："你们这辈人长时间服役，有父母妻子儿女要赡养，现在突然被黜陟使罢职，将要靠什么去养活自己呢？"众人大哭。田悦就拿出家里的财物赐给他们，让他们各自返回队伍。于是军士们对田悦感恩而怨恨朝廷。

杨炎奏请采用元载生前的计划在原州建城，德宗派遣中使到泾原节度使段秀实那里，去询问这件事的利弊，段秀实认为："现在边境防御还很空虚，不应该张扬备战的事情以招惹敌寇。"杨炎很生气，认为段秀实是在阻止他，征召段秀实为司农卿。丁未（十二日），邠宁节度使李怀光兼任四镇、北庭行营、泾原节度使，把军队迁移到原州。任命四镇、北庭留后刘文喜为别驾。元载遗留的策略在《吐蕃入寇》。德宗采用杨炎的建议，用奏事不实做借口，在己酉（十四日）那天，贬刘晏为忠州刺史。

癸丑（十八日），任命泽潞留后李抱真为节度使。

杨炎打算修筑原州城以恢复兴秦、原二州的防卫力量，命令李怀光坐镇前方督促营建，朱泚、崔宁各率领一万人在他的后边护卫。诏书命令泾州士兵制作建城的器具，泾州的将士气愤地说："我们这些人替国家守卫西边门户已经有十多年了。开始时屯驻在邠州，刚刚开始经营，耕田种桑，有块土地安居。又迁来屯戍泾州，掰开荆棘草丛才建立了军府，可是刚坐下来席还未坐暖，又要被抛到边塞外面去。我们这班人有什么罪过，竟要遭受这样的待遇！"李怀光刚刚当上邠宁的主帅，就杀了温儒雅等人，军令严厉苛刻。等到他兼任泾原节度使，各将领都恐惧不安起来，说："那五位将领有什么罪过竟被杀死了呢？现在李怀光又来到此地，我们这些人能不担忧吗？"刘文喜乘着大众心中不安，占据了泾州而不接受诏令，上疏朝廷请求恢复段秀实为泾源的主帅，不能派段秀实的话，就派朱泚来。癸亥（二十八日）这天，

以朱泚兼四镇、北庭行营、泾原节度使,代怀光。

刘文喜又不受诏,欲自邀旌节;夏四月乙未朔,据泾州叛,遣其子质于吐蕃以求援。上命朱泚、李怀光讨之,又命神策军使张巨济将禁兵二千助之。

五月,朱泚等围刘文喜于泾州,杜其出入,而闭壁不与战,久之不拔。天方旱,征发馈运,内外骚然,朝臣上书请赦文喜以苏疲人者,不可胜纪。上皆不听,曰:"微孽不除,何以令天下!"文喜使其将刘海宾入奏,海宾言于上曰:"臣乃陛下藩邸部曲,岂肯附叛人,必为陛下枭其首以献。但文喜今所求者节而已,愿陛下姑与之,文喜必怠,则臣计得施矣。"上曰:"名器不可假人,尔能立效固善,我节不可得也。"使海宾归以告文喜,而攻之如初。减御膳以给军士,城中将士当受春服者,赐予如故。于是众知上意不可移。时吐蕃方睦于唐,不为发兵,城中势穷。庚寅,海宾与诸将共杀文喜,传首,而原州竟不果城。

自上即位,李正己内不自安,遣参佐入奏事。会泾州捷奏至,上使观文喜之首而归。正己益惧。

六月,术士桑道茂上言:"陛下不出数年,暂有离宫之厄。臣望奉天有天子气,宜高大其城以备非常。"辛丑,命京兆发丁夫数千,杂六军之士,筑奉天城。

任用朱泚兼四镇、北庭行营、泾原节度使,以代替李怀光。

刘文喜又不接受诏命,打算自己求取旌旗符节,夏季四月乙未这天是初一,占据泾州而叛变唐朝,派遣他的儿子到吐蕃做人质来求取吐蕃的援助。德宗命令朱泚、李怀光去讨伐刘文喜,又命令神策军使张巨济率领二千禁军助战。

五月,朱泚等在泾州城包围刘文喜,堵塞住他的出入道路,又关闭壁垒不与他交战。很久都不能攻取城池。天正干旱,因为要征发很多人去运送粮食,朝廷内外都骚动不安,朝中大臣们纷纷上书请求赦免刘文喜,希望让疲惫不堪的人们获得休息,奏章多得数不清。皇上都不听从,说:“这个小小的忤逆之臣都不铲除,那用什么去命令天下呢!”刘文喜派他的将领刘海宾入朝上奏,刘海宾对德宗说:“臣是陛下藩邸的部曲,哪里肯依附反叛的人呢,我一定要为陛下割下他的头颅来献上。但是刘文喜现在所要求取的只是符节罢了,希望陛下暂且给他,刘文喜就一定会因此而懈怠,那么我的计策就能够施行了。”德宗说:“爵号和车服是不能够借给别人的,你能够成功固然是好事,但我的符节不可以让刘文喜得到。”于是让刘海宾将此意告诉刘文喜,而对刘文喜的进攻也仍在继续。德宗自己减少膳食开支用来供给军士,城中将士们到了应当领取春天服装时,也按旧例赐给。于是大家都知道德宗意志很坚决,不可改变。这时吐蕃正跟唐朝关系和睦,不肯发兵援救刘文喜,泾州城中的态势变得困窘起来。庚寅(二十七日)这天,刘海宾与诸将领一齐杀死刘文喜,献上头颅,而原州城最终没能修成。

自从德宗即位,李正己内心不安起来,就派遣参佐入朝奏事。正好泾州那边捷报奏到朝廷,德宗让他观看刘文喜的头颅,然后让他回去。李正己越发恐惧起来。

六月,术士桑道茂上书言事说:“不出几年,陛下有暂离宫殿的灾难。我望见奉天那里有天子气象,应该将那里的城墙加高扩大,以防备非常事件的发生。”辛丑(初八)这天,命令京兆征发几千名民夫,与六军的士兵混合在一起修筑奉天城。

秋七月，荆南节度使庾准希杨炎指，奏忠州刺史刘晏与朱泚书求营救，辞多怨望，又奏召补州兵，欲拒朝命，炎证成之。上密遣中使就忠州缢杀之，己丑，乃下诏赐死。天下冤之。

八月丁未，加卢龙、陇右、泾原节度使朱泚兼中书令，卢龙、陇右节度如故。以舒王谟为四镇、北庭行营、泾原节度大使，以泾州牙前兵马使河中姚令言为留后。谟，邈之子也，早孤，上子之。

二年春正月戊辰，成德节度使李宝臣薨。宝臣欲以军府传其子行军司马惟岳，以其年少暗弱，豫诛诸将之难制者深州刺史张献诚等，至有十馀人同日死者。宝臣召易州刺史张孝忠，孝忠不往，使其弟孝节召之。孝忠使孝节谓宝臣曰：“诸将何罪，连颈受戮？孝忠惧死，不敢往，亦不敢叛，正如公不入朝之意耳。”孝节泣曰：“如此，孝节必死。”孝忠曰：“往则并命，我在此，必不敢杀汝。”遂归，宝臣亦不之罪也。兵马使王武俊，位卑而有勇，故宝臣特亲爱之，以女妻其子士真，士真复厚结其左右。故孝忠、武俊独得全。及薨，孔目官胡震，家僮王他奴劝惟岳匿丧二十馀日，诈为宝臣表，求令惟岳继袭，上不许。遣给事中汲人班宏往问宝臣疾，且谕之。惟岳厚赂宏，宏不受，还报。惟岳乃发丧，自为留后，使将佐共奏求旌节，上又不许。

秋季七月,荆南节度使庚准仰承杨炎的旨意,上奏说忠州刺史刘晏写信给朱泚要求营救,书中有很多怨恨朝廷的话,又奏说他召补州兵,想抗拒朝廷命令,杨炎都出面作证使刘晏罪名成立。皇上秘密地派遣中使到忠州将刘晏勒死,到己丑(二十七日)那天,才下诏赐他死。天下人都认为刘晏冤枉。

八月丁未(十六日),加封卢龙、陇右、泾原节度使朱泚兼中书令,仍旧是卢龙、陇右节度使,任命舒王李谟为四镇、北庭行营、泾原节度大使,任命泾州牙前兵马使河中人姚令言为留后。李谟是李邈的儿子,很早就成了孤儿,皇上收养他做儿子。

二年(781)春季正月戊辰(初九)这天,成德节度使李宝臣去世。李宝臣原本打算把军府主帅之职传给他的儿子行军司马李惟岳。因为李惟岳年纪尚小,愚昧软弱,所以他预先杀死那些难以驾驭的将领,例如深州刺史张献诚等人,甚至有十多人在同一天被杀死。李宝臣要召见易州刺史张孝忠,张孝忠不去,李宝臣就让他的弟弟张孝节传召他。张孝忠请张孝节回去对李宝臣说:"各位将领有什么罪过,以至于接连不断地都遭到杀害?孝忠怕死,不敢前去,也不敢叛变,正如你不肯入朝为官一样。"张孝节哭着说:"这样做我必然会被杀死。"孝忠说:"如果前往你我就一齐送命,我在这里,李宝臣是肯定不敢杀你的。"于是张孝节就回去复命,李宝臣也没有加罪于他。兵马使王武俊地位低下但很有勇力,因此李宝臣特别亲近爱护他,把女儿嫁给王武俊的儿子王士真,王士真也跟李宝臣的左右亲信加强关系。所以唯独张孝忠、王武俊两人得以保全。等到李宝臣去世,孔目官胡震和家僮王他奴劝李惟岳隐瞒丧事二十多天,伪造了一封李宝臣给朝廷的表章,要求朝廷任命李惟岳继承官爵,德宗不允许。派给事中汲郡人班宏去慰问李宝臣的病,并且宣谕皇上的旨意。李惟岳用厚礼贿赂班宏,班宏不接受,回朝廷报告。李惟岳这才发丧,自己任留后,指使将领们联名上奏请求旄旗符节,德宗又不允许。

初，宝臣与李正己、田承嗣、梁崇义相结，期以土地传之子孙。故承嗣之死，宝臣力为之请于朝，使以节授田悦；代宗从之。悦初袭位，事朝廷礼甚恭，河东节度使马燧表其必反，请先为备。至是悦屡为惟岳请继袭，上欲革前弊，不许。或谏曰："惟岳已据父业，不因而命之，必为乱。"上曰："贼本无资以为乱，皆藉我土地，假我位号，以聚其众耳。向日因其所欲而命之多矣，而乱益滋。是爵命不足以已乱而适足以长乱也。然则惟岳必为乱，命与不命等耳。"竟不许。悦乃与李正己各遣使诣惟岳，潜谋勒兵拒命。

魏博节度副使田庭玠谓悦曰："尔藉伯父遗业，但谨事朝廷，坐享富贵，不亦善乎？奈何无故与恒、郓共为叛臣！尔观兵兴以来，逆乱者谁能保其家乎？必欲行尔之志，可先杀我，无使我见田氏之族灭也。"因称病卧家。悦自往谢之，庭玠闭门不内，竟以忧卒。

成德判官邵真闻李惟岳之谋，泣谏曰："先相公受国厚恩，大夫衰绖之中，遽欲负国，此甚不可。"劝惟岳执李正己使者送京师，且请讨之，曰："如此，朝廷嘉大夫之忠，则旌钺庶几可得。"惟岳然之，使真草奏。长史毕华曰："先公与二道结好二十馀年，奈何一旦弃之？且虽执其使，朝廷未必见信。正己忽来袭我，孤军无援，何以待之？"惟岳又从之。

前定州刺史谷从政，惟岳之舅也，有胆略，颇读书，

当初,李宝臣与李正己、田承嗣、梁崇义互相联结,约好大家都要把土地传给子孙。所以田承嗣死后,李宝臣极力为他向朝廷请求,要把符节授给田悦,代宗准许了。田悦最初袭位时,在礼仪上事奉朝廷很是恭敬,河东节度使马燧上表说田悦必定会造反,请求朝廷预先做好防备。至此,田悦多次替李惟岳向朝廷请求继任,德宗想改革以前的弊端,不准许。有人劝谏德宗说:"李惟岳已经承袭父业,不顺此事实去任命他,他一定会作乱。"德宗说:"这些贼人本来没有作乱的资本,都是依靠我的土地,借用我的位号,来聚集他们的党羽罢了。过去顺从他们的欲望而给予的东西有很多,然而作乱却越来越多。可见封爵授命是不能够阻止作乱的,反而助长祸乱。既然李惟岳必定作乱,任命或者不任命都是一样的。"最后也没有批准。田悦于是就与李正己各自派使者到李惟岳那里去,暗中谋划率军抗拒朝命。

魏博镇节度副使田庭玠对田悦说:"你凭借着伯父遗留给你的基业,只管谨慎地事奉朝廷,坐着享受富贵,不是很好吗?怎么无缘无故地跟恒州、郓州一起去当反叛的臣子呢?你观察一下自从发生战争以来,反逆作乱的人有谁能够保得住他们的家庭呢?如果你一定要按你的意志行事,可以先杀死我,别让我见到田氏被灭族。"于是自称有病,在家卧床不出。田悦亲自去向田庭玠道歉,田庭玠关门不接待田悦,最终怀忧而死。

成德判官邵真得知李惟岳的谋划,哭着劝谏说:"先相公受到国家深厚的恩惠,如今你还在服丧期中,就这么快地想反叛国家,万万不可这样做。"劝李惟岳将李正己的使者抓起来送到京城去,并且请求讨伐李正己,说:"这样做的话,朝廷会嘉奖你的忠心,那么节度使的旌节还有得到的可能。"李惟岳认为他讲得对,就让邵真起草奏文。长史毕华说:"先公跟二镇结下友好关系已有二十多年,怎么一下子就抛弃呢?况且虽然你抓住他们的使者,朝廷未必会相信你。如果李正己忽然来袭击我们,我们就孤立无援,靠什么去对付来敌呢?"李惟岳又听从毕华的话。

前定州刺史谷从政是李惟岳的舅父,他有胆量和谋略,读书很多,

王武俊等皆敬惮之。为宝臣所忌,从政乃称病杜门。惟岳亦忌之,不与图事,日夜独与胡震、王他奴等计议,多散金帛以悦将士。从政往见惟岳曰:"今海内无事,自上国来者,皆言天子聪明英武,志欲致太平,深不欲诸侯子孙专地。尔今首违诏命,天子必遣诸道致讨。将士受赏之际,皆言为大夫尽死,苟一战不胜,各惜其生,谁不离心?大将有权者,乘危伺便,咸思取尔以自为功矣。且先相公所杀高班大将,殆以百数,挠败之际,其子弟欲复仇者,庸可数乎?又,相公与幽州有隙,朱滔兄弟常切齿于我,今天子必以为将。滔与吾击柝相闻,计其闻命疾驱,若虎狼之得兽也,何以当之?昔田承嗣从安、史父子同反,身经百战,凶悍闻于天下,违诏举兵,自谓无敌。及卢子期就擒,吴希光归国,承嗣指天垂泣,身无所措。赖先相公按兵不进,且为之祈请,先帝宽仁,赦而不诛,不然,田氏岂有种乎?况尔生长富贵,齿发尚少,不更艰危,乃信左右之言,欲效承嗣所为乎?为尔之计,不若辞谢将佐,使惟诚摄领军府,身自入朝,乞留宿卫,因言惟诚且令摄事。恩命决于圣志,上必悦尔忠义,纵无大位,不失荣禄,永无忧矣。不然,大祸将至,悔之何及。吾亦知尔素疏忌我,顾以舅甥之情,事急,不得不言耳!"惟岳及左右见其言切,益恶之。从政乃复归,杜

王武俊等人都对他很敬畏。由于被李宝臣妒忌，谷从政就称病闭门在家，不与人交往。李惟岳也妒忌谷从政，不跟他一齐策划事情，整日单独跟胡震、王他奴等人计议，散发很多金帛去讨好将士们。谷从政去见李惟岳说："现在海内没有战争，从京城来的人，都讲天子聪明英武，他立志要使得天下太平，十分不想诸侯的子孙专擅一方。你现在带头违反诏令，皇帝肯定派各道兵马来讨伐你。将士们接受你赏赐的时候，大家都说要为你尽力至死，倘使一战没有得胜的话，各人都顾惜生命，谁会不背叛你呢？有权位的将领会乘你危急之际窥伺一个方便的机会，都想捉住你去领功的。况且被先相公杀的高层将领有近百人之多，到你挫败的时候，他们的子弟中想要复仇的，难道可以数得过来吗？再者，你跟幽州有矛盾，朱滔兄弟常常对我们恨得咬牙切齿，现在皇上肯定任命他们为将。朱滔跟我们近得连击柝的声音都可以互相听到，预计他接受命令之后快速进军袭击过来，就好像虎狼获得小兽一样，凭什么去抵挡他们呢？过去田承嗣跟从安禄山、史思明父子一起反叛，身经百战，他的凶悍闻名天下，他违背诏令而起兵，自认为是无敌的。等到卢子期被抓，吴希光归顺唐朝的时候，田承嗣只能对天而泣，不知将自身安放到何处。全靠先相公按兵不进，并且替他求情，先帝宽仁大量，这才赦免他不杀，不然的话，田氏哪里还会有后代呢？况且你生长在富贵的环境中，年纪还小，没有经历过艰苦危难，竟然相信左右的话，想效仿田承嗣所做的事情吗？为了你的利益着想，不如在各位将佐面前辞去职务，让李惟诚辅助掌领军政，你亲自入朝，请求留下来当宿卫，借此说明让李惟诚暂且受命辅助治事。恩德和命令决定于皇上的心意，皇上必然会喜欢你的忠义，即使没有重大的职位加封给你，你也不会失去荣誉和俸禄，便永远消除忧患了！不这样的话，大祸就要到来，到时后悔也来不及了。我也知道你一向疏远妒忌我，不过出于舅甥之间的情分，在事情危急的时候我不得不讲这番话了！"李惟岳及左右的人见谷从政讲的话很激切，更加憎恨他。谷从政于是就又回家，闭

门称病。惟诚者,惟岳之庶兄也,谦厚好书,得众心,其母妹为李正己子妇。是日,惟岳送惟诚于正己,正己使复姓张,遂仕淄青。惟岳遣王他奴诣从政家,察其起居,从政饮药而卒。且死,曰:"吾不惮死,哀张氏今族灭矣!"

刘文喜之死也,李正己、田悦等皆不自安。刘晏死,正己等益惧,相谓曰:"我辈罪恶,岂得与刘晏比乎?"会汴州城隳,广之,东方人讹言"上欲东封,故城汴州"。正己惧,发兵万人屯曹州。田悦亦完聚为备,与梁崇义、李惟岳遥相应助,河南士民骚然惊骇。

永平军旧领汴、宋、滑、亳、陈、颍、泗七州。丙子,分宋、亳、颍别为节度使,以宋州刺史刘洽为之。以泗州隶淮南,又以东都留守路嗣恭为怀郑汝陕四州、河阳三城节度使。旬日,又以永平节度使李勉都统洽、嗣恭二道,仍割郑州隶之,选尝为将者为诸州刺史,以备正己等。

杨炎既杀刘晏,朝野侧目。李正己累表请晏罪,讥斥朝廷。炎惧,遣腹心分诣诸道,以宣慰为名,实使之密谕节度使云:"晏昔附奸邪,请立独孤后,上自恶而杀之。"上闻而恶之,由是有诛炎之志,隐而未发。乙巳,迁炎为中书侍郎,擢卢杞为门下侍郎,并同平章事,不专任炎矣。丙午,更汴宋军名曰宣武。

梁崇义虽与李正己等连结,兵势寡弱,礼数最恭。或劝其入朝,崇义曰:"来公有大功于国,上元中为阉宦所谗,迁延稽命。及代宗嗣位,不俟驾入朝,犹不免族诛。吾岁久衅积,何可往也?"淮宁节度使李希烈屡请讨之,崇义惧,

门称病。李惟诚是李惟岳的庶兄，为人谦让仁厚爱读书，很得人心，他的同母妹妹是李正己的儿媳。这天，李惟岳送李惟诚前往李正己处，李正己让他恢复姓张，于是到淄青任官。李惟岳派王他奴到谷从政家监视他的行动，谷从政服毒自尽。将死时，说："我是不怕死的，只是为张氏从此族灭而悲哀！"

刘文喜死时，李正己、田悦等都不安起来。刘晏死后，李正己等更加恐惧，互相说："我们的罪恶，难道可以跟刘晏相比吗？"刚好汴州城由于窄小扩城，东方人讹传说"皇上打算来东方拜祭泰山，所以修筑汴州城"。李正己害怕，发兵一万屯驻曹州。田悦也修治城池，跟梁崇义、李惟岳遥相接应，互为援助，河南军民一派惊惧恐慌。

永平军旧时领有汴、宋、滑、亳、陈、颍、泗七个州。丙子（十七日）这天，朝廷分宋、亳、颍三个州，另设立节度使，由宋州刺史刘洽充任此职。因为泗州隶属淮南，又任命东都留守路嗣恭为怀、郑、汝、陕四州和河阳三城的节度使。十天后，又任命永平节度使李勉都统洽、嗣恭二道，再分割郑州隶属于他，挑选曾经当过将领的人任各州刺史，以防备李正己等人的叛乱。

杨炎杀死刘晏后，朝野的人都怒目而视。李正己多次上表追问刘晏有什么罪过，讥讽斥责朝廷。杨炎畏惧起来，派心腹分别到各道去，打着安抚的名义，实际上是指使他们秘密地告知节度使们说："刘晏以前曾经依附过奸人，请求册立独孤氏为皇后，皇上憎恨他所以把他杀了。"德宗得知这件事后憎恨杨炎，从此就有杀他的意图，只是隐藏在心里没有表露出来。乙巳（十六日）这天，改任杨炎为中书侍郎，提拔卢杞为门下侍郎并同平章事，不再专任杨炎。丙午（十七日），将汴宋军改名为宣武军。

梁崇义虽然跟李正己等人联合起来，但兵少势弱，所以在礼节上表现得最为恭敬。有人劝他入朝，崇义说："来瑱对国家有大功劳，上元年间被宦官用谗言中伤，因此拖延着不应召入朝。到了代宗继位，还没有等到驾好马车便去朝见，仍然免不了被诛灭全族。而我长年累月地积累了不少罪过，怎么可以入朝去送死呢！"淮宁节度使李希烈多次请求讨伐他，梁崇义感到非常害怕，

益修武备。流人郭昔告崇义为变，崇义闻之，请罪，上为之杖昔，远流之；使金部员外郎李舟诣襄州谕旨以安之。舟尝奉使诣刘文喜，为陈祸福，文喜囚之。会帐下杀文喜以降，诸道跋扈者闻之，谓舟能覆城杀将。至襄州，崇义恶之。舟又劝崇义入朝，言颇切直，崇义益不悦。及遣使宣慰诸道，舟复诣襄州，崇义拒境不内，上言"军中疑惧，请易以他使"。时两河诸镇方猜阻，上欲示恩信以安之，夏四月庚寅，加崇义同平章事，妻子悉加封赏，赐以铁券；遣御史张著赍手诏征之，仍以其裨将蔺杲为邓州刺史。

五月，田悦卒与李正己、李惟岳定计，连兵拒命，遣兵马使孟祐将步骑五千北助惟岳。薛嵩之死也，田承嗣盗据洺、相二州，朝廷独得邢、磁二州及临洺县。悦欲阻山为境，曰："邢、磁如两眼，在吾腹中，不可不取。"乃遣兵马使康愔将八千人围邢州，别将杨朝光将五千人栅于邯郸西北以断昭义救兵，悦自将兵数万围临洺。邢州刺史李共、临洺将张伾坚壁拒守。贝州刺史邢曹俊，田承嗣旧将也，老而有谋，悦宠信牙官扈崿而疏之。及攻临洺，召曹俊问计，曹俊曰："兵法十围五攻，尚书以逆犯顺，势更不侔。今顿兵坚城之下，粮竭卒尽，自亡之道也。不若置万兵于崿口以遏西师，则河北二十四州皆为尚书有矣。"诸将恶其异己，共毁之，悦不用其策。

更加强修整武备了。流人郭昔上告说梁崇义将要发动叛乱，梁崇义得知后，向朝廷请罪，皇上为此杖罚了郭昔，并且将他流放远方；派金部员外郎李舟到襄州去传谕皇上的话以安抚梁崇义。李舟曾经奉命出使到刘文喜那里去，为他陈述顺逆朝廷的祸福道理，刘文喜将李舟囚禁起来。刚巧部下的人杀死刘文喜投降，诸道跋扈的将帅听到这回事，都认为李舟是个能够倾覆城池杀死大将的人。李舟来到襄州，梁崇义讨厌他。李舟又劝梁崇义入朝，言辞恳切直接，梁崇义更加不高兴。到了朝廷派遣使者宣慰诸道的时候，李舟又到襄州去，梁崇义将李舟拒于境外不接待他，上奏说"军中对他疑惧，请求改用其他的使者"。这时两河各镇正在猜疑阻拦使者，德宗打算显示恩典信心，使他们安定下来，夏季四月庚寅（初二）这天，加封梁崇义为同平章事，对他的妻子儿子也都加封有赏，把铁券赐给他；派遣御史张著带上亲手书写的诏书前去征召他，还任命他的副将蔺果为邓州刺史。

五月，田悦终于跟李正己、李惟岳定下计策，连兵抗拒朝廷命令，派遣兵马使孟祐率领步骑兵五千人去北方帮助李惟岳。薛嵩死时，田承嗣盗据了洺、相二州，朝廷只得到邢、磁二州及临洺县。田悦打算占据险要的山地作为边境，说："邢州、磁州如同两只眼睛一样，在我们的腹地中间，不能不攻取它。"于是派遣兵马使康愔率领八千人包围邢州，别将杨朝光率领五千人在邯郸西北处筑建栅栏来切断昭义的救兵，田悦自己率领数万士兵包围临洺。邢州刺史李洪、临洺将领张伾加固壁垒拒守。贝州刺史邢曹俊是田承嗣的旧将，年老而有谋略，田悦宠信牙官扈崿但疏远他。到了攻打临洺时，田悦召邢曹俊询问计策，邢曹俊说："兵法上说十倍兵力于对方就包围他，五倍兵力于对方就攻打他，尚书如今用兵是以逆犯顺，用兵形势与兵法所讲不同。现在我们集结军队在坚固的城池下面，粮食缺乏兵员锐减，这是自取灭亡的做法啊。不如将这一万兵力部署在嶂口来阻拦西面的敌军，那么河北二十四个州全都属于尚书了。"各将领讨厌邢曹俊，认为他与自己不是一伙，就一同诽谤他，田悦也就没有采用他的计策。

六月，张著至襄阳，梁崇义益惧，陈兵而见之。蔺杲得诏不敢发，驰见崇义请命。崇义对著号泣，竟不受诏。著复命。

癸巳，进李希烈爵南平郡王，加汉南、汉北兵马招讨使，督诸道兵讨之。杨炎谏曰："希烈为董秦养子，亲任无比，卒逐秦而夺其位。为人很戾无亲，无功犹屈强不法，使平崇义，何以制之？"上不听。炎固争之，上益不平。

荆南牙门将吴少诚以取梁崇义之策干李希烈，希烈以少诚为前锋。少诚，幽州潞人也。

时内自关中，西暨蜀、汉，南尽江、淮、闽、越，北至太原，所在出兵，而李正己遣兵扼徐州甬桥、涡口，梁崇义阻兵襄阳，运路皆绝，人心震恐。江、淮进奉船千馀艘，泊涡口不敢进。上以和州刺史张万福为濠州刺史。万福驰至涡口，立马岸上，发进奉船，淄青将士停岸睥睨不敢动。

壬子，以怀、郑、河阳节度副使李芃为河阳、怀州节度使，割东畿五县隶焉。

秋七月，李希烈以久雨未进军，上怪之。卢杞密言于上曰："希烈迁延，以杨炎故也。陛下何爱炎一日之名而堕大功，不若暂免炎相以悦之。事平复用，无伤也。"上以为然。庚申，以炎为左仆射，罢政事。辛巳，以邠宁节度使李怀光兼朔方节度使。

六月,张著到达襄阳,梁崇义更加恐惧,列阵后才跟他相见。蔺果接到诏书后不敢启程就任,快马跑去见梁崇义请示命令。梁崇义对着张著号啕大哭,最终也不肯接受诏令。张著回京复命。

癸巳(初二)那天,德宗晋升李希烈的爵位为南平郡王,加兼汉南、汉北兵马招讨使,督领各道军队讨伐梁崇义。杨炎谏阻说:"李希烈是董秦的养子,被董秦所亲近信任,没有人能和他相比,最终驱逐董秦而夺了他的官位。这个人狠毒凶暴而没有亲情,没有功劳的时候尚且倔强不守法纪,倘使他平定了梁崇义之后,还用什么控制他呢?"德宗不听。杨炎坚持自己的意见,德宗更加不高兴。

荆南牙门将吴少诚用一道攻取梁崇义的计策作资本,去李希烈那里求取信用,李希烈任命吴少诚为前锋。少诚是幽州潞城人。

当时内自关中,西部到蜀、汉,南边到江、淮、闽、越,北方到太原,各地都出兵,而李正己派兵阻扼徐州的甬桥、涡口,梁崇义的军队阻守襄阳,运输通道都被切断了,人心大为震惊恐慌。江、淮向朝廷进奉物资的船有一千多艘,都停泊在涡口不敢前进。德宗任命和州刺史张万福为濠州刺史。张万福快马赶到涡口,立马在岸边指挥进奉船进发,淄青的将士停在岸上侧目观望,不敢妄动。

壬子(二十五日)那天,任命怀、郑、河阳节度副使李芃为河阳、怀州节度使,分割东畿五个县归其管辖。

秋季七月,李希烈因为长时间下雨而未进军,受到德宗的责怪。卢杞暗中跟德宗说:"李希烈拖延,是因为杨炎的原因。陛下为何爱杨炎一时的名誉而毁坏了大的功业呢,不如暂时免去杨炎的相位,使李希烈高兴。等叛乱平定后再起用杨炎,这并没有什么妨碍。"德宗认为卢杞说得对。庚申(初三)那天,改任杨炎为左仆射,罢免宰相职务。辛巳(二十四日),任命邠宁节度使李怀光兼朔方节度使。

　　癸未,河东节度使马燧、昭义节度使李抱真、神策先锋都知兵马使李晟,大破田悦于临洺。时悦攻临洺,累月不拔,城中食且尽,府库竭,士卒多死伤。张伾饰其爱女,使出拜将士曰:"诸君守战甚苦,伾家无他物,请鬻此女为将士一日之费。"众皆哭,曰:"愿尽死力,不敢言赏。"李抱真告急于朝,诏马燧将步骑二万与抱真讨悦,又遣李晟将神策兵与之俱,又诏幽州留后朱滔讨惟岳。

　　燧等军未出险,先遣使持书谕悦,为好语。悦谓燧畏之,不设备。又与抱真合兵八万,东下壶关,军于邯郸,击悦支军,破之。悦方急攻临洺,分李惟岳兵五千助杨朝光。明日,燧等进攻朝光栅,悦将万馀人救之。燧命大将李自良等御之于双冈,令之曰:"悦得过,必斩尔!"自良等力战,悦军却。燧推火车焚朝光栅,斩朝光,获首虏五千馀级。居五日,燧等进军至临洺,悦悉众力战,凡百馀合,悦兵大败,斩首万馀级。悦引兵夜遁,邢州围亦解。

　　时平卢节度使李正己已薨,子纳秘之,擅领军务。悦求救于纳及李惟岳,纳遣大将卫俊将兵万人,惟岳遣兵三千人救之。悦收合散卒,得二万馀人,军于洹水;淄青军其东,成德军其西,首尾相应。马燧帅诸军进屯邺,奏求河阳兵自助。诏河阳节度使李芃将兵会之。

　　八月,李纳始发丧,奏请袭父位,上不许。

癸未（二十六日），河东节度使马燧、昭义节度使李抱真和神策先锋都知兵马使李晟在临洺大败田悦。当时田悦攻打临洺，历时几个月都攻不下，城中粮食将要食尽，府库物资已用完，士兵们死伤很多。张伾把他心爱的女儿打扮一番，让她出去拜见将士们，说："各位将士守城非常艰苦，张伾家没有别的东西可以提供给你们，请允许我卖了这女儿来为将士们提供一日的费用。"众军士都哭了起来，说："我们甘愿尽力拼死，不敢讲赏赐。"李抱真向朝廷告急，德宗下诏命马燧率领二万步兵骑兵协同李抱真讨伐田悦，又派李晟率领神策兵跟他一同作战，又诏命幽州留后朱滔讨伐李惟岳。

马燧等人的军队尚未脱离险境，先派使者带去书信告谕田悦，讲一番好话。田悦认为马燧是畏惧他，就没有做防备。马燧与李抱真两支军队合起来共八万人，东下壶关，在邯郸扎营，攻击田悦的支属部队，打败了他们。田悦正急于进攻临洺，分拨李惟岳五千兵力去帮助杨朝光。第二天，马燧等人进攻杨朝光的栅壁，田悦率领一万人去援救他们。马燧命令大将李自良等在双冈抵挡住田悦，命令李自良说："田悦要是通过了，就一定将你斩首！"李自良等死力战斗，田悦军退。马燧把燃着火的车推过去焚烧杨朝光的栅壁，斩杀了杨朝光，获得贼兵首级五千多个。停留了五日，马燧等进军到临洺，田悦的全部人马拼死战斗，经过一百多个回合，田悦军大败，被斩杀一万多人。田悦率领兵众乘夜逃走，邢州的包围也就解除了。

这时平卢节度使李正己已经去世，儿子李纳隐藏丧事，擅自领管军务。田悦向李纳及李惟岳求救，李纳派大将卫俊率领援兵一万人，李惟岳也派兵三千人前去援救他。田悦收集散兵一共得到两万多人，驻军在洹水；淄青兵在他的东面，成德兵在他的西面，首尾相互照应。马燧率领各军前进到邺郡屯驻，上奏请求河阳兵援助。朝廷下诏命派遣河阳节度使李芃率领军队去跟马燧会合。

八月，李纳才发丧，奏请承袭父亲的职位，德宗不允许。

梁崇义发兵攻江陵，至四望，大败而归，乃收兵襄、邓。李希烈引军循汉而上，与诸道兵会。崇义遣其将翟晖、杜少诚逆战于蛮水，希烈大破之，追至疏口，又破之。二将请降，希烈使将其众先入襄阳慰谕军民。崇义闭城拒守，守者开门争出，不可禁。崇义与妻赴井死，传首京师。

范阳节度使朱滔将讨李惟岳，军于莫州。张孝忠将精兵八千守易州，滔遣判官蔡雄说孝忠曰：“惟岳乳臭儿，敢拒朝命！今昭义、河东军已破田悦，淮宁李仆射克襄阳，计河南诸军，朝夕北向，恒、魏之亡，可伫立而须也。使君诚能首举易州以归朝廷，则破惟岳之功自使君始，此转祸为福之策也。”孝忠然之，遣牙官程华诣滔，遣录事参军董稹奉表诣阙，滔又上表荐之。上悦，九月辛酉，以孝忠为成德节度使。命惟岳护丧归朝，惟岳不从。孝忠德滔，为子茂和娶滔女，深相结。

壬戌，加李希烈同平章事。初，李希烈请讨梁崇义，上对朝士亟称其忠。黜陟使李承自淮西还，言于上曰：“希烈必立微功，但恐有功之后，偃蹇不臣，更烦朝廷用兵耳！”上不以为然。希烈既得襄阳，遂据之为己有，上乃思承言。时承为河中尹，甲子，以承为山南东道节度使。上欲以禁兵送上，承请单骑赴镇。至襄阳，希烈置之外馆，迫胁万方，承誓死不屈，希烈乃大掠阖境所有而去。承治之期年，军府稍完。希烈留牙将于襄州，守其所掠财，由是数有使

梁崇义发兵进攻江陵，到达四望山，大败而回，于是就在襄州、邓州收兵。李希烈带着军队沿着汉水而上，与各道军队会合。梁崇义派他的将领翟晖、杜少诚在蛮水迎战，李希烈大败他们，追击到疏口，又打败了他们。二位降领请求投降，李希烈让二位将领带领他们的众士兵先进入襄阳城去慰问和告谕全体军民。梁崇义关闭城门抵抗固守，守门的人都打开城门争着跑出来，不能禁止。梁崇义与妻子投井而死，首级被传送京师。

范阳节度使朱滔将要讨伐李惟岳，在莫州驻军。张孝忠率领八千精兵守卫易州，朱滔派遣判官蔡雄去游说张孝忠说："李惟岳这乳臭未干的小孩儿，胆敢抗拒朝廷命令！现在昭义、河东军已经攻破田悦，淮宁的李仆射也攻克了襄阳，预计河南各军早晚之间就要向北进军，恒州、魏州的灭亡可以站立着等待了。使君你如果能带头发动易州归顺朝廷，那么攻破李惟岳的功劳就由使君开始，这是转祸为福的良策啊。"张孝忠认为他说得很对，派牙官程华到朱滔那里去，派录事参军董稹带着表章到朝廷去，朱滔又上表推荐他。德宗很高兴，九月辛酉(初六)那天，任命张孝忠为成德节度使。命令李惟岳护送灵柩回归朝廷，李惟岳不听从。张孝忠很感谢朱滔的恩德，替儿子张茂和娶了朱滔的女儿，大家互相加深关系。

壬戌(初七)，加封李希烈为同平章事。起初，李希烈请求讨伐梁崇义，德宗多次向朝中士大夫们称赞他的忠心。黜陟使李承从淮西回来，对皇上说："李希烈肯定能建立小小功劳，但恐怕他有了功劳之后就会傲慢起来，骄横不守臣道，却要麻烦朝廷动用军队罢了！"德宗不认为会这样。李希烈得到襄阳城之后，立刻据为己有，德宗才想起李承的话。这时李承担任河中尹，甲子(初九)那天，任命李承为山南东道节度使。德宗想用禁军送李承上任，李承请求单骑赴镇。到了襄阳，李希烈将他安置在外馆，用多种方式逼迫威胁他，李承都誓死不屈从，李希烈就在全境大肆抢掠一番才离开。李承治理该地一年，军府逐渐完备。李希烈留下牙将在襄州，守卫他所掠来的财物，因此经常有使

者往来。承亦遣其腹心臧叔雅往来许、蔡，厚结希烈腹心周曾等，与之阴图希烈。

冬十月，徐州刺史李洧，正己之从父兄也。李纳寇宋州，彭城令太原白季庚说洧举州归国；洧从之，遣摄巡官崔程奉表诣阙，且使口奏，并白宰相，以"徐州不能独抗纳，乞领徐、海、沂三州观察使，况海、沂二州，今皆为纳有。洧与刺史王涉、马万通素有约，苟得朝廷诏书，必能成功"。程自外来，以为宰相一也，先白张镒，镒以告卢杞。杞怒其不先白己，不从其请。戊申，加洧御史大夫，充招谕使。

十一月辛酉，宣武节度使刘洽，神策都知兵马使曲环，滑州刺史襄平李澄，朔方大将唐朝臣，大破淄青、魏博之兵于徐州。先是，李纳遣其将王温会魏博将信都崇庆共攻徐州，李洧遣牙官温人王智兴诣阙告急。智兴善走，不五日而至。上为之发朔方兵五千人，以朝臣将之，与洽、环、澄共救之。时朔方军资装不至，旗服弊恶，宣武人嗤之曰："乞子能破贼乎？"朝臣以其言激怒士卒，且曰："都统有令，先破贼营者，营中物悉与之。"士皆愤怒争奋。崇庆、温攻彭城，二旬不能下，请益兵于纳。纳遣其将石隐金将万人助之，与刘洽等相拒于七里沟。日向暮，洽引军稍却，朔方马军使杨朝晟言于唐朝臣曰："公以步兵负山而陈，以待两军，我以骑兵伏于山曲，贼见悬军势孤，必搏之；我以伏兵绝其腰，必败之。"朝臣从之。崇庆等果将骑二千逾桥而西，追击官军，伏兵发，横击之。崇庆等兵中断，狼狈而返，

者往来。李承也派遣他的亲信臧叔雅与许州和蔡州往来,深深地接纳李希烈的心腹周曾等人,跟他们一起暗中对付李希烈。

冬季十月,徐州刺史李洧,是李正己的堂兄。李纳侵扰宋州时,彭城县令太原人白季庚劝说李洧献出宋州归顺朝廷;李洧依从他,就派遣摄巡官崔程奉上表章到朝廷去。并且让他口奏皇上,并告知宰相,提出"徐州不能够单独对抗李纳,乞请领掌徐、海、沂三州观察使的职务,况且海、沂二州现在都被李纳占有,李洧与刺史王涉、马万通向来有盟约,假如能得到朝廷的诏书,必定能够成功"。崔程从外地来京,以为宰相都一样,首先报告张镒,张镒转告卢杞。卢杞对崔程不先向他报告很愤怒,不同意他的请求。戊申(二十三日),加封李洧为御史大夫,充任招谕使。

十一月辛酉(初七)那天,宣武节度使刘洽、神策都知兵马使曲环、滑州刺史襄平人李澄、朔方大将唐朝臣在徐州大破淄青、魏博的军队。在这之前,李纳派他的将领王温会合魏博的将领信都崇庆共同攻打徐州,李洧派牙官温县人王智兴到朝廷去告急。王智兴擅长跑路,不到五日就到达了。德宗为他们征发了五千朔方士兵,派唐朝臣统领他们,与刘洽、曲环、李澄一起前去救援徐州。这时朔方的军队因物资装备还没有运到,旌旗服装都破烂不堪,宣武人就讥笑他们说:"难道乞丐也能打败敌贼吗?"唐朝臣用宣武人的话去激怒士兵,并且说:"都统有命令,谁最先攻破贼营,营中的物资就全部给他。"士兵们听后都振奋起来,争着要奋勇冲前。崇庆和王温攻打彭城,二十天都不能攻下,向李纳请求增兵。李纳于是派遣他的将领石隐金统领一万人去援助他们,与刘洽等在七里沟互相对峙。快要接近黄昏时,刘洽率领士兵稍为退却,朔方的马军使杨朝晟对唐朝臣说:"明公用步兵背着山布阵,等待着两军,我用骑兵埋伏在山中的隐蔽处。贼军看见我们军队深入且势力单薄,肯定要搏击我们;我用伏兵拦腰切断他们,一定可以打败他们的。"唐朝臣依从他的计策。崇庆等果然带着两千骑兵过桥向西追击官军,隐藏的伏兵冲出来,拦腰攻击崇庆。崇庆等军阵列中断,狼狈地逃了回去,

阻桥以拒官军,其兵有争桥不得,涉水而渡者。朝晟指之曰:"彼可涉,吾何为不涉?"遂涉水击,据桥者皆走。崇庆等兵大溃,洽等乘之,斩首八千级,溺死过半。朔方军士尽得其辎重,旗服鲜华,乃谓宣武人曰:"乞子之功,孰与宋多?"宣武人皆惭。官军乘胜逐之,至徐州城下,魏博、淄青军解围走,江、淮漕运始通。己巳,诏削李惟岳官爵,募所部降者,赦而赏之。

甲申,淮南节度使陈少游遣兵击海州,其刺史王涉以州降。

十二月,李纳密州刺史马万通乞降,丁酉,以为密州刺史。加马燧魏博招讨使。

三年春正月,河阳节度使李芃引兵逼卫州,田悦守将任履虚诈降,既而复叛。

马燧等诸军屯于漳滨。田悦遣其将王光进筑月城以守长桥,诸军不得渡,燧以铁锁连车数百乘,实以土囊,塞其上流,水浅,诸军涉渡。时军中乏粮,悦等深壁不战。燧命诸军持十日粮,进屯仓口,与悦夹洹水而军。李抱真、李芃问曰:"粮少而深入,何也?"燧曰:"粮少则利速战,今三镇连兵不战,欲以老我师。我若分军击其左右,悦必救之,则我腹背受敌,战必不利。故进军逼悦,所谓攻其所必救也。彼苟出战,必为诸君破之。"乃为三桥逾洹水,日往挑战,悦不出。燧令诸军夜半起食,潜师循洹水直趋魏州,令曰:"贼至,则止为陈。"留百骑击鼓鸣角于营中,仍抱薪

把守桥梁以抵挡官军,有士兵争着过桥受阻,只得蹚水过河。唐朝臣指着他们说:"他们可以蹚水过河,我们为什么不这样做?"于是就涉水进击,据守桥梁的人都逃走,崇庆等军队大败,刘洽等趁势追杀,斩杀八千人,溺死的人超过一半。朔方的士兵全部获得他们的辎重,使自己的旗帜服装鲜明华丽起来,于是对宣武人说:"乞丐的功劳与你们宋州兵相比谁多呢?"宣武人都很惭愧。官军乘胜追击敌军,一直追到徐州城下,魏博、淄青的军队解围退走,江、淮的漕运开始畅通。己巳(十五日)这天,朝廷下诏削去李惟岳的官爵,招募他部下投降的人,赦免并给予赏赐。

甲申(三十日),淮南节度使陈少游派兵攻打海州,海州刺史王涉献州投降。

十二月,李纳的部下密州刺史马万通乞求投降,丁酉(十三日),朝廷任命他为密州刺史。加封马燧为魏博招讨使。

三年(782)春季正月,河阳节度使李芃带兵迫近卫州,田悦的守将任履虚假装投降,不久又反叛。

马燧等各军屯驻在漳水之滨。田悦派他的将领王光进修筑月城用来守住长桥,各军没有办法,渡河不得。马燧用铁锁将几百辆车连接起来,都塞满土包,用来堵住上游流水,水浅了,各军就蹚水渡河。这时军中缺少粮食,田悦等加固壁垒不与马燧等人交战。马燧命令各军带十天的粮食,进军屯驻在仓口,与田悦隔着洹水驻扎下来。李抱真、李芃问:"粮食缺少却还深入进军,是什么原因?"马燧说:"粮食少就要速战才有利,现在魏博、淄青、成德三个镇的军队联结起来而不出战,是想使我军疲劳松懈。我们如果分开兵力攻击他们的左右两翼,田悦肯定会援救他们,那么我们就会腹背受敌,这场仗就必定不利于我军。所以进军逼迫田悦,这是所谓'攻其所必救'的打法。对方假如出战,必然要被诸君击破的。"于是架设了三座桥越过洹水,天天去挑战,田悦坚持不出战。马燧命令各军半夜起床吃饭,沿着洹水秘密进军,一直向魏州快步进发,下令说:"敌军到来时就停止前进而立即列阵。"留下一百名骑兵在营房中打鼓吹号,还携带柴薪

持火，俟诸军毕发，则止鼓角匿其旁，伺悦军毕渡，焚其桥。军行十里所，悦闻之，帅淄青、成德步骑四万逾桥掩其后，乘风纵火，鼓噪而进。燧按兵不动，先除其前草莽百步为战场，缮陈以待之，募勇士五千馀人为前列。悦军至，火止，气衰，燧纵兵击之，悦军大败。神策、昭义、河阳军小却，见河东军捷，还斗，又破之。追奔至，三桥已焚，悦军乱，赴水溺死不可胜纪，斩首二万馀级，捕虏三千馀人，尸相枕藉三十馀里。

悦收馀兵千馀人走魏州。马燧与李抱真不协，顿兵平邑浮图，迁延不进。悦夜至南郭，大将李长春闭关不内，以俟官军。久之，天且明，长春乃开门纳之，悦杀长春，婴城拒守。城中士卒不满数千，死者亲戚，号哭满街。悦忧惧，乃持佩刀，乘马立府门外，悉集军民，流涕言曰："悦不肖，蒙淄青、成德二丈人保荐，嗣守伯父业。今二丈人即世，其子不得承袭，悦不敢忘二丈人大恩，不量其力，辄拒朝命，丧败至此，使士大夫肝脑涂地，皆悦之罪也。悦有老母，不能自杀，愿诸公以此刀断悦首，提出城降马仆射，自取富贵，无为与悦俱死也！"因从马上自投地。将士争前抱持悦曰："尚书举兵徇义，非私己也。一胜一负，兵家之常。某辈累世受恩，何忍闻此？愿奉尚书一战，不胜则以死继之。"悦曰："诸公不以悦丧败而弃之，悦虽死，敢忘厚意于地下！"乃与诸将各断发，约为兄弟，誓同生死。悉出府库所有

和火种，等各军出发完毕，才停止击鼓吹号，在营地的旁边藏匿起来，等到田悦的军队渡完河，就焚烧了他们的桥梁。军队行了十里左右，田悦得知消息，率领淄青、成德步骑兵四万人过桥掩袭对方的后部，利用风势放起火来，击鼓叫喊着前进。马燧按兵不动，先令军士将前面一百步内的野草丛莽除掉来作为战场，布列好阵势等待着，又招募五千多名勇士作为前列。等田悦的部队到时，他们的火已熄灭，士气衰竭，马燧才让士兵冲杀过去，田悦军大败。神策、昭义、河阳各军小有退却，但见到河东军告捷，返回来战斗，又打败贼军。追击到了河边，三座桥已经被烧，田悦军大乱，投向水中而被淹死的人多得不计其数，被斩杀的有两万多人，被俘虏的有三千多人，尸体横躺竖卧，绵延三十多里。

　　田悦收集残馀士兵一千多人逃往魏州。马燧与李抱真不合，军队停留在平邑的寺庙，拖延着不前进。田悦在夜晚到了魏州城的南郭，大将李长春关闭城门不接纳他，以等待官军追来。过了很久，天将要亮时，李长春才开门接纳田悦，田悦杀死李长春，环绕着城墙拒守。城中的士兵不满几千人，战死者的亲属满街号哭。田悦又担忧又害怕，于是手持佩刀，骑马来到大府的门外，召集全部军民，流着泪对他们说："我田悦不肖，得蒙淄青、成德二位丈人的保荐，继承守保着伯父的事业。现在二位丈人去世了，他们的儿子不能够承袭爵位，田悦不敢忘记二位丈人的大恩，不自量力，总是抗拒朝廷命令，失败到了这个地步，使得士大夫们肝脑涂地，这都是田悦的罪过啊！只因田悦有老母，不能够自杀，希望诸位大人用这把刀割下田悦的头颅，提出城外去向马仆射投降，自己求取富贵，没有必要跟着田悦一起死啊！"于是从马背上跳下来。将士们争着上前抱挽他，并说："尚书举兵是为了义，不是为了自己的私事。胜负是兵家的常事。我们世代受你的恩惠，哪里忍心听得这些话？我们甘愿跟从尚书战斗，不胜利就跟着你同死。"田悦说："诸位大人不因为田悦丧败而抛弃我，田悦即使死，在地下也不忘记大家的厚重情意。"于是就和各将领割断头发，结为兄弟，发誓同生共死。将府库中所收藏物资

及敛富民之财,得百馀万,以赏士卒,众心始定。复召贝州刺史邢曹俊,使之整部伍,缮守备,军势复振。

李纳军于濮阳,为河南军所逼,奔还濮州,征援兵于魏州。田悦遣军使符璘将三百骑送之,璘父令奇谓璘曰:"吾老矣,历观安、史辈叛乱者,今皆安在?田氏能久乎?汝因此弃逆从顺,是汝扬父名于后世也。"啮臂而别。璘遂与其副李瑶帅众降于马燧。悦收族其家,令奇慢骂而死。瑶父再春以博州降,悦从兄昂以洺州降,王光进以长桥降。悦入城旬馀日,马燧等诸军始至城下,攻之,不克。

丙寅,李惟岳遣兵与孟祐守束鹿,朱滔、张孝忠攻拔之,进围深州。惟岳忧惧,掌书记邵真复说惟岳,密为表,先遣弟惟简入朝,然后诛诸将之不从命者,身自入朝,使妻父冀州刺史郑诜权知节度事,以待朝命。惟简既行,孟祐知其谋,密遣告田悦。悦大怒,使衙官扈崿往见惟岳,让之曰:"尚书举兵,正为大夫求旌节耳,非为己也。今大夫乃信邵真之言,遣弟奉表,悉以反逆之罪归尚书,自求雪身,尚书何负于大夫而至此邪?若相为斩邵真,则相待如初;不然,当与大夫绝矣。"判官毕华言于惟岳曰:"田尚书以大夫之故陷身重围,大夫一旦负之,不义甚矣。且魏博、淄青兵强食富,足抗天下,事未可知,奈何遽为二三之计乎?"惟岳素怯,不能守前计,乃引邵真,对扈崿斩之,发成德兵万人,与孟祐俱围束鹿。丙寅,朱滔、张孝忠与战于束鹿城下,

以及从富有人家处征敛得来的全部钱财，约有一百多万钱，都赏给士兵们，众心才开始安定。又征召贝州刺史邢曹俊，令他整治军队，做好守备工作，田悦的军势又重新振作起来。

李纳驻军在濮阳，因被河南军威胁，逃回濮州，在魏州征集援兵。田悦派遣军使符璘率领三百骑兵送去给他，符璘的父亲符令奇对符璘说："我老了，历观安禄山、史思明等一班叛乱的人，现在都在什么地方呢？田氏能够长久吗？你因此而能够抛弃叛逆，归顺朝廷，这才是你显扬父名于后世所要做的事啊！"于是就口咬手臂，跟符璘作别。符璘就与他的副将李瑶率领众士兵向马燧投降。田悦捉拿并族灭了符璘全家，符令奇骂不绝口，终遭杀害。李瑶的父亲李再春献出博州投降，田悦的堂兄田昂献出洺州投降，王光进献出长桥投降。田悦入城后十多天，马燧等各军才来到城下，攻城而不能取胜。

丙寅（十二日），李惟岳派兵与孟祐守卫束鹿，朱滔、张孝忠攻下束鹿，进军包围深州。李惟岳又担忧又畏惧，掌书记邵真又劝说李惟岳秘密草写表章，先派弟弟李惟简入朝，然后杀死不听从命令的将领，自己亲自入朝，让岳父冀州刺史郑诜权且掌领节度使的职权，等待朝廷的命令。李惟简起程后，孟祐知道他们的谋划，秘密派人告知田悦。田悦大怒，让衙官扈岌去见李惟岳，责备他说："尚书举兵，正是为大夫求取旌旗符节，而不是为了自己的利益。现在大夫你竟然相信邵真的话，派弟弟奉表，把叛逆的罪名全部推到尚书身上，以求自己洗罪脱身。尚书有什么对不住你，以致如此地步？如果你替尚书杀了邵真，那么大家就同当初那样互相尊重；否则，就跟你断绝关系。"判官毕华对李惟岳说："田尚书因为大夫的缘故，陷身于重重包围之中，大夫一旦辜负他，就太不仁义了。况且魏博、淄青两镇兵力强盛，粮食丰足，足以对抗天下，事情结果会怎样不可预知，怎可以仓促地使用前后反复的计策呢？"李惟岳一贯胆怯，不能坚持原先的计策，于是带邵真出来，当着扈岌的面把他杀了，征发一万成德军与孟祐一起包围束鹿。丙寅（十三日），朱滔、张孝忠跟他们在束鹿城下开战，

惟岳大败，烧营而遁。

兵马使王武俊为左右所构，惟岳疑之，惜其才，未忍除也。束鹿之战，使武俊为前锋，私自谋曰："我破朱滔，则惟岳军势大振，归，杀我必矣。"故战不甚力而败。

朱滔欲乘胜攻恒州，张孝忠引兵西北，军于义丰。滔大惊，孝忠将佐皆怪之，孝忠曰："恒州宿将尚多，未易可轻。迫之则并力死斗，缓之则自相图，诸君第观之。吾军义丰，坐待惟岳之殄灭耳。且朱司徒言大而识浅，可与共始，难与共终也！"于是滔亦屯束鹿，不敢进。

惟岳将康日知以赵州归国，惟岳益疑王武俊，武俊甚惧。或谓惟岳曰："先相公委腹心于武俊，使之辅佐大夫，又有骨肉之亲。武俊勇冠三军，今危难之际，复加猜阻，若无武俊，欲使谁为大夫却敌乎？"惟岳以为然，乃使步军使卫常宁与武俊共击赵州，又使王士真将兵宿府中以自卫。

淮南节度使陈少游拔海、密二州，李纳复攻陷之。

王武俊既出恒州，谓卫常宁曰："武俊今幸出虎口，不复归矣！当北归张尚书。"常宁曰："大夫暗弱，信任左右，观其势终为朱滔所灭。今天子有诏，得大夫首者，以其官爵与之。中丞素为众所服，与其出亡，曷若倒戈以取大夫，转祸为福，如反掌耳。事苟不捷，归张尚书，未晚也。"武俊深以为然。会惟岳使要藉谢遵至赵州城下，武俊引遵同谋取惟岳。遵还，密告王士真。闰月甲辰，武俊、常宁自赵州

李惟岳大败，烧掉营房逃跑。

　　兵马使王武俊被左右的人罗织罪名陷害，李惟岳对他有怀疑，因爱惜他的才能，没有忍心除掉他。束鹿之战时，李惟岳让王武俊当前锋，王武俊暗自考虑说："我若攻破朱滔，那么李惟岳的军势就会大振，回去以后，我必定会被杀的。"所以交战时不怎么出力，而导致失败。

　　朱滔想乘胜攻打恒州，张孝忠带着军队开向西北，在义丰扎营。朱滔大惊，张孝忠的将佐都觉得奇怪。张孝忠说："恒州有经验的老将还有很多，不可轻敌。威迫他们，他们就会一齐拼死战斗，放松下来，他们就会自己互相图谋，各位只管观察吧。我们驻军在义丰，为的是坐着等待李惟岳覆灭。况且朱司徒这个人爱说大话而见识短浅，开始可以跟他合作，但很难跟他一齐坚持到底。"于是朱滔也屯驻在束鹿，不敢前进。

　　李惟岳的将领康日知献出赵州归顺唐朝，李惟岳更加怀疑王武俊，武俊非常恐惧。有人对李惟岳说："先相公把王武俊当作心腹，让他辅佐大夫你，他跟你又有亲戚关系。王武俊的勇敢是三军中数第一的，如今在危难的时刻，又对他加以猜疑，阻止他的行动，倘若没有王武俊，打算让谁去为你抵御敌人呢？"李惟岳认为很对，于是就让步军使卫常宁跟王武俊一齐攻打赵州，又让王士真统领军队值宿府中来自卫。

　　淮南节度使陈少游攻取海、密二州，李纳又攻陷了两州。

　　王武俊出了恒州后，对卫常宁说："我武俊今日有幸走出虎口，不再回去了！应当到北方投靠张尚书。"卫常宁说："大夫昏暗软弱，只信任身边的人，按这种形势发展他最终要被朱滔消灭。现在皇帝有诏命，取得大夫头颅的人，就可以获得他的官爵。中丞你一向得到众人的服从，与其出走逃亡，不如倒戈一击去攻取大夫，转祸为福，易如反掌。假如事情不能成功，再投靠张尚书也不迟啊！"王武俊认为他的话很对。刚好李惟岳派要籍官谢遵到赵州城下，王武俊拉拢谢遵一同谋划攻取李惟岳。谢遵回去，秘密地告知王士真。闰正月甲辰（二十一日）那天，王武俊、卫常宁从赵州

引兵还袭惟岳。遵与士真矫惟岳命，启城门纳之。黎明，武俊帅数百骑突入府门，士真应之于内，杀十馀人。武俊令曰："大夫叛逆，将士归顺，敢违拒者族！"众莫敢动。遂执惟岳，收郑诜、毕华、王他奴等，皆杀之。武俊以惟岳旧使之子，欲生送之长安。常宁曰："彼见天子，将复以叛逆之谋归咎于中丞。"乃缢杀之，传首京师。深州刺史杨荣国，惟岳姊夫也，降于朱滔，滔使复其位。

　　二月戊午，李惟岳所署定州刺史杨政义降。时河北略定，惟魏州未下。河南诸军攻李纳于濮州，纳势日蹙。朝廷谓天下不日可平。甲子，以张孝忠为易、定、沧三州节度使，王武俊为恒冀都团练观察使，康日知为深赵都团练观察使，以德、棣二州隶朱滔，令还镇。滔固请深州，不许，由是怨望，留屯深州。王武俊素轻张孝忠，自以手诛李惟岳，功在康日知上，而孝忠为节度，己与康日知俱为都团练使，又失赵、定二州，亦不悦。又诏以粮三千石给朱滔，马五百匹给马燧。武俊以为朝廷不欲使故人为节度使，魏博既下，必取恒冀，故先分其粮马以弱之，疑，未肯奉诏。田悦闻之，遣判官王侑、许士则间道至深州，说朱滔曰："司徒奉诏讨李惟岳，旬朔之间，拔束鹿，下深州，惟岳势蹙，故王大夫因司徒胜势，得以枭惟岳之首，此皆司徒之功也。又天子明下诏书，令司徒得惟岳城邑，皆隶本镇。今乃割深州以与日知，是自弃其信也。且今上志欲扫清河朔，不使藩

退兵回来袭击李惟岳。谢遵与王士真假称李惟岳的命令，打开城门，放王武俊、卫常宁的部队入城。黎明时，王武俊率领几百骑兵快速冲入府门，王士真在内部接应，杀了十几个人。王武俊下令说："李惟岳叛逆，将士要归顺朝廷，有敢违抗的人一律灭族!"众人都不敢动。于是就抓住李惟岳，收捕了郑诜、毕华、王他奴等人，并杀了他们。王武俊认为李惟岳是原节度使的儿子，打算将他活着送往长安治罪。卫常宁说："他见到皇帝，将又会把叛逆的罪名归咎于中丞你了。"于是就缢杀李惟岳，把他的首级送往京师。深州刺史杨荣国是李惟岳的姐夫，向朱滔投降，朱滔让他恢复原职。

二月戊午(初五)，李惟岳所委任的定州刺史杨政义投降。这时河北大体上平定了，只有魏州尚未攻下。河南各军在濮州攻打李纳，李纳的形势一天天窘迫起来。朝廷认为天下很快就可以平定。甲子(十一日)，任命张孝忠为易、定、沧三州节度使，王武俊为恒州、冀州都团练观察使，康日知为深州、赵州都团练观察使。把德、棣二个州划属给朱滔，让他回归本镇。朱滔坚决请求将深州归于自己，皇上不允许。由于这个原因朱滔心中怨恨，就驻兵在深州。王武俊一向轻视张孝忠，认为自己亲手杀了李惟岳，功劳在康日知之上，而张孝忠当了节度使，自己却与康日知都是都团练使，况且又失去了赵、定二个州，心中也不高兴。又有诏命要他供三千石粮食给朱滔，供五百匹马给马燧。王武俊认为朝廷不想让旧人当节度使，魏博攻下后，必定要攻取恒、冀二州，所以朝廷才分割他的粮食马匹以削弱他的力量，心中怀疑，不肯接受诏令。田悦听说这件事后，就派遣判官王侑、许士则从小路到深州，游说朱滔："司徒您奉诏讨伐李惟岳，一个月之内就攻取了束鹿，攻下了深州，李惟岳形势窘迫，所以王大夫才利用了司徒您的战胜优势，得以将李惟岳斩首示众。这都是司徒的功劳啊!加上天子明确地颁下诏书，使司徒获得李惟岳的城邑，都隶属在本镇。现在却分割深州划给康日知，这是朝廷自己放弃信义啊。况且现在皇上的意图是要扫清河朔，不让藩

镇承袭,将悉以文臣代武臣,魏亡,则燕、赵为之次矣,若魏存,则燕、赵无患。然则司徒果有意矜魏博之危而救之,非徒得存亡继绝之义,亦子孙万世之利也。"又许以贝州赂滔。滔素有异志,闻之,大喜,即遣王侑归报魏州,使将士知有外援,各自坚。又遣判官王郅与许士则俱诣恒州,说王武俊曰:"大夫出万死之计,诛逆首,拔乱根,康日知不出赵州,岂得与大夫同日论功?而朝廷褒赏略同,谁不为大夫愤邑者?今又闻有诏支粮马与邻道,朝廷之意,盖以大夫善战无敌,恐为后患,先欲贫弱军府,俟平魏之日,使马仆射北首,朱司徒南向,共相灭耳。朱司徒亦不敢自保,使郅等效愚计,欲与大夫共救田尚书而存之。大夫自留粮马以供军。朱司徒不欲以深州与康日知,愿以与大夫,请早定刺史以守之。三镇连兵,若耳目手足之相救,则他日永无患矣!"武俊亦喜,许诺,即遣判官王巨源使于滔,且令知深州事,相与刻日举兵南向。滔又遣人说张孝忠,孝忠不从。

宣武节度使刘洽攻李纳于濮州,克其外城。纳于城上涕泣求自新,李勉又遣人说之。癸卯,纳遣其判官房说以其母弟经及子成务入见。会中使宋凤朝称纳势穷蹙,不可舍,上乃囚说等于禁中。纳遂归郓州,复与田悦等合。朝廷以纳势未衰,三月乙未,始以徐州刺史李洧兼徐、海、沂都团练观察使,海、沂已为纳所据,洧竟无所得。

镇节度使的职位得以世袭，打算全部用文臣代替武官，魏灭亡之后就轮到燕、赵了，如果魏能生存，那么燕、赵就没有危险。既然这样，那么司徒果真有意可怜魏博面临的危险而去拯救它，这样做的意义就不仅仅是获得保存将亡之国和继承将要灭绝的世家了，也是为了子孙万代的利益啊！"又答应把贝州赠送给朱滔。朱滔一向蓄意谋叛，听了之后很高兴，立即派王侑回魏州报告，让将士们知道外面有援兵，好叫他们各自坚守。又派判官王郅和许士则一起到恒州去，游说王武俊："大夫用了惊险的计策，诛杀了叛逆头子的脑袋，铲除了祸乱的根源，康日知不曾走出赵州，怎么能跟大夫的功劳同日而语呢？而朝廷的褒扬赏赐大略相同，有谁不为大夫感到愤恨不平呢！现在又听说有诏令要你支付粮食马匹给邻道，朝廷的意思大概是认为大夫善于打仗，天下无敌，担心你成为后患，打算先让你军府的资藏和力量贫乏弱小起来，等到平定了魏州，再让马仆射向北进攻，朱司徒向南出击，一齐来消灭你啊。朱司徒也不敢自保，派我王郅等献上愚计，打算跟大夫你一同援救田尚书，从而使大家得以生存。大夫自己留下粮食马匹用来供给军队。朱司徒不愿意将深州给予康日知，而愿意给大夫你，请你早些确定刺史来守卫深州。三个镇的军队联结起来，好像耳朵眼睛和手脚的关系一样互相援救，那么日后就永远没有祸患了！"王武俊也欢喜，同意了，随即派遣判官王巨源出使到朱滔那里，并且让他知深州事，互相定下发兵南向的时间。朱滔又派人去游说张孝忠，孝忠不听从。

宣武节度使刘洽在濮州进攻李纳，攻克了濮州的外城。李纳在城上流泪哭泣，请求改过自新，李勉又派人游说他。癸卯这天，李纳派他的判官房说带着他的同母弟弟李经及儿子李成务入朝见皇帝。碰巧中使宋凤朝讲李纳已势尽窘迫，不能不追究，德宗就将房说等人囚禁在宫中。李纳于是奔归郓州，又与田悦等人会合。朝廷考虑到李纳势力并未衰弱，三月乙未（十三日）那天，开始任命徐州刺史李洧兼徐、海、沂都团练观察使，海、沂二州已被李纳占据，李洧最终没有得到什么东西。

　　李纳之初反也，其所署德州刺史李西华备守甚严，都虞候李士真密毁西华于纳，纳召西华还府，以士真代之。士真又以诈召棣州刺史李长卿，长卿过德州，士真劫之，与同归国。夏四月戊午，以士真、长卿为二州刺史。士真求援于朱滔，滔已有异志，遣大将李济时将三千人声言助士真守德州，且召士真诣深州议军事，至则留之，使济时领州事。

　　上遣中使发卢龙、恒冀、易定兵万人诣魏州讨田悦。王武俊不受诏，执使者送朱滔，滔言于众曰："将士有功者，吾奏求官勋，皆不遂。今欲与诸君敕装共趋魏州，击破马燧以取温饱，何如？"皆不应，三问，乃曰："幽州之人，自安、史之反，从而南者无一人得还，今其遗人痛入骨髓。况太尉、司徒皆受国宠荣，将士亦各蒙官勋，诚且愿保目前，不敢复有侥冀。"滔默然而罢。乃诛大将数十人，厚抚循其士卒。

　　康日知闻其谋，以告马燧，燧以闻。上以魏州未下，王武俊复叛，力未能制滔。壬戌，赐滔爵通义郡王，冀以安之。滔反谋益甚，分兵营于赵州以逼康日知，以深州授王巨源。武俊以其子士真为恒、冀、深三州留后，将兵围赵州。

　　涿州刺史刘怦与滔同县人，其母滔之姑也，滔使知幽州留后。闻滔欲救田悦，以书谏之曰："今昌平故里，朝廷改为太尉乡司徒里，此亦丈夫不朽之名也。但以忠顺自持，则事无不济。窃思近日务大乐战，不顾成败而家灭身屠者，

李纳最初反叛时,他所委任的德州刺史李西华防守很是严密,都虞候李士真秘密地在李纳跟前诋毁李西华,李纳召李西华回府上,用李士真代替他。李士真又使用欺骗手段征召棣州刺史李长卿,当李长卿经过德州时,李士真掳劫了他一同归顺朝廷。夏季四月戊午(初六)这天,朝廷任命李士真、李长卿为这两个州的刺史。李士真向朱滔求救,朱滔此时已有背叛朝廷的企图,就派大将李济时率领三千人声称要帮助李士真守德州,并且召李士真到深州商议军事,到达之后就扣留了他,让李济时掌领德州事务。

德宗派中使征发卢龙、恒冀、易定等地兵员一万人到魏州去讨伐田悦。王武俊不接受诏令,将使者抓起来送给朱滔,朱滔对众人说:"有战功的将士,我上奏为他们求取官品勋级,都不被批准。现在我想和各位一齐整治行装快速奔赴魏州,击破马燧,好过上几天温饱的日子,怎么样?"众人都不响应,问了三次才回答说:"幽州的人民,自安、史反叛后,跟从着南进的人没有一个能回来的,他们抛下的亲人仍然处于深深的痛苦之中。况且太尉、司徒都受到国家的恩宠和荣誉,将士们也各有官品勋级,实在希望姑且地保住目前的利益,不敢再有侥幸的奢望。"朱滔沉默不语而作罢。于是就杀死十多员大将,优厚地安抚他的士兵。

康日知得知朱滔的计谋,便报知马燧,马燧向皇帝报告。德宗认为魏州还未平定,王武俊又反叛,没有能力去制服朱滔。壬戌(初十)那天,赐朱滔通义郡王的爵位,希望以此来稳住他。朱滔谋反意图却变本加厉,竟然分一部分兵力在赵州扎营,威胁康日知,把深州授给王巨源。王武俊命他的儿子王士真担任恒、冀、深三州的留后,率领士兵包围赵州。

涿州刺史刘怦跟朱滔是同县人,他的母亲是朱滔的姑姑,朱滔就让他知幽州留后。刘怦听到朱滔打算援救田悦的消息,便写信劝谏他说:"现在昌平的故里,朝廷把它改名为太尉乡司徒里,这也是大夫你不朽的名声啊。只要自己持着忠心顺从朝廷,那么什么事都好办。我私下认为你近来从事大计划而乐于战斗,完全不考虑失败的后果,那么举家灭亡而自己被屠杀,

安、史是也。怦忝密亲,默而无告,是负重知。惟司徒图之,无贻后悔。"滔虽不用其言,亦嘉其尽忠,卒无疑贰。

滔将起兵,恐张孝忠为后患,复遣牙官蔡雄往说之。孝忠曰:"昔者司徒发幽州,遣人语孝忠曰'李惟岳负恩为逆',谓孝忠归国即为忠臣。孝忠性直,用司徒之教,今既为忠臣矣,不复助逆也。且孝忠与武俊皆出夷落,深知其心最喜翻覆。司徒勿忘鄙言,他日必相念矣!"雄复欲以巧辞说之,孝忠怒,欲执送京师。雄惧,逃归。滔乃使刘怦将兵屯要害以备之。孝忠完城砺兵,独居强寇之间,莫之能屈。

滔将步骑二万五千发深州,至束鹿,诘旦将行,吹角未毕,士卒忽大乱,喧噪曰:"天子令司徒归幽州,奈何违敕南救田悦?"滔大惧,走入驿后堂避匿。蔡雄与兵马使宗琐等矫谓士卒曰:"汝辈勿喧,听司徒传令。"众稍止。雄又曰:"司徒将发范阳,恩旨令得李惟岳州县即有之。司徒以幽州少丝纩,故与汝曹竭力血战以取深州,冀得其丝纩以宽汝曹赋率,不意国家无信,复以深州与康日知。又,朝廷以汝曹有功,赐绢人十匹,至魏州西境,尽为马仆射所夺。司徒但处范阳,富贵足矣,今兹南行,乃为汝曹,非自为也。汝曹不欲南行,任自归北,何用喧悖,乖失军礼?"众闻言,不知所为,乃曰:"敕使何得不为军士守护赏物?"遂入敕使院,擘裂杀之。又呼曰:"虽知司徒此行为士卒,终不如且

安、史就是例子了。刘怦我有愧是你的近亲，如果保持沉默不把心里话告诉你，这就辜负了你对我的信任。希望司徒考虑，不要给将来留下遗恨。"朱滔虽然不采纳刘怦的话，但也很赞赏他的尽忠行为，因而对他一直没有怀疑。

朱滔将要起兵，害怕张孝忠成为后患，又派牙官蔡雄去游说他。张孝忠说："从前司徒在幽州发兵时，派人对张孝忠说'李惟岳有负朝廷恩典而反叛'，劝孝忠归顺唐朝做个忠臣。孝忠性情率直，听从司徒的教诲，现在已经做了忠臣了，是不会再帮助逆反的人的。况且孝忠跟王武俊都出身于夷人部落，我深深知道他们的用心，是最喜欢反复的。司徒不要忘记我这番话，将来必然要想起来的！"蔡雄还想用花言巧语说服他，张孝忠大怒，打算抓他送往京城。蔡雄害怕，逃了回去。朱滔就派刘怦率领军队屯驻在要害之地防备张孝忠。张孝忠修备好城池和兵械，虽然独自处在强大的敌寇中间，但是无人能使他屈服。

朱滔率领步兵骑兵共二万五千员，从深州出发，到达束鹿，第二天早晨将起程时，军角还未吹完，士兵忽然大乱，乱声中有人大叫说："天子命令司徒回归幽州，怎么可以违反敕令向南去援救田悦呢？"朱滔非常恐惧，逃到驿站的后堂躲起来。蔡雄与兵马使宗顼等假传命令对士兵说："你们不要嘈嚷，听司徒传令。"众人稍微安静一些。蔡雄又说："司徒准备发兵范阳，皇上下旨命令诸将凡是能抓获李惟岳，州县可占为己有。司徒认为幽州缺少丝纩，所以与你们尽力血战以攻取深州，希望得到那里的丝纩来放宽对你们的赋敛，想不到国家没有信用，又把深州给予康日知。再者，朝廷因为你们有功，赐给每人十匹绢，运到魏州西部边境，全部被马仆射夺去了。司徒只居处在范阳，就足够富贵的，现在向南进发，都是为了你们，而不是为了自己啊！你们不想向南进发的话，任凭你们回北方去，哪里用得着嘈嚷叛乱，违失军礼？"众人听到这话，不知道如何是好，于是就说："敕使怎能不替军士们守护赏赐之物呢？"就入敕使院，将敕使撕裂杀死。又叫道："虽然知道司徒这次行动是为了士兵的利益，终究不如姑且

奉诏归镇。"雄曰:"然则汝曹各还部伍,诘朝复往深州,休息数日,相与归镇耳。"众然后定。滔即引军还深州,密令诸将访察唱率为乱者,得二百馀人,悉斩之,馀众股栗。乃复举兵而南,众莫敢前却。进,取宁晋,留屯以待王武俊。武俊将步骑万五千取元氏,东趣宁晋。

武俊之始诛李惟岳也,遣判官孟华入见,上问以河朔利害。华性忠直,有才略,应对慷慨。上悦,以为恒冀团练副使。会武俊与朱滔有异谋,上遽遣华归谕旨。华至,武俊已出师,华谏曰:"圣意于大夫甚厚,苟尽忠义,何患官爵之不崇,土地之不广?不日天子必移康中丞于他镇,深、赵终为大夫之有,何苦遽自同于逆乱乎?异日无成,悔之何及!"华向在李宝臣幕府,以直道已为同列所忌,至是为副使,同列尤疾之,言于武俊曰:"华以军中阴事奏天子,请为内应,故得超迁,是将覆大夫之军,大夫宜备之。"武俊以其旧人,不忍杀,夺职,使归私第。

田悦恃援兵将至,遣其将康愔将万馀人出城西,与马燧等战于御河上,大败而还。

时两河用兵,月费百馀万缗,府库不支数月。太常博士韦都宾、陈京建议,以为:"货利所聚,皆在富商,请括富商钱,出万缗者,借其馀以供军。计天下不过借一二千商,则数年之用足矣。"上从之。甲子,诏借商人钱,令度支条上。判度支杜佑大索长安中商贾所有货,意其不实,辄加

奉诏回到本镇去。"蔡雄说:"既然这样,你们各自回归队伍,明天早上再前往深州,休息几天,共同回归镇上吧!"众人这才安定下来。朱滔立即退军回深州,秘密命令各将领访察那些带头作乱的人,抓了二百多人,全部斩杀,其他人吓得发抖。于是再举兵向南进发,众士兵无人敢在前进中退却。前进,攻取了宁晋,又停留驻扎下来等待王武俊。王武俊率领一万五千步骑兵攻取元氏县,快速开向东面的宁晋。

王武俊刚杀了李惟岳,便派遣判官孟华入朝见皇上,德宗问到河朔的利害关系。孟华性情忠直,又有才略,应对时意气激昂。德宗很高兴,任命他为恒、冀团练副使。适逢王武俊跟朱滔图谋叛逆,德宗赶紧派孟华回去传达旨意。孟华到达时,王武俊已经出师了,孟华劝谏说:"圣上对大夫的情意很厚重,假如你向朝廷尽忠尽义,哪里还用担心官爵不高,土地不广呢?过不了多久,天子必然会迁调康中丞到其他镇去,深州、赵州终究还是归大夫所有,何苦要匆匆忙忙地让自己等同于叛逆作乱的人呢?如果将来不成功,后悔就来不及了!"孟华过去在李宝臣幕府任职,由于办事率直有原则而被同僚妒忌,到这时他又当了副使,同僚更加憎恨他,对王武俊说:"孟华把军中的秘密事情奏知天子,请求作为内应,所以才得以越格升官,这是打算要覆灭大夫的军队,大夫应该防备他。"王武俊认为孟华是故人,不忍心杀他,就削去他的职务令他回家。

田悦仗恃援兵将要到达,派他的将领康愔率领一万人开到城西,与马燧等人在御河上开战,结果大败而还。

这时两河一带打仗,每月要花费一百多万缗,府库的钱财支付不了几个月。太常博士韦都宾、陈京建议,认为:"货物钱财的积聚,都在富商那里,请搜括富商的钱,资财超过一万钱的人,借他馀下的钱来供给军用。总计不过向天下一两千个商人借钱,那么几年的费用就足够了。"德宗听从他的建议。甲子(十二日)那天,下诏借商人的钱,命令度支杂陈奏上。判度支杜佑大力搜索长安中商贾们所有的财物,对认为是报数不实的人,总是加以

搒捶,人不胜苦,有缢死者,长安嚣然如被寇盗。计所得才八十馀万缗。又括僦柜质钱,凡蓄积钱帛粟麦者,皆借四分之一,封其柜窖。百姓为之罢市,相帅遮宰相马自诉,以千万数。卢杞始慰谕之,势不可遏,乃疾驱自他道归。计并借商所得,才二百万缗,人已竭矣。京,叔明之五世孙也。

甲戌,以昭义节度副使、磁州刺史卢玄卿为洺州刺史兼魏博招讨副使。

初,李抱真为泽潞节度使,马燧领河阳三城。抱真欲杀怀州刺史杨钺,钺奔燧,燧纳之,且奏其无罪,抱真怒。及同讨田悦,数以事相恨望,二人怨隙遂深,不复相见。由是诸军逗桡,久无成功,上数遣中使和解之。及王武俊逼赵州,抱真分麾下二千人戍邢州,燧大怒曰:“馀贼未除,宜相与戮力,乃分兵自守其地,我宁得独战邪!”欲引兵归。李晟说燧曰:“李尚书以邢、赵连壤,分兵守之,诚未有害。今公遽自引去,众谓公何?”燧悦,乃单骑造抱真垒,相与释憾结欢。会洺州刺史田昂请入朝,燧奏以洺州隶抱真,请玄卿为刺史,兼充招讨之副。李晟军先隶抱真,又请兼隶燧,以示协和。上皆从之。

卢龙节度行军司马蔡廷玉恶判官郑云逵,言于朱泚,奏贬莫州参军。云逵妻,朱滔之女也,滔复奏为掌书记。云逵深构廷玉于滔,廷玉又与检校大理少卿朱体微言于泚曰:“滔在幽镇,事多专擅,其性非长者,不可以兵权付之。”

拷打，人们承受不了这种痛苦，甚至有人缢死，长安城骚动起来，如同遭受盗寇抢劫一样。总计共搜得的钱才有八十多万缗。又征用当铺的利钱，凡是蓄积钱帛粟麦的人，都要借出四分之一，封闭他们的钱柜和粮窖。老百姓为此而罢市，一个接一个地截住宰相的马而投诉，人数多达千万。卢杞刚开始还向他们解释并安慰他们，但形势已经不可阻止，他只得急急地驱马从其他道路回家。总计共借到商人的钱财，才有二百万缗，而百姓的钱财已经竭尽了。陈京是陈叔明的五世孙。

甲戌（二十二日）这天，任命昭义节度副使、磁州刺史卢玄卿为洺州刺史兼魏博招讨副使。

起初，李抱真任泽潞节度使，马燧掌管河阳三城。李抱真想杀怀州刺史杨钚，杨钚投奔马燧，马燧收容他，并且上奏说他无罪，李抱真不高兴。等到他们一齐讨伐田悦时，多次因事而互相埋怨指责，两人的怨恨矛盾就越发加深，不再相见。由于这个原因，各军逗留不进而力量削弱，使进军长久不得成功，德宗多次派中使去调和他们的关系。等到王武俊逼迫赵州，李抱真分派部下二千人去戍守邢州，马燧大怒说："馀贼尚未清除，应该互相合力，李抱真竟然分开兵力守自己的地盘，我难道可以单独作战吗？"想撤兵回去。李晟劝说马燧说："李尚书因为邢、赵两州边境连接，所以分开兵力去把守，实在没有什么损害。现在你突然自己撤退离开，众人会怎样讲你呢？"马燧听了很高兴，就单独骑马前往李抱真营垒，互相消除了怨恨，重新交好。恰巧洺州刺史田昂请求入朝，马燧奏请把洺州隶属于李抱真，要求卢玄卿任刺史兼充招讨使的副手。李晟军原先隶属于李抱真，又请求兼隶属于马燧，以表示双方协作和好。德宗都批准他们的请求。

卢龙节度行军司马蔡廷玉憎恨判官郑云逵，在朱泚面前讲他的坏话，奏请贬他为莫州参军。郑云逵的妻子是朱滔的女儿，朱滔又奏请任他为掌书记。郑云逵在朱滔处狠狠罗织蔡廷玉的过失，蔡廷玉又与检校大理少卿朱体微对朱泚说："朱滔在幽镇，很多事独断专行，他的性情不适合当长者，不可以把兵权交给他。"

滔知之，大怒，数与泚书，请杀二人者，泚不从，由是兄弟颇有隙。及滔拒命，上欲归罪于廷玉等以悦滔，甲子，贬廷玉柳州司户，体微万州南浦尉。

宣武节度使刘洽攻李纳之濮阳，降其守将高彦昭。

朱滔遣人以蜡书置髻中遗朱泚，欲与同反。马燧获之，并使者送长安，泚不之知。上驿召泚于凤翔，至，以蜡书并使者示之，泚惶恐顿首请罪。上曰："相去千里，初不同谋，非卿之罪也。"因留之长安私第，赐名园、腴田、锦彩、金银甚厚，以安其意，其幽州、卢龙节度、太尉、中书令并如故。

上以幽州兵在凤翔，思得重臣代之。卢杞忌张镒忠直，为上所重，欲出之于外，己得专总朝政，乃对曰："朱泚名位素崇，凤翔将校班秩已高，非宰相信臣，无以镇抚，臣请自行。"上俯首未言，杞又曰："陛下必以臣貌寝，不为三军所伏，固惟陛下神算。"上乃顾镒曰："才兼文武，望重内外，无以易卿。"镒知为杞所排而无辞以免，因再拜受命。戊寅，以镒兼凤翔尹、陇右节度等使。

朱滔、王武俊自宁晋南救魏州。辛卯，诏朔方节度使李怀光将朔方及神策步骑万五千人东讨田悦，且拒滔等。滔行至宗城，掌书记郑云逵、参谋田景仙弃滔来降。

朱滔知道这事后很愤怒,好几次写信给朱泚,请求杀了蔡廷玉和朱体微二人,朱泚不理睬他,从此以后他们兄弟二人便开始有嫌隙了。到了朱滔抗拒朝廷命令,德宗就想诬罪给蔡廷玉等人以讨好朱滔,甲子(十二日)那天,贬蔡廷玉为柳州司户,贬朱体微为万州南浦尉。

宣武节度使刘洽攻打李纳的濮阳城,使濮阳的守将高彦昭投降。

朱滔派人把蜡封的书信藏在发髻中带给朱泚,准备跟他一同反叛。马燧缴获了书信,连同使者送到长安,朱泚不知道此事。德宗令驿使召朱泚由凤翔回朝,等朱泚到达,便把蜡书连同使者给他看,朱泚十分惊恐,叩头请罪。德宗说:"你们二人相距一千里,起初又没有共同谋划,这不是你的罪过。"于是留朱泚住在长安的私人住宅里,赐给他名园、肥田,还有很多锦彩、金银,来稳住他的心,他担任的幽州、卢龙节度使、太尉、中书令等官职全都保留。

德宗考虑到朱泚所率领的幽州兵马驻扎在凤翔,想要选出朝廷重臣去代替朱泚。卢杞妒忌张镒因为忠直而被皇上器重,想将他排挤到朝廷之外,使自己能够专制总揽朝政,于是对皇帝说:"朱泚的名声地位一向很高,凤翔将官们的官爵品级已高,不是宰相或亲信大臣不能镇服安抚他们,臣请求自己前去。"皇上低头没有说话,卢杞又说:"陛下必定是考虑到我的相貌不扬,不会被三军将士们服从,那就一定要陛下来做出神算安排了。"皇上转头对张镒说:"你能文能武,在朝中朝外拥有崇高威望,这份差事没有人可以代替你。"张镒知道自己是被卢杞排挤,但是找不到推脱的理由,只好拜了两拜接受命令。戊寅(二十六日)那天,朝廷任命张镒兼凤翔尹、陇右节度使等职。

朱滔、王武俊从宁晋向南去援救魏州。辛卯(初九)这天,诏命朔方节度使李怀光率领朔方及神策军步骑兵一万五千人向东讨伐田悦,并且抵御朱滔等人。朱滔行军到宗城,掌书记郑云逵和参谋田景仙离开朱滔来投降唐朝。

丁酉，加河东节度使马燧同平章事。

辛亥，置义武军节度于定州，以易、定、沧三州隶之。

朱滔、王武俊军至魏州，田悦具牛酒出迎，魏人欢呼动地。滔营于惬山，是日，李怀光军亦至，马燧等盛军容迎之。滔以为袭己，遽出陈。怀光勇而无谋，欲乘其营垒未就击之。燧请且休将士，观衅而动。怀光曰："彼营垒既立，将为后患，此时不可失也。"遂击滔于惬山之西，杀步卒千馀人，滔军崩沮。怀光按辔观之，有喜色。士卒争入滔营取宝货，王武俊引二千骑横冲怀光军，军分为二。滔引兵继之，官军大败，蹙入永济渠溺死者不可胜数，人相蹈藉，其积如山，水为之不流，马燧等各收军保垒。是夕，滔等堰永济渠入王莽故河，绝官军粮道及归路，明日，水深三尺馀。马燧惧，遣使卑辞谢滔，求与诸节度归本道，奏天子，请以河北事委五郎处之。滔欲许之，王武俊以为不可，滔不从。秋七月，燧与诸军涉水而西，退保魏县以拒滔。滔乃谢武俊，武俊由是恨滔。后数日，滔等亦引兵营魏县东南，与官军隔水相距。

李纳求援于滔等，滔遣魏博兵马使信都承庆将兵助之。纳攻宋州，不克，遣兵马使李克信、李钦遥戍濮阳、南华以距刘洽。

甲辰，以淮宁节度使李希烈兼平卢、淄青、兖郓、登莱、齐州节度使，讨李纳；又以河东节度使马燧兼魏博、澶相节度使。加朔方、邠宁节度使李怀光同平章事。

丁酉（十五日），加封河东节度使马燧为同平章事。

辛亥（二十九日），在定州设置义武军节度使，将易、定、沧三州隶属于该军。

朱滔、王武俊的军队到达魏州，田悦准备好牛肉好酒出城迎接他们，魏州人高声欢呼，声音震动了大地。朱滔在惬山扎营，这天，李怀光的军队也到达，马燧等以盛大的军容去迎接他们。朱滔误以为马燧是前来袭击自己，快速出兵布阵。李怀光有勇无谋，打算趁对方营垒尚未安顿好就进击他们。马燧劝李怀光暂且让将士休息，观看有什么破绽，然后行动。李怀光说："对方营垒建立之后，就会成为后患，这个时机是不能失去的。"于是就在惬山西边攻击朱滔，杀死了步兵一千多人，朱滔的部队崩溃。李怀光骑马勒着缰绳看到这个情景，满脸高兴。士兵们争着进入朱滔军营中去搬取宝物钱财，王武俊带领二千骑兵拦腰向李怀光军冲杀，全军被分成两截。朱滔领兵接踵而来，官军大败，落入永济渠溺死的人多得数不清，人们互相践踏，尸体像山那样堆积了起来，使得河水不能流动，马燧等各自收军保卫营垒。这天晚上，朱滔等筑坝拦住永济渠流入王莽故河的水，切断官军的运粮道路和回头路，到了第二天，水已经深三尺多。马燧恐惧，派使者用谦卑之辞向朱滔道歉，乞求和各节度使回到本道去，奏请天子，将河北的政事委托给朱滔处置。朱滔打算允许马燧的请求，王武俊认为不能答应，朱滔不听从。秋季七月，马燧与各军蹚水向西行，退回去保住魏县以抵拒朱滔。朱滔才向王武俊认错，王武俊由此憎恨朱滔。过了几天，朱滔等也带兵去魏县东南处扎营，跟官军隔水相持。

李纳向朱滔等请求援助，朱滔派魏博兵马使信都承庆率兵去帮助他。李纳攻打宋州，不胜，派兵马使李克信、李钦遥戍守濮阳、南华以抵挡刘洽。

甲辰（二十二日）这天，朝廷命淮宁节度使李希烈兼任平卢、淄青、兖郓、登莱、齐州节度使，去讨伐李纳；又命河东节度使马燧兼任魏博、澶相节度使。加封朔方、邠宁节度使李怀光为同平章事。

神策行营招讨使李晟请以所将兵北解赵州之围,与张孝忠分势图范阳,上许之。晟自魏州引兵趋赵州,王士真解围去。晟留赵州三日,与孝忠合兵,北略恒州。

八月辛酉,以泾原留后姚令言为节度使。

卢杞恶太子太师颜真卿,欲出之于外,真卿谓杞曰:"先中丞传首至平原,真卿以舌舐面血。今相公忍不相容乎?"杞矍然起拜,然恨之益甚。

冬十一月己卯朔,加淮南节度使陈少游同平章事。

田悦德朱滔之救,与王武俊议奉滔为主,称臣事之,滔不可,曰:"恒山之捷,皆大夫、二兄之力,滔何敢独居尊位?"于是幽州判官李子千、恒冀判官郑濡等共议:"请与郓州李大夫为四国,俱称王而不改年号,如昔诸侯奉周家正朔。筑坛同盟,有不如约者,众共伐之。不然,岂得常为叛臣,茫然无主,用兵既无名,有功无官爵为赏,使将吏何所依归乎?"滔等皆以为然。滔乃自称冀王,田悦称魏王,王武俊称赵王,仍请李纳称齐王。是日,滔等筑坛于军中,告天而受之。滔为盟主,称孤,武俊、悦、纳称寡人。所居堂曰殿,处分曰令,群下上书曰笺。妻曰妃,长子曰世子。各以其所治州为府,置留守兼元帅,以军政委之。又置东西曹,视门下、中书省;左右内史,视侍中、中书令。馀官皆仿天朝而易其名。

神策行营招讨使李晟请求用自己率领的士兵去北方解救赵州之围,与张孝忠合力谋取范阳,德宗准许。李晟领兵从魏州快速开向赵州,王士真解围离去。李晟留在赵州三天,与张孝忠合兵,到北方掠夺恒州。

八月辛酉(十一日),任命泾原留后姚令言为节度使。

卢杞憎恨太子太师颜真卿,想将他从朝中排挤出去,颜真卿对卢杞说:"先君中丞的头颅送到平原时,我用舌头舔他脸上的血。现在相公忍心不容我吗?"卢杞四顾而惊,起来向颜真卿下拜,但却更加憎恨他。

冬季十一月己卯是初一,这天,德宗加封淮南节度使陈少游为同平章事。

田悦对朱滔的援救感恩戴德,与王武俊商议尊奉朱滔为君主,以臣属之礼事奉他。朱滔认为不可以,说:"惬山之战的胜利,都是大夫、二兄你们两个人的力量,我朱滔怎么敢独自居于至尊的位置呢?"于是幽州判官李子千、恒冀判官郑濡等人共同商议说:"最好与郓州的李大夫一齐成为四个国家,都称王而不改年号,像过去诸侯奉周朝的正朔一样。筑起坛来共同盟誓,如果有不履行盟约的人,大家就一齐讨伐他。如果不这样做,难道就这样永远当背叛的臣子吗?茫茫然没有主子,出师而又没有名义,立下战功也没有官爵作为奖赏,让将领官吏们依靠和归顺谁呢?"朱滔等人都认为这话说得有道理。朱滔于是就自称冀王,田悦称魏王,王武俊称赵王,仍然请李纳称齐王。这天,朱滔等人在军中筑起坛来,祭告上天然后接受王位。朱滔当盟主,称自己为孤,王武俊、田悦、李纳称自己为寡人。所居的堂叫殿,处分叫令,下级们上书叫笺。妻子叫妃,长子叫世子。各自称他们所管理的州为府,设置留守兼任元帅,把军政事务委托给他。又设置东西两曹,和门下省、中书省一样;又设置左右内史,如同侍中和中书令一样。其馀的官制一律依照唐朝的制度,只是改变一下名称。

武俊以孟华为司礼尚书,华竟不受,呕血死。以兵马使卫常宁为内史监,委以军事。常宁谋杀武俊,武俊腰斩之。武俊遣其将张终葵寇赵州,康日知击斩之。

李希烈帅所部兵三万徙镇许州,遣所亲诣李纳,与谋共袭汴州;遣使告李勉,云已兼领淄青,欲假道之官。勉为之治桥、具馔以待之,而严为之备。希烈竟不至,又密与朱滔等交通,纳亦数遣游兵渡汴以迎希烈。由是东南转输者皆不敢由汴渠,自蔡水而上。

十二月丁丑,李希烈自称天下都元帅、太尉、建兴王。时朱滔等与官军相拒累月,官军有度支馈粮,诸道益兵。而滔与王武俊孤军深入,专仰给于田悦,客主日益困弊。闻李希烈军势甚盛,颇怨望,乃相与谋遣使诣许州,劝希烈称帝,希烈由是自称天下都元帅。

四年春正月庚寅,李希烈遣其将李克诚袭陷汝州,执别驾李元平。元平,本湖南判官,薄有才艺,性疏傲,敢大言,好论兵。中书侍郎关播奇之,荐于上,以为将相之器。以汝州距许州最近,擢元平为汝州别驾,知州事。元平至州,即募工徒治城,希烈阴使壮士往应募执役,入数百人,元平不之觉。希烈遣克诚将数百骑突至城下,应募者应之于内,缚元平驰去。元平为人眇小,无须,见希烈恐惧,便液污地。希烈骂之曰:"盲宰相以汝当我,何相轻也!"以判官周晃为汝州刺史,又遣别将董待名等四出抄掠,取尉氏,围郑州,官军数为所败。逻骑西至彭婆,东都士民震骇,窜

王武俊任命孟华为司礼尚书，孟华一直不接受，呕血而死。任命兵马使卫常宁为内史监，把军事委托给他。卫常宁谋划杀害王武俊，被王武俊腰斩。王武俊派他的将领张终蔡侵犯赵州，康日知击杀了他。

李希烈率领所部的将领士兵迁移到许州镇守，派遣亲信到李纳处，跟他谋划共同袭击汴州；派遣使者告诉李勉，说自己已经兼领淄青，想借路去上任。李勉替他搭建桥梁，准备好饮食招待他，而且作了严密戒备。李希烈最后却不去，又秘密地跟朱滔等交结串通，李纳也多次派游击兵渡过汴水以迎接李希烈。因此东南方运输货物的人都不敢从汴渠通过，只得经蔡水而上。

十二月丁丑（二十九日）那天，李希烈自称为天下都元帅、太尉、建兴王。这时朱滔等与官军相拒已有好几个月，官军有度支供应粮食，各道增加兵力。而朱滔与王武俊却孤军深入，只是依靠田悦的供给，交战双方都一天比一天困乏疲惫。听说李希烈军势很盛，心里很怨恨，就一起谋划派使者到许州，劝李希烈称帝，李希烈因此自称为天下都元帅。

四年（783）春季正月庚寅（十三日），李希烈派他的将领李克诚袭击并攻陷了汝州，抓住了别驾李元平。李元平本来是湖南的判官，稍有才华技艺，性情宽疏傲慢，敢说大话，喜欢讨论兵法。中书侍郎关播认为他是个奇人，把他推荐给德宗，说他有大将宰相的才能。因为汝州距离许州最近，于是便提拔李元平当了汝州别驾，知掌州事。李元平到了汝州，马上招募工徒修治城池，李希烈暗中指使健壮的人去应募当役，去了几百人，李元平没有察觉。李希烈派李克诚率领几百骑兵冲到城下，应募的人在城里面接应，绑住了李元平，快马离开城池。李元平是个小个子，没有胡须，见到李希烈，恐惧到屎尿也流了出来，污臭满地。李希烈骂他说："瞎了眼的宰相才用你来抵挡我，怎么这样轻看我呢！"任命判官周晃当汝州刺史，又派别将董待名等出去四处抄掠，攻取了尉氏县，包围了郑州，官军好几次都被打败。巡逻的骑兵向西进军到彭婆，东都的士民们大为震惊，窜逃到

匿山谷。留守郑叔则入保西苑。

上问计于卢杞，对曰："希烈年少骁将，恃功骄慢，将佐莫敢谏止。诚得儒雅重臣，奉宣圣泽，为陈逆顺祸福，希烈必革心悔过，可不劳军旅而服。颜真卿三朝旧臣，忠直刚决，名重海内，人所信服，真其人也！"上以为然。甲午，命真卿诣许州宣慰希烈。诏下，举朝失色。真卿乘驿至东都，郑叔则曰："往必不免，宜少留，须后命。"真卿曰："君命也，将焉避之？"遂行。李勉表言："失一元老，为国家羞，请留之。"又使人邀真卿于道，不及。真卿与其子书，但敕以"奉家庙、抚诸孤"而已。至许州，欲宣诏旨，希烈使其养子千馀人环绕慢骂，拔刃拟之，为将刉啖之势。真卿足不移，色不变。希烈遽以身蔽之，麾众令退，馆真卿而礼之。希烈欲遣真卿还，会李元平在座，真卿责之，元平惭而起，以密启白希烈，希烈意遂变，留真卿不遣。

朱滔、王武俊、田悦、李纳各遣使诣希烈，上表称臣，劝进。使者拜舞于希烈前，说希烈曰："朝廷诛灭功臣，失信天下。都统英武自天，功烈盖世，已为朝廷所猜忌，将有韩、白之祸。愿亟称尊号，使四海臣民知有所归。"希烈召颜真卿示之曰："今四王遣使见推，不谋而同，太师观此事势，岂吾独为朝廷所忌无所自容邪？"真卿曰："此乃四凶，

山谷藏匿。留守郑叔则进入西苑进行保卫。

德宗向卢杞询问计策，卢杞回答说："李希烈是个年少勇猛的将官，仗恃着有功劳而骄慢，将佐们没有人敢谏阻他。假如得到一个有儒术而又文雅的朝廷重臣，派他去宣示皇上的恩泽，陈述反叛或顺从朝廷的祸与福，李希烈必然会革心悔过，这样就可以不烦劳军队而使他归服。颜真卿是历事了三朝的旧臣，忠厚耿直而刚正果决，名重海内，人人信服，真是合适的人选啊！"德宗认为他的话有道理。甲午（十七日）这天，命令颜真卿到许州去宣旨慰问李希烈。诏书颁布下来时，满朝的人都脸色大变。颜真卿乘驿车到东都，郑叔则说："你去那里肯定不能幸免，应该稍作停留，等待以后的命令。"颜真卿说："君上下命令，还哪里避得了呢？"于是就出发了。李勉上表说："失掉一个元老，是国家的羞耻，请留住颜真卿。"又派人在道上拦截颜真卿，但已经追赶不上了。颜真卿给他的儿子写了信，只是嘱咐他们要"供奉家庙，抚养幼子"罢了。到达许州，打算宣读诏旨时，李希烈指使他的养子一千多人环绕着颜真卿辱骂，拔出刀做出杀颜真卿的样子，有几乎要将他割碎吞食的情势。颜真卿镇静站立，面不改色。李希烈赶紧用身体挡着颜真卿，指挥命令众人退下，将颜真卿安置在馆舍并礼貌地接待他。李希烈打算遣送颜真卿回朝，碰巧李元平在座，颜真卿斥责他有失臣道，李元平惭愧地起身，写了一封密信跟李希烈讲述了一番话，李希烈就改变了主意，留下颜真卿不遣还。

朱滔、王武俊、田悦、李纳各派遣使者到李希烈处去，上表称臣，劝他登位。使者们在李希烈面前拜舞，劝说李希烈："朝廷诛灭有功的大臣，对天下人言而无信。都统天生英明勇武，功业盖世，已经遭到朝廷的猜忌，将要有像韩信、白起一样的祸患发生。希望赶快称尊号，使四海臣民知道他们归属于谁。"李希烈召颜真卿来看这场面说："现在四位王都派使者来推戴我称尊，不谋而合，太师看这件事的势头，难道只是我被朝廷猜忌吗？难道我就没有地方自己立足吗？"颜真卿说："这四人乃是四凶，

何谓四王？相公不自保功业，为唐忠臣，乃与乱臣贼子相从，求与之同覆灭邪？"希烈不悦，扶真卿出。他日，又与四使同宴，四使曰："久闻太师重望，今都统将称大号而太师适至，是天以宰相赐都统也。"真卿叱之曰："何谓宰相！汝知有骂安禄山而死者颜杲卿乎？乃吾兄也。吾年八十，知守节而死耳，岂受汝曹诱胁乎？"四使不敢复言。希烈乃使甲士十人守真卿于馆舍，掘坎于庭，云欲坑之。真卿怡然，见希烈曰："死生已定，何必多端！亟以一剑相与，岂不快公心事邪？"希烈乃谢之。

戊戌，以左龙武大将军哥舒曜为东都、汝州节度使，将凤翔、邠宁、泾原、奉天、好畤行营兵万馀人讨希烈，又诏诸道共讨之。曜行至郏城，遇希烈前锋将陈利贞，击破之。希烈势小沮。曜，翰之子也。

希烈使其将封有麟据邓州，南路遂绝，贡献、商旅皆不通。壬寅，诏治上津山路，置邮驿。

二月丙寅，以河阳三城、怀、卫州为河阳军。丁卯，哥舒曜克汝州，擒周晃。

三月戊寅，江西节度使曹王皋败李希烈将韩霜露于黄梅，斩之；辛卯，拔黄州。时希烈兵栅蔡山，险不可攻。皋声言西取蕲州，引舟师溯江而上，希烈之将引兵循江随战。去蔡山三百馀里，皋乃复放舟顺流而下，急攻蔡山，拔之。希烈兵还救之，不及而败。皋遂进拔蕲州，表伊慎为蕲州刺史，王锷为江州刺史。

怎么说是四王？相公不去自己保存功业，做唐朝的忠臣，却与乱臣贼子同流合污，想跟他们一齐灭亡吗？"李希烈不高兴，派人扶颜真卿出去。后来，颜真卿又与四位使者共同参加宴会，四位使者说："很久以前就听说太师拥有很高的声望，现在都统准备称帝而太师刚好来到，这是上天赐给都统一个宰相啊！"颜真卿斥责他们说："什么叫宰相！你们知道有一个因骂安禄山而死的叫颜杲卿的人吗？他就是我哥哥。我年纪已经八十，知道守臣节而死，哪里会受你们这帮人威胁利诱呢？"四位使者不敢再讲话。李希烈派十名甲士在馆舍中看守颜真卿，在庭前掘坑，扬言将要活埋颜真卿。颜真卿态貌安然，去见李希烈说："死生是早已注定了的，何必玩弄花样！赶快授给我一把剑，不就可以使你称心如意了吗？"于是李希烈向他道歉。

戊戌（二十一日）那天，朝廷任命左龙武大将军哥舒曜为东都、汝州节度使，统率凤翔、邠宁、泾原、奉天、好畤行营兵一万多人讨伐李希烈，又诏命各道一同讨伐他。哥舒曜行军到郏城，遇到李希烈的前锋将领陈利贞，击破了他。李希烈的军势遭受小挫。哥舒曜是哥舒翰的儿子。

李希烈派他的将领封有麟占据邓州，南路于是被切断，向朝廷贡献及商旅都不能通行。壬寅（二十五日）那天，诏命修治上津的山路，设置邮驿。

二月丙寅（十九日），以河阳三城、怀州、卫州为河阳军。丁卯（二十日），哥舒曜攻克汝州，擒获守将周晃。

三月戊寅（初一），江西节度使曹王李皋在黄梅县打败李希烈的将领韩霜露，杀了他；辛卯（十四日），攻取黄州。这时李希烈的军队在蔡山筑结了栏栅，险要坚固，不可进攻。李皋扬言要向西进军攻取蕲州，带领水师逆长江而上，李希烈的将领引兵沿着长江追随而战，离开蔡山三百多里，李皋才重新让船只顺流而下，加急攻打蔡山，拔取了它。李希烈军回头救蔡山，赶不及而失败。李皋于是就进军拔取蕲州，上表奏请让伊慎任蕲州刺史，王锷任江州刺史。

淮宁都虞候周曾、镇遏兵马使王玢、押牙姚憺、韦清密输款于李勉。李希烈遣曾与十将康秀琳将兵三万攻哥舒曜,至襄城,曾等密谋还军袭希烈,奉颜真卿为节度使,使玢、憺、清为内应。希烈知之,遣别将李克诚将骡军三千人袭曾等,杀之,并杀玢、憺及其党。甲午,诏赠曾等官。始,韦清与曾等约,事泄不相引,故独得免。清恐终及祸,说希烈请诣朱滔乞师,希烈遣之,行至襄邑,逃奔刘洽。希烈闻周曾等有变,闭壁数日。其党寇尉氏、郑州者闻之,亦遁归。希烈乃上表归咎于周曾等,引兵还蔡州,外示悔过从顺,实待朱滔等之援也。置颜真卿于龙兴寺。

丁酉,荆南节度使张伯仪与淮宁兵战于安州,官军大败,伯仪仅以身免,亡其所持节。希烈使人以其节及俘馘示颜真卿,真卿号恸投地,绝而复苏,自是不复与人言。

夏四月,上以神策军使白志贞为京城召募使,募禁兵以讨李希烈。志贞请诸尝为节度、观察、都团练使者,不问存没,并勒其子弟帅奴马自备资装从军,授以五品官。贫者甚苦之,人心始摇。

庚申,加永平、宣武、河阳都统李勉淮西招讨使,东都、汝州节度使哥舒曜为之副,以荆南节度使张伯仪为淮西应援招讨使,山南东道节度使贾耽、江西节度使曹王皋为之副。上督哥舒曜进兵,曜至颍桥,遇大雨,还保襄城。李希烈遣其将李光辉攻襄城,曜击却之。

淮宁都虞候周曾、镇遏兵马使王玢、押牙姚憺、韦清秘密地投诚于李勉。李希烈派周曾与十将康秀琳率领三万士兵去攻打哥舒曜，到了襄城，周曾等人秘密谋划回师袭杀李希烈，奉颜真卿为节度使，让王玢、姚憺、韦清担任内应。李希烈知道了此事，派遣别将李克诚率领骑骤兵三千人攻袭周曾等人，把他们杀了，并且还杀了王玢、姚憺及其同党。甲午（十七日）那天，下诏赠官号给周曾等人。开始时，韦清跟周曾等人约好，事情败露不得供出其他人，所以只有韦清得以幸免。韦清害怕终究会得祸，劝说李希烈到朱滔那里去请求军队援助，李希烈派他出去，韦清走到襄邑时就逃去投奔刘洽。李希烈得知周曾等人出了事，好几天关闭壁垒。他的同党中正在侵劫尉氏县、郑州的人得知情况，也逃了回来。李希烈于是就奏上表章将罪过推到周曾等人身上，他带着军队返回蔡州，表面上表现出要改悔罪过顺从朝廷的样子，实际上是等待朱滔等人的援助。把颜真卿安置在龙兴寺。

丁酉（二十日）这天，荆南节度使张伯仪与淮宁的军队在安州交战，官军被打得大败，张伯仪仅使自己幸免于难，连所持的符节也被夺走。李希烈让人把缴获来的符节及割下的俘虏耳朵展示给颜真卿看，颜真卿伤心地哭倒在地，气绝又苏醒，从此不再与人讲话。

夏季四月，德宗任命神策军使白志贞为京城召募使，招募禁兵来讨伐李希烈。白志贞请那些曾经当过节度使、观察使和都团练使的人，不问他们是否在世，一概强制他们的子弟带着奴仆马匹，自备物资服装前去参军，授给五品的官衔。贫穷的人深以为苦，人心于是开始动摇。

庚申（十四日）这天，加封永平、宣武、河阳都统李勉为淮西招讨使，任命东都、汝州节度使哥舒曜为副使，任命荆南节度使张伯仪为淮西应援招讨使，山南东道节度使贾耽、江西节度使曹王李皋为副使。德宗督促哥舒曜进兵，哥舒曜到了颍桥，遇上大雨，回军据守襄城。李希烈派他的将领李光辉攻打襄城，被哥舒曜击退。

五月乙未，以宣武节度使刘洽兼淄青招讨使。

李晟谋取涿、莫二州，以绝幽、魏往来之路，与张孝忠之子升云围朱滔所署易州刺史郑景济于清苑，累月不下。滔以其司武尚书马寔为留守，将步骑万馀守魏营，自将步骑万五千救清苑。李晟军大败，退保易州。滔还军瀛州，张升云奔满城。会晟病甚，引军还保定州。

王武俊以滔既破李晟，留屯瀛州，未还魏桥，遣其给事中宋端趣之。端见滔，言颇不逊，滔怒，使谓武俊曰："滔以热疾，暂未南还，大王二兄遽有云云。滔以救魏博之故，叛君弃兄，如脱屣耳。二兄必相疑，惟二兄所为！"端还报，武俊自辨于马寔，寔以状白滔，言："赵王知宋端无礼于大王，深加责让，实无他志。"武俊亦遣承令官郑和随寔使者见滔，谢之。滔乃悦，相待如初。然武俊以是益恨滔矣。

六月，李抱真使参谋贾林诣武俊壁诈降，武俊见之。林曰："林来奉诏，非降也。"武俊色动，问其故，林曰："天子知大夫宿著诚效，及登坛之日，抚膺顾左右曰：'我本徇忠义，天子不察。'诸将亦尝共表大夫之志。天子语使者曰：'朕前事诚误，悔之无及。朋友失意，尚可谢，况朕为四海之主乎？'"武俊曰："仆胡人也。为将尚知爱百姓，况天子，岂专以杀人为事乎？今山东连兵，暴骨如莽，就使克捷，与

五月乙未（十九日）这天，任命宣武节度使刘洽兼任淄青招讨使。

李晟企图取得涿、莫二州，从而切断幽、魏二地之间来往的道路，他与张孝忠的儿子张升云在清苑包围被朱滔委任为易州刺史的郑景济，连着好几个月都未能攻下。朱滔任命他的司武尚书马寔为留守，率领一万多步兵骑兵守住魏营，自己率领一万五千步兵骑兵去援救清苑。李晟的军队大败，退军据守易州。朱滔回军到瀛州，张升云逃奔满城。正赶上李晟得了重病，退军回保定州。

王武俊因为朱滔已经攻破李晟，仍驻留在瀛州，没有返回魏桥，便派他的给事中宋端去催促他。宋端见到朱滔，讲话的口气很不恭逊，朱滔大怒，叫宋端转告王武俊说："朱滔因身患热病，暂时未能南还，大王二兄很快就有如此说法。朱滔借着援救魏博的缘故，要背叛君上抛弃兄长，如同脱下鞋子那样容易。二兄一定要怀疑我，那就任由你处置了！"宋端回去报告，王武俊到马寔面前作自我申辩，马寔把情况申述给朱滔听，说："赵王知道宋端对大王无礼，狠狠地责骂他，赵王实在并无他意。"王武俊也派承令官郑和跟随马寔的使者去见朱滔，向朱滔表示歉意。朱滔这才高兴，对待王武俊仍像以前那样。然而王武俊因此事却更加憎恨朱滔。

六月，李抱真派参谋贾林到王武俊的壁垒去假装投降，王武俊接见他。贾林说："我贾林是奉诏命而来的，不是来投降的。"王武俊脸色变了，问是什么缘故，贾林说："天子知道大夫你过去有心归诚效忠朝廷，到你登坛那天，还按着胸口对左右的人说：'我本来是遵循着忠义的，但是天子没有明察。'各将领也曾经共同上表说大夫的忠心。现在天子派使者传谕说：'朕以前所做的事实在是失误，后悔已来不及。朋友之间意见不合，还可以道歉，何况朕是天下的君主呢！'"王武俊说："我是胡族人。当将领的尚且知道爱护老百姓，何况是天子，哪里会专做杀人的事呢！现在山东战争不停，白骨暴露有如草莽，即使朝廷能够取胜，和

谁守之？仆不惮归国，但已与诸镇结盟。胡人性直，不欲使曲在己，天子诚能下诏赦诸镇之罪，仆当首唱从化。诸镇有不从者，请奉辞伐之。如此，则上不负天子，下不负同列，不过五旬，河朔定矣。"使林还报抱真，阴相约结。

　　庚戌，初行税间架、除陌钱法。时河东、泽潞、河阳、朔方四军屯魏县，神策、永平、宣武、淮南、浙西、荆南、江泗、沔鄂、湖南、黔中、剑南、岭南诸军环淮宁之境。旧制，诸道军出境，皆仰给度支。上优恤士卒，每出境，加给酒肉，本道粮仍给其家。一人兼三人之给，故将士利之。各出军才逾境而止，月费钱百三十馀万缗，常赋不能供。判度支赵赞乃奏行二法。所谓税间架者，每屋两架为间，上屋税钱二千，中税千，下税五百。吏执笔握算，入人室庐计其数。或有宅屋多而无他资者，出钱动数百缗。敢匿一间，杖六十，赏告者钱五十缗。所谓除陌钱者，公私给与及卖买，每缗官留五十钱，他物及相贸易者，约钱为率。敢隐钱百，杖六十，罚钱二千，赏告者钱十缗，其赏钱皆出坐事之家。于是愁怨之声，盈于远近。

　　秋八月丁未，李希烈将兵三万围哥舒曜于襄城，诏李勉及神策将刘德信将兵救之。乙卯，希烈将曹季昌以随州降，寻复为其将康叔夜所杀。

谁一起守卫这个地方呢！我不怕归顺唐朝，但是已经跟各镇结下了盟誓。胡族人性情耿直，不想让自己委屈，天子倘若真的能够下诏赦免各镇罪过的话，我肯定是会首先提倡顺从朝廷的。各镇如果有不顺从的人，请让我尊奉正义之辞，前去讨伐他。这样的话，就上不辜负天子，下不辜负与我同列之人，不超过五十天，河朔地区就安定了。"王武俊让贾林回去报告李抱真，暗中互相联络勾结。

庚戌（初五）这天，开始实行税间架和除陌钱法。这时河东、泽潞、河阳、朔方四地的军队驻屯在魏县，神策、永平、宣武、淮南、浙西、荆南、江泗、沔鄂、湖南、黔中、剑南、岭南各地的军队围绕着淮宁边境。旧制规定，各道的军队出境，就靠度支供给粮饷。德宗优待体恤士兵，每当士兵出境，就添加供给酒肉，在本道上的粮食仍然供应给他们的家庭。于是一个人就兼有三个人的供给，所以将士们都把出境当作是有利可图的事。各地军队出师才过了边境就停止下来，每月要花费一百三十多万缗钱，一般的赋税不能供应这开支。判度支赵赞就奏请实行这两种税法。所谓税间架法，即每所房屋两架为一间，上等房屋每间收税两千钱，中等房屋每间收一千钱，下等房屋每间收五百钱。官吏执着笔握着算盘，进入各人的家屋统计他们的税数。有的人只拥有很多的宅屋但并没有什么其他资产，要交的税钱竟是几百缗。又规定若敢隐藏一间的，就要受刑杖六十，奖赏五十缗钱给告发人。所谓除陌钱法，即凡是公私支付及做买卖，每一缗中官府留五十钱，物物交换的，就折钱计税。敢偷逃税款一百缗的要受刑杖六十，罚二千钱，奖赏十缗钱给告发者，那些赏钱都由犯事的人来出。于是远近各地都充满了愁叹和怨恨声。

秋季八月丁未（初二）那天，李希烈率领三万兵在襄城包围哥舒曜，朝廷下诏令李勉及神策将刘德信率领军队去援救。乙卯（初十），李希烈的将领曹季昌献出随州投降，很快便被他的将领康叔夜所杀。

初,上在东宫,闻监察御史嘉兴陆贽名,即位,召为翰林学士,数问以得失。时两河用兵久不决,赋役日滋,贽以兵穷民困,恐别生内变,乃上奏。其略曰:"克敌之要,在乎将得其人;驭将之方,在乎操得其柄。将非其人者,兵虽众不足恃;操失其柄者,将虽材不为用。"又曰:"将不能使兵,国不能驭将,非止费财玩寇之弊,亦有不戢自焚之灾。"又曰:"今两河、淮西为叛乱之帅者,独四五凶人而已。尚恐其中或傍遭诖误,内蓄危疑,苍黄失图,势不得止。况其馀众,盖并胁从,苟知全生,岂愿为恶?"又曰:"无纾目前之虞,或兴意外之变。人者,邦之本也;财者,人之心也。其心伤则其本伤,其本伤则枝干颠瘁矣。"又曰:"人摇不宁,事变难测,是以兵贵拙速,不尚巧迟。若不靖于本而务救于末,则救之所为,乃祸之所起也。"又论关中形势,以为:"王者蓄威以昭德,偏废则危;居重以驭轻,倒持则悖。王畿者,四方之本也。太宗列置府兵,分隶禁卫,大凡诸府八百馀所,而在关中者殆五百焉。举天下不敌关中,则居重驭轻之意明矣。承平渐久,武备浸微,虽府卫具存而卒乘罕习。故禄山窃倒持之柄,乘外重之资,一举滔天,两京不守。尚赖西边有兵,诸厩有马,每州有粮,故肃宗得以中兴。乾元之后,继有外虞,悉师东讨,边备既弛,禁戎亦空,吐蕃乘虚,深入为寇,故先皇帝莫与为御,避之东游。是皆

当初，德宗在东宫时，听说监察御史嘉兴人陆贽很出名，到他即位，就召陆贽为翰林学士，屡次向他询问政事得失。这时河南河北用兵长久不止，赋税徭役日益繁多，陆贽看到士兵贫穷人民困苦，担心另外会发生内部政变，就上疏奏事。大略说："战胜敌人的关键，在于得到好的将才；驾驭将领的方法，在于掌握好他的权柄。得不到好的将才，虽然有很多兵也无用；掌握不好将领的权柄，将领虽然有才干也不能被朝廷任用。"又说："将领不能指挥兵士，国家不能驾驭将领，这不仅有浪费钱财去玩乎盗寇的弊端，也会兵火不息而最终有焚毁自己的灾祸。"又说："现在两河、淮西叛乱的主将，只有四五个凶人罢了。还恐怕其中有的是遭受连累的，他们的内心怀藏着自危的疑惑，反复拿不定主意，又骑虎难下。况且其他人都是被胁迫而抗拒王命的，如果他们知道还能保全生命的话，哪里还肯做坏事呢？"又说："不解决眼前的忧患，或许会引起意外的变故。百姓是邦国的根本，财利是百姓的心脏。心脏受伤那么根本也就受伤，根本受伤枝干就要倒伏干枯了。"又说："人心动摇不定，事情变化很难预测，所以用兵贵在直拙而迅速，不在于巧灵而迟缓。倘若不在根本上求安定，却专事于救枝节小事，那么救治末梢所做的事，正是灾祸兴起的原因。"又论关中的形势，认为："君王要蓄养威信来昭示恩德，偏废就会危险；要居重驭轻，颠倒就会发生叛乱。王畿是四方的根本。太宗皇帝布列设置府兵，分别隶属于禁卫，一共有八百多所军府，而在关中就有近五百所。汇集天下的兵力也敌不过关中，那居重驭轻的用意是很明显的。渐渐地，国家安定的日子长了，武备逐渐松懈，虽然府卫都存在，但兵马演练却很罕见了。所以安禄山窃得倒持的权柄，以在外屯置重兵为资本，一反叛就像洪水滔天一样，洛阳长安都守不住。还是依赖西部边境有兵员，各马厩里有马匹，每个州有粮食，所以肃宗才能够使唐朝中兴。乾元之后，接连有外患，整个军队到东面去讨伐，边境地区的防备已经弛废，禁军也空虚了。吐蕃借此机会，深入国境来侵劫，所以先皇帝无法抵御，躲避到东方。这都是

失居重驭轻之权，忘深根固柢之虑。内寇则崤、函失险，外侵则汧、渭为戎。于斯之时，虽有四方之师，宁救一朝之患？陛下追想及此，岂不为之寒心哉？今朔方、太原之众，远在山东；神策六军之兵，继出关外。傥有贼臣啖寇，黠虏觇边，伺隙乘虚，微犯亭障，此愚臣所窃忧也。未审陛下其何以御之？侧闻伐叛之初，议者多易其事，金谓有征无战，役不逾时，计兵未甚多，度费未甚广，于事为无扰，于人为不劳。曾不料兵连祸挐，变故难测，日引月长，渐乖始图。往岁为天下所患，咸谓除之则可致升平者，李正己、李宝臣、梁崇义、田悦是也。往岁谓国家所信，咸谓任之则可除祸乱者，朱滔、李希烈是也。既而正己死，李纳继之；宝臣死，惟岳继之；崇义卒，希烈叛；惟岳戮，朱滔携。然则往岁之所患者，四去其三矣，而患竟不衰；往岁之所信者，今则自叛矣，而馀又难保。是知立国之安危在势，任事之济否在人。势苟安，则异类同心也；势苟危，则舟中敌国也。陛下岂可不追鉴往事，惟新令图，修偏废之柄以靖人，复倒持之权以固国，而乃孜孜汲汲，极思劳神，徇无已之求，望难必之效乎？今关辅之间，征发已甚，宫苑之内，备卫不全。万一将帅之中，又如朱滔、希烈，或负固边垒，诱致豺狼，或窃发郊畿，惊犯城阙，此亦愚臣所窃为忧者也，未审陛下复何以

失掉居重驭轻的权柄，忘记了做深根固柢的考虑所造成的。贼寇
在内地侵劫就使崤山、函谷关这些险要地势丢失，在外地侵略就
使汧水、渭水一带变成了戎狄所有。在这个时候，虽然有四方的
军队，怎能救得一朝的祸患呢？陛下追想起这些事，难道不会因
此寒心吗？现在朔方、太原的士卒，远远地在山东；神策六军的禁
兵，相继被派出了关外。倘若有做内贼的大臣送去情报给敌寇，
狡猾的敌人会在边境窥伺，等候着机会，趁防备空虚而略微侵犯
边境的亭障工事，这是愚臣我私下所担忧的啊！不知陛下将用什
么去抵御他们呢？从旁处听到当初讨伐叛逆的时候，议论此事的
人多数轻视这件事情，都说只有出征不会有战争，士兵服役不会
超越期限，计算出征的兵员不是很多，考虑费用也不会很大，国事
并无骚扰，百姓并无辛劳。竟料想不到战争连续，祸难牵引，变故
难测，时日一拖长，就逐渐违离了最初的谋划。往年那些给天下
带来祸患的人，人们都说除掉他们就可以得到太平，李正己、李宝
臣、梁崇义、田悦就是这类人。往年那些被国家信任的人，人们都
认为任用他们就可以除掉祸乱，朱滔、李希烈就是这类人。随后
李正己死，李纳继承他；李宝臣死，李惟岳继承他；梁崇义死，李
希烈反叛；李惟岳被杀，朱滔叛离。那么往年给天下带来祸患的
人，四个中死掉三个了，但是祸患却不减少；往年被信任的人，现
在自己背叛了，而剩下的人又难保不背叛。这就知道立国安定与
否在于把握形势，办事的成功与否在于用人。如果对形势把握得
稳妥，那么外人也会跟我们同一条心；如果把握不好形势遇到危
险，那么在同一条船上也会成为敌人。陛下怎么可以不追踪借鉴
往事，重新策划，修正偏废了的权柄，来安定人心，重新握好已倒
持了的权柄来巩固国家，反而您心情急切地忙个不停，绞尽脑汁，
顺从无止境的要求，而去期望难以必成的功效呢？现在关中、畿
辅之间，征发人员已经太多，宫苑里面的戒备保卫很不周全。万
一在将帅中间，又有像朱滔、李希烈一样的人，或者占着边境上的
工事做据点，引来贼寇，或者暗地里在郊畿地方起事，侵犯京城而
引起震动，这也是愚臣私下所担心的事情，不知陛下又用什么来

备之？陛下傥过听愚计，所遣神策六军李晟等及节将子弟，悉可追还。明敕泾、陇、邠、宁，但令严备封守，仍云更不征发，使知各保安居。又降德音，罢京城及畿县间架等杂税，则冀已输者弭怨，见处者获宁，人心不摇，邦本自固。"上不能用。

九月丙戌，神策将刘德信、宣武将唐汉臣与淮宁将李克诚战，败于沪涧。时李勉遣汉臣将兵万人救襄城，上遣德信帅诸将家应募者三千人助之。勉奏："李希烈精兵皆在襄城，许州空虚，若袭许州，则襄城围自解。"遣二将趣许州，未至数十里，上遣中使责其违诏，二将狼狈而返，无复斥候。克诚伏兵邀之，杀伤太半。汉臣奔大梁，德信奔汝州。希烈游兵剽掠至伊阙。勉复遣其将李坚帅四千人助守东都，希烈以兵绝其后，坚军不得还。汴军由是不振，襄城益危。

上以诸军讨淮宁者不相统壹，庚子，以舒王谟为荆襄等道行营都元帅，更名谊。以户部尚书萧复为长史，右庶子孔巢父为左司马，谏议大夫樊泽为右司马，自馀将佐皆选中外之望。未行，会泾师作乱而止。复，嵩之孙；巢父，孔子三十七世孙也。

上发泾原等诸道兵救襄城。冬十月丙午，泾原节度使姚令言将兵五千至京师。军士冒雨，寒甚，多携子弟而来，冀得厚赐遗其家，既至，一无所赐。丁未，发至沪水，诏京兆尹王翃犒师，惟粝食菜饭。众怒，蹴而覆之，因扬言曰："吾辈将死于敌，而食且不饱，安能以微命拒白刃邪？闻琼

防备他们？陛下倘若肯屈尊听取我愚蠢的计策，将已派出去的神策六军李晟等以及节度使将领们的子弟，全部可以追召回来。明确告诉泾、陇、邠、宁等地，只命令严密戒备守卫封地，还说明不再征发，使人知道各保安居。又颁布德音，罢免京城及畿县间架等杂税，希望已经缴税的人们消除怨气，被处罚的人们获得安宁，人心不动摇，国家根本自然就稳固了。"皇上不能采用他的建议。

九月丙戌（十二日）这天，神策军将领刘德信、宣武将领唐汉臣与淮宁将领李克诚开战，在沪涧被打败。这时李勉派唐汉臣率领一万士兵去援救襄城，德宗派刘德信率领各将领家中应募的三千人帮助他。李勉奏说："李希烈的精兵都在襄城，许州空虚，如果袭击许州，那么襄城的围兵自然就会解除。"派遣两员将领快步开向许州，还没有走出几十里时，德宗派中使指责他违反诏令，二位将领狼狈地退军回来，不再设有侦察兵。李克诚的伏兵把他们截住，杀伤了一大半人。唐汉臣逃奔大梁，刘德信逃奔汝州。李希烈的游击兵到伊阙劫掠。李勉又派遣他的将领李坚率领四千人帮助守卫东都，李希烈派军队截断他的后路，李坚军不能返回。汴州的军队因此而士气不振，襄城更加危险。

德宗因为看到各军讨伐淮宁的人相互不统一，就在庚子（二十六日）这天，任命舒王李谟为荆襄等道的行营都元帅，改名为李谊。任命户部尚书萧复为长史，右庶子孔巢父为左司马，谏议大夫樊泽为右司马，其馀的将领都选用朝廷内外有名望的人。还未起程，适逢泾原军队作乱而停止。萧复是萧嵩的孙子；孔巢父是孔子的三十七世孙。

德宗调发泾原等各道的军队去援救襄城。冬季十月丙午（初二），泾原节度使姚令言率领五千兵马到京师。军士们冒雨前行，十分寒冷，他们多带子弟而来，希望得到厚赐，让他们带回家中，到达之后，什么赏赐也没有。丁未（初三），发兵到了沪水，诏令京兆尹王翃犒劳军队，只给他们吃粗糙的菜饼。众人大怒，踢翻菜饼，并扬言说："我们将要跟敌人奋战而死，却连一顿饭都吃不饱，怎么能够用微贱的生命去抵挡刀枪呢？听说琼

林、大盈二库，金帛盈溢，不如相与取之。"乃擐甲张旗鼓
噪，还趣京城。令言入辞，尚在禁中，闻之，驰至长乐阪，
遇之。军士射令言，令言抱马鬣突入乱兵，呼曰："诸君失
计！东征立功，何患不富贵，乃为族灭之计乎？"军士不听，
以兵拥令言而西。上遽命赐帛，人二匹。众益怒，射中使。
又命中使宣慰，贼已至通化门外，中使出门，贼杀之。又命
出金帛二十车赐之。贼已入城，喧声浩浩，不复可遏。百
姓狼狈骇走，贼大呼告之曰："汝曹勿恐，不夺汝商货僦质
矣，不税汝间架陌钱矣！"上遣普王谊、翰林学士姜公辅出
慰谕之。贼已陈于丹凤门外，小民聚观者以万计。

初，神策军使白志贞掌召募禁兵，东征死亡者志贞皆
隐不以闻，但受市井富儿赂而补之。名在军籍受给赐，而
身居市廛为贩鬻。司农卿段秀实上言："禁兵不精，其数全
少，卒有患难，将何待之？"不听。至是，上召禁兵以御贼，
竟无一人至者。贼已斩关而入，上乃与王贵妃、韦淑妃、太
子、诸王、唐安公主自苑北门出，王贵妃以传国宝系衣中以
从，后宫诸王、公主不及从者什七八。

初，鱼朝恩既诛，宦官不复典兵。有窦文场、霍仙鸣者，
尝事上于东宫，至是，帅宦官左右仅百人以从，使普王谊前
驱，太子执兵以殿。司农卿郭曙以部曲数十人猎苑中，闻跸，
谒道左，遂以其众从。曙，暧之弟也。右龙武军使令狐建

林、大盈两个仓库中满满都是金钱布帛，不如一起去取吧。"于是就穿好盔甲，张开旗帜敲鼓大呼，转头快步开往京城。姚令言入朝辞行，人还在宫禁中，听到士兵在哗变，快马跑到长乐阪，遇到叛乱者。军士们射击姚令言，姚令言抱着马鬣冲入乱兵中，大声说："诸位打错了主意！东征去立功，哪里担心得不到富贵，却要做灭族的打算吗？"军士们不听他讲，用兵器簇拥着姚令言向西行。德宗赶紧命令赐帛，每人两匹。众人更加愤怒，用箭射中使。德宗又命令中使宣旨慰问，乱兵已到了通化门外，中使出门，乱兵把他杀死。德宗又命令取出二十车金帛赐给他们。乱兵已进入城内，叫嚷声一大片，不再能遏制住。老百姓害怕得狼狈而逃，乱兵大声告诉他们说："你们不要害怕，不会夺取你们的商货典当的利钱，不会征收你们的间架税、陌钱！"德宗派普王李谊、翰林学士姜公辅出去传话慰问。乱兵已经在丹凤门外面列起阵来，聚集在那里观看的民众数以万计。

起初，神策军使白志贞掌管招募禁兵，对在东征中死亡的人他都隐瞒不上报，却接受商人中有钱人家子弟的贿赂，把他们补充进去。这些人有名字在军人册籍中，可得到国家的供给赐予，而仍然身在商肆之中贩卖货物。司农卿段秀实上奏说："禁兵不精锐，人数又缺少不齐全，如果突然间发生祸难，那将怎样应付呢？"德宗不听。到了这个时候，德宗召禁兵来抵御乱兵，竟然没有一个人到场。乱兵已经砍杀守卫进入宫禁，德宗就与王贵妃、韦淑妃、太子、诸王、唐安公主从宫苑的北门逃走，王贵妃将传国宝捆束在衣中跟随着德宗，后宫的诸王和公主们有十之七八都来不及跟德宗逃走。

当初，鱼朝恩被杀后，宦官不再掌握兵权。有叫窦文场、霍仙鸣的两个宦官，曾经在德宗还是太子的时候就事奉德宗，到了这个时候，他们俩率领着德宗左右的宦官仅一百人跟从，让普王李谊在前面开路，太子手握兵器殿后。司农卿郭曙带着数十名部曲在苑中打猎，得知德宗出行，他就在道路的左边拜见皇上，并带着他的部众跟从。郭曙是郭暧的弟弟。右龙武军使令狐建

方教射于军中,闻之,帅麾下四百人从。乃使建居后为殿。

姜公辅叩马言曰:"朱泚尝为泾帅,坐弟滔之故,废处京师,心尝怏怏。臣尝谓陛下既不能推心待之,则不如杀之,毋贻后患。今乱兵若奉以为主,则难制矣。请召使从行。"上仓猝不暇用其言,曰:"无及矣!"遂行。夜至咸阳,饭数匕而过。时事出非意,群臣皆不知乘舆所之。卢杞、关播逾中书垣而出。白志贞、王翃及御史大夫于颀、中丞刘从一、户部侍郎赵赞、翰林学士陆贽、吴通微等追及上于咸阳。颀,顿之从父兄弟;从一,齐贤之从孙也。

贼入宫,登含元殿,大呼曰:"天子已出,宜人自求富!"遂谨噪,争入府库,运金帛,极力而止。小民因之,亦入宫盗库物,出而复入,通夕不已。其不能入者,剽夺于路。诸坊居民各相帅自守。姚令言与乱兵谋曰:"今众无主,不能持久,朱太尉闲居私第,请相与奉之。"众许诺,乃遣数百骑迎朱泚于晋昌里第。夜半,泚按辔列炬,传呼入宫,居含元殿,设警严,自称权知六军。

戊申旦,泚徙居白华殿,出榜于外,称:"泾原将士久处边陲,不闲朝礼,辄入宫阙,致惊乘舆,西出巡幸。太尉已权临六军,应神策等军士及文武百官凡有禄食者,悉诣行在。不能往者,即诣本司。若出三日,检勘彼此无名者,皆斩!"于是百官出见泚,或劝迎乘舆,泚不悦,百官稍稍遁去。

正在军中教习射箭,得知这一消息,率领部下四百人随从德宗一行。德宗就让令狐建在后面殿后。

姜公辅牵着德宗的马头说:"朱泚曾经是泾原的主帅,因为受弟弟朱滔反叛的牵连,被罢官居住在京师,心中一度郁郁不乐。臣曾经对陛下说,既然不能诚心待他,就不如把他杀了,不要留下后患。现在乱兵如果推奉他为主帅,就难以控制了。请征召他跟从出行。"德宗仓促之间顾不上采用他的建议,说:"赶不及了!"便出发了。夜晚到了咸阳,停下来吃了几勺饭就继续前进。当时因为事情出于意料之外,群臣都不知道皇上的车驾去了哪里。卢杞、关播爬越中书省的墙头逃出来。白志贞、王翃及御史大夫于颀、中丞刘从一、户部侍郎赵赞、翰林学士陆贽、吴通微等人在咸阳追上了德宗。于颀是于頔的堂兄弟;刘从一是刘齐贤的侄孙。

乱兵进入宫中,登上含元殿,大声叫道:"天子已经出走,人们应该自己求取财富!"于是就喧哗起来,争着进入府库搬运金钱丝帛,直到搬不动了才罢手。民众也乘势跟着入宫盗取库物,出来了又再进入,整夜都不停地搬。那些进不了宫的人,就在路上抢夺。诸坊的居民各自互相守卫。姚令言与乱兵商议说:"现在众人无主,这种局面不能够持久。朱太尉在家里闲居,大家应该推戴他为主帅。"众人都同意,于是就派几百骑兵到晋昌里的住宅去迎接朱泚。半夜里,朱泚乘着马,在满列火炬、前呼后拥的形势下进入宫中,住在含元殿,警备戒严,自称权知六军。

戊申(初四)那天早晨,朱泚移居白华殿,在殿外张出告示,说:"泾原的将士,长久居住在边地,不熟习朝廷礼仪,驰入了宫殿,以致惊动了皇上,使他向西出巡去了。太尉现在已经暂且掌管指挥六军的权力,对待神策军士及文武百官等所有食俸禄的人,都要到现今皇上所在的地方去。不能去的,立即到本官这里来。如果出榜三日后,检查两边都没有名字的人,一律斩头!"于是百官都走出来见朱泚,有的人劝朱泚去迎接皇上回来,朱泚不高兴,百官就渐渐逃离。

　　源休以使回纥还，赏薄，怨朝廷。入见泚，屏人密语移时，为泚陈成败，引符命，劝之僭逆。泚喜，然犹未决。宿卫诸军举白幡降者，列于阙前甚众。泚夜于苑门出兵，旦自通化门入，络驿不绝，张弓露刃，欲以威众。

　　上思桑道茂之言，自咸阳幸奉天。县僚闻车驾猝至，欲逃匿山谷，主簿苏弁止之。弁，良嗣之兄孙也。文武之臣稍稍继至。己酉，左金吾大将军浑瑊至奉天。瑊素有威望，众心恃之稍安。

　　庚戌，源休劝朱泚禁十城门，毋得出朝士，朝士往往易服为佣仆潜出。休又为泚说诱文武之士，使之附泚。检校司空、同平章事李忠臣久失兵柄，太仆卿张光晟自负其才，皆郁郁不得志，泚悉起而用之。工部侍郎蒋镇出亡，坠马伤足，为泚所得。先是休以才能，光晟以节义，镇以清素，都官员外郎彭偃以文学，太常卿敬钅工以勇略，皆为时人所重，至是皆为泚用。

　　凤翔、泾原将张廷芝、段诚谏将数千人救襄城，未出潼关，闻朱泚据长安，杀其大将陇右兵马使戴兰，溃归于泚。泚于是自谓众心所归，反谋遂定。以源休为京兆尹、判度支，李忠臣为皇城使。百司供亿，六军宿卫，咸拟乘舆。

　　辛亥，以浑瑊为京畿、渭北节度使，行在都虞候白志贞为都知兵马使，令狐建为中军鼓角使，以神策都虞候侯仲庄为左卫将军兼奉天防城使。
　　朱泚以司农卿段秀实久失兵柄，意其必怏怏，遣数十骑召之。秀实闭门拒之，骑士逾垣入，劫之以兵。秀实自度

源休出使回纥回来，由于得到的赏赐较薄而怨恨朝廷。入朝见朱泚，屏退在场的人跟朱泚密谈了很久，为朱泚陈述成败的关键，引用符命之说，劝他称帝。朱泚很高兴，但是还未做出决定。当时宿卫的各部队举起白旗投降，在宫殿前面排列着的人很多。朱泚在夜间由宫苑大门出兵，早晨从通化门进入，络绎不绝，都做搭箭张弓、抽剑出鞘的动作，打算以此向民众示威。

　　德宗想起桑道茂的话，从咸阳到奉天。县里的官吏得知皇上突然到来，打算逃到山谷躲藏起来，主簿苏弁阻止他们这样做。苏弁是苏良嗣哥哥的孙子。文武臣僚们渐渐相继到来。己酉（初五）这天，左金吾大将军浑瑊到达奉天。浑瑊一向有威望，众心靠他才稍为安定下来。

　　庚戌（初六）那天，源休劝朱泚在京师十个城门设禁，不让朝士出城，而朝士往往变换服装，扮成佣仆，暗中出城。源休又替朱泚做说客引诱文武士人，叫他们依附朱泚。检校司空同平章事李忠臣失去兵权已经很久，太仆卿张光晟自负有才能，都是郁郁不得志的人，朱泚都提拔任用他们。工部侍郎蒋镇逃出城，坠马摔伤了脚，被朱泚抓获。在这之前，源休因为有才能，张光晟因为够节义，蒋镇因为清廉朴素，都官员外郎彭偃因为擅长文学，太常卿敬钰因有勇略，都被时人看重，到这时都被朱泚任用。

　　凤翔泾原将领张廷芝、段诚谏率领几千人援救襄城，还没有走出潼关，得知朱泚占据了长安，就杀死他们的大将陇右兵马使戴兰，逃去归附朱泚。朱泚于是自认为众心都归向他，决定谋反。任命源休为京兆尹、判度支，李忠臣为皇城使。百司的供给，六军的宿卫，都仿照皇帝的规制。

　　辛亥（初七）那天，德宗任命浑瑊为京畿、渭北节度使，行在都虞候白志贞为都知兵马使，令狐建为中军鼓角使，任命神策都虞候侯仲庄为左卫将军兼奉天防城使。

　　朱泚知道司农卿段秀实失去兵权很久，料想他心中一定会闷闷不乐，于是就派几十名骑兵去召见他。段秀实闭门拒绝见来使，骑兵逾墙而入，用武器劫持了他。段秀实预料到自己已

不免，乃谓子弟曰："国家有患，吾于何避之，当以死徇社稷，汝曹宜人自求生。"乃往见泚，泚喜曰："段公来，吾事济矣。"延坐问计。秀实说之曰："公本以忠义著闻天下，今泾军以犒赐不丰，遽有披猖，使乘舆播越。夫犒赐不丰，有司之过也，天子安得知之？公宜以此开谕将士，示以祸福，奉迎乘舆，复归宫阙，此莫大之功也。"泚默然不悦，然以秀实与己皆为朝廷所废，遂推心委之。左骁卫将军刘海宾、泾原都虞候何明礼、孔目官岐灵岳，皆秀实素所厚也，秀实密与之谋诛泚，迎乘舆。

上初至奉天，诏征近道兵入援。有上言："朱泚为乱兵所立，且来攻城，宜早修守备。"卢杞切齿言曰："朱泚忠贞，群臣莫及，奈何言其从乱，伤大臣心？臣请以百口保其不反。"上亦以为然。又闻群臣劝泚奉迎，乃诏诸道援兵至者皆营于三十里外。姜公辅谏曰："今宿卫单寡，防虑不可不深。若泚竭忠奉迎，何惮于兵多？如其不然，有备无患。"上乃悉召援兵入城。卢杞及白志贞言于上曰："臣观朱泚心迹，必不至为逆，愿择大臣入京城宣慰以察之。"上以问从臣，皆畏惮，莫敢行。金吾将军吴溆独请行，上悦。溆退而告人曰："食其禄而违其难，何以为臣？吾幸托肺腑，非不知往必死，但举朝无蹈难之臣，使圣情慊慊耳！"遂奉诏诣泚。泚反谋已决，虽阳为受命，馆溆于客省，寻杀之。

不能幸免，就对子弟们说："国家患难，我到什么地方去躲避呢？应当为国家而死，你们应各自去求生。"于是去见朱泚，朱泚高兴地说："段公到来，我的事情就成功了。"朱泚请段秀实入座，向他询问计策。段秀实劝朱泚说："朱公本来以忠义称著于天下，现在泾原的军队因为犒劳赏赐不够丰厚，骤然猖獗而起，使得皇上流离失所。犒劳赏赐不够丰厚，这是有关部门的过失，天子怎么能够知道呢？朱公应该用这个道理去开解告知将士们，让他们知道祸与福，去奉迎皇上返回宫殿，这样功劳就很大了。"朱泚默不作声，很不高兴，但认为段秀实与自己都是被朝廷废掉官爵的人，因此就推心置腹地委任他。左骁卫将军刘海宾、泾原都虞候何明礼、孔目官岐灵岳都是段秀实一向厚待的人，段秀实就跟他们秘密策划诛杀朱泚，迎回德宗。

德宗初到奉天时，下诏征召邻近各道的军队入奉天支援。有人进言说："朱泚被乱兵拥立，将要来攻城，应该早些做好防守的准备。"卢杞咬牙切齿地说："朱泚忠贞，在群臣中是无人能比的，怎么能讲他作乱，伤害了大臣的心呢？臣敢用一家百口来担保他不会造反。"德宗也认为他不会造反。又听说群臣劝朱泚奉迎皇帝的事，就下诏命令到来的各道援兵都在城外三十里处扎营。姜公辅劝谏说："现在宿卫的兵力非常薄弱，在防范上的考虑不能不缜密一些。如果朱泚竭尽忠心来奉迎皇上，怕什么兵多？如果他不是忠心的话，那就有备无患。"德宗就将全部援兵召入城去，卢杞及白志贞对德宗说："臣观察朱泚的心和做事的迹象，肯定不至于造反，希望挑选一个大臣到京城去宣旨安慰，顺便观察他的动静。"德宗问随从的大臣谁敢前去，大家都害怕，不敢前去。唯独金吾将军吴溆请求前往，德宗很高兴。吴溆退朝后对人说："接受君上的俸禄而逃避国家的危难，怎么算是臣子呢？我有幸得以委托重要任务，不是不知道这次去就一定会死，但要是朝廷上下没有一个敢面对艰难的臣子，这就会令皇上深有遗憾了！"于是就奉诏到朱泚那里去。朱泚已经决定造反，虽然表面上接受命令，将吴溆安置在客省里，但很快就杀了他。

淑,凑之兄也。

泚遣泾原兵马使韩旻将锐兵三千,声言迎大驾,实袭奉天。时奉天守备单弱,段秀实谓岐灵岳曰:"事急矣!"使灵岳诈为姚令言符,令旻且还,当与大军俱发。窃令言印未至,秀实倒用司农印印符,募善走者追之。旻至骆驿,得符而还。秀实谓同谋曰:"旻来,吾属无类矣!我当直搏泚杀之,不克则死,终不能为之臣也!"乃令刘海宾、何明礼阴结军中之士,欲使应之于外。旻兵至,泚、令言大惊,岐灵岳独承其罪而死,不以及秀实等。

是日,泚召李忠臣、源休、姚令言及秀实等议称帝事。秀实勃然起,夺休象笏,前唾泚面,大骂曰:"狂贼!吾恨不斩汝万段,岂从汝反邪!"因以笏击泚,泚举手扞之,才中其额,溅血洒地。泚与秀实相搏恟恟,左右猝愕,不知所为。海宾不敢进,乘乱而逸。忠臣前助泚,泚得匍匐脱走。秀实知事不成,谓泚党曰:"我不同汝反,何不杀我?"众争前杀之。泚一手承血,一手止其众曰:"义士也!勿杀。"秀实已死,泚哭之甚哀,以三品礼葬之。海宾缞服而逃,后二日,捕得,杀之,亦不引何明礼。明礼从泚攻奉天,复谋杀泚,亦死。上闻秀实死,恨委用不至,涕泗久之。

凤翔节度使、同平章事张镒,性儒缓,好修饰边幅,不习军事。闻上在奉天,欲迎大驾,具服用货财,献于行在。后营将李楚琳,为人剽悍,军中畏之,尝事朱泚,为泚所厚。

吴溆,是吴凑的哥哥。

朱泚派泾原兵马使韩旻率领三千精兵,扬言迎接皇上,实际上却是袭击奉天。这时奉天的守备力量单薄,段秀实对岐灵岳说:"事情危急了!"让岐灵岳诈用姚令言的信符,命令韩旻暂且回去,再与大军一齐进发。由于姚令言的印信未能盗来,段秀实倒印上司农印的印符,招募一个擅长走路的人追赶韩旻。韩旻到了骆驿,得到印符就回师了。段秀实对同谋的人说:"韩旻一回来,我们都会无一幸免!我要直接跟朱泚搏斗把他杀掉,不成功就死,终究不能做他的臣下。"于是嘱咐刘海宾、何明礼暗中交结军中士卒,想要他们在外边接应。韩旻的士兵回来,朱泚、姚令言大吃一惊,岐灵岳单独承担罪过而被处死,没有牵连段秀实等人。

这天,朱泚召李忠臣、源休、姚令言及段秀实等人商议称帝的事情。段秀实愤怒地起身夺了源休的象笏,走上前去将口沫唾在朱泚的脸上,大声骂道:"你这狂贼!我恨不得将你斩成一万段,怎么会跟从你造反呢!"于是用笏打朱泚,朱泚举手抵挡,只打中朱泚的额头,血花溅起,洒了一地。朱泚与段秀实互相激烈搏斗,事出仓促,左右的人突然受惊,不知道怎样做才好。刘海宾不敢进入,趁乱逃跑。李忠臣上前去帮助朱泚,使朱泚能够匍匐着脱身而走。段秀实知道事情不成功,对朱泚的同党说:"我不同你们一起造反,为什么不杀我?"众人争着上前杀他。朱泚一只手按着伤口,一只手制止他的部众说:"这是义士!不能杀。"段秀实已被杀死,朱泚哭得很伤心,用三品官的丧礼安葬他。刘海宾穿着缞服逃跑,两天后被捕获杀死,也不牵连何明礼。何明礼跟从朱泚攻打奉天,又策划杀朱泚,也不成功而死。德宗听说段秀实死了,悔恨过去舍弃了段秀实而不加重用,伤心流泪了很久。

凤翔节度使、同平章事张镒,性格懦弱迟缓,喜欢修饰边幅,并不熟习军事。他听说德宗出走奉天,打算前去恭迎圣驾,就准备好服装器用货财,去献给德宗。后营将李楚琳,是个剽悍的人,军中的将士都怕他,他曾经事奉过朱泚,朱泚待他非常优厚。

行军司马齐映与同幕齐抗言于镒曰："不去楚琳，必为乱首。"镒命楚琳出戍陇州。楚琳托事不时发。镒方以迎驾为忧，谓楚琳已去矣。楚琳夜与其党作乱，镒缒城而走，贼追及，杀之，判官王沼等皆死。映自水窦出，抗为佣保负荷而逃，皆免。

始，上以奉天迫隘，欲幸凤翔，户部尚书萧复闻之，遽请见曰："陛下大误，凤翔将卒皆朱泚故部曲，其中必有与之同恶者。臣尚忧张镒不能久，岂得以銮舆蹈不测之渊乎？"上曰："吾行计已决，试为卿留一日。"明日，闻凤翔乱，乃止。

齐映、齐抗皆诣奉天，以映为御史中丞，抗为侍御史。楚琳自为节度使，降于朱泚。陇州刺史郝通奔于楚琳。

朱泚自白华殿入宣政殿，自称大秦皇帝，改元应天。癸丑，泚以姚令言为侍中、关内元帅，李忠臣为司空兼侍中，源休为中书侍郎、同平章事、判度支，蒋镇为吏部侍郎，樊系为礼部侍郎，彭偃为中书舍人，自馀张光晟等各拜官有差。立弟滔为皇太弟。姚令言与源休共掌朝政，凡泚之谋画、迁除、军旅、资粮，皆禀于休。休劝泚诛剪宗室在京城者以绝人望，杀郡王、王子、王孙凡七十七人。寻又以蒋镇为门下侍郎，李子平为谏议大夫，并同平章事。镇忧惧，每怀刀欲自杀，又欲亡窜，然性怯，竟不果。源休劝泚诛朝士之窜匿者以胁其馀，镇力救之，赖以全者甚众。樊系为泚撰册文，既成，仰药而死。大理卿胶水蒋沇诣行在，为贼

行军司马齐映与同僚齐抗对张镒说:"如果不除掉李楚琳,日后他必定会当作乱的首领。"张镒命令李楚琳前往陇州屯戍,李楚琳推托有事不按时出发。张镒正为迎接皇上的事而担忧,以为李楚琳已经离开了。李楚琳在夜间与他的党羽一同作乱,张镒从城上吊下来绳索逃跑,贼人追上了他,并将他杀死,判官王沼等人都死了。齐映从水洞逃出去,齐抗挑着担子扮作雇佣的仆役而逃,都免于被杀。

开始时,德宗认为奉天狭小,想转到凤翔,户部尚书萧复听说后,赶紧请见,说:"陛下大大失误了,凤翔的将领士兵都是朱泚过去的部曲,其中肯定有跟朱泚同谋造反的人。臣还担忧张镒不能持久,德宗怎么能踏入这个不可测的深渊呢?"德宗说:"我已经决定前去凤翔,权且为你逗留一天吧。"第二天,听说凤翔发生变乱,德宗才没有前去。

齐映、齐抗都到奉天去,德宗任命齐映为御史中丞,齐抗为侍御史。李楚琳自命为节度使,向朱泚投降。陇州刺史郝通投奔李楚琳。

朱泚从白华殿进入宣政殿,自称为大秦皇帝,更改年号为应天。癸丑(初九)这天,朱泚任命姚令言为侍中、关内元帅,李忠臣为司空兼侍中,源休为中书侍郎、同平章事、判度支,蒋镇为吏部侍郎,樊系为礼部侍郎,彭偃为中书舍人,其馀张光晟等人各自授任不同等级的官。又册立弟弟朱滔为皇太弟。姚令言与源休共同掌理朝廷政事,凡是朱泚的谋划、官员的调任、军队的调度、物资粮食的调配等,都向源休禀报。源休劝朱泚剪除在京城里的皇家宗室,使人断绝希望,杀死郡王、王子、王孙共七十七人。不久又任命蒋镇为门下侍郎,李子平为谏议大夫,并同平章事。蒋镇心中忧虑恐惧,每每怀着刀准备自杀,又打算逃跑,然而他天生胆小,最终都没能实施。源休劝朱泚诛杀逃跑躲藏的朝士来威胁其馀的人,蒋镇尽力解救他们,依赖蒋镇的解救而生存下来的人有很多。樊系替朱泚撰写册文,写成之后,就仰首服毒药而死。大理卿胶水人蒋沇到德宗所在地去,被贼人

所得,逼以官,沈绝食称病,潜窜得免。

哥舒曜食尽,弃襄城奔洛阳,李希烈陷襄城。右龙武将军李观将卫兵千馀人从上于奉天,上委之召募。数日,得五千馀人,列之通衢,旗鼓严整,城人为之增气。

姚令言之东出也,以兵马使京兆冯河清为泾原留后,判官河中姚况知泾州事。河清、况闻上幸奉天,集将士大哭,激以忠义,发甲兵、器械百馀车,通夕输行在。城中方苦无甲兵,得之,士气大振。诏以河清为四镇、北庭行营、泾原节度使,况为行军司马。

上至奉天数日,右仆射、同平章事崔宁始至,上喜甚,抚劳有加。宁退,谓所亲曰:"主上聪明英武,从善如流,但为卢杞所惑,以至于此!"因潸然出涕。杞闻之,与王翃谋陷之。翃言于上曰:"臣与宁俱出京城,宁数下马便液,久之不至,有顾望意。"会朱泚下诏,以左丞柳浑同平章事,宁为中书令。浑,襄阳人也,时亡在山谷。翃使螯厔尉康湛诈为宁遗朱泚书,献之。杞因谮宁与朱泚结盟,约为内应,故独后至。乙卯,上遣中使引宁就幕下,云宣密旨,二力士自后缢杀之。中外皆称其冤,上闻之,乃赦其家。

朱泚遣使遗朱滔书,称:"三秦之地,指日克平;大河之北,委卿除殄,当与卿会于洛阳。"滔得书,西向舞蹈,宣示军府,移牒诸道,以自夸大。

上遣中使告难于魏县行营,诸将相与恸哭。李怀光帅众赴长安,马燧、李芄各引兵归镇,李抱真退屯临洺。

抓获，逼他当官，蒋沉称病绝食，暗中逃跑才得以幸免于难。

哥舒曜因粮食已尽，放弃襄城跑回洛阳，李希烈攻陷襄城。右龙武将军李观率领一千多名卫兵跟从德宗到奉天，德宗委托他招募军队，几天时间招募五千多人，排列在通达的道路上，旗鼓严整，城里人的气势因此振作起来。

姚令言东出泾原时，任命兵马使京兆人冯河清为泾原留后，判官河中人姚况知泾州事。冯河清、姚况听说皇上到了奉天，把将士集合起来痛哭一场，以忠义激发他们，征发了一百多车军用器械，整夜运到皇上所在地。奉天城正苦于没有盔甲兵器，现在得到了，士气大为振奋。德宗下诏任命冯河清为四镇、北庭行营、泾原节度使，姚况为行军司马。

德宗到奉天几日后，右仆射、同平章事崔宁才到，皇上很高兴，大大安抚慰劳一番。崔宁回家，对亲近的人说："主上聪明英武，听从善言像流水一样自然，只因被卢杞迷惑，才落到这样的境地。"于是流下眼泪。卢杞听说此事，跟王翃一起策划陷害崔宁。王翃对皇上说："臣与崔宁一齐出京城，崔宁好几次下马小便，很长时间不赶上来，有回头观望的表现。"正好朱泚下诏书，任命左丞柳浑为同平章事，崔宁为中书令。柳浑是襄阳人，当时逃亡在山谷。王翃指使盝屋尉康湛伪造一封崔宁写给朱泚的信，献给德宗。卢杞于是诬陷崔宁与朱泚结下盟约，约定做内应，所以只有崔宁后来才到。乙卯（十一日）这天，德宗派中使引崔宁到幕下，说是宣读密旨，两个力士从后面将崔宁勒死。朝廷内外都声称崔宁冤枉，德宗听说后，就赦免了他的全家。

朱泚派遣使者送信给朱滔，称言："三秦的地方，没有几天便可以平定；大河北部的敌人，委托爱卿去消灭了，将与爱卿在洛阳会面。"朱滔得到信，就向西手舞足蹈起来，在军府中宣布，并且向各道发布公文，用来自我宣扬。

德宗派中使把蒙难的事告诉魏县的行营，诸将一齐痛哭起来。李怀光率领众人开赴长安，马燧、李芃各自引兵回归本镇，李抱真退兵屯驻临洺。

朱泚自将逼奉天,军势甚盛。以姚令言为元帅,张光晟副之,以李忠臣为京兆尹、皇城留守,仇敬忠为同、华等州节度使、拓东王,以扞关东之师,李日月为西道先锋经略使。

邠宁留后韩遊瓌、庆州刺史论惟明、监军翟文秀受诏将兵三千拒泚于便桥,与泚遇于醴泉。遊瓌欲还趣奉天,文秀曰:"我向奉天,贼亦随至,是引贼以迫天子也。不若留壁于此,贼必不敢越我向奉天;若不顾而过,则与奉天夹攻之。"遊瓌曰:"贼强我弱,若贼分军以缀我,直趣奉天,奉天兵亦弱,何夹攻之有?我今急趣奉天,所以卫天子也。且吾士卒饥寒而贼多财,彼以利诱吾卒,吾不能禁也。"遂引兵入奉天。泚亦随至。官军出战,不利,泚兵争门,欲入,浑瑊与遊瓌血战竟日。门内有草车数乘,瑊使虞候高固帅甲士以长刀斫贼,皆一当百,曳车塞门,纵火焚之,众军乘火击贼,贼乃退。会夜,泚营于城东三里,击柝张火,布满原野,使西明寺僧法坚造攻具,毁佛寺以为梯冲。韩遊瓌曰:"寺材皆干薪,但具火以待之。"固,侃之玄孙也。泚自是日来攻城,瑊、遊瓌等昼夜力战。幽州兵救襄城者闻泚反,突入潼关,归泚于奉天,普润戍卒亦归之,有众数万。

上与陆贽语及乱故,深自克责。贽曰:"致今日之患,皆群臣之罪也。"上曰:"此亦天命,非由人事。"贽退上疏,以为:"陛下志壹区宇,四征不庭,凶渠稽诛,逆将继乱,兵连祸结,行及三年。征师日滋,赋敛日重,内自京邑,外泊

朱泚亲自领兵逼近奉天,军势十分盛大。任命姚令言为元帅,张光晟为副帅。任命李忠臣为京兆尹、皇城留守,仇敬忠为同、华等州节度使、拓东王,用以抵御关东的军队,李日月为西道先锋经略使。

邠宁留后韩遊瓌、庆州刺史论惟明、监军翟文秀受诏率领三千兵马在便桥抵拒朱泚,与朱泚在醴泉相遇。韩遊瓌想返回奉天,翟文秀说:"我们开向奉天,贼军也跟随而到,这是引贼军迫近天子了。不如留下来在这里守住壁垒,贼军肯定不敢越过我们而去攻打奉天;如果他们真的不理会我们而走过去,那我们就与奉天的军队夹攻贼军。"韩遊瓌说:"贼军强我军弱,如果贼人分开兵力来拖住我们,直指奉天,奉天那边的兵力也弱,有什么可以夹攻的呢? 我们如今紧急开往奉天,是能够保卫天子的。况且我们的士兵饥饿寒冷,而贼军拥有很多钱财,对方用财物来引诱我们的士兵,我是无法禁止的。"于是引兵入奉天。朱泚也跟随而到。官军出战失利,朱泚的士兵争着进攻城门想入城,浑瑊与韩遊瓌血战了一整天。城门内有几辆载草的车,浑瑊使虞候高固率领甲士用长刀砍杀贼兵,都能以一人挡住百人,拖车堵塞城门,然后放火焚车,众军士趁着火烟击杀贼兵,贼兵才退回去。到了夜晚,朱泚的军队在城东三里处扎营,到处打更点火,布满原野,让西明寺僧人法坚制造攻城器具,拆毁佛寺取木材做云梯和冲车。韩遊瓌说:"寺中的木材统统是干柴,只要准备火就能对付。"高固是高侃的玄孙。朱泚从此日日来攻城,浑瑊、韩遊瓌等日夜力战。援救襄城的幽州兵听到朱泚反叛,就冲入潼关,到奉天归附朱泚,普润的戍卒也归附他,于是朱泚拥有兵马好几万。

德宗与陆贽讲话谈到作乱的原因时,深深地自我责备。陆贽说:"导致今天的祸患,都是群臣的罪过。"德宗说:"这也是天命,并不关乎人事。"陆贽退朝后奏上章疏,认为:"陛下志在统一天下,征伐四方不来朝贡的人,作恶的首领被查惩后,叛逆的将领又继续作乱,结果战争不停,祸难集结,将近有三个年头。征发军队一天天增多,税收一日日加重,从内地的京城县邑到外面

边陲，行者有锋刃之忧，居者有诛求之困。是以叛乱继起，怨讟并兴。非常之虞，亿兆同虑。唯陛下穆然凝邃，独不得闻，至使凶卒鼓行，白昼犯阙，岂不以乘我间隙，因人携离哉？陛下有股肱之臣，有耳目之任，有谏诤之列，有备卫之司，见危不能竭其诚，临难不能效其死。臣所谓致今日之患，群臣之罪者，岂徒言欤？圣旨又以国家兴衰，皆有天命。臣闻天所视听，皆因于人。故祖伊责纣之辞曰：'我生不有命在天！'武王数纣之罪曰：'乃曰吾有命，罔惩其侮。'此又舍人事而推天命必不可之理也！《易》曰：'视履考祥。'又曰：'吉凶者，失得之象。'此乃天命由人，其义明矣。然则圣哲之意，六经会通，皆谓祸福由人，不言盛衰有命。盖人事理而天命降乱者，未之有也；人事乱而天命降康者，亦未之有也。自顷征讨颇频，刑网稍密，物力竭耗，人心惊疑，如居风涛，汹汹靡定。上自朝列，下达蒸黎，日夕族党聚谋，咸忧必有变故。旋属泾原叛卒，果如众庶所虞。京师之人，动逾亿计，固非悉知算术，皆晓占书，则明致寇之由，未必尽关天命。臣闻理或生乱，乱或资理，有以无难而失守，有以多难而兴邦。今生乱失守之事，则既往不可复追矣；其资理兴邦之业，在陛下克励而谨修之。

边境地区,外出的人要担心遭到刀刃的杀戮,在家里的人要受剥削压榨的困扰。所以叛乱连续兴起,怨言一齐爆发。这不是一般的忧患,亿兆的人都担忧着。唯独陛下仍然静静地在深幽处凝坐而听闻不到,使得凶狠的士兵击鼓而行,在大白天里侵犯宫殿,难道不是因为朝廷出现漏洞,人心已经背离,给他们造成了可乘之机吗?陛下的臣子中,有的是辅政大臣,有的人任务是做耳目的,有的人职责是做谏诤的,有的人是当戒备守卫的。他们见到陛下有危险时不能够尽力表现出他们的忠诚,面临灾难时不能以死殉职。臣所以讲导致今日的祸患,是群臣的罪过,难道这仅仅是空言吗?陛下又认为国家兴衰都有天命,臣听说上天所看到所听到的东西,都是从人那里得到的。所以祖伊斥责纣王的文辞中说:'我生来是没有在天之命的!'周武王列举纣王的罪行说:'竟然讲我有天命,不肯以自己所受的侮辱为戒。'这些又是讲放弃人事而推断天命是定然不可的道理。《周易》说:'顾视全体履卦,可以考察吉祥。'又说:'吉与凶是成功与失败的象征。'这是说天命由人来决定,其意思很明显。这样就可以见到圣哲们的解释以及六经中贯通地讲天命的含义,皆说祸福由于人,不讲盛衰自有天命。总之,处理好人事,天命却要降下祸乱来,这样的事是不会有的;不处理好人事而天命要降下康宁的事,也是不会有的。自不久以前出征讨伐的事频繁发生,刑法条律就逐渐增多,物力也消耗完了,民心惊疑震动,好像处在大风大浪之中,汹汹然不能安定。上自朝廷士人,下到普通老百姓,同族同党的人日夜聚在一起谋议,都担忧必然会有变故发生。很快泾原就发生士兵叛变,果然像众人预料的那样。京城的人多以亿计,本来都不是识算命懂占卜的,这就可以明白,产生寇贼的原因,未必全是跟天命有关系。臣听说在治理中有时会产生祸乱,祸乱有时能助于治理,有的情况是因为没有祸难而导致失去了职守,有的情况是因为多灾多难而导致国家兴旺。现在产生祸乱失掉职守的事情,已经发生而不能再挽救;然而它为治理和兴旺国家提供了条件,这要靠陛下奋发谨慎地修明其事。

何忧乎乱人,何畏乎厄运?勤励不息,足致升平,岂止荡涤
祲氛,旋复宫阙而已?"

田悦说王武俊,使与马寔共击李抱真于临洺。抱真复
遣贾林说武俊曰:"临洺兵精而有备,未易轻也。今战胜得
地,则利归魏博;不胜,则恒冀大伤。易、定、沧、赵,皆大夫
之故地也,不如先取之。"武俊乃辞悦,与马寔北归。壬戌,
悦送武俊于馆陶,执手泣别,下至将士,赠遗甚厚。

先是,武俊召回纥兵,使绝李怀光等粮道。怀光等已
西去,而回纥达干将回纥千人、杂虏二千人适至幽州北境。
朱滔因说之,欲与俱诣河南取东都,应接朱泚,许以河南子
女、金帛赂之。滔娶回纥女为侧室,回纥谓之朱郎,且利其
俘掠,许之。贾林复说武俊曰:"自古国家有患,未必不因
之更兴。况主上九叶天子,聪明英武,天下谁肯舍之共事
朱泚乎?滔自为盟主以来,轻蔑同列。河朔古无冀国,冀
乃大夫之封域也。今滔称冀王,又西倚其兄,北引回纥,其
志欲尽吞河朔而王之,大夫虽欲为之臣,不可得矣。且大
夫雄勇善战,非滔之比;又本以忠义手诛叛臣,当时宰相处
置失宜,为滔所诳诱,故蹉跌至此。不若与昭义并力取滔,
其势必获。滔既亡,则泚自破矣。此不世之功,转祸为福
之道也。今诸道辐凑攻泚,不日当平。天下已定,大夫乃
悔而归国,则已晚矣!"时武俊已与滔有隙,因攘袂作色曰:
"二百年天子吾不能臣,岂能臣此田舍儿乎?"遂密与抱真

那叛乱之人有什么可担心的,厄运有什么可害怕的呢? 只要勤奋不息,足以让天下太平,何止是为了平定叛乱,重返京城呢?”

田悦劝说王武俊,让他与马寔一同攻击在临洺的李抱真。李抱真又派贾林劝说王武俊说:“临洺兵精锐而且有防备,是不可轻视的。现在战胜得到这块地,那么利益归于魏博;如果不能取胜的话,那么恒冀会受到大损伤。易、定、沧、赵诸州,都是大夫你的旧辖地,不如先去攻取这些地方。”于是王武俊就拒绝了田悦的请求,与马寔回归北方。壬戌(十八日)那天,田悦在馆陶送王武俊起程,执手流泪而别,下至将士,赠给的东西都很丰厚。

在这之前,王武俊派回纥兵切断李怀光等人的粮道。李怀光等人已经向西边走了,而回纥达干带着回纥兵一千人、杂编各族兵马二千人刚好到幽州北境。朱滔于是劝说他们,打算跟他们一齐到河南去攻取东都,接应朱泚,承诺将河南的青年男女、金帛赠给他们。朱滔因为娶了回纥女人做妾,回纥人就称呼他为朱郎,况且他们贪图对河南的俘获抢掠,就答应了朱滔。贾林又对王武俊说:“自古以来国家有患难,未必不借着这个原因从而变革中兴的。何况主上是唐朝的第九代皇帝,聪明英武,天下人谁肯丢下他而共同事奉朱泚呢! 朱滔自从当盟主以来,轻蔑同辈。河朔古代没有冀国,冀只是大夫的封地罢了。现在朱滔称冀王,又倚靠他西边的哥哥,引来北边的回纥,他的野心是想全部吞并河朔,自称为王,尽管大夫你想当他的臣属,也不可能了。况且大夫你英勇善战,不是朱滔所能比的;你又以忠义为根本,亲手杀了叛臣,因为当时宰相处置不恰当,被朱滔欺骗引诱,所以才失误到现在这个地步。不如与昭义合力攻取朱滔,这形势肯定可以获胜的。消灭朱滔之后,朱泚自然会被打败。这是稀世罕有的功劳,是转祸为福的做法啊! 现在各道集中力量攻打朱泚,过不了多久就可以平定。到时候天下已经安定下来,大夫才悔过而投降唐朝,那就已经太迟了!”当时王武俊已经与朱滔有矛盾,于是袍袖一扬,奋然作色说:“享有二百年天祚的天子我不能给他当臣属,难道可以当这个田舍儿的臣子吗?”就秘密跟李抱真

及马燧相结,约为兄弟。然犹外事滔,礼甚谨,与田悦各遣使见滔于河间,贺朱泚称尊号,且请马寔之兵共攻康日知于赵州。

汝、郑应援使刘德信将子弟军在汝州,闻难,引兵入援,与泚众战于见子陵,破之。以东渭桥有转输积粟,癸亥,进屯东渭桥。

朱泚夜攻奉天东、西、南三面,甲子,浑瑊力战却之。左龙武大将军吕希倩战死。乙丑,泚复攻城,将军高重捷与泚将李日月战于梁山之隅,破之,乘胜逐北,身先士卒,贼伏兵擒之。其麾下十馀人奋不顾死,追夺之,贼不能拒,乃斩其首,弃其身而去。麾下收之入城,上亲抚而哭之尽哀,结蒲为首而葬之,赠司空。朱泚见其首,亦哭之曰:"忠臣也!"束蒲为身而葬之。李日月,泚之骁将也,战死于奉天城下,泚归其尸于长安,厚葬之。其母竟不哭,骂曰:"奚奴!国家何负于汝而反?死已晚矣!"及泚败,贼党皆族诛,独日月之母不坐。己巳,加浑瑊京畿、渭南北、金商节度使。

壬申,王武俊与马寔至赵州城下。

初,朱泚镇凤翔,遣其将牛云光将幽州兵五百人戍陇州,以陇右营田判官韦皋领陇右留后。及郝通奔凤翔,牛云光诈疾,欲俟皋至,伏兵执之以应泚。事泄,帅其众奔泚。至汧阳,遇泚遣中使苏玉赍诏书加皋中丞。玉说云光曰:"韦皋,书生也。君不如与我俱之陇州,皋幸而受命,乃吾人也;不受命,君以兵诛之,如取孤狄耳!"云光从之。

还有马燧互相结盟,约为兄弟。但表面上还事奉朱滔,在礼仪上很恭谨,与田悦各派使者到河间见朱滔,祝贺朱泚称尊号,并且请马寔的军队一同进攻赵州的康日知。

汝、郑应援使刘德信率领子弟军在汝州,得知皇上有难,带兵入关援救,与朱泚的兵众在见子陵交战,攻破朱泚兵。因为东渭桥有转运输送积累下来的粮食,癸亥(十九日)这天,进军屯驻在东渭桥。

朱泚在夜间攻打奉天城的东、西、南三面,甲子(二十日)这天,浑瑊奋力作战把他打退。左龙武大将军吕希倩战死。乙丑(二十一日),朱泚又攻城,将军高重捷与朱泚的将领李日月在梁山的边隅交战,打败李日月,乘胜向北追击,高重捷身先士卒,被贼人的伏兵抓获。高重捷部下十多个人奋不顾身地追赶上去抢夺,贼兵抵挡不住,就斩了高重捷的头,弃下他的尸身而逃。部下们收尸身入城,德宗亲自抚尸而哭,很悲哀,编结蒲草做一个头来安葬他,赠官为司空。朱泚见到高重捷的头颅,也哭着说:"真是一个忠臣!"编结蒲草做一具躯体来安葬他。李日月是朱泚的勇将,战死在奉天城下,朱泚将他的尸体运回长安,予以厚葬。李日月的母亲竟然不哭,骂道:"你这奚奴,国家有什么对不住你而你要反叛,现在死得已经很晚了!"后来朱泚失败,贼人的同党都被灭族,唯独李日月的母亲不受牵连。己巳(二十五日),加封浑瑊为京畿、渭南北、金商节度使。

壬申(二十八日),王武俊与马寔到达赵州城下。

起初,朱泚镇守凤翔,派遣他的将领牛云光率领五百名幽州兵戍守陇州,任命陇右营田判官韦皋兼任陇右留后。等到郝通逃往凤翔,牛云光谎称生病,想等韦皋到来,设下伏兵抓住他去响应朱泚。由于事情败露,牛云光带着众人投奔朱泚。军队走到汧阳时,遇到朱泚派中使苏玉带着诏书来加封韦皋为中丞。苏玉劝说牛云光说:"韦皋是个书生。你不如与我一同前去陇州,如果韦皋有幸接受诏命,就是我们的人;不接受诏命的话,你就用武力杀死他,如同取一头猪崽子一样!"牛云光听从苏玉的话。

皋从城上问云光曰:"向者不告而行,今而复来,何也?"云光曰:"向者未知公心,今公有新命,故复来,愿托腹心。"皋乃先纳苏玉,受其诏书,谓云光曰:"大使苟无异心,请悉纳甲兵,使城中无疑,众乃可入。"云光以皋书生,易之,乃悉以甲兵输之而入。明日,皋宴玉、云光及其卒于郡舍,伏甲诛之。筑坛,盟将士曰:"李楚琳贼虐本使,既不事上,安能恤下? 宜相与讨之。"遣兄平、弇诣奉天,复遣使求援于吐蕃。

十一月乙亥,以陇州为奉义军,擢皋为节度使。泚又使中使刘海广许皋凤翔节度使,皋斩之。

灵武留后杜希全、盐州刺史戴休颜、夏州刺史时常春会渭北节度使李建徽,合兵万人入援。将至奉天,上召将相议道所从出。关播、浑瑊曰:"漠谷道险狭,恐为贼所邀。不若自乾陵北过,附柏城而行,营于城东北鸡子堆,与城中掎角相应,且分贼势。"卢杞曰:"漠谷路近,若为贼所邀,则城中出兵应接可也。傥出乾陵,恐惊陵寝。"瑊曰:"自泚攻城,斩乾陵松柏,以夜继昼,其惊多矣。今城中危急,诸道救兵未至,唯希全等来,所系非轻,若得营据要地,则泚可破也。"杞曰:"陛下行师,岂比逆贼? 若令希全等过之,是自惊陵寝。"上乃命希全等自漠谷进。丙子,希全等军至漠谷,果为贼所邀,乘高以大弩、巨石击之,死伤甚众。城中出兵应接,为贼所败。是夕,四军溃,退保邠州。泚阅其辎重于城下,从官相视失色。休颜,夏州人也。

韦皋从城上问牛云光说:"先前你不告辞就离开,如今又返回来,是怎么回事?"牛云光说:"过去不知道你的内心,如今你有了新任命,所以我又回来,愿意献出诚心。"韦皋就先放苏玉入城,接受了诏书,才对牛云光说:"大使您假如没有异心,请交出全部兵械,使城中的人没有疑虑,众人才可以进来。"牛云光认为韦皋是书生,轻视他,就把全部兵械运送过去,然后入城。第二天,韦皋在郡舍设宴招待苏玉、牛云光及他的士兵,埋伏甲士把他们杀了。于是筑坛跟将士们盟誓说:"李楚琳残杀本使张镒,既然他不能事奉上级,怎么能体恤下级呢? 应该一同去讨伐他。"派哥哥韦平、韦昇到奉天去,又遣使向吐蕃求援。

十一月乙亥(初二),把陇州改名为奉义军,提拔韦皋为节度使。朱泚又派中使刘海广许诺让韦皋当凤翔节度使,韦皋杀了刘海广。

灵武留后杜希全、盐州刺史戴休颜、夏州刺史时常春会同渭北节度使李健徽合兵一万人入奉天支援。快要到达奉天时,德宗召集将相们商议让他们从哪条道路入援奉天。关播、浑瑊说:"漠谷的道路很险狭,恐怕会被贼兵拦截。不如从乾陵北边经过,依着柏树山冈而行,在城的东北鸡子堆处扎营,与城中组成掎角互相照应,而且可以分散贼兵的兵力。"卢杞说:"漠谷道近,如果被贼兵拦截,那么城中可以出兵接应。倘若走出乾陵,恐怕惊动了陵寝。"浑瑊说:"自从朱泚攻城以来,砍伐乾陵的松柏,日夜不停,惊动陵寝已经很多了。现在城中危急,各道救兵未到,只有杜希全等前来,关系重大,如果可以占据要害地势扎营,那么就可以攻破朱泚了。"卢杞说:"陛下行军,哪里可以跟逆贼相比,如果让杜希全等经过乾陵,这是自己惊动陵寝了。"皇上于是命令杜希全等人从漠谷进军。丙子(初三)这天,杜希全等部队到达漠谷,果然被贼兵拦截,贼兵居高临下,用大弩和巨石攻击援军,杜希全军死伤很多。城中出兵接应,被贼兵打败。这天晚上,四支军队溃败,退保邠州。朱泚在城下视察那些辎重,随从的官员面面相觑,大惊失色。戴休颜是夏州人。

　　泚攻城益急，穿堑环之。泚移帐于乾陵，下视城中，动静皆见之，时遣使环城招诱士民，笑其不识天命。

　　神策河北行营节度使李晟疾愈，闻上幸奉天，帅众将奔命。张孝忠迫于朱滔、王武俊，倚晟为援，不欲晟行，数沮止之。晟乃留其子凭，使娶孝忠女为妇。又解玉带赂孝忠亲信，使说之，孝忠乃听晟西归，遣大将杨荣国将锐兵六百与晟俱。晟引兵出飞狐道，昼夜兼行，至代州。丁丑，加晟神策行营节度使。

　　王武俊、马寔攻赵州不克。辛巳，寔归瀛州，武俊送之五里，犒赠甚厚，武俊亦归恒州。

　　朱泚攻围奉天经月，城中资粮俱尽。上尝遣健步出城觇贼，其人恳以苦寒为辞，跪奏乞一襦袴。上为之寻求不获，意悯默而遣之。时供御才有粝米二斛，每伺贼之休息，夜，缒人于城外，采芜菁根而进之。上召公卿将吏谓曰："朕以不德，自陷危亡，固其宜也。公辈无罪，宜早降以救室家。"群臣皆顿首流涕，期尽死力，故将士虽困急而锐气不衰。

　　上之幸奉天也，粮料使崔纵劝李怀光令入援，怀光从之。纵悉敛军资与怀光皆来。怀光昼夜倍道，至河中，力疲，休兵三日。河中尹李齐运倾力犒宴，军士尚欲迁延。崔纵先辇货财渡河，谓众曰："至河西，悉以分赐。"众利之，西屯蒲城，有众五万。齐运，恽之孙也。

朱泚加紧攻城,环绕着城而挖掘沟堑。朱泚把营帐移到乾陵,往下视察,城中的一切动静都可见到,时常派使者环绕城池招诱士民,笑他们不识天命。

神策、河北行营节度使李晟病愈,得知德宗到了奉天,就率领众将官逃命。张孝忠被朱滔、王武俊所逼迫,倚仗李晟作为支援力量,不想让李晟离开,就多次阻止他。李晟于是留下他的儿子李凭,让他娶张孝忠的女儿为妻。又解下玉带赠给张孝忠的亲信,让他劝说张孝忠,张孝忠这才允许李晟回归西边去,派大将杨荣国率领六百精兵与李晟一同前往。李晟领兵出飞狐道,日夜兼程行军,到达代州。丁丑(初四)这天,加封李晟为神策行营节度使。

王武俊、马宴攻打赵州,未能攻克。辛巳(初八),马寔返回瀛州,王武俊送了他五里地,犒劳赠送很丰厚,王武俊也返回恒州。

朱泚围攻奉天历经一个月,城中物资粮食都已用尽。德宗曾经派跑步快的人出城去窥看贼兵的动静,这个人恳切地用苦寒做借口,跪奏乞求得到一件短袄和套裤。德宗替他找寻,得不到,只好怀着怜悯,默然无声地派遣他出城。这时供给德宗食用的才有粗米二斛,所以城中人每每窥伺贼兵休息时,在夜间缒下人到城外,采芜菁根回城进献给德宗。德宗召集公卿将吏,对他们说:"朕因无德,自己陷于危亡的境地,实在是应该的。而你们并没有罪过,应该早点投降,保住身家。"群臣都顿首流泪,相约要拼尽全力,所以将士们虽然面对着困苦危急的威胁,但是锐气却丝毫不减。

德宗到奉天时,粮料使崔纵劝李怀光下令入奉天支援,李怀光听从他的建议。崔纵收敛了全部军用物资与李怀光一齐来到奉天。李怀光日夜加倍行军,到了河中,疲劳无力,让军士休息三天。河中尹李齐运倾尽全力设宴犒劳,军士还想拖延。崔纵先运载货财渡河,对众人说:"到了河西,这些东西全部用来分赐给你们。"众人贪图其利而跟从,向西行屯驻在蒲城,有五万人。李齐运是李恽的孙子。

　　李晟行且收兵，亦自蒲津济，军于东渭桥。其始有卒四千，晟善于抚御，与士卒同甘苦，人乐从之，旬月间至万馀人。神策兵马使尚可孤讨李希烈，将三千人在襄阳，自武关入援，军于七盘，败泚将仇敬，遂取蓝田。可孤，宇文部之别种也。镇国军副使骆元光，其先安息人，骆奉先养以为子，将兵守潼关近十年，为众所服。朱泚遣其将何望之袭华州，刺史董晋弃州走行在。望之据其城，将聚兵以绝东道，元光引关下兵袭望之，走还长安。元光遂军华州，召募士卒，数日，得万馀人。泚数遣兵攻元光，元光皆击却之，贼由是不能东出。上即以元光为镇国军节度使，元光乃将兵二千西屯昭应。马燧遣其行军司马王权及其子汇将兵五千人入援，屯中渭桥。于是泚党所据惟长安而已，援军游骑时至望春楼下。李忠臣等屡出兵，皆败，求援于泚。泚恐民间乘弊抄之，所遣兵皆昼伏夜行。

　　泚内以长安为忧，乃急攻奉天，使僧法坚造云梯，高广各数丈，裹以兕革，下施巨轮，上容壮士五百人。城中望之恟惧。上以问群臣，浑瑊、侯仲庄对曰："臣观云梯势甚重，重则易陷。臣请迎其所来凿地道，积薪蓄火以待之。"神武军使韩澄曰："云梯小伎，不足上劳圣虑，臣请御之。"乃度梯之所傃，广城东北隅三十步，多储膏油松脂薪苇于其上。丁亥，泚盛兵鼓噪攻南城。韩遊瓌曰："此欲分吾力也。"乃引兵严备东北。戊子，北风甚迅，泚推云梯，上施湿毡，悬

李晟在行进中招收兵员,也从蒲津渡河,驻军在东渭桥。他开始时有士兵四千人,由于李晟擅长抚恤和驾驭士兵,与士兵同甘共苦,人们都愿意跟从他,一月之间增兵到一万多人。神策兵马使尚可孤讨伐李希烈,率领三千人在襄阳,从武关入奉天支援,驻军在七盘,打败朱泚的将领仇敬,于是夺取了蓝田。尚可孤是宇文部中的别支。镇国军副使骆元光的祖先是安息人,骆奉先收养他做儿子,他率领兵士守卫潼关将近十年,部众很服从他。朱泚派他的将领何望之袭击华州,刺史董晋丢下华州逃往皇帝所在地。何望之占据了他的城池,准备聚集军队切断东道,骆元光引关下的军队袭击何望之,何望之逃回长安。骆元光就在华州驻军,招募士卒,几天就得到一万多人。朱泚多次派兵攻打骆元光,都被骆元光击退,贼兵从此不能东向而出。德宗随即任命骆元光为镇国军节度使,骆元光就率领二千士兵向西屯驻在昭应。马燧派他的行军司马王权以及他的儿子马汇率领五千士兵入奉天支援,屯驻在中渭桥。这时朱泚一伙人所占据的地方,只有长安而已,援军的游击骑兵时常到望春楼下。李忠臣等多次出兵都战败,便向朱泚求救,朱泚怕民众会趁自己疲困,前来袭击他们,派遣的援兵都是昼伏夜行。

朱泚很担忧长安的处境,就加紧攻打奉天,让僧人法坚制造云梯,云梯的高和宽各有数丈,用牛革包裹,下面有巨大的轮子可以拖转,上面能够容纳壮士五百人。奉天城中的人望见云梯都恐惧起来。德宗问群臣有什么方法,浑瑊、侯仲庄回答说:“臣观察到云梯的身架很重,重就容易下陷。臣准备在云梯前来的地方凿地道,堆积柴草和火种来对付它。”神武军使韩澄说:“靠云梯攻城只是小伎俩,不足以让皇上劳神去考虑,请让臣来对付它。”韩澄估计云梯所要开向的地方,扩大城的东北角三十步,在上面储放大量膏油、松脂、木柴、芦苇。丁亥(十四日)这天,朱泚大举出动士兵,击鼓呐喊,来攻打南城。韩游瓌说:“这是想分散我们的兵力。”于是就带兵去东北面严加守备。戊子(十五日),北风吹得很紧,朱泚的兵推云梯攻城,梯上用湿毡覆盖,悬挂

水囊,载壮士攻城。翼以辌辒,置人其下,抱薪负土填堑而前,矢石火炬所不能伤。贼并兵攻城东北隅,矢石如雨,城中死伤者不可胜数,贼已有登城者。上与浑瑊对泣,群臣惟仰首祝天。上以无名告身自御史大夫、实食五百户以下千馀通授瑊,使募敢死士御之,仍赐御笔,使视其功之大小书名给之,告身不足则书其身,且曰:"今便与卿别。"瑊俯伏流涕,上拊其背,歔欷不自胜。时士卒冻馁,又乏甲胄,瑊抚谕,激以忠义,皆鼓噪力战。瑊中流矢,进战不辍,初不言痛。会云梯辗地道,一轮偏陷,不能前却,火从地中出,风势亦回,城上人投苇炬,散松脂,沃以膏油,欢呼震地。须臾,云梯及梯上皆为灰烬,臭闻数里,贼乃引退。于是三门皆出兵,太子亲督战,贼徒大败,死者数千人。将士伤者,太子亲为裹疮。入夜,泚复来攻城,矢及御前三步而坠,上大惊。

李怀光自蒲城引兵趣泾阳,并北山而西,先遣兵马使张韶微服间行诣行在,藏表于蜡丸。韶至奉天,值贼方攻城,见韶,以为贱人,驱之使与民俱填堑。韶得间,逾堑抵城下呼曰:"我朔方军使者也。"城上人下绳引之,比登,身中数十矢,得表于衣中而进之。上大喜,舁韶以徇城,四隅欢声如雷。癸巳,怀光败泚兵于澧泉。泚闻之惧,引兵遁归长安。

众以为怀光复三日不至,则城不守矣。泚既退,从臣皆贺。汴滑行营兵马使贾隐林进言曰:"陛下性太急,不能容物,若此性未改,虽朱泚败亡,忧未艾也!"上不以为忤,

水囊，载着壮士来攻城。两翼有兵车掩护，将士兵安置在兵车棚顶，抱薪负土填堑，使云梯向前推进，箭石火炬都伤害不了它。贼人集合兵力攻打城的东北隅，箭石密如雨下，城中死伤的人多到数不清，贼兵已有人登上城墙。德宗与浑瑊相对而泣，群臣也唯有仰首向天祷祝。德宗把一千多份从御史大夫、实食封五百户以下的任官凭证交给浑瑊，让他招募敢死士去抵御贼兵，还赐给御笔，让他按功劳大小，在告身上签名加以委任，如果任官凭证不够用，就将功绩写在该人身上，并且说："现在就跟爱卿作别了。"浑瑊俯伏流泪，皇上抚摸他的背，克制不住，抽泣起来。这时士兵们又冷又饿，又缺乏甲胄，浑瑊对他们抚慰宣谕，用忠义激发他们，大家都击鼓呼喊拼力作战。浑瑊中了乱箭，仍然上前战斗不止，始终不说疼痛。碰巧云梯碾过地道，一个轮子偏侧陷了下去，不能前进，也后退不得，烈火从地中冒出来，风势也回转，城上的人投出芦苇火炬，撒下松脂，泼上膏油，欢呼声震动大地。不一会儿，云梯以及梯上的人都被烧成灰烬，焦臭味几里内都闻得到，贼兵只得撤退。于是三个城门都出兵追杀，太子亲自督战，贼兵大败，死了几千人。太子亲自为受伤的将士包扎伤口。到了夜间，朱泚又来攻城，乱箭落在德宗跟前三步远的地方，德宗大惊。

李怀光从蒲城引兵直趋泾阳，沿着北山向西行进，先派兵马使张韶穿便服从小道到皇上所在地去，把表章藏在蜡丸里。张韶到了奉天，碰上贼兵正在攻城，见了张韶，以为是卑贱之人，驱赶他去跟老百姓一起填堑。张韶看准机会，越过沟堑来到城下，大声叫道："我是朔方军的使者。"城上的人放下绳吊他上去，升到城上时，他身上已中几十箭，在衣服里取出表文献上。皇上很高兴，抬着张韶在城中巡行，四边欢声如雷。癸巳（二十日）这天，李怀光在醴泉打败朱泚的军队。朱泚听说后很恐惧，退兵逃回长安。

众人都以为李怀光倘若晚到三天，那么奉天就要失陷了。朱泚的军队撤退后，随从诸臣都来庆贺。汴滑行营兵马使贾隐林进言说："陛下性子太急，不能包容万物，如果这一生性不改，虽然朱泚败亡，忧患也是不能止息的。"皇上不认为这话是忤逆，

甚称之。侍御史万俟著开金、商运路,重围既解,诸道贡赋继至,用度始振。

朱泚至长安,但为城守之计,时遣人自城外来,周走呼曰"奉天破矣",欲以惑众。泚既据府库之富,不爱金帛以悦将士,公卿家属在城者皆给月俸。神策及六军从车驾及哥舒曜、李晟者,泚皆给其家粮;加以缮完器械,日费甚广。及长安平,府库尚有馀蓄,见者皆追怨有司之暴敛焉。

或谓泚曰:"陛下既受命,唐之陵庙不宜复存。"泚曰:"朕尝北面事唐,岂忍为此?"又曰:"百官多缺,请以兵胁士人补之。"泚曰:"强授之则人惧。但欲仕者则与之,何必叩户拜官邪?"泚所用者惟范阳、神策团练兵。泾原卒骄,皆不为用,但守其所掠资货,不肯出战。又密谋杀泚,不果而止。

李怀光性粗疏,自山东来赴难,数与人言卢杞、赵赞、白志贞之奸佞,且曰:"天下之乱,皆此曹所为也!吾见上,当请诛之。"既解奉天之围,自矜其功,谓上必接以殊礼。或说王翃、赵赞曰:"怀光缘道愤叹,以为宰相谋议乖方,度支赋敛烦重,京尹犒赐刻薄。致乘舆播迁者,三臣之罪也。今怀光新立大功,上必披襟布诚,询访得失,使其言入,岂不殆哉?"翃、赞以告卢杞,杞惧,从容言于上曰:"怀光勋业,社稷是赖。贼徒破胆,皆无守心。若使之乘胜取长安,则一举可以灭贼,此破竹之势也。今听其入朝,必当赐宴,

很称赞他。侍御史万俟著打开金、商的运输路线,重围解开后,各道的贡赋相继运到,朝廷的用度开始有所好转。

朱泚到了长安,只是作守城的策划,时常派人从城外回来,到处大声叫道"奉天攻破了",想借此来迷惑大众。朱泚据有府库的财富之后,便不惜用金帛来取悦将士,对留在城中的公卿家属都给予月俸。对神策军及六军中跟从皇帝及哥舒曜、李晟的人,朱泚都供给他们家粮食;加上修缮城郭器械,每天花费很多。等到长安被平定,府库中仍有多馀的蓄积,见到这情况的人都埋怨有关部门横征暴敛。

有人对朱泚说:"陛下已经接受天命登皇位,唐朝的陵园宗庙不应该再保存。"朱泚说:"朕曾经是唐朝的臣子,现在怎么忍心做这样的事?"又说:"朝中百官职位多有空缺,请用武力威胁士人补充官位。"朱泚说:"强行授予官职,就令人害怕。只是想当官的就授官给他好了,何必敲门去拜官呢?"朱泚所任用的人只有范阳、神策团练兵。泾原的士卒骄横,都不被任用,只是守住他们所抢掠的财物,不愿意出外打仗。又密谋杀朱泚,未能成事,只好作罢。

李怀光生性粗疏,从山东来赴难,多次与人讲起卢杞、赵赞、白志贞等人的奸邪之事,还说:"天下大乱,都是这伙人造成的!我见到皇上,一定要请求杀了他们。"李怀光解除奉天的包围以后,凭着功劳矜夸自大,认为皇上肯定会用特殊的礼仪来接待他。有人提醒王翃、赵赞说:"李怀光沿路激愤感叹,认为宰相谋议多有失误,度支赋敛十分繁重,京尹犒劳赏赐太过刻薄。致使皇上出走流亡,都是这三个大臣的罪过。如今李怀光重新建立大功,皇上必定热情诚心地对待他,向他询问政治得失,假使李怀光的言论被皇上接受,岂不是危险吗!"王翃、赵赞把这番话转告卢杞,卢杞心怀恐惧,语气和缓地对皇上说:"李怀光建立了大功业,国家实在要依赖他。现在贼兵吓破了胆,都无心守卫长安。如果令李怀光乘胜攻取长安,就可以一举消灭贼兵,这种形势如同破竹一样。现在批准李怀光入朝,一定要赐宴招待他,

留连累日,使贼入京城,得从容成备,恐难图矣!"上以为然。诏怀光直引军屯便桥,与李建徽、李晟及神策兵马使杨惠元刻期共取长安。怀光自以数千里竭诚赴难,破朱泚,解重围,而咫尺不得见天子,意殊怏怏,曰:"吾今已为奸臣所排,事可知矣!"遂引兵去,至鲁店,留二日乃行。

淮南节度使陈少游将兵讨李希烈,屯盱眙,闻朱泚作乱,归广陵,修堑垒,缮甲兵。浙江东、西节度使韩滉闭关梁,禁马牛出境,筑石头城,穿井近百所,缮馆第数十,修坞壁,起建业,抵京岘,楼堞相属,以备车驾渡江,且自固也。少游发兵三千大阅于江北;滉亦发舟师三千曜武于京口以应之。

盐铁使包佶有钱帛八百万,将输京师。陈少游以为贼据长安,未期收复,欲强取之。佶不可,少游欲杀之。佶惧,匿妻子于囊箧中,急济江。少游悉收其钱帛。佶有守财卒三千,少游亦夺之。佶才与数十人俱至上元,复为韩滉所夺。

时南方藩镇各闭境自守,惟曹王皋数遣使间道贡献。李希烈攻逼汴、郑,江、淮路绝,朝贡皆自宣、饶、荆、襄趣武关。皋治邮驿,平道路,由是往来之使,通行无阻。

上问陆贽以当今切务。贽以向日致乱,由上下之情不通,劝上接下从谏,乃上疏,其略曰:"臣谓当今急务,在于审察群情,若群情之所甚欲者,陛下先行之,所甚恶者,陛下先去之。欲恶与天下同而天下不归者,自古及今,未之有也。夫理乱之本,系于人心,况乎当变故动摇之时,在危

流连多日，令贼兵进入京城之后，有充足的时间做好守备，这恐怕就难以对付了！"皇上认为他说得很对。下诏命令李怀光直接领军到便桥屯驻，与李建徽、李晟及神策军马使杨惠元约定日期一同攻取长安。李怀光自认为竭尽忠诚从几千里外来赴难，攻破了朱泚，解了重围，身在咫尺却不能见皇上，心里很失意，说："我现在已经被奸臣排挤，事情将会怎样可以知道了！"就引兵离去，到鲁店停留了两天才起行。

淮南节度使陈少游率领军队讨伐李希烈，屯驻在盱眙，得知朱泚作乱，就回到广陵去，修筑堑垒，整治甲兵。浙江东、西节度使韩滉封闭关卡桥梁，禁止牛马出境，修筑石头城，打了近百口井，修治了几十间馆舍，修建坞壁，从建业直到京岘，城楼与城墙互相连接，为皇上渡江做准备，而且加固了他自己的防卫。陈少游发兵三千人在江北进行大规模的检阅；韩滉也派出三千水兵在京口扬耀武力，以与陈少游相应。

盐铁使包佶有钱帛八百万，将要运往京师。陈少游认为贼兵占据了长安，收复无期，想强行抢夺这些钱帛。包佶不给，陈少游想杀他。包佶恐惧，把妻子儿女藏在案牍中，着急渡江。陈少游把他的钱帛全部收为己有。包佶有守财兵三千人，陈少游也夺去了。包佶仅与几十人一起到了上元县，又被韩滉劫夺。

这时南方的各藩镇都封闭边境自守，只有曹王李皋多次派使者走小路向朝廷贡献。李希烈攻打逼近汴州、郑州时，长江、淮河的道路断绝，朝贡都是从宣、饶、荆、襄诸州走向武关的。李皋整治邮驿，修平道路，因此江浙往来的使者得以通行无阻。

德宗向陆贽询问当今最为急切的事务。陆贽认为过去导致祸乱，是由于上下之情不相通，劝德宗接受下情，听从臣下的规谏，于是上疏。疏文大略说："臣认为当今急切要做的事务，在于审察众人的心志，如果是大家甚为希望的，陛下就得首先实行它；大家甚为憎恨的，陛下就应首先除掉它。皇上的喜爱、憎恨与天下人相同，而天下人不归附皇上，这种情况从古到今都未有过。治乱的根本，关键在于人心，况且处在变化动摇的时候，在危

疑向背之际，人之所归则植，人之所去则倾。陛下安可不审察群情，同其欲恶，使亿兆归趣，以靖邦家乎？此诚当今之所急也。”又曰：“顷者窃闻舆议，颇究群情。四方则患于中外意乖，百辟又患于君臣道隔。郡国之志不达于朝廷，朝廷之诚不升于轩陛。上泽阙于下布，下情壅于上闻，实事不必知，知事不必实，上下否隔于其际，真伪杂糅于其间，聚怨嚣嚣，腾谤籍籍，欲无疑阻，其可得乎？”又曰：“总天下之智以助聪明，顺天下之心以施教令，则君臣同志，何有不从？远迩归心，孰与为乱！”又曰：“虑有愚而近道，事有要而似迂。”疏奏旬日，上无所施行，亦不诘问。贽又上疏，其略曰：“臣闻立国之本，在乎得众，得众之要，在乎见情。故仲尼以谓人情者圣王之田，言理道所生也。”又曰：“《易》，乾下坤上曰泰，坤下乾上曰否，损上益下曰益，损下益上曰损。夫天在下而地处上，于位乖矣，而反谓之泰者，上下交故也。君在上而臣处下，于义顺矣，而反谓之否者，上下不交故也。上约己而裕于人，人必说而奉上矣，岂不谓之益乎？上蔑人而肆诸己，人必怨而叛上矣，岂不谓之损乎？”又曰：“舟即君道，水即人情。舟顺水之道乃浮，违则没。君得人之情乃固，失则危。是以古先圣王之居人上也，必以其欲从天下之心，而不敢以天下之人从其欲。”又曰：“陛下愤习俗以妨理，任削平而在躬，以明威照临，以严法制断。流弊自久，浚恒太深，远者惊疑而阻命逃死之乱

疑向背的关头，有人归附，政权就建立；人们离去，政权就倾覆。陛下怎么可以不审察群情，与他们同爱憎，使亿兆人民归附，而使国家得到安定呢？这实在是当今的急切事务啊！"又说："近来私下听众人议论，很能探究群情。四方的人担心朝廷内外意见不合，百官又担心君主与臣下的沟通途径有阻隔。郡国的意见不能到达朝廷，朝臣的诚意不得献给皇帝。皇上的恩泽不能完整地施布到下面去，下面的情况被壅塞而不能使皇上闻知，真实的事情不一定知道，而知道的事情又不一定真实，上级和下级之间阻隔不通，真假在此之间混杂糅合，积聚的怨声嘈杂而起，飞腾的谤言乱作一团，想要毫无猜疑，那是可能的吗？"又说："聚集天下的智慧来帮助君主耳听目视，顺从天下人的心志来施布政教命令，那么君臣上下同心，有谁会不听从命令？远近的人都归心朝廷，有谁会发动叛乱！"又说："有的考虑虽然愚蠢，但它接近道理，有些事情虽然精要却看似迂腐。"疏文奏上去十日，德宗没有施行什么，也不再询问。陆贽又上疏，内容大略说："我听说立国的根本，在于得民众，得民众的关键，在于洞察民情。所以仲尼认为人情是圣王的田地，说治道是从这里产生的。"又说："《周易》中，乾在下面，坤在上面叫泰，坤在下面，乾在上面叫否，损在上面益在下面叫益，损在下面益在上面叫损。天在下面而地在上面，位置颠倒了，但反而叫作泰，就是因为上下相交啊！君在上而臣处下，顺从礼义，却反而叫作否，就是因为上下不相交啊！皇上约束自己而待人宽容，人们一定高兴地奉承皇上，难道不是益吗？皇上轻视别人而放纵自己，人们一定怨恨而背叛皇上，难道不是损吗？"又说："舟就是君道，水就是民情。舟顺着水的性情就浮，违背了就沉没；君主得到民心政权才能稳固，失去了就有危险。所以古代的圣王居在人民之上，一定让他们的欲望去顺从天下人的心，而不敢叫天下人去屈从于他的欲望。"又说："陛下愤恨藩镇跋扈，习以成俗，妨碍治政，承担削平藩镇的大任，用明威去照临，用严法去制断。然而流弊已久，革除的要求很深切，所以远处的人对此惊疑不定，从而抗拒命令逃避死亡的变乱

作,近者畏慑而偷容避罪之态生。君臣意乖,上下情隔,君务致理,而下防诛夷,臣将纳忠,又上虑欺诞,故睿诚不布于群物,物情不达于睿聪。臣于往年曾任御史,获奉朝谒,仅欲半年,陛下严邃高居,未尝降旨临问,群臣蹢躅趋退,亦不列事奏陈。轩墀之间,且未相谕,宇宙之广,何由自通?虽复例对使臣,别延宰辅,既殊师锡,且异公言。未行者则戒以枢密勿论,已行者又谓之遂事不谏。渐生拘碍,动涉猜嫌,由是人各隐情,以言为讳。至于变乱将起,亿兆同忧,独陛下恬然不知,方谓太平可致。陛下以今日之所睹验往时之所闻,孰真孰虚,何得何失,则事之通塞备详之矣!人之情伪尽知之矣!”

上乃遣中使谕之曰:“朕本性甚好推诚,亦能纳谏。将谓君臣一体,全不堤防,缘推诚信不疑,多被奸人卖弄。今所致患害,朕思亦无他,其失反在推诚。又,谏官论事,少能慎密,例自矜衒,归过于朕以自取名。朕从即位以来,见奏对论事者甚多,大抵皆是雷同,道听涂说。试加质问,遽即辞穷。若有奇才异能,在朕岂惜拔擢?朕见从前已来,事祗如此,所以近来不多取次对人,亦非倦于接纳。卿宜深悉此意。”

贽以人君临下,当以诚信为本。谏者虽辞情鄙拙,亦当优

发生了，近处的人心怀畏惧，从而苟且容身躲避罪过的丑态出现了。君臣心意不同，上下之情有隔阂，君主务求政治修明而臣下提防被诛杀灭族，臣下想献纳忠言，皇上又疑虑是欺妄，所以皇上的诚意不能布施给群众，众情不能上达到皇上耳中。臣在过去曾经任过监察御史，仅盼望了半年，就获得上朝拜谒的机会，陛下高居在严密幽深的宫中，未曾降旨临问政事，群臣进朝退朝很拘束，也不罗列事情陈奏。在殿前台阶这么小的范围中，尚且不能互相了解，在广大的宇宙中，又要用什么渠道去沟通呢？虽然仍按惯例和待制的诸军使们谈话，另外延请宰相议论政事。但既与众人的参与之义不同，又与公开进言有异。对未实行的事就警戒他们不要议论中枢机密，对已实行的事又告诉他们不要劝谏已经过去的事情。这样，渐渐地就产生拘束阻碍，稍有举动就引起嫌疑，因此人们各自隐瞒真情，不肯讲话。以至于变乱将起之时，亿兆的人都在共同担忧，唯独陛下安然而不察觉，还在讲太平将会到来。陛下用今日所见来检验过去曾经听到的谏诤，那么谁是真谁是假，得失在哪里，事情的通达与堵塞就全都清楚了！人心的真伪就全部知道了！"

德宗于是就派中使告诉陆贽说："朕的本性很喜欢诚心待人，也能够接纳谏诤。应当讲君臣是一个整体，因而对臣下全不提防，因为待人诚心讲信用不起疑心，所以很多时候被奸人卖弄。现在导致的祸害，朕想也没有其他原因，过失反而在于诚心待人。再者，谏官议论政事，很少能够缜密，照例是自我夸耀，把过失归于朕身上而使自己获取好名声。朕从即位以来，见过很多奏对论事的人，他们大都是一个样，总是把在道路上听到的东西加以传说。试着加以质问，很快他就会无话对答。倘若那人真有奇异才能，朕哪会吝啬而不加提拔呢？朕见从过去到现在，事情总是这样，所以近来不多采纳他们的建议，也不是朕厌倦于接纳谏劝。你应该深切了解这个意思。"

陆贽认为君主统治天下，应当以诚心和讲信用作为根本。劝谏的人虽然言辞和态度都是庸俗拙劣的，君主也应该持优待

容以开言路。若震之以威,折之以辩,则臣下何敢尽言,乃复上疏,其略曰:"天子之道,与天同方。天不以地有恶木而废发生,天子不以时有小人而废听纳。"又曰:"唯信与诚,有失无补。一不诚则心莫之保,一不信则言莫之行。陛下所谓失于诚信以致患害者,臣窃以斯言为过矣。"又曰:"驭之以智则人诈,示之以疑则人偷。上行之则下从之,上施之则下报之。若诚不尽于己而望尽于人,众必怠而不从矣。不诚于前而曰诚于后,众必疑而不信矣。是知诚信之道,不可斯须而去身。愿陛下慎守而行之有加,恐非所以为悔者也!"又曰:"臣闻仲虺赞扬成汤,不称其无过而称其改过;吉甫歌诵周宣,不美其无阙而美其补阙。是则圣贤之意较然著明,唯以改过为能,不以无过为贵。盖为人之行己,必有过差,上智下愚,俱所不免。智者改过而迁善,愚者耻过而遂非。迁善则其德日新,遂非则其恶弥积。"又曰:"谏官不密自矜,信非忠厚,其于圣德固亦无亏。陛下若纳谏不违,则传之适足增美;陛下若违谏不纳,又安能禁之勿传?"又曰:"侈言无验不必用,质言当理不必违。辞拙而效速者不必愚,言甘而利重者不必智。是皆考之以实,虑之以终,其用无他,唯善所在。"又曰:"陛下所谓'比见奏对论事,皆是雷同,道听涂说'者,臣窃以众多之议,足

容纳的态度去对待,这样才能广开言路。如果以威严震慑臣下,以辩论折服臣下,那么臣下怎么敢毫无保留地进言呢? 于是又上疏,疏文大略说:"天子的治政法则与天相同,天不会因为地有劣质的树木而不让植物生长,天子不要因为当时有小人而不听取谏言。"又说:"只有信用和真诚最为重要,失去诚信就会对治道无益。一事不真诚那么心就不能保,一事不讲信用那么言论就不能推行。陛下讲到自己的过失在于诚心待人讲信用,从而导致祸患,臣私下认为这话是错的。"又说:"用智谋来驾驭人那么人就会奸诈,用猜疑来待人那么人就会苟且。君上推行臣下就会跟从,君上施予臣下就会回报。如果自己不能完全真诚待人,而期望别人完全真诚待己,众人必然懈怠而不跟从。以前不真诚而说以后会真诚,众人必然持怀疑态度而不相信。这就知道真诚和诚信的法则,是不能够片刻离身的。希望陛下谨慎地守住它并且多加实行,因实行这一法则而后悔,恐怕是不对的吧!"又说:"臣听闻仲虺赞扬成汤,不称颂成汤的无过失而称颂他的改正过失;尹吉甫歌颂周宣王,不赞美周宣王的无缺点而赞美他能弥补缺点。这就可以看到圣贤的用意很明显,只把能改正过失作为贤能,不把无过失看作可贵。大凡做人,自己的行为,必定是有差错的,上到智者和下到愚人都不能避免。智者改正过错而移心向善,愚者耻于改过而因循前非。向善,那么这人的德行就会日日更新,因循前非那么此人的丑恶就越积越多。"又说:"谏官讲话不缜密有自夸,真是不忠厚,那对圣德来说本来也没有什么损害,陛下如果接纳谏言不加拒绝,那么这件事传出去就刚好能够增添美德;陛下如果拒绝谏言不接受,又怎能禁止这件事不传出去呢?"又说:"夸大的言论没有验证的话不一定要采用,朴直的言论合理的话不一定要拒绝。言词直拙但效果速见的不一定是愚,言词甜美但侧重利益的不一定是智。这都是根据事实来考察,考虑到结果的,他们的作用也没有别的,只是为了善这个目的。"又说:"陛下所讲'近来见奏对论事,都是雷同,从道上听到就加以传说'的话,臣私下认为,凭着众多的议论,足以

见人情，必有可行，亦有可畏，恐不宜一概轻侮而莫之省纳也。陛下又谓'试加质问，即便辞穷'者，臣但以陛下虽穷其辞而未穷其理，能服其口而未服其心。"又曰："为下者莫不愿忠，为上者莫不求理。然而下每苦上之不理，上每苦下之不忠。若是者何？两情不通故也。下之情莫不愿达于上，上之情莫不求知于下。然而下恒苦上之难达，上恒苦下之难知。若是者何？九弊不去故也。所谓九弊者，上有其六而下有其三：好胜人，耻闻过，骋辩给，眩聪明，厉威严，恣强愎，此六者，君上之弊也；谄谀，顾望，畏懦，此三者，臣下之弊也。上好胜必甘于佞辞，上耻过必忌于直谏。如是则下之谄谀者顺旨而忠实之语不闻矣。上骋辩必剿说而折人以言，上眩明必臆度而虞人以诈，如是则下之顾望者自便而切磨之辞不尽矣。上厉威必不能降情以接物，上恣愎必不能引咎以受规，如是则下之畏懦者避辜而情理之说不申矣。夫以区域之广大，生灵之众多，宫阙之重深，高卑之限隔，自黎献而上，获睹至尊之光景者，逾亿兆而无一焉；就获睹之中得接言议者，又千万不一；幸而得接者，犹有九弊居其间，则上下之情所通鲜矣。上情不通于下则人惑，下情不通于上则君疑。疑则不纳其诚，惑则不从其令。诚而不见纳则应之以悖，令而不见从则加之以刑。下

看见人心所向,其中一定有可行的,也有令人畏惧的,恐怕不应该一概轻视而不肯反思接纳。陛下又讲到'试加以质问,就立即无话可对'的话,臣只是认为陛下虽然令那个人无话可讲,但不能令他无理可说,只是能使他口服而不能使他心服。"又说:"当臣下的没有人不愿意忠诚,当君上的没有人不追求道理。然而臣下常常以君主不能使政治修明而痛苦,君上常常以臣下不忠诚而痛苦。像这样是什么缘故呢?是上情与下情不相通的缘故啊!"臣下没有不愿意传达思想给君上的,君上的思想没有不希望被臣下知晓的。然而臣下常常苦于难以传达思想给君上,君上常常苦于难以让臣下理解他。像这样是什么缘故呢?是因为有九种弊端不能消除的缘故。所谓九种弊端,君上占有六种,臣下占有三种。好胜于人,耻于闻过,驰骋辩才,炫耀聪明,厉行威严,刚愎自用,这六种是君上的弊端;阿谀奉承,见风使舵,软弱怕事,这三种是臣下的弊端。君上好胜于人必然乐于接受谄媚美词,君上耻于闻过肯定忌听直言谏诤。这样的话,阿谀奉承的臣下就会顺着意旨而皇上就听不到忠诚真实的话了。君上驰骋辩才必然要打断谏语而用言词折服人,君上炫耀聪明肯定要主观臆测,以诈谋来揣度别人,这样的话,那么见风使舵的臣下就会自寻方便,从而切磋琢磨朝政得失的言辞就难以说尽了。君上厉行威严必然不能够贬抑情志去接纳他人,君上刚愎自用肯定不能承认过错接受规劝,这样的话,那么软弱怕事的臣下就会躲避罪责,而符合情理的言论就得不到申述了。一般说来地域广大,人口众多,宫殿幽深重重,高贵和卑下之间有着界限阻隔,即使是众贤这一阶层而上,能见到皇帝风采的人,亿兆中都没有一个;就算是得以面见皇上的人中,能跟皇帝交谈议论的,又是千万中没有一个;幸而得以与皇帝直接谈话的人,还有九种弊端处在中间,这样上下级之间能沟通的就很少了。上情不通于下,人们就会疑惑;下情不通于上,君主就会有猜疑。猜疑就不接纳臣下的忠诚,疑惑就不会听从君上的命令。忠诚而不被接纳就会产生违背君上的行为,命令不被听从就会把刑罚施加给臣下。臣下

悖上刑,不败何待?是使乱多理少,从古以然。"又曰:"昔赵武呐呐而为晋贤臣,绛侯木讷而为汉元辅。然则口给者事或非信,辞屈者理或未穷。人之难知,尧、舜所病,胡可以一训一诘而谓尽其能哉?以此察天下之情,固多失实,以此轻天下之士,必有遗才。"又曰:"谏者多,表我之能好;谏者直,示我之能容;谏者之狂诬,明我之能恕;谏者之漏泄,彰我之能从。有一于斯,皆为盛德。是则人君之与谏者交相益之道也。谏者有爵赏之利,君亦有理安之利;谏者得献替之名,君亦得采纳之名。然犹谏者有失中而君无不美,唯恐谠言之不切,天下之不闻,如此则纳谏之德光矣。"上颇采用其言。

李怀光顿兵不进,数上表暴扬卢杞等罪恶,众论喧腾,亦咎杞等。上不得已,十二月壬戌,贬杞为新州司马,白志贞为恩州司马,赵赞为播州司马。宦者翟文秀,上所信任也,怀光又言其罪,上亦为杀之。

乙丑,以翰林学士、祠部员外郎陆贽为考功郎中,金部员外郎吴通微为职方郎中。贽上奏,辞以:"初到奉天,扈从将吏例加两阶,今翰林独迁官。夫行罚先贵近而后卑远,则令不犯;行赏先卑远而后贵近,则功不遗。望先录大劳,次遍群品,则臣亦不敢独辞。"上不许。

背离，君上用刑，除了失败还等待什么呢！这就使得乱多而治少，从古至今都是这样。"又说："以前赵武口吃却成为晋国的贤臣，绛侯讲话质朴迟钝却成为汉朝的元老辅弼。那么善言的人说的事也许不可信，辞屈的人说理也未必没有道理。难于知人，连尧舜都感到困难，怎么可凭一答一问就说他的才能尽了呢？用这个标准来考察天下的情势，肯定多有失实，用这个标准来轻视天下的士人，必然会遗漏人才。"又说："进谏的人多，表明我与臣下能和睦相处；进谏的人直言，表现出我能包容群言；进谏的人狂妄，反映出我能宽恕别人；进谏的人流露真情，彰明了我能从谏如流。只要能做到其中的一点，都是盛德的人。这样做就是人君与进谏者相互补益的途径。进谏者有获得爵赏的好处，君主也有政治安定的好处；进谏者得到劝谏规过的声誉，君主也得到采纳善言的美名。然而进谏者有的说得不完全正确但君主却无处不尽善尽美，唯恐正直的言论不激切，天下之事没有完全听到，能够做到这种地步，君主纳谏的美德就光大了。"德宗对陆贽的建言颇有采纳。

李怀光按兵不进，多次上表揭露卢杞等人的罪恶，群臣议论喧腾，也指责卢杞等人。德宗不得已，在十二月壬戌（十九日）这天，贬卢杞为新州司马，贬白志贞为恩州司马，贬赵赞为播州司马。宦官翟文秀是德宗信任的人，李怀光又指控他有罪，皇上也把他杀了。

乙丑（二十二日）这天，朝廷任命翰林学士祠部员外郎陆贽为考功郎中，金部员外郎吴通微为职方郎中。陆贽上奏，推辞说："初到奉天时，侍从的将领官员按例都加官两级，现在只是翰林才升官。一般来说，实行处罚，首先应该从地位尊贵和亲近的人开始，然后才对地位卑微和疏远的人，那么所下命令便不会遭到冒犯；实行赏赐，首先应对地位卑微和疏远的人，然后才对地位尊贵和亲近的人，那么所记功劳就不会遗漏。希望首先铨录有大功劳的人，再遍及广大的官员，那么我也不敢独自推辞封赏。"德宗不批准。

上在奉天,使人说田悦、王武俊、李纳,赦其罪,厚赂以
官爵。悦等皆密归款,而犹未敢绝朱滔,各称王如故。滔
使其虎牙将军王郅说悦曰:"日者八郎有急,滔与赵王不
敢爱其死,竭力赴救,幸而解围。今太尉三兄受命关中,滔
欲与回纥共往助之,愿八郎治兵,与滔渡河共取大梁。"悦
心不欲行而未忍绝滔,乃许之。滔复遣其内史舍人李瑄见
悦,审其可否。悦犹豫不决,密召扈崿等议之。司武侍郎
许士则曰:"朱滔昔事李怀仙为牙将,与兄泚及朱希彩共杀
怀仙而立希彩。希彩所以宠信其兄弟至矣,滔又与判官李
子瑗谋杀希彩而立泚。泚既为帅,滔乃劝泚入朝而自为留
后,虽劝以忠义,实夺之权也。平生与之同谋共功如李子
瑗之徒,负而杀之者二十馀人。今又与泚东西相应,使滔
得志,泚亦不为所容,况同盟乎?滔为人如此,大王何从得
其肺腑而信之邪?彼引幽陵、回纥十万之兵屯于郊坰,大
王出迎,则成擒矣。彼因大王,兼魏国之兵,南向渡河,与
关中相应,天下其孰能当之?大王于时悔之无及。为大王
计,不若阳许偕行而阴为之备,厚加迎劳,至则托以他故,
遣将分兵而随之。如此,大王外不失报德之名而内无仓猝
之忧矣。"扈崿等皆以为然。王武俊闻李瑄适魏,遣其司
刑员外郎田秀驰见悦曰:"武俊向以宰相处事失宜,恐祸
及身,又八郎困于重围,故与滔合兵救之。今天子方在隐
忧,以德绥我,我曹何得不悔过而归之邪!舍九叶天子不
事而事泚及滔乎!且泚未称帝之时,滔与我曹比肩为王,

德宗在奉天,派人游说田悦、王武俊、李纳,许诺赦免他们的罪过,还厚厚地赠给他们官爵。田悦等都秘密投诚,但仍然不敢跟朱滔断绝关系,各人依旧称王。朱滔派虎牙将军王郅游说田悦:"从前八郎你有危急,朱滔我与赵王拼命尽力去救你,幸而得以解围。现在我三哥太尉他在关中登皇位,朱滔想与回纥兵一齐去援助他,想请八郎你整顿部队,与朱滔渡过黄河一齐攻取大梁。"田悦不想前往但又不忍心拒绝朱滔,就答应他。朱滔又派他的内史舍人李琯去见田悦,看他是否答应出兵。田悦犹豫不决,秘密召见扈崿等人商议。司武侍郎许士则说:"朱滔从前在李怀仙手下当牙将,与兄长朱泚还有朱希彩一起杀死李怀仙而拥立朱希彩。朱希彩因此而宠信他们兄弟俩到了极点,朱滔又与判官李子瑗谋杀了朱希彩而拥立朱泚。朱泚当了主帅之后,朱滔就劝朱泚入朝,而自己当留后,虽然是鼓励朱泚效忠朝廷,实质上是要夺取他的权力。生平与他同谋共事的,像李子瑗那伙人,被他背弃并杀害的有二十多人。现在他又与朱泚东西互相呼应,假使朱滔得志,朱泚也是不会被他包容的,何况是同盟的我们? 朱滔的为人就是这样,大王凭什么相信他能讲出肺腑之言呢? 他带领着幽州、回纥的军队十万人驻扎在郊外,大王出城迎接,那就会被他抓住。他囚禁大王,又拥有魏国的武装力量,向南渡过黄河,跟关中互相呼应,那么天下还有谁能抵挡得住他? 到了那时,大王后悔也来不及了。替大王设想,不如佯装答应与他一齐前去,而暗中就做好防备,迎接犒劳要多加丰厚,等他到达时就找个其他借口,另派将领、分出兵员跟随他。这样做,大王在外不失报答恩德的美名,在内也不会有措手不及的忧患了。"扈崿等都认为说得有道理。王武俊听说李琯到魏国,派他的司刑员外郎田秀飞马跑去见田悦说:"我过去因为宰相处理政事失当,恐怕有祸加身,又因为八郎你被困在重围之中,所以与朱滔联军营救。现在天子正在遭难,用恩德安抚我,我们为什么不改过自新而归顺朝廷呢? 难道放弃九代天子不拥戴,却去拥戴朱泚和朱滔吗? 而且朱泚未称帝时,朱滔跟我们并肩称王,

固已轻我曹矣。况使之南平汴、洛，与泚连衡，吾属皆为虏矣！八郎慎勿与之俱南，但闭城拒守。武俊请伺其隙，连昭义之兵，击而灭之，与八郎再清河朔，复为节度使，共事天子，不亦善乎！"悦意遂决，绐滔云："从行，必如前约。"

丁卯，滔将范阳步骑五万人，私从者复万馀人，回纥三千人，发河间而南，辎重首尾四十里。

李希烈攻李勉于汴州，驱民运土木，筑垒道，以攻城。忿其未就，并人填之，谓之"湿薪"。勉城守累月，外救不至，将其众万馀人奔宋州。庚午，希烈陷大梁。滑州刺史李澄以城降希烈，希烈以澄为尚书令兼永平节度使。勉上表请罪，上谓其使者曰："朕犹失守宗庙，勉宜自安。"待之如初。

刘洽遣其将高翼将精兵五千保襄邑，希烈攻拔之，翼赴水死。希烈乘胜攻宁陵，江、淮大震。陈少游遣参谋温述送款于希烈曰："濠、寿、舒、庐，已令弛备，韬戈卷甲，伏俟指麾。"又遣巡官赵诜结李纳于郓州。

以给事中孔巢父为淄青宣慰使，国子祭酒董晋为河北宣慰使。
陆贽言于上曰："今盗遍天下，舆驾播迁，陛下宜痛自引过以感人心。昔成汤以罪己勃兴，楚昭以善言复国。陛下诚能不吝改过，以言谢天下，使书诏无所避忌，臣虽愚陋，可以仰副圣情，庶令反侧之徒革心向化。"上然之，故奉天所下书诏，虽骄将悍卒闻之，无不感激挥涕。

就已经在小看我们了。何况让他向南夺取汴、洛,与朱泚联合起来,我们将都会成为他的俘虏!八郎你切勿跟他一齐南下,只管关闭城门拒守好了。请让我看准时机,联合昭义的军队去击灭他们,然后跟八郎你一齐扫清河朔,再当节度使,共同事奉天子,不是很好吗!"田悦于是下了决定,但依然欺骗朱滔说:"一定会跟随你一起南行,按照从前的约定行动。"

丁卯(二十四日)这天,朱滔率领范阳五万步骑兵,另有各将领的私人部队一万多人,加上回纥兵三千人,从河间出发,向南挺进,辎重首尾长达四十里。

李希烈在汴州攻打李勉,驱使百姓搬运泥土木柴,填壕沟筑长堤准备攻城。李希烈因壕沟进度慢而大发脾气,将人也填进沟中,称作"湿柴"。李勉守卫城池几个月,外面救兵不到,只得带领他的部众一万多人投奔宋州。庚午(二十七日),李希烈攻陷大梁。滑州刺史李澄献出城池向李希烈投降,李希烈任命李澄为尚书令兼永平节度使。李勉上表请罪,德宗告诉他的使者说:"朕连京城都失守了,你应该安心。"对待李勉仍然像从前一样。

刘洽派他的将领高翼率领五千精兵保卫襄邑,李希烈攻陷了襄邑,高翼投水而死。李希烈乘胜攻打宁陵,江、淮一带大为震动。陈少游派参谋温述向李希烈表达诚意说:"我已下令濠、寿、舒、庐各州解除戒备,收藏好兵器铠甲,听候大帅指挥。"又派巡官赵诜在郓州结交李纳。

朝廷任命给事中孔巢父当淄青宣慰使,国子祭酒董晋当河北宣慰使。

陆贽对德宗说:"现在盗贼遍布天下,陛下流亡在外,陛下应该痛切地自我责备以感动人心。从前成汤因为责备自己而使商朝蓬勃兴起,楚昭王因为听从善言而复兴楚国。陛下如果能够肯改过,讲一番话向天下人谢罪,让诏书用词没有忌讳,我虽然愚昧,是能够体会陛下的心意的,希望能够使反叛的人改正心意接受教化。"德宗同意,所以在奉天颁布的诏书,就算是骄兵悍将听了,也无不感动得挥泪而泣。

　　术者上言："国家厄运，宜有变更以应时数。"群臣请更加尊号一二字。上以问陆贽，贽上奏，以为不可，其略曰："尊号之兴，本非古制。行于安泰之日，已累谦冲，袭乎丧乱之时，尤伤事体。"又曰："嬴秦德衰，兼皇与帝，始总称之。流及后代，昏僻之君，乃有圣刘、天元之号。是知人主轻重，不在名称。损之有谦光稽古之善，崇之获矜能纳谄之讥。"又曰："必也俯稽术数，须有变更，与其增美称而失人心，不若黜旧号以祗天戒。"上纳其言，但改年号而已。

　　上又以中书所撰赦文示贽，贽上言，以为："动人以言，所感已浅，言又不切，人谁肯怀？今兹德音，悔过之意不得不深，引咎之辞不得不尽。洗刷疵垢，宣畅郁埋，使人人各得所欲，则何有不从者乎？应须改革事条，谨具别状同进。舍此之外，尚有所虞。窃以知过非难，改过为难；言善非难，行善为难。假使赦文至精，止于知过言善，犹愿圣虑更思所难。"上然之。

　　兴元元年春正月癸酉朔，赦天下，改元。制曰："致理兴化，必在推诚；忘己济人，不吝改过。朕嗣服丕构，君临万邦，失守宗祧，越在草莽。不念率德，诚莫追于既往，永言思咎，期有复于将来。明征其义，以示天下。小子惧德不嗣，罔敢怠荒。然以长于深宫之中，暗于经国之务，积习易

巫师向德宗建议说:"国家遭受灾难,应该要有改革,才能顺应时势运数。"大臣们请求更改尊号,加上一两个字。德宗向陆贽询问意见,陆贽上疏,认为不可行,疏文大略说:"尊号的采用,本来不是古代就有的制度。在太平时期称尊号,已经有损于皇上谦虚冲淡的名声;在丧乱时期袭用它,更会伤害政事和体面。"又说:"秦国嬴政的恩德衰败,才开始把皇与帝称号合二为一。流传到后代,昏庸邪恶的君王,才有圣刘、天元之类的称号。由此可知君主被轻视或被尊重,并不在乎名称。损抑尊号,会得到发扬古人谦虚之德的赞美;崇尚尊号,会遭到夸耀成就、接受吹捧的讥讽。"又说:"如果一定要采纳巫师的建议,必须有一些变更的话,与其增加尊号而失掉民心,倒不如废去原有的尊号而敬承上天的告诫。"德宗采纳他的意见,只是改了年号而已。

德宗又把中书撰写的免罪文书给陆贽看,陆贽上奏说:"用言语去感动人,感染力已经不大,讲话又不恳切,还有谁肯放在心上呢?现在发布诏书,改过的意思不能不深刻,承担罪责的言辞不能不详尽。洗刷污点,疏导苦闷,使人人都得到满足,那么怎会有不肯听从朝命的人呢!应要改革的事项,我另外详细写了一份一齐呈上。除此之外,还有要考虑的事情。我私下认为知道过失不难,改正过失才难;讲好话不难,做好事才难。假使免罪文书写得尽善尽美,都只是停留在知道过失和讲好话这一层面,我还希望皇上考虑去做更难的事。"德宗认为陆贽讲得很对。

兴元元年(784)春季正月癸酉这天是初一,大赦天下,改年号。下诏说:"治政要使得国家振兴,兴起教化,一定要对人推心置腹;忘记自己的利益,救助别人的困难,不怕改正过错。朕继位登基,统治天下,却使祖宗的庙堂失守,使自己沦落于草莽之间。由于我过去不能遵循前人之德,现在诚然不能将以往的失误追回,但朕常常反省自己的错误,希望将来能恢复好景。朕在此毫无掩饰地表述内心,让天下人看到。朕害怕自己德行浅薄而不能继承祖先大业,所以不敢怠惰和荒废政事。然而因为自己生长于深宫中,不熟悉治国事务,长久养成习惯,这样就容易

溺，居安忘危，不知稼穑之艰难，不恤征戍之劳苦。泽靡下究，情未上通，事既拥隔，人怀疑阻。犹昧省己，遂用兴戎，征师四方，转饷千里，赋车籍马，远近骚然。行赍居送，众遮劳止。或一日屡交锋刃，或连年不解甲胄。祀奠乏主，室家靡依，死生流离，怨气凝结。力役不息，田莱多荒。暴令峻于诛求，疲氓空于杼轴，转死沟壑，离去乡闾，邑里丘墟，人烟断绝。天谴于上而朕不寤，人怨于下而朕不知，驯致乱阶，变兴都邑，万品失序，九庙震惊。上累于祖宗，下负于蒸庶，痛心靦貌，罪实在予，永言愧悼，若坠泉谷。自今中外所上书奏，不得更言'圣神文武'之号。李希烈、田悦、王武俊、李纳等，咸以勋旧，各守藩维，朕抚驭乖方，致其疑惧。皆由上失其道而下罹其灾，朕实不君，人则何罪？宜并所管将吏等一切待之如初。朱滔虽缘朱泚连坐，路远必不同谋，念其旧勋，务在弘贷，如能效顺，亦与惟新。朱泚反易天常，盗窃名器，暴犯陵寝，所不忍言，获罪祖宗，朕不敢赦。其胁从将吏百姓等，但官军未到京城以前，去逆效顺并散归本道、本军者，并从赦例。诸军、诸道应赴奉天及进收京城将士，并赐名奉天定难功臣。其所加垫陌钱、税间架、竹、木、茶、漆、榷铁之类，悉宜停罢。"赦下，

沉迷不悟了，在安乐的环境之中而忘记危险，又不了解种田的艰难，不体恤出征屯戍的劳苦。皇上的恩泽不能施布到下层去，下层的情况不得转达上来，情况既然阻塞，感情自然隔阂，人们就产生怀疑和对抗的心理了。我还不知自我检讨，就动用武力，向四方征伐，从千里外运粮饷，征求车辆登记马匹，致使远近各处不得安宁。出行的人要携带粮物行李，居家的人要运送物资食用，老百姓因此而精疲力竭。有时一日内多次短兵相接，有的人长年累月不脱盔甲。他们祭祀祖先无人主持，父母妻子无人依靠，死生不定，流离失所，人们怨气积结。徭役不得停止，田园多数荒芜。搜刮的命令残暴峻急，疲劳的老百姓织机上空空无物，有的辗转饿死在水沟山谷，有的背井离乡，使城镇街巷变成荒丘废墟，不见人烟。上有上天的谴责，而朕却没有察觉，下有人民的埋怨而朕却不知道，逐渐形成祸端，致使兵变发生在京城，社会秩序遭到破坏，皇家祖庙受到震惊。朕对上连累了祖先，对下辜负了黎民百姓，沉痛羞愧，罪责全在于我，内心长久地抱愧哀悼，如同坠身河水山谷那样痛苦。从现在起朝中朝外所有的上书奏文，不准再提'圣神文武'的尊号。李希烈、田悦、王武俊、李纳等，都因过去对国家有功，各守藩镇维持地方治安，由于朕安抚驾驭无方，导致他们怀疑恐惧。都是因为在上的人失职，在下位的人才遭受伤害，朕实在是没有做好人君，他们又有什么罪责呢？现今将他们以及他们所管属的将士官吏，一切都按从前那样对待。朱滔虽然受朱泚牵连，但他们两人相隔很远，肯定不会同谋，念及朱滔往日的功劳，应给予特别宽恕，如果他能效忠顺从朝廷，也给予改过自新的机会。朱泚违反天理伦常，篡夺政权，侵犯皇家坟墓，他的暴行真是不忍讲述，得罪了祖宗，朕不敢赦免。被他胁从的将士官吏及老百姓等，只要在朝廷军队未到达京城以前，能够脱离逆贼归顺朝廷，并且自己回归本道本军的，都按条例赦免罪过。各军、各道派到奉天以及前去收复京城的将领士兵，都赐名为'奉天定难功臣'。他们所应缴的除陌钱、间架、竹、木、茶、漆、铁专卖等税，全部停止征收。"赦令颁布下来，

四方人心大悦。及上还长安明年,李抱真入朝为上言:"山东宣布赦书,士卒皆感泣,臣见人情如此,知贼不足平也!"

命兵部员外郎李充为恒冀宣慰使。

朱泚更国号曰汉,自称汉元天皇,改元天皇。

王武俊、田悦、李纳见赦令,皆去王号,上表谢罪。惟李希烈自恃兵强财富,遂谋称帝,遣人问仪于颜真卿,真卿曰:"老夫尝为礼官,所记惟诸侯朝天子礼耳!"希烈遂即皇帝位,国号大楚,改元武成。置百官,以其党郑贲为侍中,孙广为中书令,李缓、李元平同平章事。以汴州为大梁府,分其境内为四节度。希烈遣其将辛景臻谓颜真卿曰:"不能屈节,当自焚!"积薪灌油于其庭。真卿趋赴火,景臻遽止之。

希烈又遣其将杨峰赍赦赐陈少游及寿州刺史张建封。建封执峰徇于军,腰斩于市,少游闻之骇惧。建封具以少游与希烈交通之状闻,上悦,以建封为濠、寿、庐三州都团练使。希烈乃以其将杜少诚为淮南节度使,使将步骑万馀人先取寿州,后之江都。建封遣其将贺兰元均、邵怡守霍丘秋栅,少诚竟不能过,遂南寇蕲、黄,欲断江路。时上命包佶自督江、淮财赋,溯江诣行在,至蕲口,遇少诚入寇。曹王皋遣蕲州刺史伊慎将兵七千拒之,战于永安戍,大破之,少诚脱身走,斩首万级,包佶乃得前。后佶入朝,具奏陈少游夺财赋事,少游惧,厚敛所部以偿之。李希烈以夏口上流要地,使其骁将董侍募死士七千人袭鄂州,刺史李兼

各地人民大为欢悦。等到皇上回长安的第二年,李抱真入朝,告诉皇上说:"山东宣布赦令的时候,士兵们都感动得落泪,我看见人心这样,就知道平定叛贼不足为虑了!"

朝廷任命兵部员外郎李充为恒冀宣慰使。

朱泚改国号为汉,自称汉元天皇,改年号为天皇。

王武俊、田悦、李纳见到赦令,都取消王号,上表认罪。只有李希烈仗着自己军力强大,钱财富足,就筹划称帝,派人向颜真卿询问登基的礼节仪式,颜真卿说:"老夫曾经当过礼仪官,所记着的只是诸侯朝见天子的礼仪而已!"李希烈于是即皇帝位,国号大楚,改年号为武成。设置文武百官,任命他的党羽郑贲为侍中,孙广为中书令,李缓、李元平为同平章事。将汴州称为大梁府,划分所辖地方并设置四个节度使。李希烈派他的将领辛景臻对颜真卿说:"你既然不肯屈服,就应该自焚!"于是便把木柴堆放在庭院,浇上油燃烧。颜真卿向火奔扑过去,辛景臻急忙阻止了他。

李希烈又派他的将领杨峰带着赦令赐给陈少游以及寿州刺史张建封。张建封抓住杨峰在军营示众,然后在街市中将其腰斩。陈少游听到消息后非常恐惧。张建封把陈少游与李希烈来往的情况全部奏报给皇上,皇上很高兴,任命张建封为濠、寿、庐三州都团练使。李希烈就任命他的部将杜少诚为淮南节度使,派他率领步骑兵一万多人先夺取寿州,然后前往江都。张建封派他的部将贺兰元均、邵怡驻守霍丘秋栅,杜少诚最后无法通过,于是就南下攻劫蕲州、黄州,想切断长江交通。当时德宗命令包佶亲自督运江、淮的财赋,逆长江而上,送到皇帝所在地,行到蕲口,遇到杜少诚侵扰。曹王李皋派蕲州刺史伊慎率领七千兵抵挡,在永安戍会战,大破杜少诚军,杜少诚只身逃走,伊慎斩杀了一万人,包佶才得以前进。后来包佶入朝,一五一十地向皇上奏报了陈少游强夺财赋的事,陈少游恐惧起来,加重征收管辖区内民众的赋税来偿还。李希烈认为夏口是长江上游的要地,派他的勇将董侍招募敢死队七千人袭击鄂州,鄂州刺史李兼

偃旗卧鼓闭门以待之。侍撤屋材以焚门,兼帅士卒出战,大破之。上以兼为鄂、岳、沔都团练使。于是希烈东畏曹王皋,西畏李兼,不敢复有窥江、淮之志矣。

　　朱滔引兵入赵境,王武俊大具犒享。入魏境,田悦供承倍丰,使者迎候,相望于道。丁丑,滔至永济,遣王郅见悦,约会馆陶,偕行渡河。悦见郅曰:"悦固愿从五兄南行,昨日将出军,将士勒兵不听悦出,曰:'国兵新破,战守逾年,资储竭矣。今将士不免冻馁,何以全军远征?大王日自抚循,犹不能安,若舍城邑而去,朝出,暮必有变!'悦之志非敢有贰也,如将士何!已令孟祐备步骑五千,从五兄供刍牧之役。"因遣其司礼侍郎裴抗等往谢滔。滔闻之,大怒曰:"田悦逆贼,向在重围,命如丝发,使我叛君弃兄,发兵昼夜赴之,幸而得存。许我贝州,我辞不取;尊我为天子,我辞不受。今乃负恩,误我远来,饰辞不出!"即日,遣马寔攻宗城、经城,杨荣国攻冠氏,皆拔之。又纵回纥掠馆陶顿幄幕、器皿、车、牛以去。悦闭城自守。壬午,滔遣裴抗等还,分兵置吏守平恩、永济。

　　朱滔引兵北围贝州,引水环之,刺史邢曹俊婴城拒守。纵范阳及回纥兵大掠诸县,又拔武城,通德、棣二州,使给军食;遣马寔将步骑五千屯冠氏以逼魏州。

　　上于行宫庑下贮诸道贡献之物,榜曰琼林、大盈库。陆贽以为战守之功,赏赉未行而遽私别库,则士卒怨望,无复

下令收起军旗，停止击鼓，关闭城门，严阵以待。董侍拆下城池附近房屋的木材，纵火焚烧城门，李兼率领士兵出战，大破董侍军。德宗任命李兼为鄂州、岳州、沔州都团练使。于是李希烈东面怕曹王李皋，西面怕李兼，不敢再有夺取江、淮的企图了。

朱滔带领军队进入王武俊的疆境，王武俊大力备办犒劳用品。进入田悦的疆境，田悦供应酒食更是丰厚，迎接等候的使者在路上前后相连。丁丑（初五），朱滔到达永济，派王郅到馆陶约见田悦，之后便联军渡黄河。田悦见到王郅说：“我固然愿意跟从五哥南下，昨天将要出军，将士们按兵不动，不许我出营，说：‘魏军刚遭到挫败，战争超过了一年，物资储存已经耗尽。现在将士们都免不了挨饥受冻，怎么能让全军远征呢！大王每天亲自去慰问大家，尚且不能安定，假如离开城池，早上出城，晚上就一定会有变乱发生！’我是不敢有二心的，可是能把将士们怎么样呢？已经命令孟祐率领五千步骑兵做好准备，跟随五哥做些砍柴牧马的工作。”接着派他的司礼侍郎裴抗等前去向朱滔道歉。朱滔听到后，大怒说：“田悦这个叛贼，从前在重围之中，性命垂危，千钧一发，使我背叛君主抛弃兄长，出兵日夜不停地前去援救，才侥幸让你不死。又答应把贝州让给我，我推辞不接受；又要拥戴我为天子，我又推辞不接受。现在竟然忘恩负义，骗我大老远前来，你却花言巧语地应付我，不肯出兵！”当日就派马寔攻打宗城、经城，杨荣国攻打冠氏，都攻陷了。又纵容回纥兵抢劫馆陶的帘帐、器皿、车辆、牛等，然后离开。田悦紧闭城门固守。壬午（初十），朱滔派裴抗等回去，分别派置军队和官吏去驻守平恩、永济。

朱滔率军北上包围贝州，并引水环浸贝州城，刺史邢曹俊据城守卫。朱滔放纵范阳兵及回纥兵大肆抢掠各县，又攻陷武城，连通德、棣两个州，命令他们供应军粮；派马寔率领五千步骑兵屯驻冠氏，进逼魏州。

德宗在行宫的走廊下储放各道进贡的财物，匾额题作琼林、大盈库。陆贽认为，对于将士攻战守备的功劳，还没有进行赏赐，却急忙地另外设下私人仓库，一定会使士兵怨恨失望，丧失

斗志,上疏谏,其略曰:"天子与天同德,以四海为家,何必挠废公方,崇聚私货? 降至尊而代有司之守,辱万乘以效匹夫之藏,亏法失人,诱奸聚怨,以斯制事,岂不过哉?"又曰:"顷者六师初降,百物无储,外扦凶徒,内防危堞,昼夜不息,殆将五旬,冻馁交侵,死伤相枕,毕命同力,竟夷大艰。良以陛下不厚其身,不私其欲,绝甘以同卒伍,辍食以啖功劳。无猛制而人不携,怀所感也;无厚赏而人不怨,悉所无也。今者攻围已解,衣食已丰,而谣讟方兴,军情稍阻。岂不以勇夫恒性,嗜利矜功,其患难既与之同忧而好乐不与之同利? 苟异恬默,能无怨咨?"又曰:"陛下诚能近想重围之殷忧,追戒平居之专欲,凡在二库货贿,尽令出赐有功,每获珍华,先给军赏。如此,则乱必靖,贼必平。徐驾六龙,旋复都邑,天子之贵,岂当忧贫? 是乃散其小储而成其大储,损其小宝而固其大宝也。"上即命去其榜。

萧复尝言于上曰:"宦官自艰难以来,多为监军,恃恩纵横。此属但应掌宫掖之事,不宜委以兵权国政。"上不悦。又尝言:"陛下践阼之初,圣德光被,自用杨炎、卢杞黩乱朝政,以致今日。陛下诚能变更睿志,臣敢不竭力。

斗志,就上疏谏阻。疏文大意说:"天子与天有一样的德行,以四海为家,为什么一定要抛弃公家的法度,积聚私有财物呢!降低最尊贵的身份去做管理仓库者的工作,玷辱皇帝的尊严去仿效小民收藏财物,既损害了法规又浪费了人才,还引诱邪念积聚怨恨,用这种行为去处理事情,难道不是一个过失吗!"又说:"不久前皇家军队初到此地,没有任何储存物资,在外要抵御凶恶的叛贼,在内又要防守危难的城池,白天黑夜都不得休息,将近有五十天,人们饥寒交迫,死伤人员互相枕叠,但是大家同心协力,终于渡过难关。实在是由于陛下自身没有丰渥的享受,不满足私欲,不讲享乐而与士兵同苦,停止享用美味来分送给有功劳的人。没有用严峻的法规做约束,然而人们并不生二心,是因为受了感动啊;没有丰厚的奖赏,然而人们并没有怨言,是因为他们知道这是当时没有的东西啊!现在围城已经解除,衣食已经丰足,然而谣言、怨谤正在兴起,军心渐渐在动摇。难道不是因为军人总有贪功好利的本性,在患难时既然与他们一齐受苦,而在幸福欢乐时却不与他们一同分享?假如不是性格恬淡静默的人,怎么能不心怀怨恨而有怨言呢?"又说:"陛下如果能常常想到被包围时期的苦难,反省平时的随心所欲而作自我警诫,就应该下令把两个仓库的财物,全部拿出来赐给有功的将士。以后每逢得到珍贵华美的东西,首先用来赏赐军功。这样做的话,祸乱就一定可以平息,叛贼就一定能消灭。到时安闲轻松地乘坐六马车驾重返京城,以天子尊贵的地位,怎么还担心贫穷!这就是散发身边的小财而存起天下的大财,损失小宝物而保住大宝物的做法。"皇上立即下令摘除匾额。

萧复曾经对德宗说:"自从国家遭受动乱以来,很多宦官被派出去担任监军,他们仗恃恩宠而横行霸道。这班人只应该掌管宫里的事情,不应该委任他们去执掌兵权、过问国家大事。"德宗不高兴。萧复又曾经说:"陛下登基的初期,神圣的恩德如同阳光一样遍照天下,自从任用了杨炎、卢杞,才造成政治混乱,以致有今日的苦果。陛下如果真能改变心意,我怎敢不尽力。

悦使臣依阿苟免,臣实不能!"又尝与卢杞同奏事,杞顺上旨,复正色曰:"卢杞言不正!"上愕然,退谓左右曰:"萧复轻朕!"戊子,命复充山南东西、荆湖、淮南、江西、鄂岳、浙江东西、福建、岭南等道宣慰、安抚使,实疏之也。既而刘从一及朝士往往奏留复,上谓陆贽曰:"朕思迁幸以来,江、淮远方,或传闻过实,欲遣重臣宣慰。谋于宰相及朝士,金谓宜然。今乃反覆如是,朕为之怅恨累日。意复悔行,使之论奏邪?卿知萧复如何人,其不欲行,意趣安在?"贽上奏,以为:"复痛自修励,慕为清贞,用虽不周,行则可保。至于轻诈如此,复必不为。借使复欲逗留,从一安肯附会?今所言矛楯,愿陛下明加辨诘。若萧复有所请求,则从一何容为隐?若从一自有回互,则萧复不当受疑。陛下何惮而不辨明,乃直为此怅恨也?夫明则罔惑,辨则罔冤。惑莫甚于逆诈而不与明,冤莫痛于见疑而不与辨。是使情伪相揉,忠邪靡分。兹实居上御下之要枢,惟陛下留意。"上亦竟不复辨也。

辛卯,以王武俊为恒、冀、深、赵节度使。壬辰,加李抱真、张孝忠并同平章事。丙申,加田悦检校右仆射。以山南东道行军司马樊泽为本道节度使,前深、赵观察使康日知为同州刺史、奉诚军节度使,曹州刺史李纳为郓州刺史、平卢节度使。

戊戌,加刘洽汴、滑、宋、亳都统副使,知都统事,李勉悉以其众授之。

倘若要我因循服从而苟且生存以免祸,我实在做不到!"萧复又曾与卢杞一同奏事,卢杞顺着德宗的意旨,萧复神情严肃地说:"卢杞说得不对。"德宗大吃一惊,退朝后对左右侍从说:"萧复不尊重朕!"戊子(十六日)那天,任命萧复充任山南东西、荆湖、淮南、江西、鄂岳、浙江东西、福建、岭南等道宣慰安抚使,实际上是疏远他。接着,刘从一以及朝廷大臣纷纷上疏请求把萧复留在京城,德宗对陆贽说:"朕考虑到皇室流亡以来,与江、淮距离遥远,有的事情传闻不符合实际,打算派重要大臣前去安抚慰劳。跟宰相以及朝廷大臣商量过,都说是合理的。现在竟然像这样反反复复,朕为了这件事多日以来郁愤怨恨。心想是萧复后悔不肯出行,让朝臣们上疏讨论的吧? 你知道萧复是怎么样的人,他不想出行,会有什么样的打算呢?"陆贽上奏说:"萧复刻苦磨炼,向往清廉忠贞,做事虽然有不周到的地方,但品行端正是可以保证的。至于像这样轻率狡诈的事,萧复是绝对不会去做的。即使萧复希望留下,刘从一怎么肯去附会他呢? 现在朝臣中议论出现矛盾,希望陛下分明地加以辨别查问。如果萧复另有请求,那么刘从一怎么会为他隐瞒? 如果刘从一有他的道理,那么萧复不应该受到怀疑。陛下有什么忌惮而不把真相探讨清楚,一直因此事而惆怅恼恨? 事情弄清楚就不会有困惑,让人有机会申辩就不会有冤屈。没有事比被认定是欺诈,而又不许将真相弄清楚更让人困惑了;没有事比被怀疑犯罪,却不准申辩解释更冤屈痛苦了。这会使真伪相混,忠奸不分。这实在是身居高位、驾驭臣下的关键,请陛下留意。"德宗最终没有再辨别此事。

辛卯(十九日)这天,朝廷任命王武俊为恒、冀、深、赵节度使。壬辰(二十日),加授李抱真、张孝忠兼任同平章事。丙申(二十四日),加授田悦为检校右仆射。任命山南东道行军司马樊泽为本道节度使,前任深、赵观察使康日知任同州刺史、奉诚军节度使,曹州刺史李纳任郓州刺史、平卢节度使。

戊戌(二十六日),加授刘洽为汴、滑、宋、亳州都统副使,知都统事,李勉把属下的军队全部交给刘洽。

二月戊申，诏赠段秀实太尉，谥曰忠烈，厚恤其家。时贾隐林已卒，赠左仆射，赏其能直言也。

李希烈将兵五万围宁陵，引水灌之。濮州刺史刘昌以三千人守之。

滑州刺史李澄密遣使请降，上许以澄为汴滑节度使。澄犹外事希烈，希烈疑之，遣养子六百人戍白马，召澄共攻宁陵。澄至石柱，使其众阳惊，烧营而遁。又讽养子令剽掠，澄悉收斩之，以白希烈，希烈无以罪也。

刘昌守宁陵，凡四十五日不释甲。韩滉遣其将王栖曜将兵助刘洽拒希烈，栖曜以强弩数千游汴水，夜，入宁陵城。明日，从城上射希烈，及其坐幄，希烈惊曰："宣、润弩手至矣！"遂解围去。

朱泚既自奉天败归，李晟谋取长安。刘德信与晟俱屯东渭桥，不受晟节制。晟因德信至营中，数以沪涧之败及所过剽掠之罪，斩之。因以数骑驰入德信军，劳其众，无敢动者，遂并将之，军势益振。

李怀光既胁朝廷逐卢杞等，内不自安，遂有异志。又恶李晟独当一面，恐其成功，奏请与晟合军，诏许之。晟与怀光会于咸阳西陈涛斜，筑垒未毕，泚众大至。晟谓怀光曰："贼若固守宫苑，或旷日持久，未易攻取。今去其巢穴，敢出求战，此天以贼赐明公，不可失也！"怀光曰："军适至，

二月戊申（初七）这天，朝廷下诏追赠段秀实为太尉，谥号忠烈，优厚地抚恤他的家属。这时贾隐林已经去世，追赠为左仆射，褒奖他能够直言。

李希烈率领五万士兵包围宁陵，引水灌城。濮州刺史刘昌统领三千人防守。

滑州刺史李澄秘密派使者向朝廷请求投降，皇上承诺让李澄当汴滑节度使。李澄表面上事奉李希烈，李希烈对他有怀疑，派养子六百人戍守白马，征召李澄一同进攻宁陵。李澄到了石柱，指使他的部众假装受惊，烧掉营帐而逃。又暗中鼓动李希烈的养子们抢劫掠夺，李澄把他们都捕获斩杀，将情况报知李希烈，李希烈无法加罪于他。

刘昌守卫宁陵，一共四十五天没有脱下铠甲。韩滉派他的部将王栖曜率兵援助刘洽抵抗李希烈，王栖曜派强弓手几千人游泳渡过汴水，在黑夜中进入宁陵城。第二天，从城上向李希烈的营帐方向射箭，箭头射入营帐，李希烈大惊说："宣州、润州弓弩手到了！"于是就解围撤退。

朱泚自奉天失败回长安后，李晟就策划攻取长安。刘德信与李晟同时屯驻在东渭桥，却不受李晟的管束。李晟利用刘德信到自己营中的机会，指责他沪涧战役失败的罪责以及他在沿途抢劫掳掠的罪行，将他斩杀。随即带着几名骑兵快马进入刘德信军营，安抚慰劳他们的士兵，没有一个人敢反抗，于是李晟一并统领此军，军势更加强盛。

李怀光胁迫朝廷驱逐了卢杞等人以后，内心十分不安，于是就有了反叛朝廷的企图。他又憎恨李晟独当一面，位高权重，怕他取得收复京城的大功，于是便奏请与李晟联军作战，朝廷下诏令批准了。李晟与李怀光两军就在咸阳西边陈涛斜会合，营垒还没有修筑完毕，朱泚军大量涌到。李晟对李怀光说："如果贼军固守宫城林园，或许可以长久地拖延时间，不容易攻打下来。如今他们胆敢离开巢穴，出来挑战，这是上天把贼军赏赐给明公你消灭，不可丧失这个机会啊！"李怀光说："部队刚刚到达，

马未秣，士未饭，岂可遽战邪？”晟不得已，乃就壁。晟每与怀光同出军，怀光军士多掠人牛马，晟军秋毫不犯。怀光军士恶其异己，分所获与之，晟军终不敢受。怀光屯咸阳累月，逗留不进。上屡遣中使趣之，辞以士卒疲弊，且当休息观衅。诸将数劝之攻长安，怀光不从，密与朱泚通谋，事迹颇露。李晟屡奏，恐其有变，为所并，请移军东渭桥。上犹冀怀光革心，收其力用，寝晟奏不下。怀光欲缓战期，且激怒诸军，奏言：“诸军粮赐薄，神策独厚，厚薄不均，难以进战。”上以财用方窘，若粮赐皆比神策，则无以给之。不然，又逆怀光意，恐诸军觖望。乃遣陆贽诣怀光营宣慰，因召李晟参议其事。怀光意欲晟自乞减损，使失士心，沮败其功，乃曰：“将士战斗同而粮赐异，何以使之协力？”贽未有言，数顾晟。晟曰：“公为元帅，得专号令，晟将一军，受指踪而已。至于增减衣食，公当裁之。”怀光默然，又不欲自减之，遂止。

时上遣崔汉衡诣吐蕃发兵，吐蕃相尚结赞言：“蕃法发兵，以主兵大臣为信。今制书无怀光署名，故不敢进。”上命陆贽谕怀光，怀光固执以为不可，曰：“若克京城，吐蕃必纵兵焚掠，谁能遏之？此一害也。前有敕旨，募士卒克城者人赏百缣，彼发兵五万，若援敕求赏，五百万缣何从可得？

战马还没有喂草,兵士还没有吃饭,怎么可以急急忙忙开战呢?"李晟不得已,只好进入营垒。李晟每次与李怀光一同出军营,李怀光的士卒多次掠夺百姓牛马,而李晟的军队就秋毫不犯。李怀光的士兵厌恶他们跟自己不一样,就把掳掠来的东西分给他们,李晟军队的人始终不敢接受。李怀光屯驻在咸阳好几个月,逗留不进军。德宗多次派中使去催促他,李怀光都用士兵疲劳、暂且休息等待机会的话作推辞。各将领屡次劝李怀光攻打长安,李怀光都不听从,秘密地与朱泚串通谋划,事情多有败露。李晟多次奏报情况,害怕李怀光要发动变乱,自己的部队被他吞并,请求移军回到东渭桥。德宗还在希望李怀光改变主意,争取让他尽力效命,就压下了李晟的奏章不肯批示。李怀光打算拖延作战日期,并且激怒各军,上疏奏说:"各军得到的粮饷赏赐很少,唯独神策军得到的东西丰厚,厚薄不均,很难进军作战。"德宗认为财政正处于艰难时期,如果让大家都得到神策军的待遇,就没有钱财可以供给了。但不这样做,又顶撞了李怀光的心意,恐怕各军怨愤。于是就派陆贽到李怀光军营去安抚慰问,顺便召李晟去参议这件事。李怀光打算让李晟自己提出降低待遇,好使他失去军心,阻挫他立功,就说:"将士们同样作战,但发粮饷多少有别,凭什么能让他们同心协力呢?"陆贽没有回答,好几次回头看李晟。李晟说:"明公你是统帅,能够发号施令,我只是带兵的一员部将,接受指挥罢了。关于增加或减少服装粮饷的事,请明公裁断。"李怀光沉默不作声,又不想自己下令降低李晟军的待遇,于是就停止不议了。

当时,德宗派崔汉衡到吐蕃请求发兵援助,吐蕃丞相尚结赞说:"按照吐蕃礼法发兵,要主掌兵权的大臣署名表示同意才行。现在诏书上没有李怀光的签名,所以不敢进军。"德宗命令陆贽告知李怀光,李怀光坚决反对认为不行,说:"如果攻克京城,吐蕃兵一定大肆烧杀抢掠,谁能阻挡他们?这是第一害。从前有圣旨,招募士兵攻克京城的人,每人奖赏一百缗钱,吐蕃出兵五万人,如果按圣旨要求赏赐,这五百万缗钱我们将从哪里得到?

此二害也。虏骑虽来，必不先进，勒兵自固，观我兵势，胜则从而分功，败则从而图变，谲诈多端，不可亲信，此三害也。"竟不肯署敕，尚结赞亦不进军。陆贽自咸阳还，上言："贼泚稽诛，保聚宫苑，势穷援绝，引日偷生。怀光总仗顺之师，乘制胜之气，鼓行芟翦，易若摧枯。而乃寇奔不追，师老不用，诸帅每欲进取，怀光辄沮其谋。据兹事情，殊不可解。陛下意在全护，委曲听从。观其所为，亦未知感。若不别务规略，渐思制持，唯以姑息求安，终恐变故难测。此诚事机危迫之秋也，固不可以寻常容易处之。今李晟奏请移军，适遇臣衔命宣慰，怀光偶论此事，臣遂泛问所宜。怀光乃云：'李晟既欲别行，某亦都不要藉。'臣犹虑有翻覆，因美其军盛强。怀光大自矜夸，转有轻晟之意。臣又从容问云：'回日，或圣旨顾问事之可否，决定何如？'怀光已肆轻言，不可中变，遂云：'恩命许去，事亦无妨。'要约再三，非不详审，虽欲追悔，固难为辞。伏望即以李晟表出付中书，敕下依奏，别赐怀光手诏，示以移军事由。其手诏大意云：'昨得李晟奏，请移军城东以分贼势。朕本欲委卿商量，适会陆贽回奏云，见卿语及于此，仍言许去事亦无妨，遂敕本军允其所请。'如此，则词婉而直，理顺而明，虽蓄异

这是第二害。吐蕃的骑兵虽然来助我,但他们肯定不会领先进攻的,将会控制着兵力保护好自己,观察我们的作战形势。我们胜他们就跟着来分享功劳,我们败他们就企图变卦,狡诈多端,不可亲近信任。这是第三害。"最终不肯在诏书上签名,尚结赞也不出兵助战。陆贽从咸阳返回奉天,上疏说:"贼将朱泚聚守在皇家林苑中等候诛杀,威势已尽,援兵亦绝,迁延时日,苟且偷生。李怀光统领主持正义的大军,乘着战胜的气势军威,只要擂鼓进军击杀,消灭这伙残敌就易如摧枯拉朽。可是贼兵逃跑不追击,坐待士气低落,难以用兵,各军统帅每次想进攻,李怀光总是阻止他们的计划。根据这些情况来看,很不能理解。陛下的意思是想顾全大局,委屈地接受他的请求。可是观察他的行为,似乎不知道感恩报德。如果不另外实行一套办法,逐渐地加以控制,只用姑息态度去苟且求取安宁,最终恐怕还是要发生难以预测的变故。这实在是危机迫得很近的时刻了,绝不可以把它当作平常易事来处理。如今李晟奏请移军回到东渭桥,刚巧遇到我奉命前去安抚慰问,李怀光偶然谈论到这件事时,我就乘机探问他的想法。李怀光竟然说:'李晟既然想另自行动,我也就不要依靠他。'我仍然考虑到他会有所反复,于是就赞美他的军容盛大且战斗力强。李怀光大肆夸耀自己,反过来就有轻视李晟的意思。我又若无其事似地问:'我回去,也许皇上会问到这件事是否可以做,不知你是怎样决定的?'李怀光已经放肆地讲了轻率的话,不能中途改口,于是就说:'皇上允许我离开,事情就没有妨碍。'我与他再三约定,不能不说是审慎周密,他虽然想后悔,也难以启齿。希望立即把李晟的表章交出去给中书,下诏批准,另外赐给李怀光一份亲笔诏书,告诉他批准李晟调移军队的理由。那份亲笔诏书大意说:'前些时候接到李晟的奏章,请求移驻到城的东边,借以分散贼军的兵力。朕本来想委托你来商量决定,适逢陆贽回来奏报,说曾经跟你面谈这件事,你讲到把他调走也没有关系,所以就准许李晟的请求。'这样的话,就措辞婉转而且理由正当,道理通顺而且明白清楚,即使他心怀阴

端,何由起怨?"上从之。

　　晟自咸阳结陈而行,归东渭桥。时鄜坊节度使李建徽、神策行营节度使杨惠元犹与怀光联营。陆贽复上奏曰:"怀光当管师徒,足以独制凶寇,逗留未进,抑有他由。所患太强,不资傍助。比者又遣李晟、李建徽、杨惠元三节度之众附丽其营,无益成功,衹足生事。何则?四军接垒,群帅异心,论势力则悬绝高卑,据职名则不相统属。怀光轻晟等兵微位下而忿其制不从心,晟等疑怀光养寇蓄奸而怨其事多陵己。端居则互防飞谤,欲战则递恐分功,龃龉不和,嫌衅遂构,俾之同处,必不两全。强者恶积而后亡,弱者势危而先覆。覆亡之祸,翘足可期!旧寇未平,新患方起,忧难所切,实堪疢心!太上消恶于未萌,其次救失于始兆,况乎事情已露,祸难垂成,委而不谋,何以宁乱?李晟见机虑变,先请移军就东,建徽、惠元势转孤弱,为其吞噬,理在必然。他日虽有良图,亦恐不能自拔。拯其危急,唯在此时。今因李晟愿行,便遣合军同往,托言晟兵素少,虑为贼泚所邀,藉此两军迭为掎角。仍先谕旨,密使促装,诏书至营,即日进路。怀光意虽不欲,然亦计无所施。是谓先人有夺人之心,疾雷不及掩耳者也。解斗不可以不离,

谋,还有什么理由发泄怒怨?"皇上听从了陆贽的建议。

　　李晟以严密戒备的状态从咸阳起行,回到东渭桥。当时,廊坊节度使李建徽、神策行营节度使杨惠元两支军队仍然与李怀光的军营相连。陆贽又上奏说:"李怀光管辖的部队,足以单独对付贼兵,却逗留不前进,或许有其他理由。因为兵力太强,所以不需要友军协助。近来又派李晟、李建徽、杨惠元三位节度使的军队依附于他的军营,这样做对打败敌人没有益处,反而容易发生矛盾。为什么呢? 因为四支部队的营垒互相连接,各将领心志不统一,论势力则高低悬殊,论官职则互不统属。李怀光轻视李晟等兵力微弱、职位低下,而且愤恨李晟不听从自己的指挥,李晟等怀疑李怀光培养贼兵、包藏祸患,而且埋怨李怀光在很多事情上压制自己。平时互相提防被对方陷害诽谤,出战时又怕被对方抢去功劳,意见不合从而不能和睦,怨恨争端就会形成,让他们共处,双方必不能互相保全。力量强大的一方会因作恶太多而导致灭亡,力量弱小的一方会因形势危险而先遭覆灭。灭亡的灾祸,很快就可以看到! 旧的贼兵还未平定,新的灾难又在兴起,忧愁祸难交迫,实在使内心负疲! 最上策是将灾难在未萌发之前消除,其次是在灾难出现时就设法去补救,况且如今事情已经显露出来,祸患就要形成,丢下它不去处理,如何能平定动乱呢? 李晟看到形势不对而担心有变化,预先请求移军到东渭桥去,李建徽、杨惠元他们的势力就会变得孤单弱小,从情理上看,他们必然将会被李怀光吞并。日后即使有好的计谋,恐怕也不能自救。所以在危急中把他们拯救出来,只有当机立断了。现在趁李晟愿意移军起行,就派李建徽、杨惠元两支军队汇合在一起跟李晟军一同出发,推说李晟的士兵一向就少,考虑到会被逆贼朱泚截击,所以需要靠这两支军结成犄角互相援助。还得先行传达圣旨,暗中要他们整理好行装,等诏书送到军营时,当天就出发上路。李怀光心中虽然不愿意,但也无计可施。这是古人所讲的争取主动可以夺走敌人的战斗意志,用兵要用迅雷不及掩耳的策略。劝解别人打架不可以不保持一定距离,

救焚不可以不疾。理尽于此,惟陛下图之。"上曰:"卿所料极善。然李晟移军,怀光不免怅望,若更遣建徽、惠元就东,恐因此生辞,转难调息,且更俟旬时。"

辛酉,加王武俊同平章事兼幽州、卢龙节度使。

李晟以为:"怀光反状已明,缓急宜有备。蜀、汉之路不可雍,请以裨将赵光铣等为洋、利、剑三州刺史,各将兵五百以防未然。"上疑未决,欲亲总禁兵幸咸阳,以慰抚为名,趣诸将进讨。或谓怀光曰:"此汉祖游云梦之策也!"怀光大惧,反谋益甚。

上垂欲行,怀光辞益不逊,上犹疑谗人间之。甲子,加怀光太尉,增实食,赐铁券,遣神策右兵马使李卜等往谕旨。怀光对使者投铁券于地曰:"圣人疑怀光邪?人臣反,赐铁券;怀光不反,今赐铁券,是使之反也!"辞气甚悖。朔方左兵马使张名振当军门大呼曰:"太尉视贼不许击,待天使不敬,果欲反邪?功高太山,一旦弃之,自取族灭,富贵他人,何益哉?我今日必以死争之。"怀光闻之,谓曰:"我不反,以贼方强,故须蓄锐俟时耳。"怀光大言:"天子所居必有城隍。"乃发卒城咸阳,未几,移军据之。张名振曰:"乃者言不反,今日拔军此来,何也?何不攻长安,杀朱泚,取富贵,引军还邠邪?"怀光曰:"名振病心矣!"命左右引去,拉杀之。

救火不可以不快速行动。道理已经讲尽了，请陛下考虑。"德宗说："你预料得极好。然而李晟移军，李怀光免不了要抱怨，如果再调动李建徽、杨惠元前往东渭桥靠近李晟，恐怕会引起口舌，反而难以调解，暂且再等十天吧。"

辛酉（二十日）这天，朝廷加授王武俊为同平章事兼幽州、卢龙节度使。

李晟上疏认为："李怀光反叛的罪行已经明显，在危急的关头，要有所准备。通往巴蜀、汉中的道路不要塞阻，请任命副将赵光铣等当洋、利、剑三州刺史，各率领五百人去戒备防范。"德宗迟疑不决，打算亲自统领禁军到咸阳，以慰问安抚的名义督促各将领进兵讨伐朱泚。有人对李怀光说："这是刘邦出巡云梦的策略！"李怀光大为恐惧，反叛的策划愈发加紧了。

德宗将要出发的时候，李怀光的言论就更加不恭敬，德宗还怀疑有人进谗言从中挑拨。甲子（二十三日）这天，加授李怀光为太尉，增加实封的食邑，赐给他铁券，派神策右兵马使李卞等前去传达德宗的旨意。李怀光当着使者的面把铁券摔在地上，说："皇上在怀疑李怀光吗？臣子要反叛，就赐给免死铁券。我并不反叛，现在却赐给我铁券，这是逼我反叛！"语气态度甚为嚣张。朔方左兵马使张名振对着军营大门大声叫道："太尉眼看着贼军却不准许我们进击，对待皇上的使者又不尊敬，果真要造反吗？拥有比泰山还要高的功劳，一下子就毁弃，自找灭族，让别人因此取得富贵，有什么好处呢？我今日一定要拼死去谏阻他。"李怀光听到消息，对他说："我并不反叛，只是因为贼兵力量很强大，所以必须养精蓄锐，等待时机罢了。"李怀光强调说："天子居住的地方，一定要有城池。"于是调发士兵修筑咸阳城墙，没过多久，李怀光移军驻守咸阳。张名振说："前几天你说不反叛，现在把军队开来这里，是为什么？为什么不进攻长安，诛杀朱泚，取得富贵，然后撤军回到邠州呢？"李怀光说："张名振疯了！"命令左右的人把张名振带出去，用杖击杀他。

右武锋兵马使石演芬,本西域胡人,怀光养以为子。怀光潜与朱泚通谋,演芬遣其客郜成义诣行在告之,请罢其都统之权。成义至奉天,告怀光子璀,璀密白其父。怀光召演芬责之曰:"我以尔为子,奈何欲破我家?今日负我,死甘心乎?"演芬曰:"天子以太尉为股肱,太尉以演芬为心腹,太尉既负天子,演芬安得不负太尉乎?演芬胡人,不能异心,惟知事一人,苟免贼名而死,死甘心矣!"怀光使左右脔食之,皆曰:"义士也!可令快死。"以刀断其喉而去。

李㲄等还,言怀光骄慢之状,于是行在始严门禁,从臣皆密装以待。

乙丑,加李晟河中、同绛节度使,上犹以为薄,丙寅,又加同平章事。

上将幸梁州,山南节度使盐亭严震闻之,遣使诣奉天奉迎,又遣大将张用诚将兵五千至盩厔以来迎卫。用诚为怀光所诱,阴与之通谋,上闻而患之。会震继遣牙将马勋奉表,上语之故。勋请:"亟诣梁州取严震符召用诚还府,若不受召,臣请杀之。"上喜曰:"卿何时复至此?"勋刻日时而去。既得震符,请壮士五人与之俱出骆谷。用诚不知事泄,以数百骑迎之,勋与之俱入驿。时天寒,勋多然藁火于驿外,军士皆往附火。勋乃从容出怀中符,以示用诚曰:"大夫召君。"用诚错愕起走,壮士自后执其手擒之。用诚子在勋后,斫伤勋首。壮士格杀其子,仆用诚于地,跨其

右武锋兵马使石演芬,本来是西域的胡族人,李怀光收他为养子。李怀光暗中跟朱泚串通,石演芬派他的门客鄗成义前去行在报告此事,请求朝廷罢免李怀光的都统职权。鄗成义到了奉天,却把事情告诉李怀光的儿子李璀,李璀秘密告诉父亲。李怀光召见石演芬责备他说:"我把你当作儿子,你怎么想让我家破人亡? 如今你辜负了我,死得甘心了吧?"石演芬说:"天子把太尉视为辅政大臣,你把我当作心腹,你既然辜负天子,我怎么不可以辜负你? 我是胡族人,不能够有二心,只知道事奉天子,如果能够摆脱做叛贼的罪名,死也是甘心的!"李怀光命令左右把他切成碎块,吃他的肉,大家都说:"他是个忠义的人,应该让他死得快些。"用刀割断他的喉咙而离开。

　　李卞等人返回奉天,报告李怀光骄横傲慢的情况,到这时德宗才开始戒严,随从大臣都秘密准备好行装,等待应付事变。

　　乙丑(二十四日)这天,加封李晟为河中、同绛节度使,德宗还认为这种待遇微薄,丙寅(二十五日),又加官为同平章事。

　　德宗准备到梁州,山南节度使盐亭人严震听到消息,派使者到奉天迎接,又派大将张用诚带领五千士兵到盩厔,以此来迎驾护卫。张用诚被李怀光引诱,暗中向李怀光互通阴谋,德宗知道这件事后忧虑起来。适逢严震随后派牙将马勋带着表章见皇上,皇上把情况告诉他。马勋请求说:"我赶紧到梁州,取到严震签发的军令去召张用诚回府,如果张用诚不接受诏命,我就杀了他。"德宗高兴地说:"你什么时候再回到这里?"马勋约定了日期就离去。得到严震的军令后,马勋请求带五名壮士跟从他一齐走出骆谷。张用诚不知道事情已经泄露,带着几百名骑兵出来迎接,马勋与他一齐进入驿站。当时天气寒冷,马勋在驿站外面燃烧很多火堆,军士们都往火堆前烤暖。马勋于是不慌不忙地从怀中取出军令给张用诚看,说:"大帅召你回去。"张用诚猝然而惊,站起来就要逃跑,壮士们从后面抓住他的手逮捕了他。张用诚的儿子在马勋的后面,举刀砍伤了马勋的头。壮士们立即把他儿子杀了,将张用诚摔倒在地,骑在他的

腹,以刀拟其喉曰:"出声则死!"勋入其营,士卒已擐甲执
兵矣。勋大言曰:"汝曹父母妻子皆在汉中,一朝弃之,与
张用诚同反,于汝曹何利乎?大夫令我取用诚,不问汝曹,
无自取族灭!"众皆詟服。勋送用诚诣梁州,震杖杀之,命
副将领其众。勋裹其首,复命于行在,愆期半日。

李怀光夜遣人袭夺李建徽、杨惠元军,建徽走免,惠元
将奔奉天,怀光遣兵追杀之。怀光又宣言曰:"吾今与朱泚
连和,车驾且当远避!"

怀光以韩遊瓌朔方将也,掌兵在奉天,与遊瓌书,约使
为变,遊瓌密奏之。明日,又以书趣之,遊瓌又奏之。上称
其忠义,因问:"策安出?"对曰:"怀光总诸道兵,故敢恃众
为乱。今邠宁有张昕,灵武有宁景璿,河中有吕鸣岳,振武
有杜从政,潼关有唐朝臣,渭北有窦觎,皆守将也。陛下各
以其众及地授之,尊怀光之官,罢其权,则行营诸将各受本
府指麾矣。怀光独立,安能为乱?"上曰:"罢怀光兵权,若
朱泚何?"对曰:"陛下既许将士以克城殊赏,将士奉天子
之命以讨贼取富贵,谁不愿之?邠府兵以万数,借使臣得
而将之,足以诛泚。况诸道必有仗义之臣,泚不足忧也!"
上然之。

丁卯,怀光遣其将赵昇鸾入奉天,约其夕使别将达奚
小俊烧乾陵,令昇鸾为内应以惊胁乘舆。昇鸾诣浑瑊自
言,瑊遽以闻,且请决幸梁州。上命瑊戒严,瑊出,部勒未

肚子上,用刀指着他的喉咙说:"叫出声音就杀死你!"马勋进入张用诚的营房,看见士兵们已经身穿铠甲手执武器。马勋大声说:"你们的父母妻子都在汉中,一下子抛弃他们,跟着张用诚一同反叛,对你们有什么好处呢? 大帅命令我逮捕张用诚,不追究你们,你们不要自取灭族。"众士兵都害怕地服从。马勋把张用诚押往梁州,严震将他乱棍打死,命令副将统领他的部众。马勋把张用诚的人头包裹起来,回皇上所在地复命,比预定的日期仅迟了半日。

李怀光派人趁夜袭击夺取李建徽、杨惠元的军营,李建徽逃走,得以幸免,杨惠元打算投奔奉天,李怀光派兵追上去把他杀了。李怀光又宣布说:"我现在跟朱泚联合,皇帝的车驾应该远远避开!"

李怀光认为韩遊瓌是朔方的将领,在奉天掌握兵权,就写信给韩遊瓌,约请他发动政变,韩遊瓌把事情秘密奏报给德宗。第二天,李怀光又写信催促他迅速下手,韩遊瓌又向德宗奏报。德宗称赞韩遊瓌忠义,于是问他:"你有什么办法?"韩遊瓌回答说:"李怀光统领了各道的军队,所以才敢仗着兵多而作乱。现在邠宁有张昕,灵武有宁景璿,河中有吕鸣岳,振武有杜从政,潼关有唐朝臣,渭北有窦觎,他们都是守卫的将领。陛下把该地区及军队交给他们掌管,提升李怀光的官职,罢免他的军权,那么各行营的将领就接受本军府的指挥了。李怀光被孤立起来,怎么能够反叛作乱呢?"德宗说:"罢了李怀光的兵权,怎么对付朱泚呢?"韩遊瓌回答说:"陛下已经许诺将士们说攻克京城有厚赏,将士们奉天子的命令去讨伐贼兵换取富贵,谁不愿意这样做呢? 邠府的军队人数多以万计,假使我能够统领他们,足以诛杀朱泚。何况各道中一定有忠义的大臣,朱泚是不值得忧虑的!"德宗认为韩遊瓌说得对。

丁卯(二十六日)这天,李怀光派他的部将赵昇鸾进入奉天,约定在这天晚上派别将达奚小俊焚烧乾陵,赵昇鸾在城中做内应来恐吓威胁皇帝。赵昇鸾到浑瑊处自首,浑瑊赶快报告德宗,并且请德宗迅速前往梁州。德宗命令浑瑊戒严,浑瑊出来,还未部署

毕,上已出城西,命戴休颜守奉天,朝臣将士狼狈扈从。戴休颜徇于军中曰:"怀光已反!"遂乘城拒守。

朱泚之称帝也,兵部侍郎刘迺卧病在家,泚召之,不起。使蒋镇自往说之,凡再往,知不可诱胁,乃叹曰:"镇亦忝列曹,不能舍生,以至于此,岂可复以己之腥臊污漫贤者乎?"歔欷而返。迺闻上幸山南,搏膺大呼,自投于床,不食数日而卒。

太子少师乔琳从上至螯屋,称老疾不堪山险,削发为僧,匿于仙游寺。泚闻之,召至长安,以为吏部尚书。于是朝士之窜匿者多出仕泚矣。

怀光遣其将孟保、惠静寿、孙福达将精骑趣南山邀车驾,遇诸军粮料使张增于螯屋。三将曰:"彼使我为不臣,我以追不及报之,不过不使我将耳。"因目增曰:"军士未朝食,如何?"增绐其众曰:"此东数里有佛祠,吾贮粮焉。"三将帅众而东,纵之剽掠,由是百官从行者皆得入骆谷,以追不及还报,怀光皆黜之。

李晟得除官制,拜哭受命,谓将佐曰:"长安,宗庙所在,天下根本,若诸将皆从行,谁当灭贼者?"乃治城隍,缮甲兵,为复京城之计。先是东渭桥有粟十馀万斛,度支给李怀光军,几尽。是时怀光、朱泚连兵,声势甚盛,车驾南幸,人情扰扰。晟以孤军处二强寇之间,内无资粮,外无救援,徒以忠义感激将士,故其众虽单弱而锐气不衰。又

完毕，德宗已经走出城向西逃走，命令戴休颜守卫奉天，朝廷大臣和将士们狼狈地跟从。戴休颜巡视军营，向将士们宣布说："李怀光已经反叛！"于是就登城防守抵御敌军。

朱泚称帝时，兵部侍郎刘迺在家养病，朱泚召见，他不肯起床。朱泚派蒋镇前去游说，一共去了两次，知道不能够引诱威胁，就感叹说："我蒋镇也曾是朝廷的官员，不能够舍生取义，致使落到今日这个地步，怎么可以用自己的肮脏去污辱贤人呢！"抽泣着回去。刘迺听说德宗到了山南，捶胸大喊，一头栽到床上，几天不肯吃饭，终于死去。

太子少师乔琳随从德宗来到盩厔，声称年老有病受不了行走艰险山路的辛苦，就剃头出家当了和尚，藏身在仙游寺。朱泚得知消息，召乔琳到长安，任他为吏部尚书。由此，很多躲藏起来逃避叛军的朝廷官员，都去做了朱泚的官。

李怀光派他的部将孟保、惠静寿、孙福达率领精锐骑兵，快速开入南山追截德宗，在盩厔遇上诸军粮料使张增。三位将领说："李怀光驱使我们做叛臣，我们用追不上为借口去回报他，顶多不让我们带兵罢了。"于是向张增示意说："士兵们还没有吃早饭，怎么办？"张增欺骗大家说："从这里往东行几里，有一间佛寺，我在那里贮存了粮食。"三位将领率领众士兵向东行，放任士兵们去劫掠，由于这个原因，随从德宗的文武百官都得以进入骆谷，三位将领回去报告说没有追上德宗的车驾，李怀光把他们全部撤职。

李晟接到任官的制书，哭着下拜接受命令，对部将们说："长安是皇家宗庙所在地，是天下的根本，如果各将官都随皇上出逃，那么谁去抵御消灭贼军？"于是修治城池，整理铠甲武器，计划收复京城。在这之前，东渭桥有十几万斛粮食，度支将其拨给李怀光军，几乎已经用完。这时李怀光、朱泚联兵，声势浩大，皇帝向南逃亡，人心纷乱不堪。李晟仅凭一支军队，处在两支强大的贼军中间，内无物资粮食，外无救援，只用一腔忠义去感动激发将士，所以他的兵士虽然人少力弱，但士气仍然不减。李晟又

以书遗怀光，辞礼卑逊。虽示尊崇而谕以祸福，劝之立功补过。故怀光惭恶，未忍击之。晟曰："畿内虽兵荒之馀，犹可赋敛。宿兵养寇，患莫大焉！"乃以判官张彧假京兆尹，择四十馀人，假官以督渭北诸县刍粟，不旬日，皆充羡。乃流涕誓众，决志平贼。

田悦用兵数败，士卒死者什六七，其下皆厌苦之。上以给事中孔巢父为魏博宣慰使。巢父性辩博，至魏州，对其众为陈逆顺祸福，悦及将士皆喜。兵马使田绪，承嗣之子也，凶险，多过失，悦不忍杀，杖而拘之。悦既归国，内外撤警备。三月壬申朔，悦与孔巢父宴饮，绪对弟侄有怨言，其侄止之，绪怒，杀侄。既而悔之，曰："仆射必杀我！"既夕，悦醉，归寝，绪与左右密穿后垣入，杀悦及其母、妻等十馀人，即帅左右执刀立于中门之内夹道。将旦，以悦命召行军司马扈崿、判官许士则、都虞候蔡济议事。府署深邃，外不知有变，士则、济先至，召入，乱斫杀之。绪恐既明事泄，乃出门，遇悦亲将刘忠信方排牙。绪疾呼谓众曰："刘忠信与扈崿谋反，昨夜刺杀仆射。"众大惊，喧哗，忠信未及自辩，众分裂杀之。扈崿来，及戟门遇乱，招谕将士，将士从之者三分之一。绪惧，登城而立，大呼谓众曰："绪，先相公之子，诸君受先相公恩，若能立绪，兵马使赏缗钱二千，大将半之，下至士卒，人赏百缗。竭公私之货，五日取办。"

写信给李怀光,措辞有礼且谦卑恭逊。虽然表面上对李怀光是尊重的,但也告诉他去祸就福,劝他立功赎罪。所以李怀光内心惭愧,不忍心攻击李晟。李晟说:"京城辖区虽然兵荒马乱,还是可以向人民收敛赋税。有军队不用,养肥贼军,祸害没有比这更大了!"于是就任命判官张彧代理京兆尹,挑选四十多人,代任一定的官职去渭北各县催缴粮秣,不出十天,粮秣都充足了,且还有剩余。于是李晟流着眼泪誓师,决心要平定贼军。

田悦多次打败仗,士卒死亡达十分之六七,他的部下都对战争感到厌恶痛苦。德宗任命给事中孔巢父为魏博宣慰使。孔巢父天生博学有口才,到了魏州后,对众士兵们讲了一番逆顺祸福的道理,田悦和将士们都欢喜。兵马使田绪是田承嗣的儿子,此人凶恶险诈,多有过失,田悦不忍心杀他,只是用棍子责打和囚禁他。田悦归顺朝廷之后,军营内外就撤除了警卫戒备。三月壬申这天是初一,田悦与孔巢父在一起宴饮,田绪对他的弟侄说了一番埋怨的话,他的侄儿阻止了他,田绪大怒,杀死侄儿,事后才懊悔,说:"田仆射一定会杀我!"到了夜晚,田悦喝醉酒回府就寝,田绪与左右同党秘密凿穿后墙进入府宅,杀死田悦及他的母亲、妻子等十多人,立即率领左右亲信持刀站在中门的夹道里。天将亮时,田绪用田悦的命令召行军司马扈峘崿、判官许士则、都虞候蔡济等人入府商议政事。因为府宅很幽深,外面不知道里面发生变乱,许士则、蔡济先一步到,田绪传召他们进内,用乱刀砍死他们。田绪怕天明后事情泄露,就走出府门,遇见田悦的亲信将领刘忠信正在布置岗哨。田绪突然大声对众人说:"刘忠信与扈峘崿谋反,昨天晚上刺杀了田仆射。"众人大为吃惊地叫嚷起来,刘忠信来不及自我申辩,众人将其割裂而死。接着扈峘崿来了,走到列戟的大门时遇上事变,就紧急召集将士,听从他的将士有三分之一。田绪恐惧起来,登上城楼站着,大声对兵士说:"我田绪是先相公田承嗣的儿子,各位都受过先相公的恩惠,如果你们能够拥立我田绪,兵马使可得赏钱二千缗,大将得一千缗,下至士兵,每人赏一百缗。我会把公家和私人的钱全部拿来,五天内给清。"

于是将士回首杀扈崿，皆归绪，军府乃安。因请命于孔巢父，巢父命绪权知军府。后数日，众乃知绪杀其兄，虽悔怒，而绪已立，无如之何。绪又杀悦亲将薛有伦等二十馀人。

李抱真、王武俊引兵将救贝州，闻乱，不敢进。朱滔闻悦死，喜曰："悦负恩，天假手于绪也。"即遣其执宪大夫郑景济等将步骑五千助马寔，合兵万二千攻魏州。寔军王莽河，纵骑兵及回纥四出剽掠。滔别遣人入城说绪，许以本道节度使。绪方危迫，遣随军侯臧诣贝州送款于滔，滔喜，遣臧还报，使亟定盟约。时绪部署城内已定，李抱真、王武俊又遣使诣绪，许以赴援，如悦存日之约。绪召将佐议之，幕僚曾穆、卢南史曰："用兵虽尚威武，亦本仁义，然后有功。今幽陵之兵恣行杀掠，白骨蔽野，虽先仆射背德，其民何罪？今虽盛强，其亡可跂立而待也。况昭义、恒冀方相与攻之，奈何以目前之急欲从人为反逆乎？不若归命朝廷。天子方蒙尘于外，闻魏博使至必喜，官爵旋踵而至矣。"绪从之，遣使奉表诣行在，城守以俟命。

上之发奉天也，韩遊瓌帅其麾下八百馀人还邠州。李怀光以李晟军浸盛，恶之，欲引军自咸阳袭东渭桥。三令其众，众不应，窃相谓曰："若与我曹击朱泚，惟力是视；若欲反，我曹有死，不能从也！"怀光知众不可强，问计于宾佐。节度巡官良乡李景略曰："取长安，杀朱泚，散军还诸道，

于是将士们转过头杀死扈峟，全都归附田绪，军府恢复平静。于是报告孔巢父，孔巢父命令田绪暂且主管军府事务。几天后，大家才知道田绪杀死他的大哥田悦，虽然后悔愤怒，但田绪已经掌权，也就对他无可奈何。田绪又杀死田悦的亲信部将薛有伦等二十多人。

李抱真、王武俊带着军队打算援救贝州，得知魏州发生兵变，不敢再前进。朱滔听说田悦已死，高兴地说："田悦忘恩负义，是上天借田绪的手把他杀了。"当即派他的执宪大夫郑景济等率领步骑兵五千人援助马寔，集合一万二千士兵去进攻魏州。马寔驻军在王莽河，放任骑兵及回纥兵四处抢劫。朱滔另外派人入城去游说田绪，劝他投降，承诺任命田绪当魏州节度使。田绪正处在危急关头，派随军侯臧到贝州去见朱滔，表示愿意降顺，朱滔很高兴，派侯臧回去报告，叫他尽快签订盟约。当时田绪已经稳定地控制了城内，李抱真、王武俊又派使者到田绪处，承诺给予他援助，如同过去田悦在世时大家履行盟约，互相援助关照一样。田绪召集将佐商议，幕僚曾穆、卢南史说："作战虽然崇尚威力，但也要以仁义为基础，然后才可以成功。现在幽陵的军队大肆杀人掳掠，造成白骨遍野，虽然是先仆射田悦背叛盟誓，但百姓有什么罪呢？朱滔现在势力虽然强盛，可是他的灭亡在举手投足间是可以等到的。何况昭义、恒冀两支军队正在对他进攻，怎么可以因为目前的危急，就想跟从别人去造反呢？不如归顺朝廷，天子正流亡在外，听到魏博的使者到来一定会非常高兴，官爵就可以一下子获得了。"田绪听从他们的建议，派使者带着表章到皇上所在地，自己守卫城池等待命令。

德宗从奉天出发的时候，韩游瓌率领他的部下八百多人回到邠州。李怀光看到李晟的部队逐渐壮大，便对李晟很是不满，打算带领部队从咸阳出发前去袭击东渭桥。一连发布了三道命令，部众都不听从，他们私下互相说："如果叫我们去攻打朱泚，当竭力去干；如果要我们反叛，就算是死，也不能听从。"李怀光知道不能够强迫大家，就向幕僚询问计策，节度巡官良乡人李景略说："攻取长安，诛杀朱泚，将各道军队遣散回原地，

单骑诣行在。如此，臣节亦未亏，功名犹可保也。"顿首恳请，至于流涕，怀光许之。都虞候阎晏等劝怀光东保河中，徐图去就。怀光乃说其众曰："今且屯泾阳，召妻孥于邠，俟至，与之俱往河中。春装既办，还攻长安，未晚也。东方诸县皆富实，军发之日，听尔曹俘掠。"众许之。怀光乃谓景略曰："向者之议，军众不从，子宜速去，不且见害。"遣数骑送之。景略出军门，恸哭曰："不意此军一旦陷于不义！"

怀光遣使诣邠州，令留后张昕悉发所留兵万馀人及行营将士家属会泾阳，仍遣其将刘礼等将三千馀骑胁迁之。韩遊瑰说昕曰："李太尉功高自弃，已蹈祸机。中丞今日可以自求富贵，遊瑰请帅麾下以从。"昕曰："昕微贱，赖李太尉得至此，不忍负也！"遊瑰乃谢病不出，阴与诸将高固、杨怀宾等相结。时崔汉衡以吐蕃兵营于邠南，高固曰："昕以众去，则邠城空矣。"乃诈为浑瑊书，召吐蕃使稍逼邠城。昕等惧，竟不敢出。昕等谋杀诸将之不从者，遊瑰知之，先与高固等举兵杀昕，遣杨怀宾奉表以闻，且遣人告崔汉衡。汉衡矫诏以遊瑰知军府事，军中大喜。怀光子旻在邠，遊瑰遣之，或曰："不杀旻，何以自明？"遊瑰曰："杀旻，则怀光怒，其众必至，不如释旻以走之。"时杨怀宾子朝晟在怀光军中为右厢兵马使，闻之，泣白怀光曰："父立功于国，子当诛夷，不可典兵。"怀光囚之。于是遊瑰屯邠宁，戴休颜屯

然后单人匹马地去皇上所在地。这样的话,不缺少身为臣子的礼节,功名也还可以保住。"说完跪下叩头恳切请求,甚至流下了眼泪,李怀光同意。都虞候阎晏等劝李怀光向东退保河中,慢慢再考虑以后的动向。李怀光于是就向他的众士兵说:"现在暂时屯驻泾阳,将从邠州召来家眷,等家眷来到之后,和他们一齐去河中。等春季服装置办好之后,再进攻长安也为时不晚。东方各县多是富贵的人家,部队出发那天,任从你们去掳掠抢劫。"大家都答应下来。李怀光就对李景略说:"前些时候所讨论的事,众军士都不听从,你应该迅速离开,不然的话就要被杀死。"于是派了几名骑兵送李景略出去。李景略走出军营大门,痛心地哭起来,说:"想不到这支部队一下子就陷于不义了!"

李怀光派使者到邠州,命令留后张昕征发全部留守的一万多名士兵以及行营将士的家属们,到泾阳会合。同时派他的部将刘礼等率领三千多名骑兵强迫他们迁移。韩游瓌游说张昕说:"李太尉功劳很高,却自己抛弃,踩在祸患的机关上。中丞你现在应该自己求取富贵,我请求带领部下跟随你。"张昕说:"我出身微贱,靠着李太尉才有今天,不忍心背叛他!"韩游瓌于是称病不出门,暗中跟高固、杨怀宾等将领联络。这时崔汉衡让吐蕃的军队在邠州南面扎营,高固说:"张昕带众人离开,那么邠州就成为空城了。"于是伪造浑瑊的信,传召吐蕃,稍稍向邠州城逼近。张昕等恐惧起来,终究不敢走出城。张昕等策划杀死诸将中不肯东迁的人,韩游瓌知道后,抢先与高固等人发动兵变杀死了张昕,派杨怀宾带着表章向朝廷报告,并且派人告知崔汉衡。崔汉衡假传圣旨,任命韩游瓌知军府事,士兵们很高兴。李怀光的儿子李旻在邠州,韩游瓌打发他离开,有人说:"不杀李旻,用什么表明自己忠于朝廷?"韩游瓌说:"杀死李旻就会惹怒李怀光,他的大军一定会前来,不如放李旻走。"当时杨怀宾的儿子杨朝晟在李怀光军中任右厢兵马使,听到消息,哭着向李怀光表明心意,说:"父亲为朝廷立功,作为儿子应当受罚处死,不能执掌兵权了。"李怀光把他囚禁起来。这时韩游瓌驻兵在邢宁,戴休颜驻兵在

奉天,骆元光屯昭应,尚可孤屯蓝田,皆受李晟节度,晟军声大振。

始,怀光方强,朱泚畏之。与怀光书,以兄事之,约分帝关中,永为邻国。及怀光决反,逼乘舆南幸,其下多叛之,势益弱。泚乃赐怀光诏书,以臣礼待之,且征其兵。怀光惭怒,内忧麾下为变,外恐李晟袭之,遂烧营东走,掠泾阳等十二县,鸡犬无遗。及富平,大将孟涉、段威勇将数千人奔于李晟,将士在道散亡相继。至河中,或劝河中守将吕鸣岳焚桥拒之,鸣岳以兵少恐不能支,遂纳之,河中尹李齐运弃城走。怀光遣其将赵贵先筑垒于同州,刺史李纾惧,奔行在。幕僚裴向摄州事,诣贵先,责以逆顺之理,贵先感寤,遂请降,同州由是获全。向,遵庆之子也。怀光使其将符峤袭坊州,据之,渭北守将窦觎帅猎团七百围之,峤请降。诏以觎为渭北行军司马。

丁亥,以李晟兼京畿、渭北、鄜、坊、丹、延节度使。

庚寅,车驾至城固。

上在道,民有献瓜果者,上欲以散试官授之,访于陆贽。贽上奏,以为:"爵位恒宜慎惜,不可轻用。起端虽微,流弊必大。献瓜果者,止可赐之钱帛,不当酬以官。"上曰:"试官虚名,无损于事。"贽又上奏,其略曰:"自兵兴以来,财赋不足以供赐,而职官之赏兴焉。青朱杂沓于胥徒,金

奉天,骆元光驻兵在昭应,尚可孤驻兵在蓝田,都受李晟的指挥,李晟军的声势大为振作。

开始时,李怀光势力正强大,朱泚畏惧他,写信给李怀光,尊他为兄长,约定与他分别在关中称帝,而且永远做友好邻邦。等到李怀光决定反叛唐朝,逼皇帝南逃,部下很多人背叛他,李怀光势力就日益减弱。朱泚向李怀光颁赐诏书,在礼仪上把他作为臣属,准备征调他的军队。李怀光既惭愧又愤怒,对内担忧部下叛变,对外害怕李晟来袭击,于是就烧掉营房向东撤走,将泾阳等十二个县掠夺得连鸡狗都没有剩下。军队行到富平时,大将孟涉、段威勇率领好几千人投奔李晟,将士们在路途上相继四散逃亡。行到河中时,有人劝河中守将吕鸣岳烧掉桥梁阻止李怀光,吕鸣岳认为自己兵力薄弱,担心不能抵抗,就接纳李怀光。河中尹李齐运弃城逃走。李怀光派他的部将赵贵先在同州构筑壁垒工事,刺史李纾害怕,于是投奔皇帝所在地。幕僚裴向代理州务,裴向去见赵贵先,用叛逆忠顺的道理责骂他。赵贵先深受触动并且觉悟,就请求投降,同州因此得以保全。裴向是裴遵庆的儿子。李怀光派他的部将符峤袭击坊州,占据了它,渭北守将窦觎率领猎团七百人包围坊州,符峤请求投降。朝廷下诏任命窦觎为渭北行军司马。

丁亥(十六日)这天,德宗命李晟兼任京畿、渭北、鄜、坊、丹、延节度使。

庚寅(十九日)这天,德宗的车驾来到城固。

德宗行在路上时,百姓中有人献上瓜果,皇上打算让他当散官或试用官,向陆贽询问意见。陆贽上奏认为:"授予爵位官阶,永远都要谨慎爱惜,不能轻易授赐。开始时虽然是小事,发展下去就会有大弊。对呈献瓜果的人,只可以赏赐金钱、绸缎,不能够赏赐官职。"德宗说:"试用官只是徒有虚名的官,不妨碍政事。"陆贽又上奏,大意说:"自从战事兴起以来,财政收入不足以供应对将士的赏赐,因而用赏赐官职来代替钱财的事才发生。身穿青、绯朝服的人有许多混杂在小吏和供给使役的人们中间,金

紫普施于舆皂。当今所病,方在爵轻,设法贵之,犹恐不重,若又自弃,将何劝人?夫诱人之方,惟名与利,名近虚而于教为重,利近实而于德为轻。专实利而不济之以虚,则耗匮而物力不给;专虚名而不副之以实,则诞谩而人情不趋。故国家命秩之制,有职事官,有散官,有勋官,有爵号,然掌务而授俸者,唯系职事之一官,此所谓施实利而寓虚名者也。其勋、散、爵号三者所系,大抵止于服色、资荫而已,此所谓假虚名而佐实利者也。今之员外、试官,颇同勋、散、爵号,虽则授无费禄,受不占员,然而突铦锋、排患难者则以是赏之,竭筋力、展勤效者又以是酬之。若献瓜果者亦授试官,则彼必相谓曰'吾以忘躯命而获官,此以进瓜果而获官,是乃国家以吾之躯命同于瓜果矣'。视人如草木,谁复为用哉?今陛下既未有实利以敦劝,又不重虚名而滥施,人无藉焉,则后之立功者,将曷用为赏哉?"

赟在翰林,为上所亲信,居艰难中,虽有宰相,大小之事,上必与赟谋之,故当时谓之"内相",上行止必与之俱。梁、洋道险,尝与赟相失,经夕不至,上惊忧涕泣,募得赟者赏千金。久之,乃至,上喜甚,太子以下皆贺。然赟数直谏,忤上意。卢杞虽贬官,上心庇之。赟极言杞奸邪致乱,

鱼袋和紫色朝服普遍加封给地位微贱之人。现在的弊病是爵位显得太轻,已想方设法让爵位的地位尊贵起来,可还担心它不够尊贵,如果皇帝自己也去看轻爵位,怎么用爵位来勉励别人呢?诱导人的方法,只有名誉和利益,名誉近于空虚,然而对于教化来说却是很重要的;利益近于实际,然而对于道德来说却是次要的。只看重实际利益而不用空虚的名誉来配合,那么钱财会耗尽而使得物力财力不够供应;只看重空虚名誉而不用实际利益来配合,那么名誉就成为荒诞的东西,人心也不会有所归附。所以,国家封爵任官的制度,有职事官,有散官,有勋官,有爵位。然而真正掌事而又领取俸禄的,只有职事官,这就是给予实际利益而且用空虚名誉作鼓励的做法。勋官、散官、爵位这三样东西,只有官服颜色、随官品高低荫庇子孙后代罢了,这就是借用空虚的名誉来辅佐实际利益的做法。现在员外官、试官与勋官、散官、爵位很相似,虽然授官职给他们是不耗费薪俸的,他们获得官位也不占名额,这样,对冲锋肉搏、排除患难的人,是用它来作赏赐的;对竭尽气力、劳苦功高的人来说,又是用它来作为酬报的。如果对献瓜果的人也授予试用官,那么那些有战功的人们一定会互相议论说'我们拼死才博得官爵,这人却凭瓜果就获得官爵,这是国家把我们的身躯性命等同于瓜果了'。把人的性命视作草木,谁还肯去效忠呢?如今陛下既没有实际利益作为鼓励,又不重视空虚名誉而随便授官,人们便无所依凭了,那么以后将要用什么去赏赐立功的人呢?"

　　陆贽在翰林院时,深受德宗亲近信任,处在艰难的环境中,虽然有宰相,但是无论事情大小,德宗都一定要与陆贽商量,所以当时人称他为"内相",德宗无论走到哪里一定要跟他一起。梁州、洋州道路险恶,德宗曾经跟陆贽失散,整夜等不到他来,惊慌忧虑得流下眼泪,招募人去寻找陆贽,能找到就赏赐千金。过了很久,陆贽才到,德宗大为欢喜,太子以下的官员都向皇上祝贺。然而陆贽多次直言谏阻,忤逆德宗的旨意。卢杞虽然被贬官,但德宗心里还庇护着他。陆贽猛烈抨击卢杞的奸邪引起祸乱,

上虽貌从，心颇不悦，故刘从一、姜公辅皆自下陈登用，赞恩遇虽隆，未得为相。

壬辰，车驾至梁州。山南地薄民贫，自安、史以来，盗贼攻剽，户口减耗太半，虽节制十五州，租赋不及中原数县。及大驾驻跸，粮用颇窘。上欲西幸成都，严震言于上曰："山南地接京畿，李晟方图收复，藉六军以为声援。若幸西川，则晟未有收复之期也。"众议未决，会李晟表至，言："陛下驻跸汉中，所以系亿兆之心，成灭贼之势。若规小舍大，迁都岷、峨，则士庶失望，虽有猛将谋臣，无所施矣。"上乃止。严震百方以聚财赋，民不至困穷而供亿无乏。牙将严砺，震之从祖弟也，震使掌转饷，事甚修办。

初，奉天围既解，李楚琳遣使入贡，上不得已除凤翔节度使，而心恶之。议者言楚琳凶逆反覆，若不堤防，恐生窥伺。由是楚琳使者数辈至，上皆不引见，留之不遣。甫至汉中，欲以浑瑊代楚琳镇凤翔。陆贽上奏，以为："楚琳杀帅助贼，其罪固大，但以乘舆未复，大憝犹存，勤王之师悉在畿内，急宣速告，晷刻是争。商岭则道迂且遥，骆谷复为盗所扼，仅通王命，唯在褒斜，此路若又阻艰，南北遂将复绝。以诸镇危疑之势，居二逆诱胁之中，汹汹群情，各怀向背。傥或楚琳发憾，公肆猖狂，南塞要冲，东延巨猾，则我咽喉

德宗虽然表面上接受,内心很不高兴,所以刘从一、姜公辅两人都从下位升上高位得到重用,而陆贽的待遇虽然隆厚,却未能当上宰相。

壬辰(二十一日)这天,德宗的车驾到达梁州。山南地区土地贫瘠、人民贫穷,自从安禄山、史思明战乱发生以来,盗贼攻击抢劫,这地方的户口减损了大半,虽然拥有十五个州,但是田赋租税的收入却比不上中原地区的几个县。等到德宗来到时,粮食供应十分困难。德宗打算向西前往成都,严震对德宗说:"山南在地理位置上接近京畿,现在李晟正策划着收复京城,要依靠皇家军队作为声势上的支援。皇上如果去了西川,那么李晟就没有收复的期望了。"大家议论纷纷不能决定,正巧李晟的表章送到,说:"陛下留驻在汉中,是维系全国亿兆民心的举动,可以形成消灭贼军的声势。如果谋划小事而舍弃大业,把都城迁往岷、峨一带,官吏民众都会失望,即使有猛将谋臣,也无从施展了。"德宗这才打消去成都的念头。严震千方百计收集财税,使得供应不缺乏,人民也不至于太困窘。牙将严砺是严震的堂弟,严震让他掌管运送粮饷,他把事办理得非常妥善。

当初,奉天的包围解除后,李楚琳派遣使者入朝进贡,德宗不得已而任他为凤翔节度使,但心里却憎恨他。议论政事的人说,李楚琳凶险忤逆、反复无常,如果不提防,恐怕他会寻找机会叛乱。因此,李楚琳好几次派使者来,德宗都不接见,并且留下他们不让回去。德宗刚抵达汉中,打算任用浑瑊代替李楚琳镇守凤翔。陆贽上奏,指出:"李楚琳杀害统帅投靠贼军,他的罪过固然很严重,但因为陛下尚未回京,元凶仍然存在,勤王的军队都屯驻在京城附近,陛下有命令要急速宣布,要争取时间。途经商岭,道路迂回而且遥远,骆谷的通路又被盗贼所控制住;仅能传送王命的通道,就只有行经褒斜了。这条路如果又有阻隔之患的话,南北的交通传讯就要被切断。目前的局势是各镇军队面临危险,心存疑虑,他们夹在两支叛军的威迫利诱之中,人心动荡不宁,各自怀着归顺或背叛的心思。倘若李楚琳发起狂来,公开叛变,堵塞南面的要塞,引来东面的恶人,那么我们的咽喉

梗而心膂分矣。今楚琳能两端顾望，乃是天诱其衷，故通归涂，将济大业。陛下诚宜深以为念，厚加抚循，得其持疑，便足集事。必欲精求素行，追抉宿疵，则是改过不足以补愆，自新不足以赎罪。凡今将吏，岂得尽无疵瑕？人皆省思，孰免疑畏！又况阻命之辈，胁从之流，自知负恩，安敢归化？斯衅非小，所宜速图。伏愿陛下思英主大略，勿以小不忍亏挠兴复之业也。”上释然开悟，善待楚琳使者，优诏存慰之。

丁酉，加宣武节度使刘洽同平章事。

己亥，以行在都知兵马使浑瑊同平章事兼朔方节度使，朔方、邠宁、振武、永平、奉天行营兵马副元帅。

庚子，诏数李怀光罪恶，叙朔方将士忠顺功名。犹以怀光旧勋，曲加容贷，其副元帅、太尉、中书令、河中尹并朔方等诸道节度、观察等使，宜并罢免，授太子太保。其所管兵马，委本军自举一人功高望重者便宜统领，速具奏闻，当授旌旄，以从人欲。

夏四月壬寅，以邠宁兵马使韩游瑰为邠宁节度使。癸卯，以奉天行营兵马使戴休颜为奉天行营节度使。

灵武守将宁景璿为李怀光治第，别将李如暹曰：“李太尉逐天子，而景璿为之治第，是亦反也！”攻而杀之。

就被卡死,心脏和臂膀就要被分解了。现在李楚琳能够两边观看形势,是上天诱使他改变心意,所以使我们回京的道路畅通不受阻塞,将要使复兴的伟大事业获得成功。陛下实在应该深入地考虑,对李楚琳的安抚要加厚,使得他持着怀疑不定的态度,对大事就有利了。如果一定要对他平日的行为要求很严,追究他过去的过失,那么改正错误也不能够弥补过失,重新做人也不能够赎回罪过了。凡是现在的将领官吏,有几个是没有犯过错误的?人们都自我反省自己的过失,有谁能不心生疑惧!又何况那些抗拒皇命的和被胁迫的人们,自己知道辜负了皇恩,怎么敢归顺呢?这件事非同小可,应该迅速考虑决定。希望陛下从英明君主的大抱负大谋略着想,不要因小事不能忍耐,从而损害和阻挠复兴的大业。"德宗消除疑虑,明白了其中的道理,款待了李楚琳的使者,颁下措辞亲切的诏书安抚慰劳李楚琳。

丁酉(二十六日)这天,加封宣武节度使刘洽为同平章事。

己亥(二十八日),又任命皇帝所在地的都知兵马使浑瑊为同平章事,并兼任朔方节度使和朔方、邠宁、振武、永平、奉天行营兵马副元帅。

庚子(二十九日),德宗下诏指责李怀光的罪行,按等级奖励朔方将士们忠顺朝廷的功劳。仍念及李怀光从前的功勋,特别加以宽恕,将他副元帅、太尉、中书令、河中尹以及朔方等各道节度使、观察使的职务一并免去,授任他为太子太保。他所管辖的军队,由本军推举一个功高望重的人来统领,根据实际情况处理事务,并且迅速奏报,朝廷将立即授给旌旗符节,以便顺从大家的愿望。

夏季四月壬寅(初二)这天,任命邠宁兵马使韩游瓖为邠宁节度使。癸卯(初三),提升奉天行营兵马使戴休颜为奉天行营节度使。

灵武的守将宁景璿替李怀光建筑住宅,别将李如暹说:"李太尉驱逐天子,而宁景璿却为他建筑住宅,这也是造反。"就攻击宁景璿并把他杀了。

甲辰,加李晟鄜坊、京畿、渭北、商华副元帅。晟家百口及神策军士家属皆在长安,朱泚善遇之。军中有言及家者,晟泣曰:"天子何在,敢言家乎?"泚使晟亲近以家书遗晟曰:"公家无恙。"晟怒曰:"尔敢为贼为间!"立斩之。军士未授春衣,盛夏犹衣裘褐,终无叛志。乙巳,以陕虢防遏使唐朝臣为河中、同绛节度使。前河中尹李齐运为京兆尹,供晟军粮役。

庚戌,以魏博兵马使田绪为魏博节度使。

浑瑊帅诸军出斜谷,崔汉衡劝吐蕃出兵助之,尚结赞曰:"邻军不出,将袭我后。"韩游瓌闻之,遣其将曹子达将兵三千往会瑊军,吐蕃遣其将论莽罗依将兵二万从之。李楚琳遣其将石镗将卒七百从瑊拔武功。庚戌,朱泚遣其将韩旻等攻武功,镗以其众迎降。瑊战不利,收兵登西原。会曹子达以吐蕃至,击旻,大破之于武亭川,斩首万馀级,旻仅以身免。瑊遂引兵屯奉天,与李晟东西相应,以逼长安。

朱泚、姚令言数遣人诱泾原节度使冯河清,河清皆斩其使者。大将田希鉴密与泚通,杀河清,以军府附于泚,泚以希鉴为泾原节度使。

上问陆贽:"近有卑官自山北来者,率非良士。有邢建者,论说贼势,语最张皇,察其事情,颇似窥觇,今已于一所安置。如此之类,更有数人,若不追寻,恐成奸计。卿试思之,如何为便?"贽上奏,以为今盗据宫阙,有冒涉险远来赴行在者,当量加恩赏,岂得复猜虑拘囚。其略曰:"以一

甲辰（初四）这天，加授李晟为鄜坊、京畿、渭北、商华四个地方军队的副元帅。李晟的家眷一百多人以及神策军士兵的家属都在长安，朱泚对他们善加礼遇。军中有人提及家事，李晟流着泪说："天子如今在哪里，我们怎敢谈论自己的家呢？"朱泚派李晟亲近的人带家信给李晟，说："你的家眷平安。"李晟大怒说："你胆敢为贼军做间谍！"当场斩杀了他。士兵们未领取春季服装，盛夏仍然穿着装厚袄，但官兵们始终没有叛变的意图。乙巳（初五）这天，任命陕虢防遏使唐朝臣为河中、同绛节度使。任命前河中尹李齐运为京兆尹，负责向李晟供应军中粮草劳役。

庚戌（初十）这天，任命魏博兵马使田绪为魏博节度使。

浑瑊率领各军走出斜谷，崔汉衡劝吐蕃出兵援助，尚结赞说："邠州的军队不出动，将从背后袭击我们。"韩游瓌听到消息，派他的部将曹子达率领三千兵力去跟浑瑊军会合，吐蕃派遣将领论莽罗依率领二万兵力跟从。李楚琳派他的部将石锽率领七百士卒跟随浑瑊攻克武功。庚戌（初十）这天，朱泚也派他的部将韩旻等反攻武功，石锽带着他的部众投降。浑瑊因战斗不能取胜，收集兵马登上西部的平原。适逢曹子达带着吐蕃的军队来到，攻击韩旻，在武亭川大破韩旻军，斩杀了一万多人，韩旻只身逃走。浑瑊于是就带兵驻扎在奉天，与李晟的军队东西相互呼应，威逼长安城。

朱泚、姚令言多次派人引诱泾原节度使冯河清投降，冯河清都把他们斩了。但大将田希鉴秘密地跟朱泚串通，杀死冯河清，献出军府依附朱泚，朱泚任田希鉴为泾原节度使。

德宗问陆贽说："近来有从山北来的低级官吏，都不是好人。有个叫邢建的人，讲论到贼军的形势，语气很夸张，审察这事情，他很像是来探看虚实的，现在已经把他们安置在另一个地方。像这种情况，还有好几个人，如果不追查，恐怕要让奸计得逞。你试着考虑一下，怎样处理才好？"陆贽上奏，认为现在贼军占据皇城，有人冒险走很远的路来到皇帝所在地，应该斟酌情况多加赏赐，哪能仅仅因为猜疑就拘禁他呢。奏疏大意说："想凭一个

人之听览而欲穷宇宙之变态,以一人之防虑而欲胜亿兆之奸欺,役智弥精,失道弥远。项籍纳秦降卒二十万,虑其怀诈复叛,一举而尽坑之,其于防虞,亦已甚矣。汉高豁达大度,天下之士至者,纳用不疑,其于备虑,可谓疏矣。然而项氏以灭,刘氏以昌,蓄疑之与推诚,其效固不同也。秦皇严肃雄猜,而荆轲奋其阴计;光武宽容博厚,而马援输其款诚。岂不以虚怀待人,人亦思附;任数御物,物终不亲!情思附则感而悦之,虽寇仇化为心膂矣;意不亲则惧而阻之,虽骨肉结为仇慝矣。”又曰:“陛下智出庶物,有轻待人臣之心;思周万机,有独驭区寓之意;谋吞众略,有过慎之防;明照群情,有先事之察;严束百辟,有任刑致理之规;威制四方,有以力胜残之志。由是才能者怨于不任,忠荩者忧于见疑,著勋业者惧于不容,怀反侧者迫于及讨,驯致离叛,构成祸灾。天子所作,天下式瞻,小犹慎之,矧又非小?愿陛下以覆车之辙为戒,实宗社无疆之休。”

韩遊瓌引兵会浑瑊于奉天。

丙寅,加平卢节度使李纳同平章事。

朱滔攻贝州百馀日,马寔攻魏州亦逾四旬,皆不能下。贾林复为李抱真说王武俊曰:“朱滔志吞贝、魏,复值田悦被害,悦旬日不救,则魏博皆为滔有矣。魏博既下,则张孝忠必为之臣。滔连三道之兵,益以回纥,进临常山,明公欲

人的视听能力去全部了解宇宙间的千变万态,想凭一个人的警觉去战胜亿万人的奸邪欺诈,结果运用心智越缜密,离正确的处理方式越来越遥远。项籍接受秦国二十万士兵投降,担心他们心中有诈,再度反叛,就把他们全部活埋,这种防范措施太过分了。汉高祖心胸开阔度量宏大,天下的士人来投靠他,他都收纳任用不加怀疑,这种防范措施可以说是很疏忽了。然而项家因此灭亡,刘家因此昌盛,心存怀疑与坦诚相待,它的效果固然是不同的。秦始皇苛刻威严,雄心大而猜忌多,而荆轲奋不顾身地实行秘计;汉光武帝宽容大量、博爱敦厚,马援就向他投诚效忠。岂不是说明谦虚待人,别人就会顺服;凭着权势去驾驭人,别人始终不会对他亲近吗!人心依附了,内心就会感动而喜爱对方,这样,即使是贼寇仇敌,也可以化为亲信;感情不亲切,就会产生畏惧情绪而与对方对抗,这样,即使是骨肉至亲,也会结成仇人。"又说:"陛下智慧超过常人,所以内心对待臣下有所轻视;思考周密,能看出各样事物的先机,所以认为自己能够独裁天下;合并了众人的谋略,所以有过度谨慎的戒备;洞察人群的隐情,所以有预先知晓事物的观察力;严厉约束百官,有任用刑法整治社会的规划;用权势威尊统御四方,有运用武力摧毁反抗力量的志向。因此,有才能的人埋怨不被任用,忠心耿耿的人担忧遭受怀疑,功勋卓著的人害怕得不到容纳,心怀反侧的人受到讨伐的威胁,终于叛变,造成灾祸。天子的所作所为,全国人民都在注目观察,做任何小事都要谨慎,何况所面对的并非小事?希望陛下接受前车倾覆的教训,这实在是宗庙社稷无穷的福分。"

韩遊瓌带领部队到奉天与浑瑊会师。

丙寅(二十六日)这天,加封平卢节度使李纳为同平章事。

朱滔围攻贝州一百多天,马寔围攻魏州也超过四十天,都不能攻克。贾林又替李抱真去游说王武俊,说:"朱滔志在吞并贝州、魏州,又遇到田悦被害,倘若十天之内不去援救,那么魏博就要被朱滔占有了。魏博沦陷后,张孝忠就一定成为朱滔的臣属。朱滔集结三道的军队,加上回纥的兵力,进逼常山,明公你想

保其宗族,得乎？常山不守,则昭义退保西山,河朔尽入于
滔矣。不若乘贝、魏未下,与昭义合兵救之。滔既破亡,则
关中丧气,朱泚不日枭夷。銮舆反正,诸将之功,孰有居明
公之右者哉？"武俊悦,从之。

戊辰,武俊军于南宫东南,抱真自临洺引兵会之,与武
俊营相距十里。两军尚相疑,明日,抱真以数骑诣武俊营。
宾客共谏止之,抱真命行军司马卢玄卿勒兵以俟,曰:"吾
之此举,系天下安危。若其不还,领军事以听朝命亦惟子,
励将士以雪仇耻亦惟子。"言终,遂行。武俊严备以待之。
抱真见武俊,叙国家祸难,天子播迁,持武俊哭,流涕纵横。
武俊亦悲不自胜,左右莫能仰视。遂与武俊约为兄弟,誓
同灭贼。武俊曰:"相公十兄名高四海,向蒙开谕,得弃逆
从顺,免菹醢之罪,享王公之荣。今又不间胡虏,辱为兄
弟,武俊当何以为报乎！滔所恃者回纥耳,不足畏也。战
日,愿十兄按辔临视,武俊决为十兄破之。"抱真退入武俊
帐中,酣寝久之。武俊感激,待之益恭,指心仰天曰:"此身
已许十兄死矣！"遂连营而进。

山南地热,上以军士未有春服,亦自御夹衣。五月,盐
铁判官万年王绍以江、淮缯帛来至,上命先给将士,然后
御衫。韩滉遣使献绫罗四十担诣行在,又运米百艘以饷李
晟。时关中兵荒,米斗直钱五百,及滉米至,减五之四。

保住宗族不被屠灭,可以做到吗?常山失守,那么昭义的部队就要退保西山,河朔就会全部落入朱滔手中了。不如趁贝州、魏州未被攻下,联合昭义军去援救两城。朱滔被攻破灭亡之后,关中的贼军就会丧失斗志,过不了多久朱泚就会被诛灭。皇帝重返京城,诸位将领的功劳,有谁能比你更高呢?"王武俊高兴,接受建议。

戊辰(二十八日)这天,王武俊在南宫的东南处驻扎军队,李抱真从临洺率军与他会合,与王武俊的军营相距十里。当时两支军队还在互相猜疑,第二天,李抱真带几名骑兵到王武俊军营去。幕僚们都劝阻他不要前去,李抱真命令行军司马卢玄卿以备战状态等待着,说:"我这一行动,关系到天下的安危。如果我不能回来,带领大军去听候朝廷命令,就要靠你了,鼓励将士们去报仇雪恨,也得靠你了。"讲完话就出发。王武俊军队也加强戒备,等待李抱真的到来。李抱真和王武俊见面,叙述国家的祸难以及天子逃亡的悲惨,握住王武俊的手痛哭,泪流满面。王武俊也抑制不住悲伤,左右的人也低头落泪,没有人能够抬头仰视。李抱真于是就和王武俊结拜为兄弟,发誓要一起消灭贼军。王武俊说:"十哥你的名望远播四海,过去蒙你开导,得以抛弃邪恶归顺朝廷,免受被剁成肉酱的惩罚,享受封爵的荣耀。今天又不小看我是蛮族人,跟我结拜为兄弟,我要用什么来报答你! 朱滔仗恃的不过是回纥的兵力,用不着害怕。作战那天,十哥只要勒住缰绳前去观看就行了,我一定为十哥击败他们。"李抱真退入王武俊营帐中,熟睡了很长时间。王武俊很感激,对待李抱真更加恭敬,手指胸口,仰天发誓说:"我这身体已经许愿为十哥而死了!"于是两军联合前进。

山南气候炎热,德宗见到士兵还没有穿春季军服,自己也就穿夹衣。五月,盐铁判官万年人王绍押运江、淮进贡的绸缎布匹来到,德宗命令先给将士们缝制春装,然后自己才脱下夹衣改穿单衫。韩滉派使者贡献绫罗四十担到皇帝所在地去,又运一百船稻米供应给李晟作军饷。当时关中兵荒马乱,米价每一斗值五百钱,等韩滉运米到达,米价降低了五分之四。

吐蕃既破韩旻等，大掠而去。朱泚使田希鉴厚以金帛赂之，吐蕃受之，韩遊瑰以闻。浑瑊又奏："尚结赞屡遣人约刻日共取长安，既而不至。闻其众今春大疫，近已引兵去。"上以李晟、浑瑊兵少，欲倚吐蕃以复京城，闻其去，甚忧之，以问陆贽。贽以为吐蕃贪狡，有害无益，得其引去，实可欣贺。乃上奏，其略曰："吐蕃迁延观望，翻覆多端，深入郊畿，阴受贼使，致令群帅进退忧虞。欲舍之独前，则虑其怀怨乘蹑；欲待之合势，则苦其失信稽延。戎若未归，寇终不灭。"又曰："将帅意陛下不见信任，且患蕃戎之夺其功；士卒恐陛下不恤旧劳，而畏蕃戎之专其利；贼党惧蕃戎之胜，不死则悉遗人擒；百姓畏蕃戎之来，有财必尽为所掠。是以顺于王化者其心不得不怠，陷于寇境者其势不得不坚。"又曰："今怀光别保蒲、绛，吐蕃远避封疆，形势既分，腹背无患，瑊、晟诸帅，才力得伸。"又曰："但顾陛下慎于抚接，勤于砥砺，中兴大业，旬月可期，不宜尚眷眷于犬羊之群，以失将士之情也。"

上复使谓贽曰："卿言吐蕃形势甚善，然瑊、晟诸军当议规画，令其进取。朕欲遣使宣慰，卿宜审细条疏以闻。"贽以为，贤君选将，委任责成，故能有功。况今秦、梁千里，

吐蕃军击破韩旻等人后,大规模地抢掠了一番,便离开了。朱泚派田希鉴用重金贿赂吐蕃军,吐蕃军接受了,韩遊瓌奏报皇帝。浑瑊又上奏说:"尚结赞多次派人来与我约定,订好日期联军进攻长安,之后并不出动。听说他的军队在今年春季染上大瘟疫,最近已经退兵离去。"德宗认为李晟、浑瑊兵力不足,打算依靠吐蕃军来收复京城,听到吐蕃军撤退回国了,非常忧虑,以此来向陆贽询问意见。陆贽认为吐蕃人贪婪狡猾,来到中国会有害无益,让他们撤退回国,实在是值得高兴祝贺的事。于是上疏,大略说:"吐蕃军拖延不进军以观察形势,反复无常,诡计多端,深入京畿地带,暗中接受贼军的指使,使得各军将领无论前进还是后退都怀有忧虑。想抛开他们而独自进军,又担忧他们心怀怨恨,乘机袭击我们背后;想跟他们联合进攻,又苦于他们不讲信用、拖延时机。吐蕃的军队如果不回去,贼军始终不能被消灭。"又说:"将领们怀疑陛下对自己不信任,而且担心吐蕃军夺去他们的功劳;士兵们恐怕陛下不体恤他们的旧功劳,而且害怕吐蕃军单独获得奖赏;贼军害怕被吐蕃战胜后,他们不是被杀死就是全部被俘虏;老百姓畏惧吐蕃军来到之后,即使有财物也必定会被他们全部抢夺。因此,顺从皇帝的人,他们的心情不可能不懈怠;沦陷在贼军境内的人,他们不得不坚决反抗。"又说:"现在李怀光盘据蒲州、绛州,吐蕃军又远离国境,目前的形势将李怀光与吐蕃分开,不再有腹背受敌的顾虑,浑瑊、李晟各个统帅的军事才能和力量可以施展了。"又说:"希望陛下谨慎地安抚接待诸位将士,勤恳地磨砺自己,国家中兴的大业,在一个月内就可以实现,不应该再恋恋不舍于吐蕃这种犬羊之群,以至于失去将士之心。"

　　德宗又派人对陆贽说:"你分析吐蕃军形势,讲得很好,然而浑瑊、李晟各军应该讨论一个作战计划,然后让他们一同进攻。朕打算派人去宣抚慰劳,你要审慎仔细规划列出详细的条目,讲给我听。"陆贽认为贤明的君主挑选将领,把全部权力交付给他,才能使其有所功绩。何况现在秦中与梁州相隔了千里,

兵势无常,遥为规画,未必合宜。彼违命则失君威,从命则害军事。进退羁碍,难以成功。不若假以便宜之权,待以殊常之赏,则将帅感悦,智勇得伸。乃上奏,其略曰:"锋镝交于原野而决策于九重之中,机会变于斯须而定计于千里之外,用舍相碍,否臧皆凶。上有掣肘之讥,下无死绥之志。"又曰:"传闻与指实不同,悬算与临事有异。"又曰:"设使其中或有肆情干命者,陛下能于此时戮其违诏之罪乎?是则违命者既不果行罚,从命者又未必合宜。徒费空言,祇劳睿虑,匪唯无益,其损实多。"又曰:"君上之权,特异臣下,惟不自用,乃能用人。"

乙亥,李抱真、王武俊距贝州三十里而军。朱滔闻两军将至,急召马寔,寔昼夜兼行赴之。或谓滔曰:"武俊善野战,不可当其锋,宜徙营稍前逼之,使回纥绝其粮道。我坐食德、棣之饷,依营而陈,利则进攻,否则入保,待其饥疲,然后可制也。"滔疑未决。会马寔军至,滔命明日出战。寔言:"军士冒暑困惫,请休息数日乃战。"常侍杨布、将军蔡雄引回纥达干见滔,达干曰:"回纥在国与邻国战,常以五百骑破邻国数千骑,如扫叶耳。今受大王金帛、牛酒前后无算,思为大王立效,此其时矣。明日,愿大王驻马高丘,观回纥为大王翦武俊之骑,使匹马不返。"布、雄曰:"大

战争形势变化无常,从远处发号施令,未必跟现实情况符合。将领们如果违反命令就使君主失去威严,如果遵从命令就延误军情,进攻或退守都受到牵制阻碍,很难取得胜利。不如授权给他们,让其根据实际情况自行决定,给予特殊的赏赐作为待遇,那么将帅们就会感激喜悦,才智和勇气就便以施展。于是上疏,疏文大略说:"战事在原野上进行,而决策却在深宫中定出;战情瞬息万变,却在千里之外用计,听从命令或不从命令,互相妨碍,无论是好是坏都会招来灾难。皇上这样掣肘,会受到讥刺;将士们这样被控制,就会失去拼死的斗志。"又说:"道听途说的话,与有凭有据的话不一样,凭空策划与据事决断也有差异。"又说:"假使将领中有人随心所欲地抗拒命令,陛下能在这个时候指责他违犯诏命而杀他吗?这样的话,违抗命令的人最终不被处罚,而听从命令的人,其所作所为又未必符合情理。要评论谁是谁非都是白白浪费空洞的言辞,徒增皇上的忧虑,不但没有好处,损失实在太多。"又说:"君王的权势,与臣下的权势有所不同,郡主不自以为是,才能有效地任用众人。"

乙亥(初五)这天,李抱真、王武俊在距贝州三十里处扎营。朱滔听说两军将要到来,急忙召唤马寔,马寔日夜不停地赶去贝州。有人对朱滔说:"王武俊擅长野外作战,不能够正面阻挡他的大军。应该移军稍稍向前去威逼他,并且让回纥军切断他的运粮要道。我们坐在军营里,吃着从德州、棣州运来的粮食,沿着军营筑阵,时机有利就进攻,时机不利就退保。等到他们饥饿疲惫时,然后就可以控制局面了。"朱滔犹豫不决。正好马寔军到达,朱滔命令明日出战,马寔说:"士兵冒着暑热行军,已经非常困倦疲劳,请休息几天再出战。"常侍杨布、将军蔡雄带回纥达干晋见朱滔,达干说:"回纥军在本国与邻国军队交战,通常只用五百骑兵就打败邻国几千骑兵,像扫落叶一样容易。现在先后接受了大王数不清的金钱绸缎、牛肉美酒,很想为大王建立功劳,如今是时候了。明日,请求大王骑马登上高岗,观看回纥军为大王消灭王武俊的骑兵,让他一匹马也回不去。"杨布、蔡雄说:"大

王英略盖世，举燕、蓟全军，将扫河南，清关中，今见小敌犹豫不击，失远近之望，将何以成霸业乎？达干请战是也。"滔喜，遂决意出战。

丙子旦，武俊遣其兵马使赵琳将五百骑伏于桑林，抱真列方陈于后，武俊引骑兵居前，自当回纥。回纥纵兵冲之，武俊命其骑控马避之。回纥突出其后，将还，武俊乃纵兵击之，赵琳自林中出横击之，回纥败走。武俊急追之，滔骑兵亦走，自践其步陈，步骑皆东奔，滔不能制，遂走趣其营，抱真、武俊合兵追击之。时滔引三万人出战，死者万馀人，逃溃者亦万馀人，滔才与数千人入营坚守。会日暮，昏雾，两军不能进，抱真军其营之西北，武俊军其东北。滔夜焚营，引兵出南门，趣德州遁去，委弃所掠资货山积。两军以雾，不能追也。

滔杀杨布、蔡雄而归幽州，心既内惭，又恐范阳留守刘怦因败图己。怦悉发留守兵夹道二十里，具仪仗，迎之入府，相对悲喜，时人多之。

初，张孝忠以易州归国，诏以孝忠为义武节度使，以易、定、沧三州隶之。沧州刺史李固烈，李惟岳之妻兄也，请归恒州，孝忠遣押牙安喜程华交其州事。固烈悉取军府绫、缣、珍货数十车，将行，军士大噪曰："刺史扫府库之实以行，将士于后饥寒，奈何？"遂杀固烈，屠其家。程华闻乱，自窦逃出，乱兵求得之，请知州事，华不得已，从之。孝忠

王的英明和谋略是盖世无双的，发动燕州、蓟州全部的部队，行将横扫河南，肃清关中，而现在眼看着这小小的故军，就犹豫起来不敢进击，使远近的人们都感到失望，那用什么去成就霸业呢？达干的请战是对的。"朱滔大为高兴，于是决心出战。

丙子（初六）这天早晨，王武俊派兵马使赵琳率领五百骑兵埋伏在桑林，李抱真在后面列成方阵，王武俊带骑兵在前面，亲自对抗回纥军。回纥骑兵放马冲击王武俊军，王武俊命令他的骑兵控制着马，避开对方冲击。回纥兵冲入阵后，打算返回，王武俊这才下命令攻击，赵琳从树林中冲出，拦腰截击回纥军，回纥军败退。王武俊加紧追击，朱滔的骑兵也逃跑，践踏了自己的步兵阵列，步骑兵都向东奔逃，朱滔不能制止，就快马向自己的营垒逃跑，李抱真、王武俊联军追击他。当时朱滔带领三万人出战，战死一万多人，逃散了的也有一万多人，朱滔与剩下的数千人进入营垒坚守。正好赶上黄昏，昏暗有雾，两支军队不能前进，李抱真就在朱滔营的西北驻军，王武俊则在朱滔营的东北驻军。朱滔乘夜焚烧大营，带领残兵出南门，向德州逃去，丢下抢掠得来的物资、财货堆积如山。两支军队因为被大雾所阻，不能够追杀。

朱滔杀死杨布、蔡雄，然后返回幽州，内心既惭愧，又害怕范阳留守刘怦会趁自己兵败而谋害自己。刘怦出动全部留守士兵夹道二十里，还具备仪仗队迎接朱滔入府，两人相对，悲喜交集。当时人都称赞刘怦的做法。

起初，张孝忠献出易州归顺唐朝，德宗下诏任命张孝忠为义武节度使，把易、定、沧三州划归给他管辖。沧州刺史李固烈是李惟岳妻子的哥哥，请求返回恒州，张孝忠派押牙安喜人程华去交接州中的政务。李固烈将军府所藏的绫、缣、珍货全部取走，装了几十车，准备起行，军士们愤怒地大喊说："刺史扫空了府库中的东西全部带走，将士们以后要挨饥受寒，怎么办才好？"于是杀死李固烈及其全家。程华听到变乱，从墙洞中逃走出去，变乱的士兵找到他，请求他主持州务，程华不得已只好接受。张孝忠

闻之,即版华摄沧州刺史。华素宽厚,推心以待将士,将士安之。

会朱滔、王武俊叛,更遣人招华,华皆不从。时孝忠在定州,自沧如定,必过瀛州,瀛隶朱滔,道路阻涩。沧州录事参军李宇说华,表陈利害,请别为一军,华从之,遣宇奉表诣行在。上即以华为沧州刺史、横海军副大使、知节度事,赐名日华,令日华岁供义武租钱十二万缗。王武俊又使人说诱之。时军中乏马,日华给使者曰:"王大夫必欲相属,当以二百骑相助。"武俊给之。日华悉留其马,遣其士归。武俊怒,而方与马燧等相距,不能攻取,日华由是获全。及武俊归国,日华乃遣人谢过,偿其马价,且赂之。武俊喜,复与交好。

庚寅,李晟大陈兵,谕以收复京城。先是,姚令言等屡遣谍人觇晟进军之期,皆为逻骑所获。晟引示以所陈兵,谓曰:"归语诸贼,努力固守,勿不忠于贼也!"皆饮之酒,给钱而纵之。遂引兵至通化门外,耀武而还,贼不敢出。晟召诸将,问兵所从入,皆请"先取外城,据坊市,然后北攻宫阙"。晟曰:"坊市狭隘,贼若伏兵格斗,居人惊乱,非官军之利也。今贼重兵皆聚苑中,不若自苑北攻之,溃其腹心,贼必奔亡。如此,则宫阙不残,坊市无扰,策之上者也。"诸将皆曰:"善!"乃牒浑瑊及镇国节度使骆元光、商州节度使尚可孤,刻期集于城下。

壬辰,尚可孤败泚将仇敬忠于蓝田西,斩之。乙未,李晟移军于光泰门外米仓村。丙申,晟方自临筑垒,泚骁将

听到消息,立即下令让程华代理沧州刺史。程华一向性情宽厚,诚心对待将士,将士们于是安定下来。

那时正赶上朱滔、王武俊叛变,二人都派使节传召程华,程华都不接受。当时张孝忠在定州,从沧州去定州,必然要经过瀛州,瀛州隶属朱滔管辖,道路阻断,交通困难。沧州录事参军李宇建议程华上表陈说困难,请求另外设立一支军队,程华听从他的意见,派李宇带着表章到皇帝所在地。德宗立即任命程华为沧州刺史、横海军副大使、知节度事,赐名为程日华。命令程日华每年供应给义武租税十二万缗钱。王武俊又派人去游说程日华,引诱他投降。当时军队中缺乏马匹,程日华骗使者说:"王大夫一定要我归附,应该派来两百名骑兵帮助我。"王武俊给了他。程日华将马匹全部留下,而将士兵遣返回去。王武俊大为恼火,可是正在跟马燧等互相对抗,不能够分兵攻打,程日华因此获得保全。等到王武俊归顺唐朝,程日华才派人去道歉,偿还了马价,并且还送了礼物。王武俊欢喜,又与程日华结为好友。

庚寅(二十日)这天,李晟大规模阅兵,宣布要收复京城。在这之前,姚令言等多次派出间谍去侦察李晟的进军日期,都被巡逻骑兵抓获。李晟带他们去观看阵地形势,对他们说:"回去告诉各贼兵将,努力防守,不要不忠于朱泚!"用酒肉招待他们,发路费放了他们。于是带领大军到通化门外,炫耀军威而回,贼军不敢出战。李晟召集各将领,询问从哪里入城,大家一致认为"先攻取外城,占据坊区市区,然后再向北攻打皇宫"。李晟说:"坊市狭窄,贼军如果设伏兵格斗,居民会惊慌混乱,对我军不利。现在贼军重兵都聚集在皇家林苑中,不如从宫苑北面进攻,击溃他们的腹心,贼军一定逃跑。这样,皇宫就不会残破,坊市不受骚扰,是上等的战略。"各将领都赞成,说:"好!"于是通知浑瑊以及镇国节度使骆元光、商州节度使尚可孤,定好日期在城下会集。

壬辰(二十二日)这天,尚可孤在蓝田西部打败朱泚的部将仇敬忠,把他斩首。乙未(二十五日),李晟把部队推进到光泰门外的米仓村。丙申(二十六日),李晟正亲临前线修筑工事,朱泚的勇将

张庭芝、李希倩引兵大至。晟谓诸将曰："始吾忧贼潜匿不出，今来送死，此天赞我，不可失也。"命副元帅兵马使吴诜等纵兵击之。时华州营在北，兵少，贼并力攻之，晟命牙前将李演等帅精兵救之。演等力战，贼败走。演等追之，乘胜入光泰门，再战，又破之。会夜，晟敛兵还。贼馀众走入白华门，夜，闻恸哭。希倩，希烈之弟也。

丁酉，晟复出兵，诸将请待西师至夹攻之。晟曰："贼数败，已破胆，不乘胜取之，使其成备，非计也。"贼又出战，官军屡捷。骆元光败泚众于浐西。戊戌，晟陈兵于光泰门外，使李演及牙前兵马使王佖将骑兵，牙前将史万顷将步兵，直抵苑墙神麚村。晟先使人夜开苑墙二百馀步，比演等至，贼已树栅塞之，自栅中刺射官军，官军不得进。晟怒，叱诸将曰："纵贼如此，吾先斩公辈矣！"万顷惧，帅众先进，拔栅而入。佖、演引骑兵继之，贼众大溃，诸军分道并入。姚令言等犹力战，晟命决胜军使唐良臣等步骑蹙之，且战且前，凡十馀合，贼不能支。至白华门，有贼数千骑出官军之背，晟帅百馀骑回御之，左右呼曰："相公来！"贼皆惊溃。

先是，泚遣张光晟将兵五千屯九曲，去东渭桥十馀里，光晟密输款于晟。及泚败，光晟劝泚出亡，泚乃与姚令言帅馀众西走，犹近万人。光晟送泚出城，还，降于晟。晟

张庭芝、李希倩带领军队大规模到来。李晟对诸将说:"我开始时担心贼军隐藏不出战,现在来送死,这是上天帮助我们,不可失去这个机会。"于是命令副元帅马使吴诜等发动进攻。当时华州的军营在北面,兵员少,贼军集中力量攻击他们,李晟命令牙前将李演等率领精锐部队去援救他们。李演等奋力作战,贼军败退。李演等乘胜追击,攻入了光泰门,又激战一番,再次打败他们。恰巧赶上夜幕降临,李晟收兵而返。剩下的贼军奔入白华门,夜里,听到里面传出极其悲痛的哭声。李希倩是李希烈的弟弟。

丁酉(二十七日)这天,李晟再次出兵,各将领请求等待西方支援部队到来,好作前后夹攻。李晟说:"贼军多次挫败,已经吓破了胆,如果不乘胜打击他们,让他们做好防备,这不是上策。"贼军又出城作战,官军都连连取胜。骆元光在沪水西面打败朱泚的军队。戊戌(二十八日)这天,李晟在光泰门外列阵,使李演以及牙前兵马使王佖率领骑兵,牙前将史万顷率领步兵,一直挺进到皇家林苑墙外的神麚村。李晟预先派人在夜间凿开了宫苑的围墙二百多步,等到李演到达时,贼军已经竖上栏栅堵塞了缺墙,从栏栅中用长矛刺和用箭射官军,官军不能够前进。李晟大为恼怒,斥骂各将领说:"这样放纵敌人,我得首先斩杀你们了!"史万顷恐惧,率领众兵首先进攻,拔起栏栅进入宫苑。王佖、李演率领骑兵跟着进入,贼军大规模崩溃,官军各部队分别从各处一齐进入。姚令言等仍然奋力抗战,李晟命令决胜军使唐良臣等步骑兵冲踏过去,一边作战一边推进,共战十多个回合,贼军支持不住。攻到了白华门,数千名贼军骑兵在官军背后出现,李晟率领一百多名骑兵转头抵御,左右的人大声叫喊:"相公李晟来了!"贼军都惊惶地溃散了。

在此之前,朱泚派张光晟率领五千士兵屯驻在九曲,距离东渭桥有十多里,张光晟暗中向李晟表示诚意。等到朱泚战败,张光晟劝朱泚出奔,朱泚于是与姚令言率领残馀兵众向西逃走,还有将近一万人。张光晟送朱泚出城,回来后,便向李晟投降。李晟

遣兵马使田子奇以骑兵追泚。晟屯含元殿前,舍于右金吾仗,令诸军曰:"晟赖将士之力,克清宫禁。长安士庶,久陷贼庭,若小有震惊,非吊民伐罪之意。晟与公等室家相见非晚,五日内无得通家信。"命京兆尹李齐运等安慰居人。晟大将高明曜取贼妓,尚可孤军士擅取贼马,晟皆斩之,军中股栗。公私安堵,秋毫无犯,远坊有经宿乃知官军入城者。

是日,浑瑊、戴休颜、韩遊瓌亦克咸阳,败贼三千馀众,闻泚西走,分兵邀之。

己亥,晟使京西兵马使孟涉屯白华门,尚可孤屯望仙门,骆元光屯章敬寺,晟以牙前三千人屯安国寺,以镇京城;斩泚党李希倩、敬钰、彭偃等八人于市。

王武俊既破朱滔,还恒州,表让幽州、卢龙节度使,上许之。

六月癸卯,李晟遣掌书记吴人于公异作露布上行在曰:"臣已肃清宫禁,祇谒寝园,钟虡不移,庙貌如故。"上泣下曰:"天生李晟,以为社稷,非为朕也。"

晟在渭桥,荧惑守岁,久之乃退。宾佐皆贺,曰:"荧惑退舍,皇家之福也,宜速进兵。"晟曰:"天子野次,臣下知死敌而已,天象高远,谁得知之?"既克长安,乃谓之曰:"向非相拒也,吾闻五星赢缩无常,万一复来守岁,吾军不战自溃矣!"皆谢曰:"非所及也!"

朱泚将奔吐蕃,其众随道散亡,比至泾州,才百馀骑。田希鉴闭城拒之,泚谓之曰:"汝之节,吾所授也,奈何临

派兵马使田子奇带领骑兵追击朱泚。李晟驻军在含元殿的前面，住在右金吾仗，命令各军说："李晟依靠将士们的力量，能够清除宫禁。长安城的士人平民，长期沦陷在贼军统治之下，如果对他们稍有惊动的话，不是哀怜人民、讨伐罪犯的本意。李晟与你们很快就可以跟家人见面了，但在五日之内，不准跟家人通信。"命令京兆尹李齐运等安抚慰问居民。李晟的大将高明曜夺取贼军的歌妓，尚可孤的一名军士擅自夺取贼军的马匹，李晟都把他们处斩，军中震动惊骇。官军和民众安然相处，毫无侵犯，偏远的街市中，有的人过了一夜才知道官军进入了长安城。

这天，浑瑊、戴休颜、韩遊瓌也攻陷咸阳，击败了贼军三千多人，听到朱泚向西逃走的消息，就分头截击他。

己亥（二十九日），李晟派京西兵马使孟涉屯驻白华门，尚可孤屯驻望仙门，骆元光屯驻章敬寺，李晟带领三千牙前兵屯驻安国寺，镇守京城；将朱泚的党羽李希倩、敬釭、彭偃等八人在街市斩首。

王武俊攻破朱滔之后，返回恒州，上表辞让幽州、卢龙节度使的职务，德宗批准。

六月癸卯（初四），李晟派掌书记吴人于公异撰写布告，到皇帝所在地去报捷，说："我已经肃清了宫禁，晋谒过皇家陵墓，那里连钟架也没有移动过，祭庙面貌仍与从前一样。"德宗流下了眼泪，说："上天让李晟降生，是为了国家，不是为了朕。"

李晟驻扎在东渭桥时，火星在太岁星旁边出现，很久才消失。幕僚们都祝贺，说："火星退位，是皇家的福兆，应该迅速进军。"李晟说："天子在郊野住宿，当臣子的只知道拼死战斗罢了，天象高奥深远，谁能了解它呢？"攻陷长安之后，才对幕僚们说："过去并不是拒绝你们，我听说五大行星早晚出没并没有规律，万一火星又出现在太岁星旁边，我军就不战自败了！"众将领都齐声道歉说："这些道理不是我们能看透的。"

朱泚打算前去投奔吐蕃，他的兵众沿路四散逃跑，等到达泾州时，身边只剩下一百多员骑兵。田希鉴关闭城门拒绝接纳朱泚，朱泚对他说："你的符节，是我交付给你的，为什么要面临

危相负?"使焚其门。希鉴取节投火中曰:"还汝节。"泚众皆哭。泾卒遂杀姚令言,诣希鉴降。泚独与范阳亲兵及宗族、宾客北趣驿马关,宁州刺史夏侯英拒之。至彭原西城屯,其将梁庭芬射泚坠坑中,韩旻等斩之,诣泾州降。源休、李子平奔凤翔,李楚琳斩之,皆传首行在。

上命陆贽草诏赐浑瑊,使访求奉天所失褾头内人。贽上奏,以为:"今巨盗始平,疲瘵之民,疮痍之卒,尚未循抚,而首访妇人,非所以副惟新之望也。谋始尽善,克终已稀;始而不谋,终则何有? 所赐瑊诏,未敢承旨。"上遂不降诏,竟遣中使求之。

乙巳,诏吏部侍郎班宏充宣慰使,劳问将士,抚谕蒸黎。丙午,李晟斩文武官受朱泚宠任者崔宣、洪经纶等十馀人,又表守节不屈者刘迺、蒋沇等。己酉,以李晟为司徒、中书令,骆元光、尚可孤各迁官有差。以检校御史中丞田希鉴为泾原节度使。诏改梁州为兴元府。

甲寅,以浑瑊为侍中,韩遊瓌、戴休颜各迁官有差。

朱泚之败也,李忠臣奔樊川,擒获,丙辰,斩之。

上问陆贽:"今至凤翔有迎驾诸军,形势甚盛,欲因此遣人代李楚琳,何如?"贽上奏,以为:"如此则事同胁执,以言乎除乱则不武,以言乎务理则不诚,用是时巡,后将安入? 议者或谓之权,臣窃未谕其理。夫权之为义,取类权衡。

危险的时候辜负我!"派人放火焚烧城门。田希鉴取出符节投向火中,说:"奉还你的符节。"朱泚部众都痛哭起来。泾原的士兵们就杀死姚令言,到田希鉴处投降。朱泚只与范阳的亲兵以及宗族、幕僚向北急奔驿马关,宁州刺史夏侯英抗拒他。朱泚跑到彭原西城屯,他的部将梁庭芬用箭射他,朱泚跌落土坑中,韩旻等斩杀了他,到泾州投降。源休、李子平投奔凤翔,李楚琳把他们杀了,将他们的首级传送到皇帝所在地。

德宗命令陆贽起草诏书赐给浑瑊,教他访寻在奉天时走失的一个宫内传令官。陆贽上奏,认为:"现在刚刚平定大贼,对疲乏贫苦的百姓以及受伤的士兵,还没有安抚慰问,却首先访寻一个妇人,这不是符合人民革新愿望的做法。开始谋划时都是好的,能有好结果的就已经稀少;如果开始不做谋虑,哪会有好结局呢? 颁赐给浑瑊的诏书,我不敢领命起草。"德宗于是就不颁布诏命,后来派中使去查访。

乙巳(初六)这天,诏命吏部侍郎班宏任宣慰使,去慰劳将士,安抚人民。丙午(初七)这天,李晟斩杀文武官中受朱泚宠任的崔宣、洪经纶等十多个人,又上表请求表扬守节不屈的刘廼、蒋沇等。己酉(初十)这天,任命李晟当司徒、中书令,骆元光、尚可孤各按等级升官。任命检校御史中丞田希鉴为泾原节度使。下诏改梁州为兴元府。

甲寅(十五日)这天,任命浑瑊为侍中,韩遊瓌、戴休颜各依照等级升官。

朱泚溃败时,李忠臣逃往樊川,被抓获,丙辰(十七日)这天,斩杀李忠臣。

德宗问陆贽说:"现在前往凤翔,各路军队迎接御驾,声势很浩大,打算利用这个机会,派人接替李楚琳的职务,你看怎么样?"陆贽上奏,认为:"这样做的话就跟劫持一样,说是清除叛乱分子却不威武,说是让政治修明却不真诚,利用这一套去时时巡察各地,以后将怎么进入京城? 有人会认为这是权变之计,我私下却不理解其中的道理。一般来说,权变的意义是衡量事物的轻重。

今辇路所经,首行胁夺,易一帅而亏万乘之义,得一方而结四海之疑,乃是重其所轻而轻其所重,谓之权也,不亦侯反乎?以反道为权,以任数为智,君上行之必失众,臣下用之必陷身,历代之所以多丧乱而长奸邪,由此误也。不如奠枕京邑,征授一官,彼喜于恩宥,将奔走不暇,安敢辄有旅拒,复劳诛锄哉!"戊午,车驾发汉中。

李晟综理长安以备百司,自请至凤翔迎扈,上不许。内常侍尹元贞奉使同华,辄诣河中招谕李怀光。晟奏:"元贞矫制擅赦元恶,请理其罪。"

秋七月丙子,车驾至凤翔,斩乔琳、蒋镇、张光晟等。李晟以光晟虽臣贼,而灭贼亦颇有力,欲全之,上不许。副元帅判官高郢数劝李怀光归款,怀光遣其子璀诣行在谢罪,请束身归朝。庚辰,诏遣给事中孔巢父赍先除怀光太子太保敕诣河中宣慰,朔方将士悉复官爵如故。

壬午,车驾至长安。浑瑊、韩遊瓌、戴休颜以其众扈从,李晟、骆元光、尚可孤以其众奉迎,步骑十馀万,旌旗数十里。晟谒见上于三桥,先贺平贼,后谢收复之晚,伏路左请罪。上驻马慰抚,为之掩涕,命左右扶上马。至宫,每间日,辄宴勋臣,赏赐丰渥。李晟为之首,浑瑊次之,诸将相又次之。

曹王皋遣其将伊慎、王锷围安州,李希烈遣其甥刘戒

现在陛下经过的地方,首先做胁持逮捕的事,撤换一个将官竟破坏了皇帝的威信,得到一块土地却使四方人民心存猜疑,是重视应该轻视的东西,却看轻本该看重的,将此称作权变,岂不是刚好相反吗?把违反大义称为权变,把玩弄权术称为明智,君上这样做一定会失去民众,臣下实行起来一定会使自己身陷灾祸,历代之所以产生很多灾难和奸邪,都是由于这种错误造成的。陛下不如等回京城安定之后,征召李楚琳并授予他官职,他因获赦免而高兴,将要为陛下奔走效力还来不及呢,怎么敢率众造反,又要再次劳烦朝廷去镇压呢?"戊午(十九日)这天,德宗的车驾从汉中出发。

李晟总揽治理长安事务,以便各部门完备起来,请求亲自到凤翔迎接护从皇帝回京,德宗不批准。内常侍尹元贞奉命出使同华,立即到河中去诏告李怀光。李晟上奏,说:"尹元贞伪造皇帝命令,擅自赦免反叛主犯,请求治他的罪。"

秋季七月丙子(初七)这天,德宗车驾抵达凤翔,斩杀乔琳、蒋镇、张光晟等。李晟认为张光晟虽然向贼军称臣,但他在消灭贼军的行动中也出了力,打算保全他的性命,德宗不批准。副元帅判官高郢多次劝李怀光归顺朝廷,李怀光派他的儿子李璀去皇帝所在地谢罪,请求自绑到朝廷。庚辰(十一日),诏命派给事中孔巢父携带先前任命李怀光为太子太保的敕令,到河中去宣旨慰问,朔方的将士全部都按原来的官爵复职。

壬午(十三日)这天,德宗车驾抵达长安,浑瑊、韩遊瓌、戴休颜率领部众护卫随从,李晟、骆元光、尚可孤带领部众出京城迎接,出动了步骑兵十多万人,旌旗招展,绵延几十里。李晟在三桥晋见德宗,首先祝贺平定了贼军,然后讲自己收复京城太晚,跪伏在路左请求治罪。皇上停马慰问安抚,被他感动得掩面流泪,命令左右侍从扶李晟上马。回到皇宫,每隔一日就请有功大臣饮宴,赏赐很丰厚。功臣中,李晟居第一位,浑瑊次一等,各将领、宰相又在他们之下。

曹王李皋派他的部将伊慎、王锷包围安州,李希烈派他外甥刘戒

虚将步骑八千救之。皋遣别将李伯潜逆击之于应山,斩首千馀级,生擒戒虚,徇于城下,安州遂降。以伊慎为安州刺史。又击希烈将康叔夜于厉乡,走之。

丁亥,孔巢父至河中,李怀光素服待罪,巢父不之止。怀光左右多胡人,皆叹曰:"太尉无官矣。"巢父又宣言于众曰:"军中谁可代太尉领军事者?"于是怀光左右发怒喧噪。宣诏未毕,众杀巢父及中使啖守盈,怀光亦不之止,复治兵为拒守之备。

初,肃宗在灵武,上为奉节王,学文于李泌。代宗之世,泌居蓬莱书院,上为太子,亦与之游。及上在兴元,泌为杭州刺史,上急诏征之,与睦州刺史杜亚俱诣行在。乙未,以泌为左散骑常侍,亚为刑部侍郎,命泌日直西省以候对,朝野皆属目附之。上问泌:"河中密迩京城,朔方兵素称精锐,如达奚小俊等皆万人敌,朕昼夕忧之,奈何?"对曰:"天下事甚有可忧者,若惟河中,不足忧也。夫料敌者,料将不料兵。今怀光,将也,小俊之徒乃兵耳,何足为意?怀光既解奉天之围,视朱泚垂亡之虏不能取,乃与之连和,使李晟得取以为功。今陛下已还宫阙,怀光不束身归罪,乃虐杀使臣,鼠伏河中,如梦魇之人耳!但恐不日为帐下所枭,使诸将无以藉手也。"

李希烈闻李希倩伏诛,忿怒。八月壬寅,遣中使至蔡州杀颜真卿。中使曰:"有敕。"真卿再拜。中使曰:"今赐卿死。"真卿曰:"老臣无状,罪当死。不知使者几日发长安?"

虚率领八千步骑兵去援救。李皋派别将李伯潜在应山迎上去攻击刘戒虚军,斩杀一千多个首级,生擒刘戒虚,将他绑在城下示众,于是安州归降。李皋任命伊慎为安州刺史。又在厉乡进击李希烈的部将康叔夜,将他赶走了。

丁亥(十八日)这天,孔巢父抵达河中,李怀光穿素服等候问罪,孔巢父不阻止他。李怀光左右侍从多是胡族人,都叹息说:"太尉保不住官爵了。"孔巢父又在大众中公开问,说:"军中有谁可以代替太尉统领军务?"这时李怀光的左右侍从发怒,嚣嚷抗议。诏书还未宣读完,众人已把孔巢父及中使啖守盈杀死,李怀光也不加阻止,又整顿兵马,做好抵御防守的准备。

起初,肃宗流亡在灵武,德宗尚是奉节王,跟从李泌学习文章写作。代宗在位时,李泌住在蓬莱书院,德宗已被封为太子,也继续跟李泌交游。后来德宗到兴元,李泌任杭州刺史,德宗急忙下诏征召李泌,李泌与睦州刺史杜亚一齐去皇帝所在地。乙未(二十六日)这天,任命李泌为左散骑常侍,杜亚为刑部侍郎,命令李泌每天在西省值班,随时听候皇上询问,朝野上下都注视着李泌,想依附他。德宗问李泌:"河中临近京城,朔方军队一向被称为精锐,像达奚小俊等人都能力敌万人,朕日夜在担忧,如何是好?"回答说:"天下有的事很需要忧虑,但像河中的事,不值得担忧。评估判断敌人,只需看将领而不必看士兵。现在李怀光是个将领,达奚小俊之流不过是士兵罢了,何必在意?李怀光解除奉天之围后,看着那个将要败亡的叛贼朱泚,不能夺取他的权位,却跟他联合讲和,使李晟能够消灭朱泚从而建立大功。现在陛下已经回到皇宫,李怀光不绑身来认罪,竟然虐待和诛杀使臣,像老鼠一样躲在河中,如同一个恶梦中的人罢了!恐怕不久就要被部下割下脑袋,各将领即使想要立功,也没什么可借助的了。"

李希烈听到李希倩被处死,大为愤怒。八月壬寅(初三)这天,李希烈派中使到蔡州杀颜真卿。中使说:"有圣旨。"颜真卿拜了两拜。中使宣旨说:"现在赐你死。"颜真卿说:"老臣出使没有成绩,应该受死。但不知使者是什么时候从长安出发的?"

使者曰："自大梁来,非长安也。"真卿曰:"然则贼耳,何谓救邪?"遂缢杀之。

李晟以泾州倚边,屡害军师,常为乱根,奏请往理不用命者,力田积粟以攘吐蕃。癸卯,以晟兼凤翔、陇右节度等使及四镇、北庭、泾原行营副元帅,进爵西平王。时李楚琳入朝,晟请与俱至凤翔斩之,以惩逆乱。上以新复京师,务安反仄,不许。

先是,上命浑瑊、骆元光讨李怀光军于同州,怀光遣其将徐庭光以精卒六千军于长春宫以拒之,瑊等数为所败,不能进。时度支用度不给,议者多请赦怀光,上不许。李怀光遣其妹婿要廷珍守晋州,牙将毛朝敭守隰州,郑抗守慈州,马燧皆遣人说下之。上乃加浑瑊河中、绛州节度使,充河中、同华、陕虢行营副元帅,加马燧奉诚军、晋慈隰节度使,充管内诸军行营副元帅,与镇国节度使骆元光、鄜坊节度使唐朝臣合兵讨怀光。

初,王武俊急攻康日知于赵州,马燧奏请诏武俊与李抱真同击朱滔,以深、赵隶武俊,改日知为晋、慈、隰节度使,上从之。日知未至而三州降燧,故上使燧兼领之。燧表让三州于日知,且言因降而授,恐后有功者,躧以为常。上嘉而许之。燧遣使迎日知,既至,籍府库而归之。

甲辰,以凤翔节度使李楚琳为左金吾大将军。丙午,加浑瑊朔方行营元帅。

李晟至凤翔,治杀张镒之罪,斩裨将王斌等十馀人。朱滔为王武俊所攻,殆不能军,上表待罪。

使者说:"我从大梁来,不是从长安来。"颜真卿说:"既然是这样,那就是叛贼,怎么能叫圣旨!"使者于是勒死了颜真卿。

李晟认为泾州靠近边境,那里的将士总是害死军中主帅,常常是发动叛乱的根源,上奏请求去查办那些不听命令的人,并且要大力发展耕种,储蓄粮草,好抵御吐蕃入侵。癸卯(初四)这天,德宗任命李晟兼任凤翔、陇右节度使以及四镇、北庭、泾原行营副元帅,升爵为西平王。当时李楚琳入朝,李晟请求带他一同到凤翔处斩,以便惩戒叛乱之人。德宗认为刚刚收复京师,要安抚不稳定的人心,不批准。

在这之前,德宗命令浑瑊、骆元光讨伐在同州的李怀光军,李怀光派他的部将徐庭光率领六千精锐士兵,在长春宫筑阵抵抗,浑瑊等多次被打败,不能够前进。当时度支供应不上费用,议事大臣有很多人请求赦免李怀光,德宗不准许。李怀光派他的妹夫要廷珍守卫晋州,牙将毛朝敭守卫隰州,郑抗守卫慈州,马燧都派人游说使他们归服。德宗就加授浑瑊为河中、绛州节度使,充任河中、同华、陕虢行营副元帅,加授马燧为奉诚军、晋、慈、隰节度使,充任管内诸军行营副元帅,与镇国节度使骆元光、鄜坊节度使唐朝臣会合,联军讨伐李怀光。

当初,王武俊加紧进攻在赵州的康日知,马燧奏请皇帝下诏,让王武俊与李抱真一同攻击朱滔,把深州、赵州隶属王武俊,改任康日知为晋、慈、隰节度使,德宗批准。康日知还没有去就职,三个州已向马燧投降,所以德宗让马燧兼管这三个州。马燧上表把三个州辞让给康日知,并且说因为投降而被任命,恐怕日后有功的人认为这是常例而继续这样做。德宗嘉许他,批准了。马燧派使者迎接康日知,康日知到达后,马燧清点了府库财物并移交给他。

甲辰(初五)这天,任命凤翔节度使李楚琳为左金吾大将军。丙午(初七),加授浑瑊为朔方行营元帅。

李晟抵达凤翔,审理谋杀张镒的案件,按罪行斩杀副将王斌等十多人。朱滔被王武俊攻击,几乎溃不成军,上表等候治罪。

癸未，马燧将步骑三万攻绛州。

度支以李怀光所部将士数万与怀光同反，不给冬衣。上曰："朔方军累代忠义，今为怀光所制耳，将士何罪？"冬十月己亥，诏："朔方及诸军在怀光所者，冬衣及赏钱皆当别贮，俟道路稍通，即时给之。"

李勉累表乞自贬，辛丑，罢勉都统、节度使，其检校司徒、同平章事如故。

丙辰，李怀光将阎晏寇同州，官军败于沙苑。诏征邠州之军，韩遊瓌将甲士六千赴之。

乙丑，马燧拔绛州，分兵取闻喜、万泉、虞乡、永乐、猗氏。

闰月丙子，以泾原节度使田希鉴为卫尉卿。李晟初至凤翔，希鉴遣使参候。晟谓使者曰："泾州逼近吐蕃，万一入寇，州兵能独御之乎？欲遣兵防援，又未知田尚书意。"使者归，以告希鉴，希鉴果请援兵，晟遣腹心将彭令英等戍泾州。晟寻托巡边诣泾州，希鉴出迎，晟与之并辔而入，道旧结欢。希鉴妻李氏，以叔父事晟，晟谓之田郎。晟命具三日食，曰："巡抚毕，即还凤翔。"希鉴不复疑。晟置宴，希鉴与将佐俱诣晟营。晟伏甲于外庑，既食而饮，彭令英引泾州诸将下堂，晟曰："我与汝曹久别，各宜自言姓名。"于是得为乱者石奇等三十馀人，让之曰："汝曹屡为逆乱，残害忠良，固天地所不容！"悉引出，斩之。希鉴尚在座，晟顾之曰："田郎亦不得无过，以亲知之故，当使身首得完。"

癸未（十五日）这天，马燧率领三万步骑兵攻打绛州。

度支认为李怀光所统领的几万将士与李怀光一同反叛，便不发给他们冬季服装。德宗说："朔方军队代代都是忠义的人，现在只是被李怀光挟制，将士们有什么罪过呢？"冬季十月己亥（初一）这天，下诏："朔方军以及在李怀光军营的各地军队的士兵，冬季服装以及赏钱都应当另外贮放起来，等道路逐渐畅通之后，就立即发给他们"。

李勉不断上表请求贬官，辛丑（初三）这天，罢免李勉都统、节度使的官职，检校司徒、同平章事的职务一如既往。

丙辰（十八日）这天，李怀光的部将阎晏攻打同州，官军在沙苑被打败。下诏征调邠州的军队，由韩遊瓌率领六千全副武装的士兵奔赴沙苑。

乙丑（二十七日），马燧攻克绛州，分开兵力去夺取闻喜、万泉、虞乡、永乐、猗氏各县。

闰十月丙子（初八）这天，任命泾原节度使田希鉴为卫尉卿。李晟初到凤翔时，田希鉴派使者前来参见问候。李晟对使者说："泾州靠近吐蕃，万一吐蕃入境侵劫，一州的兵力能独自抵御吗？我打算派兵协助防守以作支援，不知道田尚书的想法。"使者回去报告田希鉴，田希鉴果然请求援兵，李晟派心腹将领彭令英等戍守泾州。不久，李晟借口说巡察边境，前往泾州，田希鉴出城迎接，李晟跟他并马入城，追叙旧事，同他交好。田希鉴的妻子李氏，把李晟看作叔父来侍奉，李晟也称田希鉴为田郎。李晟命令田希鉴只需供应三天酒肉，说："视察安抚完毕，就返回凤翔。"田希鉴不再怀疑。李晟设下宴席，田希鉴跟部将及僚佐们一齐到李晟军营。李晟命甲士埋伏在廊外，又吃肉又饮酒，彭令英带泾州各将领下堂，李晟说："我与你们分别已久，请各位自报姓名。"于是得知参与叛乱的石奇等三十多人，斥责他们说："你们多次反叛作乱，残害忠良，实在是天地容不得你们。"全部拉出去，斩杀他们。田希鉴还在座位上，李晟回头对他说："田郎也不能说没有过错，但看在亲近和知心之交的情分上，让你死有全尸。"

希鉴曰:"唯。"遂引出,缢杀之,并其子莩。晟入其营,谕以诛希鉴之意,众股栗,无敢动者。

李希烈遣其将翟崇晖悉众围陈州,久之,不克。李澄知大梁兵少,不能制滑州,遂焚希烈所授旌节,誓众归国。甲午,以澄为汴滑节度使。

宋亳节度使刘洽遣马步都虞候刘昌与陇右、幽州行营节度使曲环等将兵三万救陈州。十一月癸卯,败翟崇晖于州西,斩首三万五千级,擒崇晖以献。乘胜进攻汴州,李希烈惧,奔归蔡州。李澄引兵趣汴州,至城北,惬怯不敢进。刘洽兵至城东,戊午,李希烈守将田怀珍开门纳之。明日,澄入,舍于浚仪,两军之士,日有忿阋。会希烈郑州守将孙液降于澄,澄引兵屯郑州。诏以都统司马宝鼎薛珏为汴州刺史。

李勉至长安,素服待罪。议者多以"勉失守大梁,不应尚为相"。李泌言于上曰:"李勉公忠雅正,而用兵非其所长。及大梁不守,将士弃妻子而从之者殆二万人,足以见其得众心矣。且刘洽出勉麾下,勉至睢阳,悉举其众以授之,卒平大梁,亦勉之功也。"上乃命勉复其位。议者又言:"韩滉闻銮舆在外,聚兵修石头城,阴蓄异志。"上疑之,以问李泌,对曰:"滉公忠清俭,自车驾在外,滉贡献不绝。且镇抚江东十五州,盗贼不起,皆滉之力也。所以修石头城者,滉见中原版荡,谓陛下将有永嘉之行,为迎扈之备耳。此乃人臣忠笃之虑,奈何更以为罪乎?滉性刚严,不附权

田希鉴说:"遵命。"于是拉出去,用绳勒死田希鉴,并且勒死他的儿子田萼。李晟进入田希鉴的军营,宣布诛杀田希鉴的理由,部众们恐惧得发抖,没有人敢乱动。

李希烈派他的部将翟崇晖倾巢出动围攻陈州,很久不能攻下。李澄知道大梁兵员不多,不能够控制滑州,就焚烧李希烈颁发的旌旗符节,誓师归顺朝廷。甲午(二十六日)这天,任命李澄为汴滑节度使。

宋亳节度使刘洽派马步都虞候刘昌与陇右、幽州行营节度使曲环等人率领三万士兵援救陈州。十一月癸卯(初六)这天,在陈州西边打败翟崇晖,斩首三万五千级,擒获了翟崇晖献捷。又乘胜进军,攻下汴州,李希烈恐惧,逃回蔡州。李澄带领部队快速开往汴州,抵达城北,害怕起来,不敢前进。这时刘洽的部队已到达城东,戊午(二十一日),李希烈的守将田怀珍打开城门接纳官军。第二天,李澄入城,驻扎在浚仪,李澄军及刘洽军的士兵们,每天都发生争吵。适逢李希烈的郑州守将孙液向李澄投降,李澄把部队引到郑州屯驻。诏命都统司马宝鼎人薛珏为汴州刺史。

李勉抵达长安,穿素色平民服装等待定罪。议论的人大多认为"李勉没有守住大梁,不应该继续担任宰相"。李泌对皇上说:"李勉是个公正忠心有雅量的大臣,但带兵打仗不是他的专长。到大梁失守时,将士们抛弃妻子而跟从他撤退的,将近有二万人,足以见他很得人心。而且刘洽出自李勉属下,当李勉逃到睢阳时,把全军人马都交给刘洽,最后收复大梁,也是李勉的功劳。"德宗就命令李勉官复原职。议论的人又说:"韩滉听到皇帝出逃在外,竟然聚集军队修整石头城,暗中存有反叛的意图。"德宗有所怀疑,询问李泌。李泌回答说:"韩滉公正忠心廉洁,自从陛下流亡在外,韩滉进贡没有间断。而且他镇守江东十五个州,那里的盗贼不敢胡作非为,都是韩滉的功劳。他修石头城的原因,是见到中原大乱,认为陛下将会像晋元帝永嘉年间南渡长江一样南下,为迎接圣驾而做准备罢了。这是做臣子的忠心笃实的计划,怎么反而成了罪行呢?韩滉性格刚直严正,不依附权

贵,故多谤毁,愿陛下察之,臣敢保其无他。"上曰:"外议
汹汹,章奏如麻,卿弗闻乎?"对曰:"臣固闻之。其子皋为
考功员外郎,今不敢归省其亲,正以谤语沸腾故也。"上曰:
"其子犹惧如此,卿奈何保之?"对曰:"滉之用心,臣知之
至熟。愿上章明其无他,乞宣示中书,使朝众皆知之。"上
曰:"朕方欲用卿,人亦何易可保。慎勿违众,恐并为卿累
也。"泌退,遂上章,请以百口保滉。他日,上谓泌曰:"卿
竟上章,已为卿留中。虽知卿与滉亲旧,岂得不自爱其身
乎?"对曰:"臣岂肯私于亲旧以负陛下? 顾滉实无异心,臣
之上章,以为朝廷,非为身也。"上曰:"如何其为朝廷?"对
曰:"今天下旱蝗,关中米斗千钱,仓廪耗竭,而江东丰稔。
愿陛下早下臣章以解朝众之惑。面谕韩皋使之归觐,令滉
感激无自疑之心,速运粮储,岂非为朝廷邪?"上曰:"善!
朕深谕之矣。"即下泌章,令韩皋谒告归觐,面赐绯衣,谕
以"卿父比有谤言,朕今知其所以,释然不复信矣"。因
言:"关中乏粮,归语卿父,宜速致之。"皋至润州,滉感悦流
涕。即日自临水滨发米百万斛,听皋留五日即还朝。皋别
其母,啼声闻于外。滉怒,召出,挞之,自送至江上,冒风涛
而遣之。既而陈少游闻滉贡米,亦贡二十万斛。上谓李泌
曰:"韩滉乃能化陈少游,亦贡米矣!"对曰:"岂惟少游,诸
道将争入贡矣!"

贵,所以很多人诽谤他,希望陛下明察,我敢保证他没有二心。"
德宗说:"外面议论纷纷,检控他的奏章多如乱麻,你没有听见
吗?"李泌回答说:"我固然听到。他的儿子韩皋任考功员外郎,
现在都不敢回家探望他的双亲,正是因为诽谤如开水一样沸
腾。"德宗说:"他的儿子尚且害怕到这种程度,你为何还要保
他?"李泌回答说:"韩滉的用心,我了解得很透彻。我愿意上书
表明他无二心,请求转发给中书,让朝廷大臣都知道。"德宗说:
"朕正打算重用你,担保一个人不是容易的。你要谨慎,不可对
抗多数人的意见,恐怕使你受到连累。"李泌退下以后,仍然呈上
奏章,请求用全家百口人的性命担保韩滉。几天后,德宗对李泌
说:"你终于呈上了保韩滉的奏章,为你着想已经把奏章留在宫
中。虽然知道你与韩滉是亲近老友,难道可以不爱惜自己的性
命吗?"李泌回答说:"我怎敢为了亲近老友之间的私情而辜负了
陛下呢! 只是因为韩滉实在没有异心,我的上疏,是为了朝廷而
不是为自己。"德宗说:"怎么为的是朝廷?"李泌说:"现在天下正
遭受旱灾、蝗灾,关中的米价每斗贵至一千钱,仓库里的储粮已
经枯竭,但江东丰收。希望陛下早早把我的奏章交下去,解除朝
中大臣们心中的疑惑。当面吩咐韩皋,叫他回家探亲,使韩滉感
激而心不存疑,迅速运送粮食来,这难道不是为了朝廷吗?"德宗
说:"很好! 朕深深了解了。"立即把李泌的奏章颁发下去,命令
韩皋告假探亲,当面赐给他红色官服,告诉韩皋说"你父亲近来
遭受抨击,朕现在知道其中的缘由,已经消除疑虑不再相信了"。
顺便又说:"关中缺乏粮食,回去告诉你父亲,要迅速把粮食运
来。"韩皋到达润州,韩滉又感激又高兴,流下眼泪。当天,亲自
到江边调发一百万斛米,只准许韩皋停留五天就立即返回朝廷。
韩皋辞别母亲时哭声传到宅外。韩滉动怒,召韩皋前来,责打
他,亲自送他到江边,让他冒着大风大浪起航。不久,陈少游听
到韩滉进贡稻米,也进贡了二十万斛。德宗对李泌说:"韩滉竟
然能够感化陈少游,他也进贡稻米了!"李泌说:"岂止是陈少游,
各地将要争着进贡了!"

　　吏部尚书、同平章事萧复奉使自江、淮还，与李勉、卢翰、刘从一俱见上。勉等退，复独留，言于上曰："陈少游任兼将相，首败臣节，韦皋幕府下僚，独建忠义，请以皋代少游镇淮南，使善恶著明。"上然之。寻遣中使马钦绪揖刘从一，附耳语而去。诸相还阁，从一诣复曰："钦绪宣旨，令从一与公议朝来所言事，即奏行之，勿令李、卢知。敢问何事也？"复曰："唐、虞黜陟，岳牧佥谐。爵人于朝，与士共之。使李、卢不堪为相，则罢之。既在相位，朝廷政事，安得不与之同议而独隐此一事乎？此最当今之大弊，朝来主上亦有斯言，复已面陈其不可，不谓圣意尚尔。复不惜与公奏行之，但恐浸以成俗，未敢以告。"竟不以事语从一。从一奏之，上愈不悦。复乃上表辞位，乙丑，罢为左庶子。

　　刘洽克汴州，得李希烈《起居注》，云"某月日，陈少游上表归顺"。少游闻之惭惧，发疾，十二月乙亥，薨。赠太尉，赙祭如常仪。

　　淮南大将王韶欲自为留后，令将士推己知军事，且欲大掠。韩滉遣使谓之曰："汝敢为乱，吾即日全军渡江诛汝矣！"韶等惧而止。上闻之喜，谓李泌曰："滉不惟安江东，又能安淮南，真大臣之器，卿可谓知人！"庚辰，加滉平章事、江淮转运使。滉运江、淮粟帛入贡府，无虚月，朝廷赖之，使者劳问相继，恩遇始深矣。

吏部尚书、同平章事萧复奉命出使,从江、淮返回,与李勉、卢翰、刘从一一齐晋见皇上。李勉等人退下后,萧复单独留下,对德宗说:"陈少游兼任军事统帅与宰相的重职,竟然首先做出败坏臣子节操的事,而韦皋不过是幕府部属,却能单独建立忠义,请提拔韦皋,让他代替陈少游镇守淮南,以表明赏善罚恶。"德宗同意。不久派中使马钦绪拜见刘从一,附到耳边低声吩咐一些话,这才离开。各宰相回到内阁,刘从一问萧复说:"马钦绪传达圣旨,叫我与你讨论早晨你对德宗说的那件事,立即奏请施行,不要让李勉、卢翰知道。请问你对皇上说了什么事?"萧复说:"尧、舜罢黜提升官员,朝中的执政大臣和各地的封疆大吏全都协调一致。在朝廷上任官封爵,就要与他们共同执掌朝政。假使李勉、卢翰的能力不能胜任宰相,那就罢免他们;既然他们在宰相职位上,朝廷的政治大事,怎么可以不跟他们一同商量,而单单要向他们隐瞒这一件事?这是当今朝廷最大的弊端。早上圣上也这样吩咐我,我已经当面陈说不可以这样做,想不到圣上的想法还是这样。我并不是拒绝跟你一起奏请施行,只是怕形成惯例,所以不敢奉告。"最终也不肯告诉刘从一。刘从一上奏,德宗更加不高兴。萧复于是上表请求辞职,乙丑(二十八日)这天,罢免萧复,改任为左庶子。

刘洽攻克汴州,获得李希烈的《起居注》,有记载说"某月日,陈少游上表归顺"。陈少游听到消息,惭愧而恐惧,发病,十二月乙亥(初八)这天,去世。追赠他为太尉,祭奠仪式依旧常例。

淮南大将王韶想自己当留后,命令将士推戴他知军事,并且打算大肆抢掠。韩滉派使者对他说:"你敢作乱的话,我即日就率领全军渡过长江消灭你!"王韶等害怕而放弃原先的计划。德宗听到消息后很高兴,对李泌说:"韩滉不仅安定了江东,还安定了淮南,真是有气度的大臣,爱卿你真是很会识人!"庚辰(十三日)这天,加授韩滉为平章事、江淮转运使。韩滉把江、淮的粮食、绸缎运入京城府库,没有一个月停止过,朝廷全靠他供应,去慰劳他的使者一个接一个,对他的恩宠开始加深。

贞元元年春正月癸丑,赠颜真卿司徒,谥曰文忠。

新州司马卢杞遇赦,移吉州长史,谓人曰:"吾必再入。"未几,上果用为饶州刺史。给事中袁高应草制,执以白卢翰、刘从一曰:"卢杞作相,致銮舆播迁,海内疮痍,奈何遽迁大郡!愿相公执奏。"翰等不从,更命他舍人草制。乙卯,制出,高执之不下,且奏:"杞极恶穷凶,百辟疾之若仇,六军思食其肉,何可复用?"上不听。补阙陈京、赵需等上疏曰:"杞三年擅权,百揆失叙,天地神祇所知,华夏、蛮夷同弃。傥加巨奸之宠,必失万姓之心。"丁巳,袁高复于正牙论奏,上曰:"杞已再更赦。"高曰:"赦者止原其罪,不可为刺史。"陈京等亦争之不已,曰:"杞之执政,百官常如兵在其颈。今复用之,则奸党皆唾掌而起。"上大怒,左右辟易,谏者稍引却。京顾曰:"赵需等勿退,此国大事,当以死争之。"上怒稍解。戊午,上谓宰相:"与杞小州刺史,可乎?"李勉曰:"陛下欲与之,虽大州亦可,其如天下失望何?"壬戌,以杞为澧州别驾。使谓袁高曰:"朕徐思卿言,诚为至当。"又谓李泌曰:"朕已可袁高所奏。"泌曰:"累日外人窃议,比陛下于桓、灵;今承德音,乃尧、舜之不逮也!"上悦。杞竟卒于澧州。高,恕己之孙也。

三月,李希烈陷邓州。戊午,以汴滑节度使李澄为郑滑节度使。以代宗女嘉诚公主妻田绪。

贞元元年(785)春正月癸丑(十七日)这天,赠颜真卿官位为司徒,谥号"文忠"。

新州司马卢杞遇到朝廷大赦,调任吉州长史,对人说:"我一定会再回京城。"不久,德宗果然任用他为饶州刺史。给事中袁高应命起草这份诏书,他拿着诏书对卢翰、刘从一说:"卢杞当宰相时,令皇帝流亡在外,全国遭受无限的战争创伤,怎么突然调升他到大郡任职!希望二位宰相向德宗奏报。"卢翰等不听从,改命另一个舍人起草诏令。乙卯(十九日)这天,诏书发到中书省,袁高扣住诏书不颁发下去,并且上奏说:"卢杞穷凶极恶,百官痛恨他如同痛恨仇敌,六军将士都想吃他的肉以泄恨,怎么可以再起用他呢?"德宗不听从。补阙陈京、赵需等上疏说:"卢杞专权有三年之久,朝廷的政纲、政务全部混乱,天地神灵都知道他的罪行,华夏和蛮夷之人都一同唾弃他。如果对这个巨奸仍给予宠信,势必会失去万民之心。"丁巳(二十一日)这天,袁高又在大殿前论奏,德宗说:"已经再次更改了对卢杞的赦书。"袁高说:"大赦只可赦免他的罪过,但不能让他当刺史。"陈京等人也争辩不止,说:"卢杞执政时,朝廷百官人人自危,好像刀剑架在脖子上。现在又重用他,奸党们就都会把口水唾在掌心里摩拳擦掌东山再起。"德宗大怒,左右侍从吓得退了下去,谏阻的人也渐渐退缩。陈京回头说:"赵需等人不要畏缩,这是国家的大事,我们应当拼死争取。"德宗怒气稍为消解。戊午(二十二日)这天,德宗对宰相说:"让卢杞当个小州刺史,可以吗?"李勉说:"陛下想给他,即使是大州也是可以的。只是这会令天下失望,怎么办呢?"壬戌(二十六日)这天,任命卢杞为澧州别驾。派人告诉袁高说:"朕慢慢思考你的话,实在很有道理。"又对李泌说:"朕已经批准袁高的奏章。"李泌说:"连日来外边的人们私下议论,把陛下比作汉桓帝、汉灵帝。现在承闻陛下的善言,这是尧、舜所赶不上的啊!"德宗很高兴。卢杞最终死在澧州。袁高是袁恕己的孙子。

三月,李希烈攻陷邓州。戊午(二十三日)这天,任命汴滑节度使李澄为郑滑节度使。把代宗的女儿嘉诚公主嫁给田绪为妻。

李怀光都虞候吕鸣岳密通款于马燧,事泄,怀光杀之,屠其家。事连幕僚高郢、李鄘,怀光集将士而责之,郢、鄘抗言逆顺,无所惭隐,怀光囚之。鄘,邕之侄孙也。马燧军于宝鼎,败怀光兵于陶城,斩首万馀级,分兵会浑瑊,逼河中。

夏四月丁丑,以曹王皋为荆南节度。李希烈将李思登以随州降之。

壬午,马燧、浑瑊破李怀光兵于长春宫南,遂掘堑围宫城,怀光诸将相继来降。诏以燧、瑊为招抚使。

五月丙申,刘洽更名玄佐。

韩游瓌请兵于浑瑊,共取朝邑。李怀光将阎晏欲争之,士卒指邠军曰:"彼非吾父兄,则吾子弟,奈何以白刃相向乎?"语甚嚣,晏遽引兵去。怀光知众心不从,乃诈称欲归国,聚货财,饰车马,云俟路通入贡,由是得复逾旬月。

六月辛巳,以刘玄佐兼汴州刺史。

朱滔病死,将士奉前涿州刺史刘怦知军事。

时连年旱蝗,度支资粮匮竭,言事者多请赦李怀光。李晟上言:"赦怀光有五不可:河中距长安才三百里,同州当其冲,多兵则未为示信,少兵则不足堤防,忽惊东偏,何以制之?一也。今赦怀光,必以晋、绛、慈、隰还之,浑瑊既无所诣,康日知又应迁移,土宇不安,何以奖励?二也。陛下连兵一年,讨除小丑,兵力未穷,遽赦其反逆之罪。今西有吐蕃,北有回纥,南有淮西,皆观我强弱,不谓陛下施德泽,

李怀光的都虞候吕鸣岳秘密向马燧投诚,事情泄露,李怀光把他杀了,并屠灭他全家。事情牵连到幕僚高郢、李鄘,李怀光集合将士斥责他们,高郢、李鄘直言地分析逆顺的后果,没有惭愧和隐瞒,李怀光将他俩囚禁起来。李鄘是李邕的侄孙。马燧驻军在宝鼎,在陶城打败李怀光的军队,斩首一万多人,分开兵力和浑瑊会合,威逼河中。

夏季四月丁丑(十三日)这天,任命曹王李皋当荆南节度使。李希烈的部将李思登献出随州向李皋投降。

壬午(十八日),马燧、浑瑊在长春宫南面攻破李怀光军,于是挖掘壕沟,围困宫城,李怀光属下各将领相继来投降。诏命马燧、浑瑊充当招抚使。

五月丙申(初二)这天,刘洽改名为玄佐。

韩遊瓌要求浑瑊出兵,共同攻取朝邑。李怀光的部将阎晏打算把朝邑抢回来,士兵们指着邠宁的军队说:"对方不是我们的父兄,就是我们的子弟,为什么要用刀枪互相攻杀呢?"话讲得很激扬,阎晏赶紧退兵离开。李怀光知道众人内心不肯服从,就谎称准备归顺朝廷,收聚财物,装饰车辆马匹,说是等道路畅通就入贡,因此又得以拖延一个月。

六月辛巳(十八日)这天,任命刘玄佐兼汴州刺史。

朱滔病死,将士拥戴前涿州刺史刘怦知军事。

当时,旱灾、蝗灾连年发生,度支的钱财粮食空竭,议事的人大多请求赦免李怀光。李晟上疏说:"赦免李怀光有五点不可行:河中距离长安城才有三百里,同州为两地要冲,在那里多驻兵,不能表现出朝廷信任李怀光,少驻兵就不足以防守,忽然东边有事发生,用什么去控制局面呢?这是其一。现在赦免李怀光,必然要把晋、绛、慈、隰四州还给他,浑瑊既无地方可去,康日知又要迁移,地方将会不安,朝廷用什么去奖励忠义之士?这是其二。陛下联结四方军队作战已有一年,讨伐叛逆,兵力不衰,却突然赦免李怀光反叛的罪行。现在西有吐蕃,北有回纥,南有淮西叛军,他们都在观看我们力量的强弱变化,不认为陛下广施恩德,

爱黎元，乃谓兵屈于人而自罢耳，必竞起窥觎之心，三也。怀光既赦，则朔方将士皆应叙勋行赏。今府库方虚，赏不满望，是愈激之使叛，四也。既解河中，罢诸道兵，赏典不举，怨言必起。五也。今河中斗米五百，刍藁且尽，墙壁之间，饿殍甚众。且其军中大将杀戮略尽，陛下但敕诸道围守旬时，彼必有内溃之变，何必养腹心之疾为他日之悔哉！"又请发兵二万，自备资粮，独讨怀光。秋七月甲午朔，马燧自行营入朝，奏称："怀光凶逆尤甚，赦之无以令天下。愿更得一月粮，必为陛下平之。"上许之。

壬子，以刘怦为幽州、卢龙节度使。

八月，马燧至行营，与诸将谋曰："长春宫不下，则怀光不可得。长春宫守备甚严，攻之旷日持久，我当身往谕之。"遂径造城下，呼怀光守将徐庭光，庭光帅将士罗拜城上。燧知其心屈，徐谓之曰："我自朝廷来，可西向受命。"庭光等复西向拜。燧曰："汝曹自禄山已来，徇国立功四十馀年，何忽为灭族之计？从吾言，非止免祸，富贵可图也。"众不对。燧披襟曰："汝不信吾言，何不射我！"将士皆伏泣。燧曰："此皆怀光所为，汝曹无罪，第坚守勿出。"皆曰："诺。"

壬申，燧与浑瑊、韩游瓌进军逼河中，至焦篱堡，守将尉珏以七百人降。是夕，怀光举火，诸营不应。骆元光在

爱护人民，才罢兵息战，而是会认为朝廷的军队被别人打败，而找借口下台罢了。这必然会令人们纷纷产生非分的心思。这是其三。李怀光被赦免之后，对朔方的将士都应该论功行赏。现在库府正空虚，赏赐不能令他们的愿望得到满足，这就越加会激发他们反叛。这是其四。赦免李怀光之后，罢去各道军队，如果不给赏赐，怨言一定会产生。这是其五。现在河中米价每斗五百钱，连野草稻草都将要吃光，街巷墙壁之间，遍地是饿死的尸体。况且李怀光把他的大将残杀将尽，陛下只要命令各道军队包围他守上十天时间，李怀光内部一定会有溃败的变乱，何必自己种下心腹病根，留到将来后悔呢！"李晟又请求朝廷调发两万兵力给他，自备物资粮食，单独去讨伐李怀光。秋季七月甲午这天是初一，马燧从行营入朝，奏称："李怀光的凶恶反叛最为猖獗，赦免他就无法号令全国。请求再拨给一个月的粮食，一定能为陛下平定他。"德宗准许。

壬子(十九日)这天，任命刘怦为幽州、卢龙节度使。

八月，马燧抵达行营，与各将领商量说："攻不下长春宫，就不能打败李怀光。长春宫防守得很严密，攻打它浪费很多时间，我要亲自前去劝解守军。"于是径直来到城下，呼喊李怀光的守将徐庭光，徐庭光率领将士们在城头上列队行拜礼。马燧知道他们在心里已经屈服，就和缓地对他们说："我从朝廷来，你们应该面向西方接受命令。"徐庭光等又面向西边行拜礼。马燧说："你们自从安禄山兵变以来，为国立功已达四十多年，为什么忽然做出了灭族的打算？听从我的话，不但可以免去大祸，还可以得到富贵。"众将士不回答。马燧撩开披襟说："你们不相信我的话，为什么不发箭射我！"将士们都跪伏而哭。马燧说："这都是李怀光造成的，你们并没有罪，只管坚守，不要出战。"众人一齐回答说："遵命。"

壬申(初十)这天，马燧与浑瑊、韩游瑰进军逼近河中，抵达焦篱堡，守卫的将领尉珪带领七百人向他们投降。这天晚上，李怀光举火报警，各军营都没有前去响应的。骆元光驻军在

长春宫下，使人招徐庭光；庭光素轻元光，遣卒骂之，又为优胡于城上以侮之，且曰："我降汉将耳！"元光使白燧，燧还至城下，庭光开门降。燧以数骑入城慰抚，其众大呼曰："吾辈复为王人矣！"浑瑊谓僚佐曰："始吾谓马公用兵不吾远也，今乃知吾不逮多矣！"诏以庭光试殿中监兼御史大夫。

甲戌，燧帅诸军至河西，河中军士自相惊曰："西城擐甲矣！"又曰："东城捉队矣！"须臾，军士皆易其号为"太平"字。怀光不知所为，乃缢而死。

初，怀光之解奉天围也，上以其子璀为监察御史，宠待甚厚。及怀光屯咸阳不进，璀密言于上曰："臣父必负陛下，愿早为之备。臣闻君、父一也；但今日之势，陛下未能诛臣父，而臣父足以危陛下。陛下待臣厚，臣胡人，性直，故不忍不言耳。"上惊曰："知卿大臣爱子，当为朕委曲弥缝，而密奏之！"对曰："臣父非不爱臣，臣非不爱其父与宗族也；顾臣力竭，不能回耳。"上曰："然则卿以何策自免？"对曰："臣之进言，非苟求生也。臣父败，则臣与之俱死矣，复有何策哉？使臣卖父求生，陛下亦安用之？"上曰："卿勿死，为朕更至咸阳谕卿父，使君臣父子俱全，不亦善乎？"璀至咸阳而还，曰："无益也，愿陛下备之，勿信人言。臣今往，说谕万方，臣父言：'汝小子何知！主上无信，吾非贪富贵也，直畏死耳，汝岂可陷吾入死地邪？'"

长春宫下,派人招徐庭光投降。徐庭光一向看不起骆元光,指使士兵骂他,又叫人在城头上打扮成胡人侮辱骆元光,并且说:"我们只向汉人将领投诚!"骆元光派人告诉马燧,马燧从前线回到城下,徐庭光开城投降。马燧带着几名骑兵入城去安抚慰问,士兵们大声欢呼说:"我们又成为皇家的人了!"浑瑊对幕僚说:"我最初认为马公用兵比我高明不了多少,现在才知道我跟他的差距太远了!"诏命徐庭光为试殿中监兼御史大夫。

甲戌(十二日)这天,马燧率领各军抵达河西,河中的士兵们互相惊恐起来,说:"西城的军队已经穿好铠甲了!"一会儿又说:"东城的军队已经排好队列戒备了!"不一会儿,士兵们都将他们的旗号改成了"太平"字样。李怀光不知道怎么办才好,于是自缢而死。

最初,李怀光解除奉天包围时,德宗任命李怀光的儿子李璀为监察御史,很宠信优待他。后来李怀光屯兵在咸阳不前进,李璀秘密地对皇上说:"我父亲必定会辜负陛下,希望陛下早些做好防备。我听说君上和父亲是一样的,可是今日的形势,陛下未必能够杀我父亲,而我父亲却有足够的力量危害陛下。陛下给我的待遇很优厚,我是胡族人,性情率直,所以不忍心不讲真话。"德宗吃惊地说:"我知道你是李怀光心爱的儿子,你应婉转曲折地在其中弥补裂痕,而你却秘密上奏。"李璀回答说:"我父亲并不是不爱我,我也并不是不爱我父亲和宗族,只是我的力量已用尽,不能挽回事态。"德宗说:"那么你用什么方法使自己免受牵连呢?"李璀回答说:"我向皇上进言,不是为了苟且偷生。我父亲失败,我就跟着他一齐死,还有什么办法呢?假使我出卖父亲求生存,陛下怎会用我这种人?"德宗说:"你不要轻易讲死,替朕再去咸阳一次,向你父亲讲清楚事理,使君臣之间、父子之间都能保全,不是很好吗?"李璀去过咸阳后回来,说:"没有效果,希望陛下做好防备,不要相信别人所说的。我这次前去,用各种方法劝解,我父亲说:'你小孩子懂得什么?圣上不讲信用,我并非贪图富贵,只是怕死罢了。你怎么可以陷害我,置我于死地呢?'"

及李泌赴陕，上谓之曰："朕所以再三欲全怀光者，诚惜璀也。卿至陕，试为朕招之。"对曰："陛下未幸梁、洋，怀光犹可降也，今则不然。岂有人臣迫逐其君，而可复立于其朝乎？纵彼颜厚无惭，陛下每视朝，何心见之？臣得入陕，借使怀光请降，臣不敢受，况招之乎？李璀固贤者，必与父俱死矣。若其不死，则亦无足贵也。"及怀光死，璀先刃其二弟，乃自杀。

朔方将牛名俊断怀光首出降。河中兵犹万六千人，燧斩其将阎晏等七人，馀皆不问。燧自辞行至河中平，凡二十七日。燧出高郢、李鄘于狱，皆奏置幕下。

韩游瑰之攻怀光也，杨怀宾战甚力，上命特原其子朝晟，游瑰遂以朝晟为都虞候。

上使问陆贽："河中既平，复有何事所宜区处？"令悉条奏。贽以河中既平，虑必有希旨生事之人，以为王师所向无敌，请乘胜讨淮西者。李希烈必诱谕其所部及新附诸帅曰："奉天息兵之旨，乃因窘急而言，朝廷稍安，必复诛伐。"如此，则四方负罪者孰不自疑，河朔、青齐固当响应，兵连祸结，赋役繁兴。建中之忧，行将复起。乃上奏，其略曰："福不可以屡徼，幸不可以常觊。"又曰："臣姑以生祸为忧，而未敢以获福为贺。"又曰："陛下怀悔过之深诚，降非常之大号，所在宣扬之际，闻者莫不涕流。假王叛换之夫，削伪号以请罪；观衅首鼠之将，一纯诚以效勤。"又曰："曩

等到李泌前往陕州时，德宗对他说："朕所以多次想保全李怀光，实在是因为怜惜李璀啊。你到了陕州，试着为朕招抚他吧。"李泌回答说："陛下未去梁州、洋州之前，还可以使李怀光归降，现在却不行了。哪有臣下把君主赶跑，还可以再站在朝廷上朝见君主的道理呢？即使他面皮厚，不知羞耻，陛下每次上朝听政，抱着什么心情去见他呢？我能够进入陕州，即使李怀光投降，我也不敢接受，何况招他投降？李璀本来是个有贤德的人，一定会与父亲同死的。如果他不死，也就没有什么可贵之处了。"等到李怀光死后，李璀先用刀杀死两个弟弟，然后自杀。

　　朔方将领牛名俊割下李怀光的头颅出城投降。河中的士兵还有一万六千人，马燧斩杀了他们的将领阎晏等七个人，其馀的都不追究。马燧从向德宗辞行到平定河中，共用了二十七天。马燧把高郢、李鄘从狱中释放出来，上奏将他们都安置在自己帐下当幕僚。

　　韩游瓌攻打李怀光时，杨怀宾作战很得力，德宗特下令宽恕他的儿子杨朝晟，韩游瓌于是任杨朝晟为都虞候。

　　德宗派人询问陆贽，说："河中平定之后，还有什么事应该处理？"命令他详细条列奏报。陆贽认为河中既已平定，一定会有迎合皇上心意、制造事端的人，认为皇家军队所向无敌，请求乘胜讨伐淮西。李希烈必定用诱惑手段告诉他的部下以及那些新归附他的各将领，说："在奉天颁发停战的赦令，是当时情势危急所迫，朝廷稍获安定后，必定又要前来讨伐。"这样的话，各地犯过罪的人，谁不猜疑，河朔、青齐必当响应，这就又会使得战争连绵，祸患集结，赋役繁多。建中年间的忧患，一定会再次产生。于是就上疏，疏文大略说："福气不可能多次侥幸获得，幸运也不可能常常从希望中得到。"又说："我姑且把发生祸难作为忧虑，而不敢因获得福分向陛下祝贺。"又说："陛下悔改过错的心很深刻诚实，颁布了非常重要的大赦令，在各地宣读的时候，听到的人没有不流泪的。僭称王号的叛臣，废削王号而请求恕罪；伺机而动、迟缓不定的将领也全都诚心诚意要为国家效力。"又说："过去，

讨之而愈叛，今释之而毕来；曩以百万之师而力殚，今以咫尺之诏而化洽。是则圣王之敷理道，服暴人，任德而不任兵，明矣；群帅之悖臣礼，拒天诛，图活而不图王，又明矣。是则好生以及物者，乃自生之方；施安以及物者，乃自安之术。挤彼于死地而求此之久生也，措彼于危地而求此之久安也，从古及今，未之有焉。"又曰："一夫不率，阖境罹殃；一境不宁，普天致扰。"又曰："亿兆污人，四三叛帅，感陛下自新之旨，悦陛下盛德之言，革面易辞，且修臣礼。其于深言密议固亦未尽坦然，必当聚心而谋，倾耳而听，观陛下所行之事，考陛下所誓之言。若言与事符，则迁善之心渐固；傥事与言背，则虑祸之态复兴。"又曰："朱泚灭而怀光戮，怀光戮而希烈征，希烈傥平，祸将次及，则彼之蓄素疑而怀宿负者，能不为之动心哉？"又曰："今皇运中兴，天祸将悔。以逆泚之偷居上国，以怀光之窃保中畿，岁未再周，相次殄珍，实众慝惊心之日，群生改观之时。威则已行，惠犹未洽。诚宜上副天眷，下收物情，布恤人之惠以济威，乘灭贼之威以行惠。"又曰："臣所未敢保其必从，唯希烈一人而已。揆其私心，非不愿从也；想其潜虑，非不追悔也。但以猖狂失计，已窃大名，虽荷陛下全宥之恩，然不能不自觊于

越讨伐就越背叛；如今，一经赦免都全部前来归顺。从前，动用百万军队而终于兵力穷尽；现在，只颁下尺纸诏文，就使得皇恩普化。这就可以见到，英明君王治理国家和驯服强暴，靠的是恩德而不是武力，道理是很明显的；那群反叛的将领违背臣下的礼节，抗拒朝廷的惩罚，是想保全性命，而不是想当帝王，道理又是很明显的。这样一来，自己要生存，必须让别人也生存，这才是使自己生存的好方法；自己求安乐，必须让别人也安乐，这才是使自己安乐的要领。把别人逼往死地而求自己永久生存，置别人于死地而求自己永久安全，从古到今都没有过。"又说："一个人不做好统率，整个地方的人要遭受祸殃；一个地方不安宁，整个国家会导致骚动。"又说："千千万万参与叛变的普通人，和几个率领叛军的将帅，对陛下准许他们自新的诏旨深为感动，对陛下给予他们特大恩德的承诺大为高兴。所以洗心革面撤去王号，又行臣属的礼节。然而他们对于赦令上含义深密的话，肯定不会全都坦然接受的，必然会集合心智分析考虑，倾侧耳朵细听，观察陛下的所作所为，考究陛下的誓言。如果行事跟言论相符，那么改邪归正的信心就逐渐稳固；倘若行事跟言论相悖，那么害怕遭祸的心态就会重新产生。"又说："朱泚灭亡后李怀光伏诛，李怀光伏诛后就征伐李希烈，倘若平定了李希烈，将又会有什么祸患出现？那些一向藏着猜疑并且有过反叛罪行的人，怎么能不恐惧呢？"又说："如今皇家的气运正在中兴，上天降下的灾祸将会成为过去，所以，朱泚非法盘踞京师和李怀光用不正当的手段保守中都，不到两年，都相继被杀，这实在是贼军惊心破胆的日子，是人民对朝廷重建信心的时刻。现在虽然威严已经推行，恩惠却还没有深入，所以做事实在应该上感天意，下收众心，广布朝廷抚恤人民的恩惠来成就威严，乘着灭贼的声威去施行朝廷恩惠。"又说："我不敢保证一定投降的人，只有李希烈一人罢了。推测他的内心，并不是不愿意投降；分析他的考虑，并不是不后悔。只是因为他行为猖狂，筹运失误，已经自己称帝，虽然蒙受陛下免死宽恕的恩典，但他不能不感到羞耻，自觉无法在

天地之间耳。纵未顺命,斯为独夫,内则无辞以起兵,外则无类以求助,其计不过厚抚部曲,偷容岁时,心虽陆梁,势必不致。陛下但敕诸镇各守封疆,彼既气夺算穷,是乃狴牢之类,不有人祸,则当鬼诛。古所谓不战而屈人之兵者,斯之谓欤!"

丁卯,诏以:"李怀光尝有功,宥其一男,使续其后,赐之田宅,归其首及尸使收葬。加马燧兼侍中,浑瑊检校司空;馀将卒赏责各有差。诸道与淮西连接者,宜各守封疆,非彼侵轶,不须进讨。李希烈若降,当待以不死;自馀将士百姓,一无所问。"

骆元光杀徐庭光。浑瑊镇河中,尽得李怀光之众,朔方军自是分矣。

卢龙节度使刘怦疾病,九月己亥,诏以其子行军司马济权知节度事,怦寻薨。

二年。李希烈将杜文朝寇襄州,二月癸亥,山南东道节度使樊泽击擒之。三月,李希烈别将寇郑州,义成节度使李澄击破之。希烈兵势日蹙,会有疾,夏四月丙寅,大将陈仙奇使医陈山甫毒杀之。因以兵悉诛其兄弟妻子,举众来降。甲申,以仙奇为淮西节度使。

关中仓廪竭,禁军或自脱巾呼于道曰:"拘吾于军而不给粮,吾罪人也!"上忧之甚,会韩滉运米三万斛至陕,李泌即奏之。上喜,遽至东宫,谓太子曰:"米已至陕,吾父子得生矣!"时禁中不酿,命于坊市取酒为乐。又遣中使谕神策

天地之间容身。即使不投降，这样成了独夫，对内则没有发动兵变的理由，对外又没有同党给予援助，他的办法不过是厚厚地抚恤部下，苟且拖延时间，心里虽然想逞强顽抗，但是形势却是不允许的。陛下只需要命令各镇固守边界，李希烈的军队既失去了士气又无计可施。这些都是要坐牢的人，即使不被人处罚，也会遭到鬼神的诛杀。古人所说的不用战斗就可使敌人屈服，讲的就是这种情况吧！"

丁卯（十七日）这天，下诏说："李怀光曾经对国家有功，饶恕他一个儿子不死，延续李家后代，赐给他田地住宅，归还李怀光的尸首，让他安葬。加授马燧兼任侍中，浑瑊任检校司空，其馀的官兵按等级分别给予赏赐。与淮西边境连接的各道，应各自守卫边界，除非受对方进攻，否则不必进军讨伐。李希烈如果投降，当免他一死；其馀的将士及老百姓，一概不加追究。"

骆元光杀徐庭光。浑瑊镇守河中，接收李怀光的全部军队，朔方的军队从此分散了。

卢龙节度使刘怦病重，九月己亥（初七）这天，德宗下诏任命他的儿子行军司马刘济权知节度事，不久，刘怦去世。

二年（786）。李希烈的部将杜文朝侵劫襄州，二月癸亥（初三）这天，山南东道节度使樊泽出击，擒获了杜文朝。三月，李希烈的别将侵劫郑州，义成节度使李澄击破了他。李希烈的军事势力日益衰落，刚好他又生病，夏季四月丙寅（初七）这天，大将陈仙奇指使医生陈山甫毒杀李希烈。然后派军队将李希烈的兄弟妻子儿女全部杀死，带着部众向朝廷投降。甲申（二十五日），任命陈仙奇为淮西节度使。

关中仓库的粮食用尽，禁军中有人脱下头巾，在道路上大声呼喊，说："把我们约束在军营里而不给我们饭吃，我们是罪犯啊！"德宗为此忧心忡忡。刚好韩滉运送三万斛稻米抵达陕州，李泌立即奏报朝廷。德宗很高兴，赶紧到东宫，对太子说："稻米已经运到陕州，我们父子能够活下去了。"当时，宫禁内不酿酒，德宗派人到街市中取酒回来庆贺。德宗又派遣中使去告诉神策

六军,军士皆呼万岁。时比岁饥馑,兵民率皆瘦黑,至是麦始熟,市有醉人,当时以为嘉瑞。人乍饱食,死者复伍之一。数月,人肤色乃复故。

　　初,上与常侍李泌议复府兵,泌因为上历叙府兵自西魏以来兴废之由,且言:"府兵平日能安居田亩,每府有折冲领之,折冲以农隙教习战陈。国家有事征发,则以符契下其州及府,参验发之,至所期处。将帅按阅,有教习不精者,罪其折冲,甚者罪及刺史。军还,则赐勋加赏,便道罢之。行者近不逾时,远不经岁。高宗以刘仁轨为洮河镇守使以图吐蕃,于是始有久戍之役。武后以来,承平日久,府兵浸堕,为人所贱,百姓耻之,至蒸熨手足以避其役。又,牛仙客以积财得宰相,边将效之。山东戍卒多赍缯帛自随,边将诱之寄于府库,昼则苦役,夜絷地牢,利其死而没入其财。故自天宝以后,山东戍卒还者什无二三。其残虐如此,然未尝有外叛内侮,杀帅自擅者,诚以顾恋田园,恐累宗族故也。自开元之末,张说始募长征兵,谓之彍骑,其后益为六军。及李林甫为相,奏诸军皆募人为之,兵不土著,又无宗族,不自重惜,忘身徇利,祸乱遂生,至今为梗。向使府兵之法常存不废,安有如此下陵上替之患哉?陛下思复府兵,此乃社稷之福,太平有日矣。"上曰:"俟平河中,当与卿议之。"

六军，军士们都大声呼喊万岁。当时由于连年饥荒，军民们大都饿得骨瘦如柴，面色泥黑，到这时麦子开始成熟，街市上出现喝醉酒的人，当时认为这是祥瑞。人们突然能吃上一顿饱饭，有五分之一的人撑死。几个月后，人们的肤色才得以恢复。

　　起初，德宗与常侍李泌商议恢复府兵制度，李泌因而向德宗一一讲述府兵制从西魏以来兴起以及废除的前因后果，并说："府兵制下的士兵，平常的日子能够安居耕种，每府有折冲带领，折冲利用农闲时间教士兵们演习战斗和列阵。国家有战事时要征发府兵，就把兵符凭据下发给各州的兵府，经核查验证后征发士兵，命他们集中在指定地点。将官统帅点收检阅士兵，发现有训练不精的情况，就要处罚这个府的折冲，甚至罚及刺史。等到回师时，就授功颁奖，随路解散。出征到近地的不超过三个月，到远处的不超过一年。高宗命令刘仁轨当洮河的镇守使，负责对付吐蕃国，从那时起开始有长期的戍守服役。武后当权后，太平日子很长久，府兵制逐渐废弛，士兵也被人轻视，百姓认为当府兵是一种耻辱，甚至用残伤自己手脚的办法来躲避兵役。再者，牛仙客凭着聚敛钱财得以被任为宰相，边境上的将官都效仿他。在山东戍守的士兵多是随身自带绸缎，边防将官引诱他们把绸缎寄存在府库里，白天驱使士兵们去做苦工，晚上就把他们绑在地牢里，想把他们快点折磨死，从而没收他们的财产。所以从天宝年间之后，山东的戍卒能生还的，十个人中不到两三人。他们受到这样惨毒的虐待，但未曾有人卖国叛变、发动内乱和杀帅夺权，实在是因为他们依恋着家园，唯恐连累宗族。自从开元末年以来，张说开始招募长征兵，称为'彍骑'，后来扩充成为卫军六军。到李林甫当宰相时，奏请军士全部由招募的人来当，于是士兵们跟土地没有依附关系，又无宗族的牵挂，不会自重自惜，为了利益会不顾生命，祸乱就产生了，直到今天也不能改善。假使府兵制一直沿用而没有废除，怎么会有这纲纪废弛，上下失序的祸患呢？陛下考虑恢复府兵制，这是国家的福气，太平的日子就要到来了。"德宗说："等平定河中后，朕会再与你商议这事。"

　　三年春二月戊寅，镇海节度使韩滉薨。夏六月，以陕虢观察使李泌为中书侍郎、同平章事。

　　四年春二月，李泌自陈衰老，独任宰相，精力耗竭，既未听其去，乞更除一相。上曰："朕深知卿劳苦，但未得其人耳。"上从容与泌论即位以来宰相曰："卢杞忠清强介，人言杞奸邪，朕殊不觉其然。"泌曰："人言杞奸邪而陛下独不觉其奸邪，此乃杞之所以为奸邪也。傥陛下觉之，岂有建中之乱乎？杞以私隙杀杨炎，挤颜真卿于死地，激李怀光使叛，赖陛下圣明窜逐之，人心顿喜，天亦悔祸。不然，乱何由弭？"上曰："杨炎以童子视朕，每论事，朕可其奏则悦，与之往复问难，即怒而辞位。观其意以朕为不足与言故也。以是交不可忍，非由杞也。建中之乱，术士豫请城奉天，此盖天命，非杞所能致也。"泌曰："天命，他人皆可以言之，惟君相不可言。盖君相所以造命也。若言命，则礼乐政刑皆无所用矣。纣曰：'我生不有命在天？'此商之所以亡也！"上曰："朕好与人较量理体，崔祐甫性褊躁，朕难之，则应对失次，朕常知其短而护之。杨炎论事亦有可采，而气色粗傲，难之辄勃然怒，无复君臣之礼，所以每见令人忿发，馀人则不敢复言。卢杞小心，朕所言无不从；又无学，不能与朕往复，故朕所怀常不尽也。"对曰："杞言无不从，岂忠臣乎？夫'言而莫予违'，此孔子所谓'一言丧邦'者也！"上

三年(787)春季二月戊寅(二十三日)这天,镇海节度使韩滉逝世。夏季六月,任命陕虢观察使李泌当中书侍郎、同平章事。

四年(788)春季二月,李泌陈述自己已经衰老,而独自担任宰相,已经精力耗尽,既然皇上不准辞职,请求再增任一名宰相。德宗说:"朕深深知道你很劳累辛苦,但是未找到合适的宰相人选。"有一次,德宗在轻松自然的状态中,与李泌谈论他即皇位以来所任的宰相,说:"卢杞忠贞、清廉、刚强、耿介,人们说卢杞奸邪,我却不觉得他是这样。"李泌说:"人人都说卢杞奸邪,却唯独陛下不觉得,这正是卢杞奸邪的表现。倘若陛下发觉他奸邪,怎么会有建中年间的祸乱呢?卢杞因为私人矛盾而诬杀杨炎,把颜真卿排挤到必死之地,激怒李怀光使他反叛,幸亏陛下英明,流放了他,人心顿时大快,上天也收回灾祸。不然的话,动乱怎么能够止息?"德宗说:"杨炎把朕看成是孩子,每逢议论政事,朕批准他的请求,他就高兴,如果反复向他提出异议,他就生气并提出辞职。看他这样的态度,是认为朕不配跟他说理论事。因为这样多次的不可忍受,才处死他,并不是卢杞从中挑拨的。建中年间的动乱,巫师预先便请求修筑奉天城,这大概是上天命中注定,不是卢杞所能够导致的。"李泌说:"天命这句话,其他人可以讲,唯有君王、宰相不能讲。因为君王、宰相是创造天命的人,如果他们也讲天命,那么伦理教化、政治刑法全都没有作用了。商纣说:'我生来不就是由天命决定的吗?'这是商朝所以灭亡的原因。"德宗说:"朕喜欢跟人争论道理,崔祐甫性情偏激暴躁,朕向他提难题,他紧张得对答失去条理,朕知道他的缺点,从而常常袒护他。杨炎论事亦有可取的地方,但是气态粗野,脸色傲慢,用问题难他,他就大动肝火,不再讲究君臣之间的礼仪,所以每次见到他朕就生气,其馀的宰相就不敢多讲话。卢杞做人小心,朕说的话,他句句顺从;他又学问不多,不能跟朕反复辩论,所以朕没有穷尽常常想说的话。"李泌回答说:"卢杞对陛下所讲的话没有一句不顺从,难道是忠臣吗?像这类'我说什么他都不违背',这正是孔子所讲的'一句话就使国家灭亡'的意思!"德宗

曰:"惟卿则异彼三人者。朕言当,卿常有喜色;不当,常有忧色。虽时有逆耳之言,如向来纣及丧邦之类。朕细思之,皆卿先事而言,如此则理安,如彼则危乱,言虽深切而气色和顺,无杨炎之陵傲。朕问难往复,卿辞理不屈,又无好胜之志,直使朕中怀已尽屈服而不能不从,此朕所以私喜于得卿也。"泌曰:"陛下所用相尚多,今皆不论,何也?"上曰:"彼皆非所谓相也。凡相者,必委以政事,如玄宗时牛仙客、陈希烈,可以谓之相乎!如肃宗、代宗之任卿,虽不受其名,乃真相耳。必以官至平章事为相,则王武俊之徒皆相也。"

五年。初,上思李怀光之功,欲宥其一子,而子孙皆已伏诛。戊辰,诏以怀光外孙燕八八为怀光后,赐姓名李承绪,除左卫率胄曹参军,赐钱千缗,使养怀光妻王氏及守其墓祀。

七年春三月癸未,易定节度使张孝忠薨。

八年春三月丁丑,山南东道节度使曹成王皋薨。

宣武节度使刘玄佐有威略,其母虽贵,日织绢一匹,谓玄佐曰:"汝本寒微,天子富贵汝至此,必以死报之。"故玄佐始终不失臣节。庚午,玄佐薨。

夏五月癸酉,平卢节度使李纳薨,军中推其子师古知留后。

说:"只有你与他们三人不一样。朕的话恰当,你有高兴的表情;朕的话不恰当,你常常满面忧色。虽然时常讲些刺耳的话,例如刚才所说的纠王及丧邦之类。但朕仔细思考,都是你在事情发生之前的忠告,按照这些话去做,国家就安全,按朕之前的想法去做,社会就会危乱。话虽然讲得深刻切中要害,但你的气态温和,脸色恭顺,没有杨炎那种盛气凌人的傲慢表现。朕反复用问题为难你,你在言词述理上不会屈从,而且又没有争强好胜的意思,直使朕把心中的话讲尽而完全屈服,因而不得不听从,这是朕得到你这位好宰相而暗自喜欢的原因。"李泌说:"陛下任用过的宰相还有很多,现在都没有提起,为什么?"德宗说:"他们都不是所谓的宰相。真正的宰相,君王一定要把国家大事委托给他,像玄宗时代的牛仙客、陈希烈,可以称得上是宰相吗?像肃宗、代宗那样信任你,虽然没有给予宰相的名义,实际上却是宰相。一定要凭着官衔封至平章事才算是宰相,那么王武俊之徒都成为宰相了。"

五年(789)。当初,德宗想起李怀光的功劳,打算免他的一个儿子死罪,可是李怀光的子孙都被诛杀了。戊辰(二十六日)这天,诏命李怀光的外孙燕八八做李怀光的后人,赐名叫李承绪,任命为左卫率胄曹参军,赐钱一千缗,让他供养李怀光的妻子王氏,并守护李怀光的坟墓。

七年(791)春季三月癸未(二十三日)这天,易定节度使张孝忠逝世。

八年(792)春季三月丁丑(二十三日),山南东道节度使曹成王李皋逝世。

宣武节度使刘玄佐有威望和谋略,他的母亲虽然享受富贵,但每天都织一匹绢,对刘玄佐说:"你本出身寒微,天子使你得到今天的富贵,你一定要以死报答天子。"所以刘玄佐始终效忠朝廷。庚午(十六日),刘玄佐逝世。

夏季五月癸酉(十九日)这天,平卢节度使李纳逝世,军中推戴他的儿子李师古知留后。

　　十二年春三月，魏博节度使田绪尚嘉诚公主，有庶子三人，季安最幼，公主子之，以为副大使。夏四月庚午，绪暴薨，左右匿之，使季安领军事，年十五。乙亥，发丧，推季安为留后。

　　十七年夏五月丁巳，成德节度使王武俊薨。秋七月辛巳，以成德节度副使王士真为节度使。

十二年(796)春季三月,魏博节度使田绪娶嘉诚公主,他的妾生了三个庶子,田季安最小,嘉诚公主养他做自己的儿子,朝廷任田季安为副大使。夏季四月庚午(初九)这天,田绪暴亡,左右的人保守秘密,让田季安主管军事,当时他年仅十五岁。乙亥(十四日)这天发丧,大家推戴田季安为留后。

十七年(801)夏季五月丁巳(二十六日)这天,成德节度使王武俊逝世。秋季七月辛巳(二十一日),朝廷任命成德节度副使王士真为节度使。

卷第三十四

伾文用事

唐德宗贞元十九年。初,翰林待诏王伾善书,山阴王叔文善棋,俱出入东宫,娱侍太子。伾,杭州人也。叔文谲诡多计,自言读书知治道,乘间常为太子言民间疾苦。太子尝与诸侍读及叔文等论及宫市事,太子曰:"寡人方欲极言之。"众皆称赞,独叔文无言。既退,太子自留叔文,谓曰:"向者君独无言,岂有意邪?"叔文曰:"叔文蒙幸太子,有所见,敢不以闻。太子职当视膳问安,不宜言外事。陛下在位久,如疑太子收人心,何以自解?"太子大惊,因泣曰:"非先生,寡人无以知此。"遂大爱幸,与王伾相依附。

叔文因为太子言:"某可为相,某可为将,幸异日用之。"密结翰林学士韦执谊及当时朝士有名而求速进者陆淳、吕温、李景俭、韩晔、韩泰、陈谏、柳宗元、刘禹锡等,定为死友。而凌准、程异等又因其党以进,日与游处,踪迹诡

伾文用事

　　唐德宗贞元十九年(803)。当初,翰林待诏王伾擅长书法,山阴县人王叔文擅长下棋,二人都经常出入于东宫,陪伴太子娱乐,侍奉太子。王伾,是杭州人。王叔文为人狡诈,诡计多端,自称读过书懂得治理国家的方法,经常趁机对太子讲述民间的疾苦。太子曾经与身边各位侍读官员以及王叔文等人谈论到宫人在街市购买物品的事情,太子说:"我正打算就此事尽力进言。"众人都对太子表示称颂赞扬,只有王叔文没有说话。众人退下之后,太子亲自留下王叔文,对他说:"刚才只有您一人没有说话,难道是另有想法吗?"王叔文说:"王叔文很幸运能够侍奉太子,只要看出问题,怎么敢不讲给太子听。太子的职务应当是亲自查看皇上的饮食、问候平安,不应当讲外面的事情。皇上在位的时间长了,如果怀疑太子在外面收买人心,要如何来为自己辩解呢?"太子大惊,哭泣说:"如果不是先生说给我听,我无法知道这个道理。"于是,太子对王叔文极为宠爱,王叔文与王伾互相依附。

　　王叔文利用这个机会,向太子介绍说:"某人可以担任宰相,某人可以担任将领,希望太子将来能够任用那些人。"王叔文又在暗中结交翰林学士韦执谊以及当时朝廷上有名声而又急于想求得晋升的人,如陆淳、吕温、李景俭、韩晔、韩泰、陈谏、柳宗元、刘禹锡等人,相互约定为死难与共的朋友。又有凌准、程异等人也依靠这一伙人而得到提拔重用,每天与他们交游相处在一起,行踪隐

秘，莫有知其端者。藩镇或阴进资币，与之相结。淳，吴人，尝为左司郎中；温，渭之子，时为左拾遗；景俭，瑀之孙，进士及第；晔，浞之族子；谏，尝为侍御史；宗元、禹锡，时为监察御史。

左补阙张正一上书，得召见。正一与吏部员外郎王仲舒、主客员外郎刘伯刍等相亲善，叔文之党疑正一言己阴事，令韦执谊反谮正一等于上，云其朋党，游宴无度。九月甲寅，正一等皆坐远贬，人莫知其由。伯刍，迺之子也。

十二月庚申，以太常卿高郢为中书侍郎，吏部侍郎郑珣瑜为门下侍郎，并同平章事。珣瑜，馀庆之从父兄弟也。

二十年秋九月，太子始得风疾，不能言。

顺宗永贞元年春正月辛未朔，诸王、亲戚入贺德宗，太子独以疾不能来，德宗涕泣悲叹，由是得疾，日益甚。凡二十馀日，中外不通，莫知两宫安否。癸巳，德宗崩。苍猝召翰林学士郑絪、卫次公等至金銮殿草遗诏。宦官或曰："禁中议所立尚未定。"众莫敢对。次公遽言曰："太子虽有疾，地居冢嫡，中外属心。必不得已，犹应立广陵王，不然，必大乱。"絪等从而和之，议始定。次公，河东人也。太子知人情忧疑，紫衣麻鞋，力疾出九仙门，召见诸军使，京师粗

秘,做事诡诈,没有人了解他们的端倪。外地藩镇将领中有些人向他们暗送货物钱财,和他们交结。陆淳,是吴县人,曾经担任左司郎中;吕温,是吕渭的儿子,当时在朝中担任左拾遗;李景俭,是李瑀的孙子,进士及第;韩晔,是韩滉同族兄弟的儿子。陈谏,曾经在朝廷担任侍御史;柳宗元、刘禹锡,当时都在朝廷中担任监察御史。

左补阙张正一上书言事,得到了德宗的召见。张正一和吏部员外郎王仲舒、主客员外郎刘伯刍等人相互亲近友好,王叔文一伙怀疑张正一在德宗面前揭发他们隐秘的事情,便指使韦执谊在德宗面前诬陷张正一等人,说他们私结朋党,游玩饮宴,没有限度。九月甲寅(初六),张正一等人都被治罪贬到远方,人们都不知道其中的缘由。刘伯刍,是刘迺的儿子。

十二月庚申(十三日),德宗任命太常卿高郢担任中书侍郎,任命吏部侍郎郑珣瑜担任门下侍郎,二人都担任同平章事。郑均瑜,是郑馀庆的叔伯兄弟。

二十年(804)秋季九月,太子开始身患中风,不能说话。

唐顺宗永贞元年(805)春季正月辛未这一天是初一,诸王、亲戚都入宫向德宗表示祝贺,只有太子一人因为生病不能前来,德宗涕泪俱下,悲伤哀叹,从此也得了病,病情一天比一天加重。一共有二十馀天,内宫与外廷消息不通,没有人知道内宫的德宗和东宫的太子是否平安。癸巳(二十三日),德宗驾崩。人们仓促紧急地把翰林学士郑絪、卫次公等人召请到金銮殿上起草德宗的遗诏。宦官中有人说:"立谁做皇帝,宫中正在商量,还没有确定。"众人都不敢答话。卫次公突然开口说:"太子虽然有病,但地位处在嫡长子,朝廷内外人心所向。实在没有办法,仍然应该册立广陵王,不这样做一定会造成大乱。"郑絪等人也随声附和他的主张,大家的讨论才决定下来。卫次公,是河东县人。太子知道人们心怀忧虑怀疑,便穿着紫色的袍服和麻布孝鞋,勉强支撑着生病的身体,走出九仙门,召见各位军使,京城大致

安。甲午，宣遗诏于宣政殿，太子缞服见百官。丙申，即皇帝位于太极殿。卫士尚疑之，企足引领而望之，曰："真太子也！"乃喜而泣。

时顺宗失音，不能决事，常居深宫。施帘帷，独宦者李忠言、昭容牛氏侍左右。百官奏事，自帷中可其奏。自德宗大渐，王伾先入，称诏召王叔文，坐翰林中使决事。伾以叔文意入言于忠言，称诏行下，外初无知者。以杜佑摄冢宰。二月癸卯，上始朝百官于紫宸门。辛亥，以吏部郎中韦执谊为尚书左丞、同平章事。王叔文欲专国政，首引执谊为相，己用事于中，与相唱和。

壬戌，以殿中丞王伾为左散骑常侍，依前翰林待诏，苏州司功王叔文为起居舍人、翰林学士。伾寝陋、吴语，上所褻狎。而叔文颇任事自许，微知文义，好言事，上以故稍敬之，不得如伾出入无阻。叔文入至翰林，而伾入至柿林院，见李忠言、牛昭容计事。大抵叔文依伾，伾依忠言，忠言依牛昭容，转相交结。每事先下翰林，使叔文可否，然后宣于中书，韦执谊承而行之。外党则韩泰、柳宗元、刘禹锡等主采听外事。谋议唱和，日夜汲汲如狂，互相推奖，曰伊、曰周、曰管、曰葛，侗然自得，谓天下无人。荣辱进退，生于造次，

安定下来。甲午(二十四日),德宗的遗诏在宣政殿宣布,太子身着麻布丧服,召见文武百官。丙申(二十六日),太子在太极殿举行登皇帝位的仪式。卫士们还怀疑他不是太子,都踮起脚伸着头看望他,说:"真的是太子!"于是,卫士们都高兴得哭了。

当时,顺宗声音喑哑,讲不出话,不能处决政事,经常居住在深宫中。设置竹帘和帷帐,只有宦官李忠言和昭容夫人牛氏侍奉在左右。文武百官向顺宗皇帝奏报政事,顺宗皇帝在帷帐后面批复他们的奏章。从德宗皇帝病情危急之后,王伾先入宫中,声称有诏传召王叔文,让他坐在翰林院处理朝中政务。王伾按照王叔文的意思入宫向李忠言转达,代行诏书向下颁发,外界没有人知道这一内情。朝廷任命杜佑代理大宰相的职务。二月癸卯(初三),顺宗才开始上朝在紫宸门接受文武百官的朝见。辛亥(十一日),顺宗任命吏部郎中韦执谊担任尚书左丞、同平章事。王叔文想要独揽国家政权,首先引荐韦执谊担任宰相,自己在内部掌管政事,和韦执谊相互呼应。

壬戌(二十二日),顺宗任命殿中丞王伾担任左散骑常侍,仍旧保留翰林待诏职务。任命苏州司功王叔文担任起居舍人、翰林学士。王伾外貌丑陋,一口吴地方言,为顺宗所亲近宠爱。而王叔文自认为能办大事,略懂一些文章义理,喜欢进言评论事情,顺宗因此渐渐敬重他,但他不能够像王伾那样在宫中任意往来,通行无阻。王叔文进入翰林院,王伾进入柿林院,得以与李忠言、昭容夫人牛氏在一起计议大事。他们之间的大体情况是,王叔文依托王伾,王伾依托李忠言,李忠言依托昭容夫人牛氏,几个人转相交结。每件事情先交付翰林,让王叔文做出判断,然后在中书省宣布,由韦执谊接受命令再向下面推行。外廷有他们的党羽韩泰、柳宗元、刘禹锡等人负责收集了解社会上的事情。他们遇事谋划计议,你唱我和,夜以继日,急切如狂,互相推崇褒奖,说他们是商王朝的伊尹、周王朝的周公、齐国的管仲、蜀汉的诸葛亮,强劲勇猛自鸣得意,认为天底下除了他们就没有别的贤人。荣华耻辱、升官贬职,都会在突然之间意想不到地降临,

惟其所欲，不拘程式。士大夫畏之，道路以目。素与往还者，相次拔擢，至日除数人。其党或言曰"某可为某官"，不过一二日，辄已得之。于是叔文及其党十馀家之门，昼夜车马如市。候见叔文、伾者，至宿其坊中饼肆、酒垆下，一人得千钱，乃容之。伾尤阘茸，专以纳贿为事，作大匮贮金帛，夫妇寝其上。

三月辛未，以王伾为翰林学士。

以王叔文为度支、盐铁转运副使。先是，叔文与其党谋，得国赋在手，则可以结诸用事人，取军士心，以固其权。又惧骤使重权，人心不服，藉杜佑雅有会计之名，位重而务自全，易可制，故先令佑主其名，而自除为副以专之。叔文虽判两使，不以簿书为意，日夜与其党屏人窃语，人莫测其所为。

以御史中丞武元衡为左庶子。德宗之末，叔文之党多为御史，元衡薄其为人，待之莽卤。元衡为山陵仪仗使，刘禹锡求为判官，不许。叔文以元衡在风宪，欲使附己，使其党诱以权利，元衡不从，由是左迁。元衡，平一之孙也。

侍御史窦群奏屯田员外郎刘禹锡挟邪乱政，不宜在朝。又尝谒叔文，揖之曰："事固有不可知者。"叔文曰："何

一切都按照他们所想的去做,不受任何程序格式的约束。各级官员都畏惧他们,路上相遇,不敢交谈,都是以目示意。平时与他们来往不断的人,都接连得到任用提拔,以至于每天都要提拔数人。他们同党中有人说"某人可以担任某官",不超过一两日,那个人就已经得到任命。当时,王叔文及其同党十馀人的家门前,昼夜车马不停来往,如同闹市。等候面见王叔文、王伾的人,多到要在他们家所在的街坊中寻找饼店、酒铺住宿,一个人要付一千文钱,那些饼店、酒铺才肯收容他们。王伾为人尤其庸碌低劣,专门以收受贿赂为能事,他制作了一个大柜子,贮藏金钱布帛,夫妻二人晚上就睡在那只大柜子上面。

三月辛未(初二),顺宗任命王伾为翰林学士。

顺宗任命王叔文担任度支、盐铁转运副使。在此之前,王叔文和他的同党商量,认为如果把国家赋税大权掌握在手中,就可以有钱财来交结各方面掌权的人,可以在军队将士中收买人心,用来巩固他们的权势。他们又害怕突然掌握并支配重大的权力,人心不服,便凭借杜佑一贯有擅长管理财物的声名,又因为杜佑地位高,只追求保全自己的名誉地位,容易控制,所以先让杜佑名义上主持财政,而让自己担任副使,以便专擅财政大权。王叔文虽然主管度支使和盐铁转运使两个部门,却不把簿籍账目放在心上,只是日夜和他的同党在一起,避开旁人而窃窃私语,人们无法猜测他的所作所为。

顺宗任命御史中丞武元衡担任左庶子。德宗末年,王叔文的同党大多担任御史,武元衡看不起他们的为人,对待他们粗疏,不把他们放在心上。武元衡担任山陵仪仗使时,刘禹锡请求担任他的判官,他不允许。王叔文认为武元衡的官职在御史台,想让他归附自己,便指使他的同党用权力和利禄来引诱他,武元衡不肯顺从,因此被贬职。武元衡,是武平一的孙子。

侍御史窦群向顺宗奏陈屯田员外郎刘禹锡心怀邪念,扰乱朝政,不适合在朝廷任职。又曾经拜见王叔文,向王叔文拱手作揖说:"现在当然还有些未见分晓的事。"王叔文说:"你讲的是什么

谓也?"群曰:"去岁李实怙恩挟贵,气盖一时,公当此时,逡巡路旁,乃江南一吏耳。今公一旦复据其地,安知路旁无如公者乎?"其党欲逐之,韦执谊以群素有强直名,止之。

上疾久不愈,时扶御殿,群臣瞻望而已,莫有亲奏对者。中外危惧,思早立太子。而王叔文之党欲专大权,恶闻之。宦官俱文珍、刘光琦、薛盈珍等皆先朝任使旧人,疾叔文、忠言等朋党专恣,乃启上召翰林学士郑𬘋、卫次公、李程、王涯入金銮殿,草立太子制。时牛昭容辈以广陵王淳英睿,恶之。𬘋不复请,书纸为"立嫡以长"字呈上,上颔之。癸巳,立淳为太子,更名纯。程,神符五世孙也。

贾耽以王叔文党用事,心恶之,称疾不出,屡乞骸骨。丁酉,诸宰相会食中书。故事,丞相方食,百寮无敢谒见者。叔文至中书,欲与执谊计事,令直省通之。直省以旧事告,叔文怒,叱直省。直省惧,入白执谊,执谊逡巡惭赧,竟起迎叔文,就其阁语良久。杜佑、高郢、郑珣瑜皆停箸以待,有报者云:"叔文索饭,韦相公已与之同食阁中矣。"佑、郢心知不可,畏叔文、执谊,莫敢出言。珣瑜独叹曰:"吾岂

事?"窦群说:"去年李实倚仗恩宠,凭借地位高贵,一段时间内气势压倒一切,您在那时候,犹豫徘徊在路旁,只是江南的一个吏员罢了。今天,您一时又占据了李实的地位,怎么能够知道现在道路旁边没有像您当年那样的人呢?"王叔文的同党想把窦群斥逐出朝廷,韦执谊认为窦群素来有刚强正直的声名,便阻止了他们的做法。

顺宗的疾病长久不能治愈,有时候让人扶着上殿接受百官朝见,群臣只能远远地向殿上仰望一下顺宗而已,没有人能亲自向顺宗面奏政事。朝廷内外人心不安,担惊受怕,盼望早一天册立太子。然而王叔文之党想要独掌大权,厌恶听取这方面的意见。宦官俱文珍、刘光琦、薛盈珍等人都是在前朝受命任用的旧臣,他们嫉恨王叔文、李忠言等人结成朋党,独揽大权,任意摆布朝政,于是他们向顺宗报告,要求召请翰林学士郑细、卫次公、李程、王涯进入金銮殿,起草册立太子的制文。当时,昭容夫人牛氏等人认为广陵王李淳英俊聪敏,憎恨他。郑细没有再请示,只在纸上写了几个字"册立嫡长子为太子",呈送顺宗,顺宗点头表示批准。癸巳(二十四日),顺宗决定册立李淳为太子,改名为李纯。李程,是李神符的五世孙。

贾耽因为王叔文之党当权,心中憎恨他们,便称病不出门,并多次请求辞官还乡。丁酉(二十八日),朝廷各位宰相在中书省会餐。按照过去的规定,宰相正在会餐,不允许文武官员前来晋见。王叔文来到中书省,想要和韦执谊计议事情,让中书省的值班官员通报宰相韦执谊。值班官员把过去的规定告诉他,王叔文发怒,斥责值班官员。值班官员害怕,进去把事情报告韦执谊,韦执谊犹豫徘徊,惭愧得羞红了脸,最后还是起身出门迎接王叔文,就近在韦执谊办公的阁中交谈了很长时间。杜佑、高郢、郑珣瑜等宰相都停下筷子等待韦执谊。有传信的人来向他们报告说:"王叔文已经要了饭菜,韦相公已经和王叔文共同在阁中进餐了。"杜佑、高郢心中知道这样做不符合制度,但是因为害怕王叔文、韦执谊,没有人敢说话。只有郑珣瑜独自感叹说:"我怎么

可复居此位?"顾左右,取马径归,遂不起。二相皆天下重望,相次归卧,叔文、执谊等益无所顾忌,远近大惧。

夏四月乙巳,上御宣政殿,册太子。百官睹太子仪表,退,皆相贺,至有感泣者,中外大喜。而叔文独有忧色,口不敢言,但吟杜甫《题诸葛亮祠堂》诗曰:"出师未捷身先死,长使英雄泪满襟。"闻者哂之。

先是,太常卿杜黄裳为裴延龄所恶,留滞台阁,十年不迁。及其婿韦执谊为相,始迁太常卿。黄裳劝执谊帅群臣请太子监国,执谊惊曰:"丈人甫得一官,奈何启口议禁中事?"黄裳勃然曰:"黄裳受恩三朝,岂得以一官相买乎?"拂衣起出。

戊申,以给事中陆淳为太子侍读,仍更名质。韦执谊自以专权,恐太子不悦,故以质为侍读,使潜伺太子意,且解之。及质发言,太子怒曰:"陛下令先生为寡人讲经义耳,何为预他事?"质惶惧而出。

五月辛未,以右金吾大将军范希朝为左右神策京西诸城镇行营节度使。甲戌,以度支郎中韩泰为其行军司马。王叔文自知为内外所憎疾,欲夺取宦官兵权以自固,籍希朝老将,使主其名,而实以泰专其事。人情不测其所为,益疑惧。

能再在这个位子上待下去?"他回头看了看身边的随从人员,示意他们牵马来,然后直接回家了,于是不再上朝。贾耽、郑珣瑜两位宰相都是在天下负有崇高声望的人物,他们相继归退,称病卧床不起,王叔文、韦执谊等人更加无所顾忌,为所欲为,远近各地的人们都对这一局面十分害怕。

夏季四月乙巳(初六),顺宗在宣政殿上朝,举行册封太子的仪式。文武百官目睹太子英俊的仪表,退朝以后,都互相表示庆贺,有的人甚至感动得哭泣起来,朝廷内外官员都十分欢喜。然而唯独王叔文显露出忧虑的神色,嘴上不敢说出来,只是吟诵杜甫写的《题诸葛亮祠堂》诗说:"出师未捷身先死,长使英雄泪满襟。"听到他吟诵的人都讥笑他。

在此之前,太常卿杜黄裳被裴延龄忌恨,官职一直停留在御史台,十年没有升迁。等到他的女婿韦执谊担任宰相,杜黄裳才被迁升为太常卿。杜黄裳劝韦执谊率领群臣向顺宗请求让太子代理国政,韦执谊吃惊地说:"丈人刚刚得到一个官职,怎么能够开口议论宫廷中的事情!"杜黄裳勃然动怒说:"我杜黄裳身受国家三朝的恩德,怎么能够用一个官职来收买我呢?"杜黄裳撩起衣服,起身离去。

戊申(初九),顺宗任命给事中陆淳担任太子侍读,还给他改名叫陆质。韦执谊认为自己独掌大权,担心太子心中不高兴,所以任用陆质担任太子侍读,指使他在暗中察看太子的意向,并且请陆质从中做一些解释。等到陆质在太子面前解释时,太子发怒,说:"皇上命令先生来给我讲解经义罢了,为什么要干预其他的事情?"陆质惶恐害怕,退了出来。

五月辛未(初三),顺宗任命右金吾大将军范希朝担任左右神策军、京西诸城镇行营节度使。甲戌(初六),顺宗任命度支郎中韩泰担任范希朝的行军司马。王叔文意识到自己被朝廷内外官员憎恶嫉恨,想夺取宦官手中的兵权来巩固自己的地位和权势,就借用范希朝这位老将,让他在军中挂名,而实际上是让韩泰把持军中的事务。人们猜不透他们的所作所为,更加怀疑畏惧。

　　辛卯，以王叔文为户部侍郎，依前充度支、盐铁转运副使。俱文珍等恶其专权，削去翰林之职。叔文见制书，大惊，谓人曰："叔文日时至此商量公事，若不得此院职事，则无因而至矣。"王伾即为疏请，不从。再疏，乃许三五日一入翰林，去学士名。叔文始惧。

　　六月己亥，贬宣歙巡官羊士谔为汀州宁化尉。士谔以公事至长安，遇叔文用事，公言其非。叔文闻之，怒，欲下诏斩之，执谊不可。则令杖煞之，执谊又以为不可，遂贬焉。由是叔文始大恶执谊，往来二人门下者皆惧。

　　先时，刘阐以剑南支度副使将韦皋之意于叔文，求都领剑南三川，谓叔文曰："太尉使阐致微诚于公，若与某三川，当以死相助；若不与，亦当有以相酬。"叔文怒，亦将斩之，执谊固执不可。阐尚游长安未去，闻贬士谔，遂逃归。执谊初为叔文所引用，深附之，既得位，欲掩其迹，且迫于公议，故时时为异同。辄使人谢叔文曰："非敢负约，乃欲曲成兄事耳！"叔文诟怒，不之信。遂成仇怨。

　　癸丑，韦皋上表，以为："陛下哀毁成疾，重劳万机，故久而未安。请权令皇太子亲监庶政，俟皇躬痊愈，复归

辛卯(二十三日),顺宗任命王叔文为户部侍郎,仍然和原来一样充任度支、盐铁转运副使。俱文珍等人憎恨王叔文独揽大权,便免了王叔文翰林学士的职务。王叔文看到免去他翰林学士的制书,十分震惊,对人说:"王叔文每天按时到翰林院商量公务,如果不担任这个院中的职务,就没有理由到这里来了。"王伾立即为王叔文上疏请求保留他的职务,顺宗没有依从。王伾第二次上疏请求,顺宗便批准王叔文每隔三五天进翰林院一次,仍然免除翰林学士头衔。王叔文这才开始害怕。

　　六月己亥(初二),朝廷下令将宣歙道巡官羊士谔降职为汀州宁化县县尉。羊士谔因为公务到长安,恰逢王叔文当权,便公开讨论王叔文的错误。王叔文听说后,大怒,打算下诏将羊士谔斩首,韦执谊不同意这么做。王叔文就让他把羊士谔打死,韦执谊又认为不行,于是,将羊士谔降了职。自此,王叔文开始痛恨韦执谊,来往于二人门下的人都害怕起来。

　　以前,剑南道支度副使刘闢向王叔文转告韦皋的意图,要求把剑南东川、西川以及山南西道这三川之地全部交给韦皋统领,刘闢对王叔文说:"韦太尉让刘闢向您致以微小的诚意,如果将三川之地交给他管辖,他将拼死力帮助您;如果不给,也将有办法'酬谢'。"王叔文恼怒,也要斩杀刘闢,韦执谊坚持认为不可。刘闢还在长安交游,没有离开,听说羊士谔被贬官,就逃回剑南。韦执谊当初被王叔文引荐当宰相时,深深依附王叔文,得到宰相官位之后,想要掩盖以往这一段行迹,而且迫于公众舆论,所以常常做出一些和王叔文意见不相同的事情。事后就派人向王叔文道歉说:"不是我敢违背我们以前的约定,而是想设法帮助兄长的事业成功罢了!"王叔文斥骂发怒,不相信他。于是,他们二人结下了怨仇。

　　癸丑(十六日),韦皋向顺宗上表,提出:"陛下因哀痛亲人去世,毁坏了身体,身染疾病,再加上纷纭繁重的政务加重了烦劳,所以过了很长时间,身体还没有康复。请暂时让皇太子亲自监督代理各种政务,等到皇上身体完全恢复健康,再让皇太子回到

春宫。臣位兼将相,今之所陈,乃其职分。"又上太子笺,以为:"圣上远法高宗,亮阴不言,委政臣下,而所付非人。王叔文、王伾、李忠言之徒,辄当重任,赏罚纵情,堕纪紊纲。散库之积以赂权门;树置心腹,遍于贵位;潜结左右,忧在萧墙。窃恐倾太宗盛业,危殿下家邦。愿殿下即日奏闻,斥逐群小,使政出人主,则四方获安。"皋自恃重臣,远处西蜀,度王叔文不能动摇,遂极言其奸。俄而荆南节度使裴均、河东节度使严绶笺表继至,意与皋同,中外皆倚以为援,而邪党震惧。均,光庭之曾孙也。

王叔文既以范希朝、韩泰主京西神策军,诸宦者尚未寤。会边上诸将各以状辞中尉,且言方属希朝。宦者始寤兵柄为叔文等所夺,乃大怒曰:"从其谋,吾属必死其手。"密令其使归告诸将曰:"无以兵属人。"希朝至奉天,诸将无至者。韩泰驰归白之,叔文计无所出,唯曰:"奈何!奈何!"无几,其母病甚。丙辰,叔文盛具酒馔,与诸学士及李忠言、俱文珍、刘元琦等饮于翰林。叔文言曰:"叔文母病,以身任国事之故,不得亲医药,今将求假归侍。叔文比竭

东宫。我的官职兼有将相两种职务,现在所陈说的这些意见,正是我的职守以内应尽的本分。"韦皋又向太子上笺表,提出:"皇上效法历史上高宗皇帝,守丧期间不肯发言,把政治事务委托给下面的大臣,然而皇上所委托的大臣是不称职的人。王叔文、王伾、李忠言之徒,一旦担当重任,就随心所欲地奖赏和惩罚别人,毁坏法纪扰乱朝纲。他们乱散国家库藏的积蓄,用来贿赂执政的权臣;他们还扶植自己的党羽,把心腹安置在各种高贵的位置上;他们暗暗交结皇上身边的人员,使忧患就隐伏在宫墙之内。我私下担心他们会推倒太宗皇帝创下的昌盛的基业,危害太子您的家族邦国。希望太子即日就向皇上报告,贬斥驱赶这群小人,让朝廷政权掌握在国君手中,那样全国就会获得安定。"韦皋依恃自己是手握大权的重要大臣,又身处遥远的西蜀之地,估计王叔文没有能力动摇自己的地位,于是他尽力揭发了王叔文的奸诈。不久,荆南节度使裴均、河东节度使严绶写给顺宗的笺书和表文相继到达朝廷,内容大意都和韦皋上表的内容相同,朝廷内外官员都依靠他们作为外援,而那些邪恶的奸党都震惊畏惧。裴均,是裴光庭的曾孙。

王叔文任用范希朝、韩泰掌管京西和神策军的军权之后,宦官们仍然没有看出其中的奥妙。恰逢边境上各将领都写状文向中尉陈辞,并且在状文中说到刚刚归属范希朝统辖。宦官们这才明白自己的兵权被王叔文等人夺走了,于是大为恼怒地说:"如果按照他们的阴谋走下去,我们这些人一定会死在他们手中。"便秘密命令那些送状文的使者回去告诉各位将领,说:"不要把军队交给别人。"范希朝到达奉天府,各将领没有人领军前来。韩泰快马奔驰回京禀报王叔文,王叔文也想不出什么计策,只是说:"怎么办!怎么办!"没过多久,王叔文的母亲病重。丙辰(十九日),王叔文备办了丰盛的酒食,与各位翰林学士以及李忠言、俱文珍、刘元琦等人在翰林院饮酒。王叔文在宴席上发言说:"我母亲生病,我因为身上担任国家事务的缘故,不能够亲自为母亲求医寻药,现在即将要请假回家侍奉母亲。我近来竭尽

心力，不避危难，皆为朝廷之恩。一旦去归，百谤交至，谁肯见察以一言相助乎?"文珍随其语辄折之，叔文不能对，但引满相劝，酒数行而罢。丁巳，叔文以母丧去位。

秋七月，王叔文既有母丧，韦执谊益不用其语。叔文怒，与其党日夜谋起复，必先斩执谊而尽诛不附己者，闻者恟惧。

自叔文归第，王伾失据，日诣宦官及杜佑请起叔文为相，且总北军。既不获，则请以为威远军使、平章事，又不得。其党皆忧悸不自保。是日，伾坐翰林中，疏三上，不报，知事不济，行且卧。至夜，忽叫曰："伾中风矣!"明日，遂舆归不出。己丑，以仓部郎中、判度支案陈谏为河中少尹。伾、叔文之党至是始去。

乙未，制以"积疹未复，其军国政事，权令皇太子纯勾当"。时内外共疾王叔文党与专恣，上亦恶之。俱文珍等屡启上请令太子监国，上固厌倦万机，遂许之。又以太常卿杜黄裳为门下侍郎，左金吾大将军袁滋为中书侍郎，并同平章事。俱文珍等以其旧臣，故引用之。又以郑珣瑜为吏部尚书，高郢为刑部尚书，并罢政事。太子见百官于东朝堂，百官拜贺，太子涕泣，不答拜。

心力，不惧危险，不避开困难，都是为了报效朝廷的恩德。一旦我离去归乡，各种诽谤将会交错到来，你们哪一位愿意体察我的隐衷，为我说一句公道话帮助我呢？"俱文珍接着他的话，把他说的每一句话都顶了回去，王叔文不能够对答，只是举着满杯的酒与大家相互劝饮，酒过数巡才散席。丁巳（二十日），王叔文因为母亲去世而辞去官位。

秋季七月，王叔文为母亲守丧之后，韦执谊更加不采用他的意见。王叔文发怒，和他的同党日夜在一起商量着争取重新被起用、恢复官位，一定要先杀掉韦执谊，而且要把那些不附从自己的人全部杀掉，听说此事的人都惊恐害怕。

自从王叔文离开朝廷回家后，王伾失去依靠，每天都拜见宦官和杜佑，要求起用王叔文担任宰相，并且让他统领宫中北军。王伾的要求没有获得批准，就请求让王叔文担任威远军使、平章事，又没有得到同意。王叔文的同党都忧虑、心悸，担心不能保全自己。这一天，王伾坐在翰林院中，接连向顺宗上了三道疏表，顺宗都没有答复。王伾意识到事情不能成功，坐卧不宁。到了这天夜晚，忽然大叫说："王伾中风了！"第二天，他便坐车返回，不出门了。己丑（二十二日），顺宗任命仓部郎中、判度支案陈谏担任河中府少尹。王伾、王叔文之党到此时开始被逐出朝廷。

乙未（二十八日），顺宗颁发制书，宣布"因为自己长期生病，未能康复，凡是军队和国家的政治事务暂时由皇太子李纯代理"。当时，朝廷内外官员一致痛恨王叔文的党羽独揽大权，肆意妄为，顺宗也厌恶他们。俱文珍等人屡次向顺宗请求，让太子代理国政，顺宗本来就厌倦那些每天头绪万端的机要政务，于是就批准了他们的请求。顺宗又任命太常卿杜黄裳担任门下侍郎，任命左金吾大将军袁滋担任中书侍郎，二人都任同平章事。俱文珍等人认为他们是旧臣，所以引荐任用他们。顺宗又任命郑珣瑜担任吏部尚书，任命高郢担任刑部尚书，二人都被免去了原先宰相的职务。太子在东朝堂接受文武百官朝见，百官跪拜称贺，太子流涕哭泣，没有答拜还礼。

八月庚子,制:"令太子即皇帝位,朕称太上皇,制敕称诰。"辛丑,太上皇徙居兴庆宫,诰改元永贞,立良娣王氏为太上皇后。后,宪宗之母也。

壬寅,贬王伾开州司马,王叔文渝州司户。伾寻病死贬所。明年,赐叔文死。

乙巳,宪宗即位于宣政殿。

九月己卯,贬神策行军司马韩泰为抚州刺史,司封郎中韩晔为池州刺史,礼部员外郎柳宗元为邵州刺史,屯田员外郎刘禹锡为连州刺史。

冬十一月壬申,贬中书侍郎、同平章事韦执谊为崖州司马。执谊以尝与王叔文异同,且杜黄裳婿,故独后贬。然叔文败,执谊亦自失形势,知祸且至,虽尚为相,常不自得,奄奄无气,闻人行声,辄惶悸失色,以至于贬。

朝议谓王叔文之党或自员外郎出为刺史,贬之太轻。己卯,再贬韩泰为虔州司马,韩晔为饶州司马,柳宗元为永州司马,刘禹锡为朗州司马。又贬河中少尹陈谏为台州司马,和州刺史凌准为连州司马,岳州刺史程异为郴州司马。

宪宗元和四年。初,王叔文之党既贬,有诏,虽遇赦无得量移。

十年。王叔文之党坐谪官者,凡十年不量移,执政有怜其才欲渐进之者,悉召至京师,谏官争言其不可,上与武元衡

八月庚子（初四），顺宗颁发制书，宣布："命令太子登皇帝位，自己称太上皇，自己发布的'制'书、'敕'书今后称为'诰'书。"辛丑（初五），太上皇顺宗搬迁到兴庆宫居住，顺宗下诰文，宣布改年号为"永贞"，册立良娣夫人王氏为太上皇后。太上皇后王氏是唐宪宗的母亲。

壬寅（初六），将王伾降职为开州司马，贬王叔文为渝州司户。不久，王伾病死在贬所开州。第二年，朝廷赐令王叔文自尽而死。

乙巳（初九），宪宗在宣政殿正式登皇帝位。

九月己卯（十三日），宪宗将神策军行军司马韩泰降职为抚州刺史，将司封郎中韩晔降职为池州刺史，将礼部员外郎柳宗元降职为邵州刺史，将屯田员外郎刘禹锡降职为连州刺史。

冬季十一月壬申（初七），宪宗将中书侍郎、同平章事韦执谊降职为崖州司马。因为韦执谊曾经和王叔文意见有分歧，而且是杜黄裳的女婿，所以单独放在后面加以贬职处分。然而王叔文失败以后，韦执谊也失去了自己的权力和地位，意识到灾祸将要到来，虽然还在担任宰相，常常感到心不自安，气息奄奄，没有精神，听到别人走路的脚步声，就惊惶失色，这样的状况一直持续到他被贬。

朝廷会议上讨论，认为王叔文的党羽中有些人从员外郎出京担任地方刺史，这种贬责太轻。己卯（十四日），朝廷第二次下令将韩泰降职为虔州司马，将韩晔降职为饶州司马，将柳宗元降职为永州司马，将刘禹锡降职为朗州司马。宪宗又下令将河中府少尹陈谏降职为台州司马，将和州刺史凌准降职为连州司马，将岳州刺史程异降职为郴州司马。

唐宪宗元和四年（809）。当初，王叔文之党被贬后，曾经下达诏书，规定今后即使遇到大赦，他们也不能够酌情迁官。

十年（815）。王叔文一党中获罪贬官的人，已经有十年没有酌情迁官。朝廷上的当权者中有人怜惜他们的才华，打算逐步地提升进用他们，并主张把他们全部召回到京城中来。谏议官员们争着发言反对，说这样做是不妥当的，宪宗和武元衡

亦恶之，三月乙酉，皆以为远州刺史，官虽进而地益远。永州司马柳宗元为柳州刺史，朗州司马刘禹锡为播州刺史。宗元曰："播州非人所居，而梦得亲在堂，万无母子俱往理。"欲请于朝，愿以柳易播。会中丞裴度亦为禹锡言曰："禹锡诚有罪，然母老，与其子死别，良可伤！"上曰："为人子尤当自谨，勿贻亲忧，此则禹锡重可责也。"度曰："陛下方侍太后，恐禹锡在所宜矜。"上良久，乃曰："朕所言，以责为人子者耳，然不欲伤其亲心。"退，谓左右曰："裴度爱我终切。"明日，禹锡改连州刺史。

也厌恶他们。三月乙酉(十四日),宪宗决定把这批降职官员安排到距离京城遥远的州郡担任刺史,他们的官职虽然提升了,然而任官的地点更远了。将永州司马柳宗元迁为柳州刺史,将朗州司马刘禹锡迁为播州刺史。柳宗元说:"播州不是人所能居住的地方,而刘禹锡的母亲还健在,万万没有让他们母子一同前往播州的道理。"柳宗元打算向朝廷请求,愿意让自己改迁为播州刺史。适逢中丞裴度也替刘禹锡求情,说:"刘禹锡确实有罪过,然而他的母亲年老,和自己的儿子在那里作生与死的诀别,实在是伤心的事!"宪宗说:"做儿子的,特别应当慎重自己的行为,不要给父母亲留下忧愁,这就是可以对刘禹锡重加指责的一点。"裴度说:"皇上正在侍奉太后,恐怕在刘禹锡母子那里也应当给以怜悯。"宪宗沉默了很久,才说:"我所说的话,是要指责那些做儿子的人罢了,然而不打算伤害他们父母的心。"宪宗退朝后,对自己身边的随从人员说:"裴度爱护我终究是很深切的。"第二天,宪宗将刘禹锡改迁为连州刺史。

宪宗平蜀 刘阐

唐顺宗永贞元年秋八月癸丑,西川节度使南康武王韦皋薨。皋在蜀二十一年,重加赋敛,丰贡献以结主恩,厚给赐以抚士卒。士卒婚嫁死丧,皆供其资费,以是得久安其位而士卒乐为之用,服南诏,摧吐蕃。幕僚岁久官崇者则为刺史,已复还幕府,终不使还朝,恐泄其所为故也。府库既实,时宽其民,三年复租赋,蜀人服其智谋而畏其威,至今画像以为土神,家家祀之。

支度副使刘阐自为留后。刘阐使诸将表求节钺,朝廷不许。己未,以袁滋为剑南东西川、山南西道安抚大使。冬十月戊戌,以中书侍郎、同平章事袁滋同平章事,充西川节度使;征刘阐为给事中。十一月,刘阐不受征,阻兵自守。

宪宗平蜀　刘辟

唐顺宗永贞元年（805）秋季八月癸丑（十七日），西川节度使南康武王韦皋去世。韦皋在蜀中担任节度使二十一年，对百姓征收繁重的赋税，向朝廷增加贡献财物，争取皇上的恩宠，他向部下发放优厚的军饷，安抚他们。遇到士兵中有人家中婚配丧葬的，他都供给所需的费用。因此，他能够长久地安坐在节度使的职位上，而士卒们也都心甘情愿地为他效力，征服了南诏，挫败了吐蕃。节度使幕府的官员任职时间长了，官位高了，他就任用他们担任刺史，等他们任职期满后，就让他们重新回到自己的节度使幕府，始终不让他们回到朝廷供职。他这样做，是因为怕他们到朝廷会泄露自己在蜀中的所作所为。节度使府库钱财充实以后，他经常减轻当地百姓的赋税，每隔三年免征一年租税，蜀地的百姓佩服他的才智谋略，而又害怕他的威势，一直到现在，那里的人民都把他的画像挂在家中当作土地神供奉，家家户户都祭祀他。

西川支度副使刘辟自己宣布担任西川留后。刘辟指使各将领向朝廷上表，为他请求节度使的斧钺，朝廷没有同意。己未（二十三日），宪宗任命袁滋担任剑南、东西川、山南西道四个藩镇的安抚大使。冬季十月戊戌（初三），宪宗任命中书侍郎、同平章事袁滋为同平章事，充任西川节度使。将刘辟调回朝廷担任给事中。十一月，刘辟不接受宪宗的征召，调动军队割据自守。

通鉴纪事本末

袁滋畏其强，不敢进。上怒，贬滋为吉州刺史。十二月己酉，以给事中刘辟为西川节度副使、知节度事。上以初嗣位，力未能讨故也。右谏议大夫韦丹上疏，以为："今释辟不诛，则朝廷可以指臂而使者，惟两京耳。此外谁不为叛！"上善其言。壬子，以丹为东川节度使。丹，津之五世孙也。

宪宗元和元年。刘辟既得旌节，志益骄，求兼领三川，上不许。辟遂发兵围东川节度使李康于梓州，欲以同幕卢文若为东川节度使。推官莆田林蕴力谏辟举兵，辟怒，械系于狱，引出，将斩之，阴戒行刑者使不杀，但数砺刃于其颈，欲使屈服而赦之。蕴叱之曰："竖子，当斩即斩，我颈岂汝砥石邪！"辟顾左右曰："真忠烈之士也！"乃黜为唐昌尉。

上欲讨辟而重于用兵，公卿议者亦以为蜀险固难取，杜黄裳独曰："辟狂戆书生，取之如拾芥耳！臣知神策军使高崇文勇略可用，愿陛下专以军事委之，勿置监军，辟必可擒。"上从之。翰林学士李吉甫亦劝上讨蜀，上由是器之。戊子，命左神策行营节度使高崇文将步骑五千为前军，神策京西行营兵马使李元奕将步骑二千为次军，与山南西道节度使严砺同讨刘辟。时宿将名位素重者甚众，皆自谓当征蜀之选，及诏用崇文，皆大惊。

袁滋害怕刘阐兵力强大,不敢进入西川。宪宗愤怒,将袁滋降职为吉州刺史。十二月己酉(十四日),宪宗任命给事中刘阐为西川节度副使、知节度事。宪宗因为刚继承皇位,没有力量讨伐刘阐。右谏议大夫韦丹向宪宗上奏,提出:"今天放过刘阐不杀他,那么朝廷可以挥臂指挥的,只有东西两京罢了。除此以外,还有谁不想背叛朝廷呢!"宪宗认为他的意见非常好。壬子(十七日),宪宗任命韦丹担任东川节度使。韦丹,是韦津的五世孙。

唐宪宗元和元年(806)。刘阐得到朝廷颁赐给他的节度使的旌节之后,志气更加骄傲,向朝廷提出要求兼领另外三川的节度使,宪宗没有批准。于是,刘阐调动军队向梓州出兵,围攻东川节度使李康,想要任用自己幕府中的卢文若担任东川节度使。他的推官莆田人林蕴极力劝阻他,不要起兵,刘阐发怒,给林蕴带上刑具,投入牢狱,然后又把林蕴从狱中拖出来,将要杀掉他。刘阐又暗中告诫行刑的人不要真的杀掉他,只是用刀刃在他的颈上磨几次,想使他屈服而赦免他。林蕴呵斥行刑的人说:"小子,当杀就杀,我的脖颈难道是你的磨刀石吗!"刘阐看看身边的官员说:"他真是一名忠心刚烈之士啊!"于是,刘阐罢免了林蕴在幕府中的推官职务,降职为唐昌县尉。

宪宗想讨伐刘阐而又不愿轻易发动战争,公卿中议论此事的人认为蜀地险要坚固,难以攻取,只有杜黄裳说:"刘阐是一个狂妄而又戆愚的书生,攻取他如同拾取芥子一样容易! 我知道京城中的神策军军使高崇文有勇有谋,堪当此任,希望皇上委托他独掌这次征讨的军事大权,不要另派监军,一定能够活捉刘阐。"宪宗听从了他的建议。翰林学士李吉甫也劝说宪宗征讨蜀中,宪宗因此器重他。戊子(二十三日),宪宗任命左神策军行营节度使高崇文率领步骑兵五千人担任前锋军队,任命神策、京西行营兵马使李元奕率领步骑兵两千人担任后军,和山南西道节度使严砺共同讨伐刘阐。当时朝廷上有很多老将,他们一向有声名,而且地位很高,都自认为应当是这次征讨蜀地的合适人选,等到宪宗下诏书任用高崇文领军出征时,大家都大为惊讶。

上与杜黄裳论及藩镇,黄裳曰:"德宗自经忧患,务为姑息,不生除节帅,有物故者,先遣中使察军情所与则授之。中使或私受大将赂,归而誉之,即降旄钺。未尝有出朝廷之意者。陛下必欲振举纲纪,宜稍以法度裁制藩镇,然后天下可得而理也。"上深以为然。于是始用兵讨蜀,以至威行两河,皆黄裳启之也。

高崇文屯长武城,练卒五千,常如寇至,卯时受诏,辰时即行,器械糗粮,一无所阙。甲午,崇文出斜谷,李元奕出骆谷,同趣梓州。崇文军至兴元,军士有食于逆旅,折人匕箸者,崇文斩之以徇。

刘阐陷梓州,执李康。二月,严砺拔剑州,斩其刺史文德昭。

三月,高崇文引兵自阆州趣梓州,刘阐将邢泚引兵遁去,崇文入屯梓州。阐归李康于崇文以求自雪,崇文以康败军失守,斩之。丙子,严砺奏克梓州。丁丑,制削夺刘阐官爵。

东川节度使韦丹至汉中,表言:"高崇文客军远斗,无所资,若与梓州,缀其士心,必能有功。"夏四月丁酉,以崇文为东川节度副使、知节度事。

宪宗和杜黄裳讨论到藩镇问题的时候，杜黄裳说："德宗皇帝自从经受战争的忧患之后，对节度使一味保持宽容姑息的态度。不肯在节度使生前免除他们的职务，如果遇到有的节度使去世，就先派宦官作为使者到藩镇去察看军中人心归向的人，然后授命他为节度使。派去的宦官有的私自接受大将的贿赂，回到朝廷就称赞那个人，朝廷就立即向那个人颁赐节度使的旌旗和斧钺，任用他为节度使。选任节度使从来不是出自朝廷的本意。皇上如果想要振兴朝纲，建立法纪，应当逐渐地采用法令制度来裁夺控制藩镇节度使，然后天下就能够得到治理。"宪宗认为他的话很有道理。于是，宪宗开始调动军队讨伐蜀中刘辟，以致后来朝廷的威势在河南、河北广大地区建立起来，这些都是杜黄裳先向宪宗提出来的。

高崇文原先率领军队驻扎在长武城，训练五千士兵，时时保持大敌来临的战备状态，卯时接受宪宗诏书命令，辰时就率领军队出发，军用器械和干粮，一样也不缺少。甲午（二十九日），高崇文的军队从斜谷道出发，李元奕的军队从骆谷道出发，两军同奔梓州。高崇文的军队前进到兴元县时，军中将士有人在客舍吃饭，把主人的筷子折断了，高崇文便将那人斩首示众。

刘辟的军队攻取了梓州，捉住了李康。二月，严砺的军队攻取了刘辟的剑州，斩杀剑州刺史文德昭。

三月，高崇文率领军队从阆州向梓州进军，刘辟的将领邢泚率领军队悄悄撤离，高崇文率领军队屯驻梓州。刘辟将抓获的李康送还高崇文，力求为自己开脱罪责，高崇文因李康打了败仗，导致梓州失守，便把他杀了。丙子（十二日），严砺向朝廷报告已经攻取梓州。丁丑（十三日），宪宗下制书宣布撤销刘辟的官职和爵号。

东川节度使韦丹到达汉中，向朝廷上表，提出："高崇文率领军队长途征战，没有任何依靠，如果把梓州交给他主管，让他维系他的将士们的心志，一定能够获得成功。"夏季四月丁酉（初四），宪宗任命高崇文担任东川节度副使，主管节度使事务。

　　夏五月，刘阔城鹿头关，连八栅，屯兵万馀人以拒高崇文。六月丁酉，崇文击败之。阔置栅于关东万胜堆。戊戌，崇文遣骁将范阳高霞寓攻夺之，下瞰关城，凡八战皆捷。庚子，高崇文破刘阔于德阳。癸卯，又破之于汉州。严砺遣其将严秦破阔众万馀人于绵州石碑谷。秋七月癸丑，高崇文破刘阔之众万人于玄武。甲午，诏："凡西川继援之兵，悉取崇文处分。"

　　九月壬寅，高崇文又败刘阔之众于鹿头关，严秦败刘阔之众于神泉。河东将阿跌光颜将兵会高崇文于行营，愆期一日，惧诛，欲深入自赎，军于鹿头之西，断其粮道，城中忧惧。于是阔绵江栅将李文悦、鹿头守将仇良辅皆以城降于崇文，获阔婿苏彊，士卒降者万计。崇文遂长驱直指成都，所向崩溃，军不留行。辛亥，克成都。刘阔、卢文若帅数十骑西奔吐蕃，崇文使高霞寓等追之，及于羊灌田。阔赴江不死，擒之。文若先杀妻子，乃系石自沈。崇文入成都，屯于通衢，休息士卒，市肆不惊，珍宝山积，秋毫不犯。槛刘阔送京师，斩阔大将邢泚、馆驿巡官沈衍，馀无所问。军府事无巨细，命一遵韦南康故事，从容指挥，一境皆平。

夏季五月,刘闢在鹿头关修筑城池,联结八个营栅,在那里驻扎军队一万多人,抵抗高崇文。六月丁酉(初五),高崇文出兵击败刘闢。刘闢在鹿头关东面万胜堆建置营栅。戊戌(初六),高崇文派遣勇猛将领范阳县人高霞寓攻战并夺取了万胜堆,向下俯瞰鹿头关全城,共计经过八次交战,全都取得了胜利。庚子(初八),高崇文率军在德阳县打败刘闢。癸卯(十一日),高崇文又在汉州打败刘闢。严砺派遣他的将领严秦率领军队在绵州石碑谷打败了刘闢的一万多兵马。秋季七月癸丑(二十二日),高崇文在玄武县打败了刘闢的军队一万人。甲午(初三),宪宗下诏,命令:"所有向西川相继增援的军队,全部听从高崇文的指挥。"

　　九月壬寅(十二日),高崇文又在鹿头关打败刘闢的军队,严秦率军在神泉县打败刘闢的军队。河东军将领阿跌光颜率领军队到高崇文的军营与其会师,路上耽误了一天,害怕被治罪处死,想深入敌军前线,赎回自己的过失。他在鹿头关的西面驻扎下来,阻断敌军运粮的通道,鹿头关城中的人对此感到忧虑恐惧。这时,刘闢的绵江营栅将领李文悦、鹿头关守将仇良辅都献出城关向高崇文投降,刘闢的女婿苏彊也被抓获,投降的士兵数以万计。于是,高崇文率领军队长驱而下,直奔成都府,他的军队所到之处,敌军都崩散溃灭,高崇文无所阻挡地向前进军。辛亥(二十一日),高崇文攻取成都。刘闢、卢文若率领数十名骑兵向西投奔吐蕃,高崇文命令高霞寓等人率军追赶他们,一直追到羊灌田。刘闢投江没有淹死,高霞寓捉住了他。卢文若先杀了自己的妻子、子女,然后在身上块石头沉入江中自杀了。高崇文的军队开入成都府城,驻扎在城中大道上,让士兵就地休息,街市上的店铺没有受到惊扰,珍奇宝物堆积如山,高崇文的军队秋毫无犯。高崇文用刑车将刘闢锁起来送往京城长安,斩杀刘闢的大将邢泚和馆驿巡官沈衍,其馀人一概不追问罪责。西川节度使军府中的事务,无论大小,命令一律遵照南康王韦皋所规定的惯例处理。高崇文从容地指挥部署,西川全境便完全平定了。

初，韦皋以西山运粮使崔从知邛州事，刘阐反，从以书谏阐。阐发兵攻之，从婴城固守。阐败，乃得免。从，融之曾孙也。

韦皋参佐房式、韦乾度、独孤密、符载、郗士美、段文昌等素服麻屦，衔土请罪，崇文皆释而礼之，草表荐式等，厚赆而遣之。目段文昌曰："君必为将相，未敢奉荐。"载，庐山人；式，琯之从子；文昌，志玄之玄孙也。

阐有二妾，皆殊色，监军请献之，崇文曰："天子命我讨平凶竖，当以抚百姓为先，遽献妇人以求媚，岂天子之意邪！崇文义不为此。"乃以配将吏之无妻者。

杜黄裳建议征蜀及指授高崇文方略，皆悬合事宜。崇文素惮刘澭，黄裳使谓之曰："若无功，当以刘澭相代。"故能得其死力。及蜀平，宰相入贺，上目黄裳曰："卿之功也！"

冬十月，制割资、简、陵、荣、昌、泸六州隶东川。房式等未至京师，皆除省寺官。丙寅，以高崇文为西川节度使。戊辰，以严砺为东川节度使。

庚午，以将作监柳晟为山南西道节度使。晟至汉中，府兵讨刘阐还，未至城，诏复遣戍梓州。军士怨怒，胁监军，谋作乱。晟闻之，疾驱入城，慰劳之，既而问曰："汝曹

当初，韦皋任用西山运粮使崔从主持邛州事务，刘辟起兵造反的时候，崔从写信劝阻刘辟。刘辟出兵攻打崔从，崔从在邛州环城坚守。刘辟兵败后，崔从才得以幸免。崔从，是崔融的曾孙。

韦皋的参佐房式、韦乾度、独孤密、符载、郗士美、段文昌等人穿着白色丧服、脚穿麻鞋，口中衔着土向高崇文请罪。高崇文全部释放他们并且以礼相待，并起草表文向朝廷举荐房式等人，向他们赠送了丰厚的财物，派人护送他们离去。高崇文注视着段文昌说："您今后一定会被任用为将帅宰相，所以我不敢上表举荐您。"符载，是庐山人；房式，是房琯的侄子；段文昌，是段志玄的玄孙。

刘辟有两个小妾，都长得特别美丽，监军请求高崇文把她们献给朝廷，高崇文说："天子命令我讨伐平定凶恶的小人，我应当首先安抚百姓，现在忽然向他贡献妇人，讨好取宠，难道符合天子的心意吗？我遵循大义，不做这种事情。"于是，高崇文把刘辟的两个小妾许配给将士官吏中没有妻子的人。

杜黄裳建议讨伐蜀中以及授意高崇文应采取的战略，都全适用于后来发生的事情。高崇文一贯惧怕刘澭，杜黄裳派人告诉高崇文说："这次出征若不能立功，将用刘澭来代替你。"所以能够让高崇文拼死效力。等到蜀中叛乱被平定，宰相们入朝向宪宗庆贺，宪宗看着杜黄裳说："这是你的功劳啊！"

冬季十月，宪宗颁发制书，将资州、简州、陵州、荣州、昌州、泸州六州划分出来，归属东川节度使统辖。房式等人还没有到达京城长安，宪宗已经把他们任用为各省、各寺的官员。丙寅（初七），宪宗任命高崇文担任西川节度使。戊辰（初九），宪宗任命严砺为东川节度使。

庚午（十一日），宪宗任命将作监柳晟担任山南西道节度使。柳晟来到汉中的时候，汉中府的兵马讨伐刘辟刚刚返回，还没有进城，宪宗便下达诏书，又派遣他们去戍守梓州。军中将士们既怨恨又愤怒，威胁监军，谋划进行叛乱。柳晟听说了这件事后，急忙快马奔驰进城慰劳将士，随后问他们说："你们这些人

何以得成功?”对曰:“诛反者刘阐耳。”晟曰:“阐以不受诏命,故汝曹得以立功,岂可复使他人诛汝以为功邪?”众皆拜谢,请诣戍所如诏书。军府由是获安。

戊子,刘阐至长安,并族党诛之。

依靠什么得到成功?"将士们回答说:"讨伐造反的人刘阐罢了。"
柳晟说:"刘阐因为不接受皇上诏书的命令,所以你们这些人能
够因讨伐他而建立功劳,怎么能够又让别的人来讨伐你们而建
立功劳呢?"大家都向柳晟行礼,表示感谢,请求按照诏书前往戍
守之地。汉中军府从此获得安宁。

戊子(二十九日),刘阐被押送到长安,朝廷将他和他的家
族、同党一并处死。

宪宗平吴 李锜

唐德宗贞元十五年春二月,以常州刺史李锜为浙西观察使、诸道盐铁转运使。锜,国贞之子也。闲厩、宫苑使李齐运受其赂数十万,荐之于上,故用之。锜刻剥以事进奉,上由是悦之。

十七年。李锜既执天下利权,以贡献固主恩,又以馈遗结权贵,恃此骄纵,无所忌惮。盗取县官财,所部官属无罪受戮者相继。浙西布衣崔善贞诣阙上封事,言宫市、进奉及盐铁之弊,因言锜不法事。上览之,不悦,命械送锜。锜闻其将至,先凿坑于道旁。夏六月己亥,善贞至,并锁械内坑中,生瘗之。远近闻之,不寒而栗。锜复欲为自全计,增广兵众,选有材力善射者谓之挽强,胡、奚杂类谓之蕃落,给赐十倍他卒。转运判官卢坦屡谏不悛,与幕僚李约

宪宗平吴 李锜

　　唐德宗贞元十五年(799)春季二月,德宗任命常州刺史李锜担任浙西观察使、诸道盐铁转运使。李锜,是李国贞的儿子。闲厩、宫苑使李齐运接受了李锜数十万钱的贿赂,因而在德宗面前举荐李锜,所以德宗任用了他。李锜苛刻地盘剥赋税,竭力向朝廷进贡财物,德宗因此喜欢他。

　　贞元十七年(801)。李锜执掌天下的财政大权之后,用增加贡物的方法来巩固德宗对他的恩宠,又用馈赠财物的手段来交结朝廷中的权贵人物,恃仗这些关系而骄横放纵,做任何事情都无所顾忌和害怕。他盗取国家的财赋,致使他所管理的下属官吏无罪而被陷害杀头的人相继不断。浙西百姓崔善贞前往宫廷大门前进献密封的奏章,谈论宫廷采买、进献贡物以及盐铁经营运输方面的弊端,因而说到李锜许多违法的事。德宗看了这封奏章后,心中不高兴,下令将崔善贞戴上枷锁,押送交给李锜处治。李锜听说崔善贞将被押到,事先在大路旁边挖了一个坑等待。夏季六月己亥(初八),崔善贞到达后,李琦将他连同枷锁一同推进土坑中,活埋了他。远近各地的人们听说这件事,都不寒而栗。李锜又想做一些保全自己的安排,他增加扩大护卫军队,选募身材高大、体力强壮、善长射箭的人,称他们"挽强",又选募胡人、奚族等杂族人,称他们叫"蕃落",发给他们的军饷是普通士兵的十倍。转运判官卢坦多次劝谏他,他仍不悔改,就和幕下同僚李约

等皆去之。约,勉之子也。

顺宗永贞元年春三月丙戌,加杜佑度支及诸道盐铁转运使。以浙西观察使李锜为镇海节度使,解其盐铁转运使。锜虽失利权而得节旄,故反谋亦未发。

冬十二月,以刑部郎中杜兼为苏州刺史。兼辞行,上书称:"李锜且反,必奏族臣。"上然之,留为吏部郎中。

宪宗元和二年。夏、蜀既平,藩镇惕息,多求入朝。镇海节度使李锜亦不自安,求入朝,上许之,遣中使至京口慰抚,且劳其将士。锜虽署判官王澹为留后,实无行意,屡迁行期。澹与敕使数劝谕之,锜不悦,上表称疾,请至岁暮入朝。上以问宰相,武元衡曰:"陛下初即政,锜求朝得朝,求止得止,可否在锜,将何以令四海!"上以为然,下诏征之。锜诈穷,遂谋反。

王澹既掌留务,于军府颇有制置,锜益不平,密谕亲兵使杀之。会颁冬服,锜严兵坐幄中,澹与敕使入谒,有军士数百噪于庭曰:"王澹何人,擅主军务!"曳下,脔食之。大将赵琦出慰止,又脔食之。注刃于敕使之颈,诟詈,将杀之,

等人都离他而去。李约,是李勉的儿子。

唐顺宗永贞元年(805)春季三月丙戌(十七日),顺宗加封杜佑为度支使及诸道盐铁转运使。顺宗任命浙西观察使李锜担任镇海军节度使,解除了李锜盐铁转运使的职务。李锜虽然失去了财赋大权,但是得到了节度使的旌旗牌印,所以蓄意造反的阴谋也没有付诸实行。

冬季十二月,顺宗任命刑部郎中杜兼担任苏州刺史。杜兼向顺宗辞别时,向顺宗上交了一份书奏,称:"李锜将要谋反,一定会向朝廷报告杀死我全族人。"顺宗认为杜兼说得对,于是将杜兼留在朝廷担任吏部郎中。

唐宪宗元和二年(807)。夏州、蜀中的叛乱被平定之后,藩镇节度使都非常恐惧,收敛了气焰,大多请求入京朝见宪宗。镇海军节度使李锜也心神不安,请求进京朝见,宪宗批准了他的请求,派遣宦官使者到京口来慰问安抚他,并且慰劳他的将士。李锜虽然委任判官王澹为留后,自己实际上没有启程北行的心意,屡次推迟出发的日期。王澹和敕使官多次劝说开导他,李锜不高兴,向朝廷上表称病,请求到年底入京朝见。宪宗向宰相武元衡询问如何处置这件事情,武元衡说:"皇上刚刚即位执政,李锜要求朝见就能够朝见,要求停止就能够停止,朝见或不朝见都取决于李锜,这样,皇上将来用什么威信来号令全国!"宪宗认为武元衡说得对,便下诏书征召李锜入京。李锜的计谋已经穷尽,于是策划造反。

王澹掌管留后事务以后,对军府的建置颇有些改革,李锜心中更加不服气,暗中指使自己的亲信士兵杀害王澹。适逢军府向士兵颁发冬季的服装,李锜严设防卫军队,自己坐在军帐中间,王澹和宪宗派来的敕使一同入帐拜见,有士兵数百人在庭前喧嚷起哄,说:"王澹是什么人,竟敢擅自垄断主持军务!"于是,士兵们把王澹拖了出来,割碎他身上的肉吃下去。大将赵琦出来劝慰阻止士兵们,也被士兵们割成碎块吃了。士兵们接着将刀刃架在宪宗派来的敕使的脖颈上,大声辱骂他,准备杀了他,

锜阳惊,起救之。

冬十月己未,诏征锜为左仆射,以御史大夫李元素为镇海节度使。庚申,锜表言军变,杀留后、大将。先是锜选腹心五人为所部五州镇将,姚志安处苏州,李深处常州,赵惟忠处湖州,丘自昌处杭州,高肃处睦州,各有兵数千,伺察刺史动静。至是,锜各使杀其刺史,遣牙将庾伯良将兵三千治石头城。常州刺史颜防用客李云计,矫制称招讨副使,斩李深,传檄苏、杭、湖、睦,请同进讨。湖州刺史辛祕潜募乡闾子弟数百,夜袭赵惟忠营,斩之。苏州刺史李素为姚志安所败,生致于锜,具桎梏钉于船舷,未及京口,会锜败,得免。

乙丑,制削李锜官爵及属籍。以淮南节度使王锷统诸道兵为招讨处置使,征宣武、武宁、武昌兵并淮南、宣歙兵俱出宣州,江西兵出信州,浙东兵出杭州,以讨之。

李锜以宣州富饶,欲先取之。遣兵马使张子良、李奉仙、田少卿将兵三千袭之。三人知锜必败,与牙将裴行立同谋讨之。行立,锜之甥也,故悉知锜之密谋。三将营于城外,将发,召士卒谕之曰:"仆射反逆,官军四集,常、湖二将继死,其势已蹙。今乃欲使吾辈远取宣城,吾辈何为随

李锜假装震惊,起身出来救下敕使。

冬季十月己未(初五),宪宗下诏书征召李锜入京担任左仆射,任命御史大夫李元素担任镇海军节度使。庚申(初六),李锜向朝廷上表,报告说军中发生变乱,杀了留后和大将。在此之前,李锜挑选心腹将领五人担任所辖治的五个州的镇守将领,姚志安被任用为苏州镇将,李深为常州镇将,赵惟忠为湖州镇将,丘自昌为杭州镇将,高肃为睦州镇将,他们五人各率领军队数千人,专门负责侦察各州刺史的行动。到这时,李锜指使他们分别把各州刺史杀掉,派遣牙将庚伯良率领军队三千人到石头城修筑阵地。常州刺史颜防采用了幕客李云的计策,伪造朝廷的制书,宣称受命担任招讨副使,将镇守常州的将领李深斩首,又向苏州、杭州、湖州、睦州传布檄文,邀请他们共同出兵讨伐李锜。湖州刺史辛秘暗中在乡间和闾巷中招募青年子弟数百人,夜间袭击湖州镇将赵惟忠的军营,斩杀赵惟忠。苏州刺史李素被镇将姚志安打败,并被活捉送交给李锜,姚志安给李素戴上了枷锁镣铐,钉在船舷上,还没有到达京口,恰逢李锜失败,李素得以免于一死。

乙丑(十一日),宪宗颁发制书宣布撤销李锜的官职爵位,并在宗室族册中除名。宪宗任命淮南节度使王锷统领诸道军队,担任招讨处置使,征调宣武军、武宁军、武昌军和淮南、宣歙军都从宣州出兵,江西军从信州出兵,浙东军从杭州出兵,讨伐李锜。

李锜认为宣州富庶丰饶,打算首先攻取宣州。他派遣兵马使张子良、李奉仙、田少卿率领军队三千人袭击宣州。这三员将领预料到李锜一定会失败,就与牙将裴行立共同谋划讨伐李锜。裴行立,是李锜的外甥,所以知道李锜的全部秘密计划。这三员将领在城外扎营,将要出发的时候,他们召集士兵,劝导他们说:"仆射李锜谋反叛逆,朝廷官军四面集合前来讨伐他,常州、湖州二员镇将已经相继死了,他的形势已经非常窘迫局促。今天,他想派我们这些人长途攻取宣州,我们这些人为什么要跟随

之族灭！岂若弃逆效顺,转祸为福乎!"众悦,许诺,即夜,还趋城。行立举火鼓噪,应之于内,引兵趋牙门。锜闻子良等举兵,怒,闻行立应之,抚膺曰:"吾何望矣!"跣足,匿楼下。亲将李钧引挽强三百趋山亭,欲战,行立伏兵邀斩之。锜举家皆哭,左右执锜,裹之以幕,縋于城下,械送京师。挽强、蕃落争自杀,尸相枕藉。癸酉,本军以闻。乙亥,群臣贺于紫宸殿,上愀然曰:"朕之不德,致宇内数有干纪者,朕之愧也,何贺之为?"

宰相议诛锜大功以上亲,兵部郎中蒋乂曰:"锜大功亲,皆淮安靖王之后也。淮安有佐命之功,陪陵、享庙,岂可以末孙为恶而累之乎!"又欲诛其兄弟,乂曰:"锜兄弟,故都统国贞之子也,国贞死王事,岂可使之不祀乎!"宰相以为然。辛巳,锜从父弟宋州刺史铦等皆贬官流放。

十一月甲申朔,锜至长安,上御兴安门,面诘之。对曰:"臣初不反,张子良等教臣耳。"上曰:"卿为元帅,子良等谋反,何不斩之,然后入朝?"锜无以对。乃并其子师回腰斩之。

他一道遭受诛灭全族的灾祸！难道能和抛弃叛逆、报效朝廷、转祸为福相比吗？"大家都高兴起来，响应三员将领的倡导，当天夜晚便掉头奔向京口城。裴行立在城内举火击鼓喧嚷接应他们，并带领军队奔向李锜的牙门。李锜听说张子良等人起兵，心中大怒，又听说裴行立在城内接应他们，拍打着胸口说："我还有什么希望呢！"他光着脚，躲藏到楼下。李锜的亲近将领李钧率领挽强兵三百人奔向山亭，打算交战，裴行立预先埋伏的军队杀出来拦截他们，将李钧斩杀。李锜全家人都在哭，身边的随从人员将李锜捉住，用幕布把他裹起来，用绳子把他从城楼上放到城下，戴上枷锁，押送到京城。李锜的挽强军、蕃落军的士兵争相自杀，尸体相互交叠，纵横相连。癸酉（十九日），镇海军把情况报告给朝廷。乙亥（二十一日），朝廷群臣到紫宸殿向宪宗表示庆贺，宪宗脸色愁苦地说："由于我对天下的恩德不高，造成国内数次出现违法乱纪的事件，这是我的惭愧啊，有什么值得庆贺的呢？"

宰相们商议，诛杀李锜连同叔伯弟兄以上的亲属，兵部郎中蒋义说："李锜叔伯兄弟姐妹以上的亲戚都是淮安靖王李神通的后代。李神通有佐助高祖、太宗开国接受天命登皇位的大功，死后陪葬在高祖李渊的陵墓旁边，牌位放在高祖的庙堂中和高祖一同享受后代的祭祀，哪能因为出了一个做坏事的远孙而受到牵累呢！"又打算将李锜的兄弟一同处死，蒋义说："李锜的兄弟是已故都统李国贞的儿子，李国贞为了捍卫国家的江山而死，怎么能够让他断绝后代没有人祭祀呢？"宰相们认为蒋义说得很有道理。辛巳（二十七日），朝廷将李锜的堂弟宋州刺史李铦等人都降职流放到外地。

十一月甲申这一天是初一，李锜被押送到长安城，宪宗在兴安门上朝，当面责问李锜。李锜回答说："我起初没有谋反，是张子良等人教唆我的。"宪宗说："你身为元帅，张子良等人谋反，为何不将他们斩首，然后入京朝见？"李锜无言以对。于是便将李锜连同他的儿子李师回一并腰斩处死。

　　有司请毁锜祖考冢庙，中丞卢坦上言："李锜父子受诛，罪已塞矣。昔汉诛霍禹，不罪霍光；先朝诛房遗爱，不及房玄龄。《康诰》曰：'父子兄弟，罪不相及。'况以锜为不善而罪及五代祖乎！"乃不毁。

　　有司籍锜家财输京师。翰林学士裴垍、李绛上言，以为："李锜僭侈，割剥六州之人以富其家，或枉杀其身而取其财。陛下闵百姓无告，故讨而诛之。今辇金帛以输上京，恐远近失望。愿以逆人资财赐浙西百姓，代今年租赋。"上嘉叹久之，即从其言。

朝廷有关部门请求毁掉李锜祖先的陵墓和祖庙,中丞卢坦进言说:"李锜父子已经被处死,足以抵罪。古代汉宣帝处死霍禹,没有处罚霍光;我朝前代高宗时期处死房遗爱,没有连累房玄龄。《尚书·康诰》篇中说:'父子兄弟,治罪不应相互株连。'何况因为李锜做了不好的事情,而要牵连到五代祖先一同被治罪呢!"于是便没有毁坏李锜的祖坟和庙堂。

　　有关部门没收登记了李锜的家财运输到京城。翰林学士裴垍、李绛二人向朝廷进言,说:"李锜僭越名分,极尽奢侈,割取盘剥六州人民的财赋,使自己发家致富,有时冤杀别人而夺取那个人的家财。皇上怜悯百姓无处投诉,所以出兵讨伐并处死李锜。现在把他的金银布帛运往京城,恐怕远近各地的人民都要对朝廷感到失望。希望能够将叛逆者李锜等人的家资财产赏赐给浙西道的百姓,代替今年一年的租赋税收。"宪宗对他们二人嘉奖赞叹了很长时间,随即听从了他们的建议。

魏博归朝 田弘正

　　唐宪宗元和七年秋八月戊戌，魏博节度使田季安薨。初，季安娶洺州刺史元谊女，生子怀谏，为节度副使。牙内兵马使田兴，庭玠之子也，有勇力，颇读书，性恭逊。季安淫虐，兴数规谏，军中赖之。季安以为收众心，出为临清镇将，欲杀之。兴阳为风痹，灸灼满身，乃得免。季安病风，杀戮无度，军政废乱，夫人元氏召诸将立怀谏为副大使，知军务，时年十一。迁季安于别寝，月馀而薨。召田兴为步射都知兵马使。

　　辛亥，以左龙武大将军薛平为郑滑节度使，欲以控制魏博。上与宰相议魏博事，李吉甫请兴兵讨之，李绛以为魏博不必用兵，当自归朝廷。吉甫盛陈不可不用兵之状，上曰："朕意亦以为然。"绛曰："臣窃观两河藩镇之跋扈者，皆分兵以隶诸将，不使专在一人，恐其权任太重，乘间而

魏博归朝 田弘正

　　唐宪宗元和七年(812)秋季八月戊戌(十三日),魏博节度使田季安去世。当初,田季安娶洺州刺史元谊的女儿为妻,生了儿子田怀谏,担任魏博镇节度副使。牙内兵马使田兴,是田庭玠的儿子,勇猛有力,读过很多书,性格恭谨谦逊。田季安为人暴虐凶狠,田兴几次规劝阻止他的行为,军中的将士都仰靠他。田季安认为田兴收买人心,便把他调出藩镇,到临清县担任镇将,并打算杀掉他。田兴假装得了风痹,用艾草灸灼全身,才得以免死。田季安得了风病,杀人没有法度,军中政事荒废混乱,他的夫人元氏召请军中诸将领商量让田怀谏担任魏博镇副大使,主持军中事务,当时田怀谏十一岁。他们把田季安迁移到别的寝室,一个月后田季安就去世了。田怀谏将田兴召回,让他担任步射都知兵马使。

　　辛亥(二十五日),宪宗任命左龙武大将军薛平担任郑滑节度使,想让他控制魏博军。宪宗和宰相商讨有关魏博镇的事情,李吉甫提议起兵讨伐魏博镇,李绛认为不必发动战争对付魏博镇,魏博镇应当自动归附朝廷。李吉甫极力列举了很多不能不动用武力的理由,宪宗说:"我的意思也认为是这样。"李绛说:"我私下观察河南、河北地区藩镇中那些专横跋扈的节度使,都把军队分别划归幕府中的各个将领统管,不让军权独自掌握在某一个人之手,这是担心他们权力太大,任职过重,便会找机会

谋己故也。诸将势均力敌,莫能相制,欲广相连结,则众心不同,其谋必泄,欲独起为变,则兵少力微,势必不成。加以购赏既重,刑诛又峻,是以诸将互相顾忌,莫敢先发,跋扈者恃此以为长策。然臣窃思之,若常得严明主帅能制诸将之死命者以临之,则粗能自固矣。今怀谏乳臭子,不能自听断,军府大权必有所归,诸将厚薄不均,怨怒必起,不相服从,然则向日分兵之策,适足为今日祸乱之阶也。田氏不为屠肆,则悉为俘囚矣,何烦天兵哉!彼自列将起代主帅,邻道所恶,莫甚于此。彼不倚朝廷之援以自存,则立为邻道所齑粉矣。故臣以为不必用兵,可坐待魏博之自归也。但愿陛下按兵养威,严敕诸道选练士马以须后敕。使贼中知之,不过数月,必有自效于军中者矣。至时,惟在朝廷应之敏速,中其机会,不爱爵禄以赏其人,使两河藩镇闻之,恐其麾下效之以取朝廷之赏,必皆恐惧,争为恭顺矣。此所谓不战而屈人兵者也。"上曰:"善!"

他日,吉甫复于延英盛陈用兵之利,且言刍粮金帛皆已有备。

谋害自己的缘故。各个将领势均力敌,不能相互节制,他们要想扩大势力相互联结,而众人的心思不一致,他们的阴谋一定会泄露,他们想要独自起兵发动变乱,军队少力量薄弱,势必不会成功。加上各藩镇都用优厚的恩赏收买将领,同时又用严厉的刑杀手段来制约他们,所以各个将领之间互相顾虑、彼此猜忌,没有人敢率先发难谋反作乱,那些专横跋扈的节度使就是依靠这个权术作为他们巩固自己势力的长远策略。然而我私下考虑这个问题,如果经常可以起用一些严明的军事元帅,制约下面各将领,使之竭尽死力来效命的人去当节度使,那么大致就能自行安定下来了。现在田怀谏是一个乳臭未干的孩子,自己不能听取政务决断问题,军府中的大权一定落在他人之手,这样各将领之间就出现厚薄不均的现象,怨恨恼怒一定会发生,相互之间不能服从,那样就使往日分散掌握兵力的策略,恰好足以成为今日发生灾祸变乱的缘由了。田氏家族不是被屠宰,就是被全部捕捉当作囚徒了,哪里会烦劳天子动用兵力啊!田怀谏从众多的将领中起来接替节度使的职务,相邻各道节度使所厌恶的,没有比这件事更严重的了。田怀谏不依靠朝廷的力量来援助和保存自己,就会立即被相邻各道的兵力搞成细粉。所以我认为没有必要动用武力,可以坐等魏博镇自行归顺。只希望皇上现在按兵不动,养精蓄锐,收藏军威,严肃命令各道节度使挑选士兵马匹,加紧训练,等待以后随时下令调遣。假使贼人田怀谏军中知道了朝廷的动向,不超过数月,军中一定有人自动出来报效朝廷。到时候,朝廷只要敏捷迅速地接应他们,看准事态发展的机会,不吝惜官爵俸禄,用高官厚禄奖赏报效朝廷的那个人,假使河南、河北地区内的藩镇节度使听说了朝廷的政策,他们就会担心自己的部下将领仿效魏博的将领来取得朝廷的奖赏,一定都会恐惧起来,然后争相对朝廷表示恭敬和顺从了。这就是所谓不战而使敌军屈服的手段啊!"宪宗说:"好!"

过了几天,李吉甫又在延英殿向宪宗极力陈述采取军事行动讨伐魏博镇的好处,并且说明粮食钱帛全都已经准备好了。

上顾问绛,绛对曰:"兵不可轻动。前年讨恒州,四面发兵近二十万,又发两神策兵自京师赴之,天下骚动,所费七百馀万缗,讫无成功,为天下笑。今疮痍未复,人皆惮战。若又以敕命驱之,臣恐非直无功,或生他变。况魏博不必用兵,事势明白,愿陛下勿疑。"上奋身抚桉曰:"朕不用兵决矣。"绛曰:"陛下虽有是言,恐退朝之后,复有荧惑圣听者。"上正色厉声曰:"朕志已决,谁能惑之!"绛乃拜贺曰:"此社稷之福也。"

既而田怀谏幼弱,军政皆决于家僮蒋士则,数以爱憎移易诸将,众皆愤怒。朝命久未至,军中不安。田兴晨入府,士卒数千人大噪,环兴而拜,请为留后。兴惊仆于地,众不散。久之,兴度不免,乃谓众曰:"汝肯听吾言乎?"皆曰:"惟命。"兴曰:"勿犯副大使,守朝廷法令,申版籍,请官吏,然后可。"皆曰:"诺。"兴乃杀蒋士则等十馀人,迁怀谏于外。

冬十月乙未,魏博监军以状闻,上亟召宰相,谓李绛曰:"卿揣魏博若符契。"李吉甫请遣中使宣慰以观其变,李绛曰:"不可。今田兴奉其土地兵众,坐待诏命,不乘此际推心抚纳,结以大恩,必待敕使至彼,持将士表来为请节

宪宗回头询问李绛,李绛回答说:"武力不能轻易动用。前年讨伐恒州,朝廷从四面八方征发军队将近二十万人,又发动左、右两支神策军从京城直奔恒州战场,致使全国骚扰震动,那次战争共耗费钱财七百馀万缗,最后没有成功,被天下人耻笑。现在,战争的创伤还没有恢复,人们都害怕战乱。如果又用命令把军队驱赶到战场,我担心不只是不能成功,或许还要发生其他变化。况且,魏博的归顺不必动用军事力量,事情的形势很清楚,希望皇上不要怀疑。"宪宗奋身而起用手拍案,说:"我决定不动用武力。"李绛说:"皇上虽然有了这句话,恐怕退朝以后,还会有人来迷惑皇上的听闻。"宪宗郑重严肃地厉声说道:"我的意图已经决定,谁能迷惑我!"李绛便跪拜祝贺说:"这是国家的福气啊!"

不久以后,因为田怀谏年幼软弱,军府中的政事都由他的家僮蒋士则决定,蒋士则多次凭自己的爱憎来调动各将领的职务,大家对此都很愤怒。朝廷的命令很久没有下达,军府中人心不安。田兴早晨进入府中,有数千士兵大声喧嚷,围绕着田兴下拜,请求田兴担任魏博镇留后。田兴震惊地扑倒在地,众人不肯散去。过了很久,田兴思量不能脱身,便对大家说:"你们肯听从我的话吗?"大家都说:"只请您下命令。"田兴说:"不要冒犯副大使田怀谏,遵守朝廷的法令,向朝廷申报魏博镇的版图和户籍人口,请求朝廷任命官吏,答应这些条件,然后我才能答应你们的要求。"大家都说:"同意!"于是,田兴杀了蒋士则等十几个人,把田怀谏调迁到外地。

冬季十月乙未(初十),魏博镇的监军把情况报告给了朝廷。宪宗急忙召集宰相,对李绛说:"你揣摩预测魏博军的情况就如同分开两半的符节合到一起一样吻合。"李吉甫请求派遣宦官前去安抚,以便观察他们的变化。李绛说:"这样做不恰当。现在,田兴把魏博镇的土地和兵马全部奉献给朝廷,坐着等待皇上发布诏书命令,如果不乘这个时机推心置腹地安抚接纳他们,用大恩大德笼络他们,而一定要等待传达皇上命令的使臣到达他们那里,拿着军中将士的上表来请求任命田兴为节度使的符节

钺,然后与之,则是恩出于下,非出于上,将士为重,朝廷为轻,其感戴之心亦非今日之比也。机会一失,悔之无及!"吉甫素与枢密使梁守谦相结,守谦亦为之言于上曰:"故事,皆遣中使宣劳,今此镇独无,恐更不谕。"上竟遣中使张忠顺如魏博宣慰,欲俟其还而议之。癸卯,李绛复上言:"朝廷恩威得失,在此一举,时机可惜,奈何弃之!利害甚明,愿圣心勿疑。计忠顺之行,甫应过陕,乞明旦即降白麻除兴节度使,犹可及也。"上欲且除留后,绛曰:"兴恭顺如此,自非恩出不次,则无以使之感激殊常。"上从之。甲辰,以兴为魏博节度使。忠顺未还,制命已至魏州。兴感恩流涕,士众无不鼓舞。

李绛又言:"魏博五十馀年不沾皇化,一旦举六州之地来归,刳河朔之腹心,倾叛乱之巢穴,不有重赏过其所望,则无以慰士卒之心,使四邻劝慕。请发内库钱百五十万缗以赐之。"左右宦官以为:"所与太多,后有此比,将何以给之?"上以语绛,绛曰:"田兴不贪专地之利,不顾四邻之患,归命圣朝,陛下奈何爱小费而遗大计,不以收一道人心!钱用尽更来,机事一失不可复追。借使国家发十五万兵以

斧钺,然后朝廷才给他任命节度使的职务,那样做就是恩德来自下面,不是来自皇上,将士在人们心目中地位变重,朝廷的地位则变轻了,他们对朝廷感恩戴德的程度也不能与今天的情况相比。机会一旦失去,后悔就来不及了!"李吉甫平时与枢密使梁守谦相互交结,梁守谦也都助他在宪宗面前说:"根据惯例,都要派遣宦官使者先去宣旨慰劳,今天唯独不到这个藩镇去慰劳,恐怕今后人们更加难以明白其中的道理。"宪宗最终派遣宦官使者张忠顺前往魏博镇安抚将士,打算等张忠顺返回朝廷再商量任命魏博节度使。癸卯(十八日),李绛又向宪宗进言,说:"朝廷的恩德威信的得失,就在于这一次的行动,这是一个应该珍惜的时机,为什么要放弃它!利益和危害很清楚,希望皇上心中不要猜疑。现在推算张忠顺前往魏博,应该是刚刚经过陕州,请求明天一早立即用白麻纸写下诏令发布下去,任命田兴担任魏博节度使,仍然来得及。"宪宗打算先任命田兴担任魏博镇留后,李绛说:"田兴对朝廷这样恭敬顺从,如果不能施加超常的恩德,就不能让他感激皇上不同寻常的隆恩。"宪宗听从了李绛的建议。甲辰(十九日),宪宗任命田兴担任魏博节度使。张忠顺还没有返回,朝廷的任命制书已经到达魏州,田兴接到任命感激流涕,魏博镇的众将士没有不欢欣跳跃的。

李绛又说:"魏博镇已经五十多年没有沾润皇上的恩德教化,现在全部拿出六个州的领地归顺朝廷,挖空河朔地区的中心,推翻叛乱的巢穴,如果不向那里颁行超过他们期望的重赏,就不能安慰兵士之心,也不能使四邻藩镇的人受到劝勉,感到羡慕。请皇上拿出国家内库的一百五十万缗来赏赐魏博镇。"宪宗身边的宦官认为:"给予的赏赐太多,今后如有类似的情况,将要用什么来赏赐?"宪宗把宦官的意见说给李绛听,李绛说:"田兴不贪图独掌魏博镇的利益,不顾四邻藩镇的威胁和祸害,归附朝廷,听从皇上的命令,皇上怎么能爱惜小费而丢下重大的谋划,不肯用这点钱来收取一个道的人心呢!钱用完了还会重新得到,机会一旦丢失,就不能再追回了。假使国家发动十五万士兵去

取六州，期年而克之，其费岂止百五十万缗而已乎！"上悦，曰："朕所以恶衣菲食，蓄聚货财，正为欲平定四方。不然，徒贮之府库何为！"十一月辛酉，遣知制诰裴度至魏博宣慰，以钱百五十万缗赏军士，六州百姓给复一年。军士受赐，欢声如雷。成德、兖郓使者数辈见之，相顾失色，叹曰："倔强者果何益乎！"

度为兴陈君臣上下之义，兴听之，终夕不倦，待度礼极厚，请度遍至所部州县，宣布朝命。奏乞除节度副使于朝廷，诏以户部郎中河东胡证为之。兴又奏所部缺官九十员，请有司注拟，行朝廷法令，输赋税。田承嗣以来室屋僭侈者，皆避不居。

郓、蔡、恒遣游客间说百方，兴终不听。李师道使人谓宣武节度使韩弘曰："我世与田氏约相保援，今兴非其族，又首变两河事，亦公之所恶也！我将与成德合军讨之。"弘曰："我不知利害，知奉诏行事耳。若兵北渡河，我则以兵东取曹州！"师道惧，不敢动。田兴既葬田季安，送田怀谏于京师。辛巳，以怀谏为右监门卫将军。

八年春正月辛卯，赐魏博节度使田兴名弘正。

攻取魏博镇的六个州，花一年的时间攻克他们，这笔军事费用何止一百五十万缗呢！"宪宗听了高兴，说："我之所以穿粗劣的衣服，吃简单的饭，聚积储藏一点货物钱财，正是为了要平定四方。否则，那些钱财白白地存放在那里做什么呢！"十一月辛酉（初六），宪宗派遣知制诰裴度去安抚魏博镇，带去一百五十万缗钱赏赐魏博镇的将领和士兵，并宣布免除魏博镇六个州的百姓一年的赋税。魏博镇军中的将士受到赏赐，欢呼声如雷鸣一般。成德镇、兖郓镇派往魏博镇的好几个使者看到这一场景，面面相觑，惊惶失色，叹息说："倔强而不归附朝廷的人果真有什么好处吗！"

　　裴度向田兴讲述朝廷君臣之间的大义，田兴倾听着，直到很晚不觉疲倦，他以很厚的礼节接待裴度，邀请裴度到魏博镇所管辖的各个州县，宣布朝廷的命令。田兴向朝廷请求任命节度副使，宪宗下诏，任命户部郎中河东人胡证担任魏博镇节度副使。田兴又向朝廷报告自己所辖治的地区官员编制缺少九十名，请求朝廷有关部门选派，并决定推行朝廷的法令，向朝廷交纳赋税。魏博镇自从田承嗣任节度使以来，修建的奢华的居室，田兴都避开不进去居住。

　　郓州、蔡州、恒州都派遣说客到魏博镇千方百计劝说田兴，田兴始终不听从。李师道派使者去向宣武节度使韩弘说："我们世代与田氏约定互相保全，彼此援助，现在田兴不是他们田氏家族中的人，他又第一个改变了我们河南、河北地区的规矩，这也是您所憎恨的事情！我将要与成德镇会合兵马，前去讨伐田兴。"韩弘说："我不知道这些利弊得失，只知道遵照诏命来办事罢了。倘若你们出兵北渡黄河，我就率军向东攻取曹州。"李师道听了之后很害怕，不敢轻举妄动。田兴安葬了田季安以后，把田怀谏送到京城长安。辛巳（二十六日），朝廷任命田怀谏担任右监门卫将军。

　　八年（813）春季正月辛卯那一天，宪宗给魏博节度使田兴赐名叫田弘正。

　　十四年秋八月己未，田弘正入朝，上待之尤厚。甲辰，以田弘正兼侍中，魏博节度使如故。弘正三表请留，上不许。弘正常恐一旦物故，魏人犹以故事继袭，故兄弟子侄皆仕诸朝，上皆擢居显列，朱紫盈庭，时人荣之。

十四年（819）秋季八月己未（十三日），田弘正入京朝见宪宗，宪宗对待他特别优厚。甲辰（二十九日），宪宗任命田弘正兼任侍中，仍保留魏博节度使的职务。田弘正三次向宪宗上表，请求留任京城，宪宗都没有批准。田弘正常常担心自己一旦死去，魏州地区的人仍然按照过去割据一方的惯例，继续推戴自己的子弟继承节度使的职位，所以就让兄弟、儿子、侄子都留在朝廷做官，宪宗把他们都提拔到显要的位置上，他们家身着红紫官服的人员充满庭堂，当时的人们都认为他们很荣耀。

宪宗讨成德 王承宗

　　唐德宗贞元二十年夏六月，昭义节度使李长荣薨，上遣中使以手诏授本军大将，但军士所附者即授之。时大将来希皓为众所服，中使将以手诏付之。希皓言于众曰："此军取人，合是希皓，但作节度使不得。若朝廷以一束草来，希皓亦必敬事。"中使言："面奉进止，只令此军取大将拔与节钺，朝廷不别除人。"希皓固辞。兵马使卢从史其位居四，潜与监军相结，起出伍曰："若来大夫不肯受诏，从史请且勾当此军。"监军曰："卢中丞若如此，此亦固合圣旨。"中使因探怀取诏以授之。从史捧诏，再拜舞蹈。希皓呕回挥同列，北面称贺。军士毕集，更无一言。秋八月己未，诏以从史为节度使。

　　宪宗元和二年冬十一月，昭义节度使卢从史，内与王士真、刘济潜通，而外献策请图山东，擅引兵东出。上召令

宪宗讨成德 王承宗

　　唐德宗贞元二十年（804）夏季六月，昭义军节度使李长荣去世，德宗派遣宫廷使者拿着亲笔诏书到昭义军中，任命军中一员大将担任节度使，只要军中将士能够归心的就可以授任。当时，大将来希皓被众人拥护，宫廷使者准备将宪宗的亲笔诏书授给他。来希皓对众将领说："在这个军队中选择人，当然是我来希皓，只是来希皓不能担任节度使。倘若朝廷任命一捆草来担任节度使，来希皓也一定会恭敬地事奉他。"宫廷使者说："皇上当面指示过我，只允许在这个军中选取大将，提拔为节度使，授给节度使的符节和斧钺，朝廷不再任命别的人来。"来希皓坚决推辞。兵马使卢从史在军中位居第四，他暗中与军中监军相互交结，起身走出官员队伍，说："假若来大夫不肯接受皇上的诏书命令，卢从史请求暂且管理这部分军队。"监军说："卢中丞如果能这样做，这也一定是符合皇上旨意的事。"宫廷使者因此从怀中取出诏书来授给卢从史。卢从史捧着诏书，两次下拜，面向朝廷方向行君臣大礼。来希皓赶忙回去，指挥同事官员面向北面称颂庆贺。军中将士全部集合在一起，没有人再提出异议。秋季八月己未（十七日），宪宗下诏书，正式任命卢从史为节度使。

　　唐宪宗元和二年（807）冬季十一月，昭义军节度使卢从史在内部和王士真、刘济暗中交往，而在外部向朝廷献策请求谋取太行山以东的魏博、恒冀等藩镇，擅自率领军队向东出发。宪宗命令

还上党,从史托言就食邢、洺,不时奉诏,久之,乃还。

四年春三月,成德节度使王士真薨,其子副大使承宗自为留后。河北三镇,相承各置副大使,以嫡长为之,父没则代领军务。

王承宗叔父士则以承宗擅自立,恐祸及宗,与幕客刘栖楚俱自归京师。诏以士则为神策大将军。

上欲革河北诸镇世袭之弊,乘王士真死,欲自朝廷除人。不从则兴师讨之。中书侍郎、同平章事裴垍曰:"李纳跋扈不恭,王武俊有功于国。陛下前许师道,今夺承宗,沮劝违理,彼必不服。"由是议久不决。上以问诸学士,李绛等对曰:"河北不遵声教,谁不愤叹,然今日取之,或恐未能。成德军自武俊以来,父子相承四十馀年,人情贯习,不以为非。况承宗已总军务,一旦易之,恐未即奉诏。又范阳、魏博、易定、淄青以地相传,与成德同体。彼闻成德除人,必内不自安,阴相党助,虽茂昭有请,亦恐非诚。所以然者,今国家除人代承宗,彼邻道劝成,进退有利。若所除

他们返回上党,卢从史假托他率领军队到洺州、邢州来就地征取粮食,不肯按时奉行诏书的命令。过了很长时间,才率领军队返回。

四年(809)春季三月,成德军节度使王士真去世,他的儿子节度副大使王承宗自己自命为留后。河北地区三个藩镇,都相互继承着设置节度副大使的惯例,由节度使的嫡长子担任副使,父亲死后就由副大使代领节度使的军务。

王承宗的叔父王士则认为王承宗擅自接任节度使的职务,担心灾祸危害到宗族,就与幕府中的食客刘栖楚等人自行决定回到京城。宪宗颁布诏书任命王士则担任神策大将军。

宪宗想要革除河北各个藩镇节度使世代相传的弊端,借着成德军节度使王士真死去的机会,想由朝廷任命节度使。如果不听从命令就打算起兵讨伐他们。中书侍郎、同平章事裴垍说:"李纳飞扬跋扈,对朝廷不恭敬,王武俊为国家立过大功。皇上不久以前答应过李师道承袭节度使职务,现在夺回王承宗的职务,既有碍对藩镇的勉励,又违反事情的常理,他们一定不服气。"因此这件事讨论了很久没有做出决定。宪宗向众学士询问这件事该怎么办,李绛等人回答说:"河北地区藩镇不遵守朝廷的纪律命令,哪一个人不愤怒叹息,然而今天取回这些藩镇的权力,恐怕还不能成功。成德军自从王武俊担任节度使以来,父子相继承袭这个职务已经四十多年,人们在思想上已经形成了习惯,不认为是错误的事。何况王承宗已经总揽军中事务,一旦改换他的职务,恐怕不能立即执行皇上的诏命。又有范阳、魏博、易定、淄青等藩镇都以自己割据的领地父子相传,和成德军的体制是相同的。他们听说成德军的节度使重新由朝廷另作选派,一定在内心感到不安,暗中相互结党,彼此援助,虽然张茂昭曾经有过请求想代替王承宗,恐怕也不是真心诚意。为什么这样说呢?现在朝廷重新派人代替王承宗担任节度使,便是他的邻道劝说成功了,这对于张茂昭来说,无论进退都是有利的。倘若朝廷任命

之人得入，彼则自以为功；若诏令有所不行，彼因潜相交结。在于国体，岂可遽休！须应兴师四面攻讨，彼将帅则加官爵，士卒则给衣粮，按兵玩寇，坐观胜负，而劳费之病咸归国家矣。今江、淮水，公私困竭，军旅之事，殆未可轻议也。"左军中尉吐突承璀欲希上意，夺裴垍权，自请将兵讨之。上疑未决，宗正少卿李拭奏称："承宗不可不讨。承璀亲近信臣，宜委以禁兵，使统诸军，谁敢不服！"上以拭状示诸学士曰："此奸臣也，知朕欲将承璀，故上此奏。卿曹记之，自今勿令得进用。"

　　昭义节度使卢从史遭父丧，朝廷久未起复。从史惧，因承璀说上，请发本军讨承宗。壬辰，起复从史左金吾大将军，馀如故。

　　秋七月，上密问诸学士曰："今欲用王承宗为成德留后，割其德、棣二州更为一镇以离其势，并使承宗输二税，请官吏，一如师道，何如？"李绛等对曰："德、棣之隶成德，为日已久，今一旦割之，恐承宗及其将士忧疑怨望，得以为辞。况其邻道情状一同，各虑他日分割，或潜相构扇，万一旅拒，倍难处置，愿更三思。所是二税、官吏，愿因吊祭使

的官员能够进入藩镇,他们就自认自己有功;倘若皇上诏书命令有什么行不通的地方,他们就趁机暗中相互勾结。这关系到国家的体统,怎能就此罢休!必须要立刻起兵四方攻讨,对那些受命征讨的将帅就要加官晋爵,对下面的士兵就要发给粮食衣服,如果他们按兵不动,把敌寇当儿戏,坐等观看战事的胜利与失败,而劳民伤财的害处全都落在国家一方啊!现在长江、淮河发大水,国家和百姓的经济都危困枯竭,对于用兵打仗的事情,恐怕不应该轻易计议吧!"左军中尉吐突承璀想要迎合宪宗的意愿,夺取裴垍的权力,自动请求率领军队攻打成德军。宪宗迟疑没有决定,宗正寺少卿李拭提议说:"王承宗不能不讨伐。吐突承璀是皇上亲近信任的大臣,应当委任他率领禁卫军,让他统领各路军队,谁敢不服从!"宪宗把李拭的奏文拿给众学士看,说:"这是奸臣啊!他知道我将要命令吐突承璀担任大将,所以呈进这份奏文。你们这些人记住,从今天起不要让他有提拔任用的机会。"

昭义军节度使卢从史因父亲去世而退官守丧,朝廷很长时间没有再起用他。卢从史心中害怕,通过吐突承璀劝说宪宗,请求调发昭义军来讨伐成德军王承宗。壬辰(十七日),宪宗再次起用卢从史担任左金吾大将军,其馀职务保留如旧。

秋季七月,宪宗秘密地询问众学士,说:"现在我想任用王承宗担任成德军留后,分割出成德军管辖的德州、棣州两个州,重新设置一个藩镇,用来分离他的势力,并且让王承宗向朝廷交纳两税,向朝廷请求任免官吏,一切和李师道一样,你们看怎么样?"李绛等人回答说:"德州、棣州二地属于成德军管辖,已经有很长时间了,现在一旦把这二州分割出来,恐怕王承宗以及他的将领们忧虑疑心、怨恨不满,就能制造出理由了。况且,他邻近各个藩镇的情况和他一样,都将忧虑着有一天要分割他们的州县,就有人在暗中阴谋策划,相互煽动。万一他们挟众抗拒,处理的时候困难就会加倍,希望皇上反复考虑其中的道理。关于向朝廷交纳二税和由朝廷任免官吏的问题,希望通过吊祭使

至彼，自以其意谕承宗，令上表陈乞如师道例，勿令知出陛下意。如此，则幸而听命，于理固顺，若其不听，体亦无损。"上又问："今刘济、田季安皆有疾，若其物故，岂可尽如成德付授其子？天下何时当平！议者皆言'宜乘此际代之，不受则发兵讨之，时不可失'，如何？"对曰："群臣见陛下西取蜀，东取吴，易于反掌，故谄谀躁竞之人争献策画，劝开河北，不为国家深谋远虑，陛下亦以前日成功之易而信其言。臣等夙夜思之，河北之势与二方异。何则？西川、浙西皆非反侧之地，其四邻皆国家臂指之臣。刘阐、李锜独生狂谋，其下皆莫之与，阐、锜徒以货财啖之，大军一临，则涣然离耳。故臣等当时亦劝陛下诛之，以其万全故也。成德则不然，内则胶固岁深，外则蔓连势广，其将士百姓怀其累代煦妪之恩，不知君臣逆顺之理，谕之不从，威之不服，将为朝廷羞。又，邻道平居或相猜恨，及闻代易，必合为一心，盖各为子孙之谋，亦虑他日及此故也。万一馀道或相表里，兵连祸结，财尽力竭，西戎、北狄乘间窥窃，其为

到他们那里,用自己的意见向王承宗说明道理,让王承宗主动向朝廷上表,要求和李师道一样执行朝廷的命令,不要让他知道是出自皇上的意见。如果这样做,王承宗能够听从朝廷的命令,本来就很合情理。如果他们不肯听从命令,也不损害国家的体统。"宪宗又问:"现在刘济、田季安都有病,如果他们一旦故去,哪能让他们完全按照成德军的样子把节度使的官职交给他们的儿子呢?那样的话,天下何时才能太平?议论这件事的人都说'最好乘这个机会取代王承宗,不接受朝廷的命令就起兵讨伐他们,时机不可丢失',你们认为怎么样?"李绛回答说:"群臣看见皇上向西攻取了蜀中,向东平定了吴地,易如反掌,所以就有阿谀献媚急于追求名利的人争相出谋划策,劝说皇上开辟河北地区,他们不为国家深谋远虑,皇上也因为前日战争的成功得来容易而相信他们的话。我们日夜相继思考这件事,认为河北的形势与蜀、吴两个方镇的情况不同。为什么这样说呢?西川、浙西两地都不是反复无常的地区,他的四邻都是国家可以指挥自如的大臣。刘阐、李锜独自产生狂妄的阴谋,他的部下都没有人参与,刘阐、李锜仅仅是用货物钱财引诱他们,一旦大军来临,他的部下就溃散分离了。所以我们在当时也劝皇上诛杀他们,因为那是万无一失的缘故啊!但是成德就不是这种情形,他们内部像胶一样粘连着,很坚固,而且岁月已经很久,外部就像枝藤一样蔓延连接,势力很大,他们的将士和管辖下的百姓感受他们累世赡养的恩情,不知道君臣之间什么是叛逆、什么是顺从的道理,向他们讲解道理,他们不听从,向他们施加威力,他们不服从,这将会给朝廷带来羞辱。另外,他们相邻的各道藩镇之间,在和平无事的生活中,有时相互猜疑忌恨,等到听说要取代改换他们的节度使,一定会联合起来,一条心对抗朝廷,这大概是他们各自为子孙的祸福在做打算,也考虑到将来有一天他们自己也会发生这种情况的缘故。万一其他各道的藩镇和河北的藩镇联合起来,内外相互支持,战争的灾难就会接连不断,钱财用尽,力气使完了,西部和北部的少数民族的军队,乘虚算计我们,那样所带来的

忧患可胜道哉！济、季安与承宗事体不殊，若物故之际，有间可乘，当临事图之，于今用兵，则恐未可。太平之业，非朝夕可致，愿陛下审处之。"

时吴少诚病甚，绛等复上言："少诚病必不起。淮西事体与河北不同，四旁皆国家州县，不与贼邻，无党援相助，朝廷命帅，今正其时，万一不从，可议征讨。臣愿舍恒冀难致之策，就申蔡易成之谋。脱或恒冀连兵，事未如意，蔡州有衅，势可兴师，南北之役俱兴，财力之用不足。傥事不得已，须赦承宗，则恩德虚施，威令顿废。不如早赐处分，以收镇冀之心，坐待机宜，必获申蔡之利。"既而承宗久未得朝命，颇惧，累表自诉。八月壬午，上乃遣京兆少尹裴武诣真定宣慰，承宗受诏甚恭，曰："三军见迫，不暇俟朝旨，请献德、棣二州以明恳款。"

九月甲辰朔，裴武复命。庚戌，以承宗为成德军节度、恒冀深赵州观察使，德州刺史薛昌朝为保信军节度、德棣二州观察使。昌朝，嵩之子，王氏之婿也，故就用之。田季安得飞报，先知之，使谓承宗曰："昌朝阴与朝廷通，故受节钺。"承宗遽遣数百骑驰入德州，执昌朝，至真定，囚之。中使

忧虑和灾难怎么说得完啊！刘济、田季安和王承宗的情况大体上没有两样，以后他们故去，只要有机会可以利用，应当在事情到来时随机应变谋划消灭他们。当今动用武力，恐怕不可以。太平社会的基业，不是一朝一夕可以建立的，希望陛下审慎处置此事。"

当时，吴少诚的病情严重，李绛等人又向宪宗提议说："吴少诚这次病倒一定不会再好起来了。淮西的事情与河北地区不相同，他的四周都是国家设置的州县，没有和那些对抗朝廷的藩镇的贼军相毗邻，没有同党来援助支持他们。朝廷任命节度使大帅，现在正是合适的时机，万一他们不肯听从，就可以商议攻打讨伐他们。我希望皇上能丢掉恒冀藩镇难以达到目的的策划，选择申蔡藩镇容易获得成功的谋略。假使对恒冀藩镇需要连续战争，事情不一定能够如意，而蔡州这边有了事端，就可以起兵讨伐。南北两边都展开战役，我们的钱财和兵力不够用。倘若在事情迫不得已的时候，必须赦免王承宗，就会让皇上对他空施了恩德，威势和命令顿时就没有了。不如早一点颁赐对王承宗的处理办法，以便笼络恒冀藩镇的人心，坐等适合的机会，一定能在申蔡获得利益。"不久，王承宗因很久没有得到朝廷的任命，很害怕，连续向朝廷呈递表文自行陈述。八月壬午（初九），宪宗便派遣京兆少尹裴武前往真定地区安抚王承宗，王承宗接受诏书时很恭敬，说："我受到下属各路军队的逼迫，来不及等朝廷的指示，就接任了节度使，请让我献出德州、棣州两地来表明我内心的诚恳。"

九月甲辰这一天是初一，裴武向朝廷回报完成使命。庚戌（初七日），宪宗任命王承宗担任成德军节度使及恒州、冀州、深州、赵州观察使，调遣德州刺史薛昌朝担任保信军节度使、德州、棣州二州观察使。薛昌朝是薛嵩的儿子，王承宗的女婿，所以朝廷便借此机会任用他。田季安接到飞马送来的报告，事先已经知道了朝廷的任命，派遣使者对王承宗说："薛昌朝暗中和朝廷相互交往，所以才得以任命节度使。"王承宗突然派遣数百名骑兵飞驰进入德州，把薛昌朝捉拿到真定，囚禁起来。宦官使者

送昌朝节过魏州，季安阳为宴劳，留使者累日，比至德州，已不及矣。

上以裴武为欺罔，又有谮之者曰："武使还，先宿裴垍家，明旦乃入见。"上怒甚，以语李绛，欲贬武于岭南。绛曰："武昔陷李怀光军中，守节不屈，岂容今日遽为奸回！盖贼多变诈，人未易尽其情。承宗始惧朝廷诛讨，故请献二州。既蒙恩贷，而邻道皆不欲成德开分割之端，计必有阴行间说诱而胁之，使不得守其初心者，非武之罪也。今陛下选武使入逆乱之地，使还，一语不相应，遽窜之遐荒，臣恐自今奉使贼廷者以武为戒，苟求便身，率为依阿两可之言，莫肯尽诚具陈利害。如此，非国家之利也。且垍、武久处朝廷，谙练事体，岂有使还未见天子而先宿宰相家乎！臣敢为陛下必保其不然，此殆有谗人欲伤武及垍者，愿陛下察之。"上良久曰："理或有此。"遂不问。

上遣中使谕王承宗，使遣薛昌朝还镇，承宗不奉诏。冬十月癸未，制削夺承宗官爵，以左神策中尉吐突承璀为左右神策、河中、河阳、浙西、宣歙等道行营兵马使、招讨处置等使。翰林学士白居易上奏，以为："国家征伐，当责成将帅，近岁始以中使为监军。自古及今，未有征天下之兵，

专程向薛昌朝颁送节度使的符节经过魏州，田季安假装宴请慰劳，把宦官使者留下好几天，等他到达德州，已经来不及了。

宪宗认为裴武在欺骗蒙蔽朝廷，又有人陷害裴武说："裴武出使回来后，先住在裴垍家中，第二天早晨才入宫拜见皇上。"宪宗怒气很大，把别人陷害裴武的话告诉李绛，想要贬裴武的官职，把他流放到岭南。李绛说："裴武往日被俘虏在李怀光的军中，坚守对朝廷忠贞的大节不肯屈从，怎么可能今天突然变得奸恶邪僻！贼人狡诈多变，人们不能轻易了解其中的全部实情。王承宗开始惧怕朝廷的诛杀和讨伐，所以请求献出两个州。他蒙受朝廷的恩德赦免罪责后，与他相邻的各道都不乐意成德军打开了分割土地的开端，估计一定有人在暗中进行挑拨离间，引诱、威胁他，使他不能够守住他的本心，这不是裴武的罪过啊！现在皇上亲自挑选裴武，派他出使到叛逆作乱之地执行任务，他出使回来，一句话不相符合，就突然把他赶到边远的荒漠之地，我担心从今以后奉行皇上的命令出使到敌人境地的人都要以裴武为鉴戒，苟且追求自己的利益，都说一些态度不明朗、模棱两可的话，没有人愿意竭尽忠诚一一说明利害关系。如果这样，就不利于国家的政治了啊！况且，裴垍、裴武长期身居朝廷，非常熟悉朝廷的事情和规矩，哪有出使回京还没有拜见天子就住宿到宰相的家中呢？我敢向皇上担保，一定不会有这样的事情，这大概是有小人想要伤害裴武和裴垍，希望皇上审察这件事。"宪宗过了很久说："在道理上也许有你说的这种情况。"宪宗于是不再追问这件事。

宪宗派遣宦官使者劝导王承宗，让他护送薛昌朝返回藩镇，王承宗不肯执行宪宗的命令。冬季十月癸未（十一日），宪宗颁布制书，撤销王承宗的官职爵位，任命左神策中尉吐突承璀担任左右神策、河中、河阳、浙西、宣歙等道的行营兵马使、招讨使、处置使等。翰林学士白居易向宪宗上奏，认为："国家发兵征战讨伐敌人，应当责成将帅去完成任务，但是近年以来，却开始任用宦官使者担任监军。从古至今，还没有见过征调天下的军队，

专令中使统领者也。今神策军既不置行营节度使，则承璀乃制将也，又充诸军招讨处置使，则承璀乃都统也。臣恐四方闻之，必轻朝廷；四夷闻之，必笑中国。陛下忍令后代相传云以中官为制将、都统自陛下始乎！臣又恐刘济、茂昭及希朝、从史乃至诸道将校皆耻受承璀指麾，心既不齐，功何由立！此是资承宗之计而挫诸将之势也。陛下念承璀勤劳，贵之可也；怜其忠赤，富之可也。至于军国权柄，动关理乱，朝廷制度，出自祖宗，陛下宁忍徇下之情而自隳法制，从人之欲而自损圣明，何不思于一时之间而取笑于万代之后乎！"时谏官、御史论承璀职名太重者相属，上皆不听。戊子，上御延英殿，度支使李元素、盐铁使李鄘、京兆尹许孟容、御史中丞李夷简、谏议大夫孟简、给事中吕元膺、穆质、右补阙独孤郁等极言其不可。上不得已，明日，削承璀四道兵马使，改处置为宣慰而已。

李绛尝极言宦官骄横，侵害政事，谗毁忠贞，上曰："此属安敢为谗！就使为之，朕亦不听。"绛曰："此属大抵不知仁义，不分枉直，惟利是嗜，得赂则誉跖、蹻为廉良，怫意则毁龚、黄为贪暴。能用倾巧之智，构成疑似之端，朝夕左右浸润以入之，陛下必有时而信之矣。自古宦官败国者，

专门让宦官使者来统领他们的先例。现在神策军既不设置行营节度使,吐突承璀便是受命统领神策军的主将了。另外,还让他担任诸军招讨使、处置使,那么他便是统领各路军队的主帅了。我担心各地听说这一消息之后,一定会轻视朝廷;四边的少数民族听说这一消息之后,一定会笑话中国无人。皇上能够忍受让后代相互传说,任用宦官担任主将、主帅是从皇上开始的吗?我又担心刘济、张茂昭以及范希朝、卢从史乃至各道藩镇中的将领校官都耻于接受吐突承璀的指挥,既然军心不齐,用什么办法来建立战功!这实际上是资助王承宗的计谋,而挫伤各个将领的气势啊!皇上如果念及吐突承璀殷勤辛劳,把他提高到尊贵的地位就行了;如果怜悯他赤胆忠心,让他富裕起来就行了。至于军队和国家的权力,是关系到国家治乱的大事,朝廷的一系列法令制度,都是从祖宗传下来的,皇上难道可以容忍顺从下属的私情而自己破坏法令制度,放纵别人的欲望而自己损害神圣英明的形象吗?为什么不暂时思考一番,而要招来万代之后的讥笑呢!"当时,谏官、御史评论批评吐突承璀的职权名位太重的人接连不断,宪宗都不听从他们的意见。戊子(十六日),宪宗在延英殿上朝,度支使李元素、盐铁使李廊、京兆尹许孟容、御史中丞李夷简、谏议大夫孟简、给事中吕元膺、穆质、右补阙独孤郁等人都极力提出这样做不妥当。宪宗不得已,第二天,撤销了吐突承璀四道兵马使的职务,将处置使改为宣慰使。

李绛曾经极力进言宦官骄傲专横,侵犯损害国家的政事,陷害毁谤忠贞大臣。宪宗说:"这些人怎么敢做陷害别人的事情!即便他们做了陷害别人的事,我也不听他们的话。"李绛说:"这些宦官大多不懂得仁爱礼义,分不清是非,唯利是图,只要得到贿赂,就把历史上的盗跖、庄跻赞誉成廉正贤良的人物,如果违背了他们的意志,就会将龚遂、黄霸这样的廉吏毁谤为贪浊暴虐的污吏。他们能采用奸邪乖巧的智术,设计捏造似是而非的事端,早晚在您的身边把坏话一点一滴地说出来,逐渐渗透进去,皇上一定会有相信他们的时候啊!自古以来,宦官败坏国家的事件,

备载方册,陛下岂得不防其渐乎!"

己亥,吐突承璀将神策兵发长安,命恒州四面藩镇各进兵招讨。

田季安闻吐突承璀将兵讨王承宗,聚其徒曰:"师不跨河二十五年矣,今一旦越魏伐赵,赵虏,魏亦虏矣,计为之奈何?"其将有超伍而言者,曰:"愿借骑五千以除君忧。"季安大呼曰:"壮哉!兵决出,格沮者斩!"

幽州牙将绛人谭忠为刘济使魏,知其谋,入谓季安曰:"如某之谋,是引天下之兵也。何者?今王师越魏伐赵,不使耆臣宿将而专付中臣,不输天下之甲而多出秦甲,君知谁为之谋?此乃天子自为之谋,欲将夸服于臣下也。若师未叩赵而先碎于魏,是上之谋反不如下,其能不耻于天下乎!既耻且怒,必任智士画长策,仗猛将练精兵,毕力再举涉河。鉴前之败,必不越魏而伐赵,校罪轻重,必不先赵而后魏,是上不上,下不下,当魏而来也。"季安曰:"然则若之何?"忠曰:"王师入魏,君厚犒之。于是悉甲压境,号曰伐赵,而可阴遗赵人书曰:'魏若伐赵,则河北义士谓魏卖友;魏若与赵,则河南忠臣谓魏反君。卖友反君之名,魏不忍受。执事若能阴解陴障,遗魏一城,魏得持之奏捷天子

在史册上记载得很全面，皇上怎么能不防备他们的浸染呢！"

己亥（二十七日），吐突承璀率领神策军从长安出发，命令恒州四周的藩镇各自进军招抚讨伐王承宗。

田季安听说吐突承璀将要率领军队讨伐王承宗的消息，聚集他的党徒说："朝廷的军队已有二十五年不跨过黄河了，今天一旦越过魏博镇，攻打成德镇，成德镇成为俘虏，我们魏博军也将成为俘虏了。我们应当作何打算？"他的将领中有人从位子上站出来说："希望拨给我五千骑兵，来解除您的忧虑。"田季安大叫说："豪壮！我决心出兵攻打，阻止者斩首！"

幽州牙将绛县人谭忠为刘济出使到魏博镇，知道了他们的谋划，进来对田季安说："如果按某人的谋划，那是把天下的军队都招引来啊。为什么这样说？现在朝廷的军队越过魏博镇，攻打成德军，没有任用老臣旧将而将兵权交付给宦官，没有调动全国的军队，反而派出大批的关中兵马，您知道这是谁想的主意吗？这是天子自己在制定军事计划，想要向臣下夸耀，让大臣们敬服他啊！如果官军未能进入成德镇的大门就先被魏博镇击碎了，这使皇上的谋略反而不如下属的谋略，他能不受天下人耻笑吗！皇上既受耻笑而且愤怒，一定要任用有智慧谋略的人来策划长远的战略战术，依靠勇猛的将领训练精锐军队，竭尽全力再次起兵渡过黄河。他们借鉴以往战败的教训，一定不越过魏博而攻打成德军，衡量罪责轻重，一定不会先定成德镇的罪责再定魏博镇的罪责，正好不上不下，就是对着魏博镇讨伐来了。"田季安说："这样的话，应该怎么办呢？"谭忠说："官军进入魏博镇境地时，您优厚地犒赏军队。这时您可以把全部军队压向边境，声称讨伐成德军，然后可以写一封书信暗中送给成德镇，向他们说：'魏博军如果讨伐成德军，那么河北地区的义士就会说魏博镇出卖朋友，魏博镇如果和成德军共同抵抗官军，河南地区的忠臣就会说魏博镇反抗国君，出卖友邻和反抗国君，这两个罪名魏博镇是不能忍受的。如果你们当政的人能够在暗中解除军事防线，送给魏博镇一座城，魏博镇得以拿这一消息去向天子报捷，

以为符信，此乃使魏北得以奉赵，西得以为臣，于赵有角尖之耗，于魏获不世之利，执事岂能无意于魏乎？'赵人脱不拒君，是魏霸基安矣。"季安曰："善！先生之来，是天眷魏也。"遂用忠之谋，与赵阴计，得其堂阳。

忠归幽州，谋欲激刘济讨王承宗，会济合诸将言曰："天子知我怨赵，今命我伐之，赵亦必大备我。伐与不伐孰利？"忠疾对曰："天子终不使我伐赵，赵亦不备燕。"济怒曰："尔何不直言济与承宗反乎！"命系忠狱。使人视成德之境，果不为备。后一日，诏果来，令济"专护北疆，勿使朕复挂胡忧，而得专心于承宗"。济乃解狱召忠曰："信如子断矣，何以知之？"忠曰："卢从史外亲燕，内实忌之，外绝赵，内实与之。此为赵画曰：'燕以赵为障，虽怨赵，必不残赵，不必为备。'一且示赵不敢抗燕，二且使燕获疑天子。赵人既不备燕，潞人则走告于天子曰：'燕厚怨赵，赵见伐而不备燕，是燕反与赵也。'此所以知天子终不使君伐赵，赵亦不备燕也。"济曰："今则奈何？"忠曰："燕、赵为怨，天下无不知。今天子伐赵，君坐全燕之甲，一人未济易水，此

有城池作为凭证,这样不但让魏博镇向北能够侍奉成德镇,向西也能够做一名臣子。这对于成德镇来说虽然只有一丁点的损耗,而对于魏博镇来说,可以说是获得了不止一代人的利益,你们当政者难道能够不重视魏博镇的主张吗?'成德镇假使不拒绝您的主张,从此便使魏博镇建威立霸的基业稳定了。"田季安说:"太好了!先生的到来,是上天在眷恋魏博镇啊!"于是,田季安采用了谭忠的这个谋略,私下里和成德镇暗中计议,得到了成德镇的堂阳县。

谭忠回到幽州,谋划着想用激将法劝刘济讨伐王承宗。恰逢刘济聚集众将领讲话,说:"天子知道我怨恨成德镇,现在命令我讨伐成德镇,成德镇也一定严加防备。讨伐与不讨伐,哪一种有利?"谭忠迅速地回答说:"天子最终不会让我们讨伐成德镇,成德镇也一定不会防备卢龙镇。"刘济动怒说:"你为什么不直接说我刘济和王承宗一同反叛呢!"于是命令将谭忠捆绑下狱。刘济派人侦察成德镇的边境,果然没有设立军事防备。过后一天,天子的诏书果然颁发下来,命令刘济"专门负责护卫北部边疆,不要让我有胡人入侵的忧虑,而能够专心对付王承宗"。刘济便命令打开监狱,召见谭忠说:"事情确实和你判断的一样啊!你是怎么知道的?"谭忠说:"卢从史对外表示和卢龙镇友好,内心实际上忌恨卢龙镇。对外表示断绝和成德镇的关系,内部实际上与成德镇相互援助。对这件事,他为成德镇计划,就说:'卢龙把成德作为屏障,虽然怨恨成德镇,一定不会攻破成德镇,所以没有必要设立军事防备。'他这样做,一是为了显示成德不敢抗拒卢龙镇,二是为了让卢龙镇遭到天子的猜疑。成德镇既然不防备卢龙镇,潞州人就要跑去报告天子,说:'卢龙镇痛恨成德镇,成德镇受到天子的讨伐而不对卢龙设防,这是卢龙镇和成德镇共同反叛啊!'这就是天子最终不让您讨伐成德镇,成德也不对卢龙设防的原因。"刘济说:"现在应该怎么办呢?"谭忠说:"卢龙镇、成德镇相互怨恨,天下没有人不知道。现在天子讨伐成德,您坐守卢龙镇的全部军队不动,一个士兵没有渡过易水,这样

正使潞人以燕卖恩于赵，败忠于上，两皆售也。是燕贮忠义之心，卒染私赵之口，不见德于赵人，恶声徒嘈嘈于天下耳。惟君熟思之！"济曰："吾知之矣。"乃下令军中曰："五日毕出，后者醢以徇！"

　　五年春正月，刘济自将兵七万人击王承宗。时诸军皆未进，济独前奋击，拔饶阳、束鹿。

　　河东、河中、振武、义武四军为恒州北道招讨，会于定州。会望夜，军吏以有外军，请罢张灯。张茂昭曰："三镇，官军也，何谓外军！"命张灯，不禁行人，不闭里门，三夜如平日，亦无敢喧哗者。

　　丁卯，河东将王荣拔王承宗洄湟镇。吐突承璀至行营，威令不振，与承宗战，屡败。左神策大将军郦定进战死。定进，骁将也，军中夺气。

　　诸军讨王承宗者久无功，白居易上言，以为："河北本不当用兵，今既出师，承璀未尝苦战，已失大将，与从史两军入贼境，迁延进退，不惟意在逗遛，亦是力难支敌。希朝、茂昭至新市镇，竟不能过。刘济引全军攻围乐寿，久不能下。师道、季安元不可保，察其情状，似相计会，各收一县，遂不进军。陛下观此事势，成功有何所望！以臣愚见，速须罢兵，若又迟疑，其害有四：可为痛惜者二，可为深忧者二。

正好让潞州人认为卢龙镇对成德镇施加小恩小惠,而败坏卢龙镇对皇上忠贞的名声,这两方面他都达到了目的。这就使卢龙镇虽然怀着对朝廷的忠义之心,最终染上偏爱成德镇的流言,又不能受到成德镇人的感激,恶劣的名声白白地在天下人的耳边喧闹不止罢了。请您深思这件事情。"刘济说:"我明白了。"于是向军中下令说:"五天之内全部出发,有落后的人就剁成肉酱示众!"

五年(810)春季正月,刘济亲自率领士兵七万人攻击王承宗。当时,各路军队都没有进军,刘济独自率军在前面奋勇攻击,攻取了饶阳县、束鹿县。

河东军、河中军、振武军、义武军四支军队作为恒州北道招讨军,在定州会师。恰逢正月十五日夜晚,军中的将吏认为有外来的军队,提出禁止张灯结彩。张茂昭说:"河东、河中、振武三个军镇的军队,都是官军,为什么称作外来军队?"命令点起灯来,不禁止行人夜行,不关闭坊里大门,接连三个夜晚都和平常一样,也没有人胆敢大声喧哗。

丁卯(二十六日),河东镇的将领王荣攻取了王承宗的洄湟镇。吐突承璀到达行营后,军威不振,命令不严,和王承宗交战,多次被打败。左神策大将军郦定进战死。郦定进,是一员勇猛的将领,他的死严重挫伤了军中的士气。

各路大军讨伐王承宗长期不能成功,白居易向宪宗进言,认为:"本来不应当对河北地区采取军事行动,现在既然已经出动军队,吐突承璀还没有经过苦战,已经损失一员大将,与卢从史两路军队进入贼军境内,拖延时间不进不退,不只是有意逗留不前进,也是他的力量难以支撑抵挡敌人。范希朝、张茂昭的军队到达新市镇,最终也不能通过。刘济率领全部军队围攻乐寿县,很长时间都攻不下来。李师道、田季安原本就不可靠,观察他们的情形状况,好像相互计议约定,各自攻取一个县,便不再进军。皇上观察这件事的形势,还有什么成功的希望?以我的愚见,应当迅速停止用兵,如果还是迟疑不决,便会有四个害处,其中值得痛惜的害处有两点,值得深深忧虑的害处也有两点。

何则？若保有成，即不论用度多少；既的知不可，即不合虚费赀粮。悟而后行，事亦非晚。今迟校一日有一日之费，更延旬月，所费滋多，终须罢兵，何如早罢！以府库钱帛、百姓脂膏资助河北诸侯，转令强大。此臣为陛下痛惜者一也。臣又恐河北诸将见吴少阳已受制命，必引事例轻重，同词请雪承宗。若章表继来，即义无不许。请而后舍，体势可知，转令承宗胶固同类。如此，则与夺皆由邻道，恩信不出朝廷，实恐威权尽归河北。此为陛下痛惜者二也。今天时已热，兵气相蒸，至于饥渴疲劳，疾疫暴露，驱以就战，人何以堪！纵不惜身，亦难忍苦。况神策乌杂城市之人，例皆不惯如此，忽思生路，或有奔逃，一人若逃，百人相扇，一军若散，诸军必摇，事忽至此，悔将何及！此为陛下深忧者一也。臣闻回鹘、吐蕃皆有细作，中国之事，大小尽知。今聚天下之兵，唯讨承宗一贼。自冬及夏，都未立功，则兵力之强弱，资费之多少，岂宜使西戎、北虏一一知之！忽见利生心，乘虚入寇，以今日之势力，可能救其首尾哉？兵连祸生，何事不有？万一及此，实关安危。

为什么这样说呢？如果能确保战争成功，便可不计较开支用费多少；既然明确知道不可能成功，就不应该空掷钱财粮食。明白了道理而后行动，事情也不算晚。现在延迟一天纠正差错，就要多一天的费用，再延迟十天到一个月，所需要的费用不断增多，最终必须停止战争，何不早日停战呢！用国家府库中的钱财布帛、民脂民膏来资助河北地区的诸侯，反而使藩镇的力量强大起来。这是我为皇上痛惜的第一点。我又担心河北地区各路将领看到吴少阳已经接受朝廷制书命令，一定会依据这件事情的宽严标准作为范例，众口一词提出为王承宗昭雪。如果王承宗的章表相继送到朝廷来，按道理不能不答应。经过他们请求然后放弃讨伐王承宗的计划，事情的局面和形势就可想而知，反而使王承宗及其同类相互之间牢固地勾结在一起。像这样，那么就等于由相邻的各个藩镇来决定给予和剥夺，恩德和信用都不是来自朝廷，我实在担心威势和权力全都归向河北各个藩镇了。这是我为皇上痛惜的第二点。现在天气已经炎热起来，士兵身上的热气互相熏蒸，以至于饥渴疲劳、疾病瘟疫交相发生，这时再驱使他们去打仗，人们怎么能经受得住！纵然人们不爱惜自己的身体，也难以忍受这些劳苦。何况神策军都是杂乱无章来自城市的人，对这些一概不习惯，像这样下去，忽然想到寻求活路，他们当中或者有人要逃跑，如果有一人逃跑，成百的人就会相互煽动跟着逃跑，如果有一支军队逃散了，各路军队一定会动摇，事情忽然发展到了这一步，后悔也来不及！这是我为皇上深深忧虑的第一点。我听说回鹘、吐蕃都有密探在中原地区活动，中原地区大大小小的事情他们都知道。现在聚集天下的军队，只是讨伐王承宗一处贼军。从冬季到夏季，都没有建立功劳，那么我们兵力的强弱，物质费用的多少，怎么能让西部的吐蕃、北部的回鹘一件一件地都掌握呢？如果他们忽然见利变心，乘着我们国内虚弱，入境侵犯，以我们今天的形势和力量，有可能挽救这两方面战争的局面吗？战争接连不断，灾难随之发生，什么样的事情不会出现？万一到了这般田地，确实关系到国家的安危。

此其为陛下深忧者二也。”

卢从史首建伐王承宗之谋,及朝廷兴师,从史逗留不进,阴与承宗通谋,令军士潜怀承宗号。又高刍粟之价以败度支,讽朝廷求平章事,诬奏诸道与贼通,不可进兵。上甚患之。会从史遣牙将王翊元入奏事,裴垍引与语,为言为臣之义,微动其心。翊元遂输诚,言从史阴谋及可取之状。垍令翊元还本军经营,复来京师,遂得其都知兵马使乌重胤等款要。垍言于上曰:“从史狡猾骄很,必且为乱。今闻其与承璀对营,视承璀如婴儿,往来殊不设备。失今不取,后虽兴大兵,未可以岁月平也。”上初愕然,熟思良久,乃许之。

从史性贪,承璀盛陈奇玩,视其所欲,稍以遗之。从史喜,益相昵狎。甲申,承璀与行营兵马使李听谋,召从史入营博,伏壮士于幕下,突出,擒诣帐后缚之,内车中,驰诣京师。左右惊乱,承璀斩十馀人,谕以诏旨。从史营中士卒闻之,皆甲以出,操兵趋哗。乌重胤当军门叱之曰:“天子有诏,从者赏,敢违者斩!”士卒皆敛兵还部伍。会夜,车疾驱,未明,已出境。重胤,承洽之子;听,晟之子也。

这是我为皇上深深忧虑的第二点。"

卢从史首先提出讨伐王承宗的军事谋划,等到朝廷起兵出战时,卢从史的军队却逗留不肯前进,他在暗中和王承宗联络谋划,让自己军队的士兵怀中藏着王承宗军队的行军标记。他又有意抬高草料和粮食的价格,破坏国家度支的军事供需,他还向朝廷暗示要求任命他担任平章事,向朝廷报告诬陷其他各道的军队和贼军王承宗勾结,因而不能进军。宪宗十分忧虑这件事情。恰逢卢从史派遣牙将王翊元入京向朝廷报告情况,裴垍把他带到一旁和他单独交谈,向他讲述作为国家臣子的大义,微微打动了他的心。王翊元便向裴垍表露了诚意,说出了卢从史的阴谋以及可以攻取的实际情况。裴垍让王翊元返回自己的军中筹划安排,当王翊元又来京城时,就赢得了军中都知兵马使马重胤等人的诚心。裴垍在宪宗面前说:"卢从史狡猾骄横,必将作乱。现在听说他的军营和吐突承璀的军营相对,把吐突承璀看成婴儿一样,来往于两营之间,不设立军事防备。失去现在的机会不攻取他,今后即使发动大军攻打他,也不是一年半载能平定的。"宪宗起初觉得很惊讶,深思熟虑了很长时间,便答应了这件事。

卢从史生性贪婪,吐突承璀将许多珍奇宝物大量陈列出来让他看,观察他所想要的,慢慢都送给他。卢从史欢喜,和吐突承璀更加亲昵。甲申(十五日)那一天,吐突承璀和行营兵马使李听相互计议,召请卢从史到自己军营中博戏,在营幕后面埋伏了壮士,突然冲出来,擒拿了卢从史,把他带到营帐后面绑起来,放入车中,飞驰送往京城。卢从史身边的人员都惊慌混乱,吐突承璀斩杀了十几人,然后向大家说明这是执行宪宗的诏书命令。卢从史军营中的士兵听说了这一消息,都穿好铠甲武装出阵,拿着兵器向前趋进,大声喧哗。乌重胤站在军营门前大声斥责他们说:"天子下达诏书,听从命令的人有赏,胆敢违抗命令的人就斩首!"士兵们都收起兵器回到所属的军队中去。恰逢夜晚,押送卢从史的车疾速向前行进,天还不亮,已经走出了泽潞镇的辖境。乌重胤,是乌承洽的儿子;李听,是李晟的儿子。

丁亥,范希朝、张茂昭大破承宗之众于木刀沟。

上嘉乌重胤之功,欲即授以昭义节度使。李绛以为不可,请授重胤河阳,以河阳节度使孟元阳镇昭义。会吐突承璀奏,已牒重胤句当昭义留后。绛上言:"昭义五州据山东要害,魏博、恒、幽诸镇蟠结,朝廷惟恃此以制之。磁、邢、洺入其腹内,诚国之宝地,安危所系也。向为从史所据,使朝廷旰食,今幸而得之,承璀复以与重胤,臣闻之惊叹,实所痛心!昨国家诱执从史,虽为长策,已失大体。今承璀又以文牒差人为重镇留后,为之求旌节,无君之心,孰甚于此!陛下昨日得昭义,人神同庆,威令再立。今日忽以授本军牙将,物情顿沮,纪纲大紊。校计利害,更不若从史为之。何则?从史虽蓄奸谋,已是朝廷牧伯。重胤出于列校,以承璀一牒代之,窃恐河南、北诸侯闻之,无不愤怒,耻与为伍。且谓承璀诱重胤使逐从史而代其位,彼人人麾下各有将校,能无自危乎!傥刘济、茂昭、季安、执恭、韩弘、师道继有章表陈其情状,并指承璀专命之罪,不知陛下何以处之?若皆不报,则众怒益甚;若为之改除,则朝廷之

丁亥（十八日）那一天，范希朝、张茂昭率军在木刀沟大败王承宗的军队。

　　宪宗嘉奖乌重胤的功劳，想立即授任他为昭义节度使。李绛认为不可以，提出授任乌重胤担任河阳节度使，任命河阳节度使孟元阳为昭义军节度使。恰逢吐突承璀向朝廷报告，已经发牒文让乌重胤代理昭义军留后。李绛向宪宗上奏说："昭义军所管辖的五州位居太行山以东的要害地带，魏博镇、恒州、幽州各个藩镇相互盘踞纠结，朝廷只有依靠这五个州来控制他们。磁州、邢州、洺州地处河北地区的中心地带，确实是国家的宝地，关系到安定和危亡的大局啊。从前，这五州被卢从史占据着，以使朝廷为此忙碌操心每天很晚才能吃饭，现在很幸运地收回了昭义镇，吐突承璀又把它交给乌重胤，我听到这一消息后惊叹不已，实在很痛心！昨天国家设圈套捉住了卢从史，虽然是从长远的计划考虑，但是这个做法已失体统。现在吐突承璀又送发文书，提出让乌重胤担任昭义军的留后，并请求他任命节度使，目无君主的居心还有谁能超过他吗？皇上昨日获得昭义镇，人神共同庆贺，国家的威望重新建立，命令重新推行。今天忽然把昭义军节度使的官职授给昭义军中的一员牙将，人们的思想情绪顿时受到打击，国家纲纪大乱。算计其中的利益和危害，反而不如由卢从史担任节度使。为什么这样说呢？卢从史虽然内藏奸险的阴谋，但他已经是朝廷任命的地方长官。乌重胤只是众多将领中的一员，由于吐突承璀一纸牒文就让他取代了卢从史的位置，我私下担心河南、河北地区的节度使们听说了这一消息，没有人不愤怒，并把与他为伍当作耻辱。而且他们会认为是吐突承璀引诱乌重胤，让他驱逐卢从史而取代了卢从史的位置，他们各自都指挥着许多将领，怎么能不感到自危呢！倘若刘济、张茂昭、田季安、程执恭、韩弘、李师道一个接一个向朝廷呈送章表，陈述这种情况，并且指责吐突承璀擅自专权的罪过，不知道皇上该怎么处理这件事？如果都不答复，那么众人的怒气就会更加厉害；如果皇上因此而改变命令，任命别人担任节度使，那么朝廷的

威重去矣。"上复使枢密使梁守谦密谋于绛曰:"今重胤已总军务,事不得已,须应与节。"对曰:"从史为帅不由朝廷,故启其邪心,终成逆节。今以重胤典兵,即授之节,威福之柄不在朝廷,何以异于从史乎! 重胤之得河阳,已为望外之福,岂敢更为旅拒! 况重胤所以能执从史,本以仗顺成功。一旦自逆诏命,安知同列不袭其迹而动乎! 重胤军中等夷甚多,必不愿重胤独为主帅。移之他镇,乃惬众心,何忧其致乱乎?"上悦,皆如其请。壬辰,以重胤为河阳节度使。戊戌,贬卢从史骧州司马。

夏六月甲申,白居易复上奏,以为:"臣比请罢兵,今之事势,又不如前,不知陛下复何所待!"是时,上每有军国大事,必与诸学士谋之。尝逾月不见学士,李绛等上言:"臣等饱食不言,其自为计则得矣,如陛下何! 陛下询访理道,开纳直言,实天下之幸,岂臣等之幸!"上遽令"明日三殿对来"。

白居易尝因论事,言"陛下错",上色庄而罢,密召承旨李绛,谓曰:"居易小臣不逊,须令出院。"绛曰:"陛下容纳直言,故群臣敢竭诚无隐。居易言虽少思,志在纳忠。陛下

威望便失去了啊!"宪宗又让枢密使梁守谦和李绛秘密计议,说:"现在乌重胤已经总领昭义军的军务,事情出于迫不得已,应该授给他节度使的符节。"李绛回答说:"卢从史担任昭义军的节帅不是由朝廷任命的,所以打开了他邪恶的心思,最终导致他有了大逆不道的行为。现在因为乌重胤已经主管军队,立即授给他节度使的符节,刑赏的权柄不再由朝廷掌握,与卢从史有什么区别呢? 乌重胤得到河阳节度使的职务,已经是他希望之外的福气,难道胆敢再进行军事抵抗吗? 况且,乌重胤之所以能够捉住卢从史,本来就因为依仗顺从朝廷而取得成功。一旦自己违背诏书命令,怎么能知道和他同辈的将领不沿袭他的行径而行动呢? 乌重胤军中的同辈人为数众多,一定不希望乌重胤单独成为他们的主帅。将他迁到别的藩镇担任节度使,才能使大家高兴,为什么要忧虑这样做会导致祸乱呢?"宪宗很高兴,一切按李绛的提议去办。壬辰(二十三日)那一天,宪宗任命乌重胤担任河阳节度使。戊戌(二十九日)那一天,宣布将卢从史降职为骧州司马。

夏季六月甲申(十五日),白居易又向宪宗上奏,认为:"我近来请求朝廷停止战争,现在事情的形势又不如前些日子,不知道皇上还有什么要等待的!"当时,宪宗每遇到国家军事政治大事,一定和众学士一起计议商量。宪宗曾经有一个多月没有召见众学士,李绛等人向宪宗进言:"我们饱食终日,不向皇上进言,若是为自己着想,就很好了,对于皇上来说我们有什么用呢! 皇上咨询访问治理国家的办法,开诚布公听取实话直言,确实是国家的幸运,难道仅仅是我们几个臣子的幸运吗!"宪宗立即下令"明天在麟德殿召见众学士答对"。

白居易曾经因评论事情,说"皇上错了",宪宗脸色庄重严肃地停止了谈话,秘密地将翰林学士承旨李绛召到面前,对他说:"白居易这个小臣出言不逊,应当将他赶出翰林院。"李绛说:"皇上容纳臣子说真话,所以群臣都敢于竭尽诚意,无所隐讳地发言。白居易发言虽然缺少思考,志在向皇上进献一片忠心。皇上

今日罪之，臣恐天下各思箝口，非所以广聪明，昭圣德也。"上悦，待居易如初。

秋七月庚子，王承宗遣使自陈为卢从史所离间，乞输贡赋，请官吏，许其自新。李师道等数上表请雪承宗，朝廷亦以师久无功，丁未，制洗雪承宗，以为成德军节度使，复以德、棣二州与之，悉罢诸道行营将士，共赐布帛二十八万端匹。加刘济中书令。

秋九月己亥，吐突承璀自行营还，辛亥，复为左卫上将军，充左军中尉。裴垍曰："承璀首唱用兵，疲弊天下，卒无成功，陛下纵以旧恩不加显戮，岂得全不贬黜以谢天下乎！"给事中段平仲、吕元膺言承璀可斩。李绛奏称："陛下不责承璀，他日复有败军之将，何以处之？若或诛之，则同罪异罚，彼必不服；若或释之，则谁不保身而玩寇乎！愿陛下割不忍之恩，行不易之典，使将帅有所惩劝。"间二日，上罢承璀中尉，降为军器使，中外相贺。

中书侍郎、同平章事裴垍数以疾辞位，冬十月庚申，罢为兵部尚书。

十二月，翰林学士、司勋郎中李绛面陈吐突承璀专横，语极恳切。上作色曰："卿言太过！"绛泣曰："陛下置臣于

今天怪罪处罚他，我担心天下人都各自考虑封口而缄默不语，这不是开拓视听、昭彰皇上德行的办法啊！"宪宗听了之后很高兴，对待白居易像过去一样。

秋季七月庚子（初二），王承宗派遣使者到朝廷陈述自己是被卢从史挑拨离间才背叛朝廷，现在请求向朝廷交纳贡物赋税，请求朝廷为成德镇任命官吏，要求给他改过自新的机会。李师道等人数次向朝廷上表，请求为王承宗昭雪，朝廷也因为国家军队在战场上长久没有什么成功，丁未（初九），朝廷颁布诏书，宣布为王承宗平反，任命王承宗为成德军节度使，又将德州、棣州两地划归成德镇管辖。将各道行营将士全部遣还，共计赏赐布帛二十八万端匹。加封刘济为中书令。

秋季九月己亥（初二），吐突承璀从前线行营返回京城，辛亥（十四日），吐突承璀重新担任左卫上将军，并充任左军中尉。裴垍说："吐突承璀第一个提议动用军事力量，使天下人疲弊不堪，最终没有成功，皇上即使因为他有旧恩不给予公开处死，难道能够完全不处罚和降职来向天下人民道歉吗？"给事中段平仲、吕元膺提出可以将吐突承璀斩首。李绛向宪宗上奏，说："皇上不责罚吐突承璀，将来如果又有打败仗的将领，用什么办法来处置他呢？如果有的败将被诛杀，那就同罪而处罚不同，他们一定不服气；如果有的败将被赦免了罪责，那么有谁会不为了保全自身而在战场敷衍了事、玩忽敌寇呢！希望皇上能够割舍不舍之恩，推行不能改变的刑典，让将帅能够得到惩处和劝诫。"隔了两天，宪宗罢免了吐突承璀的左军中尉职务，降职为军器使，朝廷内外对此表示庆贺。

中书侍郎、同平章事裴垍次因为有病在身请求辞去职位，冬季十一月庚申（二十三日），宪宗免去裴垍的宰相官职，让他担任兵部尚书。

十二月，翰林学士、司勋郎中李绛当面向宪宗陈述吐突承璀的骄横专断行为，说话的语气极为恳切。宪宗气得变了脸色，说："你说得太过分了吧！"李绛哭泣着说："皇上把我安置在

腹心耳目之地，若臣畏避左右，爱身不言，是臣负陛下；言之而陛下恶闻，乃陛下负臣也。"上怒解，曰："卿所言皆人所不能言，使朕闻所不闻，真忠臣也！他日尽言，皆应如是。"己丑，以绛为中书舍人，学士如故。绛尝从容谏上聚财，上曰："今两河数十州，皆国家政令所不及，河、湟数千里，沦于左衽，朕日夜思雪祖宗之耻，而财力不赡，故不得不蓄聚耳。不然，朕宫中用度极俭薄，多藏何用邪！"

六年冬十一月己丑，以户部侍郎李绛为中书侍郎、同平章事。

七年春三月丙戌，上御延英殿，李吉甫言："天下已太平，陛下宜为乐。"李绛曰："汉文帝时兵木无刃，家给人足，贾谊犹以为厝火积薪之下，不可谓安。今法令所不能制者，河南、北五十馀州，犬戎腥膻，近接泾、陇，烽火屡惊，加之水旱时作，仓廪空虚，此正陛下宵衣旰食之时，岂得谓之太平，遽为乐哉！"上欣然曰："卿言正合朕意。"退，谓左右曰："吉甫专为悦媚，如李绛，真宰相也！"

九年。李绛屡以足疾辞位。正月癸卯，罢为礼部尚书。初，上欲相绛，先出吐突承璀为淮南监军。至是，召还承璀，先罢绛相。

亲近信任的地位上，如果我畏惧避开皇上，爱惜自身，不肯进言，这是我辜负了皇上；我把话说给皇上听了，而皇上讨厌去听，这是皇上辜负我了。"宪宗怒气消解，说："你所说的话都是别人所不能够说的，使我听到了我听不到的事情，真是忠臣啊！往后要把所有的话都说出来，一切应该像现在这个样子。"己丑（二十三日），宪宗任命李绛为中书舍人，仍保留翰林学士承旨的职务如旧。李绛曾经从容地劝阻宪宗聚敛钱财，宪宗说："现在两河地区共有数十个州，都没有实行国家政教法令，河、湟地区几千里地，还沦落于少数族手中，我日夜想要洗雪祖宗的耻辱，但是钱财不富裕，所以不得不蓄积啊。不然的话，我在宫中的费用开销极为俭约，多储藏钱财又有什么用呢！"

六年（811）冬季十一月己丑（二十八日），宪宗任命户部侍郎李绛担任中书侍郎、同平章事。

七年（812）春季三月丙戌（二十八日），宪宗在延英殿上朝，李吉甫说："天下已经太平，皇上应当享乐。"李绛说："汉文帝时期兵器钝如木头，没有锋刃，家家富裕，人人丰足，贾谊仍然认为形势如同堆积着的干柴下面放着火种，不能说是安定的。如今朝廷的法纪号令不能够控制的地区，还有黄河南北五十多个州，少数民族牛羊腥膻的气味，近处已经和泾州、陇州相连接，烽火信号多次传来边防军事警报，再加上水灾、旱灾不时地发生，国家仓库的粮食空虚，这正是皇上天不亮就穿衣起身，天黑了才吃饭的时候，怎么能够称现在已经太平，可以马上行乐呢！"宪宗高兴地说："你的话正符合我的心意。"宪宗退朝以后，对身边的人说："李吉甫专门做那些讨好献媚的事情，像李绛那样，才是真正的宰相啊！"

九年（814）。李绛由于脚有病，多次提出辞去官位。正月癸卯（二十五日），宪宗免去李绛的宰相职务，任命他为礼部尚书，当初，宪宗想要任命李绛为宰相，先把吐突承璀调出朝廷，任命为淮南藩镇的监军。到这时，宪宗要征召吐突承璀回京任职，就先免去李绛宰相的职务。

十年夏六月,贼杀武元衡,诏中外搜捕。成德军进奏院有恒州卒张晏等行止无状,神策将军王士则等告王承宗遣晏等杀元衡。吏捕得晏鞠之。诏以王承宗前后三表出示百寮,议其罪。事见《宪宗平淮西》。

乙丑,以裴度为中书侍郎、同平章事。

秋七月甲戌,诏数王承宗罪恶,绝其朝贡,曰:"冀其翻然改过,束身自归。攻讨之期,更俟后命。"

上虽绝王承宗朝贡,未有诏讨之。魏博节度使田弘正屯兵于其境,承宗屡败之。弘正忿,表请击之,上不许。表十上,乃听至贝州。冬十月丙午,弘正军于贝州。

冬十一月,诏发振武兵二千,会义武军以讨王承宗。十二月,王承宗纵兵四掠,幽、沧、定三镇皆苦之,争上表请讨承宗。上欲许之,中书侍郎、同平章事张弘靖以为:"两役并兴,恐国力所不支,请并力平淮西,乃征恒冀。"上不为之止,弘靖乃求罢。

十一年春正月乙亥,幽州节度使刘总奏败成德兵,拔武强,斩首千馀级。

癸未,制削王承宗官爵,命河东、幽州、义武、横海、魏博、昭义六道进讨。韦贯之屡请先取吴元济,后讨承宗,

十年(815)夏季六月,贼人杀死宰相武元衡,宪宗下诏书,命令在京城内外搜捕凶手。成德军进奏院中有几名恒州士兵张晏等人,行动可疑,神策将军王士则等人告发王承宗派遣张晏等人杀害武元衡。军吏搜捕并捉住了张晏,审讯他。宪宗下诏,命令将王承宗前后三次写给朝廷的书表拿出来给朝廷所有官员看,并且商议给他定罪。事见《宪宗平淮西》。

乙丑(二十五日),宪宗任命裴度担任中书侍郎、同平章事。

秋季七月甲戌(初五),宪宗颁布诏书,列举王承宗的罪恶,拒绝接收成德镇进贡的物品,说:"希望他能幡然改正罪过,自己捆绑起来到朝廷投案。攻打讨伐他的日期,再等待以后的命令。"

宪宗虽然拒绝了王承宗向朝廷进贡的物品,却没有下诏出军讨伐他。魏博节度使田弘正在王承宗辖境的边境上驻扎军队,王承宗多次打败田弘正的军队。田弘正气愤不平,向朝廷上表请求进击王承宗,宪宗没有批准。田弘正接连向朝廷上表十次,宪宗才让他前往贝州。冬季十月丙午(初九),田弘正的军队在贝州驻扎下来。

冬季十一月,宪宗下诏,调发振武镇军队二千人,会同义武军讨伐王承宗。十二月,王承宗放纵自己的士兵四处抢劫,幽州、沧州、定州三个藩镇都被骚扰得很苦恼,争着向朝廷上表请求讨伐王承宗。宪宗想要批准他们讨伐,中书侍郎、同平章事张弘靖认为:"如果攻打吴元济和讨伐王承宗两个战役同时展开,恐怕国家的力量应付不了,请求集中力量平定淮西,然后再征讨恒冀地区。"宪宗不肯因此而停止征讨王承宗,张弘靖便请求免除职务。

十一年(816)春季正月乙亥(初九),幽州节度使刘总向朝廷报告打败了成德镇王承宗的军队,攻取武强县,斩首一千余人。

癸未(十七日),宪宗下制书,撤销王承宗的官职爵位,命令河东、幽州、义武、横海、魏博、昭义六个藩镇出军进讨王承宗。韦贯之接连几次请求朝廷先去攻取吴元济,然后讨伐王承宗,

曰:"陛下不见建中之事乎?始于讨魏及齐,而蔡、燕、赵皆应之,卒致朱泚之乱,由德宗不能忍数年之愤邑,欲太平之功速成故也。"上不听。

二月乙卯,昭义节度使郗士美奏破成德兵,斩首千馀级。己未,刘总破成德兵,斩首千馀级。辛酉,魏博奏败成德兵,拔其固城。乙丑,又奏拔其鸦城。

三月,幽州节度使刘总围乐寿。四月,刘总奏破成德兵于深州,斩首二千五百级。乙丑,义武节度使浑镐奏破成德兵于九门,杀千馀人。镐,瑊之子也。

秋七月,田弘正奏破成德兵于南宫,杀二千馀人。

诸军讨王承宗者互相观望,独昭义节度使郗士美引精兵压其境。己未,士美奏大破承宗之众于柏乡,杀千馀人,降者亦如之,为三垒以环柏乡。

冬十二月壬寅,程执恭奏败成德兵于长河,斩首千馀级。

义武节度使浑镐与王承宗战屡胜,遂引全师压其境,距恒州三十里而军。承宗惧,潜遣兵入镐境,焚掠城邑,人心始内顾而摇。会中使督其战,镐引兵进薄恒州,与承宗战,大败,奔还定州。丙午,诏以易州刺史陈楚为义武节度

说:"皇上没有看见建中年间的事情吗？德宗开始时是要讨伐魏博镇的田悦和淄青镇的李纳，然而申蔡的李希烈、卢龙镇的朱滔、恒冀镇的王武俊都响应田悦和李纳，终于导致了朱泚的叛乱。那是由于德宗皇帝不能将愤恨和郁闷隐忍几年时间，想要急速完成太平功业的缘故啊！"宪宗不肯听从韦贯之的意见。

二月乙卯（十九日），昭义军节度使郗士美向朝廷报告，打败了成德军，斩杀成德军士兵一千余人。己未（二十三日），刘总打败了成德军，斩杀成德军士兵一千余人。辛酉（二十五日），魏博镇向朝廷报告，他们打败了成德军，攻取他们的固城县。乙丑（二十九日），魏博镇又向朝廷报告，攻取了成德镇管辖的鸦城县。

三月，幽州节度使刘总围攻乐寿县。四月，刘总向朝廷报告，他们在深州打败了成德军，斩杀成德军士兵两千五百人。乙丑（三十日），义武军节度使浑镐向朝廷报告，他们在九门县打败了成德军，杀死成德士兵一千余人。浑镐，是浑瑊的儿子。

秋季七月，田弘正向朝廷报告，他们在南宫县打败成德军，杀死成德军士兵两千余人。

各路攻打王承宗的军队都互相观望，只有昭义军节度使郗士美单独率领精锐军队紧逼王承宗的辖境。己未（二十六日），郗士美向朝廷报告，他们在柏乡县把王承宗的军队打得大败，杀死成德军士兵一千多人，投降的也有一千多人，他们修筑了三个营垒来包围柏乡县。

冬季十二月壬寅（十一日），程执恭向朝廷报告，他们在长河县打败了成德军，斩杀成德军士兵一千多人。

义武军节度使浑镐和王承宗交战，接连获胜，于是他率领全部军队压入王承宗的辖境，在距离恒州三十里的地方驻扎下来。王承宗害怕，便暗中派遣军队进入浑镐辖治的境内，焚烧抢劫城中人民的财产，浑镐军中的士兵开始因顾念家乡而动摇。恰逢宪宗派遣宦官使者前来军中督促他们作战，浑镐率领军队进逼到恒州，与王承宗交战，被王承宗打得大败，浑镐率军逃回定州。丙午（十五日），宪宗下诏任命易州刺史陈楚为义武军节度

使,军中闻之,掠镐及家人衣,至于倮露。陈楚驰入定州,镇遏乱者,敛军中衣以归镐,以兵卫送还朝。楚,定州人,张茂昭之甥也。

十二年春三月,郗士美败于柏乡,拔营而归,士卒死者千馀人。戊辰,赐程执恭名权。戊寅,王承宗遣兵二万入东光,断白桥路。程权不能御,以众归沧州。

六镇讨王承宗者兵十馀万,回环数千里,既无统帅,又相去远。期约难壹,由是历二年无功。千里馈运,牛驴死者什四五。刘总既得武强,引兵出境才五里,留屯不进,月给度支钱十五万缗。李逢吉及朝士多言:"宜并力先取淮西,俟淮西平,乘其胜势,回取恒冀,如拾芥耳!"上犹豫,久乃从之。丙子,罢河北行营,各使还镇。

十三年。裴度之在淮西也,布衣柏耆以策干韩愈曰:"吴元济既就擒,王承宗破胆矣,愿得奉丞相书往说之,可不烦兵而服。"愈白度,为书遣之。承宗惧,求哀于田弘正,请以二子为质,及献德、棣二州,输租税,请官吏。弘正为之奏请,上初不许。弘正上表相继,上重违弘正意,乃许之。夏四月甲寅朔,魏博遣使送承宗子知感、知信及德、棣

使。义武军听到这一消息，抢劫浑镐以及他家中人的衣服，以至于让他们赤身裸体。陈楚飞马驰入定州，镇压阻止了作乱的人，从军中收回浑镐被抢走的衣服，派士兵护送浑镐返回朝廷。陈楚，定州人，是张茂昭的外甥。

十二年(817)春季三月，郗士美在柏乡县被王承宗打败，他拆除营垒，率军返回，在战争中死亡的士兵有一千多人。戊辰(初八)，宪宗赐给程执恭一个名字叫程权。戊寅(十八日)，王承宗派遣军队两万人进入东光县，截断白桥大道。程权抵挡不住，率领军队回到沧州。

六个藩镇出军讨伐王承宗的军队共计十馀万人，辗转数千里地，既没有统帅，各路军队又相隔很远。约定的日期难以统一，因此历时两年没有功效。运输军需物资的路长达千里，运输的牛、驴累死了十分之四五。刘总夺取武强县以后，率领军队出境才走五里路，就驻扎下来逗留不肯进军，每月由朝廷度支使拨给他十五万缗钱作为军费。李逢吉以及朝廷的官员大多提意见说："应集中力量攻取淮西地区，等到淮西被平定以后，乘那时胜利的形势，调回军队攻取恒冀地区，如同从地上拾取小草棒一样容易!"宪宗犹豫不决，很久以后才听从。丙子(十七日)，朝廷解散了河北行营，让六个藩镇的军队全部返回自己的军镇。

十三年(818)。裴度在淮西的时候，平民柏耆向韩愈献了一个计策，说："吴元济被擒获以后，王承宗已经吓破胆了，我希望能够拿着丞相的书信前往成德镇去劝说他，这样可以不动用军事力量而征服王承宗。"韩愈把柏耆的计策告诉裴度，裴度便写了一封书信交给柏耆，派他前往。王承宗害怕了，向田弘正请求援助，向田弘正提出用自己的两个儿子作为人质，并且献出德州、棣州二地，向朝廷交纳租税，由朝廷对成德镇任免官吏。田弘正为王承宗向朝廷上表文，请求宽免王承宗，宪宗起初不答应。田弘正便一次接一次地向朝廷上表，宪宗不愿意违背田弘正的心意，便批准了田弘正的请求。夏季四月甲寅这一天是初一，魏博镇派遣使者送王承宗的儿子王知感、王知信二人以及德州、棣州

二州图印至京师。庚辰，诏洗雪王承宗及成德将士，复其官爵。

十五年冬十月，王承宗薨，其下秘不发丧。子知感、知信皆在朝，诸将欲取帅于属内诸州。参谋崔燧以承宗祖母凉国夫人命，告谕诸将及亲兵，立承宗之弟观察支使承元。承元时年二十，将士拜之，承元不受，泣且拜。诸将固请不已，承元曰："天子遣中使监军，有事当与之议。"及监军至，亦劝之。承元曰："诸公未忘先德，不以承元年少，欲使之摄军务，承元请尽节天子，以遵忠烈王之志，诸公肯从之乎？"众许诺。承元乃视事于都将听事，令左右不得谓己为留后，委事于参佐，密表请朝廷除帅。庚辰，监军奏承宗疾亟，弟承元权知留后，并以承元表闻。

成德军始奏王承宗薨，乙酉，徙田弘正为成德节度使，以王承元为义成节度使。

十一月癸卯，遣谏议大夫郑覃诣镇州宣慰，赐钱一百万缗以赏将士。王承元既请朝命，诸将及邻道争以故事劝之，承元皆不听。及移镇义成，将士喧哗不受命。承元与柏耆召诸将以诏旨谕之，诸将号泣不从。承元出家财以散之，择其劳者擢之，谓曰："诸公以先代之故，不欲承元去，

两个州的地图和符印到达京城。庚辰(二十七日),宪宗下诏书为王承宗以及成德军的将士平反,恢复了他们的官职爵位。

十五年(820)冬季十月,王承宗去世。他的部下封锁消息,没有公开举办丧事。他的儿子王知感、王知信都在朝廷,成德镇的众将领打算在下属各州内选取一人担任节度使。参谋崔燧依照王承宗的祖母凉国夫人的命令,告知各将领和下属亲信军队,要立王承宗的弟弟观察支使王承元担任节度使。王承元当时二十岁,将士们拜见他,他推辞不肯接受节度使的职务,流着泪而且下拜还礼。诸位将领坚持请求不肯罢休,王承元说:"天子派遣宦官使者在军中任监军,有事情应当与监军商量。"等到监军到来,也劝说王承元就任。王承元说:"你们没有忘记我的祖辈在成德任节度使的恩德,不认为我年轻,想让我暂时代理军中事务。王承元请求向天子尽君臣之礼节,以便遵循我的祖父忠烈王的遗志,你们大家肯听从我的意见吗?"大家都表示同意。王承元于是到军中都将听事所处理公务,命令身边的人不许称自己是成德军的留后,然后把军中的大小事情交给部下处理,已向朝廷秘密上表文,请求朝廷为成德军镇任命节度使。庚辰(十一日),成德镇监军向朝廷报告说王承宗病重,由他的弟弟王承元暂时担任留后,并把王承元的上表也报告给朝廷。

成德军这时才向朝廷报告王承宗的死讯,乙酉(十六日),宪宗调遣田弘正担任成德节度使,任命王承元担任义成节度使。

十一月癸卯(初五),宪宗派遣谏议大夫郑覃前往镇州安抚将士,并赏赐将士一百万缗钱。王承元提出由朝廷任命节度使的请求之后,各将领以及相邻各道藩镇的节度使都争着用旧例来劝说王承元,王承元都没有听从。等到将他调离去担任义成军节度使时,将士们喧哗吵闹,不肯接受命令。王承元和柏耆二人召集众将领,用皇上的诏书命令来劝导他们,众将领都呼号哭泣不肯听从。王承元拿出自己的家财散发给大家,并且把那些曾经立过军功的将士提拔升迁,然后对他们说:"你们由于我的先辈在成德镇世世代代担任节度使的缘故,不愿意让我离开,

此意甚厚。然使承元违天子之诏，其罪大矣。昔李师道之未败也，朝廷尝赦其罪，师道欲行，诸将固留之，其后杀师道者亦诸将也。诸将勿使承元为师道，则幸矣。"因涕泣不自胜，且拜之。十将李寂等十馀人固留承元，承元斩以徇，军中乃定。丁未，承元赴滑州。将吏或以镇州器用财货行，承元悉命留之。

这番情意很深厚。然而,让王承元违背天子的诏书命令,这个罪过很大啊!往日李师道没有失败的时候,朝廷曾经赦免了他的罪过,李师道打算离开本镇,各将领坚持留下他,后来杀死李师道的人也是那些将领啊!各位将领不要让王承元做李师道,那就幸运了。"王承元因而哭泣流泪不能控制自己,并且向各将领下拜行礼。十将李寂等十馀人坚持挽留王承元,王承元将他们斩首示众,军中这才安定下来。丁未(初九),王承元奔赴滑州,军中将领官吏中有人拿出镇州的器物和钱财、货物为他送行,王承元命令一律留下来。

宪宗平淮蔡 <small>吴元济　德宗讨吴少诚附</small>

唐德宗贞元二年。淮西兵马使吴少诚杀陈仙奇,自为留后。少诚素狡险,为李希烈所宠任,故为之报仇。七月己酉,以虔王谅为申、光、随、蔡节度大使,以少诚为留后。

三年。初,李希烈据淮西,选骑兵尤精者为左右门枪、奉国四将,步兵尤精者为左、右克平十将。淮西少马,精兵皆乘骡,谓之骡军。陈仙奇举淮西降才数月,诏发其兵于京西防秋。仙奇遣都知兵马使苏浦悉将淮西精兵五千人以行。会仙奇为吴少诚所杀,少诚密遣人召门枪兵马使吴法超等使引兵归,浦不之知。法超等引步骑四千自鄜州叛归。上急遣中使敕陕虢观察使李泌发兵防遏,勿令济河。泌遣押牙唐英岸将兵邀击之,贼众大败,擒其骡军兵马使张崇献。英岸追至永宁东,贼皆溃入山谷。吴法超帅其众趣长水,都将燕子楚击之,斩法超,杀其士卒三分之二。上命汴州刺史刘玄佐以诏书缘道诱之,得百三十馀人,至汴州,尽杀之。其溃兵在道,复为村民所杀,得至蔡者才四十

宪宗平淮蔡 吴元济　德宗讨吴少诚附

　　唐德宗贞元二年(786)。淮西镇兵马使吴少诚杀了陈仙奇，自己宣布担任留后。吴少诚平常狡诈奸险，受到李希烈的宠爱信任，所以为他报仇。七月己酉(二十二日)，德宗任命虔王李谅担任申州、光州、随州、蔡州的节度大使，任命吴少诚担任留后。

　　三年(787)。当初，李希烈占据淮西镇时，挑选精锐骑兵担任左右门枪、奉国四将，又选拔精锐的步兵担任左右克平十将。淮西地区缺少马匹，精锐士兵都骑骡子，称为"骡军"。陈仙奇率领淮西镇全部军队投降朝廷才几个月，德宗下诏，征调他的军队到京西地区防秋。陈仙奇派遣都知兵马使苏浦率领淮西镇的全部精兵五千人出发。恰逢陈仙奇被吴少诚杀害，吴少诚秘密派人征召门枪兵马使吴法超等人，让他率领军队返回，苏浦不知道这件事情。吴法超等人率领步骑兵共计四千人从鄜州叛变返回。德宗急忙派遣宦官使者下令给陕虢观察使李泌，让他出动军队防备和阻止，不要让叛军渡过黄河。李泌派遣押牙唐英岸率领军队拦击叛军，贼军大败，抓获了他们的骡军兵马使张崇献。唐英岸追到永宁县东面，贼军都溃散逃入山谷。吴法超率领自己的部下逃奔长水县，都将燕子楚进击他，斩杀吴法超，并杀了他三分之二的士卒。德宗命令汴州刺史刘玄佐用诏书沿途诱降那些逃亡的士兵，得到一百三十多人，带回汴州，全部杀死。那些溃散的士兵在路上，又被村民杀死，能够回到蔡州的叛军才有四十

七人。吴少诚以其少,悉斩之以闻。且遣使以币谢李泌,为其破叛卒也。泌执张崇献等六十馀人送京师,诏悉腰斩于鄜州军门,以令防秋之众。

夏五月,申蔡留后吴少诚,缮兵完城,欲拒朝命。判官郑常、大将杨冀谋逐之,诈为手诏赐诸将申州刺史张伯元等。事泄,少诚杀常、冀、伯元。大将宋旻、曹济奔长安。

十三年冬十月,淮西节度使吴少诚擅开刀沟入汝,上遣中使谕止之,不从。命兵部郎中卢群往诘之,少诚曰:"开此水,大利于人。"群曰:"君令臣行,虽利,人臣敢专乎?公承天子之令而不从,何以使下吏从公之令乎?"少诚遽为之罢役。

十四年秋九月,彰义节度使吴少诚遣兵掠寿州霍山,杀镇遏使谢详,侵地二十馀里,置兵镇守。

十五年春三月甲寅,吴少诚遣兵袭唐州,杀监军邵国朝、镇遏使张嘉瑜,掠百姓千馀人而去。

秋八月丙申,陈许节度使曲环薨。乙未,吴少诚遣兵掠临颍。陈州刺史上官涚知陈许留后,遣大将王令忠将兵三千救之,皆为少诚所虏。九月丙午,以涚为陈许节度使,少诚遂围许州。涚欲弃城走,营田副使刘昌裔止之曰:"城中兵足以办贼,但闭城勿与战,不过数日,贼气自衰,吾以全制其弊,蔑不克矣。"少诚昼夜急攻,昌裔募勇士千人凿

七人。吴少诚因为逃回的人数太少,就将四十七人全部杀死,并报告给朝廷。吴少诚还派遣使者馈赠钱财给李泌,感谢他打败了叛逃的士兵。李泌捉住张崇献等六十餘人送往京城,德宗下诏命令在鄜州军门前将他们全部腰斩,借以号令防秋的将士们。

夏季五月,申蔡留后吴少诚打造兵器修补城墙,打算抗拒朝廷的命令。判官郑常、大将杨冀密谋驱逐他,便假造皇上的亲笔诏书赐给各将领和申州刺史张伯元等人。事情泄露,吴少诚杀死了郑常、杨冀和张伯元。大将宋旻、曹济逃奔长安。

十三年(797)冬季十月,淮西节度使吴少诚擅自凿开刀沟通入汝水,德宗派遣宦官使者劝说阻止他这样做,吴少诚不肯听从。德宗令兵部郎中卢群前往淮西责问吴少诚,吴少诚说:"开凿这一条水路,对百姓十分有利。"卢群说:"皇上的命令,臣子就应该执行,虽然有利,作为人臣胆敢专权吗?你接到天子的命令而不服从,用什么办法来让下面的属吏听从你的命令呢?"吴少诚立即听从卢群的劝说停止了这次开河工程。

十四年(798)秋季九月,彰义节度使吴少诚派遣军队抢劫寿州霍山县,杀死镇遏使谢详,侵犯占领土地二十餘里,并设置军队在那里镇守。

十五年(799)春季三月甲寅(初十),吴少诚派遣军队袭击唐州,杀监军邵国朝和镇遏使张嘉瑜,抢劫百姓一千多人然后离去。

秋季八月丙申(二十五日),陈许节度使曲环去世。乙未(二十四日),吴少诚派遣军队攻打抢劫临颍县,陈州刺史上官况担任陈许留后,派遣大将王令忠率领军队三千人援救临颍县,都被吴少诚俘虏了。九月丙午(初五),德宗任命上官况担任陈许节度使,吴少诚于是率军围攻许州。上官况打算放弃许州逃跑,营田副使刘昌裔阻止他说:"城中的兵力足以抵挡贼军,只要关闭城门不和他交战,不超过数日,贼军士气自会衰落,我们用完好没有受到损伤的军队攻击他士气衰落的军队,没有不能战胜的啊!"吴少诚昼夜紧急攻城,刘昌裔招募军中勇士一千人凿开

城出击少诚,大破之,城由是全。昌裔,兖州人也。少诚又寇西华,陈许大将孟元阳拒却之。陈许都知兵马使安国宁与上官涚不叶,谋翻城应少诚。刘昌裔以计斩之。召其麾下,人给二缣,伏兵要巷,见持缣者悉斩之,无得脱者。

丙辰,诏削夺吴少诚官爵,令诸道进兵讨之。

辛酉,以韩弘为宣武节度使。先是,少诚遣使与宣武节度使刘全谅约共攻陈许,以陈州归宣武。使者数辈犹在馆,弘悉驱出斩之。选卒三千,会诸军击少诚于许下。少诚由是失势。

山南东道节度使于頔、安黄节度使伊慎、知寿州事王宗与上官涚、韩弘进击吴少诚,屡破之。十一月壬子,于頔奏拔吴房、朗山。
诸军讨吴少诚者既无统帅,每出兵,人自规利,进退不壹。乙未,诸军自溃于小溵水,委弃器械、资粮,皆为少诚所有。于是始议置招讨使。

十六年春正月乙巳,恒冀、易定、陈许、河阳四军与吴少诚战,皆不利而退。夏绥节度使韩全义本出神策军,中尉窦文场爱厚之,荐于上,使统诸军讨吴少诚。二月乙酉,以全义为蔡州四面行营招讨使,十七道兵皆受全义节度。

韩全义素无勇略,专以巧佞货赂结宦官得为大帅,每议军事,

城墙，出击吴少诚，并大败吴少诚的军队，许州城因此保全。刘昌裔，是兖州人。吴少诚又率军攻击侵犯西华县，陈许大将孟元阳抵抗并击退了他。陈许都知兵马使安国宁和上官涚关系不和，他谋划着翻越城墙接应吴少城。刘昌裔用计将安国宁斩首。刘昌裔召集安国宁的部下，每人发给二匹绢，又在重要的街巷中埋伏了军队，看见拿着绢的人全部斩首，没有一个人逃脱。

丙辰（十五日），德宗下诏撤销吴少诚的官职爵号，命令各道藩镇进军讨伐他。

辛酉（二十日），德宗任命韩弘担任宣武军节度使。在此之前，吴少诚派遣使者和宣武军节度使刘全谅联络约定共同攻打陈许军，并将陈州归属宣武军。吴少诚的使者数人仍然住在客舍中，韩弘将他们全部驱赶出去，并杀了他们。韩弘挑选士兵三千人，会合各路军队在许州城下攻击吴少诚。吴少诚由此失去了优势。

山南东道节度使于頔、安黄节度使伊慎、寿州知府王宗和上官涚、韩弘联合出兵进击吴少诚，屡次打败吴少诚的军队。十一月壬子（十二日），于頔向朝廷报告攻取了吴房县和朗山县。

各个藩镇派出讨伐吴少诚的军队，一直没有统帅，每次出兵的时候，各支军队各自谋算自身的利益，致使军队行动都不统一。乙未（二十六日），各路军队在小溵水自动溃散，丢弃下来的各种军用器械、物资、粮食，都被吴少诚占有。这时，朝廷上下才开始商议设置招讨使。

十六年（800）春季正月乙巳（初六），恒冀、易定、陈许、河阳四个军镇出军和吴少诚交战，都没有获得胜利而退兵。夏绥节度使韩全义本来是神策军中的将士，宫中中尉窦文场赏识厚待他，在德宗面前推荐起用他，让他统领各路军队讨伐吴少诚。二月乙酉（十七日），德宗任命韩全义担任蔡州四面行营招讨使，十七道藩镇的军队皆听从韩全义的调度指挥。

韩全义一向胆怯又缺少谋略，专门用乖巧和迎合的手段，贿赂钱财的伎俩交结宦官得以担任大帅，每次商量计议军中大事，

宦官为监军者数十人坐帐中争论，纷然莫能决而罢。天渐暑，士卒久屯沮洳之地，多病疫，全义不存抚，人有离心。五月庚戌，与吴少诚将吴秀、吴少阳等战于溵南广利原，锋镝未交，诸军大溃，秀等乘之，全义退保五楼。少阳，沧州清池人也。

秋七月，吴少诚进击韩全义于五楼，诸军复大败，全义夜遁，保溵水县城。九月癸丑，吴少诚进逼溵水数里置营，韩全义复帅诸军退保陈州。宣武、河阳兵私归本道，独陈许将孟元阳、神策将苏光荣帅所部留军溵水。全义以诈诱昭义将夏侯仲宣、义成将时昂、河阳将权文变、河中将郭湘等，斩之，欲以威众。全义至陈州，刺史刘昌裔登城谓之曰："天子命公讨蔡州，今乃来此，昌裔不敢纳，请舍于城外。"既而昌裔赍牛酒入全义营犒师，全义惊喜，心服之。己未，孟元阳等与少诚战，杀二千馀人。

冬十月，吴少诚引兵还蔡州。先是，韦皋闻诸军讨少诚无功，上言："请以浑瑊、贾耽为元帅，统诸军。若重烦元老，则臣请以精锐万人下巴峡，出荆楚以蹙凶逆。不然，因其请罪而赦之，罢两河诸军以休息公私，亦策之次也。若少诚一旦罪盈恶稔，为麾下所杀，则又当以其爵位授之，是除一少诚，生一少诚，为患无穷矣。"贾耽言于上曰："贼意

担任监军的宦官数十人坐在军帐中,争论不休,意见不统一,难以裁决,只好作罢。天气渐渐炎热,士兵们长期驻扎在地势低洼潮湿的地带,许多士兵生病,闹瘟疫,韩全义不加安抚,士兵们滋生了离散的思想。五月庚戌(十三日),韩全义和吴少诚的将领吴秀、吴少阳等人在溵水南岸的广利原交战,尚未动用兵器,没有发出一箭,韩全义的各路军队就全面溃退,吴秀等人乘势进攻,韩全义率军撤退到五楼防守。吴少阳,是沧州清池县人。

秋季七月,吴少诚在五楼进击韩全义,韩全义的各路军队又被打得大败,韩全义夜晚偷偷逃走,撤到溵水县城防守。九月癸丑(十八日),吴少诚率军进逼溵水县,距离溵水县数里处安置营垒,韩全义又率领军队退保陈州。宣武、河阳镇军队私自返回本道藩镇,唯独陈许军将领孟元阳、神策军将领苏光荣率领自己的军队在溵水县驻扎。韩全义使用诈谋把昭义军将领夏侯仲宣、义成军将领时昂、河阳军将领权文变、河中军将领郭湘等人诱骗到军中斩杀,想以此威慑全军。韩全义到达陈州,刺史刘昌裔登上城楼对他说:“天子命您讨伐蔡州,今天你们来到这儿,刘昌裔不敢接纳你们入城,请你们在城外住宿。”接着,刘昌裔带着牛肉和酒进入韩全义的军营犒赏军队,韩全义喜出望外,心中敬服他。己未(二十四日),孟元阳等人率军和吴少诚交战,杀死敌军二千多人。

冬季十月,吴少诚率领军队回蔡州。在此之前,韦皋听说各路军队讨伐吴少诚没有进展,向朝廷提出建议:“请求任命浑瑊、贾耽二人为元帅,统领各路军队。如果皇上不愿烦劳这些元老大臣,那我请求调拨一万精锐士兵直下巴峡地区,从荆楚地带出军,消灭凶恶的叛逆。如果不这样计划,就趁吴少诚向朝廷认罪的时候而赦免他的罪过,停止两河地区各路军队的军事行动,以便国家和百姓都能得到休息,这也是稍次一等的策略啊!如果吴少诚有一天因为罪大恶极,被他的部下杀掉,那么又要将他的官职爵位授给他的部下,这样就是除掉了一个吴少诚,又生出一个吴少诚,患祸无穷无尽啊!”贾耽在德宗面前说:“贼军的意图

盖亦望恩贷,恐须开其生路。"上然之。会少诚致书币于监官军者求昭洗,监军奏之。戊子,诏赦少诚及彰义将士,复其官爵。

十七年春正月甲寅,韩全义至长安,窦文场为掩其败迹,上礼遇甚厚。全义称足疾,不任朝谒,遣司马崔放入对。放为全义引咎,谢无功,上曰:"全义为招讨使,能招来少诚,其功大矣,何必杀人然后为功邪!"闰月甲戌,归夏州。

顺宗永贞元年春三月,加彰义节度使吴少诚同平章事。

宪宗元和四年。初,吴少诚宠其大将吴少阳,名以从弟,署为军职。出入少诚家如至亲,累迁申州刺史。少诚病,不知人,家僮鲜于熊儿诈以少诚命召少阳摄副使、知军州事。少诚有子元庆,少阳杀之。十一月己巳,少诚薨,少阳自为留后。

五年。上以河朔方用兵,不能讨吴少阳。三月己未,以少阳为淮西留后。

六年春正月甲辰,以彰义留后吴少阳为节度使。

九年闰八月丙辰,彰义节度使吴少阳薨。少阳在蔡州,阴聚亡命,牧养马骡,时抄掠寿州茶山以实其军。其子

大概也是希望朝廷能施恩赦免他的罪过,恐怕要给他们留一条生路。"德宗同意贾耽的建议。恰逢吴少诚向官军的监军写信并赠送财物,请求为他平反,监军把吴少诚的请求奏报给德宗。戊子(二十三日),德宗下诏,赦免吴少诚以及彰义军将士的罪过,恢复吴少诚的官职和爵位。

贞元十七年(801)春季正月甲寅(二十一日),韩全义回到长安,窦文场为他掩盖了战争中失败的事迹,德宗慰劳他的礼节很优厚。韩全义声称脚有病,不能上朝拜见皇上,派遣军中司马崔放入宫回报情况。崔放替韩全义承认过失,为没有取得战功表示谢罪,德宗说:"韩全义身为招讨使,能够把吴少诚招归朝廷,他的功劳很大啊,为什么一定要杀死人然后才能称为立功呀!"闰正月甲戌(十一日),韩全义返回夏州。

唐顺宗永贞元年(805)春季三月,加封彰义军节度使吴少诚为同平章事。

唐宪宗元和四年(809)。当初,吴少诚宠爱他的大将吴少阳,称他为自己的叔伯弟弟,委任他在军中担任职务。吴少阳进出吴少诚的家如同是很密切的亲戚,经过多次提拔,累迁至申州刺史。吴少诚生病,病重到认不出人的程度,家僮鲜于熊儿假借吴少诚的名义下达命令,召吴少阳代理彰义军节度副使,掌管军中和州县的事务。吴少诚有一个儿子名叫吴元庆,吴少阳把他杀了。十一月己巳(二十七日),吴少诚去世,吴少阳自己宣布担任彰义军留后。

五年(810)。宪宗因为刚刚对河朔地区采取了军事行动,无力讨伐吴少阳。三月己未(十九日),宪宗任命吴少阳担任淮西镇留后。

六年(811)春季正月甲辰(初九),宪宗任命彰义军留后吴少阳担任节度使。

九年(814)闰八月丙辰(十二日),彰义军节度使吴少阳去世。吴少阳在蔡州的时候,曾暗中聚集逃亡的罪犯,牧养马匹骡子,经常抢掠寿州茶山的钱财供给他的军队作为军需。他的儿子

摄蔡州刺史元济,匿丧,以病闻,自领军务。

上自平蜀,即欲取淮西。淮南节度使李吉甫上言:"少阳军中上下携离,请徙理寿州以经营之。"会朝廷方讨王承宗,未暇也。及吉甫入相,田弘正以魏博归附。吉甫以为汝州扞蔽东都,河阳宿兵,本以制魏博,今弘正归顺,则河阳为内镇,不应屯重兵以示猜阻。辛酉,以河阳节度使乌重胤为汝州刺史,充河阳、怀、汝节度使,徙理汝州。已巳,弘正检校右仆射,赐其军钱二十万缗,弘正曰:"吾未若移河阳军之为喜也。"

九月庚辰,以洺州刺史李光颜为陈州刺史,充忠武军都知兵马使。以泗州刺史令狐通为寿州防御使。通,彰之子也。丙戌,以山南东道节度使袁滋为荆南节度使,以荆南节度使严绶为山南东道节度使。

吴少阳判官苏兆、杨元卿、大将侯惟清皆劝少阳入朝。元济恶之,杀兆,囚惟清。元卿先奏事在长安,具以淮西虚实及取元济之策告李吉甫,请讨之。时元济犹匿丧,元卿劝吉甫,凡蔡使入奏者,所在止之。少阳死近四十日,不为辍朝,但易环蔡诸镇将帅,益兵为备。元济杀元卿妻及四男以圬射埘。淮西宿将董重质,吴少诚之婿也,元济以为谋主。

代理蔡州刺史，隐瞒了吴少阳的丧事，只向朝廷报告说吴少阳生病，自己掌管军中事务。

　　宪宗自从平定了蜀中刘闢后，就打算平定淮西镇。淮南节度使李吉甫向宪宗提出建议，说："吴少阳军中上下将士对朝廷已有叛离之心，请求将自己的治所迁移到寿州，以便规划治理淮西。"恰逢朝廷正在讨伐王承宗，没有空闲考虑这件事。等到李吉甫入京担任宰相，田弘正以魏博藩镇归附朝廷。李吉甫认为汝州可以护卫东都洛阳，河阳驻扎的军队，本来是控制魏博军的，现在魏博田弘正已经归顺朝廷，那么河阳镇就成为内部军镇，不应该驻扎很多的军队而显示对魏博镇的猜疑和不信任。辛酉（十六日），宪宗任命河阳节度使乌重胤担任汝州刺史，充任河阳、怀州、汝州节度使，将节度使治所迁移到汝州。己巳（二十五日），宪宗加封田弘正担任检校右仆射，赏赐他的军队二十万缗钱，田弘正说："没有比迁移河阳军更让我高兴的了。"

　　九月庚辰（初七），宪宗任命洺州刺史李光颜担任陈州刺史，充任忠武军都知兵马使。宪宗任命泗州刺史令狐通担任寿州防御使。令狐通是令狐彰的儿子。丙戌（十三日），宪宗任命山南东道节度使袁滋担任荆南节度使，任命荆南节度使严绶担任山南东道节度使。

　　吴少阳的判官苏兆、杨元卿、大将侯惟清都劝说吴少阳入京朝见宪宗。吴元济讨厌他们，把苏兆杀了，把侯惟清囚禁起来。杨元卿事先到长安向朝廷报告有关问题，把淮西镇的虚实情况一一报告给李吉甫，并且提出了攻取吴元济的策略，请求朝廷讨伐吴元济。当时，吴元济仍在隐瞒丧事，杨元卿劝说李吉甫，凡是蔡州派入京报告情况的使者，所到各处都要阻止他们。吴少阳死后将近四十天，朝廷不为他停止上朝表示哀悼，只是调换蔡州周围各个藩镇的将帅，增加兵力做好攻取的准备。吴元济杀死杨元卿的妻子和四个儿子，用他们的血涂射箭的靶子。淮西镇的旧将领董重质是吴少诚的女婿，吴元济让他作为自己的主要军事参谋。

李吉甫言于上曰:"淮西非如河北,四无党援,国家常宿数十万兵以备之,劳费不可支也。失今不取,后难图矣。"上将讨之,张弘靖请先为少阳辍朝、赠官,遣使吊赠,待其有不顺之迹,然后加兵。上从之,遣工部员外郎李君何吊祭。元济不迎敕使,发兵四出,屠舞阳,焚叶,掠鲁山、襄城,关东震骇。君何不得入而还。

冬十月壬戌,以忠武节度副使李光颜为节度使。甲子,以严绶为申、光、蔡招抚使,督诸道兵招讨吴元济。

十年。吴元济纵兵侵掠,及于东畿。正月己亥,制削元济官爵,命宣武等十六道进军讨之。严绶击淮西兵,小胜,不设备,淮西兵夜还袭之。二月甲辰,绶败于磁丘,却五十馀里,驰入唐州而守之。寿州团练使令狐通为淮西兵所败,走保州城,境上诸栅尽为淮西所屠。癸丑,以左金吾大将军李文通代之,贬通昭州司户。

诏鄂岳观察使柳公绰以兵五千授安州刺史李听,使讨吴元济,公绰曰:"朝廷以吾书生不知兵邪!"即奏请自行,许之。公绰至安州,李听属櫜鞬迎之。公绰以鄂岳都知兵马使、先锋行营兵马都虞候二牒授之,选卒六千以属听,戒其部校曰:"行营之事,一决都将。"听感恩畏威,如出麾下。

李吉甫在宪宗面前说："淮西镇不同于河北地区，它的四周没有同党援助，国家常驻数十万军队来防备他们，将士们的劳苦和国家的费用支撑不下去了。失去今天的机会不去攻取，以后就难以谋取他们了。"宪宗打算讨伐吴元济，张弘靖请求先为吴少阳停止上朝致哀、追赠官爵，派遣使者到淮西去吊丧、赠送办丧的财物，等待他们有不肯顺从的迹象表现出来，再动用军事力量。宪宗听从了他的建议，派遣工部员外郎李君何前往淮西吊丧祭奠。吴元济没有迎接朝廷前来吊丧的使者，出动军队，四面出击，屠杀了舞阳县的人民，火烧叶县，抢掠鲁山县、襄城县，关东地区受到震动和惊骇，李君何没能进入境内而返回京城。

冬季十月壬戌（十九日），宪宗任命忠武军节度副使李光颜担任节度使。甲子（二十一日），宪宗任命严绶担任申州、光州、蔡州招抚使，督促各道藩镇军队招抚讨伐吴元济。

十年（815）。吴元济放纵军队向外侵略，到了东都洛阳周围地区。正月己亥（二十七日），宪宗颁发制书，宣布撤销吴元济的官职爵号，命令宣武军等十六道藩镇军队进军讨伐他。严绶进击淮西军，获得小胜后，没有设立军事防备，淮西军夜晚还击严绶。二月甲辰（初二），严绶在磁丘县战败，向后撤退五十馀里，驰入唐州进行防守。寿州团练使令狐通被淮西军打败，逃跑进入寿州城中防守。寿州境内各处营栅的士兵都遭到淮西军的屠杀。癸丑（十一日），宪宗任命左金吾大将军李文通代替令狐通担任寿州团练使，将令狐通降职为昭州司户。

宪宗下诏书，命令鄂岳观察使柳公绰拨给安州刺史李听五千士兵，让他讨伐吴元济。柳公绰说："朝廷认为我是书生，不懂得用兵之道吗？"立即向朝廷报告，请求自己率军讨伐吴元济，朝廷批准了他的请求。柳公绰到达安州，李听让部下将领全副武装去迎接他。柳公绰把鄂岳都知兵马使、先锋行营兵马都虞候两个牒文交给他们，挑选士兵六千人归属李听调遣，告诫他的部下和士兵说："有关军中行营的事务，一切听从都将的命令。"李听感激他的恩德，敬畏他的威严，就像是柳公绰的部下一样。

公绰号令整肃,区处军事,诸将无不服。士卒在行营者,其家疾病死丧,厚给之,妻淫泆者,沉之于江。士卒皆喜曰:"中丞为我治家,我何得不前死!"故每战皆捷。公绰所乘马,蹍杀圉人,公绰命杀马以祭之,或曰:"圉人自不备耳,此良马,可惜!"公绰曰:"材良性驽,何足惜也!"竟杀之。

三月庚子,李光颜奏破淮西兵于临颍。

田弘正遣其子布将兵三千助严绶讨吴元济。

甲辰,李光颜又奏破淮西兵于南顿。

吴元济遣使求救于恒、郓。王承宗、李师道数上表请赦元济,上不从。是时发诸道兵讨元济而不及淄青,师道使大将将三千人趣寿春,声言助官军讨元济,实欲为元济之援也。

师道素养刺客奸人数十人,厚资给之,其徒说师道曰:"用兵所急,莫先粮储。今河阴院积江、淮租税,请潜往焚之。募东都恶少年数百,劫都市,焚宫阙,则朝廷未暇讨蔡,先自救腹心。此亦救蔡一奇也。"师道从之。自是所在盗贼窃发。辛亥,募盗数十人攻河阴转运院,杀伤十馀人,烧钱帛三十馀万缗匹,谷二万馀斛,于是人情恇惧。群臣

柳公绰号令整齐严肃,处置军中事务,各将领没有人不服从。士兵出征在行营中的人,凡是家中有人生病或死亡的,柳公绰都发给他们丰厚的钱财物资,他们的妻子如有淫荡的人,便把她沉入长江。士兵们都高兴地说:"柳中丞为我安顿好家,我怎么能不以死向前呢!"所以每次战争都取得胜利。柳公绰所骑的马踢死了养马人,柳公绰命令将马杀死来祭奠他,有人说:"养马的人自己没有防备罢了,这是一匹良马,杀了可惜!"柳公绰说:"这是一匹能跑的好马,但是性情顽劣,有什么值得可惜的呢!"最终杀了那匹马。

三月庚子(二十九日),李光颜向朝廷报告在临颍县打败淮西军。

田弘正派遣他的儿子田布率领军队三千人援助严绶讨伐吴元济。

甲辰(初三)那一天,李光颜又向朝廷报告,在南顿县打败了淮西军。

吴元济派遣使者到恒州、郓州请求援助。王承宗、李师道多次向朝廷上表文,要求宽宥吴元济,宪宗不肯依从。当时,朝廷征发各道藩镇的军队讨伐吴元济,还没有开始讨伐淄青镇,李师道派遣大将率领军队三千人奔赴寿春,声言帮助国家官军讨伐吴元济,实际上想要作为吴元济的援助力量。

李师道平常收养刺客和奸人数十人,供给他们丰厚的物资,他的门客劝说李师道,说:"军事战争中所急需的,没有比储藏粮食更重要。现在河阴转运院积存着江、淮转运来的租税贡赋,建议暗中派人前往焚烧那批物资。然后在东都洛阳招募凶恶顽劣少年数百名,让他们抢劫洛阳街市,焚烧宫殿大门,那样,朝廷就没有空闲时间来讨伐蔡州了,他们要先抢救腹心之地。这也是援救蔡州的一个奇策啊!"李师道听从了这一计策。从此,官府所在之地,到处都有盗贼暗中活动。辛亥(初十),李师道招募盗贼数十人攻打河阴转运院,杀伤十几个人,烧毁转运院中积存的金钱布帛三十馀万缗匹,烧毁谷粮二万馀斛,由此人心惶恐不安。群臣

多请罢兵,上不许。

诸军讨淮西久未有功,五月,上遣中丞裴度诣行营宣慰,察用兵形势。度还,言淮西必可取之状,且曰:"观诸将,惟李光颜勇而知义,必能立功。"上悦。考功郎中、知制诰韩愈上言,以为:"淮西三小州,残弊困剧之馀,而当天下之全力,其破败可立而待。然所未可知者,在陛下断与不断耳。"因条陈用兵利害,以为:"今诸道发兵各二三千人,势力单弱,羁旅异乡,与贼不相谙委,望风慑惧。将帅以其客兵,待之既薄,使之又苦。或分割队伍,兵将相失,心孤意怯,难以有功。又其本军各须资遣,道路辽远,劳费倍多。闻陈、许、安、唐、汝、寿等州与贼连接处,村落百姓悉有兵器,习于战斗,识贼深浅,比来未有处分,犹有自备衣粮,保护乡里。若令召募,立可成军。贼平之后,易使归农。乞悉罢诸道军,募土人以代之。"又言:"蔡州士卒皆国家百姓,若势力穷不能为恶者,不须过有杀戮。"

丙申,李光颜奏败淮西兵于时曲。淮西兵晨压其垒而阵,光颜不得出,乃自毁其栅之左右,出骑以击之。光颜自将数骑冲其阵,出入数四,贼皆识之,矢集其身如猬毛。其

大多提出停止用兵,宪宗不批准。

　　各路军队讨伐淮西军很久没有成功,五月,宪宗派遣中丞裴度前往前线行营抚慰军中将士,观察军事形势。裴度回到京城,说明了淮西一定能够攻取的情形,并且说:"观看各将领,只有李光颜勇敢而且深明大义,一定能够建立战功。"宪宗很高兴。考功郎中、知制诰韩愈向宪宗进言,认为:"淮西镇三个小州,处在残破凋敝困顿艰难的馀喘之时,而面临天下全部的兵力,他们的毁灭和失败可以立等而得到。然而,现在还不能清楚地看出形势的原因,就在于皇上有没有做出决断。"韩愈因而逐条列陈这场战争的利益和危害,认为:"现在各道藩镇派出军队各二三千人,势力单薄弱小,出征行军在异乡,对于敌军的情形不熟悉,望风就慑服畏惧。指挥战争的将帅认为他们是外来的军队,对待他们既刻薄,又极力驱使他们,使得他们更加劳苦。有时又分割了他们的队伍,士兵和将领互相离开,使将士们感到孤单胆怯,难以建立战功。另外,各个藩镇派出军队后,各自需要供给他们军用物资,道路相隔遥远,运输的劳苦和军费开支都要加倍。听说陈、许、安、唐、汝、寿等州,在与贼境相连接的地方,乡村中的百姓都拥有兵器,练习打仗战斗,熟悉贼军的情况,了解他们力量的大小。近来朝廷对那些地区的乡村虽然没有办法保护,他们仍然有人自己准备衣服粮食,保护乡里。如果令人前去招募这些百姓,这些人立即可以组织成为军队。消灭贼军之后,也容易让他们回去务农。请求全部免征各个藩镇的军队,招募乡村的农民来代替他们。"韩愈又说:"蔡州的士兵都是国家的百姓,如果到了吴元济势力弱小、不能做坏事的时候,不要过多地杀戮他们。"

　　丙申(二十六日),李光颜上奏在时曲打败了淮西军。淮西军清晨把军队压到他的营垒前列开军阵,李光颜的军队冲不出来,就自己毁坏了营栅的左右两边,出骑兵攻击敌军。李光颜亲自率领数名骑兵攻入敌阵,冲入杀出好几次,贼军都认识他了,弓箭全部集中射向他,他身上中的箭就像刺猬身上的毛一样多。他的

子揽辔止之,光颜举刀叱去。于是人争致死,淮西兵大溃,杀数千人。上以裴度为知人。

上自李吉甫薨,悉以用兵事委武元衡。李师道所养客说师道曰:"天子所以锐意诛蔡者,元衡赞之也,请密往刺之。元衡死,则他相不敢主其谋,争劝天子罢兵矣。"师道以为然,即资给遣之。

王承宗遣牙将尹少卿奏事,为吴元济游说。少卿至中书,辞指不逊,元衡叱出之。承宗又上书诋毁元衡。六月癸卯,天未明,元衡入朝,出所居靖安坊东门,有贼自暗中突出射之,从者皆散走,贼执元衡马行十馀步而杀之,取其颅骨而去。又入通化坊击裴度,伤其首,坠沟中。度毡帽厚,得不死。仆人王义自后抱贼大呼,贼断义臂而去。京城大骇,于是诏宰相出入,加金吾骑士张弦露刃以卫之,所过坊门呵索甚严。朝士未晓不敢出门。上或御殿久之,朝班犹未齐。

贼遗纸于金吾及府、县,曰:"毋急捕我,我先杀汝。"故捕贼者不敢甚急。兵部侍郎许孟容见上言:"自古未有宰相横尸路隅而盗不获者,此朝廷之辱也!"因涕泣。又诣中书挥涕言:"请奏起裴中丞为相,大索贼党,穷其奸源。"戊申,诏中外所在搜捕,获贼者赏钱万缗,官五品。敢庇匿者,

儿子挽住他的马笼头阻止他，李光颜举起兵刃呵斥他走开。由此，士兵争着以死相拼，淮西军被打得大败溃退，被杀死了数千人。宪宗认为裴度善于识别人才。

宪宗自从李吉甫死后，将军事上的事务全部委托给武元衡主管。李师道收养的刺客劝说李师道，说："天子之所以坚决要声讨蔡州军，就是因为武元衡的佐助支持，建议秘密地派人前去刺杀他。武元衡死了，那么其他的宰相就不敢主张坚持他的谋划了，一定会争着劝说天子停止战争了。"李师道认为有道理，就给他们很多钱财让他们去行刺武元衡。

王承宗派遣牙将尹少卿到朝廷报告事情，并替吴元济游说。尹少卿到达中书省，言词意旨很不谦恭，武元衡呵斥他并将它赶出去了。王承宗又向宪宗上书，诋毁武元衡。六月癸卯（初三），天还没有亮，武元衡入宫朝见，走出了他所居住的靖安坊的东门，有贼人从暗中突然杀出来射击他，随从人员都四散逃跑，贼人捉住武元衡的马行走了十几步远而后杀了他，取下他的头颅后离开。又有人进入通化坊袭击裴度，打伤了他的头，裴度坠入沟中。裴度的毡帽很厚，得以免于一死。跟从裴度的卫官王义从后面赶上来抱住贼人大声呼喊，贼人砍断了王义的臂膀逃去。京城的百姓大为惊骇，于是，宪宗下诏书，命令宰相出入，身边都增加金吾军骑士，张开弓箭，亮出兵器进行护卫。宰相所经过的坊门，都要大声呵斥搜索，很是严密。朝廷的官员天不亮不敢出门，宪宗有时候在殿上上朝很久，朝廷班中的官员仍然没有到齐。

贼人在金吾军卫所和府县留下纸条，写着："不要着急抓我，我要先杀掉你们。"所以捕捉刺客的人们，不敢逼得太急。兵部侍郎许孟容进见宪宗说："自古以来没有宰相被刺，尸体横躺在大路旁边，而盗贼却抓不到的事情，这是朝廷的耻辱啊！"许孟容因而流涕哭泣。许孟容又前往中书省挥涕说："请求上奏，起用裴中丞担任宰相，大力搜索贼党，穷追他们奸党的渊源。"戊申（初九），宪宗下诏书，命令朝廷内外各地搜捕贼党，抓获刺客的人赏钱一万缗，提拔官职为五品。胆敢庇护藏匿刺客的人，

举族诛之。于是京城大索,公卿家有复壁、重橑者皆索之。成德军进奏院有恒州卒张晏等数人,行止无状,众多疑之。庚戌,神策将军王士则等告王承宗遣晏等杀元衡。吏捕得晏等八人,命京兆尹裴武、监察御史陈中师鞫之。癸亥,诏以王承宗前后三表出示百寮,议其罪。

裴度病疮,卧二旬,诏以卫兵宿其第,中使问讯不绝。或请罢度官以安恒、郓之心,上怒曰:"若罢度官,是奸谋得成,朝廷无复纲纪。吾用度一人,足破二贼。"甲子,上召度入对。乙丑,以度为中书侍郎、同平章事。度上言:"淮西,腹心之疾,不得不除。且朝廷业已讨之,两河藩镇跋扈者,将视此为高下,不可中止。"上以为然,悉以用兵事委度,讨贼愈急。初,德宗多猜忌,朝士有相过从者,金吾皆伺察以闻,宰相不敢私第见客。度奏:"今寇盗未平,宰相宜招延四方贤才与参谋议。"始请于私第见客,许之。

陈中师按张晏等,具服杀武元衡,张弘靖疑其不实,屡言于上,上不听。戊辰,斩晏等五人,杀其党十四人,李师道客竟潜匿亡去。吕元膺捕贼,获中岳寺僧圆净,按验其党,始知杀武元衡者乃是李师道,事见《宪宗讨淄青》。

秋八月乙丑,李光颜败于时曲。

诛杀全族。于是,在京城中大肆搜索刺客,朝廷官员家中有夹墙重屋的,都进行了搜查。成德军进奏院中有恒州士兵张晏等数人,行为举止很不正常,众人大多怀疑他们。庚戌(初十),神策军将军王士则等人告发王承宗派遣张晏等人杀害武元衡,军吏捕捉了张晏等八人,命令京兆尹裴武、监察御史陈中师审讯他们。癸亥(二十三日),宪宗下诏书,命令将王承宗前后三次上呈给朝廷的表文出示给朝中文武百官看,让他们商议给王承宗定罪。

裴度由于受伤的创口成疮,生病卧床二十天,宪宗下诏书,派卫兵住宿在他的家中,前来问讯的宦官使者相继不断。有人提出罢免裴度的官职来安定恒州、郓州的军心,宪宗发怒说:"如果罢免了裴度的官职,就是让奸人的阴谋得逞,朝廷就不能恢复纲纪。我任用裴度一个人,足以打败这两个贼军。"甲子(二十四日),宪宗召裴度入宫商量事情。乙丑(二十五日),宪宗任命裴度担任中书侍郎、同平章事。裴度进言:"淮西,是国家心腹之病,不得不除。而且朝廷已经开始了讨伐他们的大业,两河地区的藩镇中,那些飞扬跋扈的人都看着这件事情,在和朝廷的力量比高下,我们不可中止讨伐的大业。"宪宗认为他说得对,便把全部军事事务委托给裴度,朝廷讨伐贼军更加急迫。当初,德宗多猜忌,朝廷官员有过相互来往的人,金吾卫都进行侦察,将情况报告皇上,宰相不敢私自在家中会见客人。裴度向宪宗上奏说:"现在盗寇没有平定,宰相应当招延四方贤才,和他们商量计议。"于是,开始请求在家中会见客人,宪宗答应了。

陈中师审讯张晏等人,张晏等人都认罪说是他们杀害了武元衡。张弘靖怀疑这件事不符合事实,多次向宪宗说这件事,宪宗不肯听从。戊辰(二十八日),将张晏等五人斩杀,杀死他们的同党十四人。李师道收买的刺客全部潜藏逃跑离去。吕元膺捕捉贼人,抓获了中岳寺的和尚圆净,按察查验他的同党,才知道杀害武元衡的人原来是李师道,事见《宪宗讨淄青》。

秋季八月乙丑(二十七日),李光颜在时曲战败。

初，上以严绶在河东，所遣裨将多立功，故使镇襄阳，且督诸军讨吴元济。绶无他材能，到军之日，倾府库，赉士卒，累年之积，一朝而尽。又厚赂宦官以结声援，拥八州之众万馀人屯境上，闭壁经年，无尺寸功。裴度屡言其军无政。

九月癸酉，以韩弘为淮西诸军都统。弘乐于自擅，欲倚贼以自重，不愿淮西速平。李光颜在诸将中战最力，弘欲结其欢心，举大梁城索得一美妇人，教之歌舞丝竹，饰以珠玉金翠，直数百万钱，遣使遗之。使者先致书。光颜乃大犒将士，使者进妓，容色绝世，一座尽惊。光颜谓使者曰："相公愍光颜羁旅，赐以美妓，荷德诚深。然战士数万，皆弃家远来，冒犯白刃，光颜何忍独以声色自娱悦乎！"因流涕，座者皆泣。即于席上厚以缯帛赠使者，并妓返之，曰："为光颜多谢相公，光颜以身许国，誓不与逆贼同戴日月，死无贰矣！"

冬十月，以户部侍郎李逊为襄、复、郢、均、房节度使，右羽林大将军高霞寓为唐、随、邓节度使。朝议以唐与蔡接，故使霞寓专事攻战，而逊调五州之赋以饷之。

十一月，寿州刺史李文通奏败淮西兵。壬申，韩弘请命众军合攻淮西，从之。李光颜、乌重胤败淮西兵于小溵水，

当初，宪宗因为严绶在河东的时候，所派遣的副将大多建立了战功，所以让他去镇守襄阳，并且让他督促率领各路军队讨伐吴元济。严绶没有其他的才能，到达军中赴任之日，拿出府库中所有的钱财赏赐给军士，好几年积累的钱财，一下子被他散尽了。他又用丰厚的物品贿赂宦官，与他们声息相通，互相援助。他掌握着八州的军队一万馀人，驻扎在边境上，关闭壁门一年多不开战，没有建立尺寸功劳。裴度多次说他治军没有政治方略。

九月癸酉（初五），宪宗任命韩弘担任淮西军诸军都统。韩弘乐于独自掌握大权，想倚仗贼人的力量提高自己的地位，因此不希望迅速平定淮西。李光颜在诸将领中是作战最卖力气的人，韩弘想交结他，得到他的欢心，于是搜索大梁全城，获得一个美妇人，教她唱歌跳舞弹琴吹奏，用珠玉金翠把美妇人装扮起来，价值数百万钱，派使者送给李光颜。使者先向李光颜写了一封信。李光颜大宴军中将士，使者将歌妓进献上来，容貌姿色美丽绝代，满座的宾客都惊呆了。李光颜对使者说："韩相公同情我出征在外，赏赐我美貌的歌女，我蒙受韩相公的恩德确实很深。然而军中战士数万人，都抛弃家人远征而来，冒死在敌人白刃中冲杀，李光颜怎么能忍心单独享受歌声和美女自己娱乐呢！"李光颜因而流涕哭泣，满座的人都哭了。李光颜当即在宴席上用丰厚的绸缎布帛赠给使者，并让歌妓和使者一同返回，说："请为李光颜多多感谢韩相公，李光颜以自身奉献给国家，发誓不和逆贼共存于世间，就是死了也不会有二心啊！"

冬季十月，宪宗任命户部侍郎李逊担任襄州、复州、郢州、均州、房州节度使，任命右羽林大将军高霞寓担任唐州、随州、邓州节度使。朝廷官员讨论，认为唐州和蔡州接壤，所以让高霞寓专门负责从事对蔡州的攻讨战争，而让李逊负责调集五州的赋税来供给他军饷。

十一月，寿州刺史李文通向朝廷报告打败了淮西军。壬申（初五），韩弘向朝廷提出，请求命令各路军队合力攻打淮西军，宪宗听从了他的意见。李光颜、乌重胤在小溵水打败了淮西军，

拔其城。乙亥,以严绶为太子少保。盗焚襄州佛寺军储。尽徙京城积草于四郊以备火。丁丑,李文通败淮西兵于固始。戊寅,盗焚献陵寝宫、永巷。

初,吴少阳闻信州人吴武陵名,邀以为宾友,武陵不答。及元济反,武陵以书谕之曰:"足下勿谓部曲不我欺,人情与足下一也。足下反天子,人亦反足下。易地而论,则其情可知矣。"

十一年春三月,寿州团练使李文通奏败淮西兵于固始,拔镦山。己卯,唐邓节度使高霞寓奏败淮西兵于朗山,斩首千馀级,焚二栅。夏四月庚子,李光颜、乌重胤奏败淮西兵于陵云栅,斩首五千级。五月壬申,李光颜、乌重胤奏败淮西兵于陵云栅,斩首二千馀级。

六月甲辰,高霞寓大败于铁城,仅以身免。时诸将讨淮西者,胜则虚张杀获,败则匿之。至是,大败不可掩,始上闻,中外骇愕。宰相入见,将劝上罢兵,上曰:"胜负兵家之常,今但当论用兵方略,察将帅之不胜任者易之,兵食不足者助之耳。岂得以一将失利,遽议罢兵邪!"于是独用裴度之言,他人言罢兵者亦稍息矣。己酉,霞寓退保唐州。

攻取了他们的潊水县城。乙亥(初八),宪宗任命严绶担任太子少保。盗贼纵火烧毁了襄州佛寺内储藏的军事物资。朝廷将京城中积存的草堆全部转移到京城四郊,防备火灾。丁丑(初十),李文通在固始县打败淮西军。戊寅(十一日),盗贼纵火烧了南陵的后殿和长巷。

当初,吴少阳听说信州人吴武陵有名望,便邀请他做自己的宾客和朋友,吴武陵不肯答应。等到吴元济反叛的时候,吴武陵写信给吴元济,开导他说:"您不要认为您的部下不会欺骗您,人的心情和您是一样的。您反叛天子,人们也会反叛您。倘若您能够换到他们的位置去看待这个问题,那么他们的心情您就能够明白了。"

十一年(816)春季三月,寿州团练使李文通向朝廷报告,他们在固始县打败了淮西军,攻取了镆山县。己卯(十三日),唐邓节度使高霞寓向朝廷报告,他们在朗山县打败了淮西军,斩首一千多级,烧毁了淮西军的两个营栅。夏季四月庚子(初五),李光颜、乌重胤向朝廷报告,他们在陵云栅打败了淮西军,斩首五千级。五月壬申(初七),李光颜、乌重胤向朝廷报告,他们在陵云栅打败了淮西军,斩首两千馀级。

六月甲辰(初十),高霞寓在铁城栅被淮西军打得大败,仅仅免得自身一死。当时各将领中讨伐淮西军的人,胜利了就夸大虚报杀死和抓获的敌人数量,失败了就隐瞒不报告消息。到这时候,高霞寓被打得大败无法掩盖,才开始向宪宗报告情况,朝廷内外都非常震惊。宰相们入宫进见宪宗,将要劝说宪宗停止出兵,宪宗说:"胜败是兵家常事,现在只应当讨论战争的策略战术,考察将帅中那些不能胜任的人并撤换下来,兵器和粮食不足的地方,我们要援助他们罢了。怎么能够以一员将领的失利,就要立即讨论停止战争呢!"于是宪宗只听取裴度的意见,其他人提出停止战争的呼声也逐渐平息了。己酉(十五日),高霞寓撤退到唐州防守。

上责高霞寓之败，霞寓称李逊应接不至。秋七月丁丑，贬霞寓为归州刺史，逊亦左迁恩王傅。以河南尹郑权为山南东道节度使，袁滋为彰义节度、申光蔡唐隋邓观察使，以唐州为理所。壬午，宣武军奏破郾城之众二万，杀二千馀人，捕虏千馀人。

九月乙酉，李光颜、乌重胤奏拔吴元济陵云栅。丁亥，光颜又奏拔石、越二栅，寿州奏败殷城之众，拔六栅。

讨淮西诸军近九万，上怒诸将久无功，冬十一月辛巳，命知枢密梁守谦宣慰，因留监其军，授以空名告身五百通及金帛，以劝死士。庚寅，先加李光颜等检校官，而诏书切责，示以无功必罚。辛卯，李文通奏败淮西兵于固始，斩首千馀级。

十二月，袁滋至唐州，去斥候，止其兵不使犯吴元济境。元济围其新兴栅，滋卑辞以请之，元济由是不复以滋为意。朝廷知之，甲寅，以太子詹事李愬为唐、随、邓节度使。愬，听之兄也。

初置淮、颍水运使。杨子院米自淮阴溯淮入颍，至项城入溵，输于郾城，以馈讨淮西诸军，省汴运之费七万馀缗。

十二年春正月甲申，贬袁滋为抚州刺史。李愬至唐州，军中承丧败之馀，士卒皆惮战，愬知之，有出迓者，愬谓

宪宗责问高霞寓失败的事情,高霞寓推说是李逊接应军饷没有及时到达。秋季七月丁丑(十三日),宪宗将高霞寓降职为归州刺史,李逊也降职为恩王李连的师傅。宪宗任命河南尹郑权担任山南东道节度使,任命袁滋担任彰义军节度使,申州、光州、蔡州、唐州、随州、邓州观察使,命令以唐州作为治所。壬午(十八日),宣武军向朝廷报告,他们打败了郾城的两万军队,杀敌二千多人,捕捉俘虏一千多人。

　　九月乙酉(二十三日),李光颜、乌重胤向朝廷报告,他们攻取了吴元济的陵云栅。丁亥(二十五日),李光颜又向朝廷报告,他们攻取了石、越两个营栅。寿州向朝廷报告,他们打败了殷城的军队,攻取了六个营栅。

　　讨伐淮西军的各路军队总数达九万人,宪宗对各路将领长时间不能取得成功而生气,冬季十一月辛巳(二十日),宪宗命令知枢密使梁守谦到前线去抚慰将士,让他就此留在军中监督他们的军事行动,并且交给梁守谦五百份空着姓名的任官文凭和金钱布帛,让他去劝勉以死相拼的将士。庚寅(二十九日),宪宗首先加给李光颜等人散官头衔,而在诏书中严厉地责备他们,向他们说明,如果不能立功,一定惩罚。辛卯(三十日),李文通向朝廷报告,他们在固始县打败了淮西军,斩杀淮西军一千多人。

　　十二月,袁滋到达唐州,撤掉岗哨,阻止他的军队侵犯吴元济的疆境。吴元济包围了他们的新兴栅,袁滋用谦虚恭敬的言辞向吴元济要求撤除包围,吴元济由此不再把袁滋放在心上。朝廷知道了这一情况,甲寅(二十三日),宪宗任命太子詹事李愬担任唐州、随州、邓州节度使。李愬,是李听的哥哥。

　　当初,朝廷设置淮河、颍水水运使,杨子院的稻米从淮阴县逆淮河而上进入颍水,到达项城进入溵水,运输到郾城,供应讨伐淮西军的各路军队,可以节省由汴水运输的费用七万馀缗。

　　十二年(817)春季正月甲申(二十四日),贬袁滋为抚州刺史。李愬到达唐州,唐州的军队经受了死丧败亡的打击之后,士兵们都害怕战争,李愬知道了这一情况,有出来迎接他的人,李愬就对

之曰："天子知愬柔懦,能忍耻,故使来拊循尔曹。至于战攻进取,非吾事也。"众信而安之。愬亲行视士卒,伤病者存恤之,不事威严。或以军政不肃为言,愬曰:"吾非不知也。袁尚书专以恩惠怀贼,贼易之,闻吾至,必增备,吾故示之以不肃。彼必以吾为懦而懈惰,然后可图也。"淮西人自以尝败高、袁二帅,轻愬名位素微,遂不为备。

二月,李愬谋袭蔡州,表请益兵,诏以昭义、河中、鄜坊步骑二千给之。丁酉,愬遣十将马少良将十馀骑巡逻,遇吴元济捉生虞候丁士良,与战,擒之。士良,元济骁将,常为东边患。众请剖其心,愬许之。既而召诘之,士良无惧色。愬曰:"真丈夫也!"命释其缚。士良乃自言:"本非淮西士,贞元中隶安州,与吴氏战,为其所擒,自分死矣,吴氏释我而用之,我因吴氏而再生,故为吴氏父子竭力。昨日力屈,复为公所擒,亦分死矣,今公又生之,请尽死以报德。"愬乃给其衣服器械,署为捉生将。

己亥,淮西行营奏克蔡州古葛伯城。

丁士良言于李愬曰:"吴秀琳拥三千之众,据文城栅,为贼左臂,官军不敢近者,有陈光洽为之谋主也。光洽勇而轻,好自出战,请为公先擒光洽,则秀琳自降矣。"戊申,

他们说："天子知道李愬柔弱怯懦，但能够忍受耻辱，所以让我来安抚你们。至于那些战争攻打进击夺取之类，不是我的事情。"大家相信了他的话，心情安定下来。李愬亲自巡走看望士兵，安抚慰问那些伤病兵员，不对他们施加威严。有人因为军中政治纪律不严来向他进言，李愬回答说："我并不是不了解啊。袁尚书专门用恩惠来安抚敌人，敌人轻视他，他们听说我到来的消息，一定增加军事防备，我有意向他们显示军纪不严肃。他们一定认为我懦弱而且松懈懒惰，然后我们才可以谋取他们。"淮西军自认为他们曾经先后打败了高霞寓和袁滋两个元帅，便轻视李愬的名声地位一贯低微，于是也不防备他。

二月，李愬谋划袭击蔡州，向朝廷上表文，要求给他增加兵力，宪宗下诏书，命令将昭义军、河中军、鄜坊军的步兵、骑兵二千人拨给李愬。丁酉（初七），李愬派遣十将马少良率领十馀骑兵出去巡逻，遇到了吴元济部下的捉生虞候丁士良，相互交战，抓获了丁士良。丁士良，是吴元济的一员勇猛将领，经常在东边的唐州、邓州等地侵犯而成为忧患。下面的将士请求挖他的心，李愬同意了。过后李愬又将丁士良召来责问他，丁士良没有一点惧怕的神色。李愬说："真是一名大丈夫啊！"李愬命令为丁士良松绑。丁士良便自己主动说："我本来不是淮西军的将士，贞元年间，我隶属于安州，与吴氏作战，被他抓获，自己估计一定要被处死了，吴氏释放并任用了我，我因为吴氏而能再次存活下来，所以为吴氏父子竭力效命。昨天我的体力亏损，又被您捉住，也认为应该处死了，现在您又让我活下来，我请求拼命来报效您的恩德。"李愬便发给他衣服、兵器，任命他为捉生将。

己亥（初九），淮西官军行营向朝廷报告，他们攻取了蔡州的古萌伯城。

丁士良在李愬面前说："吴秀琳拥有三千兵众，占据文城栅，成为敌军的左臂，官军不敢靠近他们的原因，就是有陈光洽当他们的军事参谋。陈光洽勇敢而轻率，喜欢亲自出战，我请求为您先去捉住陈光洽，吴秀琳就自动投降了！"戊申（十八日），

士良擒光洽以归。

淮西被兵数年，竭仓廪以奉战士，民多无食，采菱芡鱼鳖鸟兽食之，亦尽，相帅归官军者前后五千馀户。贼亦患其耗粮食，不复禁。庚申，敕置行县以处之，为择县令，使之抚养，并置兵以卫之。

三月乙丑，李愬自唐州徙屯宜阳栅。

吴秀琳以文城栅降于李愬。戊子，愬引兵至文城西五里，遣唐州刺史李进诚将甲士八千至城下，召秀琳，城中矢石如雨，众不得前。进诚还报："贼伪降，未可信也。"愬曰："此待我至耳。"即前至城下，秀琳束兵投身马足下，愬抚其背慰劳之，降其众三千人。秀琳将李宪有材勇，愬更其名曰忠义而用之，悉迁妇女于唐州，入据其城。于是唐、邓军气复振，人有欲战之志。贼中降者相继于道，随其所便而置之。闻有父母者，给粟帛遣之，曰："汝曹皆王人，勿弃亲戚。"众皆感泣。

官军与淮西兵夹溵水而军，诸军相顾望，无敢渡溵水者。陈许兵马使王沛先引兵五千渡溵水，据要地为城，于是河阳、宣武、河东、魏博等军相继皆渡，进逼郾城。丁亥，李光颜败淮西兵三万于郾城，走其将张伯良，杀士卒什二三。

丁士良捉住了陈光洽并将他带回来。

淮西地区经受战争的苦难已有数年,仓库中的粮食全部拿出来供应军中士兵,老百姓大多没有粮食吃,只好采集菱角、芡实、鱼鳖、鸟兽来吃,但是,这些也吃光了,百姓相互聚集率领着投归官军的人前后多达五千多户。敌军也担心这些百姓耗费粮食,不再禁止他们逃向官军。庚申(三十日),朝廷下敕文,命令设置行县来安置淮西地区归降朝廷的百姓,并为他们选择县令,让他们安顿抚养百姓,并且设置军队护卫他们。

三月乙丑(初五),李愬从唐州迁移并驻扎在宜阳栅。

吴秀琳献出文城栅投降了李愬。戊子(二十八日),李愬率领军队到达文城栅西面五里地处,派遣唐州刺史李进诚率领全副武装的士兵八千人到达文城栅城下,召唤吴秀琳,城中向外发射箭石密集如雨,军队无法前进。李进诚返回报告李愬,说:"敌人假装投降,不能相信他们啊!"李愬说:"这是等待我到来罢了。"李愬当即前往,到达城下,吴秀琳收起兵器,投身伏在李愬马蹄前,李愬抚摸他的背,好言慰劳他,收降了他的士兵三千人。吴秀琳的将领李宪有才能,又很勇敢,李愬为他改名叫李忠义并任用他。李愬将文城栅中各将领的眷属妇女全部迁移到唐州,自己进入了文城栅的城中据守。由此,唐、邓官军的士气重新振奋起来,人人有了想要作战的斗志。敌军中投降过来的人在道路上相继不断,李愬听从他们自己的要求而安置了那些降兵。如果听说有些降兵有父母需要赡养,李愬就发给他们粮食和布帛遣散他们回家,说:"你们都是国家的百姓,不要抛弃自己的亲戚。"大家都感动得哭泣。

官军与淮西军夹溵水摆开了作战的阵势,各路军队相互观望,没有敢渡过溵水作战的。陈许军兵马使王沛第一个率领军队五千人渡过溵水,占据了要害之地修筑城池。于是,河阳军、宣武军、河东军、魏博军都相继渡过溵水,进攻逼近郾城。丁亥(二十七日),李光颜在郾城县打败淮西军三万人,赶跑了他们的将领张伯良,杀死敌军士兵十分之二三。

己丑，李愬遣山河十将董少玢等分兵攻诸栅。其日，少玢下马鞍山，拔路口栅。夏四月辛卯，山河十将马少良下嵖岈山，擒淮西将柳子野。

吴元济以蔡人董昌龄为郾城令，质其母杨氏。杨氏谓昌龄曰："顺死贤于逆生，汝去逆而吾死，乃孝子也；从逆而吾生，是戮吾也。"会官军围青陵，绝郾城归路，郾城守将邓怀金谋于昌龄，昌龄劝之归国。怀金乃请降于李光颜曰："城人之父母妻子皆在蔡州，请公来攻城，吾举烽求救，兵至，公逆击之，蔡兵必败，然后吾降，则父母妻子庶免矣。"光颜从之。乙未，昌龄、怀金举城降，光颜引兵入据之。吴元济闻郾城不守，甚惧。时董重质将骡军守洄曲，元济悉发亲近及守城卒诣重质以拒之。

李愬山河十将妫雅、田智荣下冶炉城。丙申，十将阎士荣下白狗、汶港二栅。癸卯，妫雅、田智荣破西平。丙午，游弈兵马使王义破楚城。

五月辛酉，李愬遣柳子野、李忠义袭朗山，擒其将梁希果。丁丑，李愬遣方城镇遏使李荣宗击青喜城，拔之。愬每得降卒，必亲引问委曲，由是贼中险易远近虚实尽知之。愬厚待吴秀琳，与之谋取蔡。秀琳曰："公欲取蔡，非李祐

己丑（二十九日），李愬派遣“山河十将”董少玢等人分头率领一支军队攻打各个营栅。当天，董少玢占领马鞍山，攻取了路口栅。夏季四月辛卯（初二），“山河十将”马少良攻下嵖岈山，捉住了淮西军将领柳子野。

吴元济任命蔡州人董昌龄担任郾城县县令，把他的母亲杨氏扣留在面前作为人质。杨氏对董昌龄说：“顺从国家而死比叛逆朝廷而活着的人贤明。你能够脱身于叛逆，而我就是死了，你也是一个孝顺的儿子啊；你跟从叛逆而我活着，也等于是杀了我啊！”恰逢官军包围了青陵县，断绝了郾城县的退路。郾城县驻军将领邓怀金和董昌龄商量，董昌龄就劝说他投归朝廷。邓怀金向李光颜请求投降，说：“郾城将士的父母、妻子、儿女都在蔡州，请您来攻打我们郾城，我举烽火向蔡州求救，他们援军到达后，你们可迎击他们，蔡州的军队一定会失败，然后我们投降，那样，我们将士的父母、妻子、儿女都能够免于一死了。”李光颜听从了邓怀金的建议。乙未（初六），董昌龄、邓怀金带领全郾城的将士投降，李光颜率领军队进城占据了郾城县。吴元济听说郾城没有守住的消息后，很害怕。当时董重质率领骡军驻扎在洄曲防守，吴元济把全部亲近的将士和守卫蔡州城的士兵派往董重质那里，抵抗李光颜的进攻。

李愬军中的“山河十将”妫雅、田智荣率军攻下了冶炉城。丙申（初七），“十将”阎士荣攻取了白狗、汶港两个营栅。癸卯（十四日），妫雅、田智荣攻破了西平县。丙午（十七日），游弈兵马使王义攻破了楚城。

五月辛酉（初二），李愬派遣他的将领柳子野、李忠义袭击朗山县，捉住了朗山县的将领梁希果。丁丑（十八日），李愬派遣方城县镇遏使李荣宗进击青喜城，并攻下了这座城。李愬每次俘虏了投降过来的士兵，一定把他们领到面前，亲自详细地查问敌军中的底细，因此，贼军中地形的险要、平易、远近及以军事部署的虚实，他完全清楚明白。李愬对待吴秀琳十分优厚，和吴秀琳商量谋取蔡州。吴秀琳说：“您想要攻取蔡州，非得到李祐

不可，如秀琳，无能为也。"祐者，淮西骑将，有勇略，守兴桥栅，常陵暴官军。庚辰，祐帅士卒刈麦于张柴村，愬召厢虞候史用诚，戒之曰："尔以三百骑伏彼林中，又使人摇帜于前，若将焚其麦积者。祐素易官军，必轻骑来逐之。尔乃发骑掩之，必擒之。"用诚如言而往，生擒祐以归。将士以祐向日多杀官军，争请杀之。愬不许，释缚，待以客礼。

时愬欲袭蔡，而更密其谋，独召祐及李忠义屏人语，或至夜分，他人莫得预闻。诸将恐祐为变，多谏愬，愬待祐益厚，士卒亦不悦。诸军日有牒称祐为贼内应，且言得贼谍者具言其事。愬恐谤先达于上，己不及救，乃持祐泣曰："岂天不欲平此贼邪？何吾二人相知之深而不能胜众口也！"因谓众曰："诸君既以祐为疑，请令归死于天子。"乃械祐送京师，先密表其状，且曰："若杀祐，则无以成功。"诏释之，以还愬。愬见之喜，执其手曰："尔之得全，社稷之灵也！"乃署散兵马使，令佩刀巡警，出入帐中。或与之同宿，密语不寐达曙，有窃听于帐外者，但闻祐感泣声。时唐、随牙队三千人，号六院兵马，皆山南东道之精锐也，愬又以祐为六院兵马使。

不行,像吴秀琳这样的人,没有能力办到啊!"李祐,是淮西军的一员骑兵将领,有勇有谋,驻扎防守在兴桥栅,经常欺侮虐待官军。庚辰(二十一日),李祐率领士兵在张柴村收割麦子,李愬召见厢虞候史用诚,告诫他说:"你带领三百名骑兵埋伏在他们的树林中,再派人在前面摇晃旗帜,做出将要烧毁他们麦堆的样子。李祐一贯轻视官军,一定轻装骑马前来追赶你们,你们就发动骑兵包围他,必定能够活捉他。"史用诚按照李愬说的话前往行动,活捉了李祐,带回军营。军中将士因为李祐从前杀了很多官军,争着请求杀死他。李愬不同意,为他松绑免罪,用客人的礼节招待他。

当时,李愬想要袭取蔡州,谋划更加隐秘。他单独召见李祐和李忠义,避开别人后才进行交谈,有时候说到深夜,别人都不能参与,也不知道他们说什么。各将领都担心李祐要进行叛变,许多人劝阻李愬,李愬对待李祐更加优厚,士兵们也不高兴。各路军队每天都有牒文传到李愬面前,称说李祐是贼军的内应,并且说抓到贼军的间谍人员招出了这件事情。李愬担心这些流言谤语先传到宪宗那里,自己来不及说明情况挽救局面,便握着李祐的手哭着说:"难道是老天不想平定吴元济这个贼寇吗?为什么我们二人相互了解这么深刻,而不能够阻止众人的议论呢!"李愬因而对大家说:"你们既然怀疑李祐,请大家让他到天子那儿受死吧!"于是,李愬将李祐锁上刑具送往京城,自己事先秘密向宪宗写了表文报告了实际情况,并且说:"如果杀死李祐,那么就不能取得成功了。"宪宗下令释放了李祐,并把李祐送还给李愬。李愬见到李祐很欢喜,拉着他的手说:"你能够保全性命,这是社稷的神灵保佑啊!"于是,李愬任命李祐担任散兵马使,令李祐身上佩刀巡视警戒,出入在自己的军帐中。有时候还与李祐一同住宿,秘密说话直到天色拂晓也没有入睡。有人站在帐外偷听,只听到李祐感动哭泣的声音。当时,唐州、随州的牙军三千人,号称"六院兵马",都是山南东道的精锐军队,李愬又任命李祐担任六院兵马使。

旧军令,舍贼谍者屠其家。愬除其令,使厚待之,谍反以情告愬,愬益知贼中虚实。乙酉,愬遣兵攻朗山,淮西兵救之,官军不利。众皆怅恨,愬独欢然曰:"此吾计也!"乃募敢死士三千人,号曰突将,朝夕自教习之,使常为行备,欲以袭蔡。会久雨,所在积水,未果。

吴元济见其下数叛,兵势日蹙,六月壬戌,上表谢罪,愿束身自归。上遣中使赐诏,许以不死。而为左右及大将董重质所制,不得出。

诸军讨淮西,四年不克,馈运疲弊,民至有以驴耕者。上亦病之,以问宰相。李逢吉等竞言师老财竭,意欲罢兵。裴度独无言,上问之,对曰:"臣请自往督战。"秋七月乙卯,上复谓度曰:"卿真能为朕行乎?"对曰:"臣誓不与此贼俱生。臣比观吴元济表,势实窘蹙,但诸将心不壹,不并力迫之,故未降耳。若臣自诣行营,诸将恐臣夺其功,必争进破贼矣。"上悦,丙戌,以度为门下侍郎、同平章事、兼彰义节度使,仍充淮西宣慰招讨处置使。又以户部侍郎崔群为中书侍郎、同平章事。制下,度以韩弘已为都统,不欲更为招讨,请但称宣慰处置使。乃奏刑部侍郎马总为宣慰副使,

按照旧的军令,窝藏贼军奸细人员的人要被屠灭全家。李愬废除了这个军令,派人优厚地对待他们。贼军的奸细人员反而把贼军中的实际情况全部报告给李愬,李愬更加了解贼军中的虚实情况。乙酉(二十六日),李愬派兵攻打朗山县,淮西军前来援救朗山县,李愬的官军没有取得胜利。大家都怅惘、恼恨,李愬独自显出欢喜的样子,说:"这是我的计策啊!"于是,李愬招募敢死队三千人,号称为"突将",从早到晚亲自训练他们,让他们做好行动的准备,想用这支军队来袭击蔡州。恰逢多日下雨不止,到处积满雨水,这一计划没有成功。

吴元济看到自己的部下多次背叛,军事形势日益紧迫,六月壬戌(初四),他向朝廷上表认罪,希望允许他主动捆绑自己到朝廷投案。宪宗派遣宦官使者颁赐诏书,答应不杀死他。然而吴元济被自己身边的人员以及大将董重质所控制,无法离开蔡州。

各路军队讨伐淮西军,历时四年还没有攻克,供给军用物资的运输使人们疲弊不堪,老百姓已经到了有人用驴来耕田的地步。宪宗也为此而烦恼,针对这件事情询问宰相。李逢吉等人争着说军队士气低沉,钱物已经耗尽,意思是想要停止战争。唯独裴度一言不发,宪宗问他,他回答说:"我请求亲自前往前线督战。"秋季七月乙卯(二十八日),宪宗又对裴度说:"你果真能为我到前线去吗?"裴度回答说:"我发誓不和这伙贼人共同活着。我近日观看吴元济的表文,他们的军事形势确实窘困紧迫,只是诸军将领思想不统一,没有集中力量逼迫他们,所以贼军还没有能投降罢了。如果我亲自前往前线军事行营,各路将领担心我抢夺了他们的功劳,一定会争着进攻破敌啊!"宪宗非常高兴,丙戌那一天,宪宗任命裴度担任门下侍郎、同平章事、兼彰义军节度使,还充任淮西地区宣慰使、招讨使、处置使。宪宗又任命户部侍郎崔群担任中书侍郎、同平章事。宪宗的制书下达后,裴度认为韩弘已经担任都统,不想再担任招讨使,请求只称为宣慰使、处置使。裴度又提议让刑部侍郎马总担任宣慰副使,

右庶子韩愈为彰义行军司马,判官、书记,皆朝廷之选,上皆从之。度将行,言于上曰:"臣若灭贼,则朝天有期;贼在,则归阙无日。"上为之流涕。

八月庚申,度赴淮西,上御通化门送之。右神武将军张茂和,茂昭弟也,尝以胆略自衒于度,度表为都押牙。茂和辞以疾,度奏请斩之。上曰:"此忠顺之门,为卿远贬。"辛酉,贬茂和永州司马,以嘉王傅高承简为都押牙。承简,崇文之子也。

李逢吉不欲讨蔡,翰林学士令狐楚与逢吉善,度恐其合中外之势以沮军事,乃请改制书数字,且言其草制失辞。壬戌,罢楚为中书舍人。

李光颜、乌重胤与淮西战,癸亥,败于贾店。

裴度过襄城南白草原,淮西人以骁骑七百邀之。镇将楚丘曹华知而为备,击却之。度虽辞招讨名,实行元帅事,以郾城为治所。甲申,至郾城。先是,诸道皆有中使监陈,进退不由主将,胜则先使献捷,不利则陵挫百端。度悉奏去之,诸将始得专其军事,战多有功。

九月庚子,淮西兵寇溵水镇,杀三将,焚刍藁而去。

让右庶子韩愈担任彰义行军司马，军中的判官、书记，都是朝廷选派的人，宪宗全部都依从了裴度的建议。裴度将要出发的时候，对宪宗说："我如果能消灭贼军，不久就会前来朝见天子；倘若贼人不死，我就不会回到朝廷中来。"宪宗听了他的话，不禁流下了眼泪。

八月庚申（初三），裴度启程奔赴淮西地区，宪宗到通化门为他送行。右神武将军张茂和，是张茂昭的弟弟，曾经在裴度面前夸耀自己的胆识和智略，裴度上表推荐他担任都押牙。张茂和推辞说有病，裴度向宪宗上奏请求将张茂和斩首。宪宗说："这个人出自忠顺门第，我为你把他贬谪到边远的地方吧！"辛酉（初四），宪宗将张茂和贬为永州司马，任命嘉王傅高承简担任都押牙。高承简，是高崇文的儿子。

李逢吉不想讨伐蔡州，翰林学士令狐楚和李逢吉关系友好，斐度担心他们二人把朝廷和地方上的势力纠合起来阻扰军中事务，便请求宪宗在制书上修改几个字，然后说他起草制书言辞失当。壬戌（初五），宪宗将令狐楚罢官为中书舍人。

李光颜、乌重胤与淮西军交战，癸亥（初六），他们在贾店被淮西军打败。

裴度经过襄城县南面的白草原，淮西军派七百名勇猛善战的骑兵拦腰截击他们。镇将楚丘县人曹华事先获得消息并做了军事防备，及时出击并打退他们。裴度虽然辞去了招讨使的名称，实际上是行使元帅的职务，他选择郾城县作为自己的治所。甲申（二十七日），裴度到达郾城县。在这之前，诸道藩镇军中都设置有宦官使者负责监督军事，军队前进或后退不由军中主将做主，打了胜仗，就由宦官先派人到朝廷报捷，失败了，宦官就对军中将帅百般凌辱。裴度向宪宗报告，请求把各军中监督军事的宦官全部撤回，各军将领开始得以独自掌管自己军中的事务，在作战中大多取胜。

九月庚子（十四日），淮西军侵犯溵水镇，杀了三员将领，烧掉喂牲口的草料，随后便撤离了。

甲寅,李愬将攻吴房,诸将曰:"今日往亡。"愬曰:"吾兵少,不足战,宜出其不意。彼以往亡不吾虞,正可击也。"遂往,克其外城,斩首千馀级。馀众保子城,不敢出,愬引兵还以诱之,淮西将孙献忠果以骁骑五百追击其背。众惊,将走,愬下马据胡床,令曰:"敢退者斩!"返旆力战,献忠死,淮西兵乃退。或劝愬乘胜攻其子城,可拔也。愬曰:"非吾计也。"引兵还营。

李祐言于李愬曰:"蔡之精兵皆在洄曲,及四境拒守,州城者皆羸老之卒,可以乘虚直抵其城。比贼将闻之,元济已成擒矣。"愬然之。冬十月甲子,遣掌书记郑澥至郾城,密白裴度,度曰:"兵非出奇不胜,常侍良图也。"

裴度帅僚佐观筑城于沱口,董重质帅骑出五沟,邀之,大呼而进,注弩挺刃,势将及度。李光颜与田布力战,拒之,度仅得入城。贼退,布扼其沟中归路,贼下马逾沟,坠压死者千馀人。

辛未,李愬命马步都虞候、随州刺史史旻等留镇文城,命李祐、李忠义帅突将三千为前驱,自与监军将三千人为中军,命李进诚将三千人殿其后。军出,不知所之。愬曰:"但东行!"行六十里,夜,至张柴村,尽杀其戍卒及烽子,

甲寅(二十八日),李愬将要攻打吴房县,众将领说:"今天是不利前往的'往亡日'啊!"李愬说:"我的士兵少,不能够和他们正面交战,最好能出其不意攻打他们。他们因为今天是不吉利的'往亡'日子,就不防备我们,我们正好可以进击啊!"于是便率军前往,攻下了吴房县的外城,斩杀淮西军一千多人。淮西军剩余的人马保守内城,不敢出战,李愬率领军队返回,引诱他们出城,淮西军的将领孙献忠果真率领五百名勇猛善战的骑兵从背后追击他们。李愬的将士惊慌,将要逃跑,李愬下马,靠在胡床上,下令说:"胆敢后退的人就斩首!"于是掉转军旗向前拼力死战,孙献忠战死,淮西军于是退兵。有人劝说李愬乘胜攻打他的子城,是能够攻下来的。李愬说:"这不是我今天的作战计划啊!"李愬率领军队返回军营。

李祐对李愬说:"蔡州的精兵强将都在洄曲,以及拒守在四周边境,防守蔡州州城的军队都是一些老弱士兵,我们可以乘虚直抵他的城下。等到敌军将领听到消息之后,吴元济已经被捉住了。"李愬认为他说的有道理。冬季十月甲子(初八),李愬派遣掌书记郑澥到郾城县,把事情秘密地报告裴度,裴度说:"军事战争,不出奇兵,不能取胜,李常侍提出了一个很好的计谋啊!"

裴度率领身边的官员到沱口观察筑城工程,董重质率领骑兵从五沟杀出来拦击他们,大声呼喊着向前进军,张开弓箭,举着兵刃,将要危及裴度。李光颜和田布拼力作战,抵抗他们,裴度仅仅能够脱身进入沱口城中。贼军撤退的时候,田布扼守在沟中,切断了敌人的退路,贼军跳下马来越沟逃跑,摔死压死的有一千多人。

辛未(十五日),李愬命令马步都虞候、随州刺史史旻等人留在文城镇守,命令李祐、李忠义率领"突将"三千人作为前锋,自己和监军率领军队三千人作为中军,命令李进诚率领军队三千人作为他们的后援。军队出发以后,不知道向哪儿前进。李愬说:"只向东行!"前进了六十里,已到夜晚,军队到达张柴村,将驻守在张柴村的淮西军士兵以及主管烽火的人员全部杀死,

据其栅,命士卒少休,食干糒,整羁鞘,留义成军五百人镇之,以断朗山救兵。命丁士良将五百人断洄曲及诸道桥梁,复夜引兵出门。诸将请所之,愬曰:"入蔡州取吴元济!"诸将皆失色。监军哭曰:"果落李祐奸计!"时大风雪,旌旗裂,人马冻死者相望。天阴黑,自张柴村以东道路,皆官军所未尝行,人人自以为必死。然畏愬,莫敢违。夜半,雪愈甚,行七十里,至州城。近城有鹅鸭池,愬令惊之以混军声。

自吴少诚拒命,官军不至蔡州城下三十馀年,故蔡人不为备。壬申,四鼓,愬至城下,无一人知者。李祐、李忠义镢其城,为坎以先登,壮士从之。守门卒方熟寐,尽杀之,而留击柝者,使击柝如故。遂开门纳众,及里城,亦然,城中皆不之觉。鸡鸣,雪止,愬入居元济外宅。或告元济曰:"官军至矣!"元济尚寝,笑曰:"俘囚为盗耳!晓当尽戮之。"又有告者曰:"城陷矣!"元济曰:"此必洄曲子弟就吾求寒衣也。"起,听于廷,闻愬军号令曰:"常侍传语。"应者近万人。元济始惧,曰:"何等常侍,能至于此!"乃帅左右登牙城拒战。

时董重质拥精兵万馀人据洄曲,愬曰:"元济所望者,重质之救耳!"乃访重质家,厚抚之,遣其子传道持书谕重质,重质遂单骑诣愬降。

占据他们的营栅。李愬命令士兵稍微休息片刻,吃些干粮,整理一下马络头和缰绳,留下义成军五百名士兵镇守张柴村,阻断淮西军从朗山县来的救兵。李愬命令丁士良率领军队五百人切断洄曲通道和各条道路桥梁,又连夜率领军队出发。众将领问他向哪儿进军,李愬说:"进入蔡州捉拿吴元济。"众将领都大惊失色。监军哭着说:"果真中了李祐的奸计!"当时刮大风下大雪,军旗都被风雪撕裂了,人马受寒冻而死的到处可见。天气阴暗,自张柴村向东的道路都是官军从未行走过的路,众人都认为一定会死。然而大家害怕李愬,没有人敢违抗。夜半时分,雪越下越大,前进了七十里路,到达蔡州城。蔡州城附近有一个鹅鸭池塘,李愬命令惊扰池塘中的鹅鸭,来掩盖军队行进的脚步声。

自从吴少诚抗拒朝廷的命令之后,官军没有到达蔡州城下已经三十余年了,所以蔡州人没有防备。壬申(十六日)四更时分,李愬到达蔡州城下,没有一个人发觉。李祐、李忠义用锸头在城墙上凿出坑坎,自己先登上城墙,强壮的士兵跟随在后面。守门的士兵正在熟睡,被他们全部杀死,只留下巡夜打更的人没有杀,让他像往常一样击柝报更。于是打开城门让大军进城,到里城,他们也采取了同样的军事行动,城中的人都没有发觉。天亮鸡叫,风雪停止,李愬已经进入吴元济的外宅。有人报告吴元济说:"官军到了!"吴元济仍在睡着,笑着说:"这不过是俘虏来的囚犯在做盗窃的事情,天亮后应当全部杀掉他们。"又有人报告说:"城已经陷落了!"吴元济说:"这一定是洄曲的后生们到我这里来要求发放冬季服装了。"吴元济起身,走到院子中倾听,听到李愬军中的号令说:"常侍传话。"响应号令的人将近一万。吴元济开始惧怕,说:"这是什么样的常侍,能够到达这里!"于是,他率领身边的将士登上牙城抗战。

当时,董重质拥有精兵一万馀人占据洄曲,李愬说:"吴元济所指望的,是董重质的救兵罢了!"便访问董重质的家,优厚地安抚他的家人,派遣他的儿子董传道拿着信去劝导董重质。于是,董重质自己骑马前往李愬面前投降。

愬遣李进诚攻牙城，毁其外门，得甲库，取其器械。癸酉，复攻之，烧其南门。民争负薪刍助之，城上矢如猬毛。铺时，门坏，元济于城上请罪，进诚梯而下之。甲戌，愬以槛车送元济诣京师，且告于裴度。是日，申、光二州及诸镇兵二万馀人相继来降。

自元济就擒，愬不戮一人，凡元济官吏、帐下、厨厩之卒，皆复其职，使之不疑。然后屯于鞠场以待裴度。

己卯，淮西行营奏获吴元济，光禄少卿杨元卿言于上曰："淮西大有珍宝，臣能知之，往取必得。"上曰："朕讨淮西，为人除害，珍宝非所求也。"

董重质之去洄曲军也，李光颜驰入其壁，悉降其众。

庚辰，裴度遣马总先入蔡州慰抚。辛巳，度建彰义军节，将降卒万馀人入城，李愬具橐鞬出迎，拜于路左。度将避之，愬曰："蔡人顽悖，不识上下之分，数十年矣，愿公因而示之，使知朝廷之尊。"度乃受之。

李愬还军文城，诸将请曰："始公败于朗山而不忧，胜于吴房而不取，冒大风甚雪而不止，孤军深入而不惧，然卒以成功，皆众人所不谕也，敢问其故。"愬曰："朗山不利，则贼轻我不为备矣。取吴房，则其众奔蔡，并力固守，故存之

李愬派遣李进诚攻打牙城,毁坏了牙城的外门,得到了兵甲仓库,取出里面的军用器械。癸酉(十七日),李愬又向牙城发起进攻,火烧牙城的南门。老百姓争着背来柴草帮助烧毁,射向城上的箭像刺猬身上的毛一样多。到了中午时分,南门烧坏了,吴元济在城上请罪,李进诚放了梯子让吴元济下来。甲戌(十八日),李愬用囚车锁住吴元济,押送他前往京城,并且向裴度报告了情况。这一天,申州、光州以及各个藩镇的士兵总计两万多人相继来向李愬投降。

　　自从吴元济就擒,李愬不杀一人。凡是吴元济部下的官吏、军帐前的士兵以及厨房、马厩的士兵,都恢复他们原来的职务,让他们没有疑虑。然后,李愬率军驻扎在马毬场,等待裴度。

　　己卯(二十三日),淮西行营向朝廷报告,抓获了吴元济,光禄少卿杨元卿向宪宗说:"淮西有大量珍宝,我知道情况,让我去取,一定能得到。"宪宗说:"我讨伐淮西,为民除害,珍宝不是我想要的东西。"

　　董重质离开洄曲驻军的时候,李光颜飞马驰入他的壁垒,收降了他的全部人马。

　　庚辰(二十四日),裴度派遣马总先进入蔡州慰问安抚。辛巳(二十五日),裴度拿着彰义军节度使的符节,率领投降的士兵一万多人进入蔡州城,李愬全副武装出城迎接,在道路的左侧向裴度行礼。裴度想避开李愬的礼拜,李愬说:"蔡州人愚顽悖逆,不懂得上下级之间的区别与礼节,已经有数十年了,希望您就此展示给他们看,让他们懂得朝廷的尊严。"裴度便接受李愬的礼拜。

　　李愬率军返回文城,众将领向他请教,说:"开始时,您在朗山打了败仗而不忧愁,在吴房打了胜仗而不肯夺取吴房,冒着大风雪而不停止作战,孤军深入敌境而不害怕,然而终于获得成功,这都是大家所不明白的事情,请让我们冒昧询问其中的缘由。"李愬说:"朗山失利,贼军便轻视我,不对我们进行防备。攻取了吴房,那么那里的人马就奔向蔡州,合力坚守蔡州,所以我留下吴房

以分其兵。风雪阴晦,则烽火不接,不知吾至。孤军深入,则人皆致死,战自倍矣。夫视远者不顾近,虑大者不详细,若矜小胜,恤小败,先自挠矣,何暇立功乎!"众皆服。愬俭于奉己而丰于待士,知贤不疑,见可能断,此其所以成功也。

裴度以蔡卒为牙兵,或谏曰:"蔡人反仄者尚多,不可不备。"度笑曰:"吾为彰义节度使,元恶既擒,蔡人则吾人也,又何疑焉!"蔡人闻之感泣。先是吴氏父子阻兵,禁人偶语于涂,夜不然烛,有以酒食相过从者罪死。度既视事,下令惟禁盗贼、斗杀,馀皆不问,往来者不限昼夜,蔡人始知有生民之乐。

甲申,诏韩弘、裴度条列平蔡将士功状及蔡之将士降者,皆差第以闻。淮西州县百姓,给复二年。近贼四州,免来年夏税。官军战亡者,皆为收葬,给其家衣粮五年。其因战伤残废者,勿停衣粮。十一月丙戌朔,上御兴安门受俘,遂以吴元济献庙社,斩于独柳之下。

初,淮西之人劫于李希烈、吴少诚之威虐,不能自拔,久而老者衰,幼者壮,安于悖逆,不复知有朝廷矣。自少诚以来,遣诸将出兵,皆不束以法制,听各以便宜自战,故人人得尽其才。韩全义之败于溵水也,于其帐中得朝贵所与

来分散他们的兵力。风雪交加,天色阴暗,那么烽火信号连接不起来,他们不知道我们到达。孤军深入敌境,就会人人都拼死作战,战争的力量自然增加一倍。一般来说,观看远处的人不必顾盼近处,考虑大事的人不必计较细小的事情,如果夸耀小小的胜利,顾惜小小的失败,就先扰乱了自己,哪里还有馀暇去立功呢!"大家都很佩服他。李愬对自己很节俭,而对待将士很优厚,他认为是贤人就不怀疑他,看到能办的事情能够做出决断,这就是他为什么取得成功的道理啊!

裴度用蔡州的士兵作为自己的牙兵,有人劝谏他说:"蔡州人反复无常的人很多,不能不防备他们。"裴度笑着说:"我是彰义军节度使,首恶吴元济既然已经被擒,蔡州人就是我的人了,有什么可怀疑的呢?"蔡州人听说后,感动得流泪。在此之前,吴少阳、吴元济父子拥军自重,禁止人们在路上相对私下交谈,夜晚不许点烛,有人互相请客饮酒吃饭,便处以死罪。裴度任职以后,下令只禁止盗贼和相互格斗杀伤,其馀一概不加追问,相互交往人的不限昼夜,蔡州人这才开始懂得做百姓的快乐。

甲申(二十八日),宪宗下诏命令韩弘、裴度逐条列举平定蔡州战役中将士的功劳,写成状文上报,原蔡州将士投降的人,一律区别等级报告朝廷。淮西地区州县的百姓,免除赋税两年。靠近贼军的四周州县,免除明年的夏税。在战争中阵亡的官军,都给以收葬,连续五年供给他们家中亲属衣服和粮食。其中有因战争受伤残废的人,不要停止供给衣服和粮食。十一月丙戌这一天是初一,宪宗到兴安门接受俘虏,于是把战俘吴元济献给宗庙和社稷,在独柳树下将他斩首。

当初,淮西地区的人受到李希烈、吴少诚淫威暴虐威逼,不能自己摆脱出来,时间长了,老人变得衰弱,年幼的长得强壮了,都习惯于悖逆的生活,不再知道有朝廷了。自吴少诚以来,派遣各将领出去作战,都不用朝廷的法制来约束他们,听从他们各自见机行事作战,所以能够发挥各将领的全部才能。韩全义在溵水县打了败仗的时候,在他的军帐中查到朝中权贵写给他的

问讯书，少诚東而示众曰："此皆公卿属全义书，云破蔡州日，乞一将士妻女为婢妾。"由是众皆愤怒，以死为贼用。虽居中土，其风俗犷戾过于夷貊。故以三州之众，举天下之兵环而攻之，四年然后克之。

戊子，以李愬为山南东道节度使，赐爵凉国公。加韩弘兼侍中，李光颜、乌重胤等各迁官有差。辛丑，以唐、随兵马使李祐为神武将军，知军事。

裴度以马总为彰义留后。癸丑，发蔡州。上封二剑以授梁守谦，使诛吴元济旧将。度至郾城，遇之，复与俱入蔡州，量罪施刑，不尽如诏旨，仍上疏言之。

十二月壬戌，赐裴度爵晋国公，复入知政事。以马总为淮西节度使。

庚辰，贬淮西降将董重质为春州司户。重质为吴元济谋主，屡破官军，上欲杀之，李愬奏先许重质以不死。

相互问讯的书信，吴少诚将这些书信捆成一捆，出示在大家面前，说："这都是朝廷官员们写给韩全义的信，信中说攻下蔡州的那一天，要得到一位将士的妻子或女儿作为婢女姬妾。"因此大家都很愤怒，愿为贼人效死。淮西地区虽然位居中原地区，但风俗粗犷，为人凶狠，超过夷、貊等少数民族。所以用三个州的军事力量，调动全国的军队包围攻打他们，历时四年然后才攻克了他们。

戊子（初三），宪宗任命李愬担任山南东道节度使，赐给他爵号为凉国公。宪宗加封韩弘兼任侍中，李光颜、乌重胤等人各自都按等级升了官。辛丑（十六日），宪宗调遣唐州、随州兵马使李祐担任神武将军，主管军事。

裴度任用马总担任彰义军留后。癸丑（二十八日），裴度从蔡州出发。宪宗将两柄宝剑交给梁守谦，让他到蔡州诛杀吴元济的旧将领。裴度行至郾城县，遇到了梁守谦，又和梁守谦一同返回蔡州，根据罪行大小量刑处罚，没有完全按照宪宗诏书旨意执行，但是，仍旧上疏向宪宗说明了情况。

十二月壬戌（初七），宪宗赐裴度爵号为晋国公，又命他入朝掌管政事。任命马总担任淮西节度使。

庚辰（二十五日），宪宗将淮西军将领董重质降职为春州司户。董重质是吴元济的主要参谋，屡次打败官军，宪宗想要杀掉他，李愬向宪宗报告说他事先曾答应董重质饶他一死。

宪宗讨淄青 李师道

唐宪宗元和元年。初,李师古有异母弟曰师道,常疏斥在外,不免贫窭。师古私谓所亲曰:"吾非不友于师道也,吾年十五拥节旄,自恨不知稼穑之艰难,况师道复减吾数岁,吾欲使之知衣食之所自来,且以州县之务付之,计诸公必不察也。"及师古疾笃,师道时知密州事,好画及氎氌。师古谓判官高沐、李公度曰:"迨吾之未乱也,欲有问于子。我死,子欲奉谁为帅乎?"二人相顾未对。师古曰:"岂非师道乎?人情谁肯薄骨肉而厚他人,顾置帅不善,则非徒败军政也,且覆吾族。师道为公侯子孙,不务训兵理人,专习小人贱事以为己能,果堪为帅乎?幸诸公审图之!"闰六月壬戌朔,师古薨。沐、公度秘不发丧,潜逆师道于密州,奉以为节度副使。

秋八月,李师道总军务,久之,朝命未至。师道谋于将佐,

宪宗讨淄青 李师道

　　唐宪宗元和元年(806)。当初,李师古有一个同父异母的弟弟,名叫李师道,他经常被李师古疏远排斥到外地,不免有些贫困。李师古私下对身边的亲信们说:"我不是对师道不友爱。我十五岁就执掌军权,一直为自己不了解耕种与收获的艰难而感到遗憾,何况师道又比我小几岁,我想让他知道吃的食物、穿的衣服是从哪里来的,才暂时把治理州县的事务交付给他,想来各位一定没有看出我的用意吧。"等到李师古病重的时候,李师道正在担任知密州事,他喜欢绘画和吹奏觱篥。李师古对判官高沐、李公度说:"趁我现在神智还没有迷乱,打算征求一下你们的意见。我死了以后,你们准备拥戴谁当主帅呢?两个人看了看对方,都没有回答。李师古说:"你们想要拥戴的,难道不是李师道吗?按照人之常情,谁愿意刻薄自己的兄弟而厚待别人呢,不过,主帅设置得不妥,不但会败坏了军政大事,而且将倾覆我的家族。师道是公侯家的子孙,不致力于训练军队,治理百姓,专门学习小人的低贱行当,以此作为自己的才能,他这样果真胜任主帅的职务吗?希望各位审慎地考虑考虑。"闰六月壬戌这一天是初一,李师古去世。高沐和李公度隐秘其事,不对外宣布李师古的死讯,暗中从密州迎回李师道,拥戴他担任节度副使。

　　秋季八月,李师道统领军中事务以后,过了很长时间,而朝廷的任命还没有下达。李师道与身边的诸位将佐商量对策,

或请出兵掠四境。高沐固止之，请输两税，申官吏，行盐法，遣使相继奉表诣京师。杜黄裳请乘其未定而分之，上以刘阐未平，己巳，以师道为平卢留后、知郓州事。

冬十月壬午，以平卢留后李师道为节度使。

十年。官军之讨吴元济也，李师道使大将将二千人趣寿春，欲为元济之援。又使盗攻河阴转运院，烧钱、帛三十馀万缗、匹，谷二万馀斛。事见《宪宗平淮蔡》。

夏六月癸卯，盗杀武元衡。

秋八月，李师道置留后院于东都，本道人杂沓往来，吏不敢诘。时淮西兵犯东畿，防御兵悉屯伊阙。师道潜内兵于院中，至数十百人，谋焚宫阙，纵兵杀掠。已烹牛飨士，明日将发，其小卒诣留守吕元膺告变，元膺亟追伊阙兵围之。贼众突出，防御兵踵其后，不敢迫。贼出长夏门，望山而遁。是时都城震骇，留守兵寡弱，元膺坐皇城门，指使部分，意气自若，都人赖以安。

东都西南接邓、虢，皆高山深林，民不耕种，专以射猎为生，人皆趫勇，谓之山棚。元膺设重购以捕贼。数日，有山棚鬻鹿，贼遇而夺之。山棚走召其侪类，且引官军共围之谷中，尽获之。按验，得其魁，乃中岳寺僧圆净。故尝为

有人建议出动部队掳掠四邻的边境。高沐坚决制止这一想法，请李师道向朝廷交纳两税，申报等候任命的官吏，并实行盐法，派遣使者接连不断地到京城去进献表章。而在朝廷方面，杜黄裳建议趁李师道还没有安定下来的时机，将平卢分而治之。唐宪宗考虑到刘闢还没有平定，己巳(初九)，任命李师道为平卢留后、知郓州事。

冬季十月壬午(十一日)，宪宗任命平卢留后李师道为节度使。

十年(815)。官军讨伐吴元济的时候，李师道派手下的大将带领两千兵马奔赴寿春，打算支援吴元济。又指使盗贼攻打河阴转运院，烧毁了价值三十多万缗的绢帛和二万多斛粮食。事见《宪宗平淮蔡》。

夏季六月癸卯(初三)，有人暗杀了武元衡。

秋季八月，李师道在东都洛阳设置了留后院，本道的人们纷纭杂乱地来来往往，吏人不敢查问他们。当时，淮西兵马使的部队侵犯东都洛阳周围地区，防御使的部队驻扎在伊阙。李师道暗中在留后院中布置兵力，人数多达几十上百人，策划焚烧东都洛阳的宫廷，放纵士兵杀人抢劫。李师道已经让人烹煮牛肉犒赏了士兵，第二天就要采取行动，这时李师道手下的一个士兵到留守吕元膺那儿告发了将要发生的事变，吕元膺急忙征召驻扎在伊阙的兵马，包围李师道的留后院。李师道的贼兵冲出留后院，防御使的部队紧跟在他们后面，但不敢逼近。贼兵出了长夏门，向山上逃去。这时东都洛阳上下震惊，留守部队人少势弱，吕元膺坐在皇城门前，指挥部署，神色镇静自若，洛阳人都依靠他而安下心来。

东都洛阳的西南与邓州和虢州接壤，交界处都是高山深林，山民不耕种，专门靠打猎为生，人人矫捷勇猛，称之为"山棚"。吕元膺置重赏捕捉贼人。过了几天，有个山棚售卖鹿肉，贼人遇见了他，把鹿肉夺走了。山棚跑回去召集他的同伴，并且带领官军，一同将贼人包围在山谷中，将他们全部抓获。经过查验，找到了他们的首领，竟是中岳寺的僧人圆净。圆净以前曾经是

史思明将，勇悍过人。为师道谋，多买田于伊阙、陆浑之间，以舍山棚而衣食之。有訾嘉珍、门察者，潜部分以属圆净，圆净以师道钱千万，阳为治佛光寺，结党定谋，约令嘉珍等窃发城中，圆净举火于山中，集二县山棚入城助之。圆净时年八十馀，捕者既得之，奋锤击其胫，不能折。圆净骂曰："鼠子，折人胫且不能，敢称健儿！"乃自置其胫，教使折之。临刑，叹曰："误我事，不得使洛城流血！"党与死者凡数千人。留守、防御将二人及驿卒八人皆受其职名，为之耳目。

元膺鞫訾嘉珍、门察，始知杀武元衡者乃师道也。元膺密以闻，以槛车送二人诣京师。上业已讨王承宗，不复穷治。元膺上言："近日藩镇跋扈不臣，有可容贷者。至于师道谋屠都城，烧宫阙，悖逆尤甚，不可不诛。"上以为然，而方讨吴元济，绝王承宗，故未暇治师道也。

冬十一月丁酉，武宁节度使李愿奏败李师道之众。时师道数遣兵攻徐州，败萧、沛数县，愿悉以步骑委都押牙温人王智兴，击破之。十二月甲辰，智兴又破师道之众，斩首二千馀级，逐北至平阴而还。愿，晟之子也。

十一年冬十一月，李师道闻李光颜等拔吴元济陵云栅而惧，诈请输款。上以力未能讨，加师道检校司空。

史思明手下的将领,勇猛强悍,超过常人。他给李师道出谋划策,在伊阙和陆浑之间大量购买田地,用来安置山棚,并且供给他们衣服和食品。有名叫訾嘉珍、门察的人,偷偷安排山棚归顺圆净。圆净用李师道给的一千万钱,假装修缮佛光寺,实际上纠集党徒,制定计谋,约定让訾嘉珍等人暗中在洛阳城里发动变乱,圆净在山上点火作信号,集合伊阙、陆浑两县的山棚进入洛阳城中,援助訾嘉珍等人。圆净这时八十多岁了,捕捉他的官军抓到他后,用力锤打他的小腿,但没能打断。圆净骂道:"鼠辈小儿,连人的小腿都打不断,还敢自称健儿!"于是自己把小腿安放好,指教官兵打断了它。将要受死刑时,圆净叹息道:"耽误了我的大事,不能让洛阳城流血了!"被处死的圆净的党徒总共有几千人。留守部队和防御使部队的两位将领以及驿站的八名士兵,都接受了李师道签署的书写官衔和姓名的名帖,替圆净刺探消息。

吕元膺审问了訾嘉珍、门察,才知道暗杀武元衡的主谋是李师道。吕元膺把这一情况秘密地上奏宪宗,用囚车将訾嘉珍、门察二人送到京城。宪宗正在讨伐王承宗,不再彻底查办李师道。吕元膺进言道:"近来,各地的藩镇专横残暴,欺上压下,不守臣节,不合臣道,多少还有一点可以宽容饶恕的地方。至于李师道谋划杀尽东都洛阳的百姓,焚烧东都的宫殿,悖乱忤逆,尤其严重,不可不杀。"宪宗认为吕元膺说得对,但由于朝廷正在讨伐吴元济,又与王承宗决裂,所以没有时间顾及惩治李师道。

冬季十一月丁酉(三十日),武宁节度使李愿上奏朝廷,说自己打败了李师道的部队。当时李师道多次派兵攻打徐州,打败了萧、沛等几个县。李愿把步兵、骑兵全部交付给都押牙、温州人王智兴,王智兴击败了李师道的部队。十二月甲辰(初七),王智兴又一次击败李师道的部队,杀死两千多人,向北追逐败退的李师道部队,直到平阴才收兵返回。李愿,是李晟的儿子。

十一年(816)冬季十一月,李师道听说李光颜等人率领官军攻取了吴元济占据的陵云栅,十分恐惧,假装请求投诚。宪宗因为还不具备讨伐他的力量,便让他担任检校司空。

十二年。官军之攻吴元济也，李师道募人通使于蔡，察其形势。牙前虞候刘晏平应募，出汴、宋间，潜行至蔡。元济大喜，厚礼而遣之。晏平还至郓，师道屏人而问之，晏平曰："元济暴兵数万于外，阽危如此，而日与仆妾游戏博弈于内，晏然曾无忧色。以愚观之，殆必亡，不久矣！"师道素倚淮西为援，闻之惊怒，寻诬以他过，杖杀之。

十三年。初，李师道谋逆命，判官高沐与同僚郭昈、李公度屡谏之。判官李文会、孔目官林英素为师道所亲信，涕泣言于师道曰："文会等尽诚为尚书忧家事，反为高沐等所疾，尚书奈何不忧十二州之土地，以成沐等之功名乎！"师道由是疏沐等，出沐知莱州。会林英入奏事，令进奏吏密申师道云："沐潜输款于朝廷。"文会从而构之，师道杀沐，并囚郭昈。凡军中劝师道效顺者，文会皆指为高沐之党而囚之。

及淮西平，师道忧惧，不知所为。李公度及牙将李英昙因其惧而说之，使纳质献地以自赎。师道从之，遣使奉表，请使长子入侍，并献沂、密、海三州。上许之。春正月，遣左常侍李逊诣郓州宣慰。

李师道暗弱，军府大事，独与妻魏氏、奴胡惟堪、杨自温、婢蒲氏、袁氏及孔目官王再升谋之，大将及幕僚莫得预焉。

十二年(817)。官军攻打吴元济的时候,李师道招募人出使蔡州,观察蔡州的局势。牙前虞候刘晏平接受招募,穿过汴州和宋州的边界,秘密地来到蔡州。吴元济非常高兴,给了他一份丰厚的礼物,送刘晏平回去。刘晏平回到郓州以后,李师道屏退周围的人,向他询问蔡州的情况,刘晏平说:"吴元济把几万兵员暴露在外,面临这样危险的局面,却天天跟仆从姬妾在内室游戏下棋,安闲自得,没有忧愁的神色。按照我的观察,吴元济必定灭亡,时间不会太长了!"李师道一向倚仗淮西兵马使作为自己的后援,听了刘晏平说的情况,既惊讶又恼怒,不久就诬蔑称刘晏平犯了别的过失,用棍棒将他打死。

十三年(818)。起初,李师道谋划违抗朝廷命令的时候,判官高沐与同僚郭昈、李公度多次规劝他。判官李文会、孔目官林英一向受到李师道的亲近信任,他俩流着眼泪对李师道说:"我等尽心尽意地为尚书您操持家事,反而遭到高沐等人的憎恨。尚书您怎么不担心淄青十二州土地的存亡,反倒要成就高沐等人的功名吗!"从此,李师道疏远了高沐等人,将高沐外放主持莱州的事务。适逢林英到朝廷上奏事情,他让进奏吏秘密地报告李师道,说:"高沐暗暗地向朝廷投诚。"李文会接着构织罪状陷害高沐。于是,李师道杀了高沐,并囚禁了郭昈。凡是军中劝说李师道向朝廷表示忠顺的将领,李文会都指斥他们是高沐的同党,把他们囚禁起来。

等到淮西平定以后,李师道既忧愁又恐惧,不知怎么办才好。李公度以及牙将李英昙趁李师道恐惧,借机劝说他,让他向朝廷送纳人质、进献土地来抵销自己所犯的罪过。李师道听从了他们的建议,派使者到朝廷去进献表章,请求宪宗让他的长子入朝侍奉,并呈献沂、密、海三州。宪宗准许了李师道的请求。春季正月,宪宗派左常侍李逊到郓州传达诏命、安抚军民。

李师道十分懦弱而又不明事理,对于军府中的重大事情,只与妻子魏氏、家奴胡惟堪、杨自温、婢女蒲氏、袁氏以及孔目官王再升等人商量,身边大将和幕僚们没有一个能参与讨论的。

魏氏不欲其子入质，与蒲氏、袁氏言于师道曰："自先司徒以来，有此十二州，奈何无故割而献之！今计境内之兵不下数十万，不献三州，不过以兵相加。若力战不胜，献之未晚。"师道乃大悔，欲杀李公度。幕僚贾直言谓其用事奴曰："今大祸将至，岂非高沐冤气所为！若又杀公度，军府其危哉！"乃囚之，迁李英昙于莱州，未至，缢杀之。

李逊至郓州，师道大陈兵迎之，逊盛气正色，为陈祸福，责其决语，欲白天子。师道退，与其党谋之，皆曰："第许之，他日正烦一表解纷耳。"师道乃谢曰："向以父子之私，且迫于将士之情，故迁延未遣。今重烦朝使，岂敢复有二三！"逊察师道非实诚，归，言于上曰："师道顽愚反覆，恐必须用兵。"既而师道表言军情，不听纳质割地。上怒，决意讨之。

贾直言冒刃谏师道者二，舆榇谏者一，又画缚载槛车妻子系累者以献。师道怒，囚之。

五月丙申，以忠武节度使李光颜为义成节度使，谋讨师道也。以河阳都知兵马使曹华为棣州刺史，诏加横海节度副使。六月丁丑，复以乌重胤领怀州刺史，镇河阳。秋七月癸未朔，徙李愬为武宁节度使。乙酉，下制罪状李师道，

魏氏不想让自己的儿子入朝做人质，便跟蒲氏、袁氏一起向李师道进言："从先司徒以来，李氏就拥有这十二个州，怎么能毫无缘由地割让三州而献给朝廷呢！如今，淄青境内的部队，算起来不少于几十万人，不献出三州，朝廷不过是将兵力施加到我们身上。如果我们奋力作战仍不能取胜，再献上三州也不晚。"李师道于是非常后悔，想要杀死李公度。幕僚贾直言对李师道执掌家事的奴仆说："如今大祸就要降临，这难道不是高沐的冤气所造成的吗！如果再杀害李公度，军府大概就危险了！"于是，李师道把李公度囚禁起来。又把李英昙贬到莱州，李英昙还没有到任，就被勒死了。

　　李逊抵达郓州的时候，李师道布列庞大的军阵欢迎他。李逊的神色傲慢而严厉，他大谈避祸趋福的道理，要求李师道做出明确的表态，准备禀告给宪宗。李师道回去以后，与他的党徒商量对策，大家都说："只管答应他好了，以后只要烦劳一纸书表就解除纠纷了。"李师道于是向李逊道歉说："以前因为父子间的私情，又迫于将士们的抵触情绪，所以拖延了一些日子，还没送儿子入朝侍奉。如今大大地麻烦您为此奔走，怎么敢再做反复无常的事情！"李逊觉察到李师道没有诚意，回朝后对宪宗说："李师道顽固愚昧，反复无常，恐怕必须动用兵力了。"不久，李师道上表述说军中情形，说将士们不让他送纳人质、割让土地。宪宗大怒，下决心讨伐李师道。

　　贾直言冒着被杀的危险，两次劝谏李师道，后来抬着棺材，又一次劝谏李师道，还画了一幅李师道被绑着装在囚车里，他的妻儿都被拘囚的图画献给李师道。李师道勃然大怒，把他拘禁起来。

　　五月丙申（十三日），宪宗任命忠武节度使李光颜为义成节度使，谋划讨伐李师道。任命河阳都知兵马使曹华为棣州刺史，又下诏加授为横海节度副使。六月丁丑（二十五日），又任命乌重胤兼任怀州刺史，镇守河阳。秋季七月癸未这一天是初一，改任李愬为武宁节度使。乙酉（初三），宪宗下达公布李师道罪状的制书，

令宣武、魏博、义成、武宁、横海兵共讨之。吴元济既平，韩弘惧，九月，自将兵击李师道，围曹州。

冬十一月壬寅，以河阳节度使乌重胤为横海节度使。丁未，以华州刺史令狐楚为河阳节度使。重胤以河阳精兵三千赴镇，河阳兵不乐去乡里，中道溃归，又不敢入城，屯于城北，将大掠。令狐楚适至，单骑出，慰抚之，与俱归。

先是，田弘正请自黎阳渡河，会义成节度使李光颜讨李师道，裴度曰："魏博军既渡河，不可复退，立须进击，方有成功。既至滑州，即仰给度支，徒有供饷之劳，更生观望之势。又或与李光颜互相疑阻，益致迁延。与其渡河而不进，不若养威于河北。宜且使之秣马厉兵，俟霜降水落，自杨刘渡河，直指郓州，得至阳谷置营，则兵势自盛，贼众摇心矣。"上从之。是月，弘正将魏博全师自杨刘渡河，距郓州四十里筑垒，贼中大震。

十二月戊寅，魏博、义成军送所获李师道都知兵马使夏侯澄等四十七人，上皆释弗诛，各付所获行营驱使，曰："若有父母欲归者，优给遣之。朕所诛者，师道而已。"于是贼中闻之，降者相继。

初，李文会与兄元规皆在李师古幕下。师古薨，师道立，元规辞去，文会属师道亲党请留。元规将行，谓文会曰：

命令宣武、魏博、义成、武宁、横海等节度使的兵马共同讨伐李师道。这时,吴元济已被平定,韩弘心怀恐惧,九月,他自己主动带领部队攻打李师道,包围了曹州。

冬季十一月壬寅(二十二日),宪宗任命河阳节度使乌重胤为横海节度使。丁未(二十七日),宪宗任命华州刺史令狐楚为河阳节度使。乌重胤带领三千名精兵前往横海。河阳士兵不乐意离开家乡,半路上溃散返回河阳,但又不敢进城,便在河阳城北驻扎下来,准备大肆抢掠。令狐楚恰好在这时来到河阳,他单人匹马出城,慰问安抚这些士兵,让他们与自己一同回到河阳城内。

在此之前,田弘正请求从黎阳渡过黄河,与义成节度使李光颜会合,共同讨伐李师道。裴度说:"魏博的部队渡过黄河以后,就不可以再撤退回来,必须立即进兵出击,才能取得成功。魏博的部队到达滑州以后,马上要依赖度支使的供应,朝廷只有供给军饷的烦劳,魏博部队却会重新持观望的姿态。另外,田弘正或许会与李光颜互相猜疑,产生隔阂,更会导致延误战机。与其渡过黄河而不进兵,倒不如在黄河北岸蓄养声威。应该暂时让田弘正喂饱战马磨好兵器,等到寒霜降临、河水下落的时候,从杨刘渡过黄河,直奔郓州,在攻占阳谷以后设置营寨,那么,军队的声势自然强盛,贼军人心就动摇了。"宪宗听从了这一意见。这个月,田弘正率领魏博全军从杨刘渡过黄河,在距离郓州四十里的地方修筑营垒,李师道军中大为震惊。

十二月戊寅(二十九日),魏博、义成两军把所抓获的李师道的都知兵马使夏侯澄等四十七人押送到京城。宪宗把他们全部释放,一个也不杀,分别交给俘获他们的行营驱遣役使,宪宗说:"如果有人上有父母,打算回家,就从优发给盘缠,送他们回去。我所要杀的,只有李师道一个人。"于是敌军将士听说了这一情况,前来投降的人接连不断。

起初,李文会与哥哥李元规都在李师古的府署中任职。李师古逝世之后,李师道继任,李元规辞职离去,李文会嘱托李师道的亲信党羽,请求他们留任。李元规临行前,对李文会说:

"我去，身退而安全。汝留，必骤贵而受祸。"及官军四临，平卢兵势日蹙，将士喧然，皆曰："高沐、郭昈、李存为司空忠谋，李文会奸佞，杀沐，囚昈、存，以致此祸。"师道不得已，出文会摄登州刺史，召昈、存还幕府。

武宁节度使李愬与平卢兵十一战，皆捷。己卯晦，进攻金乡，克之。李师道性懦怯，自官军致讨，闻小败及失城邑，辄忧悸成疾，由是左右皆蔽匿，不以实告。金乡，兖州之要地，既失之，其刺史遣驿骑告急，左右不为通，师道至死竟不知也。

十四年春正月辛巳，韩弘拔考城，杀二千馀人。丙戌，师道所署沭阳令梁洞以县降于楚州刺史李听。壬辰，武宁节度使李愬拔鱼台。丙申，田弘正奏败淄青兵于东阿，杀万馀人。丙午，田弘正奏败平卢兵于阳谷。二月，李听袭海州，克东海、朐山、怀仁等县。李愬败平卢兵于沂州，拔丞县。

李师道闻官军侵逼，发民治郓州城堑，修守备，役及妇人，民益惧且怨。都知兵马使刘悟，正臣之孙也，师道使之将兵万馀人屯阳谷以拒官军。悟务为宽惠，使士卒人人自便，军中号曰刘父。及田弘正渡河，悟军无备，战又数败。或谓师道曰："刘悟不修军法，专收众心，恐有他志，宜早图之。"师道召悟计事，欲杀之。或谏曰："今官军四合，悟无逆状，

"我离去，抽身引退而获得安全；你留下，必定骤然显贵而招致祸害。"等到官军从四面逼近，平卢的军事形势一天比一天窘迫，将士们喧喧嚷嚷，都说："高沐、郭昈、李存为李司空忠诚地谋划，而李文会奸邪谄媚，他杀害高沐，拘禁郭昈、李存，以至于招致了这一灾祸。"李师道无可奈何，便将李文会外放，让他代理登州刺史，同时把郭昈、李存召回府署。

武宁节度使李愬与平卢的部队交战十一次，都获得胜利。己卯（三十日）这天，李愬进兵攻打金乡，攻破该城。李师道生性懦弱胆怯，自从官军前来征讨，他只要听说打了个小小的败仗以及丢失了城镇邑落，就会忧愁惊吓而得病。因此他身边的侍从都隐瞒战况，不把实际情况告诉他。金乡是兖州的军事要地，金乡丧失以后，兖州刺史派驿站的骑兵前来告急，李师道身边的侍从不给通报，李师道直到死竟然都不知道金乡的陷落。

十四年（819）春季正月辛巳（初二），韩弘攻取考城，杀死两千多人。丙戌（初七），李师道所委任的沭阳令梁洞献出沭阳县向楚州刺史李听投降。壬辰（十三日），武宁节度使李愬攻取鱼台。丙申（十七日），田弘正上奏朝廷，说他在东阿打败了淄青的部队，杀死一万多人。丙午（二十七日），田弘正上奏朝廷，说他在阳谷打败了平卢的部队。二月，李听率领部队袭击海州，攻克东海、朐山、怀仁等县。李愬在沂州打败平卢的部队，攻取丞县。

李师道听说官军日益侵犯逼迫，于是便征调民夫修治郓州的护城河，加强防守，男夫不足，又征发妇女，百姓更加恐惧怨恨。都知兵马使刘悟，是刘正臣的孙子，李师道派他率领一万多名士兵驻扎到阳谷，以抵御官军。刘悟致力于以宽厚慈惠治军，让每个士兵都按自己的意愿行动，军中都称誉他为"刘父"。等到田弘正渡过黄河，刘悟的部队毫无准备，连打几仗都战败了。有人对李师道说："刘悟不整饬军法，专门收买人心，恐怕有异志，最好趁早对付他。"李师道召刘悟来谋划事情，想要借机杀了他。有人劝谏李师道说："如今郓州四周全是官军，刘悟并没有谋反的迹象，

用一人言杀之，诸将谁肯为用！是自脱其爪牙也。"师道留悟旬日，复遣之，厚赠金帛以安其意。悟知之，还营，阴为之备。师道以悟将兵在外，署悟子从谏门下别奏。从谏与师道诸奴日游戏，颇得其阴谋，密疏以白父。

又有谓师道者曰："刘悟终为患，不如早除之。"丙辰，师道潜遣二使赍帖授行营兵马副使张暹，令斩悟首献之，勒暹权领行营。时悟方据高丘张幕置酒，去营二三里。二使至营，密以帖授暹。暹素与悟善，阳与使者谋曰："悟自使府还，颇为备，不可匆匆，暹请先往白之，云'司空遣使存问将士，兼有赐物，请都头速归，同受传语'。如此，则彼不疑，乃可图也。"使者然之。暹怀帖走诣悟，屏人示之。悟潜遣人先执二使，杀之。

时已向暮，悟按辔徐行还营，坐帐下，严兵自卫。召诸将，厉色谓之曰："悟与公等不顾死亡以抗官军，诚无负于司空。今司空信谗言，来取悟首。悟死，诸公其次矣。且天子所欲诛者独司空一人，今军势日蹙，吾曹何为随之族灭！欲与诸公卷旗束甲，还入郓州，奉行天子之命，岂徒免危亡，富贵可图也。诸公以为何如？"兵马使赵垂棘立于众首，良久，对曰："如此，事果济否？"悟应声骂曰："汝与司空合谋邪！"立斩之。遍问其次，有迟疑未言者，悉斩之，并斩

凭一个人说的话就要杀他,诸将中谁还愿意为您出力? 这是自己解除自己的卫士。"李师道把刘悟扣留了十天,又送他回去,并赠送大量金帛加以安抚。刘悟知道李师道怀疑自己,回到军营后就秘密地做了防守的准备。李师道因为刘悟领兵在外,委任刘悟的儿子刘从谏为门下别奏。刘从谏与李师道的家奴每天在一块儿游戏,很了解李师道的阴谋,就写密信把有关情况报告给父亲。

又有人对李师道说:"刘悟最终会危害我们,不如尽早除掉他。"丙辰(初八),李师道秘密地派遣两位使者,将他的指令带给行营兵马副使张暹,命令张暹杀死刘悟,进献刘悟的脑袋,还命令张暹代领行营兵马使。当时刘悟正在一块高地上陈设帐篷,摆下酒宴,距离军营二三里。两位使节抵达军营,秘密地把李师道的指令授予张暹。张暹一向与刘悟亲善,他假装与使者商量,说:"刘悟从郓州节度使府署回来以后,做了不少防备,不能匆忙行事。我建议先由我去告诉他,说'李司空派使者来慰劳将士,同时还带来了赏赐的物品,请都头快回军营,一同接受传话'。这样,刘悟肯定不会怀疑,于是就能下手了。"使者同意了张暹的建议。张暹怀揣李师道的指令,来到刘悟饮宴的帐篷,屏退众人,把指令拿给刘悟看。刘悟秘密派人抢先拘捕了使者,把他们杀了。

这时已是傍晚,刘悟挽住马缰缓缓前行,回到军营坐在营帐之中,部署兵力来保卫自己。刘悟召集众将领,声色严厉地对他们说:"我和你们各位不顾死亡抵抗官军,实在没什么辜负李司空的。如今李司空听信谗言,派人来取我的脑袋。我一旦被杀死,你们就会接着被杀。况且天子想要诛杀的人,仅是李司空一个人,如今军事形势日益窘迫,我们为什么要跟着他遭受灭族之灾! 我打算跟各位卷起旗帜捆起甲胄,回到郓州,执行天子的命令,诛杀李师道,这样哪里只是免于危亡,连富贵也能谋求到。各位认为怎样?"兵马使赵垂棘站在各位将领的前头,他沉默了很久才说:"这样做,事情果真能成功吗?"刘悟等他话音一落,就骂道:"你跟李司空同谋吗?"立即下令把他杀了。接着依次询问各人的态度,凡是犹豫不决、没有表态的人,一律斩首,并斩杀了

军中素为众所恶者，凡三十馀，尸于帐前。馀皆股栗，曰："惟都头命，愿尽死！"乃令士卒曰："入郓，人赏钱百缗，惟不得近军帑，其使宅及逆党家财，任自掠取，有仇者报之。"使士卒皆饱食执兵，夜半听鼓三声绝即行，人衔枚，马缚口，遇行人，执留之，人无知者。距城数里，天未明，悟驻军，使听城上柝声绝，使十人前行，宣言"刘都头奉帖追入城"。门者请俟写简白使，十人拔刃拟之，皆窜匿。悟引大军继至，城中噪哗动地。比至，子城已洞开，惟牙城拒守，寻纵火斧其门而入。牙中兵不过数百，始犹有发弓矢者，俄知不支，皆投于地。

悟勒兵升听事，使捕索师道。师道与二子伏厕床下，索得之。悟命置牙门外隙地，使人谓曰："悟奉密诏送司空归阙，然司空亦何颜复见天子！"师道犹有幸生之意，其子弘方仰曰："事已至此，速死为幸！"寻皆斩之。自卯至午，悟乃命两都虞候巡坊市，禁掠者，即时皆定。大集兵民于毬场，亲乘马巡绕，慰安之。斩赞师道逆谋者二十馀家，文武将吏且惧且喜，皆入贺。悟见李公度，执手歔欷。出贾直言

军中一向被兵众痛恨的人，共有三十几个，将他们的尸体陈列在营帐前面。馀下的将领都怕得发抖，说："我们只服从都头您的命令，愿意为您拼命杀敌！"于是刘悟对士兵们下达命令："攻入郓州，每人赏给一百缗钱，只有军库不准抢劫。李师道的节度使府第及其他叛党的家财，听任你们掠取，有私仇的可以报仇。"于是让士兵都饱食一顿，每人手持兵器，夜半时分，听到鼓声响三下后立即出发。将士口中衔着小木棍，马口也被捆扎起来，防止人喊马嘶，遇到行人，都拘留起来，防止走漏消息。这次军事行动，别人都不知道。行进到离郓州只有几里路的地方，天还没亮，刘悟下令部队停止前进，让人倾听郓州城楼上的木梆声停止后，派出十个士兵往前走到城下，声称"刘都头接到李司空的命令，征召他进城"。守门人请大家等到写好书简，报告节度使之后再进城，十个人拔出刀来比画了一下，守门人都吓得四处逃窜，躲藏起来。刘悟带领大军随后赶到，城里已经一片喧哗，震动大地。等到刘悟进城时，小城已被攻破，只有李师道居住的内城还在抵抗坚守。刘悟随即下令，放火焚烧城门，并用大斧劈开城门，将士们一齐涌入。内城里的兵卒不超过几百人，开始还有人发射弓箭，不久便知道力量不够，都把弓箭扔在地上投降。

刘悟率领将士登上李师道的议事厅，下令搜捕李师道。李师道和他的两个儿子躲藏在厕所的坐床下面，被士兵找出来。刘悟下令将李师道父子押到节度使府署大门外的空地上，派人对他说："刘悟遵从天子的密诏打算送司空您回京城去，但司空您还有什么脸面再见到天子呢？"李师道还抱有幸免一死的念头，他的儿子李弘方仰面长叹道："事情已经落到这一地步，迅速死去就是幸事了！"随后，李师道父子都被斩首。从清晨到中午，刘悟只命令左、右都虞候巡视街市，查禁抢劫者，城内立即安定下来。刘悟让将士和百姓全部集中到鞠球场上，亲自骑马绕场一周，慰劳安抚大家。接着斩杀了辅佐李师道反叛的二十多户人家，文官武将又害怕又高兴，都来拜见刘悟，表示祝贺。刘悟会见了李公度，拉着他的手，哽咽着说不出话来。又下令将贾直言

于狱，置之幕府。

悟之自阳谷还兵趋郓也，潜使人以其谋告田弘正，曰："事成，当举烽相白。万一城中有备不能入，愿公引兵为助。功成之日，皆归于公，悟何敢有之。"且使弘正进据己营。弘正见烽，知得城，遣使往贺。悟函师道父子三首遣使送弘正营，弘正大喜，露布以闻。淄、青等十二州皆平。

弘正初得师道首，疑其非真，召夏侯澄使识之，澄熟视其面，长号陨绝，久之，乃抱其首，舐其目中尘垢，复恸哭。弘正为之改容，义而不责。

壬戌，田弘正捷奏至。乙丑，命户部侍郎杨於陵为淄青宣抚使。己巳，李师道首函至。自广德以来，垂六十年，藩镇跋扈河南、北三十馀州，自除官吏，不供贡赋，至是尽遵朝廷约束。

上命杨於陵分李师道地。於陵按图籍，视土地远迩，计士马众寡，校仓库虚实，分为三道，使之适均：以郓、曹、濮为一道，淄、青、齐、登、莱为一道，兖、海、沂、密为一道。上从之。

刘悟以初讨李师道诏云"部将有能杀师道以众降者，师道官爵悉以与之"，意谓尽得十二州之地，遂补署文武将佐，更易州县长吏。谓其下曰："军府之政，一切循旧。

从狱中释放出来,安排他在府署任职。

刘悟从阳谷回兵奔袭郓州之前,曾秘密地派人把自己的谋划告诉田弘正,对他说:"事情一旦成功,定当点燃烽火相告。万一城里设有防备不能攻入,希望您率领士兵前来援助。等到事情成功后,功劳全都归您,我怎么敢据为己有。"并且让田弘正进兵占据自己在阳谷的军营。这时,田弘正看见烽火燃起,知道郓城已经被刘悟攻克,就派使者前去祝贺。刘悟把李师道父子三人的首级装在一个盒子里,派人送到田弘正的军营,田弘正非常高兴,向各地发出捷报,并上报朝廷。至此,淄、青等十二州全部平定。

田弘正刚得到李师道首级时,怀疑这不是真的,召来夏侯澄让他辨认。夏侯澄仔细看了面孔,放声痛哭,昏倒在地,很长时间后,又抱起李师道的首级,用舌尖舔去眼睛中的灰尘,再次痛哭起来。田弘正为夏侯澄的举动而露出感动的神情,赞赏夏侯澄的义气而不去责备他。

壬戌(十四日),田弘正的捷报送到京城。乙丑(十七日),宪宗任命户部侍郎杨於陵为淄青宣抚使。己巳(二十一日),装着李师道首级的盒子送到京城。自唐肃宗广德年间以来,将近六十年时间,藩镇在黄河南、北的三十多个州中,专横暴戾,欺上压下,擅自任命官吏,不向朝廷供奉赋税,到这时全都重新遵守朝廷的规章法令。

宪宗命令杨於陵划分李师道的领地。杨於陵按验地图和户籍,察看土地的远近,统计兵卒马匹的多少,核对仓库的空竭与充实,把它们分为三道,使各方面情况恰好均等,把郓州、曹州、濮州分为一道,淄州、青州、齐州、登州、莱州分为一道,兖州、海州、沂州、密州分为一道。宪宗听从了杨於陵的意见。

刘悟因为最初下达讨伐李师道的诏令说"部将中有能杀死李师道并率领部队投降朝廷的,李师道的官爵全部转授给他",认为自己应该得到十二州的全部土地,于是擅自补充任命文武将佐,更换州县长吏。对他的部下说:"军府的政事,全部遵循旧的章程办理。

自今但与诸公抱子弄孙，夫复何忧！”上欲移悟他镇，恐悟不受代，复须用兵，密诏田弘正察之。弘正日遣使者诣悟，托言修好，实观其所为。悟多力，好手搏，得郓州三日，则教军中壮士手搏，与魏博使者庭观之，自摇肩攘臂，离坐以助其势。弘正闻之，笑曰：“是闻除改，登即行矣，何能为哉！”庚午，以悟为义成节度使。悟闻制下，手足失坠。明日，遂行。弘正将数道兵，已至城西二里，与悟相见于客亭，即受旌节，驰诣滑州，辟李公度、李存、郭旴、贾直言以自随。悟素与李文会善，既得郓州，使召之，未至。闻将移镇，旴、存谋曰：“文会佞人，败乱淄青一道，灭李司空之族，万人所共仇也！不乘此际诛之，田相公至，务施宽大，将何以雪三齐之愤怨乎！”乃诈为悟帖，遣使即文会所至，取其首以来。使者遇文会于丰齐驿，斩之，比还，悟及旴、存已去，无所复命矣。文会二子，一亡去，一死于狱，家赀悉为人所掠，田宅没官。

诏以淄青行营副使张暹为戎州刺史。癸酉，加田弘正检校司徒、同平章事。先是，李师道将败数月，闻风动鸟飞，皆疑有变，禁郓人亲识宴聚及道路偶语，犯者有刑。弘正既入郓，悉除苛禁，纵人游乐，寒食七昼夜不禁行人。

从今以后,我只跟各位抚育儿女,逗玩孙子,还有什么可以忧愁的呢!"宪宗想把刘悟调到其他地方任职,但担心刘悟不同意由别的官员替代他,又必须动用兵力,于是下达密诏给田弘正,命他观察刘悟的动静。田弘正每天派使者到刘悟那里,借口与刘悟建立友好关系,实际上是观察刘悟的言行。刘悟力气很大,喜欢摔跤,攻克郓州才三天,就教军中壮士摔跤,他与魏博的使者在厅堂前观看。他摇动身子,捋起衣袖,离开座席,去呐喊助威。田弘正听说这一情形,笑着说:"像他这样,一听到调动的诏命,就会立即成行,不可能有什么作为!"庚午(二十二日),宪宗任命刘悟为义成节度使。刘悟听到诏命下达,手足无措,非常惊慌,第二天就出发赴任了。田弘正率领几个道的兵马,已经进抵郓州城西二里路的地方,他在驿亭与刘悟见了面。就在这个地方,刘悟接受了义成节度使的旌节,驰马前往滑州上任。他还征召李公度、李存、郭旷、贾直言跟随在自己身边。刘悟一向与李文会友善,攻克郓州以后,就派人去登州召他回来,但李文会尚未赶到。郭旷、李存听说刘悟将要调任,就商议道:"李文会是奸佞小人,他搞乱了淄青一道,使李司空遭到灭族之灾,是所有人共同的仇人。如果不趁这个时候杀了他,等田相公一到,肯定宽大为怀,那时将怎么来洗刷淄青被分割为三所带来的愤恨呢!"于是伪造刘悟的指令,派使者去李文会所到的地方,割下他的首级回来复命。使者在丰齐驿遇到李文会,把他杀了,等到使者回到郓州,刘悟和郭旷、李存已经离去,没有地方可以复命。李文会的两个儿子,一个逃亡,一个死在狱中,家产全部被人劫掠,田地和宅第被官府没收。

宪宗下诏,任命淄青行营副使张暹为戎州刺史。癸酉(二十五日),晋升田弘正为检校司徒、同平章事。在此之前,李师道将要败亡的前几个月,他听到风吹和鸟飞的声音,都怀疑有什么变故,于是禁止郓州人亲友之间饮宴聚会,以及禁止行人悄声私语,违犯者要严刑惩处。田弘正进入郓州以后,全部废除了这些苛刻的禁令,放纵百姓游乐,寒食节七天七夜不禁止行人往来。

或谏曰:"郓人久为寇敌,今虽平,人心未安,不可不备。"弘正曰:"今为暴者既除,宜施以宽惠,若复为严察,是以桀易桀也,庸何愈焉!"

先是,贼数遣人入关,截陵戟,焚仓场,流矢飞书,以震骇京师,沮挠官军。有司督察甚严,潼关吏至发人囊箧以索之,然终不能绝。及田弘正入郓,阅李师道簿书,有赏杀武元衡人王士元等及赏潼关、蒲津吏卒案,乃知向者皆吏卒受赂于贼,容其奸也。

裴度纂述蔡、郓用兵以来上之忧勤机略,因侍宴献之,请内印出付史官。上曰:"如此,似出朕志,非所欲也。"弗许。

三月戊子,以华州刺史马总为郓、曹、濮等州节度使。己丑,以义成节度使薛平为平卢节度、淄青齐登莱等州观察使。以淄青四面行营供军使王遂为沂海兖密等州观察使。

横海节度使乌重胤奏:"河朔藩镇所以能旅拒朝命六十余年者,由诸州县各置镇将领事,收刺史、县令之权,自作威福。向使刺史各得行其职,则虽有奸雄如安、史,必不能以一州独反也。臣所领德、棣、景三州,已举牒各还刺史职事,应在州兵并令刺史领之。"夏四月丙寅,诏诸道节度、都团练、都防御、经略等使所统支郡兵马,并令刺史领之。

有人劝谏道:"郓州人长期做寇贼,如今虽已平定,人心尚未安稳,不能不防。"田弘正说:"如今制造暴虐的人已经清除,应当施行宽厚慈惠的仁政,如果还是严厉苛察,那就好比以夏桀来代替夏桀,比过去好在什么地方呢?"

在此之前,寇贼多次派人进入潼关,他们截断皇家陵墓前的石门,焚毁府库中的粮食绢帛,还用箭把匿名信射入京城,使京城受到震动惊骇,以便阻挠官军的行动。有关部门对寇贼的监督检查十分严格,潼关的官员甚至打开来往行人的背包和箱子进行搜索,然而始终不能杜绝类似事件的发生。等到田弘正进入郓州,阅读李师道的文书,发现其中有赏赐暗杀武元衡的凶手王士元等人以及赏赐潼关、蒲津官员士卒的案卷,才知道以往的种种事变,都是由于官员士卒接受寇贼贿赂、容忍寇贼作乱所造成的。

裴度纂文叙述了朝廷对淮蔡、淄青用兵以来,宪宗忧虑国事,勤勉为政,富于韬略的情形,趁陪伴饮宴的机会,进献给宪宗,请求宪宗盖印,然后拿出去交给史官。宪宗说:"这样做,就好像此事出于我的意愿,这并不是我想要做的。"宪宗没有准许。

三月戊子(初十),宪宗任命华州刺史马总为郓、曹、濮等州节度使。己丑(十一日),任命义成节度使薛平为平卢节度使,淄、青、齐、登、莱等州观察使。任命淄青四面行营供军使王遂为沂、海、兖、密等州观察使。

横海节度使乌重胤上奏:"河朔藩镇之所以能够聚众抗拒朝廷的命令六十多年,是由于他们在各州县分别设置镇将来统管军政,夺取了原本属于刺史、县令的权力,自己作威作福。如果让每个刺史都能行使自己的职权,那么,即使出现安禄山、史思明那样的奸雄,也肯定不能凭借一个州的兵力独自造反。我所管辖的德、棣、景三州,我已发出文书,命令每个镇将归还原本属于刺史的军权,所有驻扎在州中的部队,一律由刺史统率。"夏季四月丙寅(十九日),宪宗下诏命令各道节度使、都团练使、都防御使、经略使等所统领的支郡兵马,一律都由各州刺史统辖。

自至德以来,节度使权重,所统诸州各置镇兵,以大将主之,暴横为患,故重胤论之。其后河北诸镇,惟横海最为顺命,由重胤处之得宜故也。

秋七月丁丑朔,田弘正送杀武元衡贼王士元等十六人。诏仗内、京兆府、御史台遍鞫之,皆款服。京兆尹崔元略以元衡物色询之,则多异同。元略问其故,对曰:"恒、郓同谋遣客刺元衡,而士元等后期,闻恒人事成,遂窃以为己功,还报受赏耳。今自度为罪均,终不免死,故承之。"上亦不欲复辨正,悉杀之。

戊寅,宣武节度使韩弘始入朝,上待之甚厚。弘献马三千,绢五千,杂缯三万,金银器千,而汴之库厩尚有钱百馀万缗,绢百馀万匹,马七千匹,粮三百万斛。

沂、海、兖、密观察使王遂,本钱谷吏,性狷急,无远识。时军府草创,人情未安,遂专以严酷为治,所用杖绝大于常行者。每詈将卒,辄曰"反虏"。又盛夏役士卒营府舍,督责峻急,将卒愤怨。辛卯,役卒王弁与其徒四人浴于沂水,密谋作乱,曰:"今服役触罪亦死,奋命立事亦死,死于立事,不犹愈乎!明日,常侍与监军、副使有宴,军将皆在告,直兵多休息,吾属乘此际出其不意取之,可以万全。"四人皆以为然,约事成推弁为留后。壬辰,遂方宴饮,日过

从肃宗至德年间以来，节度使的权力很大，他们在自己统辖的各州设置镇兵，由大将军主持军务，凶暴专横，造成祸患，所以乌重胤上奏论及此事。在此之后，黄河北岸的各藩镇，只有横海最顺从朝命，这是由于乌重胤处置得当适宜的缘故。

秋季七月丁丑这一天是初一，田弘正把暗杀武元衡的寇贼王士元等十六人押送到京城。宪宗诏命仗内、京兆府、御史台详细审问，王士元等人都招认服罪。京兆尹崔元略询问武元衡遇刺时所穿的衣服是什么颜色，各人的说法多不一样。崔元略追问其中的缘故，他们回答说："成德王承宗和淄青李师道共同谋划派刺客暗杀武元衡，我们这些人耽误了期限，听说王承宗手下的人已把事情做成了，就把功劳窃为己有，以便回去报功领赏。如今，我们揣度自己和暗杀者的罪责相等，最终免不了一死，所以就承认了指控。"宪宗也不想再辨认王士元等人是不是真凶，下令把他们全部杀了。

戊寅（初二），宣武节度使韩弘首次入朝晋见宪宗，宪宗用很高的规格接待他。韩弘向朝廷进献三千匹战马、五千匹绢帛、三万匹杂色丝织品、一千件金银器皿，而汴州的宣武库府、厩房里还有一百万缗钱币、一百多万匹绢帛、七千匹战马、三百万斛粮食。

沂、海、兖、密观察使王遂，原先担任钱谷吏，他心胸狭窄，性情急躁，缺乏远见卓识。当时，观察使府署刚开始创建，人心还没有安定，王遂就专门用严刑酷法进行治理，所用的棍棒比通常用的大得多。每次责骂将士，动不动就说他们是"反虏"。另外又在盛夏季节役使士兵为他营造观察使府署的房舍，并严加监督催促，将士对他十分愤怒怨恨。辛卯（十五日），服役的士兵王弁和他的四个同伙在沂水中洗浴，密谋作乱，王弁说："现今，我们服役犯罪也是死，奋力拼命建功立业也是死，为建功立业而死，不还好些吗！明天，常侍和监军、副使要举行酒宴，部将们都在休假，卫兵大多也在休息，我们趁这个时候，出其不意地发动攻击，可以万无一失。"四人都认为王弁说得对，约定在事情成功之后推举王弁担任留后。壬辰（十六日），王遂等人正在宴饮，刚过

中,弁等五人突入,于直房前取弓刀,径前射副使张敦实,杀之。遂与监军狼狈起走,弁执遂,数之以盛暑兴役,用刑刻暴,立斩之。传声勿惊监军,弁即自称留后。朝廷闻沂州军乱,甲辰,以棣州刺史曹华为沂、海、兖、密观察使。

八月,朝廷议兴兵讨王弁,恐青、郓相扇继变,乃除弁开州刺史,遣中使赐以告身。中使绐之曰:"开州计已有人迎候道路,留后宜速发。"弁即日发沂州,导从尚百馀人,入徐州境,所在减之,其众亦稍逃散。遂加以杻械,乘驴入关。九月戊寅,腰斩东市。先是,三分郓兵以隶三镇。及王遂死,朝廷以为师道馀党凶态未除,命曹华引棣州兵赴镇以讨之。沂州将士迎候者,华皆以好言抚之,使先入城,慰安其馀,众皆不疑。华视事三日,大飨将士,伏甲士千人于幕下,乃集众而谕之曰:"天子以郓人有迁徙之劳,特加优给,宜令郓人处右,沂人处左。"既定,令沂人皆出,因阖门,谓郓人曰:"王常侍以天子之命为帅于此,将士何得辄害之!"语未毕,伏者出,围而杀之,死者千二百人,无一得脱者。门屏间赤雾高丈馀,久之方散。

中午，王弁等五人突然冲了进来，直奔卫兵值班室中夺取弓箭和刀枪，径直前行，向观察副使张敦实射去，张敦实当即被射死。王遂与监军狼狈地站起身逃跑，被王弁拘捕。王弁历数王遂在盛夏征发劳役、用刑苛刻残暴的罪行以后，马上把他杀了。王弁传令不要惊动监军，随即自称留后。朝廷听说沂州发生兵变的消息，甲辰（二十八日），下诏任命棣州刺史曹华为沂、海、兖、密观察使。

八月，朝廷商议发兵征讨王弁，又担心青州、郓州相互煽动，继而也发生兵变，于是任命王弁为开州刺史，派中使授给他委任状。中使欺骗王弁说："开州预先派了人在路旁迎候您，留后您应该尽快上路去赴任。"王弁当天从沂州出发，他的前导与后卫还有一百多人，进入徐州境内以后，当地官员要他减少随从人员，他的部众也逐渐逃散。于是，中使下令把王弁抓起来，戴上脚镣手铐，装上驴车，押送他进入潼关，抵达京城。九月戊寅（初三），王弁在东市被腰斩。在此之前，朝廷把李师道在郓州的兵马一分为三，隶属于三个藩镇。等到王遂被杀死，朝廷认为李师道馀党凶恶的面目没有改变，于是命令曹华带领棣州的部队奔赴沂州，进行讨伐。曹华到了沂州，对迎接等候他的沂州将士，都用好言好语加以抚慰，让他们先进城去，然后自己也进城去安抚慰问其馀的将士，众人都不怀疑曹华有其他意图。曹华上任三天之后，举行盛大宴会，招待将士，事先在帐幕背后埋伏了一千名精兵。于是召集众将士，对他们说："天子考虑到郓州的士兵有长途迁徙的劳苦，特让我对他们增加赏赐，应当命令郓州的将士站在右边，沂州的将士站在左边。"众人分别站定以后，曹华命令沂州的将士全都出去，随即下令关好大门，对屋内的郓州将士们说："王常侍奉天子的命令到这里来做统帅，你们怎么就杀害了他？"话音未落，伏兵就冲出来包围了郓州的将士，乱刀斩杀，死了一千二百人，没有一个人得以逃脱。屏门内的血色雾气升腾起一丈多高，过了很久才慢慢散去。

臣光曰：《春秋》书楚子虔诱蔡侯般杀之于申。彼列国也，孔子犹深贬之，恶其诱讨也，况为天子而诱匹夫乎！王遂以聚敛之才，殿新造之邦，用苛虐致乱。王弁庸夫，乘衅窃发，苟沂帅得人，戮之易于犬豕耳，何必以天子诏书为诱人之饵乎！且作乱者五人耳，乃使曹华设诈，屠千馀人，不亦滥乎！然则自今士卒孰不猜其将帅，将帅何以令其士卒！上下眄眄，如寇仇聚处，得间则更相鱼肉，惟先发者为雄耳，祸乱何时而弭哉！惜夫！宪宗削平僭乱，几致治平，其美业所以不终，由苟徇近功不敦大信故也。

北宋史臣司马光评论说:《春秋》中记载楚子虔在申地引诱杀害蔡侯般。这件事虽然是发生在诸侯国之间,孔子仍然深加贬斥,憎恶楚子虔用诱杀的手段来讨伐自己的对手,何况作为天子而诱杀普通的将士呢!王遂凭借他搜刮民财的才能,镇守刚刚平定收复的地区,施政严厉残暴,最终导致兵变。王弁是个平常人,他趁着士兵对王遂不满,暗中发动兵变,如果唐朝对沂州的统帅任用得当,诛杀王弁,比杀狗杀猪还要容易,何必用天子的诏书做杀人的诱饵!而且作乱的只有五个人,却让曹华设下圈套屠杀了一千多人,不也太滥杀无辜了吗!这么一来,以后士兵怎能不猜疑他们的将帅,将帅又用什么办法来统帅他们的士兵!上下之间都斜着眼睛看人,如同仇敌集聚在一块,发生矛盾就相互残杀,谁先动手谁就称雄,这样下去,祸乱什么时候才能消除!可惜啊!唐宪宗平定叛乱,几乎获得社会的安定,但他孜孜追求的美好事业之所以没有结果,就是由于无原则地顺势贪求眼前小利,不坚持讲求诚信的缘故。

河朔再叛

唐宪宗元和五年。刘济之讨王承宗也,以长子绲为副大使,掌幽州留务。济军瀛州,次子总为瀛州刺史,济署行营都知兵马使,使屯饶阳。济有疾,总与判官张玘、孔目官成国宝谋,诈使人从长安来,曰:"朝廷以相公逗留无功,已除副大使为节度使矣。"明日,又使人来告曰:"副大使旌节已至太原。"又使人走而呼曰:"旌节已过代州。"举军惊骇。济愤怒,不知所为,杀大将素与绲厚者数十人,追绲诣行营,以张玘兄皋代知留务。济自朝至日昃不食,渴索饮,总因置毒而进之。乙卯,济薨。绲行至涿州,总矫以父命杖杀之。遂领军务。

十三年夏四月,幽州大将谭忠说刘总曰:"自元和以来,刘闢、李锜、田季安、卢从史、吴元济,阻兵冯险,自以为深根固蒂,天下莫能危也。然顾眄之间,身死家覆,皆不自知,此非人力所能及,殆天诛也。况今天子神圣威武,苦身

河朔再叛

　　唐宪宗元和五年(810)。刘济讨伐王承宗的时候,任命他的长子刘绲为节度副大使,掌管幽州留府的事务。刘济领兵驻扎在瀛州,而他的次子刘总担任瀛州刺史,刘济便代理行营都知兵马使,派刘总驻守饶阳。刘济生了病,刘总与判官张玘、孔目官成国宝商议,派人假装从长安来,对刘济说:"朝廷因为您滞留不进,没有战功,已任命副大使刘绲为节度使了。"第二天,又派人来报告说:"向副大使颁发节度使旌节的朝廷使者,已经抵达太原。"又让人边跑边喊:"颁发旌节的使者已经过了代州。"全军上下都很惊恐。刘济十分愤怒,不知道怎么办,于是杀了平时与刘绲关系深厚的几十名将领,又征召刘绲到行营来,任命张玘的哥哥张皋代替他掌管留府的事务。刘济从清早到太阳西斜都没有进餐,他感到口渴,便要水喝,刘总趁机把毒药投在水中,送给刘济喝。乙卯(十七日),刘济去世。刘绲走到涿州,刘总诈称奉父亲的命令,用棍棒打死刘绲。刘总于是统领军中事务。

　　十三年(818)夏季四月,幽州大将谭忠劝说刘总:"自从宪宗元和年间以来,刘闢、李锜、田季安、卢从史、吴元济倚仗手中的兵力,凭借险要的地势,自认为基础牢固,不可动摇,天下不能危害自己。然而正在得意地左顾右盼的时候,却家败身亡,还全然不知事情是怎样发生的。这不是人的力量所能达到的。大概是上天要诛杀他们吧。何况当今的天子神圣威武,他竭力操劳

焦思，缩衣节食，以养战士，此志岂须臾忘天下哉！今国兵
骎骎北来，赵人已献城十二，忠深为公忧之。”总泣且拜曰：
“闻先生言，吾心定矣。”遂专意归朝廷。

穆宗长庆元年。卢龙节度使刘总既杀其父兄，心常自
疑，数见父兄为祟。常于府舍饭僧数百，使昼夜为佛事。
每视事退则处其中，或处他室，则惊悸不敢寐。晚年，恐惧
尤甚。亦见河南、北皆从化，春正月己卯，奏乞弃官为僧，
仍乞赐钱百万缗以赏将士。

三月癸丑，以刘总兼侍中，充天平节度使；以宣武节度
使张弘靖为卢龙节度使。乙卯，以权知京兆尹卢士玫为瀛
莫观察使。丁巳，诏刘总兄弟子侄皆除官，大将僚佐亦宜
超擢，百姓给复一年，军士赐钱一百万缗。

刘总奏恳乞为僧，且以其私第为佛寺。诏赐总名大
觉，寺名报恩，遣中使以紫僧服及天平节钺、侍中告身并赐
之，惟其所择。诏未至，总已削发为僧，将士欲遮留之，总
杀其唱帅者十馀人。夜，以印节授留后张玘，遁去。及明，
军中始知之。玘奏总不知所在。癸亥，卒于定州之境。

初，刘总奏分所属为三道：以幽、涿、营为一道，请除张
弘靖为节度使；平、蓟、妫、檀为一道，请除平卢节度使薛平

费心思虑国事,节俭衣食,用来赡养作战的士兵。他有这样的志向,怎么会有片刻忘怀天下呢!如今官军快速地向北推进,王承宗已向朝廷进献十二座城邑,我深深地为您忧虑啊!"刘总听了哭着向谭忠行礼说:"听了先生这一番话,我的主意定了。"于是刘总一心一意地归附朝廷。

　　唐穆宗长庆元年(821)。卢龙节度使刘总自从杀害了他的父亲和哥哥以后,心中经常疑神疑鬼,多次梦见父亲和哥哥变为鬼神为难自己。他经常在府第内请几百名僧人吃饭,让他们日日夜夜给自己诵经礼佛,拜忏祈祷。每次处理了公事以后就住在这里,偶尔住在别处,就担惊受怕,不能入睡。到了晚年,他恐惧得更加厉害了。他也看到黄河南、北的藩镇都归顺了朝廷,春季正月己卯(十二日),上奏朝廷,请求放弃官职,出家为僧,还请求朝廷赐给一百万缗钱币,用来赏赐将士。

　　三月癸丑(十七日),穆宗任命刘总兼侍中,充当天平节度使;任命宣武节度使张弘靖为卢龙节度使。乙卯(十九日),任命代理京兆尹卢士玫为瀛莫观察使。丁巳(二十一日),诏命刘总的弟弟、儿子、侄子全部授予官职,刘总手下的大将、僚佐也应予以越级提拔,刘总管辖的百姓免除一年赋税,将士赐给一百万缗钱币。

　　刘总上奏恳求出家为僧,并且请求以自己的私人住宅为佛寺。穆宗下诏,赐给刘总名叫大觉,赐给佛寺名叫报恩寺,并派中使带着紫色的僧服以及天平节度使的符节和侍中的委任状,一起赐给刘总,任他选择。诏书尚未传到,刘总已经剃发做了僧人,将士们想要阻拦挽留,刘总杀了为首的十几个人。这天晚上,他把节度使的印信和符节授予留后张玘,就悄悄离开了。等到天明,军中才知道这一情况。张玘上奏,称刘总去向不明。癸亥(二十七日),刘总死于定州境内。

　　起初,刘总上奏朝廷,建议将卢龙节度使统辖的州县分为三道:把幽州、涿州、营州分为一道,请求任命张弘靖为节度使;把平州、蓟州、妫州、檀州分为一道,请求任命平卢节度使薛平

为节度使；瀛、莫为一道，请除权知京兆尹卢士玫为观察使。弘靖先在河东，以宽简得众。总与之邻境，闻其风望，以燕人桀骜日久，故举弘靖自代以安辑之。平，嵩之子，知河朔风俗，而尽诚于国，故举之。士玫，则总妻族之亲也。总又尽择麾下宿将有功伉健难制者都知兵马使朱克融等送之京师，乞加奖拔，使燕人有慕羡朝廷禄位之志。又献征马万五千匹，然后削发委去。克融，滔之孙也。

是时上方酣宴，不留意天下之务，崔植、杜元颖无远略，不知安危大体，苟欲崇重弘靖，惟割瀛、莫二州，以士玫领之，自馀皆统于弘靖。朱克融辈久羁旅京师，至假匄衣食，日诣中书求官，植、元颖不之省。及除弘靖幽州，勒克融辈归本军驱使，克融辈皆愤怨。

先是，河北节度使皆亲冒寒暑，与士卒均劳逸。及弘靖至，雍容骄贵，肩舆于万众之中，燕人讶之。弘靖庄默自尊，涉旬乃一出坐决事，宾客将吏罕得闻其言，情意不接，政事多委之幕僚。而所辟判官韦雍辈多年少轻薄之士，嗜尚豪纵，出入传呼甚盛，或夜归烛火满街，皆燕人所不习也。诏以钱百万缗赐将士，弘靖留其二十万缗充军府杂用，雍辈复裁刻军士粮赐，绳之以法，数以反虏诟责吏卒，谓军士曰："今天下太平，汝曹能挽两石弓，不若识一丁字！"由是军中人人怨怒。

为节度使;把瀛州、莫州分为一道,请求任命代理京兆尹卢士玫为观察使。张弘靖先前在河东任职,因为宽容大度而获得部众拥戴。刘总与张弘靖的辖地相邻,听到过不少传闻,考虑到幽州人长久以来性格倔强,所以举荐张弘靖代替自己,以便安抚将士。薛平,是薛嵩的儿子,熟悉河朔地区的风俗习惯,又对国家十分忠诚,所以举荐他。卢士玫,是刘总妻子家族的亲戚。刘总又把部下中有过战功、骄纵强横、难以管辖的老将,如都知兵马使朱克融等人,全部挑选出来,送他们到京城,请求朝廷给予奖赏提拔,让幽州人士都产生羡慕朝廷官爵俸禄的意愿。刘总又向朝廷进献一万五千匹战马,然后削发离去。朱克融,是朱滔的孙子。

这时,穆宗正天天沉湎在酒宴之中,不留心天下的政事,宰相崔植、杜元颖缺乏深谋远虑,不了解朝廷安危的大局,很不审慎地推崇张弘靖,只分割出瀛州、莫州给卢士玫统辖,其馀大部分州县都由张弘靖统领。朱克融等人寄居京城很长时间,以至于凭借乞讨衣食为生,他们每天都到中书省谋求官职,崔植、杜元颖都不予理睬。等到朝廷任命张弘靖为幽州节度使,勒令朱克融等人回归原部队接受张弘靖指派,朱克融等人十分愤恨。

在此之前,幽州节度使都能亲自冒着严寒酷暑,与士兵一起训练,一起休息。等到张弘靖前来幽州上任,他从容不迫,骄慢高贵,在众人的注目之下,乘坐轿子出入,幽州人都很惊讶。张弘靖庄重自尊,每十天才来节度使府署处理一次政事,门客将吏难得听到他说话,上下关系很不融洽,日常的政事,他大多交给幕僚处理。而他所征召的判官,如韦雍等人,大多都是年少轻浮的人,喜欢奢华放纵,进出官府,随从传叫呼喊,十分隆重,有时夜间归来,烛火满街,这些都是幽州人所不习惯的。穆宗下诏把一百万缗钱币赏赐给将士,张弘靖截留了二十万缗充作节度使府署平时的杂用。韦雍等人又裁减克扣士兵的军粮,经常按照法度来制裁士兵,多次用"反虏"来侮辱责骂官员和士兵,还对士兵们说:"现在天下太平,你们能牵引用两石的力量才能拉开的硬弓,还不如认识一个'丁'字。"因此军中将士人人都怨恨他们。

秋七月甲辰,韦雍出,逢小将策马冲其前导,雍命曳下,欲于街中杖之。河朔军士不贯受杖,不服。雍以白弘靖,弘靖命军虞候系治之。是夕,士卒连营呼噪作乱,将校不能制,遂入府舍,掠弘靖货财、妇女,囚弘靖于蓟门馆,杀幕僚韦雍、张宗元、崔仲卿、郑埍、都虞候刘操、押牙张抱元。明日,军士稍稍自悔,悉诣馆谢弘靖,请改心事之,凡三请,弘靖不应。军士乃相谓曰:“相公无言,是不赦吾曹。军中岂可一日无帅!”乃相与迎旧将朱洄,奉以为留后。洄,克融之父也,时以疾废卧家,自辞老病,请使克融为之,众从之。众以判官张彻长者,不杀,彻骂曰:“汝何敢反,行且族灭!”众共杀之。

甲寅,幽州监军奏军乱。丁巳,贬张弘靖为宾客、分司。己未,再贬吉州刺史。庚申,以昭义节度使刘悟为卢龙节度使。悟以朱克融方强,奏请“且授克融节钺,徐图之”。乃复以悟为昭义节度使。

初,田弘正受诏镇成德,自以久与镇人战,有父兄之仇,乃以魏兵二千从赴镇,因留以自卫,奏请度支供其粮赐。户部侍郎、判度支崔倰,性刚褊,无远虑,以为魏、镇各自有兵,恐开事例,不肯给。弘正四上表,不报。不得已,遣魏兵归。倰,沔之孙也。

秋季七月甲辰（初十），韦雍外出，遇到一个小将骑马冲撞到他的队列前面的仪仗，韦雍下令把小将拉下马来，打算在街道中间杖罚。河朔地区的士兵不习惯受杖刑，不肯服刑。韦雍把情况报告张弘靖，张弘靖命令军虞候把小将拘捕起来治罪。这天晚上，一些士兵一个营寨接着一个营寨地去鼓动造反，将校制止不住，士兵们就冲进节度使的宅第，掠夺张弘靖的家产和女眷，把张弘靖囚禁在蓟门馆，杀死他的幕僚韦雍、张宗元、崔仲卿、郑埙以及都虞候刘操、押牙张抱元。第二天，军士们有点后悔，全部来到蓟门馆向张弘靖赔罪，请求张弘靖准许他们洗心革面，继续充任张弘靖的下属，军士们再三请求，张弘靖都没有应声。军士们于是相互议论道："张相公不说话，是不愿饶恕我们，但是，军中怎么可以一天没有统帅！"便一齐去迎回老将朱洄，尊奉他为留后。朱洄，是朱克融的父亲，他当时因为身患疾病，在家卧床休息，他以自己年老多病，予以推辞，并请求让他儿子朱克融担任留后，大家都同意了。军士们因为判官张徹年纪大了，没有杀他。张徹骂道："你们怎么敢造反，这将要遭到灭族之灾的！"军士们一拥而上，把他杀了。

　　甲寅（二十日），幽州监军上奏朝廷，称发生了兵变。丁巳（二十三日），穆宗贬斥张弘靖为宾客分司。己未（二十五日），再次贬斥张弘靖为吉州刺史。庚申（二十六日），穆宗任命昭义节度使刘悟为卢龙节度使。刘悟考虑到朱克融正强劲有力，上奏朝廷，建议"暂且任命朱克融为节度使，以后慢慢想办法除掉他"。于是穆宗又任命刘悟为昭义节度使。

　　当初，田弘正接受诏命镇守成德，他认为自己长时间地与成德人交战，成德人跟自己有杀父杀兄之仇，于是带领魏博部队二千人跟随自己赴任，借机把他们留在成德保卫自己，奏请朝廷让度支使供应这两千人的军饷。户部侍郎、判度支崔倰性情倔强固执，缺乏深谋远虑，他认为魏博、成德各有自己的部队，担心此事开一先例，因而不愿意供给军饷。田弘正连续四次上奏，崔倰均不答复。田弘正无可奈何，将魏博的兵马遣返。崔倰，是崔沔的孙子。

弘正厚于骨肉，兄弟子侄在两都者数十人，竞为侈靡，日费约二十万。弘正辇魏、镇之货以供之，相属于道，河北将士颇不平。诏以钱百万缗赐成德军，度支辇运不时至，军士益不悦。

都知兵马使王庭凑，本回鹘阿布思之种也，性果悍阴狡，潜谋作乱，每抉其细故以激怒之，尚以魏兵故，不敢发。及魏兵去，壬戌，庭凑结牙兵噪于府署，杀弘正及僚佐、元从将吏并家属三百馀人。庭凑自称留后，逼监军宋惟澄奏求节钺。八月癸巳，惟澄以闻，朝廷震骇。崔倰于崔植为再从兄，故时人莫敢言其罪。

初，朝廷易置魏、镇帅臣，左金吾将军杨元卿上言，以为非便，又诣宰相深陈利害。及镇州乱，上赐元卿白玉带。辛未，以元卿为泾原节度使。

瀛莫将士家属多在幽州，壬申，莫州都虞候张良佐潜引朱克融兵入城，刺史吴晖不知所在。

癸酉，王庭凑遣人杀冀州刺史王进岌，分兵据其州。

魏博节度使李愬闻田弘正遇害，素服令将士曰："魏人所以得通圣化，至今安宁富乐者，田公之力也。今镇人不道，辄敢害之，是轻魏以为无人也。诸君受田公恩，宜如何报之？"众皆恸哭。深州刺史牛元翼，成德良将也，愬使以

田弘正用优厚的待遇供养自己的家人,他的居住在长安、洛阳两都的兄弟、儿子、侄子有几十人,生活竞相奢侈浪费,每天的开销约二十万钱。田弘正运载魏博、成德两镇的货物供给家人享用,车辆在道路上接连不断,幽州的将士十分不满。穆宗下诏,将一百万缗钱币赏赐给成德的部队,度支使的车子却未能将赏钱及时运到,军士们更加不满。

都知兵马使王庭凑,原本是回鹘阿布思的后裔,他生性果断勇猛,阴险狡诈,正在秘密地图谋发动叛乱,经常借小事故意激怒将士,因为魏博部队还在的缘故,不敢贸然起事。等到魏博部队被遣返,壬戌(二十八日),王庭凑勾结节度使的卫兵在府署闹事,杀了田弘正及其僚佐、长期追随他的将吏和他们的家属,共三百多人。王庭凑自称留后,逼迫监军宋惟澄代他上奏朝廷,请求授给节度使的符节。八月癸巳(三十日),宋惟澄把情况上报朝廷,满朝震惊。崔倰是宰相崔植的族兄,所以当时的人没有谁敢指责他的罪过。

当初,朝廷对调魏博和成德的节度使和将佐,左金吾将军杨元卿进言,认为这样做没好处,他又去见宰相,深入阐述利弊得失。等到成德部队发生兵变,穆宗赐给杨元卿一条白玉带。辛未(初八),穆宗任命杨元卿为泾原节度使。

瀛州和莫州部队的将士家属,大都居住在幽州,壬申(初九),莫州都虞候张良佐秘密招引朱克融的部队进入莫州城,莫州刺史吴晔不知去向。

癸酉(初十),王庭凑派人暗杀了冀州刺史王进岌,分拨一部分兵力占据了冀州。

魏博节度使李愬听说田弘正遇害的消息,身穿丧服,命令将士们说:"魏博人之所以能够受到皇上的教化,至今享受到安定富乐的生活,这些都是田公的功劳。如今成德人不讲道德,任意妄为地杀害了田公,这是轻视魏博,认为我们军中无人。各位都曾受过田公的恩惠,应该如何报答他呢?"众将士都失声痛哭。深州刺史牛元翼,是成德的优秀将领,李愬派人把自己的

宝剑、玉带遗之，曰："昔吾先人以此剑立大勋，吾又以之平蔡州，今以授公，努力翦庭凑。"元翼以剑、带徇于军，报曰："愿尽死！"愬将出兵，会疾作，不果。元翼，赵州人也。

乙亥，起复前泾原节度使田布为魏博节度使，令乘驿之镇。布固辞不获，与妻子宾客诀曰："吾不还矣！"悉屏去旌节导从而行，未至魏州三十里，被发徒跣，号哭而入，居于垩室。月俸千缗，一无所取，卖旧产，得钱十馀万缗，皆以颁士卒，旧将老者兄事之。

丙子，瀛州军乱，执观察使卢士玫及监军僚佐送幽州，囚于客馆。

王庭凑遣其将王立攻深州，不克。

丁丑，诏魏博、横海、昭义、河东、义武诸军各出兵临成德之境，若王庭凑执迷不复，宜即进讨。成德大将王俭等五人谋杀王庭凑，事泄，并部兵三千人皆死。

己卯，以深州刺史牛元翼为深冀节度使。

丁亥，以殿中侍御史温造为起居舍人，充镇州四面诸军宣慰使，历泽潞、河东、魏博、横海、深冀、易定等道，谕以军期。造，大雅之五世孙也。己丑，以裴度为幽、镇两道招抚使。癸巳，王庭凑引幽州兵围深州。

九月壬子，朱克融焚掠易州、涞水、遂城、满城。

宝剑和玉带赠送给他,说:"过去我的祖先曾用这把剑立下大功,我又用这把剑平定了蔡州,今天我把这剑授予你,希望你用它努力剪除王庭凑。"牛元翼带着宝剑和玉带,在军中巡行一周,回来报告说:"我愿意拼命效力!"李愬即将出兵征讨王庭凑,恰逢疾病发作而未能成行。牛元翼是赵州人。

乙亥(十二日),穆宗重新起用正在为父亲田弘正守丧的前泾原节度使田布,要他担任魏博节度使,命令他乘坐驿站的车马赴任。田布一再推辞未获批准,就跟妻儿、门客诀别道:"我不打算生还了!"他下令屏退节度使的仪仗和前导、后卫等随行人员,就出发了。在离魏州还有三十里时,他散发赤脚,连哭带喊地进入州城,居住在用白垩粉刷的屋子里。他每月的俸禄是一千缗,却一缗也不拿,还卖掉先父田弘正留在魏博的家产,得到十多万缗钱,全部分发给士兵。对于父亲原先在魏博的部将和年长的将吏,都将他们当作兄长来侍奉。

丙子(十三日),瀛州发生兵变,士兵拘捕观察使卢士玟和监军、僚佐,把他们押送到幽州,拘禁在客馆。

王庭凑派遣他的部将王立攻打深州,没能攻克。

丁丑(十四日),穆宗下诏命令魏博、横海、昭义、河东、义武各镇的部队分别出动,兵临成德边境,如果王庭凑还执迷不悟,继续作乱,那就应该立即进兵征讨。成德大将王俭等五人密谋暗杀王庭凑,不料消息泄露,这五个人和他们的部下士卒三千人全部被杀。

己卯(十六日),穆宗任命深州刺史牛元翼为深冀节度使。

丁亥(二十四日),穆宗任命殿中侍御史温造为起居舍人,充任镇州四面诸军宣慰使,历经泽潞、河东、魏博、横海、深冀、易定等道,告知进军的日期。温造,是温大雅的五世孙。己丑(二十六日),穆宗任命裴度为幽、镇两道招抚使。癸巳(三十日),王庭凑招引幽州的部队围攻深州。

九月壬子(十九日)。朱克融派兵焚烧劫掠易州、涞水、遂城、满城。

冬十月，以裴度为镇州四面行营都招讨使。左领军大将军杜叔良，以善事权倖得进。时幽、镇兵势方盛，诸道兵未敢进，上欲功速成，宦官荐叔良，以为深州诸道行营节度使。以牛元翼为成德节度使。丁丑，裴度自将兵出承天军故关以讨王庭凑。朱克融遣兵寇蔚州。戊寅，王庭凑遣兵寇贝州。己卯，易州刺史柳公济败幽州兵于白石岭，杀千馀人。庚辰，横海节度使乌重胤奏败成德兵于饶阳。辛巳，魏博节度使田布将全军三万人讨王庭凑，屯于南宫之南，拔其二栅。

翰林学士元稹与知枢密魏弘简深相结，求为宰相，由是有宠于上，每事咨访焉。稹无怨于裴度，但以度先达重望，恐其复有功大用，妨己进取，故度所奏画军事，多与弘简从中沮坏之。度乃上表极陈其朋比奸蠹之状，以为："逆竖构乱，震惊山东，奸臣作朋，挠败国政。陛下欲扫荡幽、镇，先宜肃清朝廷。何者？为患有大小，议事有先后。河朔逆贼，祗乱山东，禁闱奸臣，必乱天下。是则河朔患小，禁闱患大。小者臣与诸将必能剪灭，大者非陛下觉寤制断无以驱除。今文武百僚，中外万品，有心者无不愤忿，有口者无不咨嗟，直以奖用方深，不敢抵触，恐事未行而祸已及，不为国计，且为身谋。臣自兵兴以来，所陈章疏，事皆要切，所奉书诏，

冬季十月，穆宗任命裴度为镇州四面行营都招讨使。左领军大将军杜叔良因为善于事奉当朝权贵而得到提拔。当时幽州、镇州的兵力正处在强盛时期，各道的兵马不敢进击，而穆宗想尽快成就功业，于是宦官推荐了杜叔良，穆宗便任命他为深州诸道行营节度使。又任命牛元翼为成德节度使。丁丑（十四日），裴度亲自带领部队，进兵原承天军的驻地娘子关，以便讨伐王庭凑。朱克融派遣部队侵犯蔚州。戊寅（十五日），王庭凑派遣部队侵犯贝州。己卯（十六日），易州刺史柳公济在白石岭打败幽州朱克融的部队，杀死一千多人。庚辰（十七日），横海节度使乌重胤上奏称在饶阳打败了成德王庭凑的部队。辛巳（十八日），魏博节度使田布率领全军三万人征讨王庭凑，部队驻扎在南宫县的南部，拔除王庭凑的两个营栅。

　　翰林学士元稹与知枢密魏弘简有很深的交情，他谋求担任宰相，因此，穆宗很宠信他，朝政大事都征询他的意见。元稹对于裴度没有怨仇，但因为裴度早于自己发达，声望很高，担心他再次建立大功，得到朝廷更重要的委任，妨碍自己晋升，所以，凡是裴度上奏的军事计划，元稹大都与魏弘简从中破坏。裴度于是上表无情揭露元稹与宦官相互勾结，危害国家的罪状，认为：“叛逆者制造动乱，震动山东，奸臣相互勾结，扰乱朝政。陛下想要荡平幽州、镇州的叛逆者，就应该首先肃清朝廷中的奸臣。为什么呢？因为祸患有大有小，考虑事情也有先有后。河朔地区的叛逆者，只能搅乱山东，而宫禁中的奸臣，必定搅乱天下，这就是说，河朔地区叛逆者的祸患小，宫禁中奸臣的祸患大。河朔地区的小祸患，我跟各位将领肯定能够荡灭，但宫禁中的大祸患，如果陛下不醒悟过来，当机立断，就无法驱除。如今朝廷中的文武百官，从京城到地方的各级官员，有心的人没有哪个不愤恨，有口的人没有哪个不嗟叹，只因为陛下正重用他们，才不敢指摘，恐怕奸臣未除而祸已及身，既然无法为国家考虑大事，那就暂且为自己谋求安全。自从朝廷对河朔地区的叛逆者用兵以来，我所上呈的奏章，都事关紧要，而我接到的诏书，

多有参差,蒙陛下委付之意不轻,遭奸臣抑损之事不少。臣素与佞倖亦无仇嫌,正以臣前请乘传诣阙,面陈军事,奸臣最所畏惮,恐臣发其过恶,百计止臣。臣又请与诸军齐进,随便攻讨,奸臣恐臣或有成功,曲加阻碍,逗遛日时,进退皆受羁牵,意见悉遭蔽塞。但欲令臣失所,臣无成,则天下理乱,山东胜负,悉不顾矣。为臣事君,一至于此!若朝中奸臣尽去,则河朔逆贼不讨自平;若朝中奸臣尚存,则逆贼纵平无益。陛下傥未信臣言,乞出臣表,使百官集议。彼不受责,臣当伏辜。"表三上,上虽不悦,以度大臣,不得已。癸未,以弘简为弓箭库使,稹为工部侍郎。稹虽解翰林,恩遇如故。

横海节度使乌重胤将全军救深州,诸军倚重胤独当幽、镇东南。重胤宿将,知贼未可破,按兵观衅。上怒,丙戌,以杜叔良为横海节度使,徙重胤为山南西道节度使。

十一月辛酉,淄青节度使薛平奏突将马廷崟作乱,伏诛。时幽、镇兵攻棣州,平遣大将李叔佐将兵救之。刺史王稷供馈稍薄,军士怨怒,宵溃,推廷崟为主,行且收兵至七千馀人,径逼青州。城中兵少,不敌,平悉发府库及家财

常有旨意不一致的地方。我蒙受的陛下的托付之意不轻,而我遭到的奸臣从中压制损害的事情不少。我平时跟奸臣也没什么怨仇,只是因为我前不久上奏朝廷,请求乘坐驿站的车马进京,向陛下当面陈述作战事宜,奸臣最害怕的是我揭发他们的罪过,所以百般阻止我进京。我又曾经上奏朝廷,请求与各路大军齐头并进,随机应变,攻伐征讨,奸臣又担心我或许会成功,从各个方面加以阻碍,拖延时间,使得我军无论是进是退,都受到他们牵制,上报朝廷的建议,也全部遭到他们的扣压。他们只想让我出兵失利,只想让我一事无成,至于国家的太平与动乱,山东前线的战胜与战败,全都不顾了。他们作为臣下,事奉陛下,竟做到了这种地步!如果朝廷中的奸臣全部除去,那么河朔地区的叛逆者不用讨伐自然会平定;如果朝廷中的奸臣依然存在,那么,叛逆者纵然讨平了,也没多少益处。陛下如果不相信我的话,那就乞请公布我的表章,让百官一起讨论。如果奸臣不遭到百官的斥责,我愿意承担罪责而死。"裴度连续三次上表,穆宗虽然很不高兴,但考虑到裴度是功高望重的大臣,无可奈何地接受了裴度的意见。癸未(二十日),穆宗贬斥魏弘简为弓箭库使,贬斥元稹为工部侍郎。元稹虽然被解除了翰林学士的职务,但穆宗对他的恩宠一如往常。

横海节度使乌重胤率领全军援救深州,众军偏重乌重胤独自抵挡幽州、镇州的东南方。乌重胤是久经沙场的老将,知道敌军一时不可能击败,就按兵不动,观察敌军的动静。穆宗大怒,丙戌(二十三日),任命杜叔良为横海节度使,调任乌重胤为山南西道节度使。

十一月辛酉(二十八日),淄青节度使薛平上奏称突将马廷鉴发动叛乱,已经被诛杀。当时,幽州朱克融和镇州王庭凑的部队攻打棣州,薛平派遣大将李叔佐带领部队前去救援。棣州刺史王稷供应馈赠的物品稍微少了一点,军士们很生气,乘天黑溃逃,军士们推举马廷鉴当首领,他们一边行走,一边收拢散兵,最后聚集的兵众达七千多人,便径直进逼青州。青州城中士兵很少,难以抵挡,薛平把府库的财物和自己家里的私产全部拿出来,

召募,得精兵二千人,逆战,大破之,斩廷凑,其党死者数千人。

横海节度使杜叔良将诸道兵与镇人战,遇敌辄北。镇人知其无勇,常先犯之。十二月庚午,监军谢良通奏叔良大败于博野,失亡七千馀人。叔良脱身还营,丧其旌节。

丁丑,义武节度使陈楚奏败朱克融兵于望都及北平,斩获万馀人。

戊寅,以凤翔节度使李光颜为忠武节度使兼深州行营节度使,代杜叔良。

自宪宗征伐四方,国用已虚,上即位,赏赐左右及宿卫诸军无节,及幽、镇用兵久无功,府藏空竭,势不能支。执政乃议:"王庭凑杀田弘正而朱克融全张弘靖,罪有重轻,请赦克融,专讨庭凑。"上从之,乙酉,以朱克融为平卢节度使。

戊子,义武奏破莫州清源等三栅,斩获千馀人。

二年春正月丁酉,幽州兵陷弓高。先是,弓高守备甚严,有中使夜至,守将不内,旦,乃得入,中使大诟怒。贼谍知之,他日,伪遣人为中使,投夜至城下,守将遽内之,贼众随之,遂陷弓高。又围下博。中书舍人白居易上言,以为:"自幽、镇逆命,朝廷征诸道兵,计十七八万,四面攻围,已逾半年,王师无功,贼势犹盛。弓高既陷,粮道不通,下博、深州,

招募士卒,得到精兵二千人,出城迎战,彻底打败叛军,斩杀马廷鉴,马廷鉴的党徒死的有几千人。

横海节度使杜叔良率领各道的部队与镇州的部队交战,每战皆败。镇州人知道杜叔良胆怯,经常先向他发起进攻。十二月庚午(初八),监军谢良通上奏朝廷,报告杜叔良在博野大败,损失逃亡七千多人。杜叔良脱身回到军营,但丢失了节度使的旌节。

丁丑(十五日),义武节度使陈楚上奏朝廷,称在望都和北平打败了朱克融的部队,斩杀俘虏一万多人。

戊寅(十六日),穆宗任命凤翔节度使李光颜为忠武节度使兼深州行营节度使,替代杜叔良。

自从宪宗征讨四方的叛逆者以来,国库已经空虚,穆宗即位以后,赏赐身边亲信和禁卫诸军没有节制,等到朝廷对幽州、镇州使用武力,旷日持久而没有建立战功,府库空竭,势必难以维持。于是当政者建议道:"王庭凑杀害了田弘正,而朱克融保全了张弘靖的性命,两个人的罪行有重有轻。建议赦免朱克融,专门征讨王庭凑。"穆宗接受了这一建议,乙酉(二十三日),任命朱克融为平卢节度使。

戊子(二十六日),义武方面上奏朝廷,称攻破莫州的清源等三个营栅,斩杀、俘获一千多人。

二年(822)春季正月丁酉(初五),幽州的部队攻陷弓高县城。在此之前,弓高城的防守很严。一次,有位中使出使弓高,夜晚来到城下,守将不放他进城,天亮以后,中使才得以进城。中使十分生气,把守将大骂了一顿。幽州的密探得知这一情况,在之后的某一天,派人伪装成中使,半夜来到城下,守将急忙放他进城,幽州的兵马也跟了进去,于是攻陷了弓高,接着又围攻下博县城。中书舍人白居易进言,认为:"自从幽州、镇州叛乱以来,朝廷征调的各道兵马共计有十七八万人,从四面围攻叛贼,已经超过半年时间,但官军尚未建立功勋,叛贼的气势还很兴盛。弓高陷落以后,运送粮秣的道路无法通行,下博、深州的将士,

饥穷日急。盖由节将太众,其心不齐,莫肯率先,递相顾望。又,朝廷赏罚,近日不行,未立功者或已拜官,已败衄者不闻得罪。既无惩劝,以至迁延,若不改张,必无所望。请令李光颜将诸道劲兵约三四万人从东速进,开弓高粮路,合下博诸军解深、邢重围,与元翼合势。令裴度将太原全军兼招讨旧职,西面压境,观衅而动。若乘虚得便,即令同力剪除;若战胜贼穷,亦许受降纳款。如此,则夹攻以分其力,招谕以动其心,必未及诛夷,自生变故。又请诏光颜选诸道兵精锐者留之,其馀不可用者悉遣归本道,自守土疆。盖兵多而不精,岂惟虚费资粮,兼恐挠败军陈故也。今既祗留东、西二帅,请各置都监一人,诸道监军,一时停罢。如此,则众齐令一,必有成功。又,朝廷本用田布,令报父仇,今领全师出界,供给度支,数月已来,都不进讨。非田布固欲如此,抑有其由。闻魏博一军,累经优赏,兵骄将富,莫肯为用。况其军一月之费,计实钱近二十八万缗,若更迁延,将何供给?此尤宜早令退军者也。若两道止共留兵六万,所费无多,既易支持,自然丰足。今事宜日急,

饥饿困乏,情况一天比一天紧急。这都是由于持节的大将太多,而心思不齐,都不肯带头进攻,相互观望所造成的。另外,朝廷的赏罚制度,近日也没有认真执行,没有立功的人,有的已经授官;作战失败的人,也没听说谁受到了惩罚。既然没能惩罚邪恶,劝勉向善,以致各路大军拖延不进,如果再不改弦更张,必然得不到希望的结果。建议陛下命李光颜带领各道精兵三四万人从东面迅速进军,打开通往弓高城的运送粮秣的道路,会集驻扎在下博的各路官军,去解除叛军对深州和邢州的重重包围,然后与牛元翼的部队会师。命令裴度带领太原的全部兵力,他个人仍兼任镇州四面行营都招讨使的职务,从西面迫近叛军的边境,观察叛军的动静,伺机采取行动。如果能乘叛军空虚不备,遇到适宜的机会,就命令两支军队合力铲除叛军;如果官军战胜,叛军走投无路,也应准许官军接受叛军的投降。这样做,就能从两方面同时进攻,以便分散叛军的兵力,用陛下的名义招抚叛军,以便动摇叛军的人心,其结果必然是还没有等到诛灭叛军,他们内部已发生变故。另外,请求陛下诏命李光颜从各道的部队中挑选精锐的士兵留下来,其余老弱病残士兵都遣返本道,各守故土。兵多而不精,哪里只是白白地耗费物资粮食,同时恐怕也会成为扰乱败坏军队的原因。如今既然只留下东路军、西路军的两位统帅,请各设置一位监军,而将各道的监军同时罢黜。这样,部队的阵列整齐,军令统一,最后必定取得胜利。另外,朝廷任用田布的本意,是让他为父亲报仇,如今他率领全部兵马出境征伐,粮秣都由度支使供应,但几个月过去了,他都没有进兵讨伐。不是田布本来就想这样,而是有他的原因。听说魏博这支部队,多次受到朝廷优厚的赏赐,士兵骄横,将领富有,没有谁愿意作战。况且魏博部队一个月的费用,按货币折算,合计将近二十八万缗,如果再拖延下去,朝廷将用什么来供应呢?这一点尤其应该成为下令魏博部队尽早退兵的理由。如果李光颜和裴度两道一共只留下六万士兵,所耗费的钱财不多,朝廷既然易于开支供应,部队得到的军需自然丰足。如今战事一天比一天紧迫,

其间变故远不可知。苟兵数不抽,军费不减,食既不足,众何以安! 不安之中,何事不有! 况有司迫于供军,百端敛率,不许即用度交阙,尽许则人心无憀。自古安危皆系于此,伏乞圣虑察而念之。"疏奏,不省。

己亥,度支馈沧州粮车六百乘,至下博,尽为成德兵所掠。时诸军匮乏,供军院所运衣粮,往往不得至院,在涂为诸军邀夺,其悬军深入者,皆冻馁无所得。

初,田布从其父弘正在魏,善视牙将史宪诚,屡称荐,至右职。及为节度使,遂寄以腹心,以为先锋兵马使,军中精锐,悉以委之。宪诚之先,奚人也,世为魏将。魏与幽、镇本相表里,及幽、镇叛,魏人固摇心。布以魏兵讨镇,军于南宫,上屡遣中使督战,而将士骄惰,无斗志,又属大雪,度支馈运不继。布发六州租赋以供军,将士不悦,曰:"故事,军出境,皆给朝廷。今尚书刮六州肌肉以奉军,虽尚书瘠己肥国,六州之人何罪乎!"宪诚阴蓄异志,因众心不悦,离间鼓扇之。会有诏分魏博军与李光颜,使救深州,庚子,布军大溃,多归宪诚。布独与中军八千人还魏,壬寅,至魏州。

癸卯,布召诸将议出兵,诸将益偃蹇,曰:"尚书能行河朔旧事,则死生以之;若使复战,则不能也!"布无如之何,

中间会发生什么变故还难以预料。假如部队的人数不抽减,军费不削减,军粮也不足,将士怎么能安心?部队处于不安定的情况之下,什么事情不会发生?况且有关部门迫于供应军需,百般搜刮百姓,如果朝廷不准许,军需立即匮乏,如果全部准许,则人心发生动摇。自古以来,天下的安危都维系在这一点上,请求陛下详细考察,慎重考虑。"奏议呈递上去以后,穆宗不理睬。

己亥(初七),度支使供应给沧州的军粮共有六百辆车子,行进到下博时,全部被成德的部队抢走。当时各道的部队供应匮乏,度支供军院所运送的衣服粮食,往往没运到行营供军院,就在半路上被各道的部队拦截抢走,而孤军深入的部队,都又冷又饿,得不到补给。

当初,田布跟随他的父亲田弘正在魏博任职的时候,十分看重牙将史宪诚,多次在田弘正面前称赞推荐他,使他晋升到很重要的职位。等到田布担任了魏博节度使,就把史宪诚当作亲信,任命他为先锋兵马使,部队中精锐的兵力,全都交给他统辖。史宪诚的祖先是奚族人,好几代在魏博担任将领。魏博和幽州、镇州本来就互相呼应,等到幽州和镇州叛乱以后,魏博人心动摇。田布率领魏博的部队征讨镇州,驻扎在南宫,穆宗多次派中使前去督战,但将士们骄横懈怠,毫无斗志。又遇上下大雪,度支使的供应难以接继,田布便征调魏博六个州的租税用来供给军需,将士们很不高兴,说:"按照旧例,部队出境作战,都由朝廷供给军需。如今田尚书搜刮魏博六州的民脂民膏来供奉部队,虽然田尚书是损削自己使国家丰足,但六州的百姓有什么罪呢!"史宪诚暗中存有异心,趁众人心中不满,进行挑拨和煽动。适逢穆宗下诏,命令分拨魏博部分士兵交给李光颜指挥,去援救深州,庚子(初八),田布的部队大批溃散,多数士兵归附史宪诚。田布独自一人带领中军八千人返回魏博,壬寅(初十),到达魏州。

癸卯(十一日),田布召集将领们商议出兵事宜,将领们更加骄慢,说:"田尚书如果能遵循河朔割据的旧例,我们就舍生忘死地跟着您;如果要我们再去打仗,那就不能受命!"田布无可奈何,

叹曰："功不成矣!"即日,作遗表具其状,略曰:"臣观众意,终负国恩,臣既无功,敢忘即死。伏愿陛下速救光颜、元翼,不然者,义士忠臣皆为河朔屠害矣!"奉表号哭,拜授幕僚李石,乃入启父灵,抽刀而言曰:"上以谢君父,下以示三军。"遂刺心而死。宪诚闻布已死,乃谕其众,遵河北旧事。众悦,拥宪诚还魏,奉为留后。戊申,魏州奏布自杀。己酉,以宪诚为魏博节度使。宪诚虽喜得旄钺,外奉朝廷,然内实与幽、镇连结。

庚戌,以德州刺史王日简为横海节度使。日简,乃成德牙将也。壬子,贬杜叔良为归州刺史。

王庭凑围朱元翼于深州,官军三面救之,皆以乏粮不能进,虽李光颜亦闭壁自守而已。军士自采薪刍,日给不过陈米一勺。深州围益急,朝廷不得已,二月甲子,以庭凑为成德节度使,军中将士官爵皆复其旧。以兵部侍郎韩愈为宣慰使。

上之初即位也,两河略定,萧俛、段文昌以为"天下已太平,渐宜消兵,请密诏天下,军镇有兵处,每岁百人之中限八人逃、死"。上方荒宴,不以国事为意,遂可其奏。军士落籍者众,皆聚山泽为盗。及朱克融、王庭凑作乱,一呼

叹息道："我建立功业的愿望无法实现了！"当天就写下上奏朝廷的遗书，详细叙述了上述情况，大意是："我观察众将士的意向，终究要辜负陛下的恩德。我既然无法立功，不敢忘记去死。希望陛下迅速派兵援救李光颜、牛元翼，不然的话，这些义士忠臣都将被河朔的叛逆者杀害！"他手捧遗书，一边号哭，一边行跪拜礼，把遗书授予幕僚李石，让他转呈朝廷。接着，他进入内室打开父亲的灵柩，抽出刀剑，说道："我以死对上向皇上和父亲表示认罪，对下向三军将士表示我忠于国家的决心。"于是用刀刺向心脏而死。史宪诚听说田布已经死去，便向将士们宣布，他将遵循河朔的旧例，进行割据。大家很高兴，簇拥着他回到魏州，尊奉他为留后。戊申（十六日），魏州奏报田布自杀。己酉（十七日），穆宗任命史宪诚为魏博节度使。史宪诚虽然很高兴地得到了节度使的军权，表面上遵奉朝廷，然而暗地里却跟幽州、镇州勾结在一块。

庚戌（十八日），穆宗任命德州刺史王日简为横海节度使。王日简，原是成德部队的牙将。壬子（二十日），穆宗贬斥杜叔良为归州刺史。

王庭凑在深州围困牛元翼的部队，官军从三个方向前去救援，都因为缺乏军粮无法推进，即使是李光颜，也只能闭城自守而已。军士们都自己去打柴草，每人每天得到供应不超过一勺陈米。这时，王庭凑加紧围攻深州，朝廷无可奈何，二月甲子（初二），任命王庭凑为成德节度使，军中将士都官复原职。朝廷还任命兵部侍郎韩愈为宣慰使。

穆宗开始即位的时候，河南、河北的叛乱已经平定，宰相萧俛、段文昌认为"天下已经太平，应该逐渐裁减兵员，请陛下下达密诏，凡是驻扎部队的军镇，每年每一百个士兵中，逃走和死亡的士兵以八个人为限"。当时穆宗正沉湎于酒宴，不把国事放在心里，就准许了二人的建议。结果，兵卒注销军籍的很多，都聚集在深山大泽中做盗贼。等到朱克融、王庭凑发动暴乱，一声呼唤，

而亡卒皆集。诏征诸道兵讨之，诸道兵既少，皆临时召募，乌合之众。又，诸节度既有监军，其领偏师者亦置中使监陈，主将不得专号令，战小胜则飞驿奏捷，自以为功，不胜则迫胁主将，以罪归之。悉择军中骁勇以自卫，遣羸懦者就战，故每战多败。又凡用兵，举动皆自禁中授以方略，朝令夕改，不知所从。不度可否，惟督令速战。中使道路如织，驿马不足，掠行人马以继之，人不敢由驿路行。故虽以诸道十五万之众，裴度元臣宿望，乌重胤、李光颜皆当时名将，讨幽、镇万馀之众，屯守逾年，竟无成功，财竭力尽。

崔植、杜元颖、王播为相，皆庸才，无远略。史宪诚既逼杀田布，朝廷不能讨，遂并朱克融、王庭凑以节钺授之。由是再失河朔，迄于唐亡，不能复取。

朱克融既得旌节，乃出张弘靖及卢士玫。

丙寅，以牛元翼为山南东道节度使，以左神策行营乐寿镇兵马使清河傅良弼为沂州刺史，以瀛州博野镇遏使李寰为忻州刺史。良弼、寰所戍在幽、镇之间，朱克融、王庭凑互加诱胁，良弼、寰不从，各以其众坚壁，贼竟不能取，故赏之。

丙子，赐横海节度使王日简姓名为李全略。

癸未，加李光颜横海节度使、沧景观察使，其忠武、深州行营节度如故。以横海节度使李全略为德棣节度使。

逃亡的兵卒都汇集到他们的手下。朝廷下诏征召各道的部队征讨，各道的部队兵员已经很少，都临时招募了一群乌合之众。另外，各节度已经设置了监军，部将统领的部队也安排中使督战，使主将不能独掌指挥作战的权力。作战取得小小的胜利，中使就派人骑马向朝廷报捷，作为自己的功劳；战败则胁迫主将，把罪责推给他们。中使还把军中骁猛勇敢的士兵挑选出来保卫自己，而派瘦弱怯懦的士兵投入战斗，所以多次作战，大多失败。另外，凡是使用部队作战，一举一动都由朝廷授予作战的计划和策略，早晨下的命令，晚上又改变了，让人无所适从。又不管作战方略是否可行，只一味责令部队尽快出战。中使在京城与前线之间的道路上穿梭般地来往不息，驿站的马匹不够，就抢夺行人的马匹接着赶路，行人不敢在驿路上行走。所以，虽然动用了各道十五万的兵力，任用的裴度是很有声望的老臣，乌重胤、李光颜也都是当时的名将，仅仅讨伐幽州、镇州一万多人的叛军，驻守的时间超过一年，竟然没有获得预期的结果，而国家却耗尽了财力。

崔植、杜元颖、王播作为丞相，都是平庸之士，缺乏长远的谋略。史宪诚逼迫田布自杀以后，朝廷无力讨伐，就把节度使的职务一并授予他以及朱克融和王庭凑。从此以后，朝廷第二次丢失河朔地区，直到唐朝最终灭亡，一直没能再次收复河朔。

朱克融做了节度使以后，才释放张弘靖和卢士玫。

丙寅（初四），穆宗任命牛元翼为山南东道节度使，任命左神策行营乐寿镇兵马使清河人傅良弼为沂州刺史，任命瀛州博野镇遏使李寰为忻州刺史。傅良弼和李寰所驻守的地方位于幽州和镇州之间，朱克融、王庭凑交相引诱胁迫，傅良弼和李寰不肯顺从，各自率领部队加固防御工事，叛军最终也未能攻取，所以朝廷对他们两个加以封赏。

丙子（十四日），穆宗赏赐横海节度使王日简姓名为李全略。

癸未（二十一日），穆宗晋升李光颜为横海节度使、沧景观察使，仍兼任忠武、深州行营节度使。任命横海节度使李全略为德棣节度使。

时朝廷以光颜悬军深入,馈运难通,故割沧景以隶之。王庭凑虽受旌节,不解深州之围。丙戌,以知制诰东阳冯宿为山南东道节度副使,权知留后,仍遣中使入深州督牛元翼赴镇。裴度亦与幽、镇书,责以大义。朱克融即解围去,王庭凑虽引兵少退,犹守之不去。

元稹怨裴度,欲解其兵柄,故劝上雪王庭凑而罢兵。丁亥,以度为司空、东都留守,平章事如故。谏官争上言:"时未偃兵,度有将相全才,不宜置之散地。"上乃命度入朝,然后赴东都。

以灵武节度使李听为河东节度使。

三月丙午,加朱克融、王庭凑检校工部尚书。上闻其解深州之围,故褒之,然庭凑之兵实犹在深州城下。

韩愈既行,众皆危之。诏愈至境更观事势,勿遽入,愈曰:"止,君之仁;死,臣之义。"遂往。至镇,庭凑拔刃弦弓以逆之。及馆,甲士罗于庭。庭凑言曰:"所以纷纷者,乃此曹所为,非庭凑心。"愈厉声曰:"天子以尚书有将帅材,故赐之节钺,不知尚书乃不能与健儿语邪!"甲士前曰:"先太师为国击走朱滔,血衣犹在,此军何负朝廷,乃以为贼乎!"愈曰:"汝曹尚能记先太师则善矣。夫逆顺之为祸福岂远邪!

当时朝廷考虑到李光颜孤军深入,运送粮秣的道路难以打通,所以分割横海的沧州、景州归他管辖,就地解决军需供应。王庭凑虽然被任命为成德节度使,却仍然不解除对深州的围困。丙戌(二十四日),穆宗任命知制诰东阳人冯宿为山南东道节度副使,暂时代理留后。又派中使到深州监督牛元翼前往山南东道上任。裴度也给幽州、镇州方面写信,要求他们按照忠君奉国的大义行事。朱克融立即解围离去,王庭凑虽然带领部队稍微后撤,但仍然屯守在那儿不走。

元稹怨恨裴度,想要解除裴度的军权,所以劝说穆宗洗除王庭凑的罪名,停止用兵。丁亥(二十日),穆宗任命裴度为司空、东都留守,同平章事的官职仍然保留。谏官争相进言:"目前朝廷对叛军的战争尚未停息,裴度有将相全才,不应该把他安排在闲散的位置上。"穆宗于是命令裴度先来京城,然后赴东都洛阳上任。

穆宗任命灵武节度使李听为河东节度使。

三月丙午(十五日),穆宗晋升朱克融、王庭凑为检校工部尚书。穆宗听说他们解除了对深州的围困,因此予以加官褒奖,然而,王庭凑的部队实际上还驻扎在深州城下。

韩愈出发以后,众人都认为他此行危险。穆宗诏命韩愈到达成德边境时,先观察一下形势,不要匆忙入境。韩愈说:"命我停下来不要入境,是君主的仁慈;执行君命不惜身死,是臣子的大义。"于是动身前往。到达镇州时,王庭凑让士兵们刀出鞘、箭上弦,以此来迎接韩愈。韩愈来到客馆,庭院里站满了全副戎装的士兵。王庭凑对韩愈说:"之所以这么乱糟糟的,都是这些士兵干的,而不是我的本意。"韩愈声音严厉地说道:"天子认为尚书您有将帅之才,所以任命您为节度使,没想到尚书您竟然指挥不动这些士兵!"有一位披甲的士兵走上前来说道:"先太师王武俊为国家击退朱滔,他的血衣还在,我军有什么地方辜负了朝廷,竟然认为我们是寇贼?"韩愈说:"你们还能记得先太师那就太好了。由叛逆转变为顺从,那么由灾祸转变为福祉难道还会远吗?

自禄山、思明以来，至元济、师道，其子孙有今尚存仕宦者乎？田令公以魏博归朝廷，子孙虽在孩提，皆为美官；王承元以此军归朝廷，弱冠为节度使；刘悟、李祐，今皆为节度使。汝曹亦闻之乎！"庭凑恐众心动，麾之使出，谓愈曰："侍郎来，欲使庭凑何为？"愈曰："神策六军之将如牛元翼者不少，但朝廷顾大体，不可弃之耳！尚书何为围之不置？"庭凑曰："即当出之。"因与愈宴，礼而归之。未几，牛元翼将十骑突围出，深州大将臧平等举城降，庭凑责其久坚守，杀平等将吏百八十馀人。

戊申，裴度至长安，见上，谢讨贼无功。

李光颜所将兵闻当留沧景，皆大呼西走，光颜不能制，因惊惧成疾。己酉，上表固辞横海节，乞归许州，许之。

壬子，以裴度为淮南节度使，馀如故。言事者皆谓裴度不宜出外，上亦自重之。戊午，制留度辅政，以中书侍郎、同平章事王播同平章事，代度镇淮南，仍兼诸道盐铁转运使。

李寰帅其众三千出博野，王庭凑遣兵追之。寰与战，杀三百馀人，庭凑兵乃还。馀众二千犹固守博野。

复以德棣节度使李全略为横海节度使。夏四月甲戌，以傅良弼、李寰为神策都知兵马使。

从安禄山、史思明开始,直到吴元济、李师道,他们的子孙至今可有仍然存活做官的吗?田令公献出魏博归顺朝廷,他的子孙即使是幼儿,都成为高官;王承元率领成德部队归顺朝廷,他二十岁就被任命为节度使;刘悟、李祐现在都是节度使。这些情况,你们也听说了吗?"王庭凑担心将士人心动摇,挥手让他们出去,然后对韩愈说:"侍郎您这次来,想让我干什么呢?"韩愈说:"神策等禁军六军的将领,像牛元翼这样的人为数不少,但朝廷顾全大局,不能丢弃他不管!尚书您为什么还要包围深州,不放他出城?"王庭凑说:"我马上就放他出城。"于是就和韩愈在一起喝酒,然后用隆重的礼节送韩愈回京城。没过多久,牛元翼带领十名骑兵突围出城,深州大将臧平等人率领全城军民投降,王庭凑责怪他们长期坚守深州,杀死臧平等将吏共一百八十多人。

戊申(十七日),裴度抵达长安,朝见穆宗,对自己讨伐叛军未能立功表示认罪。

李光颜所率领的士兵听说自己将要留守沧州和景州,都大声喧哗,往西逃回家乡。李光颜无法制止,因而受惊得病。己酉(十八日),李光颜上奏朝廷,坚决辞去横海节度使,乞求回归许州,穆宗准许了。

壬子(二十一日),穆宗任命裴度为淮南节度使,其他的官职照旧。向朝廷进言议事的人都认为裴度不应该出任地方官,穆宗自己也很器重裴度。戊午(二十七日),穆宗诏命裴度留在京城辅佐朝政,任命中书侍郎、同平章事王播,以同平章事的身份替代裴度镇守淮南,王播仍然兼任诸道盐铁转运使。

李寰率领手下的兵众三千人从博野突围出来,王庭凑派兵追击。李寰与他们交战,杀死三百多人,王庭凑的部队这才返回。李寰馀下的兵众二千人仍然坚守博野。

穆宗恢复了德棣节度使李全略原先的官职,任命他为横海节度使。夏季四月甲戌(十四日),穆宗任命傅良弼、李寰为神策都知兵马使。

　　王庭凑之围牛元翼也，和王傅于方欲以奇策干进，言于元稹，请"遣客王昭、于友明间说贼党，使出元翼。仍赂兵、吏部令史伪出告身二十通，令以便宜给赐"。稹皆然之。有李赏者，知其谋，乃告裴度，云方为稹结客刺度，度隐而不发。赏诣左神策告其事。五月丁巳，诏左仆射韩皋等鞫之。

　　戊午，幽州节度使朱克融进马万匹，羊十万口，而表云先请其直充犒赏。

　　三司按于方刺裴度事，皆无验。六月甲子，度及元稹皆罢相，度为右仆射，稹为同州刺史。以兵部尚书李逢吉为门下侍郎、同平章事。谏官上言："裴度无罪，不当免相。元稹与于方为邪谋，责之太轻。"上不得已，壬申，削稹长春宫使。

　　三年夏五月丙子，以晋、慈二州为保义军，以观察使李寰为节度使。秋八月，以左仆射裴度为司空、山南西道节度使，不兼平章事。李逢吉恶度，右补阙张又新等附逢吉，竞流谤毁伤度，竟出之。

　　四年。初，牛元翼在襄阳，数赂王庭凑以请其家，庭凑不与。闻元翼薨，甲子，尽杀之。夏六月，上闻王庭凑屠牛元翼家，叹宰辅非才，使凶贼纵暴。翰林学士韦处厚因上疏言："裴度勋高中夏，声播外夷，若置之岩廊，委其参决，河北、山东必禀朝算。管仲曰：'人离而听之则愚，合而听之

王庭凑派兵围困牛元翼的时候,和王李绮的师傅于方想用奇计求取升迁,向宰相元稹献言,建议"派说客王昭、于友明去离间劝说王庭凑的部下,让他们放牛元翼出城。又贿赂兵部和吏部,让官员发出二十份假的委任状,命令王昭、于友明带着这些委任状,根据情况赏赐官职"。元稹表示赞成。有个叫李赏的人知道他们的计谋,就告诉了裴度,说于方为元稹交结刺客阴谋暗杀裴度,裴度把此事搁在心里,没有发作。李赏又到左神策军上告。五月丁巳(二十七日),穆宗诏命左仆射韩皋等人审讯这个案子。

　　戊午(二十八日),幽州节度使朱克融声称要向朝廷进贡一万匹马、十万头羊,而他的表章竟说请朝廷先付给这些马和羊的价钱,用于犒赏将士。

　　刑部、大理寺和御史台进行了审查,于方暗杀裴度一事毫无证据。六月甲子(初五),裴度和元稹都被罢免宰相官职,裴度被贬为右仆射,元稹被贬为同州刺史。穆宗任命兵部尚书李逢吉为门下侍郎、同平章事。谏官进言:"裴度无罪,不应当免去宰相官职。元稹与于方策划邪谋,责罚得太轻。"穆宗无可奈何,壬申(十三日)这一天,免除了元稹担任的长春宫使的职位。

　　三年(823)夏季五月丙子(二十二日),穆宗诏命将晋州和慈州合为保义军,任命观察使李寰为节度使。秋季八月,穆宗任命左仆射裴度为司空、山南西道节度使,但不再兼任平章事。李逢吉憎恶裴度,右补阙张又新等人阿附李逢吉,竞相散布流言,诽谤中伤裴度,裴度最后被外放,出任地方官。

　　四年(824)。当初,牛元翼镇守襄阳的时候,多次贿赂成德节度使王庭凑,请求他放回自己的家属,但王庭凑都不同意放人。后来听说牛元翼去世,甲子(十五日),王庭凑便把牛元翼的家属全都杀了。夏季六月,敬宗听说王庭凑屠杀了牛元翼的家属,叹息宰相不是治国之才,致使凶贼恣意暴虐。翰林学士韦处厚趁机上疏说:"裴度功勋冠盖全国,名声远播四夷,如果把他安排在朝廷,委托他参与决策,河北、山东叛乱的藩镇必然秉承朝廷的谋划。管仲说:'人们的话,分开来听就会愚昧,合起来听

则圣。'理乱之本，非有他术，顺人则理，违人则乱。伏承陛下当食叹息，恨无萧、曹，今有一裴度尚不能留，此冯唐所以谓汉文得廉颇、李牧不能用也。夫御宰相，当委之，信之，亲之，礼之。于事不效，于国无劳，则置之散寮，黜之远郡，如此，则在位者不敢不厉，将进者不敢苟求。臣与逢吉素无私嫌，尝为裴度无辜贬官。今之所陈，上答圣明，下达群议耳。"上见度奏状无平章事，以问处厚。处厚具言李逢吉排沮之状，上曰："何至是邪！"李程亦劝上加礼于度。丙申，加度同平章事。

冬十二月庚寅，加天平节度使乌重胤同平章事。

敬宗宝历二年春正月壬辰，裴度自兴元入朝，李逢吉之党百计毁之。上虽年少，悉察其诬谤，待度益厚。二月丁未，以度为司空、同平章事。

上自即位以来，欲幸东都，令度支员外郎卢贞按视，修东都宫阙。会朱克融、王庭凑皆请以兵匠助修东都。三月丁亥，敕以修东都烦扰，罢之，召卢贞还。

先是，朝廷遣中使赐朱克融时服，克融以为疏恶，执留敕使。又奏："当道今岁将士春衣不足，乞度支给三十万端匹。"又奏："欲将兵马及丁匠五千助修宫阙。"上患之，以

就会通达。'治乱的根本,没有别的方法,顺从人心则天下大治,违背人心则天下大乱。现在,陛下事到临头却叹息不已,遗憾朝中没有萧何、曹参那样的宰相,然而如今有一个裴度还不能留用,这与冯唐所说的即使汉文帝得到廉颇、李牧也不可能任用,是一个道理。天子任用宰相,应当委任他,信任他,亲近他,礼遇他。如果不称职,没有政绩,就改任他为闲散的官职,或者贬斥他到边远的州郡。这样,在任的宰相不敢不励精图治,将要担任宰相的人也不敢任意求取。我和李逢吉一向没有私仇,反倒曾经在毫无罪过的情况下被裴度贬斥官职。今天所陈述的这些意见,对上是为了报答陛下的英明,对下是为了转达群臣的意见。"敬宗看到裴度的奏状不署平章事的官职,便询问韦处厚是什么原因。韦处厚详细汇报了李逢吉排挤裴度的种种情况,敬宗说:"怎么至于这样呢!"李程也劝说敬宗用更高的礼仪对待裴度。丙申(十八日),敬宗晋升裴度为同平章事。

冬季十二月庚寅(十六日),敬宗晋升天平节度使乌重胤为同平章事。

唐敬宗宝历二年(826)春季正月壬辰(二十四日),裴度从兴元来到京城,李逢吉的党羽想尽一切办法诋毁裴度。敬宗虽然年轻,但也全部洞察了那些人的诬陷和诽谤,对裴度更加亲近信任。二月丁未(初九),敬宗任命裴度为司空、同平章事。

敬宗自从即位以来,就想到东都洛阳去,命令度支员外郎卢贞前去视察,修缮东都的宫殿。这时恰好朱克融、王庭凑都请求带领兵卒和工匠帮助朝廷修缮东都的宫殿。三月丁亥(二十日),敬宗下达敕令,考虑到修缮东都的宫殿搅扰各方,予以停止,召卢贞返回京城长安。

在此之前,朝廷曾派遣中使前去赐给幽州节度使朱克融春天的衣服。朱克融认为这些衣服的质地粗劣,便扣留了朝廷的使节。又上奏朝廷,说:"本道将士今年春天的衣服不够,乞请度支使供应三十万端匹布帛。"接着又上奏朝廷,说:"打算率领兵马和工匠五千人帮助朝廷修缮东都的宫殿。"敬宗十分担忧,就

问宰相,欲遣重臣宣慰,仍索敕使。裴度对曰:"克融无礼已甚,殆将毙矣! 譬如猛兽,自于山林中咆哮跳踉,久当自困,必不敢辄离巢穴。愿陛下勿遣宣慰,亦勿索敕使。旬日之后,徐赐诏书云:'闻中官至彼,稍失去就,俟还,朕自有处分。时服,有司制造不谨,朕甚欲知之,已令区处。其将士春衣,从来非朝廷征发,皆本道自备。朕不爱数十万匹物,但素无此例,不可独与范阳。'所称助修宫阙,皆是虚语,若欲直挫其奸,宜云:'丁匠宜速遣来,已令所在排比供拟。'彼得此诏,必苍黄失图。若且示含容,则云:'修宫阙事在有司,不假丁匠远来。'如是而已,不足劳圣虑也。"上悦,从之。

横海节度使李全略薨,其子副大使同捷擅领留后,重赂邻道,以求承继。夏五月,幽州军乱,杀朱克融及其子延龄,军中立其少子延嗣主军务。秋八月,朱延嗣既得幽州,虐用其人。都知兵马使李载义与弟牙内兵马使载宁共杀延嗣,并屠其家三百馀人。载义权知留后,九月,数延嗣之罪以闻。载义,承乾之后也。庚申,魏博节度使史宪诚妄奏:"李同捷为军士所逐,走归本道,请束身归朝。"寻奏:"同捷复归沧州。"冬十月乙亥,以李载义为卢龙节度使。

文宗太和元年。李同捷擅据沧景,朝廷经岁不问。同捷冀易世之后或加恩贷,三月壬戌朔,遣掌书记崔从长奉

征询宰相的意见，说他准备派一位重要的大臣前往幽州宣扬政令，安抚将士，并索还朝廷的使节。裴度回答说："朱克融不讲礼义，已到极点，恐怕就要灭亡了！就好比猛兽，自己在山林中咆哮蹦跳，时间长了肯定会困乏，必然不敢随便离开自己的老巢。希望陛下不要派遣宣慰使，也不要索讨朝廷的使节。十天过后，再缓缓地颁赐诏书，说：'听说中官到你们那儿，举止行动稍有失当，等他回京后，我自会处罚他。朝廷赏赐的春衣，有关部门在制作时不够严谨，我也很想知道真实的情况，已经下令予以处理。至于幽州众多将士的春衣，从来不由朝廷征调，都是本道自行安排。我不是舍不得几十万匹布帛，只是朝廷一向没有这种先例，不能只给幽州。'朱克融声称要帮助朝廷修缮宫殿的话，都是假话，如果陛下想要直接挫败他的奸计，可以说：'工匠最好尽快派来，我已经命令当地安排供给。'朱克融接到这一诏书，必定惊慌失措。如果陛下还想对朱克融表示宽容，那就说：'修缮宫殿的事由有关部门承办，不必劳驾幽州的工匠远道而来。'像这样就行了，无须烦劳陛下担忧。"敬宗听了很高兴，接纳裴度的建议。

横海节度使李全略去世，他的儿子、横海节度副大使李同捷擅自兼任留后，他用重金贿赂周围的藩镇，以谋求继任节度使。夏季五月，幽州发生兵变，将士们杀死朱克融和他的儿子朱延龄，拥立他的幼子朱延嗣主持军务。秋季八月，朱延嗣获得幽州的军政大权以后，经常虐待手下的人。都知兵马使李载义和他的弟弟牙内兵马使李载宁共同杀死了朱延嗣，并且屠杀了朱氏家族三百多人。李载义代理留后，九月，李载义历数朱延嗣的罪状上报朝廷。李载义，是李承乾的后代。庚申（二十五日），魏博节度使史宪诚上奏，欺骗朝廷说："李同捷被横海的军士驱逐，逃到魏博，请求归顺朝廷。"不久，又上奏说："李同捷又返回沧州。"冬季十月乙亥（初五），敬宗任命李载义为卢龙节度使。

唐文宗太和元年（827）。李同捷擅自占据沧景以后，朝廷将近一年不闻不问。李同捷希图朝廷换代之后，文宗会施恩宽宥自己，三月壬戌这一天是初一，派遣掌书记崔从长携带他给朝廷的

表与其弟同志、同巽俱入见，请遵朝旨。

夏五月丙子，以天平节度使乌重胤为横海节度使，以前横海节度副使李同捷为兖海节度使。朝廷犹虑河南、北节度使构扇同捷使拒命，乃加魏博史宪诚同平章事。丁丑，加卢龙李载义、平卢康志睦、成德王庭凑检校官。

秋七月，李同捷托为将士所留，不受诏。乙酉，武宁节度使王智兴奏请将本军三万人，自备五月粮以讨同捷，许之。八月庚子，削同捷官爵，命乌重胤、王智兴、康志睦、史宪诚、李载义与义成节度使李听、义武节度使张播各帅本军讨之。同捷遣其子弟以珍玩、女妓赂河北诸镇。戊午，李载义执其侄，并所赂献之。

史宪诚与李全略为婚姻，及同捷叛，密以粮助之。裴度不知其所为，谓宪诚无贰心。宪诚遣亲吏至中书请事，韦处厚谓曰："晋公于上前以百口保尔使主。处厚则不然，但仰俟所为，自有朝典耳！"宪诚惧，不敢复与同捷通。

王庭凑为同捷求节钺不获，乃助之为乱，出兵境上以挠魏师。又遣使厚赂沙陀酋长朱邪执宜，欲与之连兵，执宜拒不受。

冬十月，天平、横海节度使乌重胤击同捷，屡破之。十一月丙寅，重胤薨。庚辰，以保义节度使李寰为横海节度使，从王智兴之请也。十二月庚戌，加王智兴同平章事。

表章,并和他的弟弟李同志、李同巽一同前往长安,入朝参见文宗,请求归顺朝廷。

夏季五月丙子(十五日),文宗任命天平节度使乌重胤为横海节度使,任命前横海节度副使李同捷为兖海节度使。朝廷还担心黄河南岸和北岸的节度使煽动李同捷抗拒朝廷的命令,于是晋升魏博节度使史宪诚为同平章事。丁丑(十六日),晋升卢龙节度使李载义、平卢节度使康志睦、成德节度使王庭凑为检校官。

秋季七月,李同捷借口被将士们扣留,不接受文宗的诏命。乙酉(二十五日),武宁节度使王智兴上奏,请求率领本军三万人,自己筹备五个月的军粮出兵讨伐李同捷,文宗准许了。八月庚子(十一日),文宗下诏,免除李同捷的官爵,命令乌重胤、王智兴、康志睦、史宪诚、李载义和义成节度使李听、义武节度使张播各自率领本镇兵马讨伐李同捷。李同捷派遣他的子侄用珍奇玩物和歌舞伎贿赂河北各藩镇。戊午(二十九日),幽州节度使李载义抓捕李同捷的侄子,将他连同他所贿赂的物品,一并进献给朝廷。

史宪诚与李同捷的父亲李全略曾经通婚,所以他在李同捷反叛时,秘密地用粮饷援助李同捷。裴度不知道史宪诚的这些行为,还认为他没有异心。史宪诚派亲信的官吏到中书省请示公事,韦处厚对来的人说:"裴晋公在皇上面前百般为你的节度使作保,我却不以为然,只等着看他下一步怎么做,自然有朝廷的法典奖善惩恶。"史宪诚听说后十分害怕,不敢再跟李同捷勾结。

王庭凑为李同捷谋求横海节度使的官职而未获朝廷批准,便帮助李同捷发动叛乱,他出兵到成德边境,以便阻挠魏博的部队讨伐李同捷。王庭凑又派使者用厚礼贿赂沙陀酋长朱邪执宜,想要和他的部队联合起来叛乱,朱邪执宜拒不接受。

冬季十月,天平、横海节度使乌重胤派兵进击李同捷,多次打败李同捷的部队。十一月丙寅(初八),乌重胤去世。庚辰(二十二日),根据王智兴的建议,文宗任命保义节度使李寰为横海节度使。十二月庚戌(二十三日),文宗加封王智兴为同平章事。

二年春三月己卯,王智兴攻棣州,焚其三门。

闰月丙戌朔,史宪诚奏遣其子副大使唐、都知兵马使亓志绍将兵二万五千趣德州讨李同捷。时宪诚欲助同捷,唐泣谏,且请发兵讨之。宪诚不能违。

王庭凑阴以兵及盐粮助李同捷,上欲讨之。秋七月甲辰,诏中书集百官议其事。宰相以下莫敢违,卫尉卿殷侑独以为:"庭凑虽附凶徒,事未甚露,宜且含容,专讨同捷。"己巳,下诏罪状庭凑,命邻道各严兵守备,听其自新。

九月丁亥,王智兴奏拔棣州。
李寰自晋州引兵赴镇,不戢士卒,所过残暴,至则拥兵不进,但坐索供馈。庚寅,以寰为夏绥节度使。

甲午,诏削夺王庭凑官爵,命诸军四面进讨。

加王智兴守司徒,以前夏绥节度使傅良弼为横海节度使。
冬十月,魏博败横海兵于平原,遂拔之。

十一月癸未朔,易定节度使柳公济奏攻李同捷坚固寨,拔之,又破其兵于寨东。时河南、北诸军讨同捷久未成功,每有小胜,则虚张首虏以邀厚赏,朝廷竭力奉之,江、淮为之耗弊。

二年(828)春季三月己卯(二十三日),王智兴率领部队攻打棣州,焚毁了棣州的三个城门。

闰三月丙戌这天是初一,史宪诚上奏朝廷,称已派他的儿子魏博节度使副大使史唐、都知兵马使亓志绍率领二万五千名士兵奔赴德州讨伐李同捷。当时,史宪诚本想帮助李同捷,史唐哭着进行劝阻,并且请求出动部队讨伐李同捷,史宪诚无法拒绝,只好同意了。

成德节度使王庭凑秘密地用兵器、食盐、粮食援助李同捷。文宗想要讨伐王庭凑。秋季七月甲辰(二十日),文宗诏命中书省召集文武百官商议这件事。宰相以下的官员都不敢违背文宗的旨意,只有卫尉卿殷侑认为:"王庭凑虽然趋附暴徒作乱,但这件事还没有完全暴露,最好暂且容忍一下,以便集中兵力讨伐李同捷。"己巳那天,文宗下诏公布王庭凑的罪状,命令成德周围的各道严兵把守,等待王庭凑改过自新。

九月丁亥(初四),王智兴上奏朝廷,称他已攻下棣州。

李寰从晋州率领部队前往横海上任,他不约束士兵,听任他们走一路,抢一路。到达横海以后,又拥兵不进,只是向朝廷索求供给。庚寅(初七),文宗改任李寰为夏绥节度使。

甲午(十一日),文宗下诏撤销王庭凑的官职爵位,命令各道的兵马从各个方向进兵证讨。

文宗晋升王智兴为守司徒,任命前夏绥节度使傅良弼为横海节度使。

冬季十月,魏博的部队在平原上打败了横海部队,接着乘胜攻下了平原城。

十一月癸未这天是初一,易定节度使柳公济上奏朝廷,称他派兵进攻并占领了李同捷部队盘踞的坚固寨,又在坚固寨的东面击败了李同捷的部队。当时河南、河北各道的部队讨伐李同捷,一直没有取得预期的结果,他们每取得小的胜利,就虚报杀伤的人数,邀求丰厚的赏赐。朝廷竭尽全力供应粮秣,江、淮等地为之消耗殆尽。

傅良弼至陕而薨。乙酉,以左金吾大将军李祐为横海节度使。

十二月丁巳,王智兴奏兵马使李君谋将兵济河,破无棣。壬申,中书侍郎、同平章事韦处厚薨。

李同捷军势日蹙,王庭凑不能救,乃遣人说魏博大将亓志绍使杀史宪诚父子取魏博。志绍遂作乱,引所部兵二万人还逼魏州。丁丑,命谏议大夫柏耆宣慰魏博,且发义成、河阳兵以讨志绍。辛巳,史宪诚奏亓志绍兵屯永济,告急求援。诏义成节度使李听帅沧州行营诸军以讨志绍。

三年春正月,亓志绍与成德合兵掠贝州。

义成行营兵三千人先屯齐州,使之禹城,中道溃叛,横海节度使李祐讨诛之。

李听、史唐合兵击亓志绍,破之,志绍将其众五千奔镇州。

李载义奏攻沧州长芦,拔之。

甲辰,昭义奏亓志绍馀众万五千人诣本道降,置之洺州。

二月,横海节度使李祐帅诸道行营兵击李同捷,破之,进攻德州。

宪诚闻沧景将平而惧,其子唐劝之入朝。丙寅,宪诚使唐奉表请入朝,且请以所管听命。

傅良弼去横海上任，走到陕州时死去。乙酉（初三），文宗任命左金吾大将军李祐为横海节度使。

十二月丁巳（初六），王智兴上奏朝廷，称他手下的兵马使李君谋率领部队渡过黄河，攻破了无棣县。壬申（二十一日），中书侍郎、同平章事韦处厚去世。

李同捷部队的势头一天比一天窘迫，王庭凑又无法前去援救，于是派人去游说魏博大将亓志绍，打算让他杀死史宪诚父子，从而夺取魏博。亓志绍于是发动了叛乱，带领自己所指挥的二万名士兵往回逼近魏州。丁丑（二十六日），文宗命令谏议大夫柏耆代表自己前往魏博宣扬政令，安抚将士，并且征调义成、河阳的部队，用来讨伐亓志绍。辛巳（三十日），史宪诚上奏朝廷，称亓志绍的部队已经进驻永济，特向朝廷告急并请求援救。文宗诏命义成节度使李听，率领沧州行营的各路大军，前去讨伐亓志绍。

三年（829）春季正月，亓志绍与成德王庭凑的部队联合劫掠贝州。

义成行营三千名士兵起先驻扎在齐州，后来奉命调防禹城，他们在半路上溃散叛逃，横海节度使李祐率兵讨伐并诛杀了他们。

李听和史唐联合兵力，进攻亓志绍，打败了他的部队，亓志绍率领他的兵众五千人逃往镇州。

李载义上奏朝廷，称他派兵攻占了沧州的长芦镇。

甲辰（二十三日），昭义方面上奏朝廷，称亓志绍残部一万五千人来昭义投降，已把他们安置在洺州。

二月，横海节度使李祐率领各道行营的士兵攻打李同捷的部队，击败了他们，接着又进攻德州。

史宪诚听说沧景即将平定，十分害怕，他的儿子史唐劝他进京朝拜文宗。丙寅（十六日），史宪诚派史唐带着表章去京城，请求朝廷准许自己入朝参拜，并且请求率领自己管辖的魏博六州听从朝廷的诏命。

　　夏四月戊辰,李载义奏攻沧州,破其罗城。李祐拔德州,城中将三千馀人奔镇州。李同捷与祐书请降,祐并奏其书。谏议大夫柏耆受诏宣慰行营,好张大声势以威制诸将,诸将已恶之矣。及李同捷请降于祐,祐遣大将万洪代守沧州。耆疑同捷之诈,自将数百骑驰入沧州,以事诛洪,取同捷及其家属诣京师。乙亥,至将陵,或言王庭凑欲以奇兵篡同捷,乃斩同捷,传首。沧景悉平。

　　五月庚寅,加李载义同平章事。诸道兵攻李同捷,三年,仅能下之,而柏耆径入城,取为己功,诸将疾之,争上表论列。辛卯,贬耆为循州司户。李祐寻薨。

　　壬寅,摄魏博副使史唐奏改名孝章。

　　六月丙辰,诏:"镇州四面行营各归本道休息,但务保境,勿相往来。惟庭凑或效顺,为达表章,馀皆勿受。"

　　辛酉,以史宪诚为兼侍中、河中节度使;以李听兼魏博节度使。分相、卫、澶三州,以史孝章为节度使。

　　初,李祐闻柏耆杀万洪,大惊,疾遂剧。上曰:"祐若死,是耆杀之也!"癸酉,赐耆自尽。

　　河东节度使李程奏得王庭凑书,请纳景州。又奏亓志绍自缢。

夏季四月戊辰（十九日），李载义上奏朝廷，称他派兵进攻沧州，已攻破外城。李祐率领部队攻下德州，城中将士三千多人逃往镇州。李同捷写信给李祐请求投降，李祐把李同捷的降书一并上奏朝廷。谏议大夫柏耆奉诏前来行营安抚将士，他喜欢夸大自己的权势，用威严来钳制各位将领，将领们早就对他深恶痛绝。等到李同捷向李祐请求投降，李祐派大将万洪代自己守卫沧州。柏耆怀疑李同捷请降有诈，便亲自率领几百名骑兵驰行进入沧州，寻找借口杀了万洪，然后把李同捷和他的家属带往京城。乙亥（二十六日），柏耆一行人来到将陵，有人说王庭凑打算率领突袭部队夺取李同捷，于是，柏耆斩杀了李同捷，把他的首级送到京城。至此，沧景全部平定。

五月庚寅（十二日），文宗晋升李载义为同平章事。各道的部队攻打李同捷，用了三年时间，才使他投降，而柏耆径直进入沧州，带走李同捷当作自己的功劳，将领们都憎恨他，争着上奏朝廷论理。辛卯（十三日），文宗贬斥柏耆为循州司户。不久以后，李祐去世。

壬寅（二十四日），代理魏博副使史唐上奏朝廷，称他改名为史孝章。

六月丙辰（初八），文宗下诏："镇州四面行营的士兵各自返回本道休整，只要致力于保卫边境，不要跟王庭凑来往。只有当王庭凑表示忠顺朝廷时，才可以为他转呈表章，其馀的一律不准接受。"

辛酉（十三日），文宗任命史宪诚为兼侍中、河中节度使；任命李听兼魏博节度使。将原先隶属于魏博的相、卫、澶三州分割出来，任命史孝章为节度使。

起初，李祐听说柏耆杀了万洪，非常吃惊，病情就加剧了。文宗说："李祐如果死去，就是柏耆害死了他。"癸酉（二十五日），文宗命柏耆自杀。

河东节度使李程上奏朝廷，称接到王庭凑来信，请求把景州交还朝廷。李程又奏报亓志绍上吊自杀。

上遣中使赐史宪诚旌节,癸酉,至魏州。时李听自贝州还军馆陶,迁延未进,宪诚竭府库以治行,将士怒。甲戌,军乱,杀宪诚,奉牙内都知兵马使灵武何进滔知留后。李听进至魏州,进滔拒之,不得入。秋七月,进滔出兵击李听,听不为备,大败,溃走。昼夜兼行,趣浅口,失亡过半,辎重兵械尽弃之。昭义兵救之,听仅而得免,归于滑台。河北久用兵,馈运不给,朝廷厌苦之。八月壬子,以进滔为魏博节度使,复以相、卫、澶三州归之。

沧州承丧乱之馀,骸骨蔽地,城空野旷,户口存者什无三四。癸丑,以卫尉卿殷侑为齐、德、沧、景节度使。侑至镇,与士卒同甘苦,招抚百姓,劝之耕桑,流散者稍稍复业。先是,本军三万人皆仰度支,侑至一年,租税自能赡其半;二年,请悉罢度支给赐;三年之后,户口滋殖,仓廪充盈。

王庭凑因邻道微露请服之意。壬申,赦庭凑及将士,复其官爵。

四年。裴度以高年多疾,恳辞机政。六月丁未,以度为司徒、平章军国重事,俟疾损,三五日一入中书。

五年春正月庚申,卢龙监军奏李载义与敕使宴于毬场后院,副兵马使杨志诚与其徒呼噪作乱,载义与子正元奔易州。志诚又杀莫州刺史张庆初。上召宰相谋之,牛僧孺曰:"范阳自安、史以来,非国所有,刘总暂献其地,朝廷费

文宗派中使去赐给史宪诚河中节度使的旌节,癸酉(二十五日),中使到达魏州。当时,李听从贝州回师驻扎在馆陶,就拖延时日,不肯动身。史宪诚竭尽魏博的府库,用来给李听的部队置办行装,魏博的将士非常生气。甲戌(二十六日),将士们哗变,杀死史宪诚,奉牙内都知兵马使灵武人何进滔代理留后。李听进兵抵达魏州城下,何进滔抵御,没能进城。秋季七月,何进滔出动部队攻打李听,李听没有防备,大败而溃散逃跑。李听的部队日夜兼行,直奔浅口,士兵死掉和逃亡的超过半数,辎重、兵器全部丢弃。昭义的部队进行救援,李听才免于一死,回到义成的治所滑台。朝廷在河北地区长时间地动用部队征战,军需运输一直跟不上,朝廷对此很厌倦。八月壬子(初五),文宗任命何进滔为魏博节度使,又将相、卫、澶三州划归魏博管辖。

沧州经历战乱,尸骨遍地,城池内外,荒无人烟,现有人口不到原来的十分之三四。癸丑(初六),文宗任命卫尉卿殷侑为齐、德、沧、景节度使。殷侑到任以后,与士兵同甘共苦,招抚百姓,勉励他们种地养蚕,流散的百姓逐渐回乡恢复生产。在此之前,本军三万人都依靠度支使供应,殷侑到任一年以后,在当地征收的租税,已能供给一半军需;二年之后,请求度支使停止全部供应;三年之后,户口大大增加,仓库里的粮食充足。

王庭凑通过邻近藩镇稍微透露了请求归附之意,壬申(二十五日),文宗赦免王庭凑及其将士的罪行,恢复了他们的官职和爵位。

四年(830)。裴度以自己年老多病,恳请辞去宰相职务。六月丁未(初五),文宗任命裴度为司徒、平章军国重事,等到病情减轻以后,可三五天去一次中书省理事。

五年(831)春季正月庚申(二十一日),卢龙监军上奏朝廷,称李载义在鞠球场的后院宴请朝廷的使节,副兵马使杨志诚和他的党羽趁机狂呼乱叫,发动叛乱,李载义和他的儿子李正元逃到易州。杨志诚又杀死了莫州刺史张庆初。文宗召见宰相商量对策,牛僧孺说:"幽州自从安史之乱以来,实际上已经不属于朝廷管辖。刘总曾经短时间内把幽州奉献给朝廷,朝廷为此花费了

钱八十万缗而无丝毫所获。今日志诚得之,犹前日载义得之也,因而抚之,使捍北狄,不必计其逆顺。"上从之。载义自易州赴京师,上以载义有平沧景之功,且事朝廷恭顺,二月壬辰,以载义为太保,同平章事如故。以杨志诚为卢龙留后。

　　臣光曰:昔者圣人顺天理、察人情,知齐民之莫能相治也,故置师长以正之;知群臣之莫能相使也,故建诸侯以制之;知列国之莫能相服也,故立天子以统之。天子之于万国,能褒善而黜恶,抑强而辅弱,抚服而惩违,禁暴而诛乱,然后发号施令而四海之内莫不率从也。《诗》云:"勉勉我王,纲纪四方。"载义藩屏大臣,有功于国,无罪而志诚逐之,此天子所宜治也。若一无所问,因以其土田爵位授之,则是将帅之废置杀生皆出于士卒之手,天子虽在上,何为哉! 国家之有方镇,岂专利其财赋而已乎! 如僧孺之言,姑息偷安之术耳,岂宰相佐天子御天下之道哉!

　　夏四月己丑,以李载义为山南西道节度使,杨志诚为幽州节度使。
　　七年春二月癸亥,加卢龙节度使、检校工部尚书杨志诚检校吏部尚书。进奏官徐迪诣宰相言:"军中不识朝廷之制,唯知尚书改仆射为迁,不知工部改吏部为美,敕使往,恐不得出。"辞气甚慢,宰相不以为意。

八十万缗钱,结果却一无所获。如今杨志诚夺取幽州,犹如以前李载义夺取幽州,没什么两样。不如借此机会安抚杨志诚,让他抵御北方的外族,而不必计较他对于朝廷的忤逆或顺从。"文宗听从了这一建议。李载义从易州来到京城,文宗考虑到他曾有平定沧景的功劳,而且一直恭顺地事奉朝廷,二月壬辰(二十三日),任命李载义为太保,仍兼任同平章事的官职。任命杨志诚为卢龙留后。

北宋史臣司马光评论说:过去圣人顺应天理、体察人情,知道平民百姓不能互相治理,所以设置大夫进行治理;知道群臣百官不能互相驱使,所以封立诸侯加以控制;知道各诸侯国不能互相顺服,所以设立天子进行统治。天子对于诸侯各国,要能够褒奖善良而贬斥邪恶,抑制强暴而辅助弱小,安抚忠顺而惩罚违拗,禁止暴虐而诛讨叛乱,然后发号施令,四海之内没有谁不奉顺依从。《诗经》说:"我们的天子力行不倦,就是为了治理好国家。"李载义是卫国的重臣,为国家立过战功,毫无罪过就被杨志诚驱逐,这种行为是天子应当予以惩治的。如果一概不问,反而把土地爵位授予杨志诚,那么,藩镇将帅的废置生杀大权都出自士卒的手中,天子即便高高在上,又治理什么呢?国家设置藩镇,难道只是谋求当地的财赋吗?像牛僧孺那种说法,只是无原则地宽容藩镇,只顾眼前的安逸,哪里是宰相辅佐天子治理天下的正道呢!

夏季四月己丑(二十一日),文宗任命李载义为山南西道节度使,杨志诚为幽州节度使。

七年(833)春季二月癸亥(初五),文宗晋升卢龙节度使、检校工部尚书杨志诚为检校吏部尚书。进奏官徐迪面见宰相说:"军中将士不了解朝廷的法度,只知道由尚书改任仆射是升迁,不知道由工部尚书改任吏部尚书也是升官,朝廷的使节去宣布任命,我担心他将被扣留不得回来。"徐迪说话的口气十分傲慢,宰相却毫不在意。

三月，杨志诚怒不得仆射，留官告使魏宝义并春衣使焦奉鸾、送奚、契丹使尹士恭。甲午，遣牙将王文颖来谢恩并让官。丙申，复以告身并批答赐之，文颖不受而去。

夏六月乙巳，以山南西道节度使李载义为河东节度使。

秋八月壬寅，加幽州节度使杨志诚检校右仆射，仍别遣使慰谕之。

杜牧愤河朔三镇之桀骜，而朝廷议者专事姑息，乃作书，名曰《罪言》，大略以为："国家自天宝盗起，河北百馀城不得尺寸，人望之若回鹘、吐蕃，无敢窥者。齐、梁、蔡被其风流，因亦为寇。未尝五年间不战，焦焦然七十馀年矣。今上策莫如先自治，中策莫如取魏，最下策为浪战，不计地势，不审攻守是也。"

又伤府兵废坏，作《原十六卫》，以为："国家始踵隋制，开十六卫，自今观之，设官言无谓者，其十六卫乎！本原事迹，其实天下之大命也。贞观中，内以十六卫蓄养戎臣，外开折冲、果毅府五百七十四，以储兵伍。有事则戎臣提兵居外，无事则放兵居内。其居内也，富贵恩泽以奉养其身，所部之兵散舍诸府。上府不越千二百人，三时耕稼，一时

三月,杨志诚因没获得仆射一职而十分生气,扣留了朝廷派去的官告使魏宝义和春衣使焦奉鸾,送奚、契丹使尹士恭。甲午(初七),杨志诚派牙将王文颖来京城表示感谢皇上的恩惠,并辞让吏部尚书一职。丙申(初九),文宗再次把授予杨志诚吏部尚书的委任状和对于杨志诚请辞的批复授给王文颖,王文颖拒不接受而离去。

　　夏季六月乙巳那天,文宗任命山南西道节度使李载义为河东节度使。

　　秋季八月壬寅(十九日),文宗晋升幽州节度使杨志诚为检校右仆射,又另外派使者前往幽州对杨志诚进行安抚。

　　杜牧对于河朔地区幽州、成德、魏博三个藩镇桀骜不驯,而朝廷大臣一味无原则地宽容退让,感到非常气愤,于是写了一篇文章,题为《罪言》,大致的意思是:"国家从玄宗天宝年间安史之乱以后,河北一百多座城池,一直无法收复一尺一寸,人们眺望河北,就像眺望回纥国、吐蕃国一样,没有人敢伺机收复。淄青、宣武、淮西也被他们感染,于是也做盗匪。从那时至今,没有连续五年不打仗的,这种使人焦心的日子已经过了七十多年了。现在,对于朝廷来说,上策不如先治理内部,中策不如先攻取魏博,下策是轻率出战,既不考虑地理形势是否有利,也不审慎地制定攻守战略。"

　　杜牧又为府兵制被废除而感伤,于是撰写了《原十六卫》一文,认为:"唐朝在建国之初沿袭隋朝的府兵制,设置了十六卫。在今天看来,设置了官职却认为毫无意义的,不正是十六卫吗!推究府兵制的本来意义,它实际上是国家的安身立命之本。贞观年间,太宗在朝廷设立十六卫,用来罗致供养武将,在各地设置五百七十四个折冲、果毅府,用来训练储备兵卒。如果边境发生战争,武将就带兵出征,如果天下太平无事,武将交出兵权,列居朝廷。武将位居朝廷时,朝廷用富贵恩泽来供养他们,他们指挥的兵卒分散居住在各地的折冲、果毅府。规模最大的折冲、果毅府,兵卒不超过一千二百人,春、夏、秋三季从事农耕,冬季

治武,籍藏将府,伍散田亩,力解势破,人人自爱,虽有蚩尤为帅,亦不可使为乱耳。及其居外也,缘部之兵被檄乃来,斧钺在前,爵赏在后,飘暴交捽,岂暇异略!虽有蚩尤为帅,亦无能为叛也。自贞观至于开元百三十年间,戎臣兵伍未始逆篡,此大圣人所以能柄统轻重,制部表里,圣算神术也。至于开元末,愚儒奏章曰:"天下文胜矣,请罢府兵。"武夫奏章曰:"天下力强矣,请搏四夷。"于是府兵内铲,边兵外作,戎臣兵伍,湍奔矢往,内无一人矣。尾大中干,成燕偏重,而天下掀然,根萌烬燃,七圣旰食,求欲除之且不能也。由此观之,戎臣兵伍,岂可一日使出落铃键哉。然为国者不能无兵,居外则叛,居内则篡。使外不叛,内不篡,古今已还,法术最长,其置府立卫乎。近代已来,于其将也,弊复为甚,率皆市儿辈多赍金玉,负倚幽阴,折券交货所能致也。绝不识父兄礼义之教,复无慷慨感概之气。百城千里,一朝得之,其强杰愎勃者则挠削法制,不使缚己,斩族忠良,不使违己,力壹势便,罔不为寇。其阴泥巧狡者,亦能家算口敛,委于邪倖,由卿市公,去郡得都,四履所治,指为别馆。或一夫不幸而寿,则戛割生人,略匝天

训练打仗,兵卒的军籍保存在折冲、果毅府,平时分散在田畴之间,势力被分割,人人珍重自爱,这样,纵然由蚩尤当统帅,也不可能让他们跟着叛乱。等到武将带兵出征时,由于所指挥的兵卒才被朝廷的檄文征召而来,刑罚杀戮的警戒在前,封爵赏赐的许愿在后,加上激烈的战斗,哪有闲暇怀有异心!纵然由蚩尤当统帅,也不可能率领他们叛乱。从贞观到开元的一百三十年间,武将兵伍从来没有叛乱过,这是大圣人太宗恰当地掌握朝廷和地方军事力量的轻重,控制阻隔武将与兵卒的联系,进行神机妙算的结果。到了开元末年,迂腐的儒生在奏章中说:'天下的文教快要消亡了,建议罢废府兵。'武夫的奏章说:'国家的军力已经很强大了,建议讨伐四方的蛮族。'于是,在内废除府兵,在外扩充边兵,武将兵卒快速地奔赴边境,内地空无一兵。结果,尾大不掉,外强中干,造成安禄山拥偏师自重之势,而国内的动乱,就好比由根芽长成大树,由星星之火发展成燎原之势。肃宗、代宗、德宗、顺宗、宪宗、穆宗、敬宗七位圣主,废寝忘食,想要剪除叛逆但不可能了。由此看来,武将兵卒怎么可以有一天让他们脱离朝廷的控制。然而建立一个国家不能没有军队,军队出征时便会叛乱,在朝廷中便会来篡夺皇位。要让军队在外不叛乱,在内不篡权,从古到今,最好的办法,不就是建立府兵制吗!近年来,朝廷对于武将的各种做法,其中的弊病更为严重,一般都是商人平民带着大量的财宝,在阴暗的角落里,一手交钱,一手交货,就能得到委任。他们绝对不懂父兄孝悌的儒家伦理,又没有慷慨激昂为国赴难的正气。上百个城池,方圆一千里的地盘,一旦得手,他们中间的桀骜不驯、违乱忤逆的武将就削弱国家的法度,使自己不受束缚,斩杀族灭忠良,使自己不受到违逆,只要独自领兵,形势有利,没有不叛乱的。他们中间的阴险狡诈的武将,按户收赋,按人口征税,然后交给邪恶的宠幸贵戚,于是不断升迁,由卿大夫而迁任国公,或者由一般的州郡而升到重要的都市,四境之内他们所管辖的地区俨然像住在自己家一样逍遥自在。他们当中也许有一人不幸而长寿,那就会宰割百姓,抢遍天

下。是以天下兵乱不息,齐人干耗,靡不由是矣。呜呼!文皇帝十六卫之旨,其谁原而复之乎!"

　　又作《战论》,以为:"河北视天下,犹珠玑也;天下视河北,犹四支也。河北气俗浑厚,果于战耕,加以土息健马,便于驰敌,是以出则胜,处则饶,不窥天下之产,自可封殖。亦犹大农之家,不待珠玑然后以为富也。国家无河北,则精甲、锐卒、利刃、良弓、健马无有也,是一支,兵去矣。河东、盟津、滑台、大梁、彭城、东平,尽宿厚兵以塞虏冲,不可他使,是二支,兵去矣。六镇之师,厥数三亿,低首仰给,横拱不为,则沿淮已北,循河之南,东尽海,西叩洛,赤地尽取,才能应费,是三支,财去矣。咸阳西北,戎夷大屯,尽铲吴、越、荆、楚之饶以啖兵戍,是四支,财去矣。天下四支尽解,头腹兀然,其能以是久为安乎!今者诚能治其五败,则一战可定,四支可生。夫天下无事之时,殿寄大臣偷安奉私,战士离落,兵甲钝弊,是不蒐练之过,其败一也。百人荷戈,仰食县官,则挟千夫之名,大将小裨,操其馀赢,以虏壮为幸,以师老为娱,是执兵者常少,糜食者常多,此不责实料食之过,其败二也。战小胜则张皇其功,奔走献状以

下。所以天下战乱不息，百姓消耗殆尽，没有哪个不是由于这个原因。呜呼！太宗设置十六卫的旨意，谁能追究根源，将它恢复呢？"

杜牧又写了《战论》一文，认为："河北对于天下而言犹如珍珠一样重要；而天下对河北而言，犹如人的四肢一样不可缺少。河北风俗淳厚，民众果敢地从事征战和农耕，加上那里的土地适合繁衍战马，便于驰骋杀敌，所以，河北的藩镇只要出战，就能取胜，只要居留，就能丰衣足食，不必贪图天下其他地方的物产，就可以聚敛财富。这也如同农家大户，不必等到有了珍珠之后，才被认为是富豪。国家没有河北，就失去了精良的盔甲、精锐的兵卒、锋利的刀剑、优良的弓箭和矫健的战马，这等于是分割了国家的第一条肢体，兵力失去了。朝廷在河东、盟津、滑台、大梁、彭城、东平等地，全部驻扎重兵，用来遏止叛军的进犯，而不能调作他用。这等于是分割了国家的第二条肢体，又是兵力失去了。上述六个藩镇的兵员，就有三十万，兵卒什么事也不做，只等着朝廷供应，这样，沿着淮河北面，顺着黄河南面，东至海边，西到洛阳，将这一大片土地搜刮干净，才能应付开支。这等于是分割了国家的第三条肢体，财力失去了。国家在咸阳的西北面，为了防备蛮族进犯，也重兵屯守，铲尽吴、越、荆、楚丰饶的物产，送给戍边的兵卒们去吃。这等于是分割了国家的第四条肢体，又是财力失去了。国家的四肢全被分解，仅留下脑袋和身子，国家还能以此而长治久安吗？现在，朝廷如果真能根治五个方面的弊病，那就一战可以安定全国，国家的四肢也可以再生。天下太平无事的时候，朝廷重臣贪图安逸，只求私利，兵卒流离失所，兵器朽钝，这种不训练部队的过失，是弊病之一。一百个人当兵，而领取军饷的花名册上却写了一千个人的姓名，大小将领，都吃兵卒的空额，为了长期贪污军饷，他们把敌人的强大当作幸事，把官军的失败当作乐事，所以军中真能打仗的兵卒很少，虚耗军饷的兵卒很多，这种不核对实际人数就供给军饷的过失，是弊病之二。部队出征，略有小胜，就夸大战绩，奔走着向朝廷报功以

邀上赏，或一日再赐，一月累封。凯还未歌，书品已崇，爵命极矣，田宫广矣，金缯溢矣，子孙官矣，焉肯搜奇出死，勤于我矣！此厚赏之过，其败三也。多丧兵士，颠翻大都，则跳身而来，刺邦而去，回视刀锯，气色甚安，一岁未更，旋已立于坛墀之上矣，此轻罚之过，其败四也。大将兵柄不得专，恩臣、敕使迭来挥之，堂然将陈，殷然将鼓，一则曰必为偃月，一则曰必为鱼丽，三军万夫，环旋翔羊惺骇之间，虏骑乘之，遂取吾之鼓旗，此不专任责成之过，其败五也。今者诚欲调持干戈，洒扫垢污，以为万世安，而乃踵前非，是不可为也。”

又作《守论》，以为：“今之议者咸曰：夫倔强之徒，吾以良将劲兵为衔策，高位美爵充饱其肠，安而不挠，外而不拘，亦犹豢扰虎狼而不拂其心，则忿气不萌。此大历、贞元所以守邦也，亦何必疾战，焚煎吾民，然后以为快也！愚曰：大历、贞元之间，适以此为祸也。当是之时，有城数十，千百卒夫，则朝廷别待之，贷以法度。于是乎阔视大言，自树一家，破制削法，角为尊奢。天子养威而不问，有司守恬而不呵。王侯通爵，越录受之；觐聘不来，几杖扶之；逆息虏胤，皇子嫔之，装缘采饰，无不备之。是以地益广，兵益强，僭拟益甚，侈心益昌。于是土田名器，分划殆尽，而贼夫

求皇上厚赏。而朝廷对将士，有时一天之内两次赏赐，有时一月之间多次封爵。因此，官军还没有凯旋，将领的官品已经很高，爵位达到了极点，田地广阔，宅第宏大，金银绢帛堆满库房，连儿孙都被授予官爵，这样，谁还肯再出生入死为朝廷效力！这种赏赐太厚的过失，是弊病之三。死伤大批兵卒，丢失重要都市，败军之将逃回京城，仅仅贬为刺史，将他们外放，这些人回视国法，神色自若，一年没到，又站立在高坛之上被拜为大将。这种惩罚太轻的过失，是弊病之四。大将不能独掌军权，朝廷派来的宠臣和特使轮流前来指挥，大模大样地率领兵马，拼命地擂响战鼓，有的说应该摆偃月阵，有的说应该摆鱼丽阵，三军将士不知所措，往往在徘徊慌乱的时候，敌军的骑兵乘机发动攻击，于是夺取了我军的军鼓军旗。这种不能授予全权、责令歼敌的过失，是弊病之五。现在，朝廷如果真想调兵遣将，洗刷污泥浊水，谋求长治久安，却又沿袭过去的弊病，那就不可能达到预期的目标。"

杜牧又写了《守论》一文，认为："如今，议论政事的人都说：桀骜不驯之辈，朝廷应该用精兵良将来威慑他们，用高官厚禄来奉养他们，使他们生活安定而不受干扰，行动自由而不受限制，也就像豢养虎狼一样，只要不违逆它们的天性，就不会咆哮伤人。这就是代宗大历、德宗贞元年间所以能够守卫邦国的原因。因此，又何必打仗，使百姓受尽煎熬而后快呢？我认为：大历、贞元年间，朝廷正是因采取这一方针而造成祸害。当时，凡是管辖几十个城镇，拥有十万兵卒的节将十吏，朝廷就另眼相待，甚至不惜枉法而宽容他们。于是他们目中无人，口出狂言，培植私党，自成体系，破坏朝制，削弱法度，还互相攀比，看谁更尊贵、更奢侈。天子维护自己的尊严，视而不问，有关官员为了保持安宁，也不斥责。朝廷还把显贵的官爵，越级授给他们；他们不来参拜皇上，朝廷反而赐给几杖，扶持他们；皇上还把公主嫁给叛乱藩镇的子嗣，嫁妆竭尽豪华，无所不备。因此，他们的领地日益扩大，兵力日益强盛，越分妄比日益严重，骄奢淫逸日益发展。于是国家的土地和名号，几乎被他们分割干净，但他们

贪心，未及畔岸，遂有淫名越号，或帝或王，盟诅自立，恬淡不畏，走兵四略以饱其志者也。是以赵、魏、燕、齐卓起大唱，梁、蔡、吴、蜀蹑而和之，其馀混倾轩嚣，欲相效者，往往而是。运遭孝武，宵旰不忘，前英后杰，夕思朝议，故能大者诛锄，小者惠来。不然，周、秦之郊，几为犯猎哉！大抵生人油然多欲，欲而不得则怒，怒则争乱随之，是以教笞于家，刑罚于国，征伐于天下，此所以裁其欲而塞其争也。大历、贞元之间，尽反此道，提区区之有而塞无涯之争，是以首尾指支，几不能相运掉也。今者不知非此，而反用以为经，愚见为盗者非止于河北而已。呜呼！大历、贞元守邦之术，永戒之哉！"

又注《孙子》，为之序，以为："兵者，刑也；刑者，政事也。为夫子之徒，实仲由、冉有之事也。不知自何代何人分为二道曰文、武，离而俱行，因使搢绅之士不敢言兵，或耻言之，苟有言者，世以为粗暴异人，人不比数。呜呼！亡失根本，斯最为甚！《礼》曰：'四郊多垒，此卿大夫之辱也。'历观自古，树立其国，灭亡其国，未始不由兵也。主兵者必圣贤、材能、多闻博识之士乃能有功，议于廊庙之上，

仍然贪心不足,认为没有达到最后的目的。于是,出现了超越自己应有的名分,有的称帝,有的称王,对神立誓诅咒而自立,对朝廷毫不在乎,毫不畏惧,出动部队四处侵掠,以满足自己的私欲。因此,成德、魏博、幽州、淄青首先发难,宣武、淮西、浙西、西川随后响应,其馀的跟着起哄,企图效法的节将大吏比比皆是。幸好时来运转,宪宗即位,他重用德才兼备的文臣武将,废寝忘食,日夜商议平叛大计,所以能够诛杀铲除首恶,招抚降服胁从者。不然的话,从京城长安到东都洛阳之间广大地区,几乎也要受到侵犯!大凡人一生下来就自然而然地产生很多欲望,欲望得不到满足就会发怒,一发怒,纷争战乱就会随之而来。因此,一个家庭不能缺少教训鞭笞,一个国家不能缺乏严刑惩罚,天子治理天下,就应该征战讨伐,这些都是为了制裁人们的私欲,阻止人们的纷争。大历、贞元年间,朝廷完全违背了这些道理,企图拿着有限的官爵去阻止没有尽头的纷争,结果,头脚四肢几乎不能运转摆动。如今,朝廷中的一些人不知道否定这种做法,反而把它当作经典来运用,我认为这样下去,藩镇割据就不只是河北一个地方了。呜呼!大历、贞元年间朝廷守卫国家的办法,应当永远引以为戒!"

杜牧又注释《孙子》一书,并写了序言,认为:"军队,就是刑法,而刑法就是治理国家的主要手段。在孔夫子的弟子中,实际上只有仲由和冉有真正理解了他的这一思想。不知道从什么时代什么人开始,把本来同一个事物分为文、武两个方面,于是两者分离,齐头并进,从而使得文人不愿意谈论军事,或者耻于谈论军事,如果有谈论军事的文人,大家就认为他是粗人、怪人,不愿再和他接近。呜呼!在使国家灭亡的各种基本原因之中,这一点是最主要的。《礼记》说:'敌人包围都城,在四周修筑很多营垒,这是卿大夫的耻辱。'纵观古今,凡是建立一个国家,或是消灭一个国家,没有不依仗军队而成功的。统领军队的人,必须是有高尚的品德、有杰出的才能、有广博知识的人,这样的人才能建立功勋。所以,有关的军事问题,应该在朝廷中进行充分商议,

兵形已成，然后付之于将。汉祖言'指纵者人也，获兔者犬也'，此其是也。彼为相者曰：'兵非吾事，吾不当知。'君子曰：'勿居其位可也！'"

八年冬十月辛巳，幽州军乱，逐节度使杨志诚及监军李怀仵，推兵马使史元忠主留务。

杨志诚过太原，李载义自殴击，欲杀之，幕僚谏救得免，杀其妻子及从行将卒。朝廷以载义有功，不问。载义母、兄葬幽州，志诚发取其财。载义奏乞取志诚心以祭母，不许。

十一月，史元忠献杨志诚所造衮衣及诸僭物。丁卯，流志诚于岭南，道杀之。

十二月癸未，以史元忠为卢龙留后。

九年春正月乙卯，以王元逵为成德节度使。三月丙辰，以史元忠为卢龙节度使。

战略方针确定了之后,再交给将领执行。汉高祖'指示踪迹的是人,捉兔的是狗',就是这个意思。现在,那些做宰相的说:'军事不关我的事,我不必懂军事。'那么,君子就应该对他说:'你不懂军事,就不要担任宰相!'"

八年(834)冬季十月辛巳(初四),幽州发生兵变,将士们驱逐了节度使杨志诚和监军李怀仵,推举兵马使史元忠主持留守事务。

杨志诚前往京城途中路过太原,河东节度使李载义亲自动手殴打他,想把他打死,李载义的幕僚极力劝阻,才救了他一命,但李载义还是杀了杨志诚的妻儿和随行将士。朝廷考虑到李载义立过战功,没有问罪。在此之前,李载义的母亲和哥哥去世后安葬在幽州,杨志诚曾开掘坟墓,掠取随葬品。李载义上奏朝廷,乞请获取杨志诚的心脏,用来祭祀母亲,文宗不准。

十一月,史元忠把杨志诚擅自缝制的皇帝的衮衣和其他超越名分的各种器物进献给朝廷。丁卯(二十一日),文宗下令把杨志诚流放到岭南。杨志诚在半路上被朝廷派去的人杀死。

十二月癸未(初七),文宗任命史元忠为卢龙留后。

九年(835)春季正月乙卯(初九),文宗任命王元逵为成德节度使。三月丙辰(十一日),文宗任命史元忠为卢龙节度使。

卷第三十五

南诏归附

　　唐玄宗开元二十六年秋九月戊午,册南诏蒙归义为云南王。归义之先本哀牢夷,地居姚州之西,东南接交趾,西北接吐蕃。蛮语谓王曰诏。先有六诏,曰蒙舍,曰蒙越,曰越析,曰浪穹,曰样备,曰越澹,兵力相埒,莫能相壹,历代因之以分其势。蒙舍最在南,故谓之南诏。高宗时,蒙舍细奴逻初入朝。细奴逻生逻盛,逻盛生盛逻皮,盛逻皮生皮逻阁。皮逻阁浸强大,而五诏微弱。会有破洱河蛮之功,乃赂王昱,求合六诏为一。昱为之奏请,朝廷许之,仍赐名归义。于是以兵威胁服群蛮,不从者灭之,遂击破吐蕃,徙居大和城。其后卒为边患。

　　天宝七载。云南王归义卒,子阁罗凤嗣,以其子凤迦异为阳瓜州刺史。

　　九载。杨国忠德鲜于仲通,荐为剑南节度使。仲通性褊急,失蛮夷心。故事,南诏常与妻子俱谒都督,过云南,云南太守张虔陀皆私之。又多所征求,南诏王阁罗凤

南诏归附

唐玄宗开元二十六年(738)秋季九月戊午(二十三日)这天,玄宗册封南诏蒙归义为云南王。蒙归义的祖先本来是哀牢夷,居住地在姚州的西面,东南面连接交趾,西北面连接吐蕃。蛮语称王为诏。原先共有六诏,分别叫作蒙舍、蒙越、越析、浪穹、样备、越澹,它们彼此间兵力相当,不能统一,历代王朝根据这种情况来分化他们的势力。因为蒙舍在最南面,所以称为南诏。唐高宗在位的时候,蒙舍细奴逻首次入京朝拜。细奴逻生下逻盛,逻盛生下盛逻皮,盛逻皮生下了皮逻阁。皮逻阁时代,蒙舍逐渐强大起来,而其他五诏势力微弱。适逢皮逻阁因为有打败洱河蛮的功劳,就借机贿赂王昱,请求合并六诏为一国。王昱替他奏请朝廷,朝廷答应了皮逻阁的请求,并赐名为归义。于是蒙归义用强大的兵力胁迫群蛮服从,不服从的就灭掉它们,于是打败了吐蕃,移居到大和城。此后南诏最终成为了唐朝的边境大患。

天宝七载(748)。云南王蒙归义去世,他的儿子阁罗凤继位,唐玄宗任命阁罗凤的儿子凤迦异为阳瓜州刺史。

九载(750)。杨国忠感激鲜于仲通,荐举他为剑南节度使。鲜于仲通性情急躁、器量狭窄,失掉了蛮夷人心。依照惯例,南诏王常和妻子一起谒见都督,每次经过云南,云南太守张虔陀都要私通南诏王的妻子。又在很多方面有所征求,南诏王阁罗凤

不应,虔陀遣人詈辱之,仍密奏其罪。阁罗凤忿怨,是岁,发兵反,攻陷云南,杀虔陀,取夷州三十二。

十载夏四月壬午,剑南节度使鲜于仲通讨南诏蛮,大败于泸南。时仲通将兵八万分二道出戎、巂州,至曲州、靖州。南诏王阁罗凤遣使谢罪,请还所俘掠,城云南而去,且曰:"今吐蕃大兵压境,若不许我,我将归命吐蕃,云南非唐有也。"仲通不许,囚其使。进军至西洱河,与阁罗凤战,军大败,士卒死者六万人,仲通仅以身免。杨国忠掩其败状,仍叙其战功。阁罗凤敛战尸,筑为京观,遂北臣于吐蕃。蛮语谓弟为"钟",吐蕃命阁罗凤为"赞普钟",号曰"东帝",给以金印。阁罗凤刻碑于国门,言己不得已而叛唐,且曰:"我世世事唐,受其封赏,后世容复归唐,当指碑以示唐使者,知吾之叛非本心也。"

制大募两京及河南、北兵以击南诏。人闻云南多瘴疠,未战士卒死者什八九,莫肯应募。杨国忠遣御史分道捕人,连枷送诣军所。旧制,百姓有勋者免征役,时调兵既多,国忠奏先取高勋。于是行者愁怨,父母妻子送之,所在哭声振野。

十一载夏六月甲子,杨国忠奏吐蕃兵六十万救南诏,剑南兵击破之于云南,克故隽州等三城,捕虏六千三百,以道远,简壮者千馀人及酋长降者献之。

都不答应,张虔陀就派人辱骂他,还秘密向朝廷奏报他的罪行。阎罗凤对此十分愤恨,这一年,起兵反叛,攻陷了云南,杀掉张虔陀,并攻占了原来归附于唐朝的西南夷的三十二个州。

十载(751)夏季四月壬午(三十日),剑南节度使鲜于仲通讨伐南诏蛮,在泸水南面被南诏打得大败。当时鲜于仲通率领军队八万人,分成两路从戎州和巂州出发,分别到达曲州和靖州。南诏王阎罗凤派遣使者前来谢罪,请求归还所俘获掠夺的人畜物品,修复云南城然后退去,并且威胁说:"如今吐蕃大兵压境,如果不答应我们的请求,我将归附于吐蕃,这样云南就不被唐朝拥有了。"鲜于仲通不答应,囚禁了阎罗凤派来的使者。随后进军到达西洱河,与阎罗凤交战,唐军大败,士卒战死了六万人,鲜于仲通仅仅得以只身逃脱。杨国忠隐瞒了鲜于仲通战败的情况,仍然陈述他的战功。阎罗凤收集唐军战死士卒的尸体,封土筑成一座高大的坟丘以炫耀武功,然后向北对吐蕃臣服。蛮语称呼弟弟为"钟",吐蕃命名阎罗凤为"赞普钟",号称"东帝",并授给他金印。阎罗凤在国都城门口镌刻石碑,说自己不得已才背叛唐朝,并说:"我们南诏世代都侍奉唐朝,接受唐朝的册封赏赐,后世如能允许重新归附唐朝,应当指着此碑让唐朝使者看,使他们知道我们的背叛并不是出于本心。"

玄宗颁下制书,大规模召募两京和河南、河北地区的军队去攻打南诏。人们听说云南地区多瘴气瘟疫,不曾交战士卒就要死掉十分之八九,没有人愿意响应征募。杨国忠就派遣御史分别到各道去抓人,用连枷锁起来送往军营。按照过去的制度,百姓中有功勋的可以免除征役,而此时因为征调兵员数量很多,杨国忠就奏请朝廷只有高功勋的百姓才能免除征役。于是被征发上路的人无不忧愁怨恨,父母妻儿送别他们,到处哭声震动原野。

十一载(752)夏季六月甲子这一天,杨国忠上奏说吐蕃发兵六十万人救援南诏,剑南军队在云南打败了他们,并攻克了原来的巂州等三座城池,俘虏了六千三百人,因为道路遥远,所以挑选其中健壮的一千多人和投降的酋长献给朝廷。

十三载夏六月，侍御史、剑南留后李宓将兵七万击南诏。阁罗凤诱之深入，至大和城，闭壁不战。宓粮尽，士卒罹瘴疫及饥死什七八，乃引还，蛮追击之，宓被擒，全军皆没。杨国忠隐其败，更以捷闻，益发中国兵讨之，前后死者几二十万人，无敢言者。上尝谓高力士曰："朕今老矣，朝事付之宰相，边事付之诸将，夫复何忧？"力士对曰："臣闻云南数丧师，又边将拥兵太盛，陛下将何以制之？臣恐一旦祸发，不可复救，何谓无忧也？"上曰："卿勿言，朕徐思之。"

肃宗至德元载。南诏乘乱陷越嶲会同军，据清溪关，寻传、骠国皆降之。

代宗大历十四年。南诏王阁罗凤卒，子凤迦异前死，孙异牟寻立。冬十月丁酉朔，吐蕃与南诏合兵十万，三道入寇，一出茂州，一出扶、文，一出黎、雅，曰："吾欲取蜀以为东府。"西川节度使崔宁在京师，所留诸将不能御，虏连陷州、县，刺史弃城走，士民窜匿山谷。上忧之，趣宁归镇。宁已辞，杨炎言于上曰："蜀地富饶，宁据有之，朝廷失其外府十四年矣。宁虽入朝，全师尚守其后，贡赋不入，与无蜀同。且宁本与诸将等夷，因乱得位，威令不行。今虽遣之，必恐无功。若其有功，则义不可夺。是蜀地败固失之，胜亦不得也。

十三载（754）夏季六月，侍御史、剑南留后李宓率领军队七万人攻打南诏。阁罗凤引诱唐军深入到大和城下，然后坚壁不战。李宓粮食用尽，士卒遭受瘴气瘟疫和饥饿，死掉了十分之七八，于是领兵撤退，南诏乘机出兵追击唐军，李宓被活捉，唐军全军覆没。杨国忠不但隐瞒了李宓战败的情况，而且假报获胜，并增派国内军队去讨伐南诏，前前后后死亡了将近二十万人，没有人敢说这件事的真实情况。玄宗曾经对高力士说："朕如今老了，把朝中政事交给宰相处理，边境军事委托给诸位将领，还有什么可忧愁的呢？"高力士回答说："臣听说在云南唐军多次战败，另外边防将领拥兵太多，陛下您打算怎么遏制他们呢？臣担心一旦祸患发生，就不能再挽救了，怎么能说没有忧虑呢？"玄宗说："爱卿你不要说了，让我慢慢考虑这件事。"

唐肃宗至德元载（756）。南诏趁唐朝大乱之时攻陷了越嶲郡的会同军，占领了清溪关，寻传蛮和骠国都归降了南诏。

唐代宗大历十四年（779）。南诏王阁罗凤死去，他的儿子凤迦异又死在他前头，于是由他孙子异牟寻继承王位。冬季十月丁酉这天是初一，吐蕃与南诏合兵十万人，分三路入侵唐朝，一路取道茂州，一路取道扶州和文州，一路取道黎州和雅州，他们扬言说："我们将要夺取蜀地作为我们东部的府库。"当时，西川节度使崔宁正在京城长安，他留下的各位将领不能抵御敌军，敌军接连攻陷了一些州县，州刺史都弃城逃跑，百姓逃窜躲藏到山谷之中。德宗对此忧心忡忡，催促崔宁返回西川。崔宁已经向德宗辞行，杨炎向德宗进言说："蜀地物产富饶，崔宁占据此地，朝廷等于失掉了自己的外府，至今已有十四个年头了。崔宁虽然入朝，但整个西川军队还在他背后支撑着，不向朝廷交纳土贡和赋税，这与朝廷没有蜀地是一样的。况且，崔宁本来与西川诸将是同一类人，趁着变乱才得到节度使的职位，他的政令不能推行。现在即使派他回去，恐怕他也不能建立功勋。倘若他建立功勋，那么从道义上讲，蜀地便是不可强夺的。这就是说，蜀地战败，朝廷固然失去了蜀地，蜀地取胜，朝廷也还是不能得到蜀地。

愿陛下熟察。"上曰："然则奈何？"对曰："请留宁，发朱泚所领范阳戍兵数千人，杂禁兵往击之，何忧不克？因而得内亲兵于其腹中，蜀将必不敢动，然后更授他帅，使千里沃壤复为国有，是因小害而收大利也。"上曰："善。"遂留宁。

初，马璘忌泾原都知兵马使李晟功名，遣入宿卫，为右神策都将。上发禁兵四千人，使晟将之，发邠、陇、范阳兵五千，使金吾大将军安邑曲环将之，以救蜀。东川出军，自江油趋白坝，与山南兵合击吐蕃、南诏，破之。范阳兵追及于七盘，又破之，遂克维、茂二州。李晟追击于大渡河外，又破之。吐蕃、南诏饥寒陨于崖谷死者八九万人。吐蕃悔怒，杀诱导使之来者。异牟寻惧，筑苴咩城，延袤十五里，徙居之。吐蕃封之为日东王。

德宗贞元三年。初，云南王阁罗凤陷巂州，获西泸令郑回。回，相州人，通经术，阁罗凤爱重之。其子凤迦异及孙异牟寻、曾孙寻梦凑皆师事之，每授学，回得挞之。及异牟寻为王，以回为清平官。清平官者，蛮相也，凡有六人，而国事专决于回。五人者事回甚卑谨，有过则回挞之。

云南有众数十万，吐蕃每入寇，常以云南为前锋，赋敛重数，又夺其险要地立城堡，岁征兵助防，云南苦之。回

希望陛下仔细考察。"德宗说："既然这样，那么怎么办才好呢？"杨炎回答说："请陛下留住崔宁，派遣朱泚所统领的范阳戍兵数千人，中间掺入禁卫亲兵，前去攻打南诏，还担心不能取胜吗？因此得以将禁卫亲兵置于西川军的心腹之中，蜀地将领必定不敢轻举妄动，然后再任命其他人为西川统帅，使蜀地的千里沃野重新被朝廷拥有，这是使国家通过蒙受较小的损害而收取较大的好处啊。"德宗说："好吧。"于是将崔宁留在京城。

当初，马璘忌妒泾原都知兵马使李晟的功绩和名声，派他进入朝廷宿卫，担任右神策都将的职务。唐德宗派遣禁卫亲兵四千人，让李晟率领他们，又调发邠宁、陇右、范阳的士兵五千人，让金吾大将军安邑人曲环率领这些士兵，前去救援蜀地。这时，东川也派出军队，从江油奔赴白坝，与山南的军队会合攻击吐蕃和南诏，并且打败了他们。范阳兵在七盘追上了吐蕃和南诏的军队，再一次打败了他们，于是攻克了维州和茂州。李晟在大渡河外追击敌军，又一次打败了他们。吐蕃和南诏的士兵因为饥饿寒冷和坠落崖谷，死掉了八九万人。吐蕃人感到既后悔又恼怒，便杀掉了诱导他们前来入侵的人。异牟寻也十分恐惧，修筑了苴咩城，绵延十五里，迁到那里居住。吐蕃便封异牟寻为日东王。

唐德宗贞元三年（787）。当初，云南王阁罗凤攻陷巂州的时候，俘获了西泸县令郑回。郑回是相州人，精通经学，阁罗凤对他又赏识，又器重。阁罗凤的儿子凤迦异和孙子异牟寻、曾孙寻梦凑都以对待老师的礼节侍奉他，每次传授学问，郑回都可以鞭挞他们。等到异牟寻即位为王时，任命郑回为清平官。清平官这一职位，便是南诏国的宰相，当时设置的清平官共有六人，但国家大事由郑回一人独自决断。其余五人侍奉郑回非常谦卑谨慎，如果犯有过错，郑回就鞭挞他们。

云南拥有几十万人，吐蕃每次入侵内地，常以云南人为先锋，征收赋税的数目相当繁重，还夺取云南险要的地带建立城池堡垒，每年都征发兵员帮助吐蕃防守，云南从中吃尽了苦头。郑回

因说异牟寻复自归于唐曰:"中国尚礼义,有惠泽,无赋役。"异牟寻以为然,而无路自致,凡十馀年。及西川节度使韦皋至镇,招抚境上群蛮,异牟寻潜遣人因诸蛮求内附。皋奏:"今吐蕃弃好,暴乱盐、夏,宜因云南及八国生羌有归化之心招纳之,以离吐蕃之党,分其势。"上命皋先作边将书以谕之,微观其趣。闰五月己未,韦皋复与东蛮和义王苴那时书,使诇伺导达云南。六月,韦皋以云南颇知书,壬辰,自以书招谕之,令趣遣使入见。

四年夏四月,云南王异牟寻欲内附,未敢自遣使,先遣其东蛮鬼主骠旁、苴梦冲、苴乌星入见。五月乙卯,宴之于麟德殿,赐赉甚厚,封王给印而遣之。

冬十月,吐蕃发兵十万将寇西川,亦发云南兵。云南内虽附唐,外未敢叛吐蕃,亦发兵数万屯于泸北。韦皋知云南计方犹豫,乃为书遗云南王,叙其叛吐蕃归化之诚,贮以银函,使东蛮转致吐蕃。吐蕃始疑云南,遣兵二万屯会川,以塞云南趣蜀之路。云南怒,引兵归国。由是云南与吐蕃大相猜阻,归唐之志益坚。吐蕃失云南之助,兵势始弱矣。然吐蕃业已入寇,遂分兵四万攻两林、骠旁,三万攻东蛮,七千寇清溪关,五千寇铜山。皋遣黎州刺史韦晋等与东蛮连兵御之,破吐蕃于清溪关外。

十一月,吐蕃屡遣人诱胁云南。

趁机劝说异牟寻再次归附唐朝,他说:"中原唐朝崇尚礼义,对我们只会施以恩惠,不会征收田赋和征发力役。"异牟寻认为他说得有道理,然而没有途径向唐朝表达诚意,就这样过了十多年。等到西川节度使韦皋到任后,招徕并慰抚西川边境地区的群蛮,异牟寻秘密派人通过群蛮请求归附朝廷。韦皋上奏说:"如今吐蕃背弃盟好,侵暴扰乱盐州、夏州,应当趁着云南和八国生羌怀有归顺之心,招徕接纳他们,来离间吐蕃的同党,分化吐蕃的势力。"德宗命令韦皋先以边镇将领的名义写文书来晓谕群蛮,暗中观察他们的动向。闰五月己未(初七)这天,韦皋再次给东蛮和义王苴那时写信,让他刺探云南的情况,引导云南归附。六月,韦皋认为云南人颇为知书达理,在壬辰(十一日)这天,亲自写信招抚劝导他们,让他们派遣使者入朝觐见。

四年(788)夏季四月,云南王异牟寻打算归附朝廷,但不敢自行派遣使者,于是首先派遣其东蛮鬼主骠旁、苴梦冲、苴乌星入朝觐见。五月乙卯(初八)这天,德宗在麟德殿设宴款待他们,对他们赏赐特别丰厚,还册封他们为王,发给印绶,然后打发他们回去。

冬季十月,吐蕃征发军队十万人准备侵犯西川,同时也调发云南军队。云南私下虽然归附唐朝,但表面上还不敢背叛吐蕃,因而也派遣军队数万人在泸水北岸驻扎。韦皋了解到云南王归附的主意还没有拿定,于是写信给云南王,信中叙述了云南王背叛吐蕃归附唐朝的诚意,用银饰的匣子装好,让东蛮转送到吐蕃。吐蕃便开始怀疑云南,派遣军队二万人在会川驻扎,来堵住云南通往蜀中的道路。云南王大怒,领兵回国去了。从此以后,云南与吐蕃大相猜疑,云南归顺唐朝的志向更加坚定。吐蕃失去了云南的帮助,军队的声势开始减弱了。然而吐蕃已经出兵入侵,于是分派军队四万人攻打两林、骠旁,三万人攻打东蛮,七千人侵犯清溪关,五千人侵犯铜山。韦皋派遣黎州刺史韦晋等人与东蛮军队联合抵御吐蕃,在清溪关外面打败了他们。

十一月,吐蕃多次派人引诱、威胁云南。

　　五年春二月丁亥,韦皋遗异牟寻书,称:"回鹘屡请佐天子共灭吐蕃,王不早定计,一旦为回鹘所先,则王累代功名虚弃矣。且云南久为吐蕃屈辱,今不乘此时依大国之势以复怨雪耻,后悔无及矣。"云南虽贰于吐蕃,亦未敢显与之绝。冬十二月壬辰,韦皋复以书招谕之。

　　七年。韦皋比年致书招云南王异牟寻,终未获报。然吐蕃屡发云南兵,云南与之益少。皋知异牟寻心附于唐。讨击副使段忠义,本阁罗凤使者也,六月丙申,皋遣忠义还云南,并致书敦谕之。冬十二月,吐蕃知韦皋使者在云南,遣使让之。云南王异牟寻绐之曰:"唐使,本蛮也,皋听其归耳,无他谋也。"因执以送吐蕃。吐蕃多取其大臣之子为质,云南愈怨。

　　勿邓酋长苴梦冲,潜通吐蕃,扇诱群蛮,隔绝云南使者。韦皋遣三部落总管苏峞将兵至琵琶川。

　　八年春二月壬寅,执梦冲,数其罪而斩之,云南之路始通。

　　冬十一月,吐蕃、云南日益相猜,每云南兵至境上,吐蕃辄亦发兵,声言相应,实为之备。辛酉,韦皋复遗云南王书,欲与共袭吐蕃,驱之云岭之外,悉平吐蕃城堡,独与云南筑大城于境上,置戍相保,永同一家。

五年(789)春季二月丁亥(十四日),韦皋给异牟寻写了一封书信,信中说:"回鹘多次请求帮助大唐天子一起去消灭吐蕃,倘若大王您不能及早确定自己的归附之计,一旦被回鹘赶在前头,那么大王累世相沿的功绩和名声便白白地丢掉了。况且,云南长期遭受被吐蕃欺压的屈辱,现在如果还不趁这一时机,依靠大国的势力来报仇雪耻,将来后悔就来不及了。"云南虽然对吐蕃怀有二心,但是也不敢公开与吐蕃断绝关系。冬季十二月壬辰(二十五日),韦皋再次写信劝诱开导云南归顺朝廷。

七年(791)。韦皋连年写信招抚云南王异牟寻,始终没有得到回复。然而,吐蕃多次向云南征发兵员,云南给予吐蕃的兵员却越来越少了。由此,韦皋知道异牟寻本心是归附唐朝的。讨击副使段忠义,原来是阁罗凤的使者,六月丙申(初七)这天,韦皋派遣段忠义返回云南,并且给异牟寻写去书信,敦促开导他归顺朝廷。冬季十二月,吐蕃了解到韦皋的使者在云南,便派遣使者去责备云南。云南王异牟寻欺骗来使说:"唐朝的使者,本来就是蛮人,韦皋听任他回来罢了,并没有其他的图谋。"于是拘捕了韦皋的使者,送往吐蕃。吐蕃大量召取云南大臣的儿子作为人质,云南愈加怨恨吐蕃了。

勿邓部落的酋长苴梦冲暗中串通吐蕃,煽动诱惑群蛮,隔绝云南使者与唐朝的往来。韦皋派遣两林、勿邓、丰琶三个部落的总管苏峞率领军队到达琵琶川。

八年(792)春季二月壬寅(十七日)这天,韦皋抓获了苴梦冲,历数他的罪行以后,斩杀了他,前往云南的道路开始畅通无阻了。

冬季十一月,吐蕃与云南相互间的猜疑与日俱增,每次云南的军队来到边境上,吐蕃总是也派出军队,声称相互接应,实际上是为了防备云南。辛酉(初十),韦皋再次给云南王送去书信,希望能与云南一起袭击吐蕃,把吐蕃驱逐到云岭以外,全部摧毁吐蕃的城池营垒,单独与云南在边境上修筑一座大城,设置戍兵自相保卫,永远如同一家人一样。

　　九年夏五月，云南王异牟寻遣使者三辈，一出戎州，一出黔州，一出安南，各赍生金、丹砂诣韦皋，金以示坚，丹砂以示赤心。三分皋所与书为信，皆达成都。异牟寻上表请弃吐蕃归唐，并遗皋帛书，自称"唐故云南王孙、吐蕃赞普义弟日东王"。皋遣其使者诣长安，并上表贺。上赐异牟寻诏书，令皋遣使慰抚之。冬十月甲子，韦皋遣其节度巡官崔佐时赍诏书诣云南，并自为帛书答之。

　　十年春正月，崔佐时至云南所都羊苴咩城。吐蕃使者数百人先在其国，云南王异牟寻尚不欲吐蕃知之，令佐时衣牂柯服而入。佐时不可，曰："我大唐使者，岂得衣小夷之服！"异牟寻不得已，夜迎之。佐时大宣诏书，异牟寻恐惧，顾左右失色，业已归唐，乃歔欷流涕，俯伏受诏。郑回密见佐时教之，故佐时尽得其情，因劝异牟寻悉斩吐蕃使者，去吐蕃所立之号，献其金印，复南诏旧名。异牟寻皆从之，仍刻金契以献。异牟寻帅其子寻梦凑等与佐时盟于点苍山神祠。

　　先是，吐蕃与回鹘争北庭，大战，死伤颇众，征兵万人于云南。异牟寻辞以国小，请发三千人，吐蕃少之；益至五千，乃许之。异牟寻遣五千人前行，自将数万人踵其后，昼夜兼行，袭击吐蕃。战于神川，大破之，取铁桥等十六城，虏其五王，降其众十馀万。戊戌，遣使来献捷。

九年(793)夏季五月,云南王异牟寻派遣三批使者,一批取道戎州,一批取道黔州,一批取道安南,各自携带金矿石和朱砂前往韦皋处进献,金矿石用来表示心意坚定,朱砂用来表示心地真诚。然后将韦皋给他们写的书信分成三份作为凭信,全都带到了成都。异牟寻上表请求背弃吐蕃归附唐朝,并且送给韦皋用缣帛写成的文书,称自己为"唐朝故云南王阁罗凤的孙子、吐蕃赞普的义弟日东王"。韦皋打发云南使者前往长安,并且上表祝贺。德宗赐给异牟寻诏书,并命令韦皋派遣使者慰问安抚云南。冬季十月甲子(十八日),韦皋派遣他手下的节度巡官崔佐时携带诏书前往云南,并且亲自用缣帛写成文书答复异牟寻。

十年(794)春季正月,崔佐时到达云南国都羊苴咩城。吐蕃使者数百人原先便在云南国都,云南王异牟寻还不打算让吐蕃知道唐朝使者到来,让崔佐时穿着牂柯蛮人的衣服进入城中。崔佐时不答应,说:"我是大唐的使者,怎么能穿小小蛮夷的衣服呢?"异牟寻没有办法,只好在夜晚迎接他。崔佐时大声宣读诏书,异牟寻十分害怕,看着周围的人,连脸色都变了,然而已经归顺唐朝,于是抽抽噎噎地流着眼泪,跪伏在地上接受诏书。郑回秘密拜见崔佐时,教给他如何去做,所以崔佐时完全掌握了云南的情况,于是劝说异牟寻斩杀所有吐蕃使者,去掉吐蕃所册立的名号,献出吐蕃赐予的金印,恢复南诏这一原来的名称。异牟寻完全听从了他的建议,并镌刻成金质的契约献给崔佐时。异牟寻带领自己的儿子寻梦凑等人与崔佐时在点苍山上的神祠盟誓。

在此之前,吐蕃与回鹘争夺北庭,发生激战,死亡和负伤的人很多,便向云南征发兵员一万人。异牟寻以国家弱小为借口推辞,请求只派出三千人,吐蕃认为为三千人数量太少,异牟寻又增到五千人,吐蕃这才答应他。异牟寻便派遣五千人在前面行进,自己率领数万人紧随其后,昼夜兼程前进,去袭击吐蕃。在神川交战,大破吐蕃,夺取了铁桥等十六座城邑,俘虏了吐蕃的五个王,降服吐蕃部众十多万人。戊戌(二十四日),云南派遣使者前来进献俘虏和战利品。

夏六月，云南王异牟寻遣其弟凑罗栋献地图、土贡及吐蕃所给金印，请复号南诏。癸丑，以祠部郎中袁滋为册南诏使，赐银窠金印，文曰"贞元册南诏印"。滋至其国，异牟寻北面跪受册印，稽首再拜，因与使者宴，出玄宗所赐银平脱马头盘二以示滋。又指老笛工、歌女曰："皇帝所赐《龟兹乐》，惟二人在耳。"滋曰："南诏当深思祖考，子子孙孙尽忠于唐。"异牟寻拜曰："敢不谨承使者之命！"

十一年秋九月丁巳，加韦皋云南安抚使。南诏攻吐蕃昆明城，取之，又虏施、顺二蛮王。

十五年夏四月，南诏异牟寻遣使与韦皋约共击吐蕃，皋以兵粮未集，请俟他年。冬十二月，吐蕃众五万分击南诏及巂州，异牟寻与韦皋各发兵御之，吐蕃无功而还。

宪宗元和三年冬十二月，南诏异牟寻卒，子寻阁劝立。

四年。云南王寻阁劝卒，子劝龙晟立。

十一年春二月，南诏劝龙晟淫虐不道，上下怨疾，弄栋节度王嵯巅弑之，立其弟劝利。劝利德嵯巅，赐姓蒙氏，谓之"大容"。容，蛮言兄也。

穆宗长庆三年秋七月，南诏劝利卒，国人请立其弟丰祐。丰祐勇敢，善用其众，始慕中国，不与父连名。

文宗太和三年冬十一月丙申，西川节度使杜元颖奏南诏入寇。元颖以旧相，文雅自高，不晓军事，专务蓄积，减削

夏季六月，云南王异牟寻派遣他的弟弟凑罗栋进献地图、土产贡物和吐蕃所授给的金印，请求恢复原来的国号南诏。癸丑（十二日）这天，德宗任命祠部郎中袁滋为册封南诏的使者，赏赐南诏以银为底的金质印章，印文叫作"贞元册南诏印"。袁滋到达云南国都，异牟寻面向北方跪着接受唐朝册封的印章，叩头至地，拜了两拜，接着便与使者一起宴饮，并拿出唐玄宗所赏赐的两个银平脱马头盘给袁滋看。又指着年老的笛工和歌女说："玄宗皇帝赐《龟兹乐》时带来的乐工，只有这两个人还活着。"袁滋说："南诏应当深深思慕祖先的事迹，子子孙孙对唐朝竭尽忠心。"异牟寻行拜礼说："我怎敢不恭谨地听从使者的吩咐！"

十一年（795）秋季九月丁巳（二十三日），德宗加官韦皋为云南安抚使。南诏攻打吐蕃的昆明城，夺取了该城，又俘虏了施蛮与顺蛮的国王。

十五年（799）夏季四月，南诏异牟寻派遣使者与韦皋相约共同攻击吐蕃。韦皋因为兵粮尚未集结，请求等来年再说。冬季十二月，吐蕃部众五万人分别攻打南诏和嶲州，异牟寻与韦皋各自派遣军队抵御吐蕃军队，吐蕃无功而还。

唐宪宗元和三年（808）冬季十二月，南诏异牟寻去世，他的儿子寻阁劝即位为王。

四年（809）。云南王寻阁劝去世，他的儿子劝龙晟即位为王。

十一年（816）春季二月，南诏劝龙晟荒淫暴虐，胡作非为，南诏大小官员以及普通百姓都对他怨恨不满，弄栋节度王嵯巅将他杀掉，改立他的弟弟劝利为王。劝利为了感激王嵯巅的恩德，就赐他姓蒙，称他为"大容"。容，蛮语是兄长的意思。

唐穆宗长庆三年（823）秋季七月，南诏劝利去世，国人向唐朝奏请册立劝利的弟弟丰祐为王。丰祐十分勇猛，善于驾驭他的部众，美慕唐朝的礼仪与文化，从他开始不再与父辈连名。

唐文宗太和三年（829）冬季十一月丙申（二十日）这天，西川节度使杜元颖奏报南诏入侵。杜元颖认为自己过去曾经是宰相，文才高雅，自诩清高，他不懂得军事，却专门聚敛财产，削减

士卒衣粮。西南戍边之卒衣食不足，皆入蛮境钞盗以自给，蛮人反以衣食资之。由是蜀中虚实动静，蛮皆知之。南诏自嵯巅谋大举入寇，边州屡以告，元颖不之信。嵯巅兵至，边城一无备御。蛮以蜀卒为乡导，袭陷巂、戎二州。甲辰，元颖遣兵与战于邛州南，蜀兵大败。蛮遂陷邛州。诏发东川、兴元、荆南兵以救西川。十二月丁未朔，又发鄂岳、襄邓、陈许等兵继之。己酉，以东川节度使郭钊为西川节度使，兼权东川节度事。

嵯巅自邛州引兵径抵成都，庚戌，陷其外郭。杜元颖帅众保牙城以拒之，欲遁去者数四。壬子，贬元颖为邵州刺史。己未，以右领军大将军董重质为神策、诸道西川行营节度使，又发太原、凤翔兵赴西川。南诏寇东川，入梓州西郭。钊兵寡弱不能战，以书责嵯巅。嵯巅复书曰："杜元颖侵扰我，故兴兵报之耳。"与钊修好而退。

蛮留成都西郭十日，其始慰抚蜀人，市肆安堵。将行，乃大掠子女、百工数万人及珍货而去。蜀人恐惧，往往赴江，流尸塞江而下。嵯巅自为军殿，及大渡水，嵯巅谓蜀人曰："此南吾境也，听汝哭别乡国。"众皆恸哭，赴水死者以千计。自是南诏工巧埒于蜀中。嵯巅遣使上表，称："蛮比修职贡，岂敢犯边，正以杜元颖不恤军士，怨苦元颖，竞为乡导，祈我此行，以诛虐帅。诛之不遂，无以慰蜀士之心，

士卒的衣服粮食。西南地区戍守边境的士卒因军衣军粮不够数,纷纷进入南诏境内抄掠偷盗,以便自给,南诏人反而用衣食资助他们。因此,蜀中的虚实动静,南诏全都能知道。南诏自从王嵯巅执掌政权后,就开始谋划大举入侵,边境州郡多次报告情况,杜元颖却一概不相信。所以此时王嵯巅领兵来到,边境的城池没有一点防备。南诏军队以蜀地降卒为向导,偷袭并攻陷了巂、戎二州。甲辰(二十八日),杜元颖派遣军队与南诏军队在邛州南面交战,蜀军大败。南诏于是攻陷邛州。文宗下诏派遣东川、兴元、荆南的军队前去救援西川。十二月丁未这天是初一,又派遣鄂岳、襄邓、陈许等地的军队继续前往增援。己酉(初三),文宗任命东川节度使郭钊为西川节度使,并暂且代理东川节度事。

王嵯巅从邛州领兵径直抵达成都,庚戌(初四),攻陷成都外城。杜元颖率领部众退守牙城来抵抗南诏军队,多次想弃城逃走。壬子(初六),文宗贬谪杜元颖为邵州刺史。己未(十三日),任命右领军大将军董重质为神策军及诸道西川行营节度使,又派发太原、凤翔军队开赴西川。南诏侵犯东川,进入梓州的西城。郭钊兵力弱小,无法作战,于是写信责备王嵯巅入侵。王嵯巅回信说:"杜元颖侵扰我国,所以才兴兵报复他。"并与郭钊休兵和好然后退去。

南诏军队驻留成都西城共十天,他们开始时还抚慰蜀人,因而街市店铺安定。临行时,却大肆掠夺女子和各种工匠数万人以及各种珍宝奇货,然后离去。蜀人大为恐惧,往往投江自杀,漂浮的尸体堵塞江水而下。王嵯巅亲自率军断后,走到大渡河时,王嵯巅对掠夺来的蜀人说:"从这往南就进入我国境内了,现在听凭你们哭别家乡。"众人都大声痛哭,投水而死的人数以千计。从此以后,南诏工匠的技艺可以与蜀中媲美。王嵯巅派使者入朝上表,表中说道:"我国接连向贵国进献贡物,怎敢擅自侵犯边境,正因为杜元颖不抚恤军队士兵,士兵怨恨杜元颖,所以争相做我国的向导,请求我国这次出兵,来诛杀他们残暴的统帅杜元颖。不料诛杀杜元颖未能成功,无法慰藉蜀地士兵之心,

愿陛下诛之。"丁卯，再贬元颖循州司马。诏董重质及诸道兵皆引还。郭钊至成都，与南诏立约，不相侵扰。诏遣中使以国信赐嵯巅。

四年。西川节度使郭钊以疾求代，冬十月戊申，以义成节度使李德裕为西川节度使。蜀自南诏入寇，一方残弊，郭钊多病，未暇完补。德裕至镇，作筹边楼，图蜀地形，南入南诏，西达吐蕃。日召老于军旅、习边事者，虽走卒、蛮夷无所间，访以山川、城邑，道路险易，广狭远近，未逾月，皆若身尝涉历。

上命德裕修塞清溪关以断南诏入寇之路，或无土，则以石垒之。德裕上言："通蛮细路至多，不可塞，惟重兵镇守，可保无虞。但黎、雅以来得万人，成都得二万人，精加训练，则蛮不敢动矣。边兵又不宜多，须力可临制。崔旰之杀郭英义，张胐之逐张延赏，皆镇兵也。"时北兵皆归本道，惟河中、陈许三千人在成都，有诏来年三月亦归，蜀人恼惧。德裕奏乞郑滑五百人、陈许千人以镇蜀。且言："蜀兵脆弱，新为蛮寇所困，皆破胆，不堪征戍。若北兵尽归，则与杜元颖时无异，蜀不可保。恐议者云蜀经蛮寇以来，已自增兵。向者蛮寇已逼，元颖始捕市人为兵，得三千馀人，徒有其数，实不可用。郭钊募北兵仅得百馀人，臣复召募得二百

希望陛下您将他杀掉。"丁卯(二十一日),文宗再次贬谪杜元颖为循州司马。下诏命令董重质和各道的援军全部退回。郭钊到达成都,与南诏订立和约,规定两国互不侵扰。文宗下诏派遣宫廷使者将唐朝的符节文书赐给王嵯巅。

四年(830)。西川节度使郭钊因为身体有病请求朝廷派人代替自己,冬季十月戊申(初七),文宗任命义成节度使李德裕为西川节度使。蜀地自从南诏入侵以来,残破凋敝,郭钊由于身体多病,因而没有空闲时间整治修补。李德裕上任后,建造筹边楼,派人绘制蜀地地形图,向南进入南诏境内,向西到达吐蕃境内。还每天召见长期生活在军队中、熟悉边防情况的将士,即使是奔走的隶卒或者蛮夷之人,也不放过请教的机会,向他们仔细打听山川、城邑、道路的险易、宽窄、远近,不到一个月,都像曾经身历其境一般。

文宗命令李德裕派人堵塞清溪关,来切断南诏入侵的道路,有些地方没有土,就用石头堆砌。李德裕上言说:"通往南诏的小路极多,不能堵塞清溪关,只能派重兵镇守,才可确保没有忧患。同时,只要从黎州、雅州召募一万人,从成都募得二万人,然后精加训练,那么南诏必定不敢轻举妄动了。边防戍兵又不宜过多,必须用朝廷的力量能够控制才行。过去,崔旰杀节度使郭英乂,张朏驱逐节度使张延赏,所依靠的都是边镇戍兵。"当时,北方的援兵都已返回原来各道,只有河中、陈许两地的三千人还留在成都,朝廷下诏,在明年三月也一并撤回,蜀人大为恐惧。李德裕便上奏朝廷,乞求留下郑滑的五百人、陈许的一千人来镇守蜀地。并且上言说:"蜀兵本性脆弱,新近又被南诏入侵所困,都吓破了胆,不堪征战戍守。如果北方军队全部回去,就与杜元颖时的情况没有两样了,蜀地必定不能保全。臣下担心议事的人会说,蜀地自从南诏入侵以来,本道已经增加兵力。其实,前不久直到南诏军队已逼近时,杜元颖才开始捕捉市民当兵,总共得到三千多人,徒有三千多人的数目,实际上不能用于打仗。郭钊召募北方人当兵,只得到一百多人,臣下又召募得到二百

馀人，此外皆元颖旧兵也。恐议者又闻一夫当关之说，以为清溪可塞。臣访之蜀中老将，清溪之旁，大路有三，自馀小径无数，皆东蛮临时为之开通，若言可塞，则是欺罔朝廷。要须大渡水北更筑一城，迤逦接黎州，以大兵守之方可。况闻南诏以所掠蜀人二千及金帛赂遗吐蕃，若使二虏知蜀虚实，连兵入寇，诚可深忧。其朝臣建言者，盖由祸不在身，望人责一状，留入堂案，他日败事，不可令臣独当国宪。"朝廷皆从其请。德裕乃练士卒，葺堡鄣，积粮储以备边，蜀人粗安。

五年夏五月丙辰，西川节度使李德裕奏遣使诣南诏索所掠百姓，得四千人而还。

多人,除此以外都是杜元颖时原有的兵力。臣下还担心议事的人又听信'一夫当关,万夫莫开'的说法,从而认为清溪关可以堵塞。臣下访问过蜀中的老将,得知在清溪关的旁边尚有大路三条,其馀小路无数,都是东蛮临时为南诏开通的,倘若说堵塞清溪关就能阻挡南诏的入侵,那就是欺骗朝廷。必须在大渡河的北面另外修筑一座城堡,和黎州连绵相接,并派重兵防守才行。况且,臣下听说南诏用所掠夺的两千蜀人以及金银绢帛贿赂吐蕃,如果让南诏和吐蕃了解到蜀地的虚实,联合军队入侵,那就确实值得深深忧虑了。那些建言的朝臣,大概因为灾祸不在自己身上,希望责令每人写一份责任状,存入政事堂的档案中,将来一旦坏了国家大事,不能让臣下一人独自接受国家法律制裁。"朝廷完全听从了李德裕的请求。李德裕于是训练士卒,修补城堡边障,积蓄粮食,以加强边防,蜀人大致上安定了下来。

　　五年(831)夏季五月丙辰(十九日)这天,西川节度使李德裕奏报朝廷,派遣使者前往南诏索求被掠夺的百姓,得到四千人而回。

宦官弑逆 甘露之变附

唐宪宗元和十三年。淮西既平,上浸骄侈。户部侍郎判度支皇甫镈、卫尉卿盐铁转运使程异晓其意,数进羡馀以供其费,由是有宠。镈又以厚赂结吐突承璀。秋九月甲辰,镈以本官、异以工部侍郎并同平章事,判使如故。制下,朝野骇愕,至于市道负贩者亦嗤之。

裴度、崔群极陈其不可,上不听。度耻与小人同列,表求自退,不许。度复上疏,以为:"镈、异皆钱谷吏,佞巧小人,陛下一旦置之相位,中外无不骇笑。况镈在度支,专以丰取刻与为务,凡中外仰给度支之人无不思食其肉。比者裁损淮西粮料,军士怨怒。会臣至行营晓谕慰勉,仅无溃乱。今旧将旧兵悉向淄青,闻镈入相,必尽惊忧,知无可诉之地矣。程异虽人品庸下,然心事和平,可处烦剧,

宦官弑逆 甘露之变附

　　唐宪宗元和十三年(818)。平定淮西以后,宪宗逐渐骄纵奢侈起来。户部侍郎、判度支皇甫镈与卫尉卿、盐铁转运使程异知道宪宗的心意,屡次进献额外税收,来供给宪宗花销,因此两人得到宪宗的宠爱。皇甫镈还用丰厚的贿赂结交吐突承璀。秋季九月甲辰(二十三日),皇甫镈由原来的官职、程异由工部侍郎的职务一并升为同平章事,皇甫镈照旧兼判度支,程异照旧兼任盐铁转运使。制书下达后,朝廷与民间都震骇惊愕,即便是市肆中担货贩卖的人也嗤笑他们。

　　裴度、崔群极力陈述任命二人为相是不合适的,宪宗不听。裴度把与小人在同一班列当作耻辱,上表请求自行引退,宪宗不答应。裴度又上疏,认为:"皇甫镈与程异都是掌管钱粮的官吏,都是奸诈机巧的小人,陛下您突然将他们安置在宰相的职位上,朝廷内外没有人不惊诧和讥笑的。况且,皇甫镈在度支任职期间,专门做多取少给的事,凡是朝廷内外依赖度支供给的人们,没有谁不想吃他的肉。近来,皇甫镈裁减讨伐吴元济的淮西行营各军的粮食草料,军士都怨恨忿怒。正赶上臣到淮西行营劝导、慰劳和勉励他们,才没有发生军心溃散和作乱的事。如今,原来讨伐吴元济的将领与士兵全部开向淄青,听说皇甫镈担任宰相,必定全都惊惶忧恐,知道自己没有可以申诉的地方了。程异虽然人品平庸低下,然而考虑事情心平气和,可以处理烦琐的事情,

不宜为相。至如镈,资性狡诈,天下共知,唯能上惑圣聪,足见奸邪之极。臣若不退,天下谓臣不知廉耻。臣若不言,天下谓臣有负恩宠。今退既不许,言又不听,臣如烈火烧心,众镝丛体。所可惜者,淮西荡定,河北底宁,承宗敛手削地,韩弘舆疾讨贼,岂朝廷之力能制其命哉!直以处置得宜,能服其心耳。陛下建升平之业,十已八九,何忍还自堕坏,使四方解体乎!"上以度为朋党,不之省。

镈自知不为众所与,益为巧诏以自固,奏减内外官俸以助国用。给事中崔植封还敕书,极论之,乃止。植,祐甫之弟子也。

上晚节好神仙,诏天下求方士。宗正卿李道古先为鄂岳观察使,以贪暴闻,恐终获罪,思所以自媚于上,乃因皇甫镈荐山人柳泌,云能合长生药。冬十月甲戌,诏泌居兴唐观炼药。十一月,柳泌言于上曰:"天台山神仙所聚,多灵草,臣虽知之,力不能致,诚得为彼长吏,庶几可求。"上信之。丁亥,以泌权知台州刺史,仍赐服金紫。谏官争论奏,以为:"人主喜方士,未有使之临民赋政者。"上曰:"烦一州之力而能为人主致长生,臣子亦何爱焉!"由是群臣莫敢言。

十四年。柳泌至台州,驱吏民采药,岁馀,无所得而惧,举家逃入山中。浙东观察使捕送京师。皇甫镈、李道

却不适合做宰相。至于皇甫镈，天性狡猾诡诈，天下无人不知，唯独能使陛下的明察善断受到迷惑，足可以看出他奸佞邪恶达到了极点。臣如果不引退，天下人便要说臣不知廉耻了。臣如果不谏言，天下人便要说臣有负于陛下的恩宠了。如今，陛下既不允许臣引退，又不肯听从臣的意见，臣犹如烈火烧心，众箭穿身。所可惜的是，淮西叛乱荡平，河北安宁，王承宗拱手割让土地，韩弘抱病登车讨伐贼人，难道是朝廷的力量能够控制他们吗？只是因为处置得当适宜，能够使他们心服罢了。陛下建立天下太平的基业，十已达到八九，怎么忍心再自行毁坏，使各地分崩离析呢？"宪宗认为裴度是朋党成员，对他的意见不予考虑。

皇甫镈知道自己不被大家所赞同，更加做巧佞阿谀的事情来巩固自己的地位，奏请削减朝廷内外官员的俸禄来资助国家的费用。给事中崔植封合并退还敕书，极力辩论这件事，这件事才停止。崔植是崔祐甫弟弟的儿子。

宪宗晚年喜欢神仙之术，下诏在全国寻求方术之士。宗正卿李道古原先担任鄂岳观察使，以贪婪残暴著称，担心最终要被治罪，便考虑向皇上献媚的办法，于是通过皇甫镈推荐了山人柳泌，说柳泌能够配制长生不老的药物。冬季十月甲戌（二十四日），宪宗诏命柳泌住在兴唐观中炼制药物。十一月，柳泌向宪宗上言说："天台山是神仙聚集的地方，多生长灵草，臣下虽然知道这件事，但是没有办法弄到，如果能够去做那里的长官，也许可以找到。"宪宗相信了他的话。丁亥（初七），宪宗任命柳泌代理台州刺史，还赐给他金鱼袋和紫色的朝服。谏官争相议论上奏，认为："人君喜欢方术之士，却没有让他们治理百姓、处理政事的先例。"宪宗说道："烦劳一州的民力，却能够让人君达到长生不老，臣子还有什么可以吝惜的呢？"从此，群臣没有敢谈论这件事的。

十四年（819）。柳泌到台州后，驱使当地官吏、百姓采集长生不老药，过了一年多，毫无收获，他惧怕降罪，于是带领全家逃进山中。浙东观察使捕获了他并将他押送到京城。皇甫镈、李道

古保护之,上复使待诏翰林。服其药,日加躁渴。起居舍人裴潾上言,以为:"除天下之害者受天下之利,同天下之乐者飨天下之福,自黄帝至于文、武,享国寿考,皆用此道也。自去岁以来,所在多荐方士,转相汲引,其数浸繁。借令天下真有神仙,彼必深潜岩壑,惟畏人知。凡候伺权贵之门,以大言自炫奇伎惊众者,皆不轨徇利之人,岂可信其说而饵其药邪!夫药以愈疾,非朝夕常饵之物,况金石酷烈有毒,又益以火气,殆非人五藏之所能胜也。古者君饮药,臣先尝之,乞令献药者先自饵一年,则真伪自可辩矣。"上怒,十一月己亥,贬潾江陵令。

十五年。初,左军中尉吐突承璀谋立澧王恽为太子,上不许。及上寝疾,承璀谋尚未息。太子闻而忧之,密遣人问计于司农卿郭钊。钊曰:"殿下但尽孝谨以俟之,勿恤其他。"钊,太子之舅也。上服金丹,多躁怒,左右宦官往往获罪,有死者,人人自危。春正月庚子,暴崩于中和殿。时人皆言内常侍陈弘志弑逆,其党类讳之,不敢讨贼,但云药发,外人莫能明也。

中尉梁守谦与诸宦官马进潭、刘承偕、韦元素、王守澄等共立太子,杀吐突承璀及澧王恽,赐左、右神策军士钱人五十缗,六军、威远人三十缗,左、右金吾人十五缗。

古袒护柳泌，宪宗仍旧让他待诏翰林院。服用了柳泌的药物后，宪宗性情一天比一天急躁。起居舍人裴潾上言，认为："除去天下祸害的人享受天下的利益，和天下人同享欢乐的人享受天下的福分，从黄帝到周文王、武王，他们的寿命和统治国家的时间之所以很长，都是因为遵循了这个道理。自从去年以来，国内到处推荐方术之士，方术之士之间也相互举荐，其数目逐渐增多。假使天下真有神仙，他们必定躲藏在深山沟壑中，惟恐被人发现。凡是侍奉权贵之门，用大话自夸有奇技巧术以哗众取宠的人，都是急功好利的不法之徒，怎么可以相信他们的大话，从而服用他们炼制的药物呢？药物是用来治愈疾病的，不是早晚经常服用的东西，况且，金石炼制以后，浓烈而有毒性，又增加了火气，恐怕不是人的五脏六腑所能承受的。古时候，君主饮用药物，臣下首先品尝它，乞求陛下命令献药的人自己先服用一年，那么真假自然就可以辨别了。"宪宗大怒，十一月己亥（二十五日），贬谪裴潾为江陵县令。

十五年（820）。当初，左神策军中尉吐突承璀谋划拥立澧王李恽为皇太子，宪宗不肯答应。等到宪宗卧床生病时，吐突承璀的阴谋仍然没有停止。皇太子李恒听说这个消息之后，十分忧愁，秘密派人向司农卿郭钊询问计策。郭钊说道："太子殿下您尽管对皇上竭尽孝顺与恭谨来等待事情的发展结果，不要忧虑其他事情。"郭钊是皇太子李恒的舅舅。宪宗服用金丹之后，常常暴躁发怒，在身边侍从的宦官常常被治罪，有的被处死，所以人人自危。春季正月庚子（二十七日），宪宗在中和殿突然驾崩了。当时的人们都说宪宗是被内常侍陈弘志所杀害的，陈弘志的党羽隐瞒了这件事，不敢追究凶手，只是说宪宗药性发作，外人无法辨明真相。

神策军护军中尉梁守谦与众宦官马进潭、刘承偕、韦元素、王守澄等人共同拥立太子，杀掉了吐突承璀和澧王李恽，赏赐左、右神策军士每人钱五十缗，左右羽林、左右龙武、左右神武六军和威远营军士每人钱三十缗，左右金吾军士每人钱十五缗。

闰月丙午,穆宗即位于太极殿东序。丁未,辍西宫朝临,集群臣于月华门外。贬皇甫镈为崖州司户。市井皆相贺。壬子,杖杀柳泌及僧大通,自馀方士皆流岭表,贬左金吾将军李道古循州司马。

二月丁丑,上御丹凤门楼,赦天下。事毕,盛陈倡优杂戏于门内而观之。丁亥,上幸左神策军观手搏杂戏。庚寅,监察御史杨虞卿上疏,以为:"陛下宜延对群臣,周遍顾问,惠以气色,使进忠若趋利,论政若诉冤,如此而不致升平者,未之有也。"衡山人赵知微亦上疏谏上游畋无节。上虽不能用,亦不罪也。

秋八月,上甫过公除,即事游畋声色,赐与无节。九月,欲以重阳大宴,拾遗李珏帅其同僚上疏曰:"伏以元朔未改,园陵尚新,虽陛下就易月之期,俯从人欲,而《礼经》著三年之制,犹服心丧。遵同轨之会始离京,告远夷之使未复命。遏密弛禁,盖为齐人,合宴内庭,事将未可。"上不听。

冬十月壬午,群臣入阁。谏议大夫郑覃、崔郾等五人进言:"陛下宴乐过多,畋游无度。今胡寇压境,忽有急奏,不知乘舆所在。又晨夕与近习倡优狎昵,赐与过厚。夫金帛皆百姓膏血,非有功不可与。虽内藏有馀,愿陛下爱之,万一四方有事,不复使有司重敛百姓。"时久无阁中

闰正月丙午（初三），唐穆宗在太极殿东厢即皇帝位。丁未（初四），穆宗停止在西宫早晚哭丧，在月华门外召集群臣。贬黜皇甫镈为崖州司户。市民百姓都相互庆贺。壬子（初九），穆宗下令杖杀柳泌和僧人大通，其馀方士一律流放到岭南，贬黜左金吾将军李道古为循州司马。

二月丁丑（初五），穆宗驾临丹凤门楼，大赦天下。随后，在丹凤门内隆重排设乐舞和杂戏，穆宗在门楼上观看。丁亥（十五日），穆宗亲临左神策军，观看摔跤和杂戏。庚寅（十八日），监察御史杨虞卿上疏，认为："陛下您应当接见群臣，普遍地征询他们的意见，以和蔼可亲的脸色对待他们，使他们尽忠如同追逐名利，议论朝政如同倾诉冤屈，这样做而天下不达到太平，是没有过的。"衡山人赵知微也上疏劝谏穆宗游猎不要没有节制。穆宗虽然不能采纳他们的意见，但也不怪罪他们。

秋季八月，穆宗刚刚为宪宗服丧期满，就开始游乐打猎，纵情于歌舞女色，赏赐没有节制。九月，想在重阳节举行盛大宴会，拾遗李珏率领同僚上疏说："臣等认为陛下即位不到一年，年号尚未更改，先帝的陵墓还是新的，虽然陛下您为了国家和百姓，不得不遵循汉文帝关于服丧一个月的规定，丧期结束后亲理朝政，然而《礼经》记载了服丧三年的制度，因此还是应当在内心表示哀悼。现在，邻国前来吊丧的使者刚刚离开京城，出使到远方蛮夷之国告哀的使者尚未回来复命。解除丧期的各种禁令，大概是为了使平民百姓不受限制，至于在内宫举行宴会，恐怕不妥。"穆宗不肯听从。

冬季十月壬午（十三日），群臣进入紫宸殿。谏议大夫郑覃、崔郾等五人进言说："陛下宴饮游乐次数太多，外出打猎没有节制。如今吐蕃大军侵犯边境，忽然有紧急情况上奏，却不知陛下在哪里。另外，陛下朝夕和宠爱的乐舞艺人亲近游玩，赏赐得太多。金银绢帛都是百姓的血汗，没有功劳不能赏赐。虽然国库积藏财物尚有节馀，但希望陛下珍惜它们，万一四方边境有事发生，不要再派官吏重税搜刮百姓。"当时，很长时间没有在紫宸殿中

论事者,上始甚讶之,谓宰相曰:"此辈何人?"对曰:"谏官。"上乃使人慰劳之,曰:"当依卿言。"宰相皆贺,然实不能用也。覃,珣瑜之子也。

上尝谓给事中丁公著曰:"闻外间人多宴乐,此乃时和人安,足用为慰。"公著对曰:"此非佳事,恐渐劳圣虑。"上曰:"何故?"对曰:"自天宝以来,公卿大夫竞为游宴,沉酣昼夜,优杂子女,不愧左右。如此不已,则百职皆废,陛下能无独忧劳乎!愿少加禁止,乃天下之福也。"

十一月,上将幸华清宫,戊午,宰相帅两省供奉官诣延英门,三上表切谏,且言:"如此,臣辈当扈从。"求面对,皆不听。谏官伏门下,至暮乃退。己未,未明,上自复道出城,幸华清宫,独公主、驸马、中尉、神策六军使帅禁兵千馀人扈从,晡时还宫。

穆宗长庆二年冬十一月庚辰,上与宦官击毬于禁中,有宦者坠马,上惊,因得风疾,不能履地,自是人不闻上起居。宰相屡乞入见,不报。裴度三上疏请立太子,且请入见。十二月辛卯,上见群臣于紫宸殿,御大绳床,悉去左右卫官,独宦者十馀人侍侧,人情稍安。李逢吉进言:"景王已长,请立为太子。"裴度请速下诏,副天下望。上无言。既而两省官亦继有请立太子者。癸巳,诏立景王湛为皇太子。上疾浸瘳。

奏论时政的谏官，穆宗开始特别惊讶此事，对宰相们说："这些是什么人？"宰相回答说："是谏官。"穆宗于是派人慰劳他们说："应当听从众位爱卿的建议。"宰相们都称贺，然而实际上未能采纳。郑覃是郑珣瑜的儿子。

穆宗曾经对给事中丁公著说："听说朝外的人大多宴饮游乐，这正是国泰民安的景象，实在令人欣慰。"丁公著回答说："这种现象并不是好事，恐怕会逐渐有劳陛下思虑。"穆宗说："这是什么缘故？"丁公著回答说："自从玄宗天宝年间以来，公卿士大夫争相进行游乐宴饮，昼夜沉湎于酒，男女混杂在一起歌舞游戏，也都不感到惭愧。这样下去而不制止，那么各种政事都将荒废，陛下您能不忧虑劳苦吗？希望稍微加以禁止，那才是天下人的福分。"

十一月，穆宗将要驾临华清宫，戊午（二十日），宰相率领中书、门下两省供奉官到延英门，多次上表恳切劝谏，并且说："如果这样的话，臣等应当随从护卫。"还要求当面对答，穆宗都没有听从。谏官拜伏在延英门下，一直到傍晚才退回。己未（二十一日），尚未天亮，穆宗从复道离开京城，前往华清宫，只有公主、驸马、神策军护军中尉、神策六军使率领禁军一千多人随从护卫，黄昏时才回到皇宫。

唐穆宗长庆二年（822）冬季十一月庚辰（二十四日），穆宗与宦官在宫中打马球，有宦官坠落马下，穆宗受惊，因此得了手足麻木的病，不能下地走路，从此百官听不到穆宗日常活动的消息了。宰相屡次乞求入宫面见，都没有答复。裴度多次上疏请求立太子，并且请求入宫面见穆宗。十二月辛卯（初五），穆宗在紫宸殿接见群臣，坐在大绳床上，屏退所有左右卫官，只留下宦官十多人在身边侍候，于是人心稍稍安定。李逢吉进言说："景王李湛已经长大，请立他为太子。"裴度也请求穆宗尽快下诏立李湛为太子，以便符合天下人的愿望。穆宗都没有回答。接着中书、门下两省官员也相继有请求立太子的。癸巳（初七），穆宗下诏立景王李湛为皇太子。穆宗的病渐渐痊愈。

三年春正月癸未,赐两军中尉以下钱。二月辛卯,赐统军、军使等绵彩、银器各有差。

初,翼城人郑注,眇小,目下视,而巧谲倾谄,善揣人意,以医游四方,羁贫甚。尝以药术干徐州牙将,牙将悦之,荐于节度使李愬。愬饵其药颇验,遂有宠,署为牙推,浸预军政,妄作威福,军府患之。监军王守澄以众情白愬,请去之。愬曰:"注虽如是,然奇才也。将军试与之语,苟无可取,去之未晚。"乃使注往谒守澄,守澄初有难色,不得已见之。坐语未久,守澄大喜,延之中堂,促膝笑语,恨相见之晚。明日,谓愬曰:"郑生诚如公言。"自是又有宠于守澄,权势益张。愬署为巡官,列于宾席。注既用事,恐牙将荐己者泄其本末,密以他罪谮之于愬,愬杀之。及守澄入知枢密,挈注以西,为立居宅,赡给之。遂荐于上,上亦厚遇之。

自上有疾,守澄专制国事,势倾中外。注日夜出入其家,与之谋议,语必通夕,关通赂遗,人莫能窥其迹。始则有微贱巧宦之士,或因以求进,数年之后,达官车马满其门矣。

四年。初,柳泌等既诛,方士稍复因左右以进,上饵其金石之药。有处士张皋者上疏,以为:"神虑澹则血气和,嗜欲胜则疾疹作。药以攻疾,无疾不可饵也。昔孙思邈有言:

长庆三年（823）春季正月癸未（二十七日），穆宗赏赐左右神策军护军中尉以下的军将钱财。二月辛卯（初六），赏赐左右羽林军、左右龙武军、左右神武军统军、军使等军将锦彩、银器，各有等级差别。

当初，翼城人郑注，身材瘦小，眼睛下视，然而巧诈谄媚，善于揣摩人意，依靠医术游历四方，羁旅他乡，十分贫穷。曾经用医术去求见一位徐州牙将，牙将很喜欢他，并将他推荐给节度使李愬。李愬服用他合制的药物后特别有效，于是郑注获得宠信，并被任命为牙推，逐渐干预军政，胡乱作威作福，军府中的人把他当作忧患。监军王守澄把众人的怨情禀告给李愬，请求驱逐他。李愬说："郑注虽然如此，然而是个奇才。将军不妨试着和他谈一谈，如果没有可取之处，再驱逐他也不晚。"于是让郑注去拜见王守澄，王守澄最初面有难色，不得已只好会见他。坐着交谈不长时间，王守澄就大喜过望，请他到正堂，两人促膝谈笑，只恨相见太晚。第二天，王守澄对李愬说："郑注确实像您说的那样。"从此郑注又得到王守澄的宠爱，权势更大了。李愬任命他为巡官，成为重要幕僚。郑注既已掌权用事，恐怕推荐自己的牙将泄露自己的身世，因此秘密地以其他罪名向李愬诋毁他，李愬杀掉了牙将。等到王守澄入朝担任知枢密，携同郑注到达京城，替他修建住宅，供养他。接着向穆宗推荐，穆宗也很厚待他。

自从穆宗生病以后，王守澄专制国事，权倾朝野。郑注日夜出入王守澄的家中，和他谋划商议，交谈必然通宵达旦，二人串通起来收受贿赂，外人没人能窥测他们的踪迹。开始还只是一些卑微低贱但又善于钻营趋奉的官吏，有的通过他们来求得进用升迁，几年以后，达官贵戚的车马就挤满了他们的门庭。

长庆四年（824）。当初，柳泌等人被诛杀之后，方术之士又逐渐通过穆宗身边的侍从而得到进用，于是穆宗又开始服用他们炼制的金石药物。有个名叫张皋的处士上疏，认为："思虑淡泊的人血气相和，嗜好、欲望强烈的人就容易疾病发作。药物是用来治病的，没有疾病不要随意吃药。从前，孙思邈曾经说过：

'药势有所偏助,令人藏气不平,借使有疾,用药犹须重慎。'庶人尚尔,况于天子! 先帝信方士妄言,饵药致疾,此陛下所详知也,岂得复循其覆辙乎! 今朝野之人纷纭窃议,但畏忤旨,莫敢进书。臣生长蓬艾,麋鹿与游,无所邀求,但粗知忠义,欲裨万一耳。"上甚善其言,使求之,不获。

春正月庚午,上疾复作。壬申,大渐,命太子监国。宦官欲请郭太后临朝称制,太后曰:"昔武后称制,几倾社稷。我家世守忠义,非武氏之比也。太子虽少,但得贤宰相辅之,卿辈勿预朝政,何患国家不安! 自古岂有女子为天下主而能致唐、虞之理乎!"取制书手裂之。太后兄太常卿钊闻有是议,密上笺曰:"若果徇其请,臣请先帅诸子纳官爵归田里。"太后泣曰:"祖考之庆,钟于吾兄。"是夕,上崩于寝殿。癸酉,以李逢吉摄冢宰。丙子,敬宗即位于太极东序。

自戊寅至庚辰,上赐宦官服色及锦彩金银甚众,或今日赐绿,明日赐绯。

二月丁未,上幸中和殿击毬,自是数游宴、击毬、奏乐,赏赐宦官、乐人,不可悉纪。

三月,上视朝每晏,戊辰,日绝高尚未坐,百官班于紫宸门外,老病者几至僵踣。谏议大夫李渤白宰相曰:"昨日

'药物的效力是有所偏重的,会使人五脏元气不平,所以即使有病,服用药物仍然需要非常慎重。'庶民百姓尚且如此,何况天子呢? 先帝宪宗听信方术之士的胡言乱语,服用药物导致生病,这是陛下您十分清楚的,怎么能够再蹈先帝的覆辙呢? 如今朝野之人私下议论纷纷,只是害怕违背圣意,不敢上书进言。臣长在草莽之中,和麋鹿相处在一起,无所追求,只是略微懂得些忠孝仁义,想补救万一罢了。"穆宗十分赞赏他的话,派人访求他,但没有找到。

春季正月庚午(二十日),穆宗疾病再次发作。壬申(二十二日),病情恶化,命皇太子代理国事。宦官想请郭太后临朝代行皇权,郭太后说:"过去,武则天皇后临朝执政,几乎倾覆社稷。我们郭家世代恪守忠孝仁义,绝非武氏所能相比。皇太子虽然年轻,但是如果得到德才兼备的宰相辅佐他,你们这些人也不干预朝政,哪里还会忧虑国家不能安定呢? 自古以来哪有女子主宰天下,而能够达到唐尧、虞舜那样的大治呢?"于是取过制书,亲手撕了它。郭太后的哥哥太常卿郭钊听说宦官有这种议论,秘密上书给郭太后说:"如果真的听从宦官的请求,臣请求首先率领儿子们辞官退爵,回到乡下。"郭太后哭着说:"祖先值得庆幸的是,有我哥哥这样的好后代。"这天傍晚,穆宗在寝殿驾崩。癸酉(二十三日),朝廷任命李逢吉代理冢宰。丙子(二十六日),唐敬宗李湛在太极殿东厢即皇帝位。

从戊寅(二十八日)到庚辰(三十日),敬宗赏赐宦官官服和锦彩、金银特别多,有时今天赏赐六品、七品的绿色官服,明天就赏赐四品、五品的红色官服。

二月丁未(二十七日),敬宗驾临中和殿打马球,从此以后多次游宴、打马球、演奏乐曲,赏赐宦官、乐工,已经无法详细记载了。

三月,敬宗每次上朝都很晚,戊辰(十九日),太阳已经很高了仍然没有来,百官在紫宸殿门外列班等候,老弱有病的官员几乎到了双腿麻木跌倒的地步。谏议大夫李渤禀告宰相说:"昨天

疏论坐晚，今晨愈甚，请出阁待罪于金吾仗。"既坐班退，左拾遗刘栖楚独留，进言曰："宪宗及先帝皆长君，四方犹多叛乱。陛下富于春秋，嗣位之初，当宵衣求理。而嗜寝乐色，日晏方起。梓宫在殡，鼓吹日暄，令闻未彰，恶声遽布。臣恐福祚之不长，请碎首玉阶以谢谏职之旷。"遂以额叩龙墀，见血不已，响闻阁外。李逢吉宣曰："刘栖楚休叩头，俟进止。"栖楚捧首而起，更论宦官事，上连挥令出。栖楚曰："不用臣言，请继以死。"牛僧孺宣曰："所奏知，门外俟进止。"栖楚乃出，待罪金吾仗。于是宰相赞成其言。上命中使就仗，并李渤宣慰令归。寻擢栖楚为起居舍人，仍赐绯。栖楚辞疾不拜，归东都。

夏四月，卜者苏玄明与染坊供人张韶善，玄明谓韶曰："我为子卜，当外殿坐，与我共食。今主上昼夜毬猎，多不在宫中，大事可图也。"韶以为然，乃与玄明谋结染工无赖者百馀人，丙申，匿兵于紫草，车载以入银台门，伺夜作乱。未达所诣，有疑其重载而诘之者，韶急，即杀诘者，与其徒易服挥兵，大呼趣禁庭。

上时在清思殿击毬，诸宦者见之，惊骇，急入闭门，走白上。盗寻斩关而入。先是，右神策中尉梁守谦有宠于上，每两军角伎艺，上常佑右军。至是，上狼狈欲幸右军，

我上疏论奏时,皇上上朝就很晚,不料今天早晨更晚,请允许我出阁在金吾仗前等待皇上治罪。"敬宗上朝结束,百官退朝后,左拾遗刘栖楚独自留下,向穆宗进言说:"宪宗和先帝穆宗都是成年后继立为君,边境仍然多有叛乱。陛下您年纪尚轻,即位之初,应当早起晚睡,寻求治理之道。然而您贪睡晚起,喜欢女色,太阳很高了才起床。穆宗还没有下葬,治丧的乐队鼓吹声不绝于耳,而陛下勤政的好名声还没有显扬,不孝的恶名却远近闻知。臣担心国家的福运难以长久,臣请求撞死在玉阶上,来为谏官的失职谢罪。"于是用额头撞雕龙台阶,血流不止,撞头声传到殿外边。李逢吉宣布说:"刘栖楚不要叩头了,等候皇上的决定。"刘栖楚抱头起身,又上奏宦官专权的事,敬宗连连挥手命他出去。刘栖楚说:"不采纳臣的谏言,请让臣接着撞死。"牛僧孺宣布说:"所奏之事皇上已经知道,在宫殿外面等候决定。"刘栖楚这才出去,在金吾仗前待罪。对这件事,宰相赞成刘栖楚的意见。敬宗命令宦官到金吾仗前,安抚刘栖楚和李渤,命令他们回去。不久,提拔刘栖楚为起居舍人,并赐以五品的红色官服。刘栖楚借口身体有病辞谢不肯接受,返回了东都洛阳。

夏季四月,占卜术士苏玄明和染坊供役之人张韶关系密切,苏玄明对张韶说:"我替你占卜,你定当进宫升殿而坐,和我一同饮食。如今皇上昼夜打球游猎,多数时间不在宫中,大事可以图谋。"张韶认为是这样,于是与苏玄明勾结染工无赖之徒一百多人,丙申(十七日),在紫草中暗藏兵器,用车载入银台门,想乘黑夜作乱。尚未到达目的地,有人怀疑他们车载超重而盘问他们,张韶着急,便杀死诘问的人,和他的党徒换掉衣服,手挥兵器,大声呼喊着冲入宫中。

敬宗当时正在清思殿打马球,众位宦官发现有人闯进了宫中,大为惊骇,急忙进来关闭了宫门,跑来禀告敬宗。盗贼很快就砸坏门锁冲了进来。在此之前,右神策军护军中尉梁守谦得到敬宗的宠爱,每次左、右神策二军较量技艺,敬宗经常支持右神策军。到了这时,敬宗狼狈不堪,想要到右神策军军营中去,

左右曰:"右军远,恐遇盗,不若幸左军近。"上从之。左神策中尉河中马存亮闻上至,走出迎,捧上足涕泣,自负上入军中,遣大将康艺全将骑卒入宫讨贼。上忧二太后隔绝,存亮复以五百骑迎二太后至军。

张韶升清思殿,坐御榻,与苏玄明同食,曰:"果如子言!"玄明惊曰:"事止此邪!"韶惧而走。会康艺全与右军兵马使尚国忠引兵至,合击之,杀韶、玄明及其党,死者狼藉,逮夜始定。馀党犹散匿禁苑中,明日,悉擒获之。

时宫门皆闭,上宿于左军,中外不知上所在,人情惶骇。丁酉,上还宫,宰相帅百官诣延英门贺,来者不过数十人。盗所历诸门,监门宦者三十五人法当死,己亥,诏并杖之,仍不改职任。壬寅,厚赏两军立功将士。

冬十月戊戌,翰林学士韦处厚谏上宴游曰:"先帝以酒色致疾损寿,臣是时不死谏者,以陛下年已十五故也。今皇子才一岁,臣安敢畏死而不谏乎!"上感其言,赐锦彩百匹、银器四。

敬宗宝历元年。上游幸无常,昵比群小,视朝月不再三,大臣罕得进见。二月壬午,浙西观察使李德裕献《丹扆六箴》:一曰《宵衣》,以讽视朝稀晚;二曰《正服》,以讽服御乖异;三曰《罢献》,以讽征求玩好;四曰《纳诲》,以讽侮弃谠言;五曰《辨邪》,以讽信任群小;六曰《防微》,

左右侍从说:"右神策军路远,恐怕遇上盗贼,不如到左神策军营路近。"敬宗听从了他们的意见。左神策军护军中尉河中人马存亮听说敬宗驾临,跑出来迎接,他捧住敬宗的双脚大声哭泣,并亲自背起敬宗进入军营中,然后派遣大将康艺全率领骑兵进入皇宫讨伐盗贼。敬宗担心太皇太后和皇太后被隔绝在宫中,马存亮又派五百骑兵迎接二位太后到左神策军营中。

张韶登上清思殿,坐在皇帝的御榻上,和苏玄明一同吃饭,说:"果然像你说的一样!"苏玄明吃惊地说:"事情到此为止了吗?"张韶畏惧而逃。正赶上康艺全和右神策军兵马使尚国忠领兵赶到,合兵讨击盗贼,杀掉了张韶、苏玄明和他们的同党,死尸遍地,直到深夜才安定下来。其馀党羽仍然散藏在宫苑中,第二天,全部擒获了他们。

当时,大明宫的各个大门都已关闭,敬宗住在左神策军营中,朝廷内外都不知道敬宗在哪里,人心恐惧。丁酉(十八日),敬宗回到皇宫,宰相率领百官到延英门称贺,前来的朝官不过数十人。盗贼所经过的各处宫门,监门宦官三十五人依法应当处死,己亥(二十日),敬宗下诏一并杖击他们,没有改变他们的职务。壬寅(二十三日),厚赏左、右神策两军立功的将士。

冬季十月戊戌(二十三日),翰林学士韦处厚劝谏敬宗停止宴饮游乐,说:"先帝穆宗因为贪恋酒色导致生病,减损寿命,臣当时之所以没有冒死劝谏,是因为陛下您已经十五岁的缘故。如今皇子仅仅一岁,臣怎敢畏惧死亡而不劝谏呢?"敬宗被他的话所感动,赏赐给他锦彩一百匹,银器四件。

唐敬宗宝历元年(825)。敬宗三天两头游乐,亲近左右小人,每月临朝不过几次,大臣很少能够进见。二月壬午(初八)这一天,浙西观察使李德裕进献《丹扆六箴》:第一叫作《宵衣》,用来讽谏敬宗视朝太少太晚;第二叫作《正服》,用来规劝敬宗服饰乖异杂乱;第三叫作《罢献》,用来讽谏敬宗征求珍宝古玩;第四叫作《纳诲》,用来规劝敬宗侮弄摒弃忠直谏言;第五叫作《辨邪》,用来讽谏敬宗相信任用一群小人;第六叫作《防微》,

以讽轻出游幸。其《纳诲箴》略曰："汉骜流湎,举白浮钟;魏叡侈汰,陵霄作宫。忠虽不忤,善亦不从。以规为瑱,是谓塞聪。"《防微箴》略曰："乱臣猖蹶,非可遽数。玄服莫辨,触瑟始仆。柏谷微行,豺豕塞路,睹貌献餐,斯可戒惧!"上优诏答之。

冬十月,上欲幸骊山温汤,左仆射李绛、谏议大夫张仲方等屡谏不听。拾遗张权舆伏紫宸殿下,叩头谏曰:"昔周幽王幸骊山,为犬戎所杀;秦始皇葬骊山,国亡;玄宗宫骊山而禄山乱;先帝幸骊山而享年不长。"上曰:"骊山若此之凶邪?我宜一往以验彼言。"十一月庚寅,幸温汤,即日还宫,谓左右曰:"彼叩头者之言,安足信哉!"

二年夏六月甲子,上御三殿,令左右军、教坊、内园为击毬、手搏、杂戏。戏酣,有断臂碎首者,夜漏数刻乃罢。壬辰,宣索左藏见在银十万两,金七千两,悉贮内藏,以便赐与。

道士赵归真说上以神仙,僧惟贞、齐贤、正简说上以祷祠求福。皆出入宫禁,上信用其言。山人杜景先请遍历江、岭,求访异人。有润州人周息元,自言寿数百岁,上遣中使迎之。八月乙巳,息元至京师,上馆之禁中山亭。

用来讽谏敬宗随意出外游幸。其中《纳诲箴》大略说："汉成帝刘骜沉湎酒色，日夜饮宴；魏明帝曹叡奢侈骄纵，修筑陵霄宫阙。他们对逆耳忠言虽然不加拒绝，但也不予采纳。把规劝当作塞耳的玉饰，这就是所说的堵塞言路，拒绝使自己耳聪目明。"《防微箴》大略说："乱臣贼子猖獗，不可胜数。汉宣帝时，霍光的外曾孙任章乘黑夜不辨服色的机会，身着黑衣混进禁军侍从行列，秘谋杀害汉宣帝而未遂；汉武帝时，侍中仆射马何罗密谋行刺武帝，不慎碰到宫中的宝瑟跌倒而被擒。武帝曾微服到柏谷巡访，被人怀疑是奸盗，不得饮食，险遭围攻，幸赖一个村妇看武帝面貌似非常人，因而杀鸡献食，武帝方才脱险。这些前车之鉴实当引以为戒！"敬宗颁布褒美嘉奖的诏书来答复他。

冬季十月，敬宗打算游幸骊山温泉，左仆射李绛、谏议大夫张仲方等人屡次劝阻，敬宗不听从。拾遗张权舆拜伏在紫宸殿下，叩头劝谏说："从前周幽王游幸骊山，被犬戎杀死；秦始皇埋葬在骊山，秦朝灭亡；唐玄宗在骊山建造宫殿，结果安禄山发动叛乱；先帝穆宗游幸骊山，结果寿命不长。"敬宗说："骊山果真如此不吉利吗？我应当亲自去一次，来验证他说的话。"十一月庚寅（二十一日），敬宗驾临骊山温泉，当天就回到宫中，对左右侍从说："那个叩头的人所说的话，怎么值得相信呢？"

二年（826）夏季六月甲子（二十八日），敬宗亲临三殿，命令左右神策军、教坊、内园的军士和官吏一起打马球、摔跤、玩杂戏。游戏正在兴头时，有人折断了胳膊、打破了头，到了半夜游戏才停止。壬辰这一天，敬宗宣旨索取左藏库现银十万两，金七千两，全部贮存在宫内库藏中，以方便赏赐。

道士赵归真以神仙之术向敬宗宣传游说，僧人惟贞、齐贤、正简以佛教的祈祷求福理论向敬宗宣传游说。这些人都进出皇宫，敬宗相信并采纳了他们说的话。占卜算命的山人杜景先请求让自己遍游江淮、岭南各道，访求异人。另有润州人周息元，自称已在世数百年，敬宗派遣宫廷使者前去迎接他。八月乙巳（初十），周息元抵达京城长安，敬宗在皇宫中的山亭替他安排住宿。

上游戏无度，狎昵群小，善击毬，好手搏，禁军及诸道争献力士，又以钱万缗付内园令召募力士，昼夜不离侧。又好深夜自捕狐狸。性复褊急，力士或恃恩不逊，辄配流、籍没。宦官小过，动遭捶挞，皆怨且惧。十二月辛丑，上夜猎还宫，与宦官刘克明、田务澄、许文端及击毬军将苏佐明、王嘉宪、石从宽、阎惟直等二十八人饮酒。上酒酣，入室更衣，殿上烛忽灭，苏佐明等弑上于室内。刘克明等矫称上旨，命翰林学士路隋草遗制，以绛王悟权句当军国事。壬寅，宣遗制，绛王见宰相百官于紫宸外庑。

克明等欲易置内侍之执权者，于是枢密使王守澄、杨承和、中尉魏从简、梁守谦定议，以卫兵迎江王涵入宫，发左右神策、飞龙兵进讨贼党，尽斩之。克明赴井，出而斩之。绛王为乱兵所害。

时事起苍猝，守澄等以翰林学士韦处厚博通古今，一夕处置，皆与之共议。守澄等欲号令中外，而疑所以为辞。处厚曰："正名讨罪，于义何嫌！安可依违，有所讳避！"又问："江王当如何践阼？"处厚曰："诘朝，当以王教布告中外以已平内难。然后群臣三表劝进，以太皇太后令册命即皇帝位。"当时皆从其言，时不暇复问有司，凡百仪法，皆出于处厚，无不叶宜。

癸卯，以裴度摄冢宰。百官谒见江王于紫宸外庑，王素服涕泣。甲辰，见诸军使于少阳院。赵归真等诸术士及

敬宗游戏没有节制，亲近身边小人，擅长打马球，喜爱摔跤，禁军和各道争相进献大力士，又把钱一万缗交给内园，让内园官吏召募大力士，日夜不离敬宗的身边。敬宗还喜欢深夜独自捕捉狐狸。而且性格急躁，心胸狭窄，大力士们有时依恃恩宠言行不敬，动不动就被流放发配、没收家产。宦官稍有小过，动不动就遭到鞭子痛打，因此他们都怨恨而且惧怕。十二月辛丑（初八），敬宗夜间打猎回到宫中，和宦官刘克明、田务澄、许文端以及打球军将苏佐明、王嘉宪、石从宽、阎惟直等二十八人饮酒。敬宗酒兴正浓，进入内室换衣服，大殿中的火烛突然熄灭，苏佐明等人在室内杀死了敬宗。刘克明等人假称敬宗旨意，命令翰林学士路隋起草遗诏，让绛王李悟暂时代理军国政事。壬寅（初九），宣布敬宗遗诏，绛王李悟在紫宸殿的外廊接见宰相和百官。

刘克明等人打算撤换内侍省掌权的宦官，消息传出，枢密使王守澄、杨承和与神策军护军中尉魏从简、梁守谦商议决定，派禁卫亲兵迎接江王李涵入宫，调发左右神策军、飞龙兵进宫讨伐贼党，全部斩杀了他们。刘克明跳入井中躲藏，被搜出并斩杀。绛王也被乱兵杀害。

当时事发仓促，王守澄等人认为翰林学士韦处厚博通古今，所以当晚的所有决定，都和他共同商议。王守澄等人打算对朝廷内外发号施令，然而疑虑用什么名义来措辞。韦处厚说："为了端正国家的名分而讨伐有罪之人，这对于忠君大义有什么嫌疑呢？怎么可以犹豫不决，有所避讳呢？"王守澄等人又问："江王应当如何登基呢？"韦处厚说："明早上朝，应当首先以江王教令的名义布告朝廷内外，宣称已经平定宫廷内部叛乱。然后群臣再三上表劝进，由太皇太后下命令册命江王即皇帝位。"当时王守澄等人都听从了他的意见，此时没有时间再去询问有关部门，凡是江王登基的众多仪式和法规，都出自韦处厚，没有不适宜的。

癸卯（初十），朝廷任命裴度兼任冢宰。百官在紫宸殿的外廊拜见了江王，江王身着白色丧服，哭泣流泪。甲辰（十一日），江王在少阳院接见了禁军的诸位军使。赵归真等几个术士以及

敬宗时佞幸者,皆流岭南或边地。

乙巳,文宗即位。上自为诸王,深知两朝之弊,及即位,励精求治,去奢从俭。诏宫女非有职掌者皆出之,出三千馀人。五坊鹰犬,准元和故事,量留校猎外,悉放之。有司供宫禁年支物,并准贞元故事。省教坊、翰林、总监冗食千二百馀员,停诸司新加衣粮。御马坊场及近岁别贮钱谷所占陂田,悉归之有司。先宣索组绣、雕镂之物,悉罢之。敬宗之世,每月视朝不过一二,上始复旧制,每奇日未尝不视朝,对宰相群臣延访政事,久之方罢。待制官旧虽设之,未尝召对,至是屡蒙延问。其辍朝、放朝皆用偶日。中外翕然相贺,以为太平可冀。

文宗太和二年。自元和之末,宦官益横,建置天子在其掌握,威权出人主之右,人莫敢言。春三月辛巳,上亲策制举人,贤良方正昌平刘蕡对策,极言其祸。其略曰:"陛下宜先忧者,宫闱将变,社稷将危,天下将倾,海内将乱。"又曰:"陛下将杜篡弑之渐,则居正位而近正人,远刀锯之贱,亲骨鲠之直,辅相得以专其任,庶职得以守其官,奈何以亵近五六人总天下大政!祸稔萧墙,奸生帷幄,臣恐曹节、侯览复生于今日。"又曰:"忠贤无腹心之寄,

敬宗在世时以奸佞得宠的人，都被流放到岭南或边远地区。

乙巳（十二日），文宗正式即位。文宗自从被封为亲王后，深知穆宗、敬宗两朝的弊政，因此等到即位以后，励精图治，去奢从俭。下诏宫女没有职务的全部放出宫，共放出三千多人。五坊使所养的鹰和猎狗，依照唐宪宗元和年间的旧制，除适量留下用于游猎以外，其馀的一律放出。度支、盐铁、户部和州府每年供给宫中的用品，一律按照唐德宗贞元年间规定的数额供给。裁减教坊、翰林院、宫苑总监吃白饭的多馀人员一千二百多人，停止唐敬宗时对内诸司所辖宦官新增加的衣服、粮食。御马坊场和近年来为皇上另外积存的钱粮而占用的水田，全部归还给有关部门。先前宣布索求的绣缎、雕镂等物，全部罢止。敬宗在世时，每月听朝不过一两次，文宗开始恢复原有的制度，每逢单数日期没有不上朝听政的时候，向宰相和群臣访询朝政大事，很晚才散朝。待制官在过去虽然已经设置，但不曾召集咨询过，到了这时，屡次承蒙文宗召集顾问。那些因为对去世大臣表示哀悼而辍朝，因酷暑或雨雪天气而放朝，都安排在偶数日期。于是朝廷内外都相互致贺，认为天下太平大有希望。

唐文宗太和二年（828）。自从宪宗元和末年以后，宦官日益骄横，天子废立都由他们掌握，权威远在皇帝之上，百官没人敢发表言论。春季三月辛巳（二十五日），文宗亲自主持制举考试，贤良方正科考生、昌平人刘蕡在回答文宗的对策中，极力陈述宦官专政的祸害。谏言大意说："陛下首先应当忧虑的是，宫廷即将发生变乱，国家即将出现危机，天下即将倾覆，国内即将大乱。"又说："陛下如果打算杜绝篡逆弑杀的野心，那么就应当端正自己的言行而亲近正直的人，疏远受过刀锯之刑的微贱宦官，亲近耿直忠正的人，使辅政的宰相能够专心于他们的职责，普通官员能够奉守他们的官位，为什么要让亲近宠幸的五六个宦官总揽天下大政呢？这样下去宫廷内部必然会酝酿祸乱，陛下身边必然会出现奸邪小人，臣担心汉桓帝时宦官曹节、侯览专权的局面在今天又要出现。"又说："忠正贤良之臣得不到皇帝的信用，

阍寺恃废立之权,陷先君不得正其终,致陛下不得正其始。"又曰:"威柄陵夷,藩臣跋扈。或有不达人臣之节,首乱者以安君为名;不究《春秋》之微,称兵者以逐恶为义。则政刑不由乎天子,征伐必自于诸侯。"又曰:"陛下何不塞阴邪之路,屏亵狎之臣,制侵陵迫胁之心,复门户扫除之役!戒其所宜戒,忧其所宜忧!既不能治于前,当治于后;既不能正其始,当正其终。则可以虔奉典谟,克承丕构矣。昔秦之亡也失于强暴,汉之亡也失于微弱。强暴则贼臣畏死而害上,微弱则奸臣窃权而震主。伏见敬宗皇帝不虞亡秦之祸,不翦其萌。伏惟陛下深轸亡汉之忧,以杜其渐,则祖宗之鸿业可绍,三五之邈轨可追矣。"又曰:"臣闻昔汉元帝即位之初,更制七十馀事,其心甚诚,其称甚美。然而纪纲日紊,国祚日衰,奸宄日强,黎元日困者,以其不能择贤明而任之,失其操柄也。"又曰:"陛下诚能揭国权以归相,持兵柄以归将,则心无不达,行无不孚矣。"又曰:"法宜画一,官宜正名。今分外官、中官之员,立南司、北司之局,或犯禁于南则亡命于北,或正刑于外则破律于中,法出多门,人无所措,实由兵农势异而中外法殊也。"又曰:"今夏官不知兵籍,

宦官依恃废立皇帝的特权，使先帝敬宗惨遭杀害，不能堂堂正正终了一生，致使陛下不能堂堂正正地开始亲政。"又说："朝廷大权旁落，藩镇大臣跋扈。也许有不懂得儒家人臣礼义，以安定君位为名带头发动叛乱的武夫强将；也许有不明白孔子《春秋》中的微言大义，以清君侧为旗号举兵作乱的节度大臣。如果这样，那么政令刑罚就由不得天子做主，征战讨伐必定出自藩镇的好恶。"又说："陛下您为什么不杜绝阴险奸邪之人的门路，屏除身边阿谀放纵的臣僚，制止当权宦官凌辱和威胁逼迫的心机，恢复以往宦官只负责守门扫地的差役？戒鉴所应当戒鉴的事情，忧虑所应当忧虑的事情？既然不能在这以前有效地治理，就应当在以后力求治理；既然不能在即位之初堂堂正正亲政，就应当在今后堂堂正正地亲政。那么就算是虔诚地奉行儒家经典，继承祖宗开创的宏图大业了。从前，秦朝灭亡是由于皇帝残暴强横，汉朝灭亡的过失在于皇帝软弱无能。皇帝强暴，则乱臣贼子畏惧被杀而加害皇上，皇帝微弱则奸邪大臣窃取大权，从而威震君主。臣谨见敬宗皇帝不吸取秦朝灭亡的经验教训，不在萌芽之中剪除灾祸。臣恭敬地希望陛下深深总结汉朝灭亡的经验教训，来根绝宦官专权的苗头，那么祖宗的宏图大业就可以继承，三皇五帝的圣贤之道也就可以追随了。"又说："臣听说从前汉元帝刚刚继位的时候，革除弊制七十馀事，他的内心十分虔诚，他的名声因而也特别美好。然而纲纪日益紊乱，国家日益衰败，奸臣日益强盛，百姓日益贫困，原因在于他不能选拔德才兼备的大臣予以重用，以致失掉了手中的权力。"又说："陛下若果真能把国家权力交还给宰相，把军权交还给大将，那么愿望就没有不能实现的，颁行诏令就没有不能执行的。"又说："法令应当朝廷内外统一，官职应当名正言顺。如今官员分成外官、中官，设立南衙、北司分别管辖，有人在南衙犯了法就逃亡到北司，有人应当在南衙判刑却在北司枉法释放，以至于法出多门，人们不知所措，实际上是由于府兵制崩溃后，兵农分离，宦官执掌军权，而中官、外官执法不同的缘故。"又说："如今兵部不知道士兵籍贯，

止于奉朝请；六军不主兵事，止于养勋阶。军容合中官之政，戎律附内臣之职。首一戴武弁，疾文吏如仇雠；足一蹈军门，视农夫如草芥。谋不足以翦除凶逆而诈足以抑扬威福，勇不足以镇卫社稷而暴足以侵轶里闾。羁继藩臣，干陵宰辅，隳裂王度，汩乱朝经。张武夫之威，上以制君父；假天子之命，下以御英豪。有藏奸观衅之心，无伏节死难之义。岂先王经文纬武之旨邪！"又曰："臣非不知言发而祸应，计行而身戮，盖痛社稷之危，哀生人之困，岂忍姑息时忌，窃陛下一命之宠哉！"

闰月甲午，贤良方正裴休、李郃、李甘、杜牧、马植、崔玙、王式、崔慎由等二十二人中第，皆除官。考官左散骑常侍冯宿等见刘蕡策，皆叹服，而畏宦官，不敢取。诏下，物论嚣然称屈。谏官、御史欲论奏，执政抑之。李郃曰："刘蕡下第，我辈登科，能无厚颜！"乃上疏，以为："蕡所对策，汉、魏以来无与为比。今有司以蕡指切左右，不敢以闻，恐忠良道穷，纲纪遂绝。况臣所对不及蕡远甚，乞回臣所授以旌蕡直。"不报。蕡由是不得仕于朝，终于使府御史。牧，佑之孙；植，勋之子；式，起之子；慎由，融之玄孙也。

四年。上患宦官强盛，宪宗、敬宗弑逆之党犹有在左右者。中尉王守澄尤专横，招权纳贿，上不能制。尝密与翰林

仅仅上朝时充数装装门面；禁卫六军不主管军队事宜，仅仅依靠勋爵领取俸禄。军容使配合宦官的专政，藩镇将军依附于宦官的职务。宦官一旦身穿军装，就憎恨文官如同仇敌；脚一旦走入军门，就鄙视农夫如同草芥。谋略不能够用来剪除凶逆，然而奸诈却足可以耀武扬威、作威作福；勇敢不足以保卫国家，然而暴虐却足可以侵掠乡里。钳制藩镇武将，欺凌宰相辅臣，败坏法纪，搅乱朝政。他们炫耀武夫的威风，在上面挟制君主；假借天子的诏命，在下面驾驭英雄豪杰。有心怀叵测、伺机而动之心，却没有为国家赴难而死的节义。这难道是古代圣王用文治武功治理天下的本意吗？"又说："臣不是不知道说出抨击宦官的话必然遭到打击报复，即使计策被采纳执行，而自身也难免遭受杀戮，只是痛感国家面临危机，哀怜百姓的困苦，怎么忍心暂且顾念此时的忌讳，窃取陛下一官半职的恩宠呢？"

闰三月甲午(初九)，贤良方正科考生裴休、李郃、李甘、杜牧、马植、崔玙、王式、崔慎由等二十二人应试中选，都被授予官职。考官左散骑常侍冯宿等人看过刘蕡的对策，都赞叹佩服，然而畏惧宦官，不敢录取。录取诏书下达后，舆论哗然，为刘蕡叫屈。谏官和御史打算论奏，执政宰相制止了他们。考生李郃说："刘蕡落选，我们这些人登科，能不感到厚颜无耻吗？"于是上疏，认为："刘蕡的对策，汉、魏以来没有人可以和他相比。如今考官因为刘蕡指斥陛下左右的亲信宦官，不敢把他的对策奏闻，我担心忠正贤良之人入仕做官的道路会被堵塞，纲纪从此会荡然无存。何况臣下的对策远远不如刘蕡，乞求收回授予臣的官职转授给刘蕡，来表彰刘蕡的正直。"没有得到答复。刘蕡由此不能在朝廷任职做官，直到去世都是在节度使府任御史。杜牧是杜佑的孙子，马植是马勋的儿子，王式是王起的儿子，崔慎由是崔融的玄孙。

四年(830)。文宗忧虑宦官势力过于强盛，而弑杀宪宗、敬宗的逆党中仍有人在自己身边。神策军中尉王守澄尤其专横跋扈，他把持权势，接受贿赂，文宗不能制止。文宗曾秘密和翰林

学士宋申锡言之，申锡请渐除其逼。上以申锡沉厚忠谨，可倚以事，擢为尚书右丞。秋七月癸未，以申锡同平章事。

五年春二月，上与宋申锡谋诛宦官，申锡引吏部侍郎王璠为京兆尹，以密旨谕之。璠泄其谋，郑注、王守澄知之，阴为之备。

上弟漳王凑贤，有人望，注令神策都虞候豆卢著诬告申锡谋立漳王。戊戌，守澄奏之，上以为信然，甚怒。守澄欲即遣二百骑屠申锡家，飞龙使马存亮固争曰："如此，则京城自乱矣！宜召他相与议其事。"守澄乃止。

是日旬休，遣中使悉召宰相至中书东门。中使曰："所召无宋公名。"申锡知获罪，望延英，以笏扣额而退。宰相至延英，上示以守澄所奏，相顾愕眙。上命守澄捕豆卢著所告十六宅宫市品官晏敬则及申锡亲事王师文等，于禁中鞫之。师文亡命。三月庚子，申锡罢为右庶子。自宰相大臣无敢显言其冤者，独京兆尹崔琯、大理卿王正雅连上疏请出内狱付外庭核实，由是狱稍缓。正雅，翃之子也。晏敬则等自诬服，称申锡遣王师文达意于王，豫结异日之知。

狱成，壬寅，上悉召师保以下及台省府寺大臣面询之。午际，左常侍崔玄亮、给事中李固言、谏议大夫王质、补阙卢钧、舒元褒、蒋系、裴休、韦温等复请对于延英，乞以狱事付外覆按。上曰："吾已与大臣议之矣。"屡遣之出，不退。

学士宋申锡说这件事,宋申锡请求逐渐剪除宦官的威胁。文宗认为宋申锡深沉宽厚,忠正谨慎,可以托付大事,提拔他担任尚书右丞。秋季七月癸未(十一日),任命宋申锡为同平章事。

五年(831)春季二月,文宗与宋申锡商量诛除宦官,宋申锡推荐吏部侍郎王璠为京兆尹,把文宗密旨透露给他。王璠泄露了文宗与宋申锡的计划,郑注、王守澄知道这件事后,暗地里为此事进行防备。

文宗的弟弟漳王李凑德才兼备,很有声望,郑注命令神策军都虞候豆卢著诬告宋申锡图谋拥立漳王李凑。戊戌(二十九日),王守澄向文宗奏报豆卢著的诬告,文宗信以为真,十分恼怒。王守澄打算立即派遣二百名骑兵屠杀宋申锡一家,飞龙使马存亮再三劝阻说:"如果这样,那么京城就自行大乱了!应当召集其他宰相一起商议这件事。"王守澄这才作罢。

这天正值宰相休假,文宗派宫廷使者召集全体宰相到中书省东门。宫廷使者说:"皇上召集的名单中没有宋申锡的名字。"宋申锡知道自己获罪,遥望延英殿,手执笏板磕头后退下。宰相到达延英殿,文宗把王守澄的奏折出示给宰相,宰相们大吃一惊,面面相觑。文宗命令王守澄逮捕豆卢著所告的十六宅宫市品官晏敬则和宋申锡的亲信侍从王师文等,押在宫中审问。王师文逃亡。三月庚子(初二),宋申锡被罢为太子右庶子。从宰相到大臣没人敢公开说他冤枉,只有京兆尹崔琯、大理卿王正雅接连上疏,请求转出内狱交给外廷御史台复审核实,于是对此案的审理稍微放缓。王正雅是王翃的儿子。晏敬则等人自己无辜服罪,称是宋申锡派王师文向漳王传达他的意向,阴谋结为他日知己。

审讯结束后,壬寅(初四),文宗悉数召集太师、太保以下官员及御史台、中书、门下、尚书三省、大理寺的大臣当面审讯此案。快到中午时,左常侍崔玄亮、给事中李固言、谏议大夫王质、补阙卢钧、舒元褒、蒋係、裴休、韦温等人再次请求在延英殿对答,乞请把此案交给御史台复审。文宗说:"我已经和大臣商议过这件事了。"于是多次令这几个人出去,崔玄亮等人不肯退去。

玄亮叩头流涕曰:"杀一匹夫犹不可不重慎,况宰相乎!"上意稍解,曰:"当更与宰相议之。"乃复召宰相入。牛僧孺曰:"人臣不过宰相,今申锡已为宰相,假使如所谋,复欲何求!申锡殆不至此。"郑注恐覆按诈觉,乃劝守澄请止行贬黜。癸卯,贬漳王凑为巢县公,宋申锡为开州司马。存亮即日请致仕。玄亮,磁州人;质,通五世孙;系,义之子;元褒,江州人也。晏敬则等坐死及流窜者数十百人,申锡竟卒于贬所。

七年。前邠宁行军司马郑注,依倚王守澄,权势熏灼,上深恶之。九月丙寅,侍御史李款阁内奏弹注:"内通敕使,外连朝士,两地往来,卜射财贿,昼伏夜动,干窃化权,人不敢言,道路以目。请付法司。"旬日之间,章数十上。守澄匿注于右军,左军中尉韦元素、枢密使杨承和、王践言皆恶注。左军将李弘楚说元素曰:"郑注奸猾无双,卵翼不除,使成羽翼,必为国患。今因御史所劾匿军中,弘楚请以中尉意,诈为有疾,召使治之,来则中尉延与坐,弘楚侍侧,伺中尉举目,擒出杖杀之。中尉因见上叩头请罪,具言其奸,杨、王必助中尉进言。况中尉有翼戴之功,岂以除奸而获罪乎!"元素以为然,召之。注至,蠖屈鼠伏,佞辞泉涌。元素不觉执手款曲,谛听忘倦。弘楚诇伺,往复再三,元素不顾,以金帛厚遗注而遣之。弘楚怒曰:"中尉失今日之断,

崔玄亮叩头流泪说:"杀死一个平民尚且不可以不慎重,何况是宰相呢?"文宗的怒气稍微缓解,说:"应当再和宰相商议这件事。"于是重新召集宰相入延英殿。牛僧孺说:"人臣位置没有高过宰相的,如今宋申锡已经担任了宰相,假使他真的想拥立漳王而谋反,那么,他又想求得什么呢? 宋申锡大概不会傻到这种地步。"郑注担心复审会揭穿骗局,于是劝王守澄请求只进行贬黜。癸卯(初五),文宗贬漳王李凑为巢县公,宋申锡为开州司马。马存亮当天请求致仕。崔玄亮是磁州人,王质是王通的第五代孙,蒋系是蒋义的儿子,舒元褒是江州人。晏敬则等近百人因此案牵连而被判处死刑和流放,宋申锡最终死在贬所开州。

七年(833)。原邠宁行军司马郑注,倚仗王守澄,权势熏天,文宗十分憎恶他。九月丙寅(十三日),侍御史李款在紫宸殿上奏弹劾郑注说:"郑注在宫中交结宦官,在南衙交结百官,在南衙、北司两地往来奔走,收取贿赂,昼伏夜动,窃取政权,人不敢言,在路上只能以目光示意。请求交给御史台审查治罪。"在十天的时间里,他接连几十次上奏章表弹劾郑注。王守澄把郑注藏匿在右神策军中,左神策军中尉韦元素、枢密使杨承和、王践言都憎恶郑注。左神策军军将李弘楚劝韦元素说:"郑注奸诈狡猾于世无双;如果不趁他尚未成形时除掉,使他长成羽翼,必定成为国家的心腹大患。如今郑注因为侍御史李款的弹劾,躲藏在右神策军中,弘楚我请求以中尉您的名义去见他,借口说您有病,召见他前来治病,来到后中尉您请他坐下谈话,弘楚我侍候在旁边,看到中尉您眼神示意,我就把他抓出去用杖打死。中尉您再面见皇上叩头请罪,详细陈述他的奸诈,杨承和、王践言必定会帮助您进言。况且中尉您有拥立皇帝的功劳,怎么能因为除奸而获罪呢?"韦元素认为李弘楚说得对,便召见郑注。郑注来到后,点头哈腰,毕恭毕敬,谄媚的话像泉水一样涌出。韦元素不知不觉亲切地拉住郑注的手,聚精会神地听,忘记了疲倦。李弘楚暗示韦元素,往复再三,韦元素不理会,将很多金银绢帛赠给郑注并送他回去。李弘楚愤怒地说:"中尉您今天没有做决断,

必不免他日之祸矣！"因解军职去。顷之，疽发背卒。王涯之为相，注有力焉，且畏王守澄，遂寝李款之奏。守澄言注于上而释之。寻奏为侍御史，充右神策判官。朝野骇叹。

冬十二月庚子，上始得风疾，不能言。于是王守澄荐昭义行军司马郑注善医。上征注至京师，饮其药，颇有验，遂有宠。

八年夏六月，上以久旱，诏求致雨之方。司门员外郎李中敏上表，以为："仍岁大旱，非圣德不至，直以宋申锡之冤滥，郑注之奸邪。今致雨之方，莫若斩注而雪申锡。"表留中。中敏谢病归东都。

李仲言遇赦还东都，郑注引仲言见王守澄，守澄荐于上，以仲言为四门助教。事见《朋党之祸》。

秋九月辛亥，征昭义节度副使郑注至京师。

冬十月庚寅，以李仲言为翰林侍讲学士。十一月丙子，李仲言请改名训。

十二月己卯，以昭义节度副使郑注为太仆卿。郭承嘏累上疏言其不可，上不听。于是注诈上表固辞，上遣中使再以告身赐之，不受。

初，宋申锡与御史中丞宇文鼎受密诏诛郑注，使京兆尹王璠掩捕之。璠密以堂帖示王守澄，注由是得免，深德璠。璠又与李训善，于是训、注共荐之，自浙西观察使征为尚书左丞。

肯定不会免除他日的灾祸了!"于是解除军职离去。不久,背部长疮去世。王涯担任宰相时,郑注曾经出力,并且王涯由于畏惧王守澄,于是压下李款的弹奏。王守澄在文宗面前替郑注辩护,于是赦免了他。不久奏请他担任侍御史,充任右神策军判官。朝野内外无不惊讶感叹。

冬季十二月庚子(十八日),文宗开始患上风疾,不能说话。于是王守澄向文宗推荐说,昭义行军司马郑注擅长医术。文宗征召郑注到京师长安,服用他的药后,很灵验,于是获得了文宗的宠爱。

八年(834)夏季六月,文宗因为长期干旱,下诏征求能够下雨的方法。司门员外郎李中敏上表,认为:"连年大旱,不是陛下的品德不高,而是因为宋申锡的冤情太深,郑注的奸诈邪恶。如今求雨的方法,莫过于斩杀郑注而洗刷宋申锡的冤枉。"表章被留在宫中,李中敏以身体有病辞官回到东都洛阳。

李仲言遇到大赦回到东都洛阳,郑注引李仲言会见王守澄,王守澄向文宗推荐,文宗任命李仲言为四门助教。事见《朋党之祸》。

秋季九月辛亥(初三),文宗征召昭义节度副使郑注到京城长安。

冬季十月庚寅(十三日),文宗任命李仲言为翰林侍讲学士。十一月丙子(三十日),李仲言请求改名为李训。

十二月己卯(初三),文宗任命昭义节度副使郑注为太仆卿。郭承嘏多次上疏说这么做不可以,文宗不肯听从。于是郑注假装上表一再推辞,文宗派遣宫廷使者再次把任命书赐给郑注,郑注不肯接受。

当初,宋申锡和御史中丞宇文鼎接受皇帝密诏诛除郑注,派京兆尹王璠逮捕他。王璠偷偷地把逮捕令出示给王守澄,郑注因此得以免祸,于是深深感激王璠。王璠又和李训关系密切,于是李训、郑注共同推荐王璠,从浙西观察使征召为尚书左丞。

九年夏四月癸巳，以郑注守太仆卿，兼御史大夫，注始受之，仍举仓部员外郎李款自代曰："加臣之罪，虽于理而无辜；在款之诚，乃事君而尽节。"时人皆哂之。

初，宋申锡获罪，宦官益横。上外虽包容，内不能堪。李训、郑注既得幸，揣知上意，训因进讲，数以微言动上。上见其才辩，意训可与谋大事。且以训、注皆因王守澄以进，冀宦官不之疑，遂密以诚告之。训、注遂以诛宦官为己任，二人相挟，朝夕计议，所言于上无不从，声势烜赫。注多在禁中，或时休沐，宾客填门，赂遗山积。外人但知训、注倚宦官擅作威福，不知其与上有密谋也。上之立也，右领军将军兴宁仇士良有功，王守澄抑之，由是有隙。训、注为上谋，进擢士良以分守澄之权。五月乙丑，以士良为左神策中尉，守澄不悦。

秋七月，李训、郑注为上画太平之策，以为当先除宦官，次复河、湟，次清河北。开陈方略，如指诸掌。上以为信然，宠任日隆。

时人皆言郑注朝夕且为相，侍御史李甘扬言于朝曰："白麻出，我必坏之于庭！"癸亥，贬甘封州司马。然李训亦忌注，不欲使为相，事竟寝。

甲子，以国子博士李训为兵部郎中、知制诰，依前侍讲学士。

八月丁丑，以太仆卿郑注为工部尚书，充翰林侍讲学士。注好服鹿裘，以隐沦自处，上以师友待之。注之初得幸，上尝问翰林学士、户部侍郎李珏曰："卿知有郑注乎？

九年（835）夏季四月癸巳（十八日），文宗任命郑注为守太仆卿，兼御史大夫，郑注这才开始接受任命，又推举仓部员外郎李款代替自己原来的职务，说："李款以前加在臣身上的罪名，于理而言臣虽无辜，但李款的诚心也是对皇上尽忠。"当时人都耻笑他。

当初，宋申锡获罪贬官，宦官更加骄横。文宗外表虽包容，内心却不能容忍。李训、郑注既已得到宠幸，揣摩了解了文宗的心思，李训借讲读经典之机，多次暗示文宗。文宗发现李训很有才能，认为可以和李训商议大事。并且考虑到李训、郑注都是由王守澄推荐的，估计宦官不怀疑他们，于是秘密把意图告诉他们。李训、郑注于是把诛除宦官当作自己的任务，二人相互依赖，昼夜商议谋划，对上所提的建议，皇帝无不采纳，因此声势煊赫。郑注常待在宫中，有时休假在家，宾客挤满门前，赠送的财物堆积如山。外面人只知李训、郑注依靠宦官擅自作威作福，不知他们二人与文宗有密谋。文宗即位时，右领军将军兴宁人仇士良有功劳，王守澄压制他，于是二人有矛盾。李训、郑注替文宗谋划，通过提拔仇士良来削弱王守澄的权力。五月乙丑（二十一日），文宗任命仇士良为左神策军护军中尉，王守澄很不高兴。

秋季七月，李训、郑注替文宗谋划达到天下太平的策略，认为应当首先诛除宦官，其次收复河湟地区，最后平定河北三镇。二人陈述方略，了如指掌。文宗认为言之有理，宠信任用日益隆重。

当时人都说郑注很快将任宰相，侍御史李甘在朝廷扬言说："如果任命郑注的白麻诏书颁布，我一定在朝廷当面弹劾驳回！"癸亥（二十日），文宗贬李甘为封州司马。然而，李训也妒忌郑注，不愿让他担任宰相，这件事最终被搁置下来。

甲子（二十一日），文宗任命国子博士李训为兵部郎中、知制诰，并仍为翰林侍讲学士。

八月丁丑（初四），文宗任命太仆卿郑注为工部尚书，充任翰林侍讲学士。郑注喜好穿鹿皮缝制的衣服，以隐士自居，文宗把他当作老师、朋友看待。郑注最初得到宠幸的时候，文宗曾经询问翰林学士、户部侍郎李珏说："爱卿你知道郑注这个人吗？

亦尝与之言乎？"对曰："臣岂特知其姓名，兼深知其为人。其人奸邪，陛下宠之，恐无益圣德。臣忝在近密，安敢与此人交通！"戊寅，贬珏江州刺史。

宪宗之崩也，人皆言宦官陈弘志所为。时弘志为山南东道监军，李训为上谋召之，至青泥驿，九月癸亥，封杖杀之。

郑注求为凤翔节度使，门下侍郎、同平章事李固言不可。丁卯，以固言为山南西道节度使，注为凤翔节度使。李训虽因注得进，及势位俱盛，心颇忌注，谋欲中外协势以诛宦官，故出注于凤翔。其实俟既诛宦官，并图注也。

注欲取名家才望之士为参佐，请礼部员外郎韦温为副使，温不可。或曰："拒之必为患。"温曰："择祸莫若轻。拒之止于远贬，从之有不测之祸。"卒辞之。

戊辰，以右神策中尉、行右卫上将军、知内侍省事王守澄为左、右神策观军容使，兼十二卫统军。李训、郑注为上谋，以虚名尊守澄，实夺之权也。

己巳，以御史中丞兼刑部侍郎舒元舆为刑部侍郎，兵部郎中知制诰、充翰林侍讲学士李训为礼部侍郎，并同平章事。仍命训三二日一入翰林讲《易》。元舆为中丞，凡训、注所恶者，则为之弹击，由是得为相。又上惩李宗闵、李德裕多朋党，以贾𫗧及元舆皆孤寒新进，故擢为相，庶其无党耳。

曾经和他交谈过吗?"李珏回答说:"臣不但知道他的姓名,而且还很了解他的为人。这个人奸邪,陛下您宠信他,恐怕有损圣德。臣作为陛下的亲近臣僚,怎么敢和这种人交往!"戊寅(初五),文宗贬李珏为江州刺史。

唐宪宗去世时,人们都说是宦官陈弘志杀害的。当时,陈弘志担任山南东道监军,李训替文宗谋划召见他,陈弘志到达青泥驿,九月癸亥(二十一日)这一天,被朝廷派人杖杀。

郑注请求担任凤翔节度使,门下侍郎、同平章事李固言认为不可以。丁卯(二十五日),文宗任命李固言为山南西道节度使,郑注为凤翔节度使。李训虽然是通过郑注推荐得到提拔的,等到权势和地位都已达到极点时,心中十分妒忌郑注,密谋要里应外合来诛除宦官,所以推荐郑注外出到凤翔任职。其实是想等到诛杀宦官以后,一并除掉郑注。

郑注想引进名门世家中有才能有威望的人作为自己的僚佐,邀请礼部员外郎韦温为节度副使,韦温没有答应。有人说:"您拒绝郑注的邀请,将来必定招致灾难。"韦温说:"选择灾难的话,不如选择较轻一点的。拒绝他最多被他贬逐到边远的地区,顺从他将有难以预测的大祸。"最后还是辞绝了郑注的邀请。

戊辰(二十六日),文宗任命右神策军护军中尉、行右卫上将军、知内侍省事王守澄为左、右神策军观军容使,兼任十二卫统军。李训、郑注为文宗谋划,用虚名尊崇王守澄,实际上是削除他的兵权。

己巳(二十七日),文宗任命御史中丞兼刑部侍郎舒元舆为刑部侍郎,兵部郎中知制诰、充翰林侍讲学士李训为礼部侍郎,二人一并为同平章事。同时命令李训三两天入翰林院一次,为文宗讲解《周易》。舒元舆担任御史中丞,凡是李训、郑注所憎恶的人,就为他们弹劾攻击,因此得以担任宰相。而且文宗鉴于李宗闵、李德裕大多朋比为党的祸害,认为贾𫠆和舒元舆都是家世寒微而刚考中进士不久的朝官,所以将他们提拔为宰相,希望他们不要朋比为党。

训起流人，期年致位宰相，天子倾意任之。训或在中书，或在翰林，天下事皆决于训。王涯辈承顺其风指，惟恐不逮。自中尉、枢密、禁卫诸将，见训皆震慑，迎拜叩首。

壬申，以刑部郎中兼御史知杂李孝本权知御史中丞。孝本，宗室之子，依训、注得进。

冬十月，李训、郑注密言于上，请除王守澄。辛巳，遣中使李好古就第赐鸩，杀之，赠扬州大都督。训、注本因守澄进，卒谋而杀之，人皆快守澄之受佞而疾训、注之阴狡。于是元和之逆党略尽矣。乙酉，郑注赴镇。

庚子，以东都留守、司徒兼侍中裴度兼中书令，馀如故。李训所奖拔，率皆狂险之士，然亦时取天下重望以顺人心，如裴度、令狐楚、郑覃皆累朝耆俊，久为当路所轧，置之散地，训皆引居崇秩。由是士大夫亦有望其真能致太平者，不惟天子惑之也。然识者见其横甚，知将败矣。

十一月丙午，以大理卿郭行馀为邠宁节度使。癸丑，以河东节度使、同平章事李载义兼侍中。丁巳，以户部尚书、判度支王璠为河东节度使。戊午，以京兆尹李石为户部侍郎、判度支，以京兆少尹罗立言权知府事。石，神符之五世孙也。己未，以太府卿韩约为左金吾卫大将军。

李训由被流放的罪人而重新起用，刚刚一年就被任命为宰相，文宗全心全意地任用他。李训有时在中书省办公，有时在翰林院办公，朝廷的大政方针都由李训决断。王涯等人迎合顺从他的旨意，唯恐有所违背。从神策军护军中尉、枢密使，到禁军诸将，见到李训都震惊恐惧，迎拜叩头。

壬申（三十日），文宗任命刑部郎中兼御史知杂李孝本暂时代理御史中丞。李孝本是皇室的后代，依附李训、郑注，因而得到进用提拔。

冬季十月，李训、郑注向文宗秘密上言，请求诛杀王守澄。辛巳（初九），文宗派遣宦官李好古前往王守澄的住宅，赐给他毒酒，将他毒死，然后追赠他为扬州大都督。李训、郑注本来是通过王守澄的推荐才被提拔的，最终两个人反而密谋杀害了他，百官都对王守澄结纳奸佞之人而招致灾祸拍手称快，然而也厌恶李训、郑注的阴险狡诈。这样，元和末年暗害唐宪宗的叛逆贼党几乎都被诛除干净了。乙酉（十三日），郑注前往军镇就任节度使。

庚子（二十八日），文宗任命东都留守、司徒兼侍中裴度兼任中书令，其他职务不变。李训所推荐提拔的官员，大多是狂妄阴险之徒，然而有时也任命在天下有崇高威望的人来顺从人心，如裴度、令狐楚、郑覃，都是几朝德高望重的老臣，但长期被当朝权贵所倾轧，让他们担任闲散的官职，李训都推荐他们担任要职。由此，士大夫中也有人希望他真的能够使天下太平，不仅仅是文宗被他迷惑。然而有远见卓识的官员看到他那么骄横，预料他肯定将要败事。

十一月丙午（初五），文宗任命大理卿郭行馀为邠宁节度使。癸丑（十二日），任命河东节度使、同平章事李载义兼任侍中。丁巳（十六日），任命户部尚书、判度支王璠为河东节度使。戊午（十七日），任命京兆尹李石为户部侍郎、判度支，任命京兆少尹罗立言暂时代理京兆府的政务。李石是李神符的第五代孙。己未（十八日），任命太府卿韩约为左金吾卫大将军。

始，郑注与李训谋，至镇，选壮士数百，皆持白棓，怀其斧，以为亲兵。是月戊辰，王守澄葬于浐水，注奏请入护葬事，因以亲兵自随。仍奏令内臣中尉以下尽集浐水送葬，注因阖门，令亲兵斧之，使无遗类。约既定，训与其党谋："如此事成，则注专有其功，不若使行馀、璠以赴镇为名，多募壮士为部曲，并用金吾、台府吏卒，先期诛宦者，已而并注去之。"行馀、璠、立言、约及中丞李孝本，皆训素所厚也，故列置要地，独与是数人及舒元舆谋之，他人皆莫之知也。

壬戌，上御紫宸殿。百官班定，韩约不报平安，奏称："左金吾听事后石榴夜有甘露，臣递门奏讫。"因蹈舞再拜，宰相亦帅百官称贺。训、元舆劝上亲往观之，以承天贶，上许之。百官退，班于含元殿。日加辰，上乘软舆出紫宸门，升含元殿。先命宰相及两省官诣左仗视之，良久而还。训奏："臣与众人验之，殆非真甘露，未可遽宣布，恐天下称贺。"上曰："岂有是邪！"顾左、右中尉仇士良、鱼志弘帅诸宦者往视之。宦者既去，训遽召郭行馀、王璠曰："来受敕旨！"璠股栗不敢前，独行馀拜殿下。时二人部曲数百，皆执兵立丹凤门外，训已先使人召之，令入受敕。独东兵入，邠宁兵竟不至。

最初，郑注和李训商议，等郑注到达凤翔镇以后，挑选壮士几百人，都拿着白色棍棒，怀揣利斧，作为亲兵。约定在这个月戊辰（二十七日）这一天，在浐水旁边埋葬王守澄时，由郑注奏请率兵入朝护卫葬礼，乘便率领亲兵跟随自己前往。同时奏请文宗诏命神策军护军中尉以下所有宦官都到浐水为王守澄送葬，郑注乘机关闭墓门，命令亲兵用利斧砍杀宦官，使宦官一个也不能逃脱。计划已经定好，李训和他的同党谋划说："如果这件事情成功，那么郑注就会独占此项功劳，不如让郭行馀、王璠以赶赴邠宁、河东军镇上任为名，多招募壮士作为私兵，并调用韩约统领的金吾兵和御史台、京兆府的官吏和士卒，先于郑注一步诛杀宦官，随后把郑注一起除掉。"郭行馀、王璠、罗立言、韩约和御史中丞李孝本，都是李训平时所信用的官员，所以任命他们担任要职，李训只与这几个人和舒元舆商量过这件事，其他官员都不知道这个计划。

壬戌（二十一日），文宗驾临紫宸殿。百官列班站定后，韩约不按规定报告平安，却奏称："左金吾衙门后院的石榴树上昨夜有甘露降下，臣夜间已通过守卫宫门的宦官向陛下报告。"于是行舞蹈礼，两次下拜称贺，宰相也率领百官称贺。李训、舒元舆劝文宗亲自前去观看，以便承受上天赐与的祥瑞，文宗同意了他们的请求。百官退下，在含元殿列班。当日辰时刚过，文宗乘软轿出紫宸门，到含元殿升朝。首先命令宰相和中书、门下两省官员到左金吾后院观看甘露，过了很久才回来。李训奏报说："臣和众人验证过了，大概不是真正的甘露，不可急忙宣布，恐怕天下都会向陛下称贺。"文宗说："怎么会有这种事呢？"转头示意左、右神策军护军中尉仇士良、鱼志弘率领宦官再次前往观看。宦官离去后，李训急忙召集郭行馀、王璠，说："快来接受皇帝的圣旨！"王璠两腿发抖不敢前来，只有郭行馀在含元殿下拜见！当时，二人私兵数百人，都手拿兵器站在丹凤门外面，李训已经先派人召集他们，命令众人入含元殿接受敕命。结果只有郭行馀率领的河东兵来了，王璠率领的邠宁兵竟然没有来到。

仇士良等至左仗视甘露，韩约变色流汗，士良怪之曰：“将军何为如是？”俄风吹幕起，见执兵者甚众，又闻兵仗声。士良等惊骇走出，门者欲闭之，士良叱之，关不得上。士良等奔诣上告变。训见之，遽呼金吾卫士曰：“来上殿卫乘舆者，人赏钱百缗！”宦者曰：“事急矣，请陛下还宫！”即举软舆，迎上扶升舆，决殿后罘罳，疾趋北出。训攀舆呼曰：“臣奏事未竟，陛下不可入宫！”金吾兵已登殿。罗立言帅京兆逻卒三百馀自东来，李孝本帅御史台从人二百馀自西来，皆登殿纵击，宦官流血呼冤，死伤者十馀人。乘舆迤逦入宣政门，训攀舆呼益急，上叱之，宦官郗志荣奋拳殴其胸，偾于地。乘舆既入，门随阖，宦者皆呼万岁，百官骇愕散出。训知事不济，脱从吏绿衫衣之，走马而出，扬言于道曰：“我何罪而窜谪！”人不之疑。王涯、贾𫗧、舒元舆还中书，相谓曰：“上且开延英，召吾属议之。”两省官诣宰相请其故，皆曰：“不知何事，诸公各自便。”士良等知上豫其谋，怨愤，出不逊语，上惭惧，不复言。

士良等命左、右神策副使刘泰伦、魏仲卿等各帅禁兵五百人，露刃出阁门讨贼。王涯等将会食，吏白：“有兵自内出，逢人辄杀！”涯等狼狈步走，两省及金吾吏卒千馀人填门争出。门寻阖，其不得出者六百馀人皆死。士良

仇士良等人到左金吾后院察看甘露，韩约变了脸色，汗直淌，仇士良觉得很奇怪，问道："将军您为什么这样呢？"一会儿，大风将帐幕吹了起来，仇士良看到手执兵器的士卒特别多，又听到兵器撞击的声音。仇士良等人大惊，急忙跑了出来，守门的士兵正想关门，被仇士良大声呵叱，门闩没有关上。仇士良等人奔跑到皇帝面前报告兵变。李训见到他，立即招呼金吾卫士说："前来上殿保卫皇上的人，每人赏钱一百缗！"宦官对文宗说："事情危急，请陛下赶快回宫！"立即抬来了软轿，迎上前去挽扶文宗上轿，冲断了含元殿后面的丝网，向北快速奔去。李训拉住文宗的软轿大声喊道："臣下奏报事情还没有完毕，陛下不可以回宫！"这时，金吾兵已经登上了含元殿，罗立言率领京兆府巡逻的士卒三百多人从东面冲来，李孝本率领御史台随从二百多人从西面奔来，一齐登上含元殿击杀宦官，宦官血流遍地，大声喊冤，死伤十多人。软轿一路向北进入宣政门，李训拉住文宗的软轿，呼喊更加急迫，文宗呵斥他，宦官郗志荣挥起拳头捶击李训的胸部，李训仆倒在地。文宗的软轿刚刚进入宣政门，门随即关闭，宦官们都呼喊万岁，百官惊愕，四散逃走。李训知道事情不能成功，脱掉随从官吏的绿色衣衫，穿在自己身上，骑马逃了出来，在路上大声扬言说："我有什么罪而被贬官放逐！"人们也不怀疑他。王涯、贾𫗧、舒元舆回到中书省政事堂，相互商议说："皇上将要开延英殿，召集我们商议此事。"中书、门下两省的官员都来政事堂向王涯等三位宰相询问事情发生的原因，三人都说："我们也不知道是怎么回事，诸位请自便吧。"仇士良等人知道文宗参预了李训的密谋，十分怨恨愤怒，出言不逊，文宗惭愧惧怕，不敢作声。

　　仇士良等人命左、右神策军副使刘泰伦、魏仲卿等各率禁兵五百人，持刀露刃冲出紫宸殿门讨伐叛贼。王涯等人正要一起吃饭，官吏报告说："有士兵从宫内杀出，逢人便杀！"王涯等人狼狈逃走，中书、门下两省和金吾卫的官吏士卒一千多人挤在门口争着逃走。大门不久关上，没能逃出的六百多人全部被杀。仇士良

等分兵闭宫门,索诸司,捕贼党。诸司吏卒及民酤贩在中者皆死,死者又千馀人,横尸流血,狼籍涂地,诸司印及图籍、帷幕、器皿俱尽。又遣骑各千馀出城追亡者,又遣兵大索城中。舒元舆易服单骑出安化门,禁兵追擒之。王涯徒步至永昌里茶肆,禁兵擒入左军。涯时年七十馀,被以桎梏,掠治不胜苦,自诬服,称与李训谋行大逆,尊立郑注。王璠归长兴坊私第,闭门,以其兵自防。神策将至门,呼曰:"王涯等谋反,欲起尚书为相,鱼护军令致意!"璠喜,出见之。将趋贺再三,璠知见绐,涕泣而行。至左军,见王涯曰:"二十兄自反,胡为见引?"涯曰:"五弟昔为京兆尹,不漏言于王守澄,岂有今日邪!"璠俯首不言。又收罗立言于太平里,及涯等亲属奴婢,皆入两军系之。户部员外郎李元皋,训之再从弟也,训实与之无恩,亦执而杀之。故岭南节度使胡证,家钜富,禁兵利其财,托以搜贾悚入其家,执其子溵,杀之。又入左常侍罗让、詹事浑铹、翰林学士黎埴等家,掠其货财,扫地无遗。铹,瑊之子也。坊市恶少年因之报私仇,杀人,剽掠百货,互相攻劫,尘埃蔽天。

癸亥,百官入朝。日出,始开建福门,惟听以从者一人自随,禁兵露刃夹道。至宣政门,尚未开。时无宰相御史知班,百官无复班列。上御紫宸殿,问:"宰相何为不来?"

等人分别派兵关闭宫门，搜查南衙各司衙门，逮捕贼党成员。各司的官吏士卒和在里面卖酒的商人全被杀死，被杀死的人又有一千多，尸体狼藉，血流遍地，各司印绶和地图、户籍簿、帷幕、器皿全部被劫掠一空。仇士良又派遣骑兵一千多人出城追杀逃亡的贼党，同时派兵在城中大肆搜捕。舒元舆更换服装，一个人骑马逃出安化门，禁兵追上擒获了他。王涯徒步逃到永昌里茶馆，被禁兵擒获送到左神策军中。王涯这时已经七十多岁，被戴上脚镣手铐，遭受拷打后不堪忍受痛苦，自己无辜服罪，说与李训图谋反叛，尊立郑注为皇帝。王璠回到长兴坊私人宅第，关闭大门，用他的家兵自我防卫。神策军将领来到王璠家门口，大声喊道："王涯等人谋反，朝廷打算起用尚书您担任宰相，右神策军护军中尉鱼志弘命令我们前来向您致意！"王璠大喜，出门见他们。神策军将再三祝贺他升迁，王璠发现被欺骗，流着眼泪跟随而去。到了左神策军中，见到王涯，王璠说道："二十兄您自己谋反，为什么要牵连我？"王涯说道："五弟你过去担任京兆尹的时候，如果不向王守澄泄露宋申锡诛除宦官的计划，哪里会有今天发生的事呢？"王璠低头不语。神策军又在太平里逮捕了罗立言，以及王涯等人的亲属、奴婢，都送入左、右神策两军关押起来。户部员外郎李元皋，是李训的远房堂弟，李训实际上对他并没有施恩，也被逮捕杀害了。原岭南节度使胡证，家中十分富有，禁军士兵贪图他家的钱财，以搜查贾餗为借口，进入他家，抓住他的儿子胡溵，杀掉了。禁军士兵又进入左散骑常侍罗让、詹事浑钅夋、翰林学士黎埴等人的家中，掠夺他们的财物，扫地无遗。浑钅夋是浑瑊的儿子。这时街市上作恶的少年也乘机报私仇，随意杀人，抢掠商人百姓财物，甚至互相攻劫，尘埃四起，遮天蔽日。

癸亥（二十二日），百官入宫朝拜。太阳出来时，才打开建福门，百官每人只许带一名随从跟随自己进入，禁兵持刀枪夹道护卫。来到宣政门时，大门还没有开。这时，没有宰相、御史大夫率领，百官也不再列班。文宗驾临紫宸殿，问："宰相为何没来？"

仇士良曰："王涯等谋反系狱。"因以涯手状呈上，召左仆射令狐楚、右仆射郑覃等升殿示之。上悲愤不自胜，谓楚等曰："是涯手书乎？"对曰："是也！""诚如此，罪不容诛！"因命楚、覃留宿中书，参决机务。使楚草制宣告中外。楚叙王涯、贾𫗧反事浮泛，仇士良等不悦，由是不得为相。

时坊市剽掠者犹未止，命左、右神策将杨镇、靳遂良等各将五百人分屯通衢，击鼓以警之，斩十馀人，然后定。

贾𫗧变服潜民间经宿，自知无所逃，素服乘驴诣兴安门，自言："我宰相贾𫗧也，为奸人所污，可送我诣两军！"门者执送西军。李孝本改衣绿，犹服金带，以帽障面，单骑奔凤翔，至咸阳西，追擒之。

甲子，以右仆射郑覃同平章事。
李训素与终南僧宗密善，往投之。宗密欲剃其发而匿之，其徒不可。训出山，将奔凤翔，为盩厔镇遏使宋楚所擒，械送京师。至昆明池，训恐至军中更受酷辱，谓送者曰："得我者则富贵矣！闻禁兵所在搜捕，汝必为所夺，不若取我首送之。"送者从之，斩其首以来。乙丑，以户部侍郎、判度支李石同平章事，仍判度支。前河东节度使李载义复旧任。左神策出兵三百人，以李训首引王涯、王璠、罗立言、郭行馀，右神策出兵三百人，拥贾𫗧、舒元舆、

仇士良禀报说："王涯等人谋反已经逮捕入狱。"接着把王涯亲手写的供状呈递给文宗，文宗召左仆射令狐楚、右仆射郑覃等人来到殿前让他们观看王涯的供辞。文宗悲伤愤怒不能自持，对令狐楚等人说："这是王涯亲手书写的吗？"令狐楚等人回答说："是！"文宗说："如果果真是这样，那就罪不容诛！"于是令令狐楚、郑覃留宿中书省，参预决策朝廷的大政方针。文宗让令狐楚草拟诏书，宣告朝廷内外。令狐楚叙述王涯、贾𫗧谋反的经过时浮泛而不切中要害，仇士良等人对此很不满意，因此他没能被提拔为宰相。

这时，京城街市上抢掠的人仍然没有停止，朝廷命令左、右神策军将领杨镇、靳遂良等人各自率领五百人把守街道的主要路口，敲击街鼓来警告市民，斩杀了十多人，然后才安定下来。

贾𫗧改换服装，潜藏在百姓家中过了一夜，知道自己没有地方可逃，便穿上丧服，骑驴到兴安门，自称："我是宰相贾𫗧，被奸人所诬陷，可以押送我到左、右神策两军！"把门的人便把他抓住送到右神策军中。李孝本改换六、七品官员穿的绿色朝服，但仍旧系着只有五品以上官员才能佩戴的金带，用帽子遮住脸，一个人骑马直奔凤翔，逃到咸阳城西，就被追兵逮捕。

甲子（二十三日），文宗任命右仆射郑覃为同平章事。

李训一向和终南山僧人宗密关系亲近，于是前去投奔他。宗密想剃掉李训的头发然后把他藏起来，他的徒弟认为不妥。李训只好离开终南山，打算前往凤翔投奔郑注，被盩厔镇遏使宋楚擒获，戴上刑具押送京师。走到昆明池，李训担心自己被送到神策军后又要遭受拷打污辱，对押送的人说："抓获我的人就能富贵了！听说禁军到处搜捕，他们肯定会从你们手中夺走我，不如割下我的首级送到京师。"押送的人同意了他的要求，斩下他的首级送往京师。乙丑（二十四日），文宗任命户部侍郎、判度支李石为同平章事，仍兼判度支。原河东节度使李载义官复原职。左神策军出动军队三百人，提着李训的首级引导着王涯、王璠、罗立言、郭行馀，右神策军出动军队三百人，押着贾𫗧、舒元舆、

李孝本献于庙社,徇于两市。命百官临视,腰斩于独柳之下,枭其首于兴安门外。亲属无问亲疏皆死,孩稚无遗,妻女不死者没为官婢。百姓观者怨王涯榷茶,或诟詈,或投瓦砾击之。

臣光曰:论者皆谓涯、𫗧有文学名声,初不知训、注之谋,横罹覆族之祸,愤叹其冤。臣独以为不然。夫巅危不扶,焉用彼相!涯、𫗧安高位,饱重禄;训、注小人,穷奸究险,力取将相。涯、𫗧与之比肩,不以为耻,国家危殆,不以为忧。偷合苟容,日复一日,自谓得保身之良策,莫我如也。若使人人如此而无祸,则奸臣孰不愿之哉!一旦祸生不虞,足折刑剧,盖天诛之也,士良安能族之哉!

王涯有再从弟沐,家于江南,老且贫。闻涯为相,跨驴诣之,欲求一簿、尉。留长安二岁馀,始得一见,涯待之殊落莫。久之,沐因嬖奴以道所欲,涯许以微官。自是旦夕造涯之门以俟命。及涯家被收,沐适在其第,与涯俱腰斩。

舒元舆有族子守谦,愿而敏,元舆爱之,从元舆者十年。一旦忽以非罪怒之,日加谴责,奴婢辈亦薄之。守谦

李孝本献祭太庙和太社,在东、西两市游行示众。命令百官前往观看,在独柳树下将王涯等人全部处以腰斩的极刑,割掉他们的首级挂在兴安门外示众。亲属不问亲近疏远都被杀死,连小孩都不留,妻子女儿没死的,没收为官府婢女。观看的百姓,有的人怨恨王涯专卖茶叶,有的人大声怒骂,有的人则投掷瓦块击打他。

  史臣司马光评论说:凡是议论甘露之变的人都认为,王涯、贾𫗧在文学方面享有声誉,他们开始并不知道李训、郑注的密谋,但最后却意外地惨遭灭族的灾难,因而愤慨感叹他们二人的冤枉。臣司马光却唯独不是这样认为。在国家有颠覆危机时,不能奋起救危扶难,要他们这些宰相有什么用呢?王涯、贾𫗧安然居于高官显位,饱食丰厚的俸禄;而李训、郑注都是小人,依靠施展极其奸邪和阴险的手段,才窃取了节度使和宰相的职务。王涯、贾𫗧和他们并肩共事,却不认为是耻辱,国家危在旦夕,却不认为是忧患。苟且偷安,日复一日,自己认为是获得了保护自身的万全良策,没有人能和自己相比。如果让所有人都像他们这样尸位素餐,而不遭受灾祸,那么奸臣谁不愿意这样呢?一旦发生意料不到的灾祸,就不免家破人亡,这大概是上天要诛杀他们,仇士良一个人怎么能够轻易族灭他们呢?

王涯有一个远房弟弟叫王沐,家在江南,年老并且贫穷。听说王涯担任宰相,骑着毛驴来求见他,想请求做一名主簿或县尉。留居长安两年多,才得以见到一面,王涯对他十分冷落。过了很久,王沐通过王涯宠幸的家奴来转达自己的请求,王涯才同意给他一个微小的官职。从此以后,王沐经常到王涯的家中等待任命。等到王涯的家被抄时,王沐正好在王涯的家中,于是和王涯一起被腰斩。

舒元舆有一个远方的侄子叫舒守谦,既老实又聪敏,舒元舆十分喜爱他,跟随舒元舆的时间长达十年了。有一天,舒守谦忽然被无端怪罪,每天都遭到谴责,奴婢们也都鄙薄他。舒守谦

不自安，求归江南，元舆亦不留，守谦悲叹而去。夕，至昭应，闻元舆收族，守谦独免。

是日，以令狐楚为盐铁转运使，左散骑常侍张仲方权知京兆尹。时数日之间，杀生除拜，皆决于两中尉，上不豫知。

初，王守澄恶宦者田全操、刘行深、周元稹、薛士幹、似先义逸、刘英诲等，李训、郑注因之遣分诣盐州、灵武、泾原、夏州、振武、凤翔巡边，命翰林学士顾师邕为诏书赐六道，使杀之。会训败，六道得诏，皆废不行。丙寅，以师邕为矫诏，下御史狱。

先是，郑注将亲兵五百，已发凤翔，至扶风。扶风令韩辽知其谋，不供具，携印及吏卒奔武功。注知训已败，复还凤翔。仇士良等使人赍密敕授凤翔监军张仲清令取注。仲清惶惑，不知所为。押牙李叔和说仲清曰："叔和为公以好召注，屏其从兵，于坐取之，事立定矣。"仲清从之，伏甲以待注。注恃其兵卫，遂诣仲清。叔和稍引其从兵，享之于外，注独与数人入。既啜茶，叔和抽刀斩注，因闭外门，悉诛其亲兵。乃出密敕，宣示将士，遂灭注家，并杀副使钱可复、节度判官卢简能、观察判官萧杰、掌书记卢弘茂等及其支党，死者千馀人。可复，徽之子；简能，纶之子；杰，俛之弟也。朝廷未知注死，丁卯，诏削夺注官爵，令邻道按兵观变。以左神策大将军陈君奕为凤翔节度使。戊辰夜，张仲清遣

内心十分不安,请求回江南,舒元舆也不挽留,舒守谦悲伤感叹地离去。当天晚上到达昭应县,听到舒元舆被灭族的消息,只有舒守谦独自免难。

同一天,朝廷任命令狐楚为盐铁转运使,左散骑常侍张仲方暂且代理京兆尹。这时,在几天之内,处决罪犯,任免官吏都由左、右神策军护军中尉二人决定,文宗事前全然不知。

当初,王守澄厌恶宦官田全操、刘行深、周元稹、薛士幹、似先义逸、刘英诲等人,李训、郑注乘此机会派遣他们分别到盐州、灵武、泾原、夏州、振武、凤翔巡视边防,同时,命令翰林院学士顾师邕起草诏书赐给六道,让六道杀掉他们。这时恰逢李训失败,六道接到诏书后,全都废弃不执行。丙寅(二十五日),因为顾师邕伪造诏书,所以把他押解到御史台狱中。

在此之前,郑注率领亲兵五百人,已经从凤翔出发,到达扶风。扶风县令韩辽知道他和李训的密谋,不予接待,携带县令印和下属胥吏、士卒逃往武功。郑注知道李训已经失败后,又返回凤翔。仇士良等人派人携带文宗的密敕授予凤翔监军张仲清,命令他诛杀郑注。张仲清惶惑不知所措。押牙李叔和规劝张仲清说:"我替您用好言好语召来郑注,然后屏退他的随从亲兵,在坐席上杀掉他,事情立时可定。"张仲清听从了他的建议,埋伏甲兵等待郑注。郑注依恃他亲兵的保护,于是到达张仲清处。李叔和渐渐引开他的随从亲兵,在门外款待他们,郑注只和几个随从进入了监军使院。刚刚喝完茶,李叔和就抽出刀斩杀了郑注,随即关闭外门,全部诛杀了他的亲兵。于是拿出密敕,向将士们宣布,接着诛灭了郑注全家,同时还杀死了副使钱可复、节度判官卢简能、观察判官萧杰、掌书记卢弘茂等人以及他们的同党,死者达一千多人。钱可复是钱徽的儿子,卢简能是卢纶的儿子,萧杰是萧俛的弟弟。朝廷不知道郑注已经死了,丁卯(二十六日)这一天,下诏削夺郑注的官爵,命令与凤翔相邻的藩镇屯兵观察凤翔城中的动静。同时朝廷任命左神策大将军陈君奕为凤翔节度使。戊辰(二十七日)这天的夜晚,张仲清派遣

李叔和等以注首入献，枭于兴安门，人情稍安，京师诸军始各还营。

诏将士讨贼有功及娖队者，官爵赐赍各有差。右神策军获韩约于崇义坊，己巳，斩之。仇士良等各进阶迁官有差。自是天下事皆决于北司，宰相行文书而已。宦官气益盛，迫胁天子，下视宰相，陵暴朝士如草芥。每延英议事，士良等动引训、注折宰相。郑覃、李石曰："训、注诚为乱首，但不知训、注始因何人得进！"宦者稍屈，搢绅赖之。时中书惟有空垣破屋，百物皆阙。江西、湖南献衣粮百二十分，充宰相召募从人。辛未，李石上言："宰相若忠正无邪，神灵所祐，纵遇盗贼，亦不能伤。若内怀奸罔，虽兵卫甚设，鬼得而诛之。臣愿竭赤心以报国，止循故事，以金吾卒导从足矣。其两道所献衣粮，并乞停寝。"从之。

十二月壬申朔，顾师邕流儋州，至商山，赐死。

度支奏籍郑注家赀，得绢百馀万匹，他物称是。

庚辰，上问宰相："坊市安未？"李石对曰："渐安。然比日寒冽特甚，盖刑杀太过所致。"郑覃曰："罪人周亲前已皆死，其馀殆不足问。"时宦者深怨李训等，凡与之有瓜葛亲，或暂蒙奖引者，诛贬不已，故二相言之。

李叔和等人前往京城献上郑注的首级，并悬挂在兴安门示众，这样人心才稍稍安定，京城各支军队也开始各自回营。

文宗下诏对将领士兵讨伐叛贼有功和追捕逃亡贼党有功的人，授予官爵、赏赐财物，按功劳大小各有差别。右神策军在崇义坊抓获了韩约，已巳（二十八日），斩杀了他。仇士良等人根据功劳的大小各自升迁阶品和职位。从此以后，国家大事都由北司的宦官决定，宰相只是奉命下达文书罢了。宦官气焰更加嚣张，威胁逼迫皇上，鄙视宰相，凌辱朝廷百官如同草芥。每次在延英殿商议政事，仇士良等人动不动就引李训、郑注谋反之事折辱宰相。郑覃、李石说："郑注、李训确实是谋反的首领，但是不知道郑注、李训当初是通过什么人得以进用的？"宦官理屈辞穷，百官由此都依赖郑覃、李石。当时，中书省只有空房破屋，办公用品荡然无存。江西、湖南两道献出了一百二十人的衣服、粮食，充当宰相召募随从人员的费用。辛未（三十日）这一天，李石上言说："宰相如果忠诚正直，没有邪恶，神灵就会保佑他们的安全，即使遇上盗贼，也不会受到伤害。如果心术不正，即使士兵警卫特别严密，鬼神也可以诛杀他们。臣下愿意竭尽忠心来报效国家，只遵循过去的惯例，用金吾卫士卒作为随从就足够了。江西、湖南两道所奉献的衣服、粮食，一并请求停止。"文宗同意了他的建议。

十二月壬申这天是初一，顾师邕被流放儋州，到达商山的时候，被赐令自尽。

度支奏请没收郑注家中的资产，得到绢一百多万匹，其他财物也和这些差不多。

庚辰（初九），文宗问宰相："京师街坊集市安定了没有？"李石回答说："逐渐安定了。然而近几日天气特别寒冷，大概是刑罚杀戮太过分的缘故。"郑覃说："犯人的直系亲属先前都被杀死了，其馀的大概不值得过问了。"当时，宦官深深怨恨李训等人，凡是与李训有瓜葛的亲友，或是一时被他们提拔推荐的人，都不停地被诛杀贬逐，所以二位宰相提及此事。

　　李训、郑注既诛，召六道巡边使。田全操追怨训、注之谋，在道扬言："我入城，凡儒服者，无贵贱当尽杀之！"癸未，全操等乘驿疾驱入金光门，京城讹言有寇至，士民惊噪纵横走，尘埃四起。两省诸司官闻之，皆奔散，有不及束带袜而乘马者。郑覃、李石在中书，顾吏卒稍稍逃去，覃谓石曰："耳目颇异，宜且出避之。"石曰："宰相位尊望重，人心所属，不可轻也。今事虚实未可知，坚坐镇之，庶几可定。若宰相亦走，则中外乱矣。且果有祸乱，避亦不免。"覃然之。石坐视文案，沛然自若。敕使相继传呼："闭皇城诸门。"左金吾大将军陈君赏帅其众立望仙门下，谓敕使曰："贼至，闭门未晚，请徐观其变，不宜示弱。"至晡后乃定。是日，坊市恶少年皆衣绯皂，持弓刀北望，见皇城闭，即欲剽掠，非石与君赏镇之，京城几再乱矣。时两省官应入直者，皆与其家人辞诀。

　　丁亥，诏："逆人亲党，自非前已就戮及指名收捕者，馀一切不问。诸司官吏虽为所胁从，涉于违误，皆赦之。他人毋得妄相告言及相恐愒。见亡匿者，勿复追捕，三日内各听自归本司。"

　　时禁军暴横，京兆尹张仲方不敢诘，宰相以其不胜任，出为华州刺史，以司农卿薛元赏代之。元赏尝诣李石第，闻石方坐听事与一人争辩甚喧，元赏使觇之，云有神策军将诉事。元赏趋入，责石曰："相公辅佐天子，纪纲四海。今近

李训、郑注被诛杀后，朝廷下令召回六道巡边使。田全操等人怨恨李训、郑注的阴谋，在回京途中扬言："我们进入京城，凡是穿读书人衣服的，不管贵贱，应当全部杀死他们！"癸未（十二日），田全操等人乘驿马急速驰入金光门，京城有谣言说盗贼到来，官吏百姓惊扰喧哗，到处奔逃，尘埃四起。中书、门下两省各司官员听到谣言后，也都四散奔逃，甚至有来不及系上腰带、系好袜子就骑马奔逃的人。郑覃、李石在中书省办公，看到手下吏卒都渐渐逃走，郑覃对李石说："耳闻和目睹是很不相同的，应当暂且出去躲避一下。"李石说："宰相职位崇高，责任重大，为天下人所瞩目，不可轻举妄动。如今事情虚实还不知道，静坐镇守此地，也许很快就可以安定。如果宰相也逃走，那么朝廷内外就乱了。况且果真发生了灾祸，逃避也不能幸免。"郑覃认为他说得对。李石仍稳坐着审阅公文，神情泰然自若。朝廷的敕使不断传达命令："关闭皇城诸司大门。"左金吾大将军陈君赏率领他的部众站在望仙门下，对敕使说："盗贼到来再关闭大门也不晚，请让我慢慢观察情况的变化，不应当示弱。"到了黄昏以后才安定下来。这天，街坊集市中的邪恶少年都穿着大红色和黑色衣服，手拿弓箭、刀枪向北眺望，一看见皇城门关闭，就要劫掠，如果不是李石和陈君赏压制住，京城几乎要再次动乱了。当时中书、门下两省官员应该入宫值班的人，都与他们的家人诀别。

丁亥（十六日），朝廷下诏："叛逆贼人的亲属党羽，除此前已经被杀和朝廷指名逮捕的，其馀的一概不予追究。南衙各司的官吏，虽然被李训等人胁迫而跟从，但属于遭受牵连，一律赦免他们。其他人不得胡乱相互告发和相互恐吓。发现逃亡的官员，不再追捕，限三日内各自回到本司。"

当时禁军暴虐骄横，京兆尹张仲方不敢诘问，宰相认为他不称职，让他出任华州刺史，以司农卿薛元赏代替他。薛元赏曾经到李石家中，听到李石正坐在堂上和一个人争辩得特别激烈，薛元赏派人去偷看，回报说有一位神策军将正在上诉事情。薛元赏奔入，责备李石说："相公您辅佐天子，治理天下。如今在眼前

不能制一军将,使无礼如此,何以镇服四夷!"即趋出上马,命左右擒军将,俟于下马桥。元赏至,则已解衣踞之矣。其党诉于仇士良,士良遣宦者召之曰:"中尉屈大尹。"元赏曰:"属有公事,行当继至。"遂杖杀之。乃白服见士良,士良曰:"痴书生何敢杖杀禁军大将!"元赏曰:"中尉大臣也,宰相亦大臣也,宰相之人若无礼于中尉,如之何!中尉之人无礼于宰相,庸可恕乎!中尉与国同体,当为国惜法。元赏已囚服而来,惟中尉死生之!"士良知军将已死,无可如何,乃呼酒与元赏欢饮而罢。

开成元年春正月辛丑朔,上御宣政殿,赦天下,改元。仇士良请以神策仗卫殿门,谏议大夫冯定言其不可,乃止。定,宿之弟也。

二月,昭义节度使刘从谏上表请王涯等罪名,且言:"涯等儒生,荷国荣宠,咸欲保身全族,安肯构逆!训等实欲讨除内臣,两中尉自为救死之谋,遂致相杀。诬以反逆,诚恐非辜。设若宰相实有异图,当委之有司,正其刑典,岂有内臣擅领甲兵,恣行剽劫,延及士庶,横被杀伤!流血千门,僵尸万计,搜罗枝蔓,中外恫疑。臣欲身诣阙廷,面陈臧否,恐并陷孥戮,事亦无成。谨当修饰封疆,训练士卒,内为陛下心腹,外为陛下藩垣。如奸臣难制,誓以死清君侧!"丙申,加从谏检校司徒。

却不能制服一个军将,让他如此没有礼貌,怎么能镇服周边的夷族!"于是立即跑出来,骑上马,命令左右随从擒拿军将,到下马桥待命。等薛元赏到达,那个军将已被脱掉衣服,跪在那里。军将的党羽向仇士良报告,仇士良派遣宦官召见薛元赏,说:"护军中尉请您屈驾前往。"薛元赏说:"我这里现在有公事,等办完了就去。"于是杖杀了军将。然后身穿素服拜见仇士良,仇士良说:"傻书生怎敢杖杀禁军大将!"薛元赏说:"中尉是大臣,宰相也是大臣,宰相的部下如果对中尉没有礼貌,将会怎样呢? 中尉手下的人如果对宰相没有礼貌,难道可以饶恕吗? 中尉与国家同为一体,应当珍惜国家的法律。薛元赏已经穿着囚服而来,是生是死听凭中尉处置!"仇士良知道军将已经死亡,无可奈何,于是招呼拿酒,与薛元赏畅饮,然后作罢。

开成元年(836)春季正月辛丑这天是初一,文宗亲临宣政殿,大赦天下,改年号为开成。仇士良请求调神策军代替金吾兵护卫殿门,谏议大夫冯定认为此事不可以,于是作罢。冯定是冯宿的弟弟。

二月,昭义节度使刘从谏上表请问王涯等人被杀的罪名,并且说:"王涯等人都是儒生,享受国家的荣华恩宠,都想保全自己和家族的性命,怎么敢谋反呢? 李训等人实际上是想诛除宦官,二位神策军护军中尉是为自己的性命考虑,所以把他们杀了。结果李训等人被诬陷为叛逆,我实在是觉得他们都是无辜的。假如宰相真的有篡位谋反的意图,也应当把他交给有关部门,依照刑典正法,怎能由宦官擅自率领披甲士兵,恣意进行剽掠杀戮,灾难殃及士人与百姓,使他们无缘无故被杀伤呢? 致使血染宫门,尸体数以万计,为了搜捕李训等人的党羽,使朝廷内外的人都惶恐疑惧。臣本想亲自前往京城,向陛下当面陈述此事的得失,又恐一并遭受杀戮,事情也不能成功。因此臣最好还是恪守自己的职位,训练士卒,在朝内充当陛下的心腹大臣,在朝外担任陛下的卫国疆吏。如果奸臣难以控制,臣发誓死也要清除君主旁边的小人!"丙申(二十六日),加授刘从谏为检校司徒。

三月，左仆射令狐楚从容奏："王涯等既伏辜，其家夷灭，遗骸弃捐。请官为收瘗，以顺阳和之气。"上惨然久之，命京兆收葬涯等十一人于城西，各赐衣一袭。仇士良潜使人发之，弃骨于渭水。

丁未，皇城留守郭皎奏："诸司仪仗有锋刃者，请皆输军器使，遇立仗别给仪刀。"从之。

刘从谏复遣牙将焦楚长上表让官，称："臣之所陈，系国大体。可听则涯等宜蒙湔洗，不可听则赏典不宜妄加。安有死冤不申而生者荷禄！"因暴扬仇士良等罪恶。辛酉，上召见楚长，慰谕遣之。时士良等恣横，朝臣日忧破家。及从谏表至，士良等惮之。由是郑覃、李石粗能秉政，天子倚之亦差以自强。

夏四月己酉，上御紫宸殿，宰相因奏事拜谢，外间因讹言："天子欲令宰相掌禁兵，已拜恩矣。"由是中外复有猜阻，人情恟恟，士民不敢解衣寝者数日。乙丑，李石奏请召仇士良等面释其疑。上为召士良等出，上及石等共谕释之，使毋疑惧，然后事解。

秋九月丁丑，李石为上言"宋申锡忠直，为谗人所诬，窜死遐荒，未蒙昭雪"。上俯首久之，既而流涕泫然曰："兹事朕久知其误，奸人逼我，以社稷大计，兄弟几不能保，况申锡，

三月，左仆射令狐楚从容不迫地上奏说："王涯等人已经伏罪，他的家族也被诛灭，遗骸丢弃在野外。我请求官府为他们收殓埋葬，以便顺应春天温暖祥和之气。"文宗悲伤了好一会儿，命令京兆府派人在城西收葬王涯等十一人的尸首，每人分别赐给葬服一套。随后，仇士良暗中派人发掘了他们的坟墓，把他们的尸骨丢弃在渭水里。

　　丁未（初八），皇城留守郭皎上奏说："南衙各司仪仗中有锋利兵刃的衙门，请全部上交给军器使，以后遇到设立仪仗时，另外发给用木头做成的仪刀。"文宗听从了他的建议。

　　刘从谏又派牙将焦楚长上表辞让朝廷授予的检校司徒一职，表中说："臣所陈述的意见，都是关系到国家前途命运的大事。如果可以听取，那就应当为王涯等平反昭雪，如果不能听取，那么对我的赏赐升迁就不应当乱加。哪里有死者含冤不得平反而活着的人享受重禄的？"于是大肆宣扬仇士良等人的罪恶。辛酉（二十二日），文宗召见焦楚长，慰劳安抚后打发他回去了。当时仇士良等恣意横行，朝廷大臣每天都担心会家破人亡。等到刘从谏的上表到达朝廷，仇士良等人很忌惮刘从谏。由此，郑覃、李石大致上能够执掌政事，文宗也依赖他们而稍微得以自强。

　　夏季四月己酉这一天，文宗驾临紫宸殿，宰相因为奏请朝事向文宗跪拜称谢，外面于是传有谣言说："皇上想叫宰相执掌禁军，宰相已经跪拜向皇上谢恩了。"由此朝廷内外又产生猜疑，人心惶惶，士人百姓有好几天不敢脱衣睡觉。乙丑这一天，李石奏请文宗召见仇士良等人，当面消除他们的疑虑。文宗为李石召见仇士良等人，文宗和李石等人一起向他们解释，让他们不要怀疑恐惧，然后这件事才算过去。

　　秋季九月丁丑（十一日），李石向文宗上言说："宋申锡忠诚正直，被进谗言的人诬陷，被贬逐并死在荒远之地，到现在还不曾平反昭雪。"文宗低着头好一会儿，接着流着泪悲伤地说："这事朕早就知道是个冤案，只因奸邪小人逼迫我，为了社稷大计，我连自己的兄弟漳王李凑都几乎不能保护，更何况是宋申锡了，

仅全腰领耳。非独内臣,外廷亦有助之者。皆由朕之不明,向使遇汉昭帝,必无此冤矣!"郑覃、李固言亦共言其冤,上深痛恨,有惭色。庚辰,诏悉复申锡官爵,以其子慎微为成固尉。

上自甘露之变,意忽忽不乐,两军毬鞠之会什减六七,虽宴享音伎杂遝盈庭,未尝解颜。闲居或徘徊眺望,或独语叹息。壬午,上于延英谓宰相曰:"朕每与卿等论天下事,则不免愁。"对曰:"为理者不可以速成。"上曰:"朕每读书,耻为凡主。"李石曰:"方今内外之臣,其间小人尚多疑阻,愿陛下更以宽御之,彼有公清奉法如刘弘逸、薛季稜者,陛下亦宜褒赏以劝为善。"甲申,上复谓宰相曰:"我与卿等论天下事,有势未得行者,退饮醇酒求醉耳!"对曰:"此皆臣等之罪也。"

三年春正月甲子,李石入朝,中途有盗射之,微伤,左右奔散,石马惊,驰归第。又有盗邀击于坊门,断其马尾,仅而得免。上闻之大惊,命神策六军遣兵防卫,敕中外捕盗甚急,竟无所获。乙丑,百官入朝者九人而已。京城数日方安。

中书侍郎、同平章事李石,承甘露之乱,人情危惧,宦官恣横,忘身徇国,故纪纲粗立。仇士良深恶之,潜遣盗杀之,不果。石惧,累表称疾辞位。上深知其故而无如之何。丙子,以石同平章事,充荆南节度使。

也只能保全他的性命罢了。不只是宫内宦官诬陷宋申锡，外廷百官也有帮助他们的人。都是由于朕不能明察，过去假使遇到汉昭帝，肯定没有这种冤枉了！"郑覃、李固言也一起说宋申锡冤枉，文宗深深悔恨，露出惭愧之色。庚辰(十四日)，下诏完全恢复宋申锡的官职爵位，并任命他的儿子宋慎微为成固县尉。

文宗自从甘露之变后，心中闷闷不乐，左、右神策军打球、踢球的集会也因此而十减六七，虽然宴饮时奏乐的伎工布满庭院，文宗却未曾解除愁颜。闲暇时，有时徘徊眺望，有时自言自语，叹息不止。壬午(十六日)，文宗在延英殿对宰相们说："朕每次和你们讨论天下大事，就不免发愁。"宰相们回答说："治理天下不能急速完成。"文宗说："朕每次读书，都为自己是个碌碌无为的平凡君主感到羞耻。"李石说："如今朝廷内外的臣僚，其中有些小人还有很多疑惑隔阂，希望陛下再以宽容的态度对待他们，他们中有奉公守法的，像刘弘逸、薛季稜，陛下也应该表彰奖赏他们来鼓励他们做善事。"甲申(十八日)，文宗又对宰相说："我与众位爱卿讨论天下大事，有的迫于形势而不能实行，退朝后只好饮醇酒求得大醉罢了！"宰相们回答说："这都是臣等的罪责。"

三年(838)春季正月甲子(初五)这天，李石上朝时，在途中有盗贼用箭射他，他受了轻伤，左右侍从奔逃四散，李石骑的马受惊，跑回了家。又有盗贼在坊门拦截攻击，砍断了马尾巴，李石仅仅得以幸免于难。文宗听说这件事后大为吃惊，命令神策六军派兵防卫，并命令京城内外紧急搜查捉拿盗贼，最终却一无所获。乙丑(初六)这天，百官上朝的只有九人。京城几天后才安定下来。

中书侍郎、同平章事李石，经过甘露之变，针对人心恐惧不安、宦官恣意横行的情况，忘我地操劳国家大事，朝廷纲纪才得以大致确立。仇士良十分憎恨他，秘密地派遣盗贼去暗杀他，没有成功。李石恐惧，多次上表声称有病请求辞职。文宗深深明白其中的原因却无可奈何。丙子(十七日)，任命李石为同平章事，充任荆南节度使。

　　太子永之母王德妃无宠，为杨贤妃所谮而死。太子颇好游宴，昵近小人，贤妃日夜毁之。九月壬戌，上开延英，召宰相及两省、御史、郎官，疏太子过恶，议废之，曰："是宜为天子乎？"群臣皆言："太子年少，容有改过。国本至重，岂可轻动！"御史中丞狄兼謩论之尤切，至于涕泣。给事中韦温曰："陛下惟一子，不教，陷之至是，岂独太子之过乎！"癸亥，翰林学士六人、神策六军军使十六人复上表论之，上意稍解。是夕，太子始得归少阳院。如京使王少华等，及宦官宫人坐流死者数十人。

　　冬十月，太子永犹不悛，庚子，暴薨，谥曰庄恪。

　　四年冬十月，杨妃请立皇弟安王溶为嗣，上谋于宰相，李珏非之。丙寅，立敬宗少子陈王成美为皇太子。丁卯，上幸会宁殿作乐，有童子缘橦，一夫来往走其下如狂。上怪之，左右曰："其父也。"上泫然流涕曰："朕贵为天子，不能全一子！"召教坊刘楚材等四人、宫人张十十等责之曰："构害太子，皆尔曹也，今更立太子，复欲尔邪！"执以付吏，己巳，皆杀之。上因是感伤，旧疾遂增。

　　十一月乙亥，上疾少间，坐思政殿，召当直学士周墀，赐之酒，因问曰："朕可方前代何主？"对曰："陛下尧、舜之主也。"上曰："朕岂敢比尧、舜！所以问卿者，何如周赧、汉献耳。"墀惊曰："彼亡国之主，岂可比圣德！"上曰：

皇太子李永的母亲王德妃没有得到文宗宠爱,被杨贤妃进谗言诬陷,以致死去。皇太子特别喜欢游乐宴饮,亲近身边小人,杨贤妃日夜诽谤他。九月壬戌(初七),文宗开延英殿,召集宰相以及中书、门下两省的官员、御史台的官员、郎官,分条陈述皇太子的过错,提议废除他,文宗说:"这样的人适合做天子吗?"群臣都说:"太子年轻,请允许他改正过错。国家根本至关重要,怎么可以轻易变动?"御史中丞狄兼謩劝阻得最为恳切,甚至痛哭流涕。给事中韦温说:"陛下只有一个儿子,不好好教诲,致使他到了这种地步,难道只是太子的过错吗?"癸亥(初八),翰林学士六人、神策六军军使十六人再次上表论争此事,文宗逐渐回心转意。当天晚上,皇太子才得以回到少阳院。如京使王少华等人以及宦官、宫女几十人因此犯罪被流放或判处死罪。

冬季十月,皇太子李永仍旧不能改过自新,庚子(十六日),皇太子突然死亡,谥号叫作庄恪。

四年(839)冬季十月,杨贤妃请求立文宗的弟弟安王李溶为继承人,文宗和宰相商议此事,李珏反对这种做法。丙寅(十八日),文宗立敬宗的小儿子陈王李成美为皇太子。丁卯(十九日),文宗亲临会宁殿游乐,有一个儿童表演爬杆,有一个男人在杆下来回疯狂奔走保护。文宗感到奇怪,左右侍从说:"这是儿童的父亲。"文宗伤心流泪说:"朕虽然贵为天子,却不能保全一个儿子!"召见教坊刘楚材等四人以及宫女张十十等人,责斥他们说:"谋害皇太子的,都是你们这些人,如今已重新立太子,你们还想那样做吗?"于是逮捕他们交给官吏,己巳(二十一日),将他们全部斩首。文宗因此更加感伤,旧病也逐渐加重。

十一月乙亥(二十七日),文宗病情稍微好转,坐在思政殿,召见当日值班学士周墀,赐给他酒,接着问道:"朕可以和前代哪些帝王相比?"周墀回答说:"陛下您是尧、舜一类的帝王。"文宗说:"我怎么敢和尧、舜相比!之所以问爱卿,是因为想知道能否赶得上周赧王和汉献帝罢了。"周墀惊诧地说:"他们是亡国的帝王,怎么可以比得上陛下您至高无上的德行呢?"文宗说:

"赧、献受制于强诸侯,今朕受制于家奴,以此言之,朕殆不如。"因泣下沾襟,犀伏地流涕,自是不复视朝。

五年春正月己卯,诏立颍王瀍为皇太弟,应军国事权令句当。且言太子成美年尚冲幼,未渐师资,可复封陈王。时上疾甚,命知枢密刘弘逸、薛季稜引杨嗣复、李珏至禁中,欲奉太子监国。中尉仇士良、鱼弘志以太子之立,功不在己,乃言:"太子幼,且有疾,更议所立。"李珏曰:"太子位已定,岂得中变!"士良、弘志遂矫诏立瀍为太弟。是日,士良、弘志将兵诣十六宅,迎颍王至少阳院,百官谒见于思贤殿。瀍沉毅有断,喜愠不形于色,与安王溶皆素为上所厚,异于诸王。

辛巳,上崩于太和殿。以杨嗣复摄冢宰。

癸未,仇士良说太弟赐杨贤妃、安王溶、陈王成美死。敕大行以十四日殡,成服。谏议大夫裴夷直上言期日太远,不听。时仇士良等追怨文宗,凡乐工及内侍得幸于文宗者,诛贬相继。夷直复上言:"陛下自藩维继统,是宜俨然在疚,以哀慕为心,速行丧礼,早议大政,以慰天下。而未及数日,屡诛戮先帝近臣,惊率土之视听,伤先帝之神灵,人情何瞻!国体至重,若使此辈无罪,固不可刑;若其有罪,彼已在天网之内,无所逃伏,旬日之外行之何晚!"不听。辛卯,文宗始大敛。武宗即位。

"周赧王、汉献帝不过受强大诸侯的控制,如今朕却受宦官家奴的控制,就此而言,朕大概还不如他们二人。"于是痛哭流涕,泪满衣襟,周墀拜伏在地上流泪不止,从此文宗不再上朝。

五年(840)春季正月己卯(初二),文宗下诏立颍王李瀍为皇太弟,凡是军政大事,都暂且由他全权决定。并且说太子李成美年龄尚小,没有受过老师指导,可以仍封为陈王。当时文宗病得厉害,命令知枢密刘弘逸、薛季稜领杨嗣复、李珏来到宫中,打算由他们辅佐尊奉太子,代行皇上职权。神策军护军中尉仇士良、鱼弘志因为立太子时,自己没有一点功劳,于是上言说:"太子年幼,而且有病,请改变原议重新立嗣。"李珏说:"太子地位已经确定,怎么能中途改变?"仇士良、鱼弘志便假称文宗的诏书立李瀍为皇太弟。当天,仇士良、鱼弘志领兵到十六宅,迎接颍王李瀍到少阳院,百官在思贤殿谒见了颍王。李瀍性情深沉刚毅,做事果断,喜怒不形于色,与安王李溶都一向被文宗所厚爱,和其他诸王不同。

辛巳(初四),文宗在太和殿驾崩。朝廷任命杨嗣复兼任冢宰,主持治丧。

癸未(初六),仇士良劝说皇太弟李瀍赐杨贤妃、安王李溶、陈王李成美自尽。李瀍又下敕本月十四日举行文宗入棺大殓的仪式,宗室及百官都穿上丧服。谏议大夫裴夷直上言大殓的日期太远,李瀍没有听从。当时仇士良等人仍很怨恨文宗,凡是教坊的乐工和内侍中得到文宗宠幸的人,都相继被诛杀、贬逐。裴夷直又上言说:"陛下您由藩王的身份继承大统,因此应当像真正有病一样,以哀悼思慕为本心,尽快举行丧礼,及早商议国家大政,来安抚天下。然而先帝去世不到几天,屡屡诛戮先帝亲近之臣,惊扰天下视听,使先帝的神灵受到伤害,人们心中会怎么看待您呢? 国家的体统至关重要,假如这些人无罪,本来就不应当受惩罚;如果他们有罪,他们已经处在天罗地网之内,无法逃脱隐匿,等十天以后先帝入棺大殓结束,再加惩罚又怎么会晚呢?"李瀍没有听从。辛卯(十四日),文宗正式入棺大殓。武宗李瀍即皇帝位。

冬十一月,开府仪同三司、左卫上将军兼内谒者监仇士良请以开府荫其子为千牛,给事中李中敏判云:"开府阶诚宜荫子,谒者监何由有儿?"士良惭恚。

武宗会昌元年。初,知枢密刘弘逸、薛季稜有宠于文宗,仇士良恶之。上之立,非二人及宰相意,故杨嗣复出为湖南观察使,李珏出为桂管观察使。士良屡谮弘逸等于上,劝上除之。乙未,赐弘逸、季稜死,遣中使就潭、桂州诛嗣复及珏。户部尚书杜悰奔马见李德裕曰:"天子年少,新即位,兹事不宜手滑!"丙申,德裕与崔珙、崔郸、陈夷行三上奏,又邀枢密使至中书,使入奏。以为"德宗疑刘晏动摇东宫而杀之,中外咸以为冤,两河不臣者由兹恐惧,得以为辞。德宗后悔,录其子孙。文宗疑宋申锡交通藩邸,窜谪至死。既而追悔,为之出涕。嗣复、珏等若有罪恶,乞更加重贬。必不可容,亦当先行讯鞫,俟罪状著白,诛之未晚。今不谋于臣等,遽遣使诛之,人情莫不震骇。愿开延英赐对。"至晡时,开延英,召德裕等入。德裕等泣涕极言:"陛下宜重慎此举,毋致后悔!"上曰:"朕不悔。"三命之坐,德裕等曰:"臣等愿陛下免二人于死,勿使既死而众以为冤。今未奉圣旨,臣等不敢坐。"久之,上乃曰:"特为卿等释之。"德裕等跃下阶舞蹈。上召升坐,叹曰:

冬季十一月，开府仪同三司、左卫上将军兼内谒者监仇士良请求根据自己的官爵等级授予自己的儿子千牛备身职务，给事中李中敏批文说："按开府仪同三司的品级确实应当授予儿子官职，然而宦官怎么能有儿子呢？"仇士良又羞惭又愤怒。

唐武宗会昌元年（841）。当初，知枢密刘弘逸、薛季稜得到文宗的宠信，仇士良憎恶他们二人。武宗即位，不是刘弘逸、薛季稜二人和宰相们的本意，因此杨嗣复被贬出朝廷担任湖南观察使，李珏出朝担任桂管观察使。仇士良屡次向武宗谮毁刘弘逸等人，劝说武宗除掉他们。三月乙未（二十四日），武宗赐刘弘逸、薛季稜死，派遣宫廷使者前往潭州、桂州诛杀杨嗣复和李珏。户部尚书杜惊急忙骑马去见李德裕说："天子年轻，又新近即位，这些事情不应当让他放手蛮干！"丙申（二十五日），李德裕与崔珙、崔郸、陈夷行多次上奏，又邀请枢密使到中书省，让他们上奏。奏言认为："过去，德宗怀疑刘晏动摇自己东宫太子之位而杀掉了他，朝廷内外都认为刘晏冤枉，黄河南北不肯臣服的藩镇因此事而感到恐惧，得以把此事当作理由，更加骄横跋扈。德宗后来悔悟，任用刘晏的子孙。文宗怀疑宋申锡和漳王李凑来往，将宋申锡贬官放逐以至于死。不久又后悔，为他冤死而落泪。杨嗣复、李珏等人如果真有罪恶，乞求陛下再加重贬。假如陛下一定不能容忍，也应当先进行审讯，等到他们的犯罪事实清楚明白，再诛杀他们也为时不晚。如今陛下不和臣下等人商议，就急忙派遣使者诛杀他们，人心没有不震惊的。希望陛下开延英殿让我们当面奏对。"到了傍晚，武宗才开延英殿议事，召见李德裕等人进入。李德裕等人哭着极力劝阻说："陛下您应当慎重决定这件事，不要以后再后悔！"武宗说："朕不后悔。"多次命令李德裕等人回到座位上，李德裕等人说道："臣下等人希望陛下免除杨嗣复和李珏二人的死刑，不要叫二人死了以后而众人都认为冤枉。如今尚未接到您同意的圣旨，臣下等人不敢入坐。"过了好一会儿，武宗才说："特地为众位爱卿赦免他们。"李德裕等人跳下台阶向武宗行舞蹈礼来拜谢。武宗让他们坐下，叹息说：

"朕嗣位之际，宰相何尝比数！李珏、季稜志在陈王，嗣复、弘逸志在安王。陈王犹是文宗遗意，安王则专附杨妃。嗣复仍与妃书云：'姑何不效则天临朝？'向使安王得志，朕那复有今日！"德裕等曰："兹事暧昧，虚实难知。"上曰："杨妃尝有疾，文宗听其弟玄思入侍月馀，以此得通意指。朕细询内人，情状皎然，非虚也。"遂追还二使，更贬嗣复为潮州刺史，李珏为昭州刺史，裴夷直为骧州司户。

秋八月，加仇士良观军容使。

二年夏四月，上信任李德裕，观军容使仇士良恶之。会上将受尊号，御丹凤楼宣赦。或告士良，宰相与度支议草制减禁军衣粮及马刍粟。士良扬言于众曰："如此，至日，军士必于楼前喧哗！"德裕闻之，乙酉，乞开延英自诉。上怒，遽遣中使宣谕两军："赦书初无此事。且赦书皆出朕意，非由宰相，尔安得此言！"士良乃惶愧称谢。

三年夏四月，上虽外尊宠仇士良，内实忌恶之。士良颇觉之，遂以老病求散秩。诏以左卫上将军兼内侍监、知省事。

六月癸酉，仇士良以左卫上将军、内侍监致仕。其党送归私第，士良教以固权宠之术曰："天子不可令闲，常宜以奢靡娱其耳目，使日新月盛，无暇更及他事，然后吾辈可以得志。慎勿使之读书，亲近儒生，彼见前代兴亡，心知忧惧，

"朕继承帝位的时候,宰相哪里曾经考虑要我即位? 李珏、薛季稜想立陈王李成美,杨嗣复、刘弘逸想立安王李溶。立陈王李成美还算是文宗的遗愿,立安王李溶则是专门依附杨妃。杨嗣复还曾经给杨妃写信说:'您为什么不效仿武则天临朝执政?'假使安王李溶即位,朕哪还能有今日?"李德裕等人说:"此事十分模糊,真假虚实难以得知。"武宗说:"杨妃曾经有病,文宗听任她的弟弟杨玄思入宫侍候了一个多月,因此得以向杨妃转达自己的意思。朕已经仔细向宦官询问过,事实一清二楚,绝不是虚构。"于是追回诛杀二人的使者,再次贬黜杨嗣复为潮州刺史,李珏为昭州刺史,裴夷直为骧州司户。

秋季八月,加官仇士良为观军容使。

二年(842)夏季四月,武宗信任李德裕,观军容使仇士良憎恶李德裕。恰逢武宗准备接受尊号,驾临丹凤楼宣布赦令。有人告诉了仇士良,宰相正和度支商议起草制书,裁减禁军的衣服、粮食以及军马的草料。仇士良在众人中扬言说:"如果这样,到百官上尊号那天,军士必定要在丹凤楼前喧哗吵闹!"李德裕听说此话后,乙酉(二十一日),乞请开延英殿让自己当面申诉。武宗大怒,立即派遣宫廷使者转告左、右神策二军说:"赦书根本就没有这方面的事。况且,赦书的内容都出自朕的本意,而不是听从宰相的,你们怎么能这么讲!"仇士良于是惶恐惭愧,连连谢罪。

三年(843)夏季四月,武宗虽然表面上尊宠仇士良,内心实际上非常忌恨憎恶他。仇士良逐渐觉察到这种情况,于是以年老多病为由,请求辞职担任散官。武宗下诏任命他为左卫上将军兼内侍监、知省事。

六月癸酉(十六日),仇士良以左卫上将军、内侍监的职务退休。他的党羽送他回到私人宅第,仇士良教给他们巩固权力和恩宠的秘诀说:"对于天子,不能让他有闲暇的时间,应当经常以奢侈靡丽之物娱乐他的视听,使他总有新鲜感,无暇顾及其他事情,然后我们就可以得志了。千万不要让他读书,亲近那些读书人,否则,他看到前代兴亡的事迹,心中知道忧虑恐惧,

则吾辈疏斥矣。"其党拜谢而去。

四年。宦官发仇士良宿恶，于其家得兵仗数千。诏削其官爵，籍没家赀。

宣宗大中八年。上自即位以来，治弑宪宗之党，诛窜甚众。虑人情不安，诏："长庆之初乱臣贼子，顷流窜已尽，其馀族从疏远者一切不问。"

十月，上以甘露之变，惟李训、郑注当死，自馀王涯、贾
悚等无罪，诏皆雪其冤。

那么我们就要被斥责疏远了。"他的党羽拜谢而去。

四年(844)。宦官中有人揭发仇士良过去的罪恶,朝廷派人在他家中搜到兵甲铠仗数千件。于是武宗下诏削除他的官爵职位,没收他的所有家财。

宣宗大中八年(854)。宣宗自从即位以来,惩治弑杀宪宗的党羽,被诛杀和放逐的人特别多。考虑到人心不安,于是下诏说:"穆宗长庆初年的乱臣贼子,不久前流放贬逐已尽,其馀与罪犯关系疏远的同族及从兄弟一律不再追究。"

十月,宣宗认为甘露之变中,只有李训、郑注应当处死,其馀王涯、贾𝑡等人无罪,下诏全部昭雪他们的冤屈。

朋党之祸

唐穆宗长庆元年。翰林学士李德裕,吉甫之子也,以中书舍人李宗闵尝对策讥切其父,恨之。宗闵又与翰林学士元稹争进取有隙。右补阙杨汝士与礼部侍郎钱徽掌贡举,西川节度使段文昌、翰林学士李绅各以书属所善进士于徽。及榜出,文昌、绅所属皆不预焉,及第者,郑朗,覃之弟;裴譔,度之子;苏巢,宗闵之婿;杨殷士,汝士之弟也。文昌言于上曰:"今岁礼部殊不公,所取进士皆子弟无艺,以关节得之。"上以问诸学士,德裕、稹、绅皆曰:"诚如文昌言。"上乃命中书舍人王起等覆试。夏四月丁丑,诏黜朗等十人,贬徽江州刺史,宗闵剑州刺史,汝士开江令。或劝徽奏文昌、绅属书,上必寤。徽曰:"苟无愧心,得丧一致,奈何奏人私书,岂士君子所为邪!"取而焚之,时人多之。绅,敬玄之曾孙;起,播之弟也。自是德裕、宗闵各分朋党,更相倾轧,垂四十年。

朋党之祸

唐穆宗长庆元年(821)。翰林学士李德裕是李吉甫的儿子,因为中书舍人李宗闵曾经在唐宪宗元和三年(808)科举考试的对策中谴责过李德裕的父亲,所以李德裕十分痛恨李宗闵。李宗闵又与翰林学士元稹争官,二人有矛盾。右补阙杨汝士和礼部侍郎钱徽掌管科举考试,西川节度使段文昌、翰林学士李绅分别写信向钱徽托付自己所亲近的考生。等到放榜时,段文昌、李绅所托付的考生都没有中榜,中榜的进士中,郑朗是郑覃的弟弟,裴譔是裴度的儿子,苏巢是李宗闵的女婿,杨殷士是杨汝士的弟弟。段文昌向穆宗上言说:"今年礼部考试特别不公正,所录取的进士都是公卿子弟,没有技艺才能,依靠相互请托才考取了进士。"穆宗以段文昌所说的情况询问诸位翰林学士,李德裕、元稹、李绅都说:"确实像段文昌所说的那样。"于是,穆宗命令中书舍人王起等人重新考试。夏季四月丁丑(十一日),下诏废除郑朗等十名进士,贬谪钱徽为江州刺史,李宗闵为剑州刺史,杨汝士为开江县令。有人劝钱徽奏报段文昌、李绅请托的书信,穆宗必定醒悟。钱徽说:"如果问心无愧,得到官职与失去官职都是一样的,为什么要去奏报人家的私人信件,这难道是士君子应该干的事吗?"便取出段文昌和李绅的书信烧掉了,当时的人都称赞他。李绅是李敬玄的曾孙,王起是王播的弟弟。从此以后,李德裕、李宗闵各为朋党,相互倾轧,将近四十年。

二年夏六月甲子,裴度、元稹皆罢相,以兵部尚书李逢吉为门下侍郎、同平章事。

三年。户部侍郎牛僧孺,素为上所厚。初,韩弘之子右骁卫将军公武为其父谋,以财结中外。及公武卒,弘继薨,稚孙昭宗嗣,主藏奴与吏讼于御史府。上怜之,尽取弘财簿自阅视,凡中外主权,多纳弘货,独朱句细字曰:"某年月日,送户部牛侍郎钱千万,不纳。"上大喜,以示左右曰:"果然,吾不缪知人!"三月壬戌,以僧孺为中书侍郎、同平章事。时僧孺与李德裕皆有入相之望,德裕出为浙西观察使,八年不迁,以为李逢吉排己,引僧孺为相。由是牛、李之怨愈深。

李逢吉为相,内结知枢密王守澄,势倾朝野。惟翰林学士李绅每承顾问,常排抑之,拟状至内庭,绅多所臧否。逢吉患之,而上待遇方厚,不能远也。会御史中丞缺,逢吉荐绅清直,宜居风宪之地。上以中丞亦次对官,不疑而可之。会绅与京兆尹兼御史大夫韩愈争台参及他职事,文移往来,辞语不逊。逢吉奏二人不协,冬十月丙戌,以愈为兵部侍郎,绅为江西观察使。韩愈、李绅入谢,上各令自叙其事,乃深寤。壬辰,复以愈为吏部侍郎,绅为户部侍郎。

四年。初,穆宗既留李绅,李逢吉愈忌之。绅族子虞颇以文学知名,自言不乐仕进,隐居华阳川。及从父耆为

二年(822)夏季六月甲子(初五),裴度、元稹都被免去宰相职务,穆宗任命兵部尚书李逢吉为门下侍郎、同平章事。

三年(823)。户部侍郎牛僧孺,一向被穆宗所看重。当初,宣武节度使韩弘的儿子右骁卫将军韩公武为他父亲谋划,用钱财结交朝廷内外官员。等到韩公武去世,接着韩弘也去世了,韩弘的小孙子韩昭宗继承家业,主管储藏的家奴和宣武的官吏向御史府诉讼。穆宗怜悯韩昭宗,取来韩弘家里所有的财产登记账簿亲自阅览,凡是朝廷内外掌权的官员,大多接受过韩弘的财货贿赂,只有一处用红色小字记载说:"某年某月某日,送给户部侍郎牛僧孺钱一千万,不接受。"穆宗看后大喜,拿给左右侍从看,并说:"果然,我没有看错人!"三月壬戌(初七),任命牛僧孺为中书侍郎、同平章事。当时,牛僧孺与李德裕都有入朝担任宰相的希望,李德裕出朝担任浙西观察使以后,连续八年得不到升迁,他认为是李逢吉排斥自己,而引荐牛僧孺担任宰相。因此牛僧孺与李德裕之间的怨恨越来越深。

李逢吉担任宰相,在朝中结交知枢密王守澄,势倾朝野。只有翰林学士李绅每次参与穆宗的咨询时,经常排斥贬抑他,李逢吉推荐官员的拟状送到内庭,李绅多有褒贬。李逢吉对此十分忧虑,然而穆宗对李绅待遇正厚,无法使穆宗疏远他。正赶上御史中丞缺员,李逢吉便推荐李绅清廉正直,适合居于御史台监察之地。穆宗认为御史中丞也是次对官,不加怀疑就同意了。恰逢李绅与京兆尹兼御史大夫韩愈因争论台参和其他任职事宜,在公文往来中,言辞很不恭逊。李逢吉便上奏二人关系不和,冬季十月丙戌(初五),穆宗任命韩愈为兵部侍郎,李绅为江西观察使。韩愈、李绅入朝谢恩,穆宗命令他们各自陈述争论的事情经过,于是深深醒悟。壬辰(十一日),重新任命韩愈为吏部侍郎,李绅为户部侍郎。

四年(824)。当初,穆宗既已留下李绅在朝廷任职,李逢吉更加忌恨他。李绅同族兄弟的儿子李虞由于文章博学而知名一时,他自称不愿意做官,隐居在华阳川。等到他的叔父李耆担任

左拾遗,虞与耆书求荐,误达于绅。绅以书诮之,且以语于众人。虞深怨之,乃诣逢吉,悉以绅平日密论逢吉之语告之。逢吉益怒,使虞与补阙张又新及从子前河阳掌书记仲言等伺求绅短,扬之于士大夫间,且言"绅潜察士大夫有群居议论者,辄指为朋党,白之于上"。由是士大夫多忌之。

及敬宗即位,逢吉与其党快绅失势,又恐上复用之,日夜谋议,思所以害绅者。楚州刺史苏遇谓逢吉之党曰:"主上初听政,必开延英,有次对官,惟此可防。"其党以为然,亟白逢吉曰:"事迫矣,若俟听政,悔不可追!"逢吉乃令王守澄言于上曰:"陛下所以为储贰,臣备知之,皆逢吉之力也。如杜元颖、李绅辈,皆欲立深王。"度支员外郎李续之等继上章言之。上时年十六,疑未信。会逢吉亦有奏,言绅谋不利于上,请加贬谪。上犹再三覆问,然后从之。二月癸未,贬绅为端州司马。逢吉仍帅百官表贺。既退,百官复诣中书贺。逢吉方与张又新语,门者弗内。良久,又新挥汗而出,旅揖百官曰:"端溪之事,又新不敢多让。"众骇愕辟易,惮之。右拾遗内供奉吴思独不贺,逢吉怒,以思为吐蕃告哀使。丙戌,贬翰林学士庞严为信州刺史,蒋防为汀州刺史。严,寿州人,与防皆绅所引也。给事中于敖,素与严善,封还敕书。人为之惧,曰:"于给事为庞、蒋直冤,犯宰相怒,诚所难也!"及奏下,乃言贬之太轻。逢吉由是奖之。

左拾遗后,李虞给李耆写信请求向朝廷推荐自己,误送到李绅手中。李绅写信讥讽他,并把这件事对众人谈论。李虞深深怨恨李绅,于是去谒见李逢吉,把李绅平时秘密议论李逢吉的话全部告诉给他。李逢吉更加愤怒,让李虞和补阙张又新以及侄子原河阳掌书记李仲言等人伺察李绅的过失,然后在士大夫中间张扬这些过失,并散布说:"李绅暗地里窥察士大夫,有在一起议论的人,就指斥为朋党,并向皇上报告。"因此士大夫大多忌恨李绅。

　　等到唐敬宗即皇帝位,李逢吉和他的党羽对李绅失势拍手称快,但又担心敬宗重新重用他,日夜谋划商议,思考能够伤害李绅的办法。楚州刺史苏遇对李逢吉的党羽说:"皇上刚刚上朝听政,必定开延英殿访询百官,有次对官在场言事,只有在这时可以防备李绅被皇上重新重用。"李逢吉的党羽认为所言有理,急忙向李逢吉禀报说:"事情紧迫,如果等到皇上听政,后悔就来不及了!"李逢吉于是让王守澄对敬宗上言说:"陛下您之所以能被立为皇太子,臣完全知道其中的原因,都是李逢吉一人的力量。像杜元颖、李绅这些人,都想拥立深王李察。"度支员外郎李续之等人接着上奏章说这些话。敬宗当时十六岁,怀疑不肯相信。恰逢李逢吉也有奏报,说李绅图谋对皇上不利,请求加以贬谪。敬宗仍然再三复查询问,然后听从了李逢吉的意见。二月癸未(初三),贬谪李绅为端州司马。李逢吉于是率领百官上表称贺。退朝以后,百官又到中书省称贺。李逢吉正在与张又新交谈,守门人不让进去。过了好长时间,张又新挥汗而出,向百官一并作揖说:"李绅贬官端州一事,又新我不敢再退让了。"百官都惊愕退下,畏惧张又新。右拾遗、内供奉吴思唯独不肯称贺,李逢吉勃然大怒,任命吴思为吐蕃告哀使。丙戌(初六),贬谪翰林学士庞严为信州刺史,蒋防为汀州刺史。庞严是寿州人,他和蒋防都是李绅所推荐的人。给事中于敖,向来和庞严关系密切,把贬谪二人的敕书封还朝廷。百官都为他感到害怕,说:"于给事替庞严、蒋防伸冤,触怒宰相,确实不容易啊!"等到奏章下发,于敖竟然说对二人贬谪太轻。李逢吉因此夸奖他。

张又新等犹忌绅,日上书言贬绅太轻,上许为杀之。朝臣莫敢言,独翰林侍读学士韦处厚上疏,指述:"绅为逢吉之党所谗,人情叹骇。绅蒙先朝奖用,借使有罪,犹宜容假,以成三年无改之孝,况无罪乎!"于是上稍开寤,会阅禁中文书,有穆宗所封一箧,发之,得裴度、杜元颖、李绅疏请立上为太子,上乃嗟叹,悉焚人所上谮绅书,虽未即召还,后有言者,不复听矣。

夏四月乙未,以布衣姜洽为补阙,试大理评事陆洿、布衣李虞、刘坚为拾遗。时李逢吉用事,所亲厚者张又新、李仲言、李续之、李虞、刘栖楚、姜洽及拾遗张权舆、程昔范,又有从而附丽之者,时人恶逢吉者,目之为八关、十六子。

敬宗宝历元年春正月,中书侍郎、同平章事牛僧孺以上荒淫,嬖幸用事,又畏罪不敢言,但累表求出。乙卯,升鄂岳为武昌军,以僧孺同平章事、充武昌节度使。

夏四月癸巳,群臣上尊号曰文武大圣广孝皇帝。赦天下。赦文但云"左降官已经量移者,宜与量移",不言未量移者。翰林学士韦处厚上言:"逢吉恐李绅量移,故有此处置。如此,则应近年流贬官,因李绅一人皆不得量移也。"上即追赦文改之。绅由是得移江州长史。

冬十月,前河阳掌书记李仲言坐陈留武昭之狱,流象州。

张又新等人仍然忌恨李绅,每日上书朝廷,说对李绅贬谪太轻,敬宗许可杀掉他。朝中的大臣没有人敢于直言,只有翰林侍读学士韦处厚上疏,指陈说:"李绅被李逢吉的党羽所谗毁,众人心中无不悲叹惊骇。李绅承蒙先朝穆宗的提拔任用,即使有罪,仍然应当宽恕容忍,来完成对先皇所定的规矩三年不做改变的孝道,更何况他根本无罪呢?"于是敬宗渐渐觉悟,恰巧在阅览宫中的文书时,发现了穆宗所封存的一个箱子,打开箱子,从中得到裴度、杜元颖、李绅请求拥立自己为皇太子的上疏,敬宗于是嗟叹不已,全部烧毁了朝臣说坏话诬陷李绅的上书,虽然没有立即召回李绅,但以后再有说李绅坏话的奏言,敬宗就不再听从了。

夏季四月乙未(十六日),敬宗任命平民姜洽为补阙,试大理评事陆洿、平民李虞、刘坚为拾遗。当时,李逢吉专权用事,所亲信重用的人有张又新、李仲言、李续之、李虞、刘栖楚、姜洽以及拾遗张权舆、程昔范,还有一些顺从而且依附他们的人,当时憎恶李逢吉的人,称呼他们为八关、十六子。

唐敬宗宝历元年(825)春季正月,中书侍郎、同平章事牛僧孺认为敬宗荒淫奢侈,得宠的小人当权用事,但又畏惧获罪不敢直言,只好屡次上表请求出朝任职。乙卯(十一日),敬宗升鄂岳为武昌军,任命牛僧孺为同平章事,充任武昌节度使。

夏季四月癸巳(二十日),群臣为唐敬宗上尊号为文武大圣广孝皇帝。大赦天下。赦文只说"贬谪到远方任职的官吏中已经酌情移到近处任职的人,应当继续酌情移往近处任职",不提尚未移往近处任职的被贬官员。翰林学士韦处厚上言说:"李逢吉担心李绅也酌情被移往近处任职,所以有此安排。这样的话,凡是在近年来流放贬谪到远方的官员,就因为李绅一人都不得酌情移往近处任职了。"敬宗立即追回赦文,予以改正。李绅因此得以移任江州长史。

冬季十月,原河阳掌书记李仲言在陈留人武昭的案件中获罪,流放到象州。

　　十二月，言事者多称裴度贤，不宜弃之藩镇。上数遣使至兴元劳问度，密示以还期，度因求入朝。逢吉之党大惧。

　　二年春正月壬辰，裴度自兴元入朝，李逢吉之党百计毁之。先是民间谣云："绯衣小儿坦其腹，天上有口被驱逐。"又，长安城中有横亘六冈，如乾象，度宅偶居第五冈。张权舆上言："度名应图谶，宅占冈原，不召而来，其旨可见。"上虽年少，悉察其诬谤，待度益厚。

　　冬十一月甲申，以门下侍郎、同平章事李逢吉同平章事、充山南东道节度使。
　　文宗太和三年秋八月，征浙西观察使李德裕为兵部侍郎，裴度荐以为相。会吏部侍郎李宗闵有宦官之助，甲戌，以宗闵同平章事。九月壬辰，以李德裕为义成节度使。李宗闵恶其逼己，故出之。

　　四年春正月辛巳，武昌节度使牛僧孺入朝。李宗闵引荐牛僧孺。辛卯，以僧孺为兵部尚书、同平章事。于是二人相与排摈李德裕之党，稍稍逐之。

　　裴度以高年多疾，恳辞机政。六月丁未，以度为司徒、平章军国重事，俟疾损，三五日一入中书。初，裴度征淮西，奏李宗闵为观察判官，由是渐获进用。至是，怨度荐李德裕，因其谢病，九月壬午，以度兼侍中，充山南东道节度使。

十二月,上书言事的人大多称赞裴度德才兼备,不应当将他遗弃到藩镇做节度使。敬宗多次派遣使者到兴元慰劳裴度,秘密地转告他朝廷召还的日期,裴度于是请求入京朝拜。李逢吉的党羽大为恐惧。

　　二年(826)春季正月壬辰(二十四日),裴度从兴元入京朝拜,李逢吉的党羽千方百计地诋毁他。在此之前,民间有歌谣说:"绯衣小儿坦其腹,天上有口被驱逐。"另外,长安城中有横贯东西的六条高冈,正像《周易·乾卦》六爻的样子,裴度的住宅恰好处在第五条高冈上。张权舆上言说:"裴度的名字应和图谶,住宅占据第五条高冈,不等召见就擅自回来,他的意图可以想见。"敬宗虽然年轻,但全部洞察出了张权舆的诬陷和诽谤,对待裴度更加优厚。

　　冬季十一月甲申(二十一日),敬宗任命门下侍郎、同平章事李逢吉为同平章事,充任山南东道节度使。

　　唐文宗太和三年(829)秋季八月,文宗征召浙西观察使李德裕为兵部侍郎,裴度向朝廷推荐他担任宰相。正赶上吏部侍郎李宗闵得到宦官的帮助,甲戌(二十七日),文宗任命李宗闵为同平章事。九月壬辰(十五日),任命李德裕为义成节度使。李宗闵憎恨李德裕威胁自己的地位,所以建议文宗让他到外地任职。

　　太和四年(830)春季正月辛巳(初六),武昌节度使牛僧孺入京朝拜。李宗闵向文宗推荐牛僧孺。辛卯(十六日),文宗任命牛僧孺为兵部尚书、同平章事。于是二人共同排挤李德裕的党羽,逐渐把他们从朝廷中贬逐出去。

　　裴度因为自己年老多病,恳请辞去机要职务。六月丁未(初五),文宗任命裴度为司徒、平章军国重事,等病情减轻后,三天或五天进入中书办公一次。当初,裴度征讨淮西吴元济时,奏请李宗闵担任观察判官,因此李宗闵逐渐得到提拔任用。到了这时,李宗闵怨恨裴度向朝廷推荐李德裕,趁着他因病辞职的机会,建议文宗将他调到藩镇任职,九月壬午(十一日),文宗任命裴度兼任侍中,充任山南东道节度使。

冬十月戊申，以义成节度使李德裕为西川节度使。

五年秋九月，吐蕃维州副使悉怛谋请降，李德裕遣行维州刺史虞藏俭将兵入据其城，具奏其状。牛僧孺曰："吐蕃之境，四面各万里，失一维州，未能损其势。徒弃诚信，有害无益。"上以为然，诏德裕以城归吐蕃，执悉怛谋归之。吐蕃诛之于境上。德裕由是怨僧孺益深。事见《吐蕃叛盟》。

六年冬十一月乙卯，以荆南节度使段文昌为西川节度使。西川监军王践言入知枢密，数为上言："缚送悉怛谋以快虏心，绝后来降者，非计也。"上亦悔之，尤中书侍郎、同平章事牛僧孺失策。附李德裕者因言："僧孺与德裕有隙，害其功。"上益疏之。僧孺内不自安，会上御延英，谓宰相曰："天下何时当太平，卿等亦有意于此乎！"僧孺对曰："太平无象。今四夷不至交侵，百姓不至流散，虽非至理，亦谓小康。陛下若别求太平，非臣等所及。"退，谓同列曰："主上责望如此，吾曹岂得久居此地乎！"因累表请罢。十二月乙丑，以僧孺同平章事、充淮南节度使。

臣光曰：君明臣忠，上令下从，俊良在位，佞邪黜远，礼修乐举，刑清政平，奸宄消伏，兵革偃戢，诸侯顺附，四夷怀服，时和年丰，家给人足，此太平之象也。于斯之时，阉寺专权，胁君于内，弗能远也；藩镇阻兵，

冬季十月戊申（初七），文宗任命义成节度使李德裕为西川节度使。

五年（831）秋季九月，吐蕃维州副使悉怛谋向唐朝请求投降，李德裕派遣代理维州刺史虞藏俭率兵进入吐蕃境内占据维州城，李德裕详细奏报了这些情况。牛僧孺说："吐蕃的边境，四面各有一万里，丧失一个维州，不能减损它的势力。白白地丢掉诚信，有百害而无一利。"敬宗认为牛僧孺所言有理，下诏命令李德裕把维州城还给吐蕃，拘捕悉怛谋送归吐蕃。吐蕃在边境上诛杀了悉怛谋。李德裕由此对牛僧孺怨恨更深。事见《吐蕃叛盟》。

六年（832）冬季十一月乙卯（二十七日），文宗任命荆南节度使段文昌为西川节度使。西川监军王践言入朝担任枢密使，他多次对文宗说："捆绑并送回悉怛谋来使吐蕃人心大快，让以后没人再敢来投降，这不是好的计策。"文宗也对此事感到后悔，指责中书侍郎、同平章事牛僧孺谋划不当。依附李德裕的人乘机进言说："牛僧孺与李德裕有矛盾，阻碍李德裕立功。"文宗更加疏远牛僧孺。牛僧孺内心十分不安，适逢文宗亲临延英殿，对宰相说："天下什么时候才能太平，众位爱卿也有意向这方面努力吗？"牛僧孺回答说："太平没有固定的标准。如今四方蛮夷不至于来侵扰，百姓不至于流离失散，虽然不算是大治，但也可以称为小康。陛下您如果在此之外还追求太平，就不是臣等所能考虑到的了。"退朝后，牛僧孺对同僚们说："皇上如此责难抱怨，我们怎么能够久居此地呢？"于是接连上表请求辞职。十二月乙丑（初七），文宗任命牛僧儒为同平章事，充任淮南节度使。

史臣司马光评论说：君主圣明，臣子忠诚，上司发令，下级服从；贤能优良之士被委以重任，奸佞邪恶之人被黜退疏远；推行并加强礼乐制度，刑罚清明，政令平允；为非作歹的行为都被消除干净，国家刀枪入库，甲盾收藏，地方诸侯归附，周边夷族顺服，四时和顺，五谷丰收，家给人足，这就是太平的景象。然而就在文宗和宰相们讨论什么是天下太平时，宦官专权，在朝中胁迫皇上，却未能黜贬流放；藩镇拥兵，

陵慢于外，弗能制也；士卒杀逐主帅，拒命自立，弗能诘也；军旅岁兴，赋敛日急，骨血纵横于原野，杼轴空竭于里闾。而僧孺谓之太平，不亦诬乎！当文宗求治之时，僧孺任居承弼，进则偷安取容以窃位，退则欺君诬世以盗名，罪孰大焉！

丁未，以前西川节度使李德裕为兵部尚书。初，李宗闵与德裕有隙，及德裕还自西川，上注意甚厚，朝夕且为相，宗闵百方沮之不能。京兆尹杜悰，宗闵党也，尝诣宗闵，见其有忧色，曰："得非以大戎乎？"宗闵曰："然。何以相救？"悰曰："悰有一策，可平宿憾，恐公不能用。"宗闵曰："何如？"悰曰："德裕有文学而不由科第，常用此为慊慊。若使之知举，必喜矣。"宗闵默然有间，曰："更思其次。"悰曰："不则用为御史大夫。"宗闵曰："此则可矣。"悰再三与约，乃诣德裕。德裕迎揖曰："公何为访此寂寥？"悰曰："靖安相公令悰达意。"即以大夫之命告之。德裕惊喜泣下，曰："此大门官，小子何足以当之！"寄谢重沓。宗闵复与给事中杨虞卿谋之，事遂中止。虞卿，汝士之从弟也。

七年春二月丙戌，以兵部尚书李德裕同平章事。德裕入谢，上与之论朋党事，对曰："方今朝士三分之一为朋

在朝外凌辱轻慢皇上，却未能讨伐制服；士卒驱逐杀害主帅，抗拒朝廷命令而自立为节度使，却未能严加斥责；战乱连年不断，赋敛日益紧急，在原野上横遍将士的尸骨和鲜血，在村庄里织机闲置而不见人影。而牛僧孺认为这就是天下太平，难道不是公然欺骗吗？正当唐文宗励精图治的时候，牛僧孺身为宰相担当辅佐的重任，被提拔时就苟且偷安、阿谀奉承来窃取相位，辞职时就欺骗文宗、诬蔑时事来盗取名声，他的罪行实在太大了！

丁未这一天，文宗任命原西川节度使李德裕为兵部尚书。当初，李宗闵与李德裕有矛盾，等到李德裕从西川回京，文宗对他十分关注，急于任命他担任宰相，李宗闵便千方百计进行阻止，没有成功。京兆尹杜悰是李宗闵的党羽，曾经前去谒见李宗闵，看到他面有忧色，就问："不会是因为担任兵部尚书的李德裕吧？"李宗闵说："是。但用什么办法能够挽救呢？"杜悰说："我有一计，可以消除旧日结下的仇恨，只是担心明公您不能采纳。"李宗闵说："什么计策？"杜悰说："李德裕擅长文学，但是没有经过科举考试而获得进士出身，常常为此而感到不快。倘若让他掌管科举考试，他肯定会喜出望外。"李宗闵沉默了一会儿，说："你再想想其他办法。"杜悰说："不然的话，就任用他为御史大夫。"李宗闵说："这条计策可以。"杜悰再三与李宗闵约定此事，于是去见李德裕。李德裕作揖迎接杜悰说："明公您为了什么事光顾我这寂寥冷清之门呢？"杜悰说："靖安坊相公李宗闵让我转达他的心愿。"就把任命李德裕为御史大夫的意向透露给他。李德裕又惊喜又落泪，说："这是朝廷举行大礼时在宫门纠察百官班列的显贵职务，晚辈我怎么能够担任此职！"连连请他转达对李宗闵的谢意。李宗闵又与给事中杨虞卿商议这件事，结果中途停止了这项计划。杨虞卿是杨汝士的堂弟。

七年（833）春季二月丙戌（二十八日），文宗任命兵部尚书李德裕为同平章事。李德裕入朝拜谢，文宗和他谈论起朋党的事，李德裕回答说："当今朝廷官员有三分之一的人都参与了朋

党。"时给事中杨虞卿与从兄中书舍人汝士、弟户部郎中汉公、中书舍人张元夫、给事中萧澣等善交结，依附权要，上干执政，下挠有司，为士人求官及科第，无不如志。上闻而恶之，故与德裕言首及之。德裕因得以排其所不悦者。初，左散骑常侍张仲方尝驳李吉甫谥，及德裕为相，仲方称疾不出。三月壬辰，以仲方为宾客分司。

庚戌，以杨虞卿为常州刺史，张元夫为汝州刺史。他日，上复言及朋党，李宗闵曰："臣素知之，故虞卿辈臣皆不与美官。"李德裕曰："给舍非美官而何！"宗闵失色。丁巳，以萧澣为郑州刺史。

夏六月壬申，以工部尚书郑覃为御史大夫。初，李宗闵恶覃在禁中数言事，奏罢其侍讲。上从容谓宰相曰："殷侑经术颇似郑覃。"宗闵对曰："覃、侑经术诚可尚，然议论不足听。"李德裕曰："覃、侑议论，他人不欲闻，惟陛下欲闻之。"后旬日，宣出，除覃御史大夫。宗闵谓枢密使崔潭峻曰："事一切宣出，安用中书！"潭峻曰："八年天子，听其自行事亦可矣。"宗闵愀然而止。

乙亥，以中书侍郎、同平章事李宗闵同平章事、充山南西道节度使。

八年。初，李仲言流象州，遇赦，还东都。会留守李逢吉思复入相，仲言自言与郑注善，逢吉使仲言厚赂之。

党活动。"当时给事中杨虞卿与他的堂兄中书舍人杨汝士、弟弟户部郎中杨汉公、中书舍人张元夫、给事中萧澣等人善于结交，依附当权要臣，在上层攀附执政大臣，在下层侵扰各级官吏，替读书人求取官职和科举登第，无不达到目的。文宗闻知后十分憎恶他们，所以和李德裕谈话时首先说起这方面的事。李德裕因此得以排挤他所不喜欢的人。当初，左散骑常侍张仲方曾经驳斥李德裕的父亲李吉甫死后朝廷礼官给他拟定的谥号，等到李德裕担任宰相，张仲方借口生病，不再上朝。三月壬辰(初五)，文宗任命张仲方为太子宾客、分司东都。

庚戌(二十三日)，文宗任命杨虞卿为常州刺史，张元夫为汝州刺史。过了几天，文宗又谈起朋党问题，李宗闵说："臣向来清楚朝臣中都有谁是朋党，所以对于杨虞卿之类的人，臣都不授予他们位高禄厚的官职。"李德裕反驳说："给事中、中书舍人不是位高禄厚的官职又是什么呢？"李宗闵闻言大惊失色。丁巳(三十日)，文宗任命萧澣为郑州刺史。

夏季六月壬申(十六日)，文宗任命工部尚书郑覃为御史大夫。当初，李宗闵憎恶郑覃在宫禁之中多次议论政事，奏请文宗罢免他翰林侍讲学士的职务。一次，文宗不慌不忙地对宰相说："殷侑的经学水平十分类似郑覃。"李宗闵回答说："郑覃、殷侑的经学确实可以崇尚，然而议论朝政的话不值得听取。"李德裕说："郑覃、殷侑议论的话，别人不愿听，只有陛下想听。"十天以后，朝廷宣布了文宗的诏令，任命郑覃为御史大夫。李宗闵对枢密使崔潭峻说："现在朝廷对官员的任命全由皇上一人直接决定并宣布，还用中书门下干什么！"崔潭峻说："即位已经八年的天子，听任他自己处理事情也可以了。"李宗闵神色忧惧，不再说了。

乙亥(十九日)，文宗任命中书侍郎、同平章事李宗闵为同平章事，充任山南西道节度使。

八年(834)。当初，李仲言被流放到象州，后来遇到大赦，回到东都洛阳。恰逢东都留守李逢吉正想重新入朝担任宰相，李仲言自称和郑注关系密切，李逢吉便让李仲言用厚礼贿赂郑注。

注引仲言见王守澄，守澄荐于上，云仲言善《易》。上召见之。时仲言有母服，难入禁中，乃使衣民服，号王山人。仲言仪状秀伟，倜傥尚气，颇工文辞，有口辩，多权数。上见之，大悦，以为奇士，待遇日隆。仲言既除服，秋八月辛卯，上欲以仲言为谏官，置之翰林。李德裕曰："仲言向所为，计陛下必尽知之，岂宜置之近侍？"上曰："然岂不容其改过？"对曰："臣闻惟颜回能不贰过。彼圣贤之过，但思虑不至，或失中道耳。至于仲言之恶，著于心本，安能悛改邪！"上曰："李逢吉荐之，朕不欲食言。"对曰："逢吉身为宰相，乃荐奸邪以误国，亦罪人也。"上曰："然则别除一官。"对曰："亦不可。"上顾王涯，涯对曰："可。"德裕挥手止之，上回顾适见，色殊不怿而罢。始，涯闻上欲用仲言，草谏疏极愤激。既而见上意坚，且畏其党盛，遂中变。

寻以仲言为四门助教，给事中郑肃、韩佽封还敕书。德裕将出中书，谓涯曰："且喜给事中封敕！"涯即召肃、佽谓曰："李公适留语，令二阁老不用封敕。"二人即行下。明日，以白德裕，德裕惊曰："德裕不欲封还，当面闻，何必使人传言！且有司封驳，岂复禀宰相意邪！"二人怅恨而去。

九月辛亥，征昭义节度副使郑注至京师。王守澄、李仲言、郑注皆恶李德裕，以山南西道节度使李宗闵与德裕

郑注引李仲言拜见王守澄，王守澄又向文宗推荐，说李仲言精通《周易》。于是文宗召见李仲言。李仲言当时正在为母亲服丧，难以进入宫中，文宗便让他穿上平民服装，号称王山人。李仲言仪表俊秀，身材魁梧，倜傥不羁，才气十足，特别擅长文辞，能言善辩，足智多谋。文宗见到他，十分高兴，认为他是一个奇才，因而对他的礼遇日益隆重。李仲言为母亲服丧期满后，秋季八月辛卯（十三日），文宗打算任命李仲言为谏官，把他安置在翰林院。李德裕说："李仲言过去的所作所为，估计陛下您肯定全部知道，怎么适合把他安置在您的身旁作为侍从呢？"文宗说："虽然是这样，难道不允许他改正错误吗？"李德裕回答说："臣听说只有孔子的弟子颜回能够不重犯同样的错误。他们圣贤的过错，只是思考问题不周到，偶然偏离中庸之道罢了。至于李仲言的罪恶，则是出自内心，怎么能够改正得了呢？"文宗说："李逢吉推荐了他，朕不想自食其言。"李德裕回答说："李逢吉身为宰相，竟然荐举奸邪之人来危害国家，他也是罪人。"文宗说："这样的话，就另外授予他一个职务。"李德裕回答说："那也不行。"文宗侧过头看着王涯，王涯回答说："我看可以。"李德裕连连挥手阻止他，文宗回过头来正好看见，脸色很不高兴地宣布停止议论。起初，王涯闻知文宗打算任用李仲言，急忙起草一篇劝谏的上疏，措辞十分激烈。不久，看到文宗态度坚决，并且畏惧李逢吉的党羽势力强盛，于是中途变卦。

不久，文宗任命李仲言为四门助教，给事中郑肃、韩佽封还了任命的敕书。李德裕正要离开政事堂时，对王涯说："我们真为给事中封还敕书而高兴！"王涯随即召来郑肃和韩佽，对他们说："李公刚才留话，叫二位阁老不用封还敕书。"二人立即署名通过。第二天，二人把此事告诉李德裕，李德裕吃惊地说："我若不想封还敕书，应当面对你们说，何必叫别人捎话？况且给事中行使封驳权，怎么能禀承宰相的意思呢？"二人惆怅怨恨而去。

九月辛亥（初三），文宗召昭义节度副使郑注到京城。王守澄、李仲言、郑注都恨李德裕，因山南西道节度使李宗闵和李德裕

不相悦,引宗闵以敌之。壬戌,诏征宗闵于兴元。

冬十月庚寅,以李宗闵为中书侍郎、同平章事。甲午,以中书侍郎、同平章事李德裕同平章事,充山南西道节度使。是日,以李仲言为翰林侍讲学士。给事中高铢、郑肃、韩佽、谏议大夫郭承嘏、中书舍人权璩等争之,不能得。承嘏,晞之孙;璩,德舆之子也。

李德裕见上自陈,请留京师。丙午,以德裕为兵部尚书。十一月,李宗闵言李德裕制命已行,不宜自便。乙亥,复以德裕为镇海节度使,不复兼平章事。时德裕、宗闵各有朋党,互相挤援。上患之,每叹曰:"去河北贼易,去朝中朋党难!"

臣光曰:夫君子小人之不相容,犹冰炭之不可同器而处也。故君子得位则斥小人,小人得势则排君子,此自然之理也。然君子进贤退不肖,其处心也公,其指事也实;小人誉其所好,毁其所恶,其处心也私,其指事也诬。公且实者谓之正直,私且诬者谓之朋党,在人主所以辨之耳。是以明主在上,度德而叙位,量能而授官;有功者赏,有罪者刑;奸不能惑,佞不能移。夫如是,则朋党何自而生哉!彼昏主则不然。明不能烛,

不和，他们就推荐李宗闵，以便对抗李德裕。壬戌（十四日），文宗下诏从兴元征召李宗闵入京。

冬季十月庚寅（十三日），文宗任命李宗闵为中书侍郎、同平章事。甲午（十七日），任命中书侍郎、同平章事李德裕为同平章事，充任山南西道节度使。当天，任命李仲言为翰林侍讲学士。给事中高铢、郑肃、韩佽、谏议大夫郭承嘏、中书舍人权璩等人争辩，认为任命李仲言一事不可行，但没能成功。郭承嘏是郭晞的孙子，权璩是权德舆的儿子。

李德裕谒见文宗自我陈述，请求留在京城任职。丙午（二十九日）这天，文宗任命李德裕为兵部尚书。十一月，李宗闵上言说李德裕出任山南西道节度使的制书已经颁行，不应该因为他自己不愿上任就中途改变。乙亥（二十九日）这天，文宗又任命李德裕为镇海节度使，不再兼平章事。这时，李德裕和李宗闵各有朋党，互相排挤对方，声援同党。文宗十分忧虑这种情况，经常感叹道："除去河北藩镇的叛贼容易，但去掉朝廷中的朋党太难！"

史臣司马光评论说：君子和小人不能相容，就像冰块和炭火不能放在同一器具中一样。所以君子占据要职就排斥小人，小人取得权势就排斥君子，这是十分自然的道理。然而君子提拔德才兼备的人，屏退庸俗无能的人，他们办事出自公心，阐明事理时实事求是；而小人却赞誉所喜欢的人，诋毁所讨厌的人，他们办事出自私心，阐明事理时捏造事实。办事出自公心并且实事求是的人被称为正直的君子，而办事出自私心并且捏造事实的人则被称为朋党，关键在于君主如何辨别他们。因此，凡是英明的君主执政，根据官员的德行而排列他们的职位，衡量官员才能而授予他们官职；对于立有功劳的官员加以赏赐，对于犯有罪行的官员进行惩罚；既不被奸臣的谗言所迷惑，也不因为花言巧语而改变自己的主见。如果这样做，那么朋党又从哪里产生呢？那些昏庸的君主执政却不是这样。他们既不能明辨是非，

强不能断，邪正并进，毁誉交至；取舍不在于己，威福潜移于人。于是谗慝得志而朋党之议兴矣。夫木腐而蠹生，醯酸而蚋集，故朝廷有朋党，则人主当自咎而不当以咎群臣也。文宗苟患群臣之朋党，何不察其所毁誉者为实，为诬？所进退者为贤，为不肖？其心为公，为私？其人为君子，为小人？苟实也，贤也，公也，君子也，匪徒用其言，又当进之；诬也，不肖也，私也，小人也，匪徒弃其言，又当刑之。如是，虽使之为朋党，孰敢哉！释是不为，乃怨群臣之难治，是犹不种不芸而怨田之芜也。朝中之党且不能去，况河北贼乎！

九年。初，李德裕为浙西观察使，漳王傅母杜仲阳坐宋申锡事放归金陵，诏德裕存处之。会德裕已离浙西，牒留后李蟾使如诏旨。至是，左丞王璠、户部侍郎李汉奏德裕厚赂仲阳，阴结漳王，图为不轨。上怒甚，召宰相及璠、汉、郑注等面质之。璠、汉等极口诬之。路隋曰："德裕不至此。果如所言，臣亦应得罪！"言者稍息。夏四月，以德裕为宾客分司。丙申，以门下侍郎、同平章事路隋同平章事，充镇海节度使，趣之赴镇，不得面辞。坐救李德裕故也。

处理问题又优柔寡断,以致奸邪小人与正人君子都被进用,诋毁和赞誉交替到来;择用和弃置官员自己不能做主,赏赐与惩罚的权力渐渐转移到他人手中。于是奸邪小人得志猖狂,朝廷中就必然出现朋党了。树木腐朽就会产生蠹虫,食醋酸败就会聚集蚋虫,因此朝廷出现朋党时,君主应引咎自责而不应责备群臣。文宗如果对群臣朋比为党感到忧虑,为什么不去核查他们所诋毁和赞誉的是事实,还是捏造?所荐举的官员是德才兼备,还是庸俗无能?办事是出自公心,还是私心?他们本人是君子,还是小人?如果他们实事求是,荐举的官员德才兼备,办事出自公心,那么他们就是君子,朝廷不但应采纳这些人的意见,而且应提拔他们;如果他们捏造事实,荐举的官员庸俗无能,办事出自私心,那么他们就是小人,朝廷不但应拒绝这些人的意见,而且应惩罚他们。如果这样做,即使让百官结为朋党,又有谁敢呢?文宗放着这些不去做,反而埋怨群臣难以驾驭,这就像一个农夫,既不播种也不锄草,反而抱怨田地荒芜一样。文宗对朝廷中的朋党尚且不能铲除,何况对于河北藩镇的叛贼呢!

九年(835)。当初,李德裕担任浙西观察使时,漳王李凑的女师傅杜仲阳因受宋申锡案件的牵连,被遣送回金陵,文宗诏命李德裕抚慰安置她。正赶上李德裕此时已经奉命调离浙西,便给留后李蟾发文书让他按照文宗的诏令办理。到了这时,左丞王璠、户部侍郎李汉上奏,说李德裕用丰厚的礼物贿赂杜仲阳,秘密地结交漳王李凑,企图进行谋反。文宗勃然大怒,召集宰相和王璠、李汉、郑注等人当面质问此事。王璠、李汉等人众口一辞,诬陷李德裕。宰相路隋说:"李德裕不至于有这样的事。若果真像他们所说的那样,臣也应当获罪了!"王璠、李汉等人这才略微停止对李德裕的诬陷。夏季四月,文宗任命李德裕为太子宾客、分司东都。丙申(二十一日),任命门下侍郎、同平章事路隋为同平章事,充任镇海节度使,催促他赶赴军镇上任,不得当面告辞。这是因为为李德裕辩解的缘故。

初,京兆尹河南贾𫗧,性褊躁轻率,与李德裕有隙,而善于李宗闵、郑注。上巳,赐百官宴于曲江。故事,尹于外门下马,揖御史。𫗧恃其贵势,乘马直入,殿中侍御史杨俭、苏特与之争,𫗧骂曰:"黄面儿敢尔!"坐罚俸。𫗧耻之,求出,诏以为浙西观察使。尚未行,戊戌,以𫗧为中书侍郎、同平章事。

庚子,制以向日上初得疾,王涯呼李德裕奔问起居,德裕竟不至。又在西蜀征逋悬钱三十万缗,百姓愁困。贬德裕袁州长史。

京城讹言郑注为上合金丹,须小儿心肝,民间惊惧,上闻而恶。郑注素恶京兆尹杨虞卿,与李训共构之,云此语出于虞卿家人。上怒,六月,下虞卿御史狱。注求为两省官,中书侍郎、同平章事李宗闵不许,注毁之于上。会宗闵救杨虞卿,上怒,叱出之。壬寅,贬明州刺史。

左神策中尉韦元素、枢密使杨承和、王践言久居中用事,与王守澄争权不叶,李训、郑注因之出承和于西川,元素于淮南,践言于河东,皆为监军。秋七月甲辰朔,贬杨虞卿虔州司马。

初,李宗闵为吏部侍郎,因驸马都尉沈𫘧结女学士宋若宪、知枢密杨承和得为相。及贬明州,郑注发其事,壬子,再贬处州长史。著作郎、分司舒元舆与李训善,训用事,召为右司郎中,兼侍御史知杂,鞫杨虞卿狱。癸丑,

当初，京兆尹河南人贾𫓧性情急躁轻率，他和李德裕有矛盾，而和李宗闵、郑注关系密切。三月三日这一天，文宗在曲江举行宴会招待百官。依照惯例，京兆尹应当在门外下马，向御史作揖。但贾𫓧依仗他的地位和权势，乘马直接进入，殿中侍御史杨俭、苏特和他争论起来，贾𫓧破口大骂道："黄脸小儿竟敢如此！"因此犯罪而被罚俸禄。贾𫓧对此感到十分耻辱，请求出朝到藩镇任职，文宗下诏任命贾𫓧为浙西观察使。尚未出行，戊戌这一天，文宗又任命贾𫓧为中书侍郎、同平章事。

四月庚子（二十五日），朝廷下达制书，鉴于不久前文宗刚刚患病时，王涯招呼李德裕去探视文宗病情，李德裕竟然不到。李德裕又在西蜀征收百姓拖欠的赋税三十万缗，导致百姓忧愁困苦。因此贬谪李德裕为袁州长史。

京城长安盛传谣言，说郑注为皇上合制金丹，必须用小孩的心肝，民间百姓为此惊扰惧怕，文宗闻知后十分厌恶。郑注一向憎恨京兆尹杨虞卿，于是就和李训一起诬陷杨虞卿，说这些谣言出自杨虞卿的家人。文宗大怒，六月，将杨虞卿关进御史台狱中。在此之前，郑注请求担任中书、门下两省的官员，中书侍郎、同平章事李宗闵不允许，郑注便在文宗面前诽谤李宗闵。这时，正好李宗闵为杨虞卿辩解，文宗大怒，呵斥李宗闵出宫。壬寅（二十八日），贬谪李宗闵为明州刺史。

左神策中尉韦元素、枢密使杨承和、王践言长期在宫中当权，与王守澄争夺权力而不和，李训和郑注于是乘此机会将杨承和打发到西川，将韦元素打发到淮南，将王践言打发到河东，都担任监军的职务。秋季七月甲辰这天是初一，文宗贬谪杨虞卿为虔州司马。

当初，李宗闵任吏部侍郎时，通过驸马都尉沈𫘪结交女学士宋若宪、知枢密杨承和，得以担任宰相。等到李宗闵被贬到明州时，郑注揭发此事，壬子（初九），文宗再贬李宗闵为处州长史。著作郎、分司东都舒元舆和李训关系密切，李训掌权后，召舒元舆为右司郎中，兼侍御史知杂，负责审讯杨虞卿案。癸丑（初十），

擢为御史中丞。元舆,元褒之兄也。贬吏部侍郎李汉为汾州刺史,刑部侍郎萧澣为遂州刺史,皆坐李宗闵之党。

是时李训、郑注连逐三相,威震天下,于是平生丝恩发怨无不报者。又贬左金吾大将军沈㐅为邵州刺史。八月丙子,又贬李宗闵潮州司户,赐宋若宪死。戊寅,再贬沈㐅柳州司户。

丙申,诏以杨承和庇护宋申锡,韦元素、王践言与李宗闵、李德裕中外连结,受其赂遗。承和可驩州安置,元素可象州安置,践言可恩州安置,令所在锢送。杨虞卿、李汉、萧澣为朋党之首,贬虞卿虔州司户,汉汾州司马,澣遂州司马。寻遣使追赐承和、元素、践言死。时崔潭峻已卒,亦剖棺鞭尸。

己亥,以前庐州刺史罗立言为司农少卿。立言赃吏,以赂结郑注而得之。郑注之入翰林也,中书舍人高元裕草制,言以医药奉君亲。注衔之,奏元裕尝出郊送李宗闵,壬寅,贬元裕阆州刺史。元裕,士廉之六世孙也。

时注与李训所恶朝士,皆指目为二李之党,贬逐无虚日,班列殆空,廷中恟恟,上亦知之。训、注恐为人所摇,九月癸卯朔,劝上下诏:"应与德裕、宗闵亲旧及门生故吏,今日以前贬黜之外,馀皆不问。"人情稍安。

冬十一月,李训等谋诛宦官,败死。事见《宦官弑逆》。

舒元與被提拔为御史中丞。舒元與是舒元褒的哥哥。文宗贬谪吏部侍郎李汉为汾州刺史，刑部侍郎萧澣为遂州刺史，二人都由于是李宗闵的同党而被贬职。

这时，李训、郑注接连贬逐李德裕、路隋、李宗闵三位宰相，威震天下，于是过去对自己稍有恩德的人没有不被提拔的，和自己稍有怨恨的人没有不被报复的。文宗又贬谪左金吾大将军沈㻐为邵州刺史。八月丙子（初三），再次贬谪李宗闵为潮州司户，赐女学士宋若宪自尽。戊寅（初五），再次贬谪沈㻐为柳州司户。

丙申（二十三日），文宗下诏，鉴于杨承和包庇袒护过宋申锡的罪行，韦元素、王践言和李宗闵、李德裕在朝廷内外相互勾结，接受他们贿赂的财物。因此，将杨承和安置到驩州，韦元素安置到象州，王践言安置到恩州，命令他们所在的地方给他们带上枷锁，押送他们前往。杨虞卿、李汉、萧澣都是朋党的首领，贬谪杨虞卿为虔州司户，李汉为汾州司马，萧澣为遂州司马。不久，又派遣使者追赐杨承和、韦元素、王践言自杀。当时，崔潭峻已经去世，也剖开棺材鞭打他的尸体。

己亥（二十六日），文宗任命原庐州刺史罗立言为司农少卿。罗立言是一个贪官污吏，通过贿赂结交郑注才得以担任此职。郑注进入翰林院任职时，中书舍人高元裕在起草任命他的制书中，说他曾以医术侍奉过皇上。郑注对高元裕怀恨在心，于是上奏高元裕曾经出京到郊外送别李宗闵，壬寅（二十九日），文宗贬谪高元裕为阆州刺史。高元裕是高士廉的第六代孙。

这时，郑注和李训所厌恶的朝廷官员，都被指斥为李德裕、李宗闵的党羽，贬谪放逐没有间断的日子，上朝时百官班列几乎为之一空，朝廷上下人心惶惶，文宗也了解这种情况。郑注、李训唯恐被人动摇了地位，九月癸卯初一这天，二人劝文宗下诏说："对于李德裕、李宗闵的亲戚朋友、门生故吏，除今日以前贬谪罢黜的以外，其馀一律不再追究。"于是，人心稍稍安定下来。

冬季十一月，李训等人图谋诛杀宦官，事败而死。事见《宦官弑逆》。

开成元年春三月壬寅，以袁州长史李德裕为滁州刺史。夏四月己卯，以潮州司户李宗闵为衡州司马。凡李训所指为李德裕、宗闵党者，稍稍收复之。

三年春正月，杨嗣复欲援进李宗闵，恐为郑覃所沮，乃先令宦官讽上。上临朝，谓宰相曰："宗闵积年在外，宜与一官。"郑覃曰："陛下若怜宗闵之远，止可移近北数百里，不宜再用。用之，臣请先避位。"陈夷行曰："宗闵向以朋党乱政，陛下何爱此纤人！"杨嗣复曰："事贵得中，不可但徇爱憎。"上曰："可与一州。"覃曰："与州太优，止可洪州司马耳。"因与嗣复互相诋讦以为党。上曰："与一州无伤。"覃等退，上谓起居郎周敬复、舍人魏暮曰："宰相喧争如此，可乎？"对曰："诚为不可。然覃等尽忠愤激，不自觉耳。"丁酉，以衡州司马李宗闵为杭州刺史。李固言与杨嗣复、李珏善，故引居大政以排郑覃、陈夷行，每议政之际，是非锋起，上不能决也。

五年春正月，文宗崩，武宗即位。夏五月己卯，门下侍郎、同平章事杨嗣复罢为吏部尚书。秋八月庚午，门下侍郎、同平章事李珏罢为太常卿。

初，上之立非宰相意，故杨嗣复、李珏相继罢去。召淮南节度使李德裕入朝。九月甲戌朔，至京师，丁丑，以德裕为门下侍郎、同平章事。

庚辰，德裕入谢，言于上曰："致理之要，在于辨群臣之邪正。夫邪正二者，势不相容，正人指邪人为邪，邪人亦指

开成元年(836)春季三月壬寅(初三),文宗任命袁州长史李德裕为滁州刺史。夏季四月己卯(初十),任命潮州司户李宗闵为衡州司马。凡是当初李训指斥为李德裕、李宗闵同党的官员,都逐渐升迁复职。

三年(838)春季正月,杨嗣复打算提拔任用李宗闵,但怕被郑覃所阻拦,于是先让宦官暗示文宗。文宗上朝时,对宰相说:"李宗闵被贬到外地多年,应授予他一个官职。"郑覃说:"陛下如果怜悯李宗闵贬逐的地方太远,只可以把他向北移近几百里,不宜重新任用他。如果任用他,臣请求先辞职。"陈夷行说:"李宗闵过去以朋党扰乱朝政,陛下为什么喜爱这种卑鄙小人?"杨嗣复说:"处理事情贵在得当,不能只凭个人的爱憎。"文宗说:"可以让他担任一个州的刺史。"郑覃说:"授予州刺史对他太优待,只能让他担任洪州司马。"于是,郑覃、陈夷行和杨嗣复互相诋毁攻击对方为朋党。文宗说:"授予他一个州刺史没什么关系。"郑覃等人退下后,文宗对起居郎周敬复、舍人魏謩说:"宰相之间如此喧闹争吵,行吗?"魏謩回答说:"确实不行。然而郑覃等人对陛下竭尽忠诚,心中激愤,只是自己没有觉察罢了。"丁酉这天,文宗任命衡州司马李宗闵为杭州刺史。当初,李固言和杨嗣复、李珏关系密切,所以推荐他们二人担任要职来排挤郑覃、陈夷行,每次议论朝政时,双方争论不休,是非竞起,文宗都不能裁决。

五年(840)春季正月,文宗驾崩,武宗即位。夏季五月己卯(初四),门下侍郎、同平章事杨嗣复被罢免为吏部尚书。秋季八月庚午(二十七日),门下侍郎、同平章事李珏被罢免为太常卿。

当初,武宗被立为皇太弟并不是宰相的心意,所以杨嗣复、李珏相继被罢免宰相职务。武宗召淮南节度使李德裕入朝。九月甲戌这天是初一,李德裕到达京城,丁丑(初四),武宗任命李德裕为门下侍郎、同平章事。

庚辰(初七)这天,李德裕入朝谢恩,向武宗上言说:"达到天下大治的关键,在于辨别群臣的邪恶与正直。邪恶与正直,势必不能相容,正直的人指斥邪恶的人是邪恶之徒,邪恶的人也指斥

正人为邪,人主辨之甚难。臣以为正人如松柏,特立不倚;邪人如藤萝,非附他物不能自起。故正人一心事君,而邪人竞为朋党。先帝深知朋党之患,然所用卒皆朋党之人,良由执心不定,故奸邪得乘间而入也。夫宰相不能人人忠良,或为欺罔,主心始疑,于是旁询小臣以察执政。如德宗末年,所听任者惟裴延龄辈,宰相署敕而已,此政事所以日乱也。陛下诚能慎择贤才以为宰相,有奸罔者立黜去之,常令政事皆出中书,推心委任,坚定不移,则天下何忧不理哉!"又曰:"先帝于大臣好为形迹,小过皆含容不言,日累月积,以至祸败。兹事大误,愿陛下以为戒!臣等有罪,陛下当面诘之。事苟无实,得以辨明;若其有实,辞理自穷。小过则容其悛改,大罪则加之诛谴。如此,君臣之际无疑间矣。"上嘉纳之。

初,德裕在淮南,敕召监军杨钦义,人皆言必知枢密,德裕待之无加礼,钦义心衔之。一旦,独延钦义,置酒中堂,情礼极厚。陈珍玩数床,罢酒,皆以赠之,钦义大喜过望。行至汴州,敕复还淮南,钦义尽以所饷归之。德裕曰:"此何直!"卒以与之。其后钦义竟知枢密。德裕柄用,钦义颇有力焉。

正直的人是邪恶之徒,以至皇上辨别他们特别困难。臣认为正直的人就像松柏一样,独立生长,不偏不倚;而邪恶的人就像藤萝一样,如果不是攀附其他东西,就不能自立。所以,正直的人一心一意侍奉皇上,而邪恶的人则竞相结为朋党。先帝深知朋党的危害,然而所任用的官员最终都是朋党的成员,实在是由于心志不能专一坚定,所以奸邪小人得以乘机而入。宰相不可能人人都是忠诚善良之人,有的人进行欺骗,皇上心中就开始怀疑,于是向身旁的侍臣询问,以了解执政大臣的情况。如德宗在他晚年的时候,所信任的只有裴延龄这类人,宰相不过在敕书中署名而已,这是当时朝廷政事日益紊乱的主要原因。陛下若果真能够谨慎地选拔德才兼备的人担任宰相,有奸邪虚罔的官员就立即黜退罢免,经常让朝廷政事都出自中书,真心实意地委任,坚定不移,那么还忧虑什么天下不能治理呢?"李德裕又说:"先帝在大臣面前喜欢注重自己的言行举止,对于小的过失都容忍不说,日积月累,以至酿成大祸。这实在是一大失误,希望陛下您引以为戒! 今后,臣等如果有罪,陛下您就当面责问我们。假如与事实不符,就让臣等能够申辩清楚;假如确有其事,臣等就会理屈词穷。小的过失就允许我们改过自新,大的罪责就加以惩罚诛杀。这样,君臣之间就不会产生猜忌怀疑了。"武宗称赞并采纳了他的意见。

当初,李德裕在淮南时,朝廷下达敕书召监军杨钦义进京,人们都说杨钦义此番进京肯定会被任命为枢密使,李德裕对待杨钦义并未增加礼节,杨钦义对李德裕怀恨在心。一天,李德裕单独邀请杨钦义,在正厅设置酒席,情义和礼节都极为浓厚。又将很多珍玩陈列在几张坐榻上,喝完酒后,把珍玩全部送给杨钦义,杨钦义大喜过望。杨钦义进京走到汴州时,朝廷下达敕书命他再次返回淮南,杨钦义于是把李德裕赠送的珍玩全部如数奉还。李德裕说:"这些东西能值多少钱!"最终把珍玩又都赠给了杨钦义。此后,杨钦义果然入朝担任了枢密使。李德裕被任用而掌权,杨钦义十分尽力。

武宗会昌元年秋八月,以前山南东道节度使、同平章事牛僧孺为太子太师。先是汉水溢,坏襄州民居。故李德裕以为僧孺罪而废之。

二年春二月,淮南节度使李绅入朝。丁丑,以绅为中书侍郎、同平章事。

三年夏五月,李德裕言太子宾客分司李宗闵与刘从谏交通,不宜置之东都。戊戌,以宗闵为湖州刺史。

四年秋闰七月壬戌,以中书侍郎李绅同平章事,充淮南节度使。

九月,李德裕怨太子太傅东都留守牛僧孺、湖州刺史李宗闵,言于上曰:"刘从谏据上党十年,太和中入朝,僧孺、宗闵执政,不留之,加宰相纵去,以成今日之患,竭天下力乃能取之,皆二人之罪也。"德裕又使人于潞州求僧孺、宗闵与从谏交通书疏,无所得,乃令孔目官郑庆言从谏每得僧孺、宗闵书疏,皆自焚毁。诏追庆下御史台按问,中丞李回、知杂郑亚以为信然。河南少尹吕述与德裕书,言积破报至,僧孺出声叹恨。德裕奏述书,上大怒,以僧孺为太子少保、分司,宗闵为漳州刺史。戊子,再贬僧孺汀州刺史,宗闵漳州长史。冬十一月,复贬牛僧孺循州长史,李宗闵长流封州。

五年春正月,淮南节度使李绅按江都令吴湘盗用程粮钱,强娶所部百姓颜悦女,估其资装为赃,罪当死。湘,武陵之兄子也。李德裕素恶武陵。议者多言其冤,谏官请覆按,

唐武宗会昌元年(841)秋季八月,武宗任命原山南东道节度使、同平章事牛僧孺为太子太师。在此之前,汉水泛滥成灾,毁坏襄州百姓的房屋。所以,李德裕认为牛僧孺犯有失职罪,建议罢免他的职务。

二年(842)春季二月,淮南节度使李绅进京朝拜。丁丑(十二日),武宗任命李绅为中书侍郎、同平章事。

三年(843)夏季五月,李德裕上言说太子宾客、分司东都李宗闵和刘从谏交结,不宜把李宗闵安置在东都。戊戌(初十),武宗任命李宗闵为湖州刺史。

四年(844)秋季闰七月壬戌(十一),武宗任命中书侍郎李绅为同平章事,充任淮南节度使。

九月,李德裕怨恨太子太傅、东都留守牛僧孺和湖州刺史李宗闵,向武宗上言说:"刘从谏占据上党十年,文宗太和年间入朝,当时牛僧孺、李宗闵执掌朝政,没有扣留刘从谏,给他加上宰相名号,放任他回去,所以造成今天的祸患,竭尽天下之力才能攻取上党,这些都是牛僧孺、李宗闵二人的罪过。"李德裕又派人到潞州搜寻牛僧孺、李宗闵与刘从谏相互交往的信件,却一无所获,于是命令孔目官郑庆上言说刘从谏每次收到牛僧孺、李宗闵的书信时,都要亲自将信烧毁。武宗下诏催促郑庆到御史台查究审问,御史中丞李回、知杂郑亚认为确实如此。河南少尹吕述给李德裕写信,说刘稹被剿灭的捷报传到东都洛阳时,牛僧孺发出叹惜声,有怨恨之言。李德裕奏报了吕述的信,武宗大怒,降任牛僧孺为太子少保、分司东都,李宗闵为漳州刺史。十月戊子(初九),再贬牛僧孺为汀州刺史,李宗闵为漳州长史。冬季十一月,武宗又贬牛僧孺为循州长史,李宗闵长期流放于封州。

五年(845)春季正月,淮南节度使李绅按查所部江都县令吴湘,说他擅自盗用官家因公出差用的程粮钱,并强横逼娶辖境内百姓颜悦的女儿,估价颜悦家中的资产衣装作为赃款,论罪应当处以死刑。吴湘是吴武陵的哥哥的儿子。李德裕一向厌恶吴武陵。议论此案的人大多称吴湘冤枉,谏官请求重新审理此案,

诏遣监察御史崔元藻、李稠覆之。还言:"湘盗程粮钱有实;颜悦本衢州人,尝为青州牙推,妻亦士族,与前狱异。"德裕以为无与夺,二月,贬元藻端州司户,稠汀州司户。不复更推,亦不付法司详断,即如绅奏,处湘死。谏议大夫柳仲郢、敬晦皆上疏争之,不纳。稠,晋江人;晦,昕之弟也。

李德裕以柳仲郢为京兆尹,素与牛僧孺善,谢德裕曰:"不意太尉恩奖及此,仰报厚德,敢不如奇章公门馆!"德裕不以为嫌。

李德裕秉政日久,好徇爱憎,人多怨之。自杜悰、崔铉罢相,宦者左右言其太专,上亦不悦。给事中韦弘质上疏,言宰相权重,不应更领三司钱谷。德裕奏称:"制置职业,人主之柄。弘质受人教导,所谓贱人图柄臣,非所宜言。"十二月,弘质坐贬官,由是众怒愈甚。

六年春三月甲子,上崩,以李德裕摄冢宰。丁卯,宣宗即位。宣宗素恶德裕之专,即位之日,德裕奉册。既罢,谓左右曰:"适近我者非太尉耶?每顾我,使我毛发洒淅。"夏四月辛未朔,上始听政。壬申,以门下侍郎、同平章事李德裕同平章事,充荆南节度使。德裕秉权日久,位重有功,众不谓其遽罢,闻之莫不惊骇。甲戌,贬工部尚书、判盐铁转

武宗下诏派遣监察御史崔元藻、李稠前去查核此案。崔元藻、李稠回来奏报说："吴湘盗用官府程粮钱确有其事;颜悦本来是衢州人,曾经担任青州牙推,他的妻子也是士族,情况与初审论罪事实有差异。"李德裕认为崔元藻和李稠论事模棱两可,二月,武宗贬谪崔元藻为端州司户,李稠为汀州司户。不再进一步审理此案,也不交付司法官署依法详细判罪定刑,立即按照李绅所奏,将吴湘处死。谏议大夫柳仲郢、敬晦都上疏争辩此事,武宗没有采纳。李稠是晋江人,敬晦是敬昕的弟弟。

李德裕提拔柳仲郢担任京兆尹,柳仲郢平时和牛僧孺友善,于是向李德裕道谢说:"想不到太尉您对我的恩奖这么高,为报答您的大恩大德,从此我不敢再走进奇章公牛僧孺门客所居之馆舍了!"李德裕对这些话并不厌恶。

李德裕执掌朝政时间长了,喜欢根据自己的好恶处置官吏,百官大多怨恨他。自从杜悰、崔铉被罢免宰相职务以后,即使宦官在武宗左右说李德裕太专权,武宗也不高兴。给事中韦弘质上疏,说宰相的权力过重,不应该再兼管户部、度支、盐铁三司的钱粮。李德裕上奏称:"设置官职,处理事务,是皇上的权力。韦弘质受他人的教唆,对皇上赋予宰相的权力妄持异议,这正是所谓卑贱之人企图谮害有权柄的大臣,这些话不是他所应该说的。"十二月,韦弘质因此而遭贬官,由此百官对李德裕的怨愤更加厉害。

六年(846)春季三月甲子(二十三日),武宗驾崩,朝廷任命李德裕兼任冢宰职务。丁卯(二十六日),宣宗即皇帝位。宣宗平时厌恶李德裕专权,即位的当天,由李德裕手捧册立的诏书。册立仪式结束以后,宣宗对左右侍从说:"刚才靠近我的人不是李太尉吗?他每次回头看我,都使我毛骨悚然。"夏季四月辛未是初一,宣宗开始上朝听政。壬申(初二),任命门下侍郎、同平章事李德裕为同平章事,充任荆南节度使。李德裕执掌朝政时间很久,位望崇重,立有大功,百官没有料到他突然被罢相,听到这一消息的人无不惊骇。甲戌(初四),贬谪工部尚书、判盐铁转

运使薛元赏为忠州刺史，弟京兆少尹、权知府事元龟为崖州司户，皆德裕之党也。

秋七月壬寅，淮南节度使李绅薨。八月，以循州司马牛僧孺为衡州长史，封州流人李宗闵为郴州司马。宗闵未离封州而卒。九月，以荆南节度使李德裕为东都留守，解平章事。

宣宗大中元年。初，李德裕执政，引白敏中为翰林学士。及武宗崩，德裕失势，敏中乘上下之怒，竭力排之，使其党李咸讼德裕罪，德裕由是自东都留守以太子少保、分司。

秋九月乙酉，前永宁尉吴汝纳，讼其弟湘罪不至死，"李绅、李德裕相表里，欺罔武宗，枉杀臣弟，乞召江州司户崔元藻等对辩"。丁亥，敕御史台鞫实以闻。冬十二月庚戌，御史台奏："据崔元藻所列吴湘冤状，如吴汝纳之言。"戊午，贬太子少保、分司李德裕为潮州司马。

二年秋九月甲子，再贬潮州司马李德裕为崖州司户。

三年冬闰十一月己未，崖州司户李德裕卒。

运使薛元赏为忠州刺史,他的弟弟京兆少尹、权知府事薛元龟为崖州司户,他们兄弟二人都是李德裕的党羽。

秋季七月壬寅(初三),淮南节度使李绅去世。八月,宣宗任命循州司马牛僧孺为衡州长史,流放到封州的李宗闵为郴州司马。李宗闵尚未离开封州就死了。九月,宣宗任命荆南节度使李德裕为东都留守,解除他平章事的名号。

唐宣宗大中元年(847)。当初,李德裕执掌朝政时,提拔白敏中担任翰林学士。等到武宗驾崩,李德裕失去权势,白敏中趁着朝廷上下对李德裕一片愤怒,竭力排挤李德裕,指使其党羽李咸揭发李德裕的罪行,李德裕因此由东都留守贬为太子少保、分司东都。

秋季九月乙酉(二十三日),原永宁县尉吴汝纳申诉他的弟弟吴湘的罪不至于处死,吴汝纳说:"李绅、李德裕内外勾结,互为表里,欺骗蒙蔽武宗,无辜杀害臣的弟弟吴湘,乞求陛下召见江州司户崔元藻等人对质辩诬。"丁亥(二十五日),宣宗敕命御史台审问属实然后上报。冬季十二月庚戌(十九日),御史台上奏说:"根据崔元藻所列举的吴湘的冤枉情况,正像吴汝纳说的那样。"戊午(二十七日),宣宗贬谪太子少保、分司东都李德裕为潮州司马。

二年(848)秋季九月甲子(初八),宣宗再次贬谪潮州司马李德裕为崖州司户。

三年(849)冬季闰十一月己未,崖州司户李德裕去世。

武宗平泽潞

穆宗长庆二年春二月,昭义监军刘承偕恃恩,陵轹节度使刘悟,数众辱之,又纵其下乱法。阴与磁州刺史张汶谋缚悟送阙下,以汶代之。悟知之,讽其军士作乱,杀汶,围承偕,欲杀之。幕僚贾直言入,责悟曰:"公所为如是,欲效李司空邪?此军中安知无如公者?使李司空有知,得无笑公于地下乎!"悟遂谢直言,救免承偕,囚之府舍。

三月,上诏刘悟送刘承偕诣京师,悟托以军情,不时奉诏。上问裴度:"宜如何处置?"度对曰:"承偕在昭义,骄纵不法,臣尽知之。悟在行营与臣书,具论其事。时有中使赵弘亮在臣军中,持悟书去,云'欲自奏之',不知尝奏不?"上曰:"朕殊不知也,且悟大臣,何不自奏!"对曰:"悟武臣,不知事体。然今事状籍籍如此,臣等面论,陛下犹不能决,况悟当日

武宗平泽潞

唐穆宗长庆二年(822)春季二月,昭义监军刘承偕倚仗援立穆宗而受到的恩宠,欺凌节度使刘悟,多次当着众人的面侮辱他,又纵容自己的部下违法乱纪。还暗中与磁州刺史张汶密谋,企图捆绑刘悟送往朝廷,由张汶代替他的职务。刘悟知道了他们的密谋,暗示部下士卒制造叛乱,杀掉了张汶,又包围刘承偕,打算一并杀死他。幕僚贾直言从外面进来,责备刘悟说:"明公您这样做,是想效法司空李师道吗?这支军队中怎么知道没有像明公您当年杀害李师道一样而谋害您的人呢?假使李司空还有灵知的话,能不在地下嘲笑您吗?"刘悟于是向贾直言谢罪,救出了刘承偕,把他囚禁在官舍。

三月,穆宗下诏命令刘悟将刘承偕送到京城长安,刘悟以军情相推托,不按时遵从诏命。穆宗询问裴度说:"这件事应当如何处理呢?"裴度回答说:"刘承偕在昭义军中,骄横放纵,不守法度,臣下全部知道这些情况。刘悟讨伐王承宗,出兵在行营时,给臣下来信,详细地陈述了他的情况。当时有宫廷使者赵弘亮在臣下的军营中,拿着刘悟的书信离去,说是'将要亲自奏报这封信',不知道曾经奏报过没有?"穆宗说道:"朕根本就不知道这件事。况且刘悟是大臣,为什么不自己奏报呢?"裴度回答说:"刘悟是武臣,不懂得朝廷事情的规矩。但是如今这件事已经弄得议论纷纷,臣等当面陈述,陛下您尚且不能决断,何况刘悟当时

单辞,岂能动圣听哉!"上曰:"前事勿论,直言此时如何处置。"对曰:"陛下必欲收天下心,止应下半纸诏书,具陈承偕骄纵之罪,令悟集将士斩之,则藩镇之臣,孰不思为陛下效死!非独悟也。"上俯首良久,曰:"朕不惜承偕,然太后以为养子。今兹囚絷,太后尚未知之,况杀之乎!卿更思其次。"度乃与王播等奏请流承偕于远州,必得出。上从之。后月馀,悟乃释承偕。加刘悟检校司徒,馀如故。自是悟浸骄,欲效河北三镇,招聚不逞,章表多不逊。

敬宗宝历元年。昭义节度使刘悟之去郓州也,以郓兵二千自随为亲兵。八月庚戌,悟暴疾薨,子将作监主簿从谏匿其丧,与大将刘武德及亲兵谋,以悟遗表求知留后。司马贾直言入责从谏曰:"尔父提十二州地归朝廷,其功非细,只以张汶之故,自谓不洁淋头,竟至羞死。尔孺子,何敢如此!父死不哭,何以为人!"从谏恐悚不能对,乃发丧。冬十一月,朝廷得刘悟遗表,议者多言上党内镇,与河朔异,不可许。左仆射李绛上疏,以为:"兵机尚速,威断贵定,人情未一,乃可伐谋。刘悟死已数月,朝廷尚未处分,中外人意,共惜事机。今昭义兵众,必不尽与从谏同谋,纵使其半叶同,尚有其半效顺。从谏未尝久典兵马,威惠未加于人。

只是一面之词，怎么能说动陛下呢？"穆宗说："以前的事就不要谈论了，你直说现在该怎么处理吧。"裴度回答说："陛下如果一定想要收拢天下人心的话，只需下达片纸诏书，详细说明刘承偕骄横放纵的罪行，命令刘悟召集将士将他斩杀，那么藩镇的大臣，谁不想为陛下舍命报效呢？不单单是刘悟一人。"穆宗低头沉思了很久才说："朕并不痛惜刘承偕，但是皇太后已把他收为养子。现在刘悟这样囚禁他，皇太后尚且不知道这个消息，何况杀掉他呢？爱卿你再想想其他办法。"裴度于是和王璠等人奏请把刘承偕流放到偏远的州县，刘承偕就必定能够被放出来。穆宗听从了他们的请求。一个多月以后，刘悟才释放了刘承偕。穆宗加官刘悟为检校司徒，其馀官职照旧。从此刘悟逐渐骄纵起来，准备效仿河朔三镇，招纳聚集那些在各地不得志的狂妄之徒，上奏章表大多出言不逊。

唐敬宗宝历元年（825）。昭义节度使刘悟离开郓州时，让郓州兵两千人跟随在自己身边作为亲兵。八月庚戌（初十）这天，刘悟突然得病死去，他的儿子将作监主簿刘从谏隐瞒了他的死讯，和大将刘武德以及亲兵密谋，用刘悟的遗表请求代理节度留后。司马贾直言进来责备刘从谏说："你父亲献出十二个州的地方归顺朝廷，他的功劳不算小了，只是因为擅自杀害张汶的缘故，自认为是沾染了不干净的恶名，竟然导致羞愧而死。你这个小孩子，怎敢如此大胆公然欺骗朝廷！父亲死了却不赶快哭吊，今后还怎么做人？"刘从谏恐惧不能回答，于是为父亲发丧。冬季十一月，朝廷接到刘悟的遗表，议论政事的人大多主张上党属于内地藩镇，与河朔地区长期割据的情况不同，不能答应刘从谏继承父位的请求。左仆射李绛上疏，认为："用兵的关键在于速度快，威严的决断在于固定不变，人心尚未统一，才能施展谋略战胜敌人。刘悟已经死去几个月了，朝廷仍然没有做出处置，朝廷内外，都痛惜丧失了行事的时机。如今昭义的兵众，肯定不会全部都与刘从谏同谋，即使其中一半同流合污，尚有另外一半忠顺朝廷。刘从谏不曾长期掌管兵马，威权和恩泽没有施加于人。

又此道素贫，非时必无优赏。今朝廷但速除近泽潞一将充昭义节度使，令兼程赴镇，从谏未及布置，新使已至潞州，所谓先人夺人之心也。新使既至，军心自有所系。从谏无位，何名主张？设使谋挠朝命，其将士必不肯从。今朝廷久无处分，彼军不晓朝廷之意，欲效顺则恐忽授从谏，欲同恶则恐别更除人，犹豫之间，若有奸人为之画策，虚张赏设钱数，军士觊望，尤难指挥。伏望速赐裁断，仍先下明敕，宣示军众，奖其从来忠节，赐新使缯五十万匹，使之赏设。续除刘从谏一刺史。从谏既粗有所得，必且择利而行，万无违拒。设不从命，臣亦以为不假攻讨。何则？臣闻从谏已禁山东三州军士不许自畜兵刀，足明群心殊未得一，帐下之事亦在不疑。熟计利害，决无即授从谏之理。"时李逢吉、王守澄计议已定，竟不用绛等谋。十二月辛丑，以从谏为昭义留后。刘悟烦苛，从谏济以宽厚，众颇附之。

二年夏四月戊申，以昭义留后刘从谏为节度使。

文宗太和六年冬十一月乙亥，昭义节度使刘从谏入朝。

七年春正月甲午，加昭义节度使刘从谏同平章事，遣归镇。初，从谏以忠义自任，入朝，欲请他镇。既至，见朝廷

而且昭义镇向来贫瘠,不是适当的时机必定没有优厚的赏赐。现在朝廷只要迅速任命泽潞附近藩镇的一名将领充任昭义节度使,命令他昼夜兼程赶赴军镇上任,刘从谏还来不及布置安排,新任节度使就已经到达潞州了,这就是所谓的先发制人可以夺取敌人的战心。新任节度使既已到达,军心自然有所归附。刘从谏没有职位,用什么名义主宰军队?即使图谋阻挠朝廷的命令,他的将士也肯定不愿意听从。现在朝廷长时间没有做出处置,那里的军队不明白朝廷的意图,想忠顺朝廷却担心朝廷忽然授命刘从谏,想共同作恶却担心朝廷另外任命他人,迟疑不决期间,如果有奸邪之人替刘从谏出谋划策,虚张声势地宣称要赏赐军士若干钱,军士寄予厚望,就非常难以指挥了。希望陛下迅速做出决断,还是首先公开下诏,向兵众宣布,奖励那些历来尽忠竭节的人,赐给新任节度使绢帛五十万匹,让他设置赏赐。接着任命刘从谏为一个州的刺史。刘从谏既已略有所得,必将择利而行,绝对不会违抗拒绝。假设他不肯服从命令,臣下还是认为不用攻讨。为什么呢?臣下听说刘从谏已经下令山东的邢、洺、磁三州军士,不许他们私自储藏兵器,足以证明众人之心各异,尚未统一,帐下亲兵谋杀刘从谏邀功的事,也不必怀疑。仔细考虑利害得失,绝对没有立即任命刘从谏为昭义留后的道理。"当时,李逢吉、王守澄计议已定,竟然没有采纳李绛等人的计谋。十二月辛丑(初三)这天,敬宗任命刘从谏为昭义留后。刘悟从前对待部下烦扰苛刻,刘从谏上任以后略加宽厚,部众对他逐渐顺从依附。

二年(826)夏季四月戊申(十一日),敬宗任命昭义留后刘从谏为昭义节度使。

唐文宗太和六年(832)冬季十一月乙亥,昭义节度使刘从谏入京朝拜天子。

七年(833)春季正月甲午(初六),文宗加官昭义节度使刘从谏为同平章事,让他返回本镇。起初,刘从谏以忠义为己任,入京朝拜文宗,打算请求调到其他藩镇。到达京城之后,发现朝廷

事柄不一,又士大夫多请托,心轻朝廷,故归而益骄。

开成元年春二月,昭义节度使刘从谏上表请王涯等罪名。语见《宦官弑逆》。

丙申,加从谏检校司徒。三月,刘从谏复遣牙将焦楚长上表让官,因暴扬州仇士良等罪恶。语见《宦官弑逆》。

武宗会昌三年。初,昭义节度使刘从谏累表言仇士良罪恶,士良亦言从谏窥伺朝廷。及上即位,从谏有马高九尺,献之,上不受。从谏以为士良所为,怒杀其马,由是与朝廷相猜恨。遂招纳亡命,缮完兵械,邻境皆潜为之备。从谏榷马牧及商旅,岁入钱五万缗,又卖铁、煮盐亦数万缗。大商皆假以牙职,使通好诸道,因为贩易。商人倚从谏势,所至多陵轹将吏,诸道皆恶之。从谏疾病,谓妻裴氏曰:“吾以忠直事朝廷,而朝廷不明我志,诸道皆不我与。我死,他人立此军,则吾家无炊火矣!”乃与幕客张谷、陈扬庭谋效河北诸镇,以弟右骁卫将军从素之子稹为牙内都知兵马使,从子匡周为中军兵马使,孔目官王协为押牙亲事兵马使,以奴李士贵为使宅十将兵马使,刘守义、刘守忠、董可武、崔玄度分将牙兵。谷,郓州人;扬庭,洪州人也。

从谏寻薨,稹秘不发丧。王协为稹谋曰:“正当如宝历年样为之,不出百日,旌节自至。但严奉监军,厚遗敕使,四境勿出兵,城中暗为备而已。”使押牙姜崟奏求国医,上

权力不统一,而且士大夫大多私下相互请托,心中轻视朝廷,所以返回镇所后更加骄横放纵。

开成元年(836)春季二月,昭义节度使刘从谏上表朝廷,请问宰相王涯等人被杀的罪名。语见《宦官弑逆》。

丙申(二十六日),文宗加官刘从谏为检校司徒。三月,刘从谏又派遣牙将焦楚长上表朝廷,辞让检校司徒的职务,趁机大肆宣扬仇士良等人的罪恶。语见《宦官弑逆》。

唐武宗会昌三年(843)。当初,昭义节度使刘从谏多次上表控告仇士良的罪恶,仇士良也指责刘从谏窥伺朝廷的动向。等至武宗即皇帝位,刘从谏有一匹骏马,高达九尺,献给武宗,武宗不接受。刘从谏认为是仇士良从中作梗,十分愤怒,杀掉了这匹马,从此和朝廷之间相互猜忌怨恨。于是招纳亡命之徒,修缮完备兵器,与昭义相邻的地区都秘密地防备他。刘从谏对昭义境内的牧马和商业实行专卖,每年收入五万缗钱,再有卖铁、煮盐也能收入数万缗钱。对大商人都授予衙前将校的官职,让他们与各道通好,趁机贩卖商品。商人倚仗刘从谏的权势,所到之处往往欺凌当地将士官吏,各道都憎恶他们。刘从谏病重的时候,对妻子裴氏说:"我以忠诚正直侍奉朝廷,然而朝廷不明白我的心意,各道都不帮助我。我死以后,如果他人主管此地军队的话,那么我们家族就要断绝人烟了!"于是和幕府的僚属张谷、陈扬庭密谋效仿河北各藩镇实行割据,任命弟弟右骁卫将军刘从素的儿子刘稹为牙内都知兵马使,侄子刘匡周为中军兵马使,孔目官王协为押牙亲事兵马使,任命家奴李士贵为使宅十将兵马使,刘守义、刘守忠、董可武、崔玄度分别统辖牙兵。张谷是郓州人,陈扬庭是洪州人。

不久刘从谏去世,刘稹秘不发丧。王协为刘稹谋划说:"正应当像敬宗宝历年间那样做,不超出一百天,朝廷任命你为节度使的旌节自然就会到来。只不过需要尊奉监军,重重贿赂朝廷的使者,对四周邻境不要出兵,在城里暗中进行防备罢了。"刘稹命令押牙姜鉴向朝廷上奏,要求派宫廷御医为刘从谏治病,武宗

遣中使解朝政以医往问疾。稹又逼监军崔士康奏称从谏疾病，请命其子稹为留后。上遣供奉官薛士幹往谕指云："恐从谏疾未平，宜且就东都疗之，俟稍瘳，别有任使。仍遣稹入朝，必厚加官爵。"

上以泽潞事谋于宰相，宰相多以为回鹘馀烬未灭，边境犹须警备，复讨泽潞，国力不支，请以刘稹权知军事。谏官及群臣上言者亦然。李德裕独曰："泽潞事体与河朔三镇不同。河朔习乱已久，人心难化，是故累朝以来，置之度外。泽潞近处腹心，一军素称忠义，尝破走朱滔，擒卢从史。顷时多用儒臣为帅，如李抱真成立此军，德宗犹不许承袭，使李缄护丧归东都。敬宗不恤国务，宰相又无远略，刘悟之死，因循以授从谏。从谏跋扈难制，累上表迫胁朝廷，今垂死之际，复以兵权擅付竖子。朝廷若又因而授之，则四方诸镇谁不思效其所为，天子威令不复行矣。"上曰："卿以何术制之？果可克否？"对曰："稹所恃者河朔三镇，但得镇、魏不与之同，则稹无能为也。若遣重臣往谕王元逵、何弘敬，以河朔自艰难以来，列圣许其传袭，已成故事，与泽潞不同。今朝廷将加兵泽潞，不欲更出禁军至山东。其山东三州隶昭义者，委两镇攻之。兼令遍谕将士，以贼平之日厚加

派宫廷使者解朝政带领御医前往昭义问候病情。刘稹又逼迫监军崔士康上奏说刘从谏病重，请求朝廷任命他的侄子刘稹为昭义留后。武宗派供奉官薛士幹前往昭义传达谕旨，说："担心刘从谏病一直没好，应暂且到洛阳去治病，等到病情稍有好转，朝廷另有差遣。若仍能派刘稹入京朝拜，朝廷必定优厚地加官进爵。"

武宗召集宰相商议如何处理泽潞的事，宰相们大多认为回鹘的残馀势力尚未消灭，边疆仍然需要警戒防备，如今又要讨伐泽潞，国力难以支撑，因此请求让刘稹暂且代理泽潞军事。谏官和上言的大臣们也持同样看法。只有李德裕说："泽潞的情况与河朔三镇不同。河朔地区割据跋扈已经很长时间了，人心难以感化，所以几朝皇帝都将它置之度外。泽潞则邻近京城，处于国家心腹地区，其军向来以忠义著称，曾经在德宗时击退幽州节度使朱滔的叛乱，在宪宗时擒获本镇叛将卢从史。过去，朝廷大多任用文臣担任泽潞统帅，如节度使李抱真，虽然建立了昭义的军队，有很大功劳，但德宗仍然不允许他的儿子承袭节度使的职位，而让他的儿子李缄护送他的灵柩回归东都洛阳。敬宗不理国家政务，宰相又没有长远的谋略，因而在节度使刘悟死后，命他的儿子刘从谏承袭了节度使的职位。刘从谏骄横跋扈，朝廷难以控制，他曾多次上表威胁逼迫朝廷，如今临死之际，又把兵权擅自交给刘稹这小子。朝廷如果又沿袭旧例任命刘稹为节度使，那么全国各地的藩镇谁不想效仿他们的做法呢？天子的威权与命令就难以执行了。"武宗说："爱卿你用什么办法遏制刘稹呢？果真能够制服吗？"李德裕回答说："刘稹所依恃的是河朔三镇，只要能够使成德、魏博不与他同谋，刘稹就无能为力了。如果朝廷派遣一位德高望重的大臣前去晓喻成德节度使王元逵、魏博节度使何弘敬，说明河朔地区自从安史之乱以来，历朝皇帝允许他们传袭节度使的职位给子孙，已经成为惯例，和泽潞情况不同。如今，朝廷准备对泽潞用兵，不打算另外出动禁军到山东。那隶属昭义的山东邢、洺、磁三州，委派成德、魏博两镇攻打它们。并命令他们晓谕将士，在叛贼平定之日，朝廷将给予优厚的

官赏。苟两镇听命，不从旁沮桡官军，则积必成擒矣！"上喜曰："吾与德裕同之，保无后悔。"遂决意讨积，群臣言者不复入矣。

上命德裕草诏赐成德节度使王元逵、魏博节度使何弘敬，其略曰："泽潞一镇，与卿事体不同，勿为子孙之谋，欲存辅车之势。但能显立功效，自然福及后昆。"丁丑，上临朝，称其语要切，曰："当如此直告之是也！"又赐张仲武诏，以"回鹘馀烬未灭，塞上多虞，专委卿御侮"。元逵、弘敬得诏，悚息听命。

解朝政至上党，刘积见朝政曰："相公危困，不任拜诏。"朝政欲突入，兵马使刘武德、董可武蹑帘而立，朝政恐有他变，遽走出。积赠赆直数千缗，复遣牙将梁叔文入谢。薛士幹入境，俱不问从谏之疾，直为已知其死之意。都押牙郭谊等乃大出军，至龙泉驿迎候敕使，请用河朔事体。又见监军言之，崔士康懦怯，不敢违。于是将吏扶积出见士众，发丧。士幹竟不得入牙门，积亦不受敕命。谊，兖州人也。解朝政复命，上怒，杖之，配恭陵，囚姜釜、梁叔文。

辛巳，始为从谏辍朝，赠太傅，诏刘积护丧归东都。又召见刘从素，令以书谕积，积不从。丁亥，以忠武节度使王茂元为河阳节度使，邠宁节度使王宰为忠武节度使。茂元，栖曜之子；宰，智兴之子也。

官爵和赏赐。如果两镇听从朝廷命令，不从旁边阻挠官军的行动，那么，刘稹肯定能被擒获！"武宗高兴地说："我和李德裕持同样的看法，保证不事后懊悔。"于是决心讨伐刘稹，群臣上奏的其他意见便不再采纳了。

　　武宗命令李德裕起草诏书赐给成德节度使王元逵、魏博节度使何弘敬，诏书大略说道："泽潞一镇，和你们情况不同，不必为你们子孙考虑，想要勾结刘稹，保持辅车相依的形势。只要能够建立战功，自然能够福及后代子孙。"四月丁丑（十九日），武宗上朝，称赞李德裕起草诏书中的话切中要害，并说："就应当这样直接告诉他们！"又赐给张仲武诏书，说："回鹘的残馀势力尚未消灭，边境地区忧患众多，所以专门委任爱卿你抵御外敌。"王元逵、何弘敬接到诏书后惊惶恐惧，表示听从命令。

　　解朝政到上党后，刘稹接见解朝政说："相公刘从谏病危，不能够跪拜接诏。"解朝政想强行闯入内室看个究竟，昭义兵马使刘武德、董可武踩着门帘站立，解朝政担心有其他变故，急忙走了出来。刘稹赠送解朝政价值数千缗的财物，又派遣牙将梁叔文入朝谢罪。薛士幹进入昭义境内后，完全没有询问刘从谏的病情，好像已经知道刘从谏死了的样子。昭义都押牙郭谊等人于是大规模出兵，到龙泉驿迎接等候皇帝的使者薛士幹，请求按照河朔的惯例。又谒见监军崔士康陈述同样的意图，崔士康懦弱胆怯，不敢违抗。于是昭义将领官吏扶着刘稹出来会见众士兵，公布刘从谏的死讯。薛士幹竟然不能进入军门，刘稹也没有接受皇帝的诏令。郭谊是兖州人。解朝政回京禀告出使情况，武宗大怒，下令杖击他，发配恭陵守陵，囚禁昭义使者姜鉴、梁叔文。

　　辛巳（二十三日），武宗开始为刘从谏的去世表示哀悼而停止上朝，追赠他为太傅，诏命刘稹护送刘从谏的灵柩回东都洛阳。又召见刘从素，命令他写信劝说儿子刘稹，刘稹不肯听从。丁亥（二十九日），武宗任命忠武节度使王茂元为河阳节度使，邠宁节度使王宰为忠武节度使。王茂元是王栖曜的儿子，王宰是王智兴的儿子。

　　黄州刺史杜牧上李德裕书,自言:"尝问淮西将董重质以三州之众四岁不破之由。重质以为由朝廷征兵太杂,客军数少,既不能自成一军,事须帖付地主。势赢力弱,心志不一,多致败亡。故初战二年以来,战则必胜,是多杀客军。及二年已后,客军殚少,止与陈许、河阳全军相搏,纵使唐州兵不能因虚取城,蔡州事力亦不支矣。其时朝廷若使鄂州、寿州、唐州只保境,不用进战,但用陈许、郑滑两道全军,帖以宣、润弩手,令其守隘,即不出一岁,无蔡州矣。今者上党之叛,复与淮西不同。淮西为寇仅五十岁,其人味为寇之腴,见为寇之利,风俗益固,气焰已成,自以为天下之兵莫我与敌,根深源阔,取之固难。夫上党则不然。自安、史南下,不甚附隶。建中之后,每奋忠义。是以郳公抱真能穷田悦,走朱滔,常以孤穷寒苦之军,横折河朔强梁之众。以此证验,人心忠赤,习尚专一,可以尽见。刘悟卒,从谏求继,与扶同者,只郓州随来中军二千耳。值宝历多故,因以授之。今才二十馀岁,风俗未改,故老尚存,虽欲劫之,必不用命。今成德、魏博虽尽节效顺,亦不过围一城,攻一堡,系累稚老而已。若使河阳万人为垒,窒天井之口,高壁深堑,

黄州刺史杜牧向李德裕上书，自称："我曾经询问淮西将领董重质，为什么当年淮西叛军只凭借三个州的兵众，官军却连续四年不能平定。董重质认为由于朝廷征调军队太杂，从外地调来的军队数量少，不能独当一面，因而必须依附当地军队。由于各路官军势单力弱，心意不齐，大多招致失败。所以最初交战的两年以来，叛军出战就必然获胜，大量杀伤从外地调来的军队。等到两年以后，从外地调来的军队人数减少，叛军只和陈许、河阳的军队搏杀，即使唐州的军队不能乘防守空虚夺取蔡州城，蔡州的实力也不能支撑了。那时朝廷如果命令鄂州、寿州、唐州只防守自己的州境，不必进兵交战，只使用陈许、郑滑两道的军队，再加上宣州、润州的弓箭手，命令他们坚守要冲，那么不超出一年的时间，蔡州就不复存在了。如今昭义的叛乱，又与淮西的情况不同。淮西为寇将近五十年，那里的叛军亲身体会过为寇带来的丰裕，亲眼看到过为寇带来的利益，桀骜不驯的风气习俗日益巩固，骄横跋扈的气焰业已形成，自认为天下的军队不能与自己相抗衡，根深源阔，攻取它确实困难。昭义却与此不同。自从安禄山、史思明的叛军大举南下，昭义不大愿意归附隶属叛军。德宗建中年间以后，昭义将士每每忠义奋发，报效朝廷。因此节度使郇公李抱真能够围困并打败魏博节度使田悦的叛军，击退幽州节度使朱滔的叛乱，经常依靠寒微清苦的军队，在孤立危急的情况下，勇猛挫败河朔强横凶暴的贼众。以此表明，昭义人心忠诚，习俗风尚也没有改变，这些是可以全部看到的。节度使刘悟死后，他的儿子刘从谏请求继承父位，与他同伙的人，只是从郓州跟随来的中军两千人罢了。当时，正值敬宗宝历年间，国家多生变故，因此才把节度使的职位授给他。至今只有二十多年，风气习俗尚未改变，军中的元老、旧将还活着，即使刘稹想胁迫他们作乱，他们肯定不会听从命令。现在，成德、魏博两个藩镇虽然表示会尽力效忠朝廷，恭敬从命，也不过围一城，攻一堡，俘掠那里的老幼人口罢了。如果朝廷命令河阳出动一万兵力修筑营垒，堵塞天井关的出口，把军营的围墙筑高、壕沟挖深，

勿与之战。只以忠武、武宁两军,帖以青州五千精甲,宣、润二千弩手,径捣上党,不过数月,必覆其巢穴矣!"时德裕制置泽潞,亦颇采牧言。

李德裕言于上曰:"议者皆云刘悟有功,积未可亟诛,宜全恩礼。请下百官议,以尽人情。"上曰:"悟亦何功!当时迫于救死耳,非素心徇国也。藉使有功,父子为将相二十馀年,国家报之足矣,积何得复自立!朕以为凡有功当显赏,有罪亦不可苟免也。"德裕曰:"陛下之言,诚得理国之要。"

夏五月,河阳节度使王茂元以步骑三千守万善;河东节度使刘沔以步骑二千守芒车关,步兵一千五百军榆社;成德节度使王元逵以步骑三千守临洺,掠尧山;河中节度使陈夷行以步骑一千守翼城,步兵五百掠冀氏。辛丑,制削夺刘从谏及子积官爵,以元逵为泽潞北面招讨使,何弘敬为南面招讨使,与夷行、刘沔、茂元合力攻讨。

先是,河北诸镇有自立者,朝廷必先有吊祭使,次册赠使、宣慰使继往商度军情。必不可与节,则别除一官;俟军中不听出,然后始用兵。故常及半岁,军中得缮完为备。至是,宰相亦欲且遣使开谕,上即命下诏讨之。王元逵受诏之日,出师屯赵州。

六月,王茂元遣兵马使马继等将步骑二千军于天井关南科斗店,刘积遣衙内十将薛茂卿将亲军二千拒之。

不与叛军交战。只用忠武、武宁两支军队,加上青州的五千精锐甲兵,以及宣州、润州的两千弓箭手,径直攻打上党,不超过几个月,必定能倾覆刘稹的巢穴了!"当时,李德裕负责处理泽潞战事,也多采纳杜牧的建议。

李德裕向武宗进言说:"议论政事的人都说刘悟过去诛杀李师道有功,对刘稹不可以急速诛杀,应当保全朝廷以往对他的恩惠和礼遇。请颁布此事让百官议论,以便充分表达众人的意愿。"武宗说:"刘悟有什么功劳?当时只不过是迫于李师道要杀他,为了救自己罢了,并不是一心为了国家的利益。假使立有战功,他们父子担任将相二十多年,国家对他的报答也足够了,刘稹怎能又要自立?朕认为凡是立有功劳就应当受到赏赐,犯有罪行也不能苟且幸免。"李德裕说:"陛下您的话,确实掌握了治理国家的要领。"

夏季五月,河阳节度使王茂元命步兵、骑兵三千人防守万善;河东节度使刘沔命步兵、骑兵两千人防守芒车关,步兵一千五百人驻扎榆社;成德节度使王元逵命步兵、骑兵三千人防守临洺,进而夺取尧山;河中节度使陈夷行命步兵、骑兵一千人防守翼城,步兵五百人夺取冀氏。辛丑(十三日),朝廷下达制书,削夺刘从谏和他侄子刘稹的官职爵位,任命王元逵为泽潞北面招讨使,何弘敬为南面招讨使,与陈夷行、刘沔、王茂元合力攻讨泽潞。

在此之前,河北各镇凡是有节度使去世,他们子孙世袭自立的事,朝廷必定首先有吊祭使前去吊唁,其次有册赠使、宣慰使相继前去了解军心向背。如果一定不可任命,就另外授予一个职务;如果军队中不听调遣,然后才开始用兵征讨。所以常常等上半年的时间,军中得以做好防守的准备。到了这时,宰相还想先派遣使者前去开导劝谕,武宗则立即下诏命令讨伐刘稹。王元逵接到诏书的当天,出动军队屯驻赵州。

六月,王茂元派遣兵马使马继等人率领步兵、骑兵两千人在天井关南面的科斗店驻军,刘稹派遣衙内十将薛茂卿率领亲军两千人抵抗王茂元的军队。

丙子,诏王元逵、李彦佐、刘沔、王茂元、何弘敬以七月中旬五道齐进,刘稹求降皆不得受。又诏刘沔自将兵取仰车关路以临贼境。秋七月,上遣刑部侍郎兼御史中丞李回宣慰河北三镇,令幽州乘秋早平回鹘,镇、魏早平泽潞。回,太祖之八世孙也。

甲辰,李德裕言于上曰:"臣见向日河朔用兵,诸道利于出境仰给度支。或阴与贼通,借一县一栅据之,自以为功,坐食转输,延引岁时。今请赐诸军诏指,令王元逵取邢州,何弘敬取洺州,王茂元取泽州,李彦佐、刘沔取潞州,毋得取县。"上从之。

晋绛行营节度使李彦佐自发徐州,行甚缓,又请休兵于绛州,兼请益兵。李德裕言于上曰:"彦佐逗遛顾望,殊无讨贼之意,所请皆不可许,宜赐诏切责,令进军翼城。"上从之。德裕因请以天德防御使石雄为彦佐之副,俟至军中,令代之。乙巳,以雄为晋绛行营节度副使,仍诏彦佐进屯翼城。

刘稹上表自陈:"亡父从谏为李训雪冤,言仇士良罪恶,由此为权倖所疾,谓臣父潜怀异志,臣所以不敢举族归朝。乞陛下稍垂宽察,活臣一方。"何弘敬亦为之奏雪,皆不报。

李回至河朔,何弘敬、王元逵、张仲武皆具橐鞬郊迎,立于道左,不敢令人控马,让制使先行。自兵兴以来,未之有也。回明辩有胆气,三镇无不奉诏。

丙子(十九日),武宗下诏命令王元逵、李彦佐、刘沔、王茂元、何弘敬在七月中旬五道一齐进兵,刘稹请求投降都不能接受。又下诏命令刘沔亲自率领军队取道仰车关,兵临叛贼的边境。秋季七月,武宗派遣刑部侍郎兼御史中丞李回宣慰安抚河朔三镇,命令幽州趁秋季及早平定回鹘,成德、魏博及早平定泽潞。李回是太祖的第八代孙。

甲辰(十七日),李德裕向武宗上言说:"据臣下观察,朝廷过去对河朔地区用兵时,各道都贪图离开自己管辖的区域,依赖朝廷开支供应军需。有的军队暗中与叛贼勾结,占据一座县城或一座营栅,自己认为有功,坐食朝廷的军需供给,故意拖延时间。现在臣下请求赐给各军诏旨,命令王元逵夺取邢州,何弘敬夺取洺州,王茂元夺取泽州,李彦佐、刘沔夺取潞州,都不许进攻县城。"武宗听从了他的建议。

晋绛行营节度使李彦佐从徐州出发,行动特别迟缓,又请求在绛州休整军队,并请求朝廷给他增加军队。李德裕向武宗上言说:"李彦佐逗留观望,根本没有讨伐叛贼的意思,所有请求都不能允许,应当赐诏严辞谴责,命令他向翼城进军。"武宗听从了李德裕的建议。李德裕乘机请求任命天德防御使石雄为李彦佐的副手,等石雄到达李彦佐军中后,命令石雄代替他。乙巳(十八日),武宗任命石雄为晋绛行营节度副使,同时下诏命令李彦佐进兵屯驻翼城。

刘稹向武宗上表自述说:"去世的伯父刘从谏曾经替李训洗刷冤屈,陈述仇士良的罪恶,因此被朝廷中得宠的权臣所憎恨,认为臣的伯父暗中怀有叛离之心,臣因此不敢带领全族归顺朝廷。乞求陛下稍微予以宽大处理,给臣全族人一条活路。"何弘敬也上奏替刘稹申冤,武宗都不做答复。

李回到达河朔地区后,何弘敬、王元逵、张仲武都携带弓箭到城郊迎接,站立在道路的左边,不敢叫人牵马,谦让地让皇帝使者李回走在前面。自从安史之乱以来没有过这样的事。李回明智善辩,有胆量和勇气,河朔三镇无不遵从诏命。

王元逵奏拔宣务栅,击尧山。刘稹遣兵救尧山,元逵击败之。诏切责李彦佐、刘沔、王茂元,使速进兵逼贼境,且称元逵之功以激厉之。加元逵同平章事。

八月乙丑,昭义大将李丕来降。议者或谓贼故遣丕降,欲以疑误官军。李德裕言于上曰:"自用兵半年,未有降者,今安问诚之与诈! 且须厚赏以劝将来,但不可置之要地耳。"

王元逵前锋入邢州境已逾月,何弘敬犹未出师,元逵屡有密表,称弘敬怀两端。丁卯,李德裕上言:"忠武累战有功,军声颇振。王宰年力方壮,谋略可称。请赐弘敬诏,以'河阳、河东皆阂山险,未能进军,贼屡出兵焚掠晋、绛。今遣王宰将忠武全军径魏博,直抵磁州,以分贼势'。弘敬必惧,此攻心伐谋之术也。"从之。诏宰悉选步骑精兵自相、魏趣磁州。

甲戌,薛茂卿破科斗寨,擒河阳大将马继等,焚掠小寨一十七,距怀州才十馀里。茂卿以无刘稹之命,故不敢入。时议者鼎沸,以为刘悟有功,不可绝其嗣。又,从谏养精兵十万,粮支十年,如何可取! 上亦疑之,以问李德裕,对曰:"小小进退,兵家之常。愿陛下勿听外议,则成功必矣!"上乃谓宰相曰:"为我语朝士,有上疏沮议者,我必于贼境上斩之!"议者乃止。

王元逵奏报攻拔了宣务栅,攻击尧山。刘稹派遣军队救援尧山,王元逵打败了他们。武宗下诏严厉谴责李彦佐、刘沔、王茂元,命令他们迅速进兵逼近叛贼边境,并且称赞王元逵的战功来激励他们。同时,加官王元逵为同平章事。

　　八月乙丑(初九),昭义大将李丕前来投降。议论政事的人中有的认为叛贼故意派遣李丕投降,是想来迷惑贻误官军。李德裕向武宗上言说:"自从对泽潞用兵半年以来,一直没有投降的人,如今为什么要问李丕投降是真诚还是欺诈呢?只需给予他优厚的赏赐,以便鼓励将要来降的人,只是不要把他安排在重要的地方罢了。"

　　王元逵军队的前锋进入邢州境内已经超过一个月,何弘敬仍然没有出动军队,王元逵多次有秘密奏表,说何弘敬对朝廷心怀二意。丁卯(十一日),李德裕上言说:"忠武的军队屡次作战立有战功,军队的声势特别振奋。王宰正值年富力强,谋略可以称道。请求陛下赐给何弘敬诏令,说:'河阳、河东都被险峻的大山阻碍,无法进军,叛贼多次出动军队焚烧掠夺晋州、绛州。如今朝廷派遣王宰率领忠武的全部军队取道魏博,直抵磁州,以便分散叛贼的军势。'何弘敬必定恐惧,这就是施展谋略而攻心的方法。"武宗听从了他的建议。于是下诏命令王宰选拔出全部步兵、骑兵中的精锐兵力从相州、魏州奔赴磁州。

　　甲戌(十八日),薛茂卿攻破科斗寨,活捉河阳大将马继等人,焚烧并掠夺小营寨十七座,距离怀州仅仅十多里。薛茂卿因为没有刘稹的命令,所以不敢进攻怀州。当时议论哗然,认为刘悟过去有功,不能灭绝他的后代。而且刘从谏养精兵十万,储存的粮食可以支撑十年,怎么能够轻易攻取呢?武宗对此也感到疑惑,将此事询问李德裕,李德裕回答说:"小小的进退,是兵家的常事。希望陛下您不要听从外面的议论,就必定能够成功了!"武宗于是对宰相说:"替我转告朝廷百官,有胆敢上疏劝阻讨伐泽潞的人,我一定在叛贼的边境上将他斩杀!"百官的议论于是停止。

何弘敬闻王宰将至,恐忠武兵入魏境,军中有变,苍黄出师。丙子,弘敬奏,已自将全军渡漳水,趣磁州。

庚辰,李德裕上言:"河阳兵力寡弱,自科斗店之败,贼势愈炽。王茂元复有疾,人情危怯,欲退保怀州。臣窃见元和以来诸贼,常视官军寡弱之处,并力攻之,一军不支,然后更攻他处。今魏博未与贼战,西军阂险不进,故贼得并力南下。若河阳退缩,不惟亏沮军声,兼恐震惊洛师。望诏王宰更不之磁州,亟以忠武军应援河阳,不惟扞蔽东都,兼可临制魏博。若虑全军供饷难给,且令发先锋五千人赴河阳,亦足张声势。"甲申,又奏请敕王宰以全军继进,仍急以器械缯帛助河阳窘乏。上皆从之。

王茂元军万善,刘稹遣牙将张巨、刘公直等会薛茂卿共攻之,期以九月朔围万善。乙酉,公直等潜师先过万善南五里,焚雍店。巨引兵继之,过万善,觇知城中守备单弱,欲专有功,遂攻之。日昃,城且拔,乃使人告公直等。时义成军适至,茂元困急,欲帅众弃城走。都虞候孟章遮马谏曰:"贼众自有前却,半在雍店,半在此,乃乱兵耳。今义成军才至,尚未食,闻仆射走,则自溃矣。愿且强留!"茂元乃止。会日暮,公直等不至,巨引兵退。始登山,微雨晦黑,自相

何弘敬听说王宰即将到来,恐怕忠武的军队进入魏博境内后,自己军中发生变故,于是仓促出兵。丙子(二十日),何弘敬奏报已经亲自率领全部军队渡过漳水,赶赴磁州。

庚辰(二十四日),李德裕上言说:"河阳兵力寡弱,自从在科斗店被贼军打败后,叛贼势力更加猖狂。王茂元又有病,人心恐惧,准备退守怀州。臣发现宪宗元和年间以来的众贼,经常瞅准官军兵力弱小的地方,集中力量进攻那里,那里的一支军队支撑不住后,然后再进攻其他地方。如今魏博尚未出兵与叛贼交战,西面的军队被险峻的大山所阻碍,不便进攻,所以叛贼能够集中兵力南下。倘若河阳军队退缩,不但损害官军的声威,恐怕还会震惊东都洛阳。希望陛下下诏命令王宰不再率军前往磁州,急速率领忠武的军队支援河阳,不但可以防御东都,还可以临近制约魏博。如果担忧王宰整个军队的军需难以供给,可以暂且命令他派遣先锋五千人赶赴河阳,也足以壮大河阳的声势。"甲申(二十八日),李德裕又奏请武宗下敕命令王宰率领全军继续前进,同时,急速运输军用器械和彩缯绢帛救助河阳的困乏。武宗都听从了他的意见。

王茂元在万善驻军,刘稹派遣牙将张巨、刘公直等人会合薛茂卿一起攻打王茂元,约定在九月初一包围万善。乙酉(二十九日),刘公直等人先率领军队秘密地从万善南面五里的地方通过,焚烧雍店。张巨率领军队紧随其后,在从万善城外经过的时候,探知城中守备薄弱,打算独占战功,于是攻打万善。太阳偏西的时候,万善城就要被攻克,这才派人报告刘公直等人。这时,义成的军队奉命救援河阳,正好赶到,王茂元困窘危急,准备率领部众弃城逃跑。都虞候孟章拦住战马劝谏说:"叛贼部众自当有进有退,现在,贼军一半在雍店,一半在这里攻城,不过是乱兵而已。如今义成的援军刚刚到达,还没有吃饭,闻知仆射您逃走,就会自行溃散了。希望您暂且留下坚守!"王茂元这才作罢。恰逢天色已晚,刘公直等人仍没有来到,张巨只好领兵退去。正在登太行山时,天空下起细雨,再加上夜色昏暗,士卒自相

惊曰:"追兵近矣!"皆走,人马相践,坠崖谷死者甚众。

上以王茂元、王宰两节度使共处河阳非宜,庚寅,李德裕等奏:"茂元习吏事而非将才,请以宰为河阳行营攻讨使。茂元病愈,止令镇河阳,病困亦免他虞。"九月辛卯,以宰兼河阳行营攻讨使。

何弘敬奏拔肥乡、平恩,杀伤甚众。得刘稹榜帖,皆谓官军为贼,云遇之即须痛杀。癸巳,上谓宰相:"何弘敬已克两县,可释前疑。既有杀伤,虽欲持两端,不可得已。"乃加弘敬检校左仆射。

丙午,河阳奏王茂元薨。李德裕奏:"王宰止可令以忠武节度使将万善营兵,不可使兼领河阳,恐其不爱河阳州县,恣为侵扰。又,河阳节度先领怀州刺史,常以判官摄事,割河南五县租赋隶河阳。不若遂以五县置孟州,其怀州别置刺史。俟昭义平日,仍割泽州隶河阳节度,则太行之险不在昭义,而河阳遂为重镇,东都无复忧矣!"上采其言。戊申,以河南尹敬昕为河阳节度、怀孟观察使,王宰将行营以扞敌,昕供馈饷而已。

庚戌,以石雄代李彦佐为晋绛行营节度使,令自冀氏取潞州,仍分兵屯翼城以备侵轶。石雄代李彦佐之明日,即引兵逾乌岭,破五寨,杀获千计。时王宰军万善,刘沔军石会,皆顾望未进。上得雄捷书,喜甚。冬十月庚申,临朝,

惊扰说:"追兵逼近了!"都纷纷逃跑,人马相互践踏,坠落崖谷摔死的人非常多。

武宗认为王茂元、王宰两位节度使一起呆在河阳不合适,庚寅这一天,李德裕等人上奏说:"王茂元熟悉吏事而不是将才,请求陛下任命王宰为河阳行营攻讨使。王茂元病好以后,只命他镇守河阳,即使再病重也免除了其他忧患。"九月辛卯(初五),武宗任命王宰兼任河阳行营攻讨使。

何弘敬奏报攻拔肥乡、平恩两县,杀伤贼兵非常多。得到刘稹公开张贴的告示,都把官军称为贼,说如果遇到官军,就必须立即痛杀。癸巳(初七),武宗对宰相说:"何弘敬已经攻克肥乡、平恩两县,可以消除以前对他的怀疑了。既然对叛军有所杀伤,即使想采取骑墙观望的态度,也不可能了。"于是,加官何弘敬为检校左仆射。

丙午(二十日),河阳奏报王茂元去世。李德裕上奏说:"对于王宰,只可以命他以忠武节度使的身份统辖万善行营的军队,不能让他兼任河阳节度使,臣下担心他不爱惜河阳州县的百姓,恣意进行侵扰。再有,河阳节度使原来兼任怀州刺史,经常任用判官主持州里的政事,朝廷割让河南五个县的租税隶属河阳。不如就在这五个县设置孟州,那怀州也另外任命刺史。等到昭义平定之日,仍旧割让泽州隶属河阳管辖,那么太行山之险就不完全在昭义境内,而河阳也就成为了重要的藩镇,东都洛阳的安危就不必再忧虑了!"武宗采纳了李德裕的意见。戊申(二十二日),任命河南尹敬昕为河阳节度、怀孟观察使,王宰率领行营军队去抵御敌人,敬昕供给军饷而已。

庚戌(二十四日),武宗任命石雄代替李彦佐为晋绛行营节度使,命令他从冀氏进兵攻取潞州,同时分派军队屯驻翼城来防备昭义军队的侵犯袭击。石雄代替李彦佐职务的第二天,就率军队越过乌岭,攻破昭义的五座营寨,诛杀俘获数以千计。这时,王宰驻军万善,刘沔驻军石会,都观望不肯前进。武宗接到石雄上奏的捷报,十分高兴。冬季十月庚申(初五),武宗上朝时,

谓宰相曰:"雄真良将!"李德裕因言:"比年前潞州市有男子磬折唱曰:'石雄七千人至矣!'刘从谏以为妖言,斩之。破潞州者必雄也。"诏赐雄帛为优赏,雄悉置军门,自依士卒例先取一匹,馀悉分将士,故士卒乐为之致死。

初,刘沔破回鹘,得太和公主,张仲武疾之,由是有隙。上使李回至幽州和解之,仲武意终不平。朝廷恐其以私憾败事,辛未,徙沔为义成节度使,以前荆南节度使李石为河东节度使。

忠武军素号精勇,王宰治军严整,昭义人甚惮之。薛茂卿以科斗寨之功,意望超迁。或谓刘稹曰:"留后所求者节耳,茂卿太深入,多杀官军,激怒朝廷,此节所以来益迟也。"由是无赏。茂卿愠怼,密与王宰通谋。十二月丁巳,宰引兵攻天井关,茂卿小战,遽引兵走,宰遂克天井关守之。关东西寨闻茂卿不守,皆退走,宰遂焚大小箕村。茂卿入泽州,密使谍召宰进攻泽州,当为内应。宰疑,不敢进,失期不至,茂卿拊膺顿足而已。稹知之,诱茂卿至潞州,杀之,并其族。以兵马使刘公直代茂卿,安全庆守乌岭,李佐尧守雕黄岭,郭僚守石会,康良佺守武乡。僚,谊之侄也。

戊辰,王宰进攻泽州,与刘公直战,不利,公直乘胜复天井关。甲戌,宰进击公直,大破之。遂围陵川,克之。河东奏克石会关。

对宰相说:"石雄真是一员优秀的将领!"李德裕趁机说道:"几年前,潞州集市上有一个男子卷曲着身体唱道:'石雄率领七千人来到了!'刘从谏认为是荒诞不经的妖言,斩杀了他。看来,能够攻破潞州的人肯定是石雄了。"武宗下诏赏赐石雄绢帛作为重赏,石雄把绢帛全部放在军营门口,自己按照士兵的惯例先拿一匹,其馀全部分给将士,所以士卒都乐意为他拼死效力。

当初,刘沔攻破回鹘,接回太和公主,张仲武忌妒刘沔的功劳,因此二人有了矛盾。武宗派遣李回到幽州平息他们之间的矛盾,张仲武心里始终不服气。朝廷担心张仲武由于私人间的恩怨坏了国家大事,辛未(十六日),调任刘沔为义成节度使,任命原荆南节度使李石为河东节度使。

忠武的军队一向号称精锐勇敢,王宰治军严整,昭义人特别惧怕他。薛茂卿因为在科斗寨战役中立功,心里希望得到快速升迁。有人对刘稹说:"留后您所企求的是节度使的职位,薛茂卿入河阳境内太深,杀死许多官军,激怒了朝廷,这正是朝廷迟迟不肯任命您的原因。"因此,刘稹对薛茂卿不加赏赐。薛茂卿怨恨恼怒,秘密与王宰通谋。十二月丁巳(初三),王宰率领军队攻打天井关,薛茂卿假装短暂交战后,就率领军队退走,王宰于是攻克了天井关并进行防守。天井关东西两翼的昭义营寨闻知薛茂卿失守,也纷纷退走,王宰于是焚烧大小箕村。薛茂卿进入泽州后,偷偷地派间谍去引导王宰进攻泽州,表示愿做内应。王宰怀疑有诈,不敢进兵,错过了期限没有到达,薛茂卿只能捶胸顿足而已。刘稹闻知此事后,将薛茂卿诱骗到潞州,杀掉了他以及他的全族。然后命令兵马使刘公直代替薛茂卿的职务,命令安全庆防守乌岭,李佐尧防守雕黄岭,郭僚防守石会,康良佺防守武乡。郭僚是郭谊的侄子。

戊辰(十四日),王宰率军进攻泽州,与刘公直交战,失利,刘公直乘胜收复天井关。甲戌(二十日),王宰进击刘公直,大败刘公直的军队。于是进兵围攻陵川县城,随即攻克了它。这时,河东奏报攻克石会关。

洺州刺史李恬,石之从兄也。石至太原,刘稹遣军将贾群诣石,以恬书与石云:"稹愿举族归命相公,奉从谏丧归葬东都。"石因群,以其书闻。李德裕上言:"今官军四合,捷书日至,贼势穷蹙,故伪输诚款,冀以缓师,稍得自完,复来侵轶。望诏石答恬书云:'前书未敢闻奏。若郎君诚能悔过,举族面缚,待罪境上,则石当亲往受降,护送归阙。若虚为诚款,先求解兵,次望洗雪,则石必不敢以百口保人。'仍望诏诸道,乘其上下离心,速进兵攻讨,不过旬朔,必内自生变。"上从之。右拾遗崔碣上疏请受其降。上怒,贬碣邓城令。

初,刘沔破回鹘,留兵三千戍横水栅。河东行营都知兵马使王逢奏乞益榆社兵。诏河东以兵二千赴之。时河东无兵,守仓库者及工匠皆出从军,李石召横水戍卒千五百人,使都将杨弁将之诣逢,壬午,戍卒至太原。先是,军士出征,人给绢二匹。刘沔之去,竭府库自随,石初至,军用乏,以己绢益之,人才得一匹。时已岁尽,军士求过正旦而行,监军吕义忠累牒趣之。杨弁因众心之怒,又知城中空虚,遂作乱。

洺州刺史李恬是李石的堂兄。李石抵达太原后,刘稹派遣军将贾群到李石的住所,把李恬的书信交给李石,信中说道:"刘稹愿意率领全族人归附并听命于相公,同时,护送刘从谏的灵柩回东都洛阳埋葬。"李石囚禁了贾群,把李恬的书信上报给朝廷。李德裕上言说:"如今官军四面围攻昭义,捷报每日到来,贼军势力困窘,所以假装来投降,企图延缓官军的进攻,得以稍微喘息休整,然后再来侵袭。希望陛下您下诏,命令李石写信答复李恬说:'先前的来信不敢向朝廷奏报。如果刘稹果真能够悔过自新,就应当把自己和全族人的双手反绑,到边境上待罪投降,那么我李石就会亲自前往边境接受他的投降,然后派人把他护送到京城。如果刘稹是假装投降,首先要求解除官军的围攻,进而希望朝廷为他洗清冤情,那么,我李石必定不敢用宗族一百多口人的性命为您替刘稹作保。'同时,希望陛下诏命各道趁着刘稹上下离心离德的机会,迅速进兵攻讨,这样,不超过十天半月,刘稹的内部肯定会自生变乱。"武宗听从了李德裕的意见。右拾遗崔碣上疏,请求接受刘稹的归降。武宗大怒,贬谪崔碣为邓城县令。

当初,河东节度使刘沔攻破回鹘之后,留下三千名士兵戍守横水栅。这时,河东行营都知兵马使王逢上奏乞请增加榆社的军队。武宗下诏命令河东派遣士兵两千人赶赴榆社。当时,河东的军队都已经调往前线,无兵可发,于是守卫仓库的差役和工匠都被征发从军,新任河东节度使李石征调横水栅的戍兵一千五百人,命都将杨弁率领他们前往王逢那里,壬午(二十八日)这一天,横水栅戍兵到达太原。在此之前,军士出征,每人发给绢帛两匹。刘沔从河东离任的时候,把府库中储备的物资全部随身带走了,因而李石刚到太原时,军需物资十分匮乏,李石把自己家中的绢帛拿出来添补,每个士卒也才得到一匹。这时已经到了年底,军士要求过了初一再上路,河东监军吕义忠却多次发文催促。杨弁趁士卒怨愤,又得知太原城中防备空虚,于是发动叛乱。

四年春正月乙酉朔,杨弁帅其众剽掠城市,杀都头梁季叶,李石奔汾州。弁据军府,释贾群之囚,使其侄与之俱诣刘稹,约为兄弟,稹大喜。石会关守将杨珍闻太原乱,复以关降于稹。

戊子,吕义忠遣使言状,朝议喧然。或言两地皆应罢兵,王宰又上言:"游弈将得刘稹表,臣近遣人至泽潞,贼有意归附。若许招纳,乞降诏命。"李德裕上言:"宰擅受稹表,遣人入贼中,曾不闻奏,观宰意似欲擅招抚之功。昔韩信破田荣,李靖擒颉利,皆因其请降,潜兵掩袭。止可令王宰失信,岂得损朝廷威命!建立奇功,实在今日,必不可以太原小扰,失此事机。望即遣供奉官至行营,督其进兵,掩其无备,必须刘稹与诸将皆举族面缚,方可受纳。兼遣供奉官至晋绛行营,密谕石雄以王宰若纳刘稹,则雄无功可纪。雄于垂成之际,须自取奇功,勿失此便。"又为相府与宰书,言:"昔王承宗虽逆命,犹遣弟承恭奉表诣张相祈哀,又遣其子知感、知信入朝,宪宗犹未之许。今刘稹不诣尚书面缚,又不遣血属祈哀,置章表于衢路之间,游弈将不即毁除,实恐非是。况稹与杨弁通奸,逆状如此,而将帅大臣容受其诈,是私惠归于臣下,不赦在于朝廷,

四年(844)春季正月乙酉这天是初一,杨弁率领手下部众劫掠太原集市,杀死都头梁季叶,李石逃奔汾州。杨弁占据军府,释放被囚禁的昭义使者贾群,派自己的侄子和贾群一起前往昭义拜见刘稹,和刘稹结拜为兄弟,刘稹大喜。石会关守将杨珍闻知太原发生兵变,又献出石会关向刘稹投降。

　　戊子(初四),河东监军吕义忠派遣使者奏报杨弁兵变的情况,朝中百官议论哗然。有人说朝廷对昭义和河东两地都应当停止用兵,王宰又上言说:"前不久,臣部下的游弈将收到刘稹送来的上表,臣最近又派人到泽潞,发现贼军确实有意归附。如果朝廷允许我招降,请求下达诏书。"李德裕上言说:"王宰擅自接受刘稹的上表,又派人进入贼军境内,朝廷却不曾听到过他的奏报,我看王宰的用意似乎是想独占招抚刘稹的功劳。从前,汉高祖时,韩信击败田荣,唐太宗时,李靖擒获突厥颉利可汗,都是趁他们请求投降时,秘密出兵突然袭击,从而大获全胜的。所以,现在只能让王宰对刘稹失信,怎能损害朝廷的威信? 官军建立奇功的机会,实际上就在今天,一定不能因为太原小小的骚扰,就丧失这成事的良机。希望陛下立即派遣供奉官到前线行营,督促各路军队进兵,趁着贼军没有防备袭击他们,必须是刘稹和他手下众将都率领全族人反绑着自己的双手前来投降,才可接受。并派遣一名供奉官到晋绛行营,秘密转告石雄,王宰如果招降刘稹成功,那么石雄就无功可记。石雄在大功就要告成时,必须自己建立奇功,不会放弃目前的机遇。"李德裕又为宰相府起草了一封给王宰的书信,信中说:"过去成德节度使王承宗虽然不听诏命,但仍然派遣他的弟弟王承恭奉表到宰相张弘靖处乞求哀怜,后来又派他的儿子王知感、王知信入京作为人质,宪宗仍然不许。现在,刘稹不将自己反绑起来向尚书您请降,又不派骨肉至亲向朝廷乞求哀怜,却在野外的道路上递交请降的章表,游弈将得到后不立即毁掉,恐怕不妥。况且,刘稹和杨弁互通奸情,叛逆的情况如此严重,而您作为将帅大臣竟然允许接受刘稹的诈降,这是把个人的恩惠归于臣下,把不予赦免的名声归于朝廷,

事体之间,交恐不可。自今更有章表,宜即所在焚之。惟面缚而来,始可容受。"德裕又上言:"太原人心从来忠顺,止是贫虚,赏犒不足。况千五百人何能为事!必不可姑息宽纵。且用兵未罢,深虑所在动心。顷张延赏为张朏所逐,逃奔汉州,还入成都。望诏李石、义忠还赴太原行营,召旁近之兵讨除乱者。"上皆从之。

是时李石已至晋州,诏复还太原。辛卯,诏王逢悉留太原兵守榆社,以易定千骑、宣武兖海步兵三千讨杨弁。又诏王元逵以步骑五千自土门入,应接逢军。忻州刺史李丕奏:"杨弁遣人来为游说,臣已斩之,兼断其北出之路,发兵讨之。"

辛丑,上与宰相议太原事,李德裕曰:"今太原兵皆在外,为乱者止千馀人,诸州镇必无应者。计不日诛翦,惟应速诏王逢进军,至城下必自有变。"上曰:"仲武见镇、魏讨泽潞有功,必有慕羡之心,使之讨太原何如?"德裕对曰:"镇州趣太原路最便近。仲武去年讨回鹘,与太原争功,恐其不戢士卒,平人受害。"乃止。

上遣中使马元实至太原,晓谕乱兵,且觇其强弱。杨弁与之酣饮三日,且赂之。戊申,元实自太原还,上遣诣宰相议之。元实于众中大言:"相公须早与之节!"李德裕曰:"何故?"元实曰:"自牙门至柳子列十五里曳地光明甲,

从做事的道理来讲,这样恐怕不妥。从今以后刘稹再有请降的章表,应当就地予以焚毁。只有刘稹反绑着自己前来投降,才能允许接受。"李德裕又上言说:"太原人心历来忠于朝廷,只是由于一时贫困虚乏,对士兵犒赏不足,才导致兵变。况且一千五百人能干成什么事! 因此一定不能姑息宽纵杨弁。并且,现在朝廷用兵尚未停止,十分忧虑各地军队人心浮动。过去,西川节度使张延赏被部将张胐驱逐,逃奔汉州,后来又攻入成都,杀掉张胐。所以希望陛下下诏,命令李石、吕义忠返回太原行营,召集驻屯在附近的军队讨伐并除掉作乱的人。"武宗全部采纳了李德裕的建议。

这时,李石已经到达晋州,武宗下诏命令他重新返回太原。辛卯(初七),武宗诏命王逢将太原军队全部留下防守榆社,率领易定的一千骑兵,宣武和兖海的三千步兵讨伐杨弁。又诏命王元逵率步兵、骑兵五千人从土门进发,接应王逢的军队。忻州刺史李丕上奏说:"杨弁派人前来进行游说,臣已经斩杀了他派来的人,并切断了杨弁向北出逃的路,同时发兵南下讨伐杨弁。"

辛丑(十七日),武宗与宰相商议太原杨弁作乱的事,李德裕说:"如今太原的军队都在外地,作乱的士兵只有一千多人,各州镇肯定没有响应的人。估计用不了几天就可以诛杀剪灭,只需迅速下诏命令王逢进军,到达太原城下,杨弁军队内部必定发生变乱。"武宗说:'张仲武眼看成德、魏博讨伐泽潞有功,必定有羡慕之心,派他征讨太原怎么样?'李德裕回答说:"成德赶赴太原距离最近,也最方便。张仲武去年讨伐回鹘时,与原河东节度使刘沔争功,恐怕他不能约束士卒,使百姓受害。"武宗于是作罢。

武宗派宫廷使者马元实出使太原,开导作乱的士兵,并侦察杨弁兵力的强弱。杨弁和马元实接连畅饮了三天,并向马元实行贿。戊申(二十四日),马元实从太原返回京城,武宗派他到宰相处商议太原的情况。马元实在众人间夸大其辞地说:"相公们应当及早任命杨弁为节度使!"李德裕说:"为什么呢?"马元实说:"从河东节度使牙门到柳子列之间十五里内,遍地都是光明甲,

若之何取之？”德裕曰：“李相正以太原无兵，故发横水兵赴榆社。库中之甲尽在行营，弁何能遽致如此之众乎？”元实曰：“太原人劲悍，皆可为兵，弁召募所致耳。”德裕曰：“召募须有货财，李相止以欠军士绢一匹，无从可得，故致此乱，弁何从得之？”元实辞屈。德裕曰：“从其有十五里光明甲，必须杀此贼！”因奏称：“杨弁微贼，决不可恕。如国力不及，宁舍刘稹。”河东兵戍榆社者闻朝廷令客军取太原，恐妻孥为所屠灭，乃拥监军吕义忠自取太原。壬子，克之，生擒杨弁，尽诛乱卒。

二月乙卯，吕义忠奏克太原。丙辰，李德裕言于上曰：“王宰久应取泽州，今已迁延两月。盖宰与石雄素不叶，今得泽州，距上党犹二百里，而石雄所屯距上党才百五十里。宰恐攻泽州缀昭义大军，而雄得乘虚入上党独有其功耳。又宰生子晏实，其父智兴爱而子之，晏实今为磁州刺史，为刘稹所质。宰之顾望不敢进，或为此也。”上命德裕草诏赐宰，督其进兵，且曰：“朕顾兹小寇，终不贷刑。亦知晏实是卿爱弟，将申大义，在抑私怀。”

丁巳，以李石为太子少傅、分司，以河中节度使崔元式为河东节度使，石雄为河中节度使。

己未，石雄拔良马等三寨一堡。辛酉，太原献杨弁及其党五十四人，皆斩于狗脊岭。

像这样怎么能够攻取呢?"李德裕说道:"李石正是因为太原无兵可发,所以调发横水栅的戍兵赶赴榆社。府库中的铠甲全在前线行营之中,杨弁怎么能骤然有这么多的兵士和武器呢?"马元实说:"太原人强劲剽悍,都可以当兵,是杨弁召募所造成的。"李德裕说道:"召募士兵必须有财物,李石只因拖欠军士一匹绢帛,无处获得,因此导致这场兵变,杨弁又从哪里得到这些财物呢?"马元实理屈辞穷。李德裕说道:"即使杨弁有十五里地的光明甲,也一定要杀掉这个贼人!"于是上奏说:"杨弁是小贼,决不可以宽恕。如果国家财力不支,宁愿放弃刘稹。"河东士兵中戍守榆社的人听说朝廷命令其他地区的军队进攻太原,担心自己的妻子儿女被外地军队杀戮,于是簇拥着河东监军吕义忠自行攻取太原。壬子(二十八日),攻克太原,活捉了杨弁,全部诛杀了作乱士卒。

二月乙卯(初二),吕义忠奏报攻克太原。丙辰(初三),李德裕向武宗上言说:"王宰早就应该攻取泽州,如今已经拖延两个月了。大概王宰与石雄一向不和,现在即使王宰攻取了泽州,距离上党还有二百里,而石雄所屯驻的地方距离上党只有一百五十里。王宰担心攻取泽州后牵制了昭义的大军,而石雄得以乘防守空虚攻入上党,独自占有攻取上党的功劳。另外,王宰有一儿子名叫王晏实,王宰的父亲王智兴喜爱王晏实,并把他当作自己的儿子对待,王晏实现在担任磁州刺史,被刘稹扣押作为人质。王宰观望不敢进兵,或许是由于这件事。"武宗命令李德裕起草诏书赐给王宰,督促他进兵,并说:"朕看这些小贼,终究不会被刑罚所宽免。但也知道王晏实是爱卿你的爱弟,希望你从大义出发,暂且抑制自己的私情。"

丁巳(初四),武宗任命李石为太子少傅、分司东都,任命河中节度使崔元式为河东节度使,石雄为河中节度使。

己未(初六),石雄攻拔良马等三寨一堡。辛酉(初八),太原向朝廷献上杨弁及其党羽五十四人,在京城东市的狗脊岭将他们全部斩杀。

壬申,李德裕言于上曰:"事固有激发而成功者。陛下命王宰趣磁州,而何弘敬出师;遣客军讨太原,而戍兵先取杨弁。今王宰久不进军,请徙刘沔镇河阳,仍令以义成精兵二千直抵万善,处宰肘腋之下。若宰识朝廷此意,必不敢淹留。若宰进军,沔以重兵在南,声势亦壮。"上曰:"善!"戊寅,以义成节度使刘沔为河阳节度使。

王逢击昭义将康良佺,败之。良佺弃石会关,退屯鼓腰岭。

夏四月,王宰进攻泽州。

秋七月辛卯,上与李德裕议以王逢将兵屯翼城,上曰:"闻逢用法太严,有诸?"对曰:"臣亦尝以此诘之,逢言:'前有白刃,法不严,其谁肯进!'"上曰:"言亦有理,卿更召而戒之。"德裕因言刘稹不可赦。上曰:"固然。"德裕曰:"昔李怀光未平,京师蝗旱,米斗千钱,太仓米供天子及六宫无数旬之储。德宗集百官,遣中使马钦绪询之。左散骑常侍李泌取桐叶搓破,以授钦绪献之。德宗召问其故,对曰:'陛下与怀光君臣之分,如此叶不可复合矣。'由是德宗意定。既破怀光,遂用为相,独任数年。"上曰:"亦大是奇士。"

闰月,李德裕奏:"镇州奏事官高迪密陈意见二事:其一,以为贼中好为偷兵术,潜抽诸处兵聚于一垒,官军多

壬申（十九日），李德裕向武宗上言说："事情本来就有需要给予必要的刺激才能成功的。陛下您命令王宰取道魏博赶赴磁州，而魏博节度使何弘敬担心军中发生变故，慌忙出动军队；陛下您派遣外地军队讨伐太原跟随杨弁作乱的士兵，而驻屯榆社的河东戍兵恐怕自己的妻子儿女惨遭杀戮，首先自行出兵擒获了杨弁。如今，王宰长时间不能进军，臣请求调刘沔镇守河阳，同时命令他率领义成精兵两千人直抵万善，驻扎在王宰的附近。如果王宰明白朝廷的这个意图，必定不敢再停留观望。如果王宰进军，刘沔率领重兵在他的南面，也可为他壮大声势。"武宗说："好吧！"戊寅（二十五日），任命义成节度使刘沔为河阳节度使。

王逢率兵攻打昭义将领康良佺，打败了他。康良佺丢弃石会关，退兵屯驻鼓腰岭。

夏季四月，王宰出兵攻打泽州。

秋季七月辛卯（初十），武宗和李德裕商议命令王逢率领军队屯驻翼城，武宗说："听说王逢使用军法太严，有这回事吗？"李德裕回答说："臣也曾经用这件事责问他，王逢说：'前面有锋利的刀子，军法不严，谁愿意冒死前进！'"武宗说："这话也有道理，不过，爱卿你再召见他，告诫他不要太严了。"李德裕趁机说刘稹不可赦免。武宗说："理应如此。"李德裕说："过去李怀光叛乱尚未平定的时候，京城一带发生蝗灾和旱灾，一斗米涨价到一千钱，供给天子和六宫的太仓米还没有几十天的储备。德宗召集百官，派遣宫廷使者马钦绪向他们询问对策。左散骑常侍李泌摘取一片桐树叶子，用手揉破，把它交给马钦绪，让他献给德宗。德宗召见李泌，询问其中的缘故，李泌回答说：'陛下您与李怀光君臣之间的关系，就像这片桐树叶子一样，不可能再复合了。'因此，德宗拿定了主意。平定李怀光以后，就任用李泌担任宰相，专任了好几年。"武宗说："李泌也是一大奇士。"

闰七月，李德裕上奏说："镇州的奏事官高迪秘密向朝廷陈述了两条意见：第一，他认为泽潞的叛贼喜欢使用偷兵的战术对付官军，他们暗中抽调各处军队聚集在一座营垒，而官军往往

就迫逐,以致失利,经一两月,又偷兵诣他处。官军须知此情,自非来攻城栅,慎勿与战。彼淹留不过三日,须散归旧屯,如此数四空归,自然丧气。官军密遣谍者诇其抽兵之处,乘虚袭之,无不捷矣。其二,镇、魏屯兵虽多,终不能分贼势。何则?下营不离故处,每三两月一深入,烧掠而去。贼但固守城栅,城外百姓,贼亦不惜。宜令进营据其要害,以渐逼之。若止如今日,贼中殊不以为惧。望诏诸将各使知之。”

刘稹腹心将高文端降,言贼中乏食,令妇人接穗舂之以给军。德裕访文端破贼之策,文端以为:“官军今直攻泽州,恐多杀士卒,城未易得。泽州兵约万五千人,贼常分兵太半,潜伏山谷,伺官军攻城疲弊,则四集救之,官军必失利。今请令陈许军过乾河立寨,自寨城连延筑为夹城,环绕泽州,日遣大军布陈于外以扞救兵。贼见围城将合,必出大战。待其败北,然后乘势可取。”德裕奏请诏示王宰。

文端又言:“固镇寨四崖悬绝,势不可攻。然寨中无水,皆饮涧水,在寨东南约一里许。宜令王逢进兵逼之,绝其水道,不过三日,贼必弃寨遁去,官军即可追蹑。前十五里至青龙寨,亦四崖悬绝,水在寨外,可以前法取也。

就其聚兵之处攻击追逐，以致失利，经过一两个月之后，又偷偷地移兵聚于他处。官军必须了解这些情况，如果贼军不是主动前来攻打城堡栅寨，就应谨慎，不要与贼军交战。贼军停留不会超过三天，就会分散并返回原来的屯驻地，这样多次空手返回，自然丧失士气。官军就可以秘密地派遣间谍侦察贼军抽调军队的地方，乘防守空虚袭击他们，没有不能获胜的。第二，成德、魏博驻扎的官军虽然数量庞大，但终究不能削弱叛贼的势力。这是为什么呢？因为扎营没有远离他们原来的驻扎地，每两三个月才派兵深入敌境一次，大肆焚烧掠夺之后就匆匆离去。叛贼只是固守城堡栅寨，对城外百姓，叛贼并不爱惜。朝廷应当命令官军进兵扎营占据叛贼的要害地区，来逐渐逼近叛贼老巢。如果只像今天这样，叛贼当然不会感到畏惧。希望陛下下诏命令众将，让他们都知道高迪的这两条建议。"

刘稹的心腹将领高文端投降，说叛贼营中缺乏粮食，命令妇女用手搓麦穗，再将麦粒舂碎，来供应军队食用。李德裕向高文端询问攻破叛贼的计策，高文端认为："官军如今直接攻打泽州，恐怕造成士兵大量伤亡，城池却不容易夺得。泽州叛军大约有一万五千人，叛贼经常分出一大半兵力，暗中埋伏在山谷之中，等到官军攻城疲惫不堪的时候，就从四面会集救援城中的叛贼，官军必定失利。现在请求朝廷命令陈许的军队渡过乾河建立营寨，从寨城接连筑起两边立栅、中间留有通道的夹城，环绕泽州，每天派遣大军在夹城外面布阵，来抵御叛贼的救兵。泽州城中的叛贼看到环绕泽州的夹城即将合围，必定出城拼死决战。等到贼军战败逃走，然后官军就可以乘势夺取泽州城。"李德裕上奏请求武宗将高文端的建议诏告前线将领王宰。

高文端又说："固镇寨四面是悬崖绝壁，其势不可攻取。然而寨中没有水，叛贼都喝涧水，涧水在寨东南约一里处。应当命令王逢率军进逼固镇寨，断绝叛贼的取水通道，不出三天，叛贼必定弃寨逃走，官军就可跟踪追击。固镇寨前面十五里可到达青龙寨，四面也是悬崖绝壁，水源也在寨外，可使用前面的办法攻取。

其东十五里则沁州城。"德裕奏请诏示王逢。

文端又言："都头王钊将万兵戍洺州，刘稹既族薛茂卿，又诛邢洺救援兵马使谈朝议兄弟三人，钊自是疑惧。稹遣使召之，钊不肯入，士卒皆哗噪，钊必不为稹用。但钊及士卒家属皆在潞州，又士卒恐已降为官军所杀，招之必不肯来。惟有谕意于钊，使引兵入潞州取稹，事成之日，许除别道节度使，仍厚有赐与，庶几肯从。"德裕奏请诏何弘敬潜遣人谕以此意。

刘稹年少懦弱，押牙王协、宅内兵马使李士贵用事，专聚货财，府库充溢，而将士有功无赏，由是人心离怨。刘从谏妻裴氏，冕之支孙也，忧稹将败，其弟问，典兵在山东，欲召之使掌军政。士贵恐问至夺己权，且泄其奸状，乃曰："山东之事仰成于五舅，若召之，是无三州也。"乃止。

王协荐王钊为洺州都知兵马使。钊得众心，而多不遵使府约束，同列高元武、安玉言其有贰心。稹召之，钊辞以"到洺州未立少功，实所惭恨，乞留数月，然后诣府"。许之。

王协请税商人，每州遣军将一人主之，名为税商，实籍编户家赀，至于什器无所遗，皆估为绢匹，十分取其二，率高其估。民竭浮财及糗粮输之，不能充，皆恟恟不安。

青龙寨以东十五里就是沁州城。"李德裕上奏请求武宗将高文端的这个计策诏告王逢。

高文端又说："都头王钊率领一万军队戍守洺州，刘稹诛灭薛茂卿全族以后，又诛杀了邢洺救援兵马使谈议兄弟三人，王钊从此猜疑畏惧。刘稹派遣使者召见王钊，王钊不肯进入潞州，士兵们都喧哗叫嚷，王钊必定不会被刘稹所重用。但是王钊和士兵家属全都在潞州，而且，士兵担心自己投降以后被官军杀掉，所以招抚他们，他们肯定不愿意前来。只有向王钊宣布皇上的旨意，让他领兵进入潞州抓获刘稹，事成之日，答应任命他为别道的节度使，并给予丰厚的赏赐，或许王钊才愿意听从。"李德裕奏请武宗诏命何弘敬，让他暗中派人向王钊转告皇上的这个旨意。

刘稹年轻，性情懦弱，押牙王协、宅内兵马使李士贵掌权，二人一心聚敛财物，使府库充足，而将士有功却得不到赏赐，因此人心离散怨恨。刘从谏的妻子裴氏，是前宰相裴冕的旁支孙女，忧虑刘稹将遭败亡，她的弟弟裴问，在山东掌管军队，裴氏打算召裴问回来主持昭义的军政。李士贵担心裴问到来后剥夺自己的权力，并且泄露自己的罪行，于是说："山东的军政大事，依赖五舅裴问才能成功，如果将他召回，这就等于丢弃山东的邢、洺、磁三州了。"裴氏于是作罢。

王协推荐王钊为洺州都知兵马使。王钊深得众人之心，然而常常不遵从节度使府的约束，同僚高元武、安玉说王钊有二心。刘稹召见王钊，王钊推辞说："到达洺州以来没有立下多少功劳，实在是惭愧，乞求再留任几个月，然后再到节度使府。"刘稹只好同意了王钊的请求。

王协请求向商人征税，每州派遣军将一人主持收税事宜，名义上是向商人收税，实际上却是籍没编入户籍的平民的家产，即便是日常生活用具也没有一件遗漏，都估价折算成绢匹，按其价值十分收取其二，一律将其价估高，多收税钱。百姓竭尽浮财以及干粮输送给军府，仍然不够，因此都恐惧不安。

军将刘溪尤贪残,刘从谏弃不用。溪厚赂王协,协以邢州富商最多,命溪主之。裴问所将兵号"夜飞",多富商子弟,溪至,悉拘其父兄。军士诉于问,问为之请,溪不许,以不逊语答之。问怒,密与麾下谋杀溪归国,并告刺史崔嘏,嘏从之。丙子,嘏、问闭城,斩城中大将四人,请降于王元逵。时高元武在党山,闻之,亦降。

先是使府赐洺州军士布,人一端,寻有帖以折冬赐。会税商军将至洺州,王钊因人不安,谓军士曰:"留后年少,政非己出。今仓库充实,足支十年,岂可不少散之以慰劳苦之士! 使帖不可用也。"乃擅开仓库,给士卒人绢一匹,谷十二石,士卒大喜。钊遂闭城请降于何弘敬。安玉在磁州,闻二州降,亦降于弘敬。尧山都知兵马使魏元谈等降于王元逵,元逵以其久不下,皆杀之。

八月辛卯,镇、魏奏邢、洺、磁三州降,宰相入贺。李德裕曰:"昭义根本尽在山东,三州降,则上党不日有变矣。"上曰:"郭谊必枭刘稹以自赎。"德裕曰:"诚如圣料。"上曰:"于今所宜先处者何事?"德裕请以给事中卢弘正为三州留后,曰:"万一镇、魏请占三州,朝廷难于可否。"上从之,诏山南东道兼昭义节度使卢钧乘驿赴镇。

昭义军将刘溪尤其贪婪残暴,刘从谏曾对他弃置不用。刘溪用丰厚的财物贿赂王协,王协认为邢州富商最多,任命刘溪主管邢州的收税事宜。当时,裴问所率领的军队号称"夜飞",大多是富商子弟,刘溪到达邢州之后,全部拘捕了他们父亲和弟兄。军士向裴问申诉,裴问替军士请求放人,刘溪不允许,用极不礼貌的言语回答裴问。裴问大怒,秘密与部下谋划杀掉刘溪,向朝廷投降,并报告邢州刺史崔嘏,崔嘏同意了他们的做法。丙子(二十五日),崔嘏、裴问关闭邢州城门,斩杀了城中大将四人,向成德节度使王元逵请降。当时高元武在党山,闻知此讯,也向官军投降了。

先前,昭义节度使府赐给洺州军士布四,每人一端,不久节度使府有军帖下来,将这一端布折充为冬赐。正赶上向商人征税的军将到达洺州,王钊趁着人心不安,鼓动军士说:"留后刘稹年轻,军政命令不是刘稹自己发出的。如今军府仓库充实,足可支付十年的用度,怎么可以不稍微散发一些财物,来慰劳辛劳困苦的士兵! 使者的军帖我们不能照办。"于是擅自打开仓库,发给士兵每人绢一匹,谷十二石,士兵都非常高兴。王钊于是关闭洺州城门,向魏博节度使何弘敬请求投降。安玉在磁州,听说邢州、洺州都已投降,也向何弘敬投降了。尧山都知兵马使魏元谈等人向成德节度使王元逵投降,王元逵因为尧山长时间攻不下来,就把魏元谈等人全部杀掉了。

八月辛卯(十一日),成德、魏博向朝廷奏报邢、洺、磁三州都已投降,宰相们入朝向武宗庆贺。李德裕说:"昭义的根据地全在山东,邢、洺、磁三州投降,那么上党不久就会有变故发生了。"武宗说:"郭谊肯定会将刘稹枭首示众来为自己赎罪。"李德裕说:"实际情况肯定像皇上您所预料的那样。"武宗说:"那么,现在首先应该处理的事是什么呢?"李德裕请求任命给事中卢弘正为邢、洺、磁三州留后,并说:"万一成德、魏博请求占有三州,朝廷将难以做出回答。"武宗听从了李德裕的请求,下诏命令山南东道兼昭义节度使卢钧乘着驿站的车马赶赴镇所。

潞人闻三州降，大惧。郭谊、王协谋杀刘稹以自赎。稹再从兄中军使匡周兼押牙，谊患之，言于稹曰："十三郎在牙院，诸将皆莫敢言事，恐为十三郎所疑而获罪，以此失山东。今诚得十三郎不入，则诸将始敢尽言，采于众人，必获长策。"稹召匡周谕之，使称疾不入。匡周怒曰："我在院中，故诸将不敢有异图；我出院，家必灭矣！"稹固请之，匡周不得已，弹指而出。

谊令稹所亲董可武说稹曰："山东之叛，事由五舅，城中人人谁敢相保！留后今欲何如？"稹曰："今城中尚有五万人，且当闭门自守耳。"可武曰："非良策也。留后不若束身归朝，如张元益，不失作刺史。且以郭谊为留后，俟得节之日，徐奉太夫人及室家金帛归之东都，不亦善乎？"稹曰："谊安肯如是？"可武曰："可武已与之重誓，必不负也。"乃引谊入。稹与之密约既定，乃白其母，母曰："归朝诚为佳事，但恨已晚。吾有弟不能保，安能保郭谊！汝自图之！"稹乃素服出门，以母命署谊都知兵马使。王协已戒诸将列于外厅，谊拜谢稹已，出见诸将，稹治装于内厅。李士贵闻之，帅后院兵数千攻谊。谊叱之曰："何不自取赏物，乃欲与李士贵同死乎！"军士乃退，共杀士贵。谊易置将吏，部署军士，一夕俱定。

潞州人听说邢、洺、磁三州向朝廷投降，十分恐惧。郭谊、王协密谋杀掉刘稹来为自己赎罪。刘稹的远房堂兄中军使刘匡周兼任押牙职务，郭谊以他为患，向刘稹进言说："由于十三郎刘匡周在牙院，众将都不敢说话言事，担心被十三郎猜疑而获罪，因此我们才失去了山东的三个州。如果十三郎果真能不再进入牙院，那么众将才敢于畅所欲言，如果您能博采众人的建议，必定能获得良策。"刘稹听后召见刘匡周并开导他，让他声称有病不再进入牙院。刘匡周勃然大怒道："正因为我在牙院中，众将才不敢有别的企图；我如果离开牙院，刘家必遭灭顶之灾了！"刘稹执意请求他，刘匡周没有办法，愤愤而去。

郭谊指使刘稹所亲近的人董可武劝刘稹说："山东三州的叛变，起源于您的五舅裴问，现在上党城中人有谁敢为您担保！留后您如今打算怎么办？"刘稹回答说："目前上党城中还有五万人，暂且应当紧闭城门坚守吧。"董可武说："这不是良策。留后您不如将自己捆绑起来归顺朝廷，就像文宗时张元益那样，仍不失州刺史之位。暂且让郭谊充任留后，等到您获得符节，出任节度使的时候，再从容不迫地护送太夫人和家室、金银绢帛归还东都洛阳，不是也很好吗？"刘稹说："郭谊怎么肯这么做呢？"董可武说："我已经和郭谊立下重誓，他肯定不会违背誓言的。"于是领郭谊进来。刘稹和郭谊密约归降朝廷的事情已经确定，于是告诉自己的母亲裴氏，裴氏说："归顺朝廷确实是一件好事，只恨已经太晚了。我有弟弟裴问尚且不能保证忠于你，又怎么能保证郭谊不背叛你呢？请你自己考虑这件事吧！"刘稹于是穿着素服走出牙门，用母亲裴氏之命任郭谊为都知兵马使。王协已经告诫众将在外厅排列，郭谊拜谢刘稹礼毕，出来会见众将，刘稹则在内厅整理行装。李士贵听说这件事之后，率领后院牙兵数千人攻击郭谊。郭谊呵叱牙兵说："你们为什么不各自求取赏物，难道想和李士贵一同死掉吗？"军士于是纷纷后退，共同杀死了李士贵。郭谊改换使府将吏，重新部署军士，一个晚上全部稳定了下来。

明日，使董可武入谒稹曰："请议公事。"稹曰："何不言之？"可武曰："恐惊太夫人。"乃引稹步出牙门，至北宅，置酒作乐。酒酣，乃言："今日之事欲全太尉一家，须留后自图去就，则朝廷必垂矜闵。"稹曰："如所言，稹之心也。"可武遂前执其手，崔玄度自后斩之。因收稹宗族，匡周以下至襁褓中子尽杀之。又杀刘从谏父子所厚善者张谷、陈扬庭、李仲京、郭台、王羽、韩茂章、茂实、王渥、贾庠等凡十二家，并其子侄甥婿无遗。仲京，训之兄；台，行馀之子；羽，湜之从孙；茂章、茂实，约之子；渥，璠之子；庠，悚之子也。甘露之乱，仲京等亡归从谏，从谏抚养之。凡军中有小嫌者，谊日有所诛，流血成泥。乃函稹首，遣使奉表及书降于王宰。首过泽州，刘公直举营恸哭，亦降于宰。

乙未，宰以状闻。丙申，宰相入贺。李德裕奏："今不须复置邢、洺、磁留后，但遣卢弘正宣慰三州及成德、魏博两道。"上曰："郭谊宜如何处之？"德裕对曰："刘稹骄孺子耳，阻兵拒命，皆谊为之谋主。及势孤力屈，又卖稹以求赏。此而不诛，何以惩恶！宜及诸军在境，并谊等诛之！"上曰："朕意亦以为然。"乃诏石雄将七千人入潞州，以应谣言。杜悰以馈运不给，谓谊等可赦，上熟视不应。德裕曰："今春泽潞未平，太原复扰，自非圣断坚定，二寇何由可平！

第二天，郭谊又指使董可武入室谒见刘稹说："郭公请您商议公事。"刘稹说："为什么不到这里说呢？"董可武说："恐怕惊动了太夫人。"于是领刘稹走出使府牙门，来到使府之北的别宅，摆设酒宴痛饮作乐。酒意正浓时，董可武便对刘稹说："今天的事是想保全您祖父太尉刘悟传下的一家人，但必须您自己考虑进退去留，那么朝廷必定会因您的自裁而降下怜悯。"刘稹说："如您所说，我心里也这么想。"董可武于是上前抓住刘稹的双手，崔玄度从后面将刘稹斩首。接着收捕刘稹的族人，将刘匡周以下以至襁褓中的婴儿全部杀掉。又杀掉刘从谏父子所厚待的张谷、陈扬庭、李仲京、郭台、王羽、韩茂章、韩茂实、王渥、贾庠等总共十二家，连同他们的子侄、外甥、女婿一并诛杀，没有一人幸免。李仲京是李训的哥哥，郭台是郭行馀的儿子，王羽是王涯的侄孙，韩茂章、韩茂实是韩约的儿子，王渥是王璠的儿子，贾庠是贾𫗧的儿子。甘露之变时，李仲京等人逃亡投奔刘从谏，刘从谏抚养了他们。这时，凡是军中与郭谊稍有小小怨隙的人，郭谊每日都有所诛杀，血流在地上碾成了血泥。于是，郭谊将刘稹的首级封在匣子里，派使者带着表文和书信向王宰投降。刘稹的首级经过泽州，刘公直及其全营将士失声痛哭，也向王宰投降。

乙未（十五日），王宰将上党的情况奏报朝廷。丙申（十六日），宰相们入朝向武宗祝贺。李德裕上奏说："如今不再需要设置邢、洺、磁三州留后，只须派卢弘正去宣慰这三州和成德、魏博两道。"武宗问："郭谊应如何处置呢？"李德裕回答说："刘稹不过是个傻小子罢了，调兵遣将抗拒朝命，都是郭谊为他出主意，做谋主。等到势孤力穷时，郭谊又出卖刘稹来求得朝廷的赏赐。这种人不诛杀，怎么能够惩罚罪恶！应趁各路军队都在昭义境内，将郭谊等人一并诛杀！"武宗说："我也认为这样办好。"于是下诏命令石雄率领七千人进入潞州，来和先前的谣言相应。杜𢢜以军饷运输供应不上为由，认为郭谊等人可以赦免，武宗对其奏议不予理睬。李德裕说："今年春天泽潞未能平定，太原又出现骚乱，若不是陛下您的决断坚定，两处贼寇怎么可能平定！

外议以为若在先朝,赦之久矣。"上曰:"卿不知文宗心地不与卿合,安能议乎!"罢卢钧山南东道,专为昭义节度使。

戊戌,刘稹传首至京师。诏:"昭义五州给复一年,军行所过州县免今年秋税。昭义自刘从谏以来,横增赋敛,悉从蠲免。所籍土团并纵遣归农。诸道将士有功者,等级加赏。"

郭谊既杀刘稹,日望旌节,既久不闻问,乃曰:"必移他镇。"于是阅鞍马,治行装。及闻石雄将至,惧失色。雄至,谊等参贺毕,敕使张仲清曰:"郭都知告身来日当至,诸高班告身在此,晚牙来受之!"乃以河中兵环毬场。晚牙,谊等至,唱名引入,凡诸将桀黠拒官军者,悉执送京师。

加何弘敬同平章事。

丁未,诏发刘从谏尸,暴于潞州市三日。石雄取其尸置毬场,斩剉之。

戊申,加李德裕太尉、赵国公。德裕固辞。上曰:"恨无官赏卿耳! 卿若不应得,朕必不与卿。"

初,李德裕以韩全义以来,将帅出征屡败,其弊有三:一者,诏令下军前者,日有三四,宰相多不预闻。二者,监军各以意见指挥军事,将帅不得专进退。三者,每军各有宦者为监使,悉选军中骁勇数百为牙队,其在陈战斗者,

朝外议论认为此事如果在先朝,早就赦免他们了。"武宗说:"爱卿你不知文宗心里和你意见不合,怎么能议论到一处去呢?"罢免卢钧山南东道节度使的职务,让他专任昭义节度使。

戊戌(十八日),刘稹的首级被传送到京城。武宗下诏说:"昭义镇所属的泽、潞、邢、洺、磁五州免除赋役一年,官军行军所经过的州县免除今年秋季的税收。昭义镇所辖之境自刘从谏以来,无故增加的赋税,全部予以免除。抽调平民所组建的土团也全部解散回家务农。各道将士征讨有功的人,论级行赏。"

郭谊杀掉刘稹以后,每天盼望朝廷册命自己的旌节到来,但很长时间都听不到音讯,便说:"必定要移往其他藩镇。"于是检查自己的鞍马,整理自己的行装。等到听说石雄将要到来,惊惧失色。石雄赶到,郭谊等人参贺完毕,皇帝的使者张仲清说:"都知兵马使郭谊的委任状过几天就会到来,其他众将的委任状在我这里,晚上牙院参拜时来接受委任状!"于是,派河中的军队包围球场。晚上到牙院参拜时,郭谊等人来到牙门,张仲清高声呼名,将他们一一领入球场,众将中凡是凶暴狡诈、抗拒过官军的人,全部拘捕并押送到京城。

加官何弘敬为同平章事。

丁未(二十七日),武宗诏命发掘刘从谏的尸体,将刘从谏在潞州街市中暴尸三天。石雄又把刘从谏的尸体放在球场,剁成碎块。

戊申(二十八日),武宗加官李德裕为太尉、赵国公。李德裕一再推辞。武宗说:"朕只恨没有什么好官赏给爱卿了!爱卿如果不应得到,朕必定不会赏给爱卿。"

当初,李德裕认为,自从德宗派韩全义讨伐吴少诚失败以来,官军将帅出征屡次吃败仗,分析其弊端有三条:第一,皇帝的诏令下达于军队之前,有三四天时间,宰相大多不能预先知道。第二,每个监军都总是用自己的意见指挥军事,领兵将帅不能独自决定军队的进退。第三,每支军队分别有宦官担任监军使,都挑选军中骁勇精壮的士兵数百人组成牙队,那些在阵上战斗的士兵,

皆怯弱之士。每战,监使自有信旗,乘高立马,以牙队自卫,视军势小却,辄引旗先走,陈从而溃。德裕乃与枢密使杨钦义、刘行深议,约敕监军不得预军政,每兵千人听监使取十人自卫,有功随例沾赏。二枢密皆以为然,白上行之。自御回鹘至泽潞罢兵,皆守此制。自非中书进诏意,更无他诏自中出者。号令既简,将帅得以施其谋略,故所向有功。

自用兵以来,河北三镇每遣使者至京师,李德裕常面谕之曰:"河朔兵力虽强,不能自立,须藉朝廷官爵威命以安军情。归语汝使:与其使大将邀宣慰敕使以求官爵,何如自奋忠义,立功立事,结知明主,使恩出朝廷,不亦荣乎!且以耳目所及者言之,李载义在幽州,为国家尽忠平沧景,及为军中所逐,不失作节度使,后镇太原,位至宰相。杨志诚遣大将遮敕使马求官,及为军中所逐,朝廷竟不赦其罪。此二人祸福足以观矣。"德裕复以其言白上,上曰:"要当如此明告之。"由是三镇不敢有异志。

九月,诏以泽州隶河阳节度。

丁巳,卢钧入潞州。钧素宽厚爱人,刘稹未平,钧已领昭义节度,襄州士卒在行营者,与潞人战,常对陈扬钧之美。及赴镇,入天井关,昭义散卒归之者,钧皆厚抚之,人情大洽,昭义遂安。

刘稹将郭谊、王协、刘公直、安全庆、李道德、李佐尧、刘武德、董可武等至京师,皆斩之。

都是一些胆怯懦弱之人。每次交战，监军使自己掌有指挥军队进退的信号旗，乘马登上高处，以牙队自卫，看到军队稍有退却，就举着旗帜首先逃走，其他军队也跟着跑，阵势于是溃散。李德裕于是和枢密使杨钦义、刘行深商议，约定监军不得干预军政，每一千名士兵中允许监军使选取十人自卫，有功时依照惯例受赏。二位枢密使都认为所言有理，禀报武宗下诏执行这些办法。自从防御回鹘起，直到泽潞罢兵，都遵守这项制度。倘若不是宰相们进言颁布诏书旨意，就不再有其他诏旨是从宫禁之中通过宦官颁发出来的了。号令既已简明统一，将帅得以施展谋略，因此所到之处都大有功绩。

自从朝廷对泽潞用兵以来，河朔三镇每次派遣使者到达京城，李德裕常常当面告谕使者说："河朔地区的兵力虽然强大，但不能依恃兵力自立，必须凭借朝廷委任官爵，依靠威命来安定军心。回去告诉你们的节度使：与其派遣大将请求宣慰敕使代为求取官爵，还不如自己奋发忠义，建立功勋，成就事业，结好圣明的天子，使恩惠从朝廷直接赐出，不是更荣耀吗？就拿我耳闻目睹的事来说吧，李载义当年在幽州，为国家尽忠平定沧景的叛乱，等到被幽州军队所驱逐，仍不失做节度使，后来移镇太原，位至宰相。杨志诚派遣大将拦截朝廷敕使的马求取官职，等到被军队所驱逐，朝廷竟然没有赦免他的罪行。这两个人的祸福足以看得清楚了。"李德裕又将这些话禀报武宗，武宗说："就应当这样明确告诉他们。"因此，河朔三镇不敢对朝廷怀有二心。

九月，武宗下诏，命泽州隶属河阳节度。

丁巳（初七），卢钧进入潞州。卢钧一向宽厚爱人，刘稹尚未平定时，卢钧就已兼领昭义节度，在征讨行营的襄州士卒与潞州人交战时，常对阵喊话，宣扬卢钧的美德。等到卢钧赴军镇上任，进入天井关后，对于昭义溃散士卒中归镇的人，卢钧都优厚地抚慰他们，以致上下人心大为融洽和谐，昭义于是安定下来。

刘稹的部将郭谊、王协、刘公直、安全庆、李道德、李佐尧、刘武德、董可武等人被押送到京城长安，全部被斩杀。

臣光曰：董重质之在淮西，郭谊之在昭义，吴元济、刘稹，如木偶人在伎儿之手耳。彼二人者始则劝人为乱，终则卖主规利，其死固有馀罪。然宪宗用之于前，武宗诛之于后，臣愚以为皆失之。何则？赏奸，非义也；杀降，非信也。失义与信，何以为国！昔汉光武待王郎、刘盆子止于不死，知其非力竭则不降故也。樊崇、徐宣、王元、牛邯之徒，岂非助乱之人乎！而光武弗杀，盖以既受其降，则不可复诛故也。若既赦而复逃亡叛乱，则其死固无辞矣。如谊等，免死流之远方，没齿不还，可矣。杀之，非也。

王羽、贾庠等已为谊所杀，李德裕复下诏称："逆贼王涯、贾𫗧等已就昭义诛其子孙。"宣告中外，识者非之。刘从谏妻裴氏亦赐死。又令昭义降将李丕、高文端、王钊等疏昭义将士与刘稹同恶者，悉诛之，死者甚众。卢钧疑其枉滥，奏请宽之，不从。

昭义属城有尝无礼于王元逵者，元逵推求得二十馀人，斩之；馀众惧，复闭城自守。戊辰，李德裕等奏："寇孽既平，尽为国家城镇，岂可令元逵穷兵攻讨！望遣中使赐城内将士敕，招安之，仍诏元逵引兵归镇，并诏卢钧自遣使安抚。"从之。

史臣司马光评论说：唐宪宗时董重质在淮西参加叛乱，如今郭谊又在昭义参加叛乱，淮西镇主吴元济和昭义镇主刘稹，实际上就像木偶人在耍把戏人的手掌上一样。董重质、郭谊二人，起初劝说主人发动叛乱，最后又都出卖主人谋取私利，他们本来是死有馀辜的。然而，唐宪宗任用董重质在前，唐武宗诛杀郭谊在后，我认为这两种截然不同的处置都有不当。为什么呢？唐宪宗赏赐奸贼董重质是不合道义，唐武宗杀掉降将郭谊是不守信用。失去道义与信用，怎么能治理好国家！从前汉光武帝对待王郎、刘盆子等人仅止于不死，并无任何赏赐，这是因为汉光武帝知道他们二人不到势穷力竭是不会投降的。樊崇、徐宣、王元、牛邯这帮人，难道不是帮助作乱之人吗？而汉光武帝也没有杀掉他们，大概是因为既然已经接受他们投降，就不能再诛杀他们了。如果他们既已受到赦免却又逃亡叛乱，那么他们的死确实是无话可说。像郭谊等人，免除他们死罪，将他们流放到远方，终生不得归还就可以了。杀掉他们，是不对的。

　　王羽、贾庠等人已经被郭谊杀掉，李德裕又以武宗的名义下诏宣称："逆贼王涯、贾悚等人在昭义的子孙已被诛灭。"宣告朝廷内外之后，有见识的人对此颇有非议。刘从谏妻子裴氏也被赐死。又命令昭义的降将李丕、高文端、王钊等人揭发昭义将士与刘稹共同作恶的人，将他们全部诛杀，被杀死的人很多。卢钧怀疑其中许多人无辜受害，奏请朝廷宽恕他们，朝廷没有听从。

　　昭义镇所属城堡有人曾经对王元逵无礼，王元逵加以追究，抓到二十多人，将他们斩杀；其馀的人惧怕，又关闭城门自守。戊辰(十八日)，李德裕等人上奏说："贼寇馀孽已经全部平定，昭义所属城垒已经全部成为国家的城镇，怎么可以叫王元逵随意地派兵攻讨？希望皇上派遣宫中使者，赐给昭义所属城堡内将士敕书，招安他们，同时下诏命令王元逵率领成德的军队归还本镇，并下诏命令卢钧亲自派遣使者去进行安抚。"武宗听从了李德裕等人的建议。

裘甫寇浙东

唐宣宗大中十三年冬十二月,浙东贼帅裘甫攻陷象山,官军屡败,明州城门昼闭,进逼剡县,有众百人,浙东骚动。观察使郑祗德遣讨击副使刘勍、副将范居植将兵三百,合台州军共讨之。

懿宗咸通元年春正月乙卯,浙东军与裘甫战于桐柏观前,范居植死,刘勍仅以身免。乙丑,甫帅其徒千馀人陷剡县,开府库,募壮士,众至数千人。越州大恐。

时二浙久安,人不习战,甲兵朽钝,见卒不满三百。郑祗德更募新卒以益之,军吏受赂,率皆得孱弱者。祗德遣子将沈君纵、副将张公署、望海镇将李珪将新卒五百击裘甫。二月辛卯,与甫战于剡西。贼设伏于三溪之南,而陈于三溪之北,壅溪上流,使可涉。既战,阳败走,官军追之,半涉,决壅,水大至,官军大败,三将皆死,官军几尽。

裘甫寇浙东

　　唐宣宗大中十三年(859)冬季十二月,浙东盗贼首领裘甫率众攻陷象山县,官军屡次吃败仗,明州城门白天都关闭起来,裘甫进逼到剡县,拥有部众一百人,浙东地区骚动不安。观察使郑祗德派遣讨击副使刘勍、副将范居植率领士兵三百人,会合台州守军共同讨伐裘甫。

　　唐懿宗咸通元年(860)春季正月乙卯(初四)这天,浙东官军与裘甫在桐柏观前交战,范居植战死,刘勍仅仅得以只身逃脱。乙丑(十四日)这天,裘甫率领所属部众一千多人攻陷了剡县,打开府库,召募强壮之士,他的部众发展到了数千人,越州大为惊恐。

　　当时浙东和浙西地区长期安定,人们不熟悉作战,铠甲和兵器腐朽锈钝,现有的士兵不满三百人。郑祗德另外召募新兵来扩充军队,由于军吏接受贿赂,一般招募的全是软弱无能的人。郑祗德派遣部将沈君纵、副将张公署、望海镇将李珪率领新兵五百人去攻打裘甫。二月辛卯(初十)这天,官军与裘甫部众在剡县西面交战。裘甫在三溪之南预先设下埋伏,而在三溪之北虚摆阵势,并堵塞住溪流的上游,使人可以在下游徒步渡河。交战后,裘甫率众假装败逃,官军随后追击,当官军追到溪水下游,有一半人已过河时,贼军决开上游的堵水闸,大水汹涌而至,官军大败,三位将领全都战死,所率官军几乎全被歼灭。

于是山海诸盗及他道无赖亡命之徒,四面云集,众至三万,分为三十二队。其小帅有谋略者推刘睢,勇力推刘庆、刘从简。群盗皆遥通书币,求属麾下。甫自称天下都知兵马使,改元罗平,铸印曰天平。大聚资粮,购良工,治器械,声震中原。

郑祗德累表告急,且求救于邻道。浙西遣牙将凌茂贞将四百人、宣歙遣牙将白琮将三百人赴之。祗德始令屯郭门及东小江,寻复召还府中以自卫。祗德馈之,比度支常馈多十三倍,而宣、润将士犹以为不足。宣、润将士请土军为导,以与贼战。诸将或称病,或阳坠马,其肯行者必先邀职级,竟不果遣。贼游骑至平水东小江,城中士民储舟裹粮,夜坐待旦,各谋逃溃。

朝廷知祗德懦怯,议选武将代之。夏侯孜曰:“浙东山海幽阻,可以计取,难以力攻。西班中无可语者。前安南都护王式,虽儒家子,在安南威服华夷,名闻远近,可任也。”诸相皆以为然。遂以式为浙东观察使,征祗德为宾客。

三月辛亥朔,式入对,上问以讨贼方略。对曰:“但得兵,贼必可破。”有宦者侍侧,曰:“发兵,所费甚大。”式曰:“臣为国家惜费则不然。兵多贼速破,其费省矣。若兵少不能胜贼,延引岁月,贼势益张,则江、淮群盗将蜂起应之。国家

于是山林海岛中的各路强盗以及其他各道的无赖亡命之徒，从四面八方云集，使裘甫部众发展到三万人，分成三十二支小股部队。各队小帅中有谋略的人首推刘暀，有勇力的人首推刘庆、刘从简。群盗都从远处与裘甫通书信，送钱币，要求归属到他的麾下。裘甫自称天下都知兵马使，改年号为罗平，铸造大印叫作天平。于是大量聚积资财粮草，重金雇求优良的工匠，缮治军用器械，声势震动了中原地区。

郑祗德一再向朝廷上表告急，并且向邻近各道请求救援。浙西派遣牙将凌茂贞率领四百人，宣歙派遣牙将白琮率领三百人赶来。郑祗德最初命令援军屯驻在城郭大门外及东小江边，不久又把他们召回府中来自我防卫。郑祗德犒赏援军，比朝廷度支通常的馈赠多出十三倍，然而宣州、润州的将士仍旧认为不够。宣州、润州的将士要求当地军队做先导，来与裘甫贼军作战。当地各位将领有的诈称患病，有的假装跌落马下，那些愿意当先导的人必定先要求提升官职级别，最后也没有派出去。裘甫贼众的游弋骑兵来到平水以东的小江，城中的士人百姓准备好船只并带好粮食，从夜晚一直坐等到天亮，各自打算随时逃散。

朝廷知道郑祗德懦弱胆怯，商议挑选武将去代替他。夏侯孜说："浙东地区有山有海，幽深险阻，可以用计谋攻取，难以用强力攻夺。朝廷西班武臣中没有可以论得上的人。原安南都护王式，虽然是儒家士子，却在安南依靠威力折服当地汉人和夷人，名闻远近，可以担当此任。"诸位宰相都认为夏侯孜说得有道理，于是懿宗任命王式为浙东观察使，征召郑祗德回朝任太子宾客。

三月辛亥这一天是初一，王式入朝应对，懿宗询问他讨伐裘甫贼众的方略。王式回答说："只要得到大军，裘甫贼众必然可以攻破。"有一位宦官侍立在懿宗旁边，说道："派遣军队，所需要的费用太大了。"王式说："臣如果替国家珍惜军费就不是这样说了。军队多，贼众就能迅速破灭，所用的军费反而可以节省。如果军队少，不能战胜贼众，就会拖延时间，贼众的势力日益扩张，那么长江、淮河地区的强盗就将蜂拥而起响应他们。国家

用度尽仰江、淮,若阻绝不通,则上自九庙,下及十军,皆无以供给,其费岂可胜计哉!"上顾宦官曰:"当与之兵。"乃诏发忠武、义成、淮南等诸道兵授之。

裘甫分兵掠衢、婺州。婺州押牙房郅、散将楼曾、衢州十将方景深将兵拒险,贼不得入。又分兵掠明州,明州之民相与谋曰:"贼若入城,妻子皆为菹醢,况货财,能保之乎!"乃自相帅出财募勇士,治器械,树栅,浚沟,断桥,为固守之备。贼又遣兵掠台州,破唐兴。己巳,甫自将万馀人掠上虞,焚之。癸酉,入馀姚,杀丞、尉;东破慈溪,入奉化,抵宁海,杀其令而据之;分兵围象山。所过俘其少壮,馀老弱者蹂践杀之。

及王式除书下,浙东人心稍安。裘甫方与其徒饮酒,闻之不乐。刘暀叹曰:"有如此之众而策画未定,良可惜也!今朝廷遣王中丞将兵来,闻其人智勇无敌,不四十日必至。兵马使宜急引兵取越州,凭城郭,据府库,遣兵五千守西陵,循浙江筑垒以拒之。大集舟舰,得间,则长驱进取浙西,过大江,掠扬州货财以自实。还,修石头城而守之,宣歙、江西必有响应者。遣刘从简以万人循海而南,袭取福建。如此,则国家贡赋之地尽入于我矣。但恐子孙不能守耳,终吾身保无忧也。"甫曰:"醉矣,明日议之!"暀以甫不用其言,怒,

财政开支全部依赖长江、淮河地区,如果这一地区阻绝不通,就会上自皇室九庙,下至北门十军,都没有东西来供给,那样所消耗的军费怎能计算得清呢?"懿宗转过头对宦官说:"应当多给他军队。"于是下诏,调发忠武、义成、淮南等各道军队让王式指挥。

裘甫分派军队攻掠衢州、婺州。婺州押牙房郇、散将楼曾、衢州十将方景深等人率领军队拒守险要,贼众无法进入。裘甫又分派军队攻掠明州,明州的民众相互商议说:"贼众如果进入城中,我们的妻子儿女都要被剁成肉酱,何况家中的财物,难道能够保存吗?"于是一起拿出财物来召募勇士,缮治军用器械,竖立栅栏,疏浚壕沟,拆断桥梁,做好了固守城池的准备。裘甫又派遣军队攻掠台州,攻破唐兴县。己巳(十九日),裘甫亲自率领一万多人攻掠上虞县,焚烧了县城。癸酉(二十三日),又攻入馀姚县,斩杀了县丞、县尉;向东攻破慈溪县,进入奉化县,抵达宁海县,杀掉了宁海县令并且占据了宁海县城;还分出军队围攻象山县。在所经过的地方专抓年轻力壮的人,剩下的老弱居民就蹂躏践踏并杀掉他们。

等到王式被任命为浙东观察使的诏书颁发下来,浙东地区的人心才稍微安定。裘甫正与手下的徒众饮酒,听到这一消息后,很不高兴。刘暀叹息说:"我们拥有如此众多的军队,而谋略计划还没有制定,实在是可惜!如今朝廷派遣王式王中丞率领军队前来镇压,听说此人智勇双全,没有敌手,不超过四十天一定会赶到。兵马使您应当赶快率领军队攻取越州,凭借越州的城池,依靠府库的储备,派遣士兵五千人把守西陵渡,沿浙江修筑堡垒,用来抵御官军。同时大规模征集船舰,一有机会就长驱直进攻取浙西,渡过长江,掠取扬州的财货来充实自己。回师后修缮石头城并坚守它,宣歙、江西地区必定会有响应的人。您再派遣刘从简率领一万人沿海南征,袭取福建。这样,国家赖以征收贡赋的地区就全部落入我们手里了。只是担心子孙后代不能守住罢了,而我们到死都可保无忧了。"裘甫说道:"你喝醉了,明天再商议这件事吧!"刘暀因为裘甫不采纳他的建议,十分生气,

阳醉而出。有进士王辂在贼中，贼客之。辂说甫曰："如刘副使之谋，乃孙权所为也。彼乘天下大乱，故能据有江东；今中国无事，此功未易成也。不如拥众据险自守，陆耕海渔，急则逃入海岛，此万全策也。"甫畏式，犹豫未决。

夏四月，式行至柿口，义成军不整，式欲斩其将，久乃释之，自是军所过若无人。至西陵，裴甫遣使请降，式曰："是必无降心，直欲窥吾所为，且欲使吾骄怠耳。"乃谓使者曰："甫面缚以来，当免而死。"

乙未，式入越州，既交政，为郑祗德置酒，曰："式主军政，不可以饮，监军但与众宾尽醉。"迨夜，继以烛，曰："式在此，贼安能妨人乐饮！"丙申，饯祗德于远郊，复乐饮而归。于是始修军令，告馈饷不足者息矣，称疾卧家者起矣，先求迁职者默矣。

贼别帅洪师简、许会能帅所部降，式曰："汝降是也，当立效以自异。"使帅其徒为前锋，与贼战有功，乃奏以官。

先是，贼谍入越州，军吏匿而饮食之。文武将吏往往潜与贼通，求城破之日免死及全妻子。或诈引贼将来降，实窥虚实，城中密谋屏语，贼皆知之。式阴察知，悉捕索，斩之。刑将吏尤横猾者。严门禁，无验者不得出入，警夜周密，

假装喝醉走了出来。有一位名叫王辂的进士在裴甫军中,裴甫以宾客的礼节对待他。王辂劝裴甫说:"像刘副兵马使所说的谋略,正是当年孙权的做法。孙权趁天下大乱,所以能够占有江东;如今中原地区平安无事,这项功业不容易实现。不如拥兵占据险要自我防卫,在陆地上耕种,在大海中捕鱼,危急时就逃入海岛,这才是万全之策。"裴甫畏惧王式,犹豫不决。

夏季四月,王式率军来到柿口,义成军军容不整,王式想要斩杀该军的将领,许久才释放了他们,从此军队所过之处如入无人之境。到达西陵渡后,裴甫派遣使者前来请求投降,王式说:"裴甫这种举动,必定是没有真投降的心,只是特地想来窥探我军的动态,并且想使我军骄傲懈怠罢了。"于是对使者说:"如果裴甫反绑着自己前来投降,就可以免除你等一死。"

乙未(十五日)这天,王式进入越州,交接完政务之后,为郑祗德设置酒宴,说:"我王式主管军政大事,不能饮酒,监军只管与众宾客畅饮,尽醉方休。"待至夜晚,点上蜡烛继续宴饮,并说:"有我王式在此,叛贼怎么能妨碍大家畅饮!"丙申(十六日),在越州远郊为郑祗德饯行,再次欢饮而归。于是开始修订军令,先前叫嚷着军饷不够的人止息了,诈称患病躺在家里的人起来了,先前要求提升职务的人沉默了。

配合裴甫主力作战的统帅洪师简、许会能率领所属部下投降了官军,王式说:"你们投降是正确的,应当立功自效以区别于贼寇。"让他们率领自己的部众充当官军先锋,与裴甫贼众作战有功,于是奏请朝廷授以官职。

在此之前,裴甫贼军的间谍潜入越州城,军府的官吏隐藏了他们并供应饮食。文武将吏往往暗中与贼军通风报信,希望在州城被攻破之日能免除自己一死并保全妻子儿女。有的人假装带领裴甫手下将领前来投降,实际上是来窥探虚实,城中官军的密谋和耳语,贼军全都知道。王式暗中查明这一切,将通敌将吏全部抓获并处斩。还对将吏中特别专横狡猾的人用刑。加强在城门的查验,没有经过检查的人不得出入,夜晚警戒周密细致,

贼始不知我所为矣。

式命诸县开仓廪以赈贫乏，或曰："贼未灭，军食方急，不可散也。"式曰："非汝所知。"官军少骑卒，式曰："吐蕃、回鹘比配江、淮者，其人习险阻，便鞍马，可用也。"举籍府中，得骁健者百馀人。虏久羁旅，所部遇之无状，困馁甚。式既犒饮，又赒其父母妻子，皆泣拜欢呼，愿效死，悉以为骑卒，使骑将石宗本将之。凡在管内者，皆视此籍之。又奏得龙陂监马二百匹，于是骑兵足矣。或请为烽燧以诇贼远近众寡，式笑而不应。选懦卒，使乘健马，少给之兵，以为候骑。众怪之，不敢问。

于是阅诸营见卒及土团子弟，得四千人，使导军分路讨贼。府下无守兵，更籍土团千人以补之。乃命宣歙将白琼、浙西将凌茂贞帅本军，北来将韩宗政等帅土团，合千人，石宗本帅骑兵为前锋，自上虞趋奉化，解象山之围，号东路军。又以义成将白宗建、忠武将游君楚、淮南将万璘帅本军与台州唐兴军合，号南路军。令之曰："毋争险易，毋焚庐舍，毋杀平民以增首级。平民胁从者，募降之。得贼金帛，官无所问。俘获者，皆越人也，释之。"癸卯，南路军拔贼沃洲寨，甲辰，拔新昌寨，破贼将毛应天，进抵唐兴。

裘甫贼军开始不能了解官军的动态了。

王式命令越州所属各县打开粮仓来赈济贫困乏食的百姓，有人说："裘甫贼众尚未消灭，军粮正紧张，不能散发。"王式说："我的用意不是你所能知道的。"官军缺少骑兵，王式说："吐蕃、回鹘近来被流放到长江、淮河一带的人，他们习惯艰难险阻的环境，对鞍马骑射很熟悉，可以任用。"于是从官府档案中查出他们的名籍，得到骁勇强健的人一百多个。这些胡虏长期寄居在外，看管的官吏对待他们很无礼，使他们极度困窘饥饿。王式既用酒食犒劳他们，又周济他们的父母妻子儿女，于是他们都哭拜欢呼，愿效死力，王式把他们全都编为骑兵，派骑兵将领石宗本统率他们。凡是在越州管辖范围内流放的吐蕃、回鹘人，都按照这种办法编入军籍。又通过奏请得到汝州龙陂监马二百匹，于是骑兵充足了。有人请求设置烽火来侦察贼寇的远近、多少，王式笑而不答。又挑选懦弱的士兵，让他们骑乘强健的战马，少发给他们武器，作为侦察骑兵。部众对此事感到奇怪，却不敢多问。

于是王式检阅越州城内各军营现有的士兵以及当地土团武装的子弟，得到四千人，命令他们引导官军分路讨伐贼寇。越州府下没有守兵，另外把土团一千人编入军籍来补充。于是王式命令宣歙将领白琮、浙西将领凌茂贞各自率领本部军队，与从北面来的将领韩宗政等人率领土团，会合起来有一千多人，由石宗本率领骑兵充当先锋，从上虞县开赴奉化县，去解救象山之围，号称东路军。又命令义成军将领白宗建、忠武军将领游君楚、淮南道将领万璘各自率领本部军队，与台州唐兴县的军队会合，号称南路军。王式命令他们说："不许争论所布置的任务是艰险还是容易，不准焚烧百姓的房屋茅舍，不准滥杀平民来增加首级请赏。平民被胁迫加入贼寇的人，要通过召募使他们归降。缴获贼寇的金银绢帛，官府不加过问。但俘获的人，都是越州本地人，要释放他们回家。"癸卯（二十三日），南路军攻取了贼寇的沃洲寨，甲辰（二十四日），又攻克了新昌寨，打败了贼将毛应天，进抵唐兴县。

　　五月辛亥，浙东东路军破贼将孙马骑于宁海。戊午，南路军大破贼将刘旺、毛应天于唐兴南谷，斩应天。

　　先是，王式以兵少，奏更发忠武、义成军及请昭义军，诏从之。三道兵至越州，式命忠武将张茵将三百人屯唐兴，断贼南出之道；义成将高罗锐将三百人，益以台州土军，径趋宁海，攻贼巢穴；昭义将跌跌残将四百人，益东路军，断贼入明州之道。庚申，南路军大破贼于海游镇，贼入甬溪洞。戊辰，官军屯于洞口，贼出洞战，又破之。己巳，高罗锐袭贼别帅刘平天寨，破之。自是诸军与贼十九战，贼连败。刘旺谓裘甫曰：“向从吾谋入越州，宁有此困邪！”王辂等进士数人在贼中，皆衣绿，旺悉收斩之，曰：“乱我谋者，此青虫也！”

　　高罗锐克宁海，收其逃散之民，得七千馀人。王式曰：“贼窘且饥，必逃入海，入海则岁月间未可擒也。”命罗锐军海口以拒之，又命望海镇将云思益、浙西将王克容将水军巡海溉。思益等遇贼将刘从简于宁海东，贼不虞水军遽至，皆弃船走山谷，得其船十七，尽焚之。式曰：“贼无所逃矣，惟黄罕岭可入剡，恨无兵以守之。虽然，亦成擒矣。”裘甫既失宁海，乃帅其徒屯南陈馆下，众尚万馀人。辛未，东路军破贼将孙马骑于上瞭村，贼将王皋惧，请降。

五月辛亥（初二），浙东东路军在宁海县打败贼将孙马骑。戊午（初九），南路军在唐兴县南面的山谷中大破贼将刘暀、毛应天，并斩杀毛应天。

　　在此之前，王式因为军队少，向朝廷奏请再调发忠武军、义成军，并请增派昭义军，懿宗下诏同意了他的请求。忠武、义成、昭义三道的军队来到越州，王式命令忠武军将领张茵率领三百人屯驻唐兴县，切断贼寇从南面出逃的通道；命令义成军将领高罗锐率领三百人，加上台州当地军队，径直奔赴宁海县，进攻裘甫贼寇的巢穴；命令昭义军将领跌跌戣率领四百人，去加强东路军，切断贼寇进入明州的通道。庚申（十一日），南路军在海游镇大破贼寇，贼寇逃入甬溪洞。戊辰（十九日），官军在甬溪洞口屯驻，贼寇出洞交战，官军又打败了他们。己巳（二十日），高罗锐偷袭配合裘甫主力作战的将领刘平天的营寨，攻破了营寨。从此以后，各路官军与裘甫贼军进行了十九次交战，裘甫贼军接连战败。刘暀对裘甫说："不久以前如果您听从我的谋划，进入越州，怎么会有今天这样的困境呢！"王辂等进士数人在裘甫军中，都穿着绿色官服，刘暀全部逮捕并斩杀了他们，说："扰乱我计谋的，正是这些青色害虫！"

　　高罗锐攻克了宁海县，收集城中逃散的平民，得到七千多人。王式说："贼军窘迫并且饥饿，必逃入大海，如果逃入大海，那么短时间内是不能擒获他们的。"于是命高罗锐驻军海口来抵御贼军，又命望海镇将领云思益、浙西将领王克容率领水军巡视海岸一带。云思益等人率领水军在宁海县以东海面与贼军将领刘从简的船队遭遇，贼军没有料到官府水军突然赶到，全都丢弃船只逃入山谷，官军获得贼船十七只，全部烧毁了它们。王式说："贼军已经没有什么地方可逃了，只有从黄罕岭可以进入剡县，遗憾的是没有军队来把守黄罕岭。但即使这样，裘甫也已成被擒之势了。"裘甫失掉宁海县后，便率领所属徒众屯驻南陈馆下，部众尚有一万多人。辛未（二十二日），东路军在上嶑村击败贼军将领孙马骑，贼军将领王皋畏惧官军，请求投降。

　　戊寅，浙东东路军大破裘甫于南陈馆，斩首数千级，贼委弃缯帛盈路，以缓追者。跌跌戣令士卒：“敢顾者斩！”毋敢犯者。贼果自黄罕岭遁去，六月甲申，复入剡。诸军失甫，不知所在，义成将张茵在唐兴获俘，将苦之，俘曰：“贼入剡矣。苟舍我，我请为军导。”从之。茵后甫一日至剡，壁其东南。府中闻甫入剡，复大恐，王式曰：“贼来就擒耳！”命趋东、南两路军会于剡，辛卯，围之。贼城守甚坚，攻之，不能拔。诸将议绝溪水以渴之。贼知之，乃出战。三日，凡八十三战，贼虽败，官军亦疲。贼请降，诸将出白式，式曰：“贼欲少休耳，益谨备之，功垂成矣。”贼果复出，又三战。庚子夜，裘甫、刘暀、刘庆从百馀人出降，遥与诸将语，离城数十步，官军疾趋，断其后，遂擒之。壬寅，甫等至越州，式腰斩暀、庆等二十馀人，械甫送京师。

　　剡城犹未下，诸将已擒甫，不复设备。刘从简帅壮士五百突围走。诸将追至大兰山，从简据险自守。秋七月丁巳，诸将共攻克之。台州刺史李师望募贼相捕斩之以自赎，所降数百人，得从简首，献之。

戊寅(二十九日),浙东东路军在南陈馆大破裘甫贼军,斩下首级数千,贼军抛弃绢帛堆满道路,企图延缓前来追击的官军。跌跌戮命令士兵说:"胆敢看一眼的人,立即斩首!"于是没有敢于违令的士兵。贼军果然从黄罕岭逃去,六月甲申(初五),又进入剡县。官府各路军队不见裘甫,不知道他在何处,义成军将领张茵在唐兴县抓获了俘虏,将要对俘虏施用酷刑,俘虏说:"贼军已经进入剡县了。如果赦免我,我请求替官军做向导。"张茵听从了他的话。张茵比裘甫晚一天到达剡县,在剡县东南构筑了营垒。越州府中听说裘甫贼众进入了剡县,又大为恐慌,王式说道:"裘甫贼众不过是来就擒罢了!"下令督促东、南两路军队到剡县会合,辛卯(十二日)这天,包围了剡县县城。贼军据城防守十分坚固,官军攻城,不能攻占。众将商议断绝溪水来渴死城内的贼军。贼军知道官军要断绝其水源,于是出城交战。三天之内,共进行了八十三次交战,贼军虽然被打败,官军也很疲惫。贼军请求投降,众将把此事禀告给王式,王式说道:"贼军想要稍微休整一下罢了,我们应当更加谨慎地防备他们,大功就可告成了。"贼军果然再次出城,又与官军进行了三次交战。庚子(二十一日)这天夜晚,裘甫、刘暀,刘庆率领一百多人出城准备投降,远远地对官军众将喊话,距离城门几十步,官军迅速赶到城下,切断了裘甫等人回城的后路,于是擒获了裘甫等一百多人。壬寅(二十三日)这天,裘甫等人被押送到了越州,王式下令把刘暀、刘庆等二十多人处以腰斩的极刑,给裘甫戴上刑具送往京师长安。

剡县县城仍然没有攻下来,官军众将已经擒获了裘甫,便不再设防戒备。贼将刘从简率领壮士五百人突围逃走。官军众将追到了大兰山,刘从简占据险要自我守卫,秋季七月丁巳(初九)这一天,众将领兵一同攻克了大兰山。台州刺史李师望召募贼军士兵,让他们去捕杀尚未投降的贼军同伙,来赎自己的罪,结果归降的贼军达到数百人,并获得了刘从简的首级,献给王式。

　　诸将还越,式大置酒。诸将乃请曰:"某等生长军中,久更行阵,今年得从公破贼,然私有所不谕者。敢问公之始至,军食方急,而遽散以赈贫乏,何也?"式曰:"此易知耳。贼聚谷以诱饥人,吾给之食,则彼不为盗矣。且诸县无守兵,贼至,则仓谷适足资之耳。"又问:"不置烽燧,何也?"式曰:"烽燧所以趣救兵耳,兵尽行,城中无兵以继之,徒惊士民,使自溃乱耳。"又问:"使懦卒为候骑而少给兵,何也?"式曰:"彼勇卒操利兵,遇敌且不量力而斗,斗死,则贼至不知矣。"皆拜曰:"非所及也!"

　　八月,裘甫至京师,斩于东市。加王式检校右散骑常侍,诸将官赏各有差。先是,上每以越盗为忧,夏侯孜曰:"王式才有馀,不日告捷矣。"孜与式书曰:"公专以执裘甫为事,军须细大,此期悉力。"故式所奏求无不从,由是能成其功。

众将回到了越州，王式大摆酒宴。众将便请教说："我们这些人生活在军队中，久经战阵，今年得以跟随明公您打败裘甫贼军，然而私下还有不明白的地方。敢问明公刚到越州时，军粮正紧张，而您立即散发粮食来赈济贫乏的百姓，这是为什么呢？"王式回答说："这很容易明白。裘甫贼军屯聚粮食来招诱饥民，我发给饥民粮食，那他们就不做盗贼了。而且各县没有守军，贼军到来，仓库中的粮食就恰好足以资助他们了。"众将又问："您不设置烽火，这是为什么呢？"王式回答说："设置烽火是用来催促救兵的，军队全部派出，城中没有救兵来接上，设置烽火，只是白白惊扰百姓，使他们自己溃散混乱罢了。"众将又问："您派遣懦弱的士兵充当侦察骑兵，而且少配武器，这是为什么呢？"王式回答说："如果那些侦察骑兵都选派勇敢的士兵，拿着锋利的武器，遇到敌人就会不自量力地投入战斗，如果战死，那么贼军到来我们就不知道了。"众将都叩拜说："这些不是我们的智力所能赶上的！"

八月，裘甫被押送到京师长安，在东市被斩杀。朝廷加官王式为检校右散骑常侍，众位将领加官受赏也各有差别。当初，懿宗经常把越州盗贼当作忧患，夏侯孜说："王式才干有余，用不了多少天就会传来捷报了。"夏侯孜给王式写信说："明公您只管专心把捉拿裘甫当作头等大事，行军所需的粮草物资，不管大小，在这次平贼期间我一定全力协办。"所以王式有所奏请，朝廷无不应从，因此能成就大功。